중앙아시아 연구 (하)

Introduction to Central Asia

중앙아시아 연구 (하)
Introduction to Central Asia

펴 내 기

목 차

머 리 말

　중앙아시아는 몇 가지 관점에서 우리에게 매우 흥미롭고 의미있는 지역이다.

　첫째, 중앙아시아가 지리적으로 내륙아시아에 있으면서 세계 거대 문명권들의 중심부를 이루고 있다는 점이다. 서구문명권을 비롯하여 슬라브 문명권, 아랍-이슬람문명권, 인도 문명권, 중국 문명권 등 거대 문명권들의 중심 교차로에 위치하고 있다. 따라서 역사적으로 유목민족 전통을 가진 중앙아시아는 세계 문명들을 역동적으로 교류케 하는 산파 역할을 해왔다.

　둘째, 중앙아시아는 이러한 지정학적 위치로 인해서 유럽과 아시아가 밀착하여 교류하는 21세기 "유라시아 시대"를 맞이하여 전략적 지역으로 새롭게 부상하고 있다는 점이다. 대서양 시대에서 이제 세계는 전통적 세계의 두 중심축 가운데 하나인 유럽 즉, "로마"의 동유럽 및 카프카즈 지역으로의 영역 확장과 또 하나의 중심축인 "중국"의 중앙아시아로의 경제적 팽창이 신실크로드를 따라 접전하면서 새로운 유라시아 시대를 열어가고 있다. 이러한 로마와 중국의 만남은 슬라브 문명권과 아랍 문명권 그리고 인도 문명권 등 주변 문명권을 하나의 유라시아 맥락 안에 동반시키면서 유라시아 대륙은 엄청난 문명권 간 시너지를 창출시킬 것이다. 이는 분명 서구 중심의 근대 세계체제의 새로운 변화를 초래케 할 것이며 세계는 바야흐로 중앙아시아를 중심으로 하는 유라시아 시대를 맞이하게 될 것이다.

　셋째, 중앙아시아는 우리 민족과 같은 알타이민족 집단이 거주하고 있다. 이는 중앙아시아가 21세기 우리 한반도 민족의 지향성과 가능성을 보여주는 것이다. 통일한국 시대가 열리게 되면 한반도는 경제 대국이며 문화 대국인 중국의 직접적인 영향 아래 놓일 것이다. 중국의 경제적 팽창력과 문화적 흡입력을 감안 한다면 세계화 및 개방화 시대 한반도는 실질적으로 13억의 인구를 가진 중국 대륙에 편입될 것이다. 우리가 중국으로 가겠으나 중국 한족들 역시 좁은 한반도 일대에서 활보할 것이다. 이는 장기적으로 볼 때 한반도의 중국화는 물론이고 "한민족의 한족화"를 의미할 가능성이 매우 높다. 통일 한국 시대에 한반도의 국가 정체성은 물론이고 문화 민족 정체성은 크게 위협을 받을 것이다. 바야흐로 우리나라는 미국의 영향권에서 벗어나 중국화의 길로 급속히 치달을 것이다. 이러한 환경에서 우리 한민족은 어떻게 살아남을 수 있을 것인가 하는 문제는 통일된 이후가 아니라 지금부터 고민해야할 과제이다. 우리 한반도가 지향해야할 방향은 국제관계적으로는 미국과 중국 사이에서 균형을 추구하되, 국가정체성 문제를 고려한다면 몽골 및 중앙아시아 알타이계 국가들과의 연대를 강화해야 할 것이다. 더군다나 엄청난 자원을 보유하고 있으면서도 아직 미개발 상태에 있는 중앙아시아는 장기적으로 볼 때 우리 민족공동체의 잠재성을 극대화시킬 것이다.

벌써 소련이 공식 해체된 지 13년이 다 되었다. 지난 기간 동안 중앙아시아 국가들의 모습은 구 공산당 간부 출신 초대 대통령들이 여전히 건재하고 있다는 것 이외에 전체적으로 많이 달라졌다. 독립 초기 격렬했던 국가 정체성 논쟁은 거의 사라졌으며 대외관계도 실리 중심의 다원체제로 재편되었고 국가 기강과 행정 체계는 안정적으로 정착하였다. 지금 중앙아시아 국가들의 최대 관심은 세계의 모든 국가들이 그러하듯이 국가 경제 살리기이다. 바야흐로 중앙아시아 국가들도 세계 자본주의 경제체제에 편입해 있는 것이다.

독립 초기에 우리나라 사람들에게 중앙아시아 국가들은 그저 "-스탄 나라들"로 희미하게 인식되었으나 지금은 많이 달라졌다. 우즈베키스탄, 카자흐스탄, 키르기즈스탄 등 고려인 집단으로 인해 우리와 관계가 비교적 빈번한 국가들뿐만 아니라 고려인들이 많지 않은 타지키스탄과 투르크메니스탄도 국내에 상당히 알려져 있다.

중앙아시아로 여행하는 사람들도 많이 늘었다. 우즈베키스탄 항공과 아시아나 항공이 서울 타쉬켄트 구간을 매주 4차례 운행하고 있으며, 카자흐스탄 항공이 서울-알마티 구간을 매주 2차례 운행하고 있다. 키르기즈스탄 항공은 서울-비쉬켁 구간을 매주 1회 가량 비정규적으로 운행 중이다. 실크로드 유적지 탐방이나 고려인 집단 방문 혹은 선교 목적으로 여름 및 겨울 방학이며 수만 명의 관광객들이 중앙아시아를 방문하고 있다.

그럼에도 불구하고 중앙아시아 국가들을 연구하는 연구 인력들은 초기에 비해 크게 늘지 않았다. 인문학적 관점에서 실크로드를 연구하던 연구자들이 여전히 중앙아시아를 간접적으로 연구하고 있으며 일부 사회학자들이 재외 한민족 연구 차원에서 고려인 집단을 연구하고 있는 형편이다. 얼마 되지 않는 기존 연구자들 이외에 최근에 우즈벡 경제 사회를 연구한 성동기 박사, 우즈벡 언어와 문화를 연구한 김병일 박사 그리고 카자흐스탄 언어와 민속을 연구한 한국외대 손영훈 교수 등 소수 연구자들이 추가되었을 뿐이다. 앞으로 더 많은 연구자들이 나올 수 있기를 바라마지 않는다.

본서에서는 중앙아시아 국가들과 러시아연방공화국 내 카프카스나 시베리아 지역의 자치공화국들을 다루었다. 중앙아시아 연구라는 제목 하에 러시아 자치공화국들을 함께 취급한 이유는 이들 공화국들이 대개 우리 민족과 알타이 민족 공화국들이라는 점이다. 본서는 각 국가들을 개략적으로 다루었으나 앞으로 많은 연구자들에 의해 각 국가를 따로 다룬 서적들이 출판되길 기대한다.

마지막으로 본서를 출판하는 과정에서 수고한 IACD 이승호 간사, 김경애 간사와 이남재 간사에게 심심한 감사의 말씀을 드린다.

2004년 4월 15일

최 한 우

중앙아시아 연구 (하)

제1장
중앙아시아 민족 형성 및 발달

I. 중앙아시아의 지정학적 위치

카자흐스탄, 우즈베키스탄, 투르크메니스탄, 키르기스스탄, 타지키스탄 등 소련에 속했던 중앙아시아 5개국은 북쪽으로는 서부 시베리아에서 남쪽으로는 이란과 아프가니스탄에까지, 그리고 서쪽으로는 볼가 강 유역과 카스피해에서 동쪽으로 중국에 이르기까지 광활한 영토를 포함하고 있다. 이 지역에 거주하는 인구는 거의 5천만 명에 달한다. 넓이는 약 4백만㎢이며 이것은 구소련 전체 영토의 6분의 1에 해당한다. 카자흐스탄을 제외한 소련 중앙아시아의 영토는 1백 3십만㎢이다.[1]

중앙아시아는 다채로운 자연 조건에 그 기후 역시 매우 다양하다. 서부와 북부는 넓은 평원이 있으며 동부와 남부는 산악 지대를 이루고 있다. 구소련 중앙아시아 서남부 이란과 투르크메니스탄 국경을 이루고 있는 코페트다그 Kopet-Dagh(코페트山)에서 동부 파미르 고원과 중국 국경 천산(天山)Tien-Shan에 이르는 산맥의 띠는 중앙아시아를 다른 대륙과 분리시키는 경계를 이

---

[1] 예전부터 제정 러시아 시대 학자들이나 구소련 학자 등 친 러시아계 학자들은 구소련 중앙아시아의 영역을 이야기할 때 대개 카자흐스탄을 제외한 다른 중앙아시아 국가들의 영역에만 제한하곤 하였다. 그러나 카자흐스탄이 우즈베키스탄이나 키르기스스탄에 접경해 있을 뿐만 아니라 원주민 카작인들이 튀르크계 민족으로써 중앙아시아 민족들과 인종, 언어적으로 분리될 수 없다는 점을 생각할 때 이는 다분히 정치적인 의도에서 나온 것으로 보인다.

루고 있다. 이 지역은 현저한 대조를 이루는 자연적인 광경을 연출시키고 있다. 바다보다 낮은 지형을 이루는 광대한 평원, 만년설을 이루고 있는 높은 산들, 사막으로 둘러싸인 인구 집중의 오아시스 지역, 산악 지대의 북극과 같은 추위에 저지대의 적도와 같은 무더위가 그것이다. 여름에 남부 지역의 기후는 매우 무덥고 건조하나 북부 지역의 기후는 비교적 온화하다. 대양에서 멀리 떨어진 이곳 중앙아시아는 전형적인 대륙성 기후를 나타내고 있다. 산 위는 일년 내내 눈으로 덮여 있으며 테르메쓰Termez의 아무 다르야Amu Darya 강 계곡은 그늘에서도 50℃에 달해 여름에 구소련 최고의 기온을 기록한다. 반면에 중앙 천산 산맥이나 파미르 고원에서는 한여름 7월에 5℃-15℃를 오르내리며 겨울에는 -47℃까지 내려간다. 겨울에도 산악 지대를 제외하고는 눈이 그리 많이 내리지 않는다. 북부 지역 카자흐스탄에 있는 아랄해와 시르다르야Syr Darya 강 하류는 연중 수개월 동안 얼어 있다.

지리적으로 좁은 의미의 중앙아시아, 즉 구소련 중앙아시아는 4개지역으로 나뉜다. 처녀지 북부 카자흐스탄, 반사막을 이루는 나머지 카자흐스탄 지역, 서쪽으로는 카자흐스탄 남부에서 우즈베키스탄 카라칼팍 자치주와 투르크메니스탄을 지나 이란에 이르는 지역과 동쪽으로는 카자흐스탄 남부에서 중국에 이르는 사막지대, 그리고 파미르 고원과 천산 산맥 등 산악지대이다.

산악 지대에서 일년 내내 눈이 녹아 내리면서 만들어진 크고 작은 강들은 중앙아시아 오아시스에 생명을 공급하는 젖줄이다. 파미르 고원과 천산 산맥에서 시작되어 아랄해에 이르는 거대한 두 강은 아무다르야강과 시르다르야강이다. 비교적 작은 규모의 강으로 제라브샨Zeravshan, 추Chu, 부르가브 Murghab, 테젠Tejen, 아트레크Atrek 등의 강이 있다. 카자흐스탄에는 이르트쉬Irtysh, 일리Ili, 우랄Ural, 이심Ishim 강 등이 있다. 이 지역의 중요한 호수들로는 아랄Aral 해(海), 발카쉬Balkash 호(湖), 이슥 쿨Issyk Kul 호 (湖) 등이 있다.

눈 덮인 만년설이나 건조한 사막 등의 자연 조건이 중앙아시아의 문화 및 경제 발전에 장애가 되지는 못한다. 중앙아시아는 고대로부터 매우 발달된 관개 수로에 기초한 농업 문화를 발전시켜 왔다. 길고 긴 여름, 비옥한 토양, 인공적 관개 수로 확충의 용이성, 언덕과 초원을 덮고 있는 목축을 위한 방대한 풀, 풍부한 지하자원 등은 중앙아시아에 다양한 형태의 경제 활동 여건을 제공해 왔다. 아시아 대륙에서 중앙아시아의 지리적인 위치는 교역을 위한 요충지로써의 발전을 가능케 했다. 중세에 인도양을 가로지르는 해양로가 발달하기 전에 중앙아시아는 동아시아를 근동과 유럽에 연결하는 주요 교역로의 역할을 담당해 왔다. 구소련 시대에도 소련을 이란, 인도, 아프가니스탄, 중국 등에 연결하는 통신망은 바로 이 지역을 통해서 연결되었다.

Ⅱ. 중앙아시아 민족형성 및 발달

1. 고대 문명 - 하레즘Khorezm 문명

중앙아시아는 고대 문명들 가운데 중심을 이루는 지역이다. 소련 고고학자들은 구석기 시대에 속하는 허다한 유물들은 이 지역에서 발굴하였다. 모스테리아Mousterian와 그 이전 시대에 속하는 유물들이 카자흐스탄의 탈라스Talas 지역과 잠불Jambul 지역 그리고 남부 우즈베키스탄의 타쉭 타쉬Tashik Tash 지역에서 발견되었다. 투르크메니스탄의 남부 제이툰Jeitun에 거처한 것으로 알려진 고대 부족과 같은 많은 중앙아시아 부족들은 신석기 시대에 이미 경작을 하고 있었으며 목축업에 종사하고 있었던 것으로 밝혀졌다. 농경의 흔적은 BC 3000년경에 투르크메니스탄 남부 아나우Anau 문화에서 발견된다. BC 10세기에 고대 하레즘(콰레즘) Khorezm에 철기 문명이 존재하였다. 하레즘 문명은 주로 농업과 목축업을 기반으로 하였다. 고대 하레즘에는 이미 정교한 농수로 개간 시설이 갖추어져 있었다. 당대에 농업과 도시화 흔적이 있는 다른 지역은 박트리아Bactria와 소그디아나Sogdiana이다. 이 스텝 지역의 사람들은 BC 1100여년 전 청동기 시대에 이미 관개 시설을 사용한 농경에 종사하고 있었던 것이다. 이러한 이유로 많은 학자들은 메소포타미아, 이

집트, 인더스, 황하 등 인류 문명 4대 발생지 이외에 제5대 인류 문명 발생지로써 하레즘 문명Khorezm Civilization을 따로 설정하기를 주저하지 않는 것이다.

2. 고대 중앙아시아

고대 중앙아시아의 원주민들은 대개 페르시아인들과 같은 이란계였다. 제라브샨Zeravshan 계곡의 고대 소그드인Sogdian이나 아무다르야강 하류에 거주했던 하레즘인들과 같이 우리에게 알려진 가장 오래된 중앙아시아인들은 동일한 이란계 계통의 사람들이었던 것으로 추정된다. 소그드인들이나 하레즘인들은 고대 페르시아 왕 다리우스Darius(BC 522~486)의 비문에 페르시아제국의 속민으로 묘사되어 있다. 그들은 페르시아제국이 고대 그리스 원정을 나갈 때 함께 참가했던 것이다. 하레즘은 알렉산더Alexander 대왕의 동방 원정 때 정복되었으나 소그디아나Sogdiana 지역은 페르시아의 통치하에 남아 알렉산더제국에 대항해 투쟁하였던 것으로 알려져 있다. 역사 속에 최초의 군주국으로 알려져 있는 아카메니드Achaemenid 왕국은 알렉산더 대왕에 의해 파괴되고 그 영토는 알렉산더제국에 복속되었다. 알렉산더제국의 멸망 이후에 중앙아시아의 상당 부분이 시리아에 거점을 둔 셀레우코스Seleukos 왕국(BC 312~64)의 통치하에 들어갔다. BC 3세기에 세레우코스 왕국은 원주민들의 봉기로 중앙아시아 서부 지역에서 밀려나게 되었으며 이 지역은 카스피해 남동쪽에 위치한 고대 이란계 유목민들의 파르티아Parthia 왕국(BC 247~226)이 계승하였다. 독립성을 유지하고 있던 그리스계 박트리아 왕국은 BC 140~30년까지 100여년 동안이나 중앙아시아 원주민 국가 파르티아 왕국의 공격을 막아내고 존립하는데 성공하였다. 이후에 박트리아 왕국은 북서 인도에서 발흥한 이란계 쿠샨Kushan 왕조에 의해 멸망하였다. BC 2세기부터 AD 4세기 중엽까지 북서부 인도와 중앙아시아 일부를 통치한 쿠샨 왕조의 통치 기간은 중앙아시아의 문화 및 경제 발전에 크게 기여하였다. 간다라 미술로 유명한 쿠샨 왕조는 AD 3세기 말에 쇠약해지기 시작했다. AD 4세기에 쿠샨 왕조의 통치를 받던 백 훈족White Hun이라고 불리는 이란계 에프탈리테Ephthalite는 박트리아 지역을 공격하여 쿠샨 왕조를 격퇴시키고 쿠샨 왕조의 중앙아시아 통치를 마감시켰다. 에프탈리테는 후에 세미레체Semirechye 지역에서 원정한 돌궐(突厥) 군대에 의해 붕괴되어 흑해에서 만주 지방에 이르는 거대한 영토를 장악한 고대 튀르크 제국Gök Türk Empire인 돌궐제국에 복속되었다. AD 6세기말에 돌궐제국은 동돌궐Gök과 서돌궐로 분리되었고 서돌궐, 즉 구소련 중앙아시아 지역은 후에 아랍 이슬람에 의해 정복되었다.

3. 중세 중앙아시아

AD 8세기 초에 아랍인들은 호라산Khorasan 총통 이븐 무슬림IbnMuslim의 지휘 하에 중앙아시아에 진입하였다. 이들 아랍 무슬림들은 진입하는 곳마다 칼과 불을 가지고 원주민들을 잔인하게 복속시켰으며 무그Mug 성곽이나 펜지켄트Penji Kent 사원 같은 찬란한 역사 유적지를 무자비하게 파괴하였다. 아랍인들의 야만적인 행위는 알 비루니Al-Biruni의 개탄하는 글에서 잘 묘사해 주고 있다. 그는 아랍군 야전군 사령관 이븐 무슬림은 하레즘(콰레즘)의 역사와 언어를 알고 있는 모든 학자들을 남김없이 참형에 처했다고 기술하고 있다. 이리하여 중앙아시아 원주민들이 이슬람전 역사Pre-Islamic History에 대하여 배우는 것을 거의 불가능하게 만들어 버렸던 것이다. 아랍인들은 돌궐(튀르크) 부족들이 지원하는 원주민들의 강한 저항에 부딪혔다. 이러한 저항은 반세기 동안 계속되었다. 이것은 이란계 사산Sasan 왕조가 15년 만에 완전히 아랍의 통치에 굴복했던 것과는 매우 대조적인 것이다. 중앙아시아에서 아랍 통치는 매우 잔혹했다. 아랍인들과 일부 친아랍계 귀족들이 특권을 누렸던 것과는 대조적으로 농부들은 높은 세금에 시달려야만 했다. 아랍인들은 무력을 사용하여 이슬람을 중앙아시아에 확산시켰다. 이러한 강제적인 포교 정책은 전통적인 중앙아시아 민간 신앙을 가진 현지 주민들의 강한 저항에 직면해야만 했다. 아랍인들은 아랍어를 공식어로 사용하면서 이슬람과 더불어 아랍어를 전파했다. 아랍어가 공식 언어이며 학문 언어가 되는 반면 현지인들은 그들의 언어 — 이란계 언어나 튀르크계 언어 — 사용을 고집했다. 결과적으로 아랍인들은 중앙아시아 현지 주민들의 인종 구성 면에서 이렇다할 영향력을 행사하지 못했다. 현재 중앙아시아에 거주하는 일부 아랍인들은 후대, 즉 티무르제국 이후에 중앙아시아에 이주한 사람들의 후손들이다.

이슬람 정복의 영향은 카자흐스탄 중북부 지역까지는 미치지 못했다. 카자흐스탄 스텝 지역에 거주하는 튀르크 부족들은 여전히 이슬람 영향밖에 독립적으로 남아 있었다. 튀르크 부족들은 8세기에 세미레체 지역에서 튀르게쉬Türgesh 부족을 중심으로, 후에는 카를룩Karluk을 중심으로 연맹체를 결성하였다. 시르다르야 강 하류에서 서부 세력에 대항하여 튀르크 부족과 오구즈 부족들의 강력한 연맹체가 결성되었다. 이들 부족들은 농경과 목축업을 결합시켰으며 정착 마을을 중심으로 상업을 발전시켰다. 오구즈 부족들의 거주 중심지는 양기켄트Yangikent ‘new city’였다. 이들 오구즈 부족들은 AD 6~7세기에 돌궐제국에 복속되어 돌궐족과 결합된 이란계 에프탈리테 부족들을 기저층으로 하여 형성된 튀르크계 부족으로서 인종적으로 튀르크(돌궐)-에프탈리테 혼합적 성격을 지녔다. 이 오구즈 부족들은 후에 11세기에 셀축Selchuk 제국을 출범시키게 된다.

한편 이 시기에 아랄해 지역 오구즈 부족들의 이웃에는 페체넥Pecheneg 부족들이 영향력을 행사하고 있었다. 페체넥 부족은 인종적으로 사카-마사케트 Sako-Massaget 부족들을 기저층으로 하여 형성된 튀르크계 부족이다.

AD 9세기에 사만Saman 왕조(AD 874~999)가 부하라Bukhara 지역을 중심으로 발흥하여 이란과 중앙아시아를 연결하였다. ‘두 강(아무다르야와 스르다르야) 사이’란 뜻을 가진 마베란나흐르Maverannahr, 하레즘Khorezm, 스르다르야Syr Darya 지역, 투르크메니스탄의 일부, 이란, 아프가니스탄 등을 그 영투로 한 사만 왕조는 중앙아시아의 인종적, 문화적 발전에 크게 기여하였다. 사만 왕조의 통치기간동안에 타직-페르시아계 언어는 그 사용 영역이 널리 확장되었다. 아랍어는 학문 언어로 계속 사용되었다. 8세기 말과 9세기 초에 다수의 지식인들이 배출되었다. 아랍 수학의 창시자인 이븐 무사 알 코레즈미Ibn-Musa Al-Khorezmi는 바로 이 시기에 활동했던 사람이다. 코레즈미의 업적은 아랍에 전래되어 아랍의 수학 발전에 크게 기여했었다. 대수학을 의미하는 algebra라는 용어는 바로 이 시기의 학자 Al Djabr의 이름에서 유래한 것이다. 그는 수학자였을 뿐만 아니라 천문학자, 지리학자, 역사학자로서도 명성을 떨쳤다. 그의 업적들은 인도의 대수학과 그리스의 기하학을 조합한 것으로 유명하다. 이 시대의 학자이며 다수의 철학 주석서를 저술한 아부 나스르 알 파라비Abu Nasr Al-Farabi(AD 950 사망)는 동양의 아리스토텔레스로 불리기도 한다. 그는 유물론적 세계관을 가진 학자였는데 이러한 그의 사상은 이슬람 승려Mullah들의 핍박을 자아냈다. 파라비의 유물론적 세계관은 다수의 약학과 철학 관련 업적을 저술한 저명한 중앙아시아 과학자 이븐 시나Ibn Sina(AD 980-1037)에게 큰 영향을 미쳤다. 그가 저술한 의학 관련 서적 중에는 12세기에 라틴어로 번역까지 된 '의학의 규범Canon of Medical Science'이 있다. 이 의학 서적은 그 이후 6세기 동안이나 약학 분야에서 가장 권위 있는 논문으로 동양과 서양에서 의사들에 의해 사용되었다.

이 시대에 하레즘 지역에서 배출한 또 다른 학자는 알 비루니(AD 973~1048)이다. 그는 이븐 시나와 동시대의 사람으로서 오늘날 우즈베키스탄 카라칼팍 자치공화국의 한 마을에서 태어났다. 그는 그의 유명한 저술 인도의 역사 History of India 이외에 중세에서 필적할 수 없는 역사-민속학자이면서 또한 지리학자, 천문학자, 광물학자, 민족학자, 역사학자, 시인이기도 하다. 중앙아시아 현주민들의 문화에 대하여 특별한 관심을 가졌던 그는 정복자 아랍인들의 야만성을 거침없이 폭로한 위대하고 용감한 민족주의자였다. 비루니 Buruni는 직관적인 유물론적 세계관을 가진 학자로서 물리적 세계의 현상과 법칙을 인식하는데 있어서 인간의 지성을 강조했다. 이는 이슬람적 세계관 및 인식 체계에 정면으로 도전하는 것으로 이슬람 승려들로부터 끊임없는 생존의 위협을 받았다. 한편 마베란나흐르에는 11~12세기에 이라크Iraq에서 시작한 이슬람 신비주의 수피즘Sufism의 영향을 받기 시작했다.

4. 중앙아시아 민족 형성과 발전

10~11세기에 중앙아시아는 봉건주의적 질서가 깊이 자리를 잡아가고 있었

다. 이것은 이 지역의 민족학적 발전사에 있어서 새로운 장을 여는 결과가 낳았다. 이제 민족집단의 형성기에 접어들게 된 것이다. 9~10세기 중앙아시아 민족들 가운데서는 처음으로 타직Tajik 민족 그룹이 형성되는 시기이다. 사만 왕조 내에서 이미 타직계통의 언어가 독자적으로 발전하기 시작했다. 타직인 들은 고대 소그드인들과 박트리아인들의 후예로 여겨진다.

타직 영토에 인접하여 우즈벡 민족집단이 형성되었다. 우즈벡인들은 하레 즘, 소그드인, 마사게트인, 사카인 등 중앙아시아 고대 원주민들을 기저층으로 하여 튀르크족이 발전하여 형성된 민족이다. 초기에 튀르크족들이 스텝 지역 으로부터 제라브샨 계곡, 페르가나Ferghana, 차츠Chach, 하레즘, 마베란네 흐르 등지로 이주해 왔다. 원주 농경 정착민인 이란계 종족들과 혼합되면서 이 들 튀르크족들은 이란계 언어를 사용하는 이란계 종족들의 생활 양식, 문화적 관습, 경제 생활 행태 등을 받아들이게 되었다. 반대로 원주민들은 튀르크족의 언어를 채용하게 되었으며 결국은 그들의 고유 언어는 그 사용 영역이 축소되 고 잊혀져 갔다. 튀르크족과 원주민들과의 이와 같은 인종적, 문화적 상호 혼 합은 11~12세기 동안에 가속화되었다. 스르다르야강과 아무다르야강 사이에 서 후에 우즈벡인이라 불리운 민족의 원형(原形)이 바로 이 시기에 형성된 것 이다.

10세기말에 사만 왕조는 쇠퇴하기 시작했다. 지방 세력들이 발흥하여 중앙 권력에 복종하기를 거부하면서 왕국은 분열되어 갔다. 세금의 과중함을 못이 긴 농민들이 봉기하면서 사회 불안을 가속화되었다. 이러한 정세를 틈타서 세 북테킨Sebuk Tegin이 가즈니Ghazni 왕조를 세웠다. 또한 보그라 칸Bogra Khan은 카라한Kara Khan 왕조를 건설하였는데 그 영토는 중국 위구르 자 치구 지역 카쉬가르Kashgar와 카자흐스탄 동부 국경 지역 세미레체Semi-rechye를 포함한다. 카라한 왕조의 통치 기간은 중앙아시아 민족집단 형성에 지대한 영향을 미쳤다. 이 시기에 중국 위구르 자치구 지역 동(東)튀르키스탄 Türkistan과 서(西)튀르키스탄, 즉 구소련 중앙아시아의 두 거주 지역 튀르크 민족집단이 하나의 연합된 민족 의식을 형성하게 되었다.

이 시기에 튀르크계 부족들은 차츠Chach 지역을 경계로 하여 세미레체와 스르다르야 강 주변에 집중되어 있었다. 이들 튀르크계 부족들 가운데 가장 강력한 부족은 탈라스Talas 계곡에서부터 동튀르키스탄 타림Tarim 분지에 이르는 광활한 지역을 장악하고 있던 카를룩Karluk이었다. 그들은 문화적인 부족으로서 목축업, 농업, 사냥에 종사했다. 두번째 큰 튀르크계 부족은 주로 이슥 쿨Issyk Kul 호수 북동쪽 타라즈Taraz 지역에 거주하는 치길Chigil이라 불려지는 부족이었다.

강력한 중앙집권적 통치 구조를 가진 카라한 왕조 통치시기에 중앙아시아 부족들은 상호 간의 교류가 매우 긴밀하게 일어났다. 이와 같이 농업에 종사하는 부족들과 유목 혹은 반(半)유목민 생활을 영위하는 부족들 사이에 빈번한 교류의 결과는 민족적 연합 혹은 합병 이외에 중앙아시아의 문화 발전사적 측면에서 새로운 양상을 보이고 있다. 당시대의 이와 같은 상황을 잘 기술해 주고 있는 것이 11세기 초에 유수프 하스 카집 발라사군이Yusuf Khas-Khadzhib Balasaguni의 역사서 쿠타드구 빌리그Kutadgu Bilig이다. 이 시기에 중앙아시아에 인종적인 측면에서나 언어적인 측면에서 튀르크적인 요소들이 크게 우위를 차지하게 되었다. 원주민들은 점차적으로 튀르크어를 채용하게 되었다. 현재의 우즈베키스탄 지역에 이 때 튀르크어가 대중어로 자리를 잡게 되었다. 11세기에 쓰인 마흐무드 카쉬가리Mahmud Kasghgari의 사전(辭典) 디반 루가트 아타 튀르크Diwan Lugat at Turk는 당시의 언어적인 상황을 잘 나타내 주고 있다. 이 시기에 우즈벡어의 형성은 상당한 진보를 나타내고 있다. 카라한 어가 후에 차가타이어로 발전하였으며 차가타이어는 발전하여 18~19세기에 이르러서는 현대 우즈벡어의 형태를 갖추게 되었다.

동시대에 아랄해 근처에 사는 스텝 부족들의 상호 작용은 후에 투르크멘, 카라칼팍, 카작과 같은 튀르크계 민족집단 형성에 결정적인 역할을 하게 된다. 투르크멘Turkmen 민족은 아랄해와 카스피해 스텝의 다흐Dakh 부족과 마사게트Massaget부족 등을 기저층(基底層)으로 하여 오구즈Oghuz 부족을 비롯한 튀르크계 부족 집단이 발달하여 형성된 것이다. 11세기 카라한 왕조와의 대결 구도 속에서 오우즈 부족이 세운 국가가 바로 셀주크Selchuk제국이다. 부족장 셀주크는 셀주크 왕조를 세우고 카라한 왕조뿐만 아니라 남쪽으로 가즈니 왕조까지 정복하여 제국의 영역을 크게 확장시켰다. 셀주크 왕조의 오우즈 부족은 스르다르야강 유역에서 오늘날 투르크메니스탄의 영토로 진입하였다.

오우즈 부족의 이름은 20세기 초까지 투르크멘 부족들 사이에 남아 있었다. 셀주크제국의 서진(西進)은 우즈벡 민족 형성 발전에 상당한 영향을 미쳤다. 하레즘과 부하라의 원주민들이 오우즈 튀르크 부족의 영향을 크게 받게 되었다. 오늘날에도 사마르칸드Samarkand 지역Oblast에는 투르크멘이라 불려지는 종족 집단이 거주하고 있다. 이들은 스르다르야 강 유역에서 이곳에 이주해 정착한 오구즈 투르크멘(튀르크) 부족의 후손들로서 후에 우즈벡인들과 합체되었다.

같은 시기에 또 다른 오구즈족 일부가 이르트쉬Irtysh 강 유역에서 카자흐스탄 스텝 지대와 큽착Kypchak 부족들이 거주하는 아랄해 주변으로 이주하였다. 오구즈 부족의 튀르크계 큽착 부족과 페체넥Pechenek 부족이 거주하는 지역으로의 유입은 카라칼팍Kara Kalpak 종족 집단 형성에 결정적인 역할을 하게 되었다. 카라칼팍 종족의 원류는 아랄해 원주민들로 마사게트Massaget 인들과 페체넥의 조상인 아파시악Apasiak인들이다. 페체넥인들과 오구즈인들의 일부가 서쪽으로 이동하자 아랄해 주변에 남아 있던 페체넥인들과 오구즈인들이 서로 가깝게 접하게 되었다. 이리하여 오구즈인들과 페체넥인들이 혼합되고 합체되면서 카라칼팍 종족집단Narodnost이 생성되게 되었다. 11세기에 큽착인들이 아랄해를 정복하게 되면서 카라칼팍인들의 문화 발전은 새로운 장을 열게 되었다. 카라칼팍인들은 새로운 정복자, 큽착인들의 언어를 사용하기 시작하였다. 12세기에 이르러서는 종족명 카라칼팍Kara Kalpak(검정 모자)이 자리를 잡게 되었다.

카작Kazakh 민족은 큽착 부족 집단에서 시작되는데 이 부족 집단은 스텝 부족 사카Saka와 오순(오손)Usun 부족들을 기저층으로 하여 흉노(匈奴)족과 튀르크족이 발전하여 형성된 것으로 추정된다. 돌궐제국과 그 이후에 카자흐스탄 남부와 중앙아시아 지역에 세워진 튀르크계 왕조들이 카작 민족 형성에 결정적인 역할을 한 것은 두말할 나위 없다. 10세기와 11세기에 큽착인들은 서부와 중앙 카자흐스탄 지역에 부족 연맹체를 형성하였는데 이 연맹체는 강력하여 12세기에 이르러서는 동쪽으로 이르트쉬 강 유역에서 서쪽으로는 다뉴브 강에 이르는 광활한 지역에 영향력을 미치게 되었다. 카작 민족은 큽착 부족 집단과 스텝의 튀르크계 부족들이 합체하여 형성된 것이다. 한편 큽착 부족들은 카작 민족의 형성뿐만 아니라 키르기스(키르기즈; Kyrgyz), 카라칼팍, 바슈키르Bashkort/Bashkirt 민족 형성에 결정적인 역할을 하였으며 일부 우즈벡 민족 형성에도 기여하게 되었다.

키르기스 민족 형성은 구소련 중앙아시아 밖에서 — 아마도 동부 천산 산맥 튀르크 부족들 가운데서 — 이루어진 것으로 보여 진다. 키르기스인들은 일찍이 9~10세기에 예니세이Yenisey 강 상류 지역에서 그들의 정치 공동체를 형성했다. 예니세이 강 유역의 키르기스인들과 천산 산맥의 키르기스인들 사이에 관계성은 아직 명확히 밝혀지지 않고 있다.[2] 지금의 키르기스스탄에 정착하기 전 천산의 키르기스 부족은 몽골 침입이 있자 천산 산맥 원주민들과 급속히 섞이게 되었다. 중앙아시아 키르기스인들의 문화는 알타이Altai, 이르트쉬, 몽골리아, 신강성 위구르 사람들의 문화의 영향을 크게 받았으며 천산 산맥 원주민들의 영향도 다소 받은 것으로 보인다. 한편 예니세이 키르기스인들은 17세기에 시베리아에 진출한 러시아인들과 충돌했으며 이후에 이들의 대부분은 중가리아Jungaria에 정착하였다. 일부는 시베리아의 튀르크계 부족 투바Tuva와 하카스Khakhas인들에 동화되었다.

12세기에 몽골계 유목민 카라키타이Kara Kitay인들이 극동 지역에서 이주하여 세미레체 지역에서 국가를 세웠으며 후에 마베란나흐르 지역을 정복하였다. 이들의 서진(西進)과 중앙아시아 정착은 중앙아시아 인종 구조에 명백한 영향을 미쳤다. 이들은 튀르크계 부족들 가운데 정착하였고 튀르크계 언어를 사용하기에 이르렀다. 키타이Kitay라는 부족명은 우즈벡, 카라칼팍, 카작, 키르기스인들 가운데 널리 알려졌다. 중앙아시아에서 카라키타이의 지배는 오래가지 못했다. 13세기 초에 셀주크제국을 붕괴시키고 중앙아시아, 아프가니스탄, 이란, 아제르바이잔 지역을 장악하고 거대한 봉건 군주국을 건설한 이란계 하레즘 샤Shah에 의해서 멸망당했다. 하레즘 샤의 통치는 중앙아시아에 교

---

2) 키르기스인들의 이주에 대하여 알려진 대략은, 키르기스인들은 AD 9세기 초에 남쪽으로 이동하여 840년에 몽골리아의 튀르크계 제국인 위구르제국을 멸망시켰다. 이들은 몽골계 키타이Qara Khitay제국의 건설시기인 10세기에 지금의 몽골리아 지역으로 내몰렸다. 그 후 1218년에 몽골제국의 칭기즈칸에게 복속되어 몽골의 지배를 받았을 때, 대부분의 키르기스인들이 천산 산맥 쪽으로 이주하였다. 15세기 이후에 몽골계 오이라트족 및 서쪽의 튀르크계 카작인들과 접촉하게 되었으며, 1609년에는 카작인들의 지배를 받았다.

역, 수공업, 도시 발전, 문화 등의 영역에서 봉건주의적 경향을 짙게 하였다.

이란계 하레즘 샤(왕조)는 몽골제국에 의해서 1219~1221년에 붕괴되었다. 몽골군은 경제적인 면뿐만 아니라 문화적인 면에서 중앙아시아를 크게 파괴시켰다. 중앙아시아에 진입한 몽골군의 대다수는 쿤그라드Kungrad, 키야트 Kiyat, 망하이트Manghait 등 몽골 부족명을 채택한 큽착 및 기타 뤼르크계 부족들로 구성되어 있었다. 이러한 이유로 우즈벡인, 카라칼팍인, 카작인들 사이에 이러한 이름이 사용되지만, 이들이 몽골계 부족임을 의미하는 것은 아니다. 지도층 몽골인들은 피지배민들에 쉽게 동화되었으며 후에는 이슬람 종교를 받아들였을 뿐만 아니라 뤼르크어를 사용하기에 이르렀다.

14세기에 몽골계 부족과 뤼르크계 부족이 합체되어 형성된 바를라스Barlas 부족에서 위대한 정복자 티무르Timur가 등장하였다. 그는 38년 동안의 끈질긴 전투를 통해서 남북으로 인도에서 볼가강, 동서로는 중국에서 시리아에 이르는 방대한 영역을 영토로하는 대제국을 건설하였다. 티무르는 인도에서 예술가들을 노예로 끌고 와서 사마르칸트에 구르 에미르Gur Emir 사원(묘지)과 비비 카눔Bibi Khanum 이슬람 사원 등 찬란한 사원들을 건립하였다. 그의 손자 울루그 베그Ulug Beg는 과학을 매우 사랑하는 통치자로서 그의 통치 기간 중에 사마르칸트의 마드라사Madrasah, 이슬람 학교에서 세속 과학이 교육되었다. 덕분에 헤라트Herat와 사마르칸트는 당시대에 과학과 학문의 중심지로 발전하였다. 울루그 베그는 사마르칸트에 천문 관측소를 건립하였고 그의 명성은 카지자데 루미Kazizade Rumi, 기야수딘 잠세드Giyasuddin Djamshed, 알리 쿠쉬치Ali Kushchi 등 저명한 천문학자와 더불어 전 세계에 알려지게 되었다. 그러나 울루 그베그는 광열적인 이슬람 승려mullah에 의해 피살되어 불운한 종말을 맞이하게 되었다.

헤라트는 15세기 후반에 티무르제국의 중심도시로 발전하였다. 이 도시에서 유명한 우즈벡 시인 알리셰르 나보이Alisher Navoi가 살았다. 나보이의 작품에서 우즈벡어는 그 완벽성에 있어서 절정을 이루게 된다. 차르 디반Char Diwan, 함자Hamza라고 불려지는 그의 서정시 모음은 중앙아시아와 세계 문학에 지대한 공헌을 한 것으로 평가되고 있다. 그는 세속 학문의 도야, 개화, 삶의 행복추구 등을 위해 부단히 투쟁하였다.

14세기말 큡착 칸국 금(金)호르드Golden Horde의 붕괴는 중앙아시아 민족 발전에 또 하나의 전기(轉機)를 가져다 주었다. 15세기에 데쉬티-큡착 Deshti-Kypchak인들 사이에 새로운 신흥 부족 연맹체가 형성되었는데, 그 연맹 구성 부족 가운데 일부는 스르다르야 하류 백(白)호르드White Horde 영토 내에 위치하고 있었다. 이 연맹체는 14세기 이래로 우즈벡이라고 알려진 한 부족을 포함하고 있었다. 15세기 말에 세이반니Sheibani 칸(왕)을 우두머리로 하는 이 스텝 부족들이 약화된 티무르제국을 붕괴시켰다. 중앙아시아까지 세이바니 칸을 따라온 우즈벡 부족들은 이곳에서 정착하였고 이곳에 있던 튀르크계 부족들 및 타직계 부족들과 섞이게 되었다. 후에 우즈벡이라는 민족명은 스텝에서 이주한 부족들뿐만 아니라 현비 부족들을 통칭하기에 이르렀다. 이리하여 데쉬티-큡착인들이 합류하면서 비로소 오늘날의 우즈벡인들의 민족 원형은 완성을 보게 된 것이다.

15세기 중반에 봉건 세력이 분해되면서 추Chu 강 유역 분지에 조그만 지방 세력들이 흥기하여 카작 칸국Kazakh Khanate을 건설하면서 점차로 카작 민족 형성 과정에 돌입하게 되었다. 초기에 카작 칸국의 주민들은 우즈벡-카작인 혹은 간단히 카작인이라고 불렸다.이리하여 15세기에서 16세기까지 봉건 체제의 발전과 역사 발전의 결과로써 카자흐스탄을 포함하는 모든 중앙아시아의 민족들의 원형이 형성되기에 이르렀다.[3]

중앙아시아의 민족은 다양한 고대 민족이 혼합되어 형성되었다. 소그드 Sogd인들은 우즈벡과 타직인들의 민족 형성에 혼합되었다. 사카인과 마사게트인들은 투르크멘, 카라칼팍, 카작, 우즈벡 그리고 일부 타직 민족의 형성에 포함되었다. 고대 튀르크 부족들은 오늘날 튀르크어나 이란어를 사용하는 중앙아시아 민족들의 형성에 주도적인 역할을 하였다. 후에 큡착인들은 우즈벡, 카작 그리고 일부 카라칼팍 등 다수 민족의 형성에 참여하였다. 중앙아시아 민족들은 생활양식, 문화특질 등을 공유하는 긴 역사 속의 상호 작용에 의해서 서로 깊게 관련되어 있다. 그들이 함께 겪은 역사 발전과 외세에 대한 공동의 투쟁 과정 등을 통해서 이들 중앙아시아 민족들 간의 유대 관계는 매우 강하게

3) Narody Srednei Azii i Kazakhstana, I, Moscow, 1962, pp.81-103.

발전하였다. 그러나 이들 각 민족들이 갖는 특이한 문화유산들을 간과해서는 안 될 것이다. 이런 점에서 범튀르크 민족주의Pan-Turkism나 범이란 민족주의Pan-Iranism는 정치적 목적에 따라 다소 과대 평가된 면이 없지 않다고 본다.

중앙아시아의 민족들은 16세기부터 제정 러시아의 지배 하에 들어간 19세기 중반까지 300년 동안 우즈벡 칸들의 통치하에 발전하였다. 언어와 문화가 동일했으며 민족들 사이에 초기적인 민족의식이 싹트기 시작하였으나 우즈벡 칸들이 지배하는 시기에는 중앙아시아 민족들이 보다 긴밀한 민족 연합체로 발전하기에는 조건이 맞지 않았다. 몽골 침입은 하레즘 샤 통치하에서 형성됐던 중앙 집권적인 강력한 힘을 파괴시켰으며 중앙아시아를 여러 봉건적 지방 세력으로 분할시켜 놓고 말았다. 이와 같이 분할된 중앙아시아는 사회 경제적인 면에서나 정치적인 면에서 매우 낙후되는 결과를 낳았다. 중앙아시아의 경제는 끊임없이 서로 죽이는 부족 간의 전쟁으로 인해 더욱 악화되었다. 경제적 악화와 농업과 수공업의 쇠퇴 현상은 중앙아시아의 민족 공동체 발전 및 민족 단일체로의 발전에 악영향을 미쳤다. 부하라, 히바Khiva, 코칸드Kokand 칸국들은 그들의 인종 구성에 있어서 단일 민족을 구성하지 못하고 혼합되어 있었다. 히바 칸국에는 우즈벡인, 투르크멘인, 카라칼팍인, 카작인들이 있었다. 우즈벡인들은 또한 데쉬트-큽착 우즈벡인들과 원주민의 후손인 사르트Sart 인으로 나뉜다. 히바 칸은 투르크멘인들과 카라칼팍인들에게 비생산적인 영토를 부여하고 과다한 세금을 부과하며, 강제노역과 강제 군복무를 시키는 등의 정책을 통해 차별하였다. 그들의 봉기는 무자비하게 제압되었다. 부하라 칸국에서도 특권층을 형성한 봉건 우즈벡 귀족들은 타직인들을 핍박하고 압제하였다. 한편 제정 러시아 통치하에서도 중앙아시아 민족들은 러시아의 중앙아시아 통치 정책에 따른 민족간 분리주의 정책에 희생되어 왔다.

제2장
중앙아시아 국가들의 현황

I. 카자흐스탄(카작스탄; Kazakhstan)

카자흐스탄 개황

국가설립: 1991. 12. 21	의 회: 양원제(상원, 하원)
공화국의 날: 1991. 12. 16	수 상: N. Balgimbayev
국경일(독립기념일): 1991. 10. 25	외무장관: K.K. Tokaev
정치체제: 공화제(대통령제)	집권당: 국민의회당
원 수: Nursultan Nazarbayev	국 방: 360천

인 구	16,741,519 (2002년 7월 현재)
연령별 인구	0~14세: 26% (남 2,212,985 / 여 2,141,392) 15~64세: 66.5% (남 5,393,281 / 여 5,731,288) 65세 이상: 7.5% (남 434,879 / 여 827,694)
인구증가율	0.1% (2002년)
유아사망률	1,000명당 58.95명 사망(2002년)
평 균 수 명	63.38세: 여 69.01세, 남 58.02세(2002년)
종 족 집 단	카작인 53.4%, 러시아인 30%, 우크라이나인 3.7%, 우즈벡인2.5%, 독일인 2.4%, 위구르인 1.4%, 기타 6.6% (1999년 총인구조사)
종 교	무슬림 47%, 러시아정교 44%, 개신교 2%, 기타 7%
언 어	카작어(국가어) 64.4%, 러시아어(공용어 및 종족 간 소통 언어) 95% (2001년)

총 GDP	구매력 $98.1 billion (2001년)
GDP-실질성장률	12% (2001년)
1인당국민소득	구매력 $5,900 (2001년)
GDP 분포	농업: 10%, 공업: 30%, 서비스업: 60% (2000년)
빈 민 층	26% (2001년)
가격상승률	9% (2001년)
노 동 인 구	8백 4십만 (1999년)
분야별 노동인구	공업 30%, 농업 20%, 서비스업 50% (2001년)
실 직 률	10% (2001년)
예 산	수입: $4.2 billion, 지출: $5.1 billion(2001년)
주 요 산 업	석유, 석탄, 철강, 망간, 크롬, 납, zinc, 구리, 타이타니움, bauxite, 금, 은, phosphates, sulfur, 트랙터, 모터, 건축자재
농업생산품	곡물(밀), 면화, 모직물, 가축
수 출	$10.5 billion (f.o.b.)
수 출 품 목	석유 및 석유제품 52.8%, ferrous metals 12.9%, 기계, 화학, 곡물, 모직물, 육류, 석탄 (2000년)
주요 수출국	러시아 19.5%, 중국 7.3%, 독일 6.2% (2000년)
수 입	$8.2 billion (f.o.b.)
수 입 품 목	기계 및 부속 29.5%, 에너지 및 오일 11.3%, 전자제품 8.8%, 자동차 8.7%, ferrous metals 6.4% (2000년)
화 폐	텡게 tenge (KZT)
환 율	tenge/USD - 151.14 (2002년 1월), 146.74 (2001년), 142.13 (2000년), 119.52 (1999년), 78.30 (1998년), 75.44 (1997년)

....

튀르크 역사학자 바르톨드Barthold에 의하면, 현재 '카작인'이라고 불려지는 중앙아시아의 튀르크족들이, 몽골제국의 통치하에서 벗어나기 위해 자신들의 종족에서 이탈하여 방황하며 도적생활을 하고 지내게 되면서 카작이라는 말이 유래하였다고 한다. 즉, 그는 카작qazaq이라는 말이 qaz – '배회하다'는 동사에서 파생한 단어라고 주장한다. 한편 카작 민간인들 사이에서는 카작이라는 말이 qaz '거위'와 aq '흰', 이 두 명사의 합성어라고 믿고 있다. 이러한 민간 어원론은 그들의 민간 전설을 반영한 것인데, 전설에 의하면 하얀 거위가 처녀로 둔갑해서 사람들을 낳게 되었는데 이들이 카작인들의 조상이 되었다는 것이다.

카작이라는 말은 15세기 러시아제국의 문서에 최초로 등장한다. 여기에서 카작은 한 사회 계층 그룹을 지칭하는 말로 사용되었다. 즉 당시 지배층인 카슴Kasym가(家)에 예속한 사람들을 다른 하층 계급의 사람들과 구분하기 위하여 카작이라 불렀던 것이다. 당시의 역사적 사회적 상황을 고려해 보면 몽골제국이 와해되면서 설립된 튀르크계 타타르인들의 카잔칸국이 러시아제국에 의해 붕괴된 후, 타타르인들 중 자신들의 부족장들과 함께 러시아인 지배자들을 섬기기 위해 집단으로 들어온 사람들을 카작인들이라 불렀던 것이다. 여러 자료들을 종합해 보면 이들 카작인들은 단순히 타타르인들이었다기 보다는 여러 튀르크계 부족 즉, 크림 타타르인, 카잔 타타르인, 그리고 큡착, 노가이인 등 튀르크계 부족들로서 러시아 지배층에 예속되어 일하는 집단을 일컬었으리라 짐작된다. 또한 15세기 중반에 볼가 튀르크인들 사이에서 '자유 용사들'이라는 의미로 카작이라는 말이 사용되었다.

결론적으로 말하면 '카작인'이란 말이 원래 종족 명이 아니라 한 사회 계층, 즉 몽골제국과 카잔 칸국Khanate(公國) 붕괴 후에 러시아인들에게 고용되어 군인으로 봉사한 새로운 튀르크계 부족 그룹을 의미하는 것으로써, 어원적으로 이 단어는 qaz- '배회하다'에 명사 형성 접미사 -aq이 붙어서 파생하였다. 즉 정치적인 이유로 몽골제국의 지배를 이탈하여 집단을 이루고 지내던 튀르크계 집단으로써 몽골제국 붕괴 후에 러시아제국에 예속된 사람들을 지칭하여 카작인이라 불렀던 것이다.[4]

15~16세기에 카작인들이 러시아 중앙부에서 남방 변경지대로 이주하여 자

치적인 농민 군사 공동체를[5] 형성하였는데, 이 후에 이들 집단을 가리켜 카작인들이라 부르게 되어 지금에 이르렀다.

1. 역사와 배경

1) 원시, 고대시대

초기 구석기 시대에 카자흐스탄 지역에 원시적인 타제석기를 사용하는 원시인이 살았던 흔적들이 카라타우Kara Tau 산맥과의 동굴과 북부 발카쉬 지방에서 발견되었다. 신석기 시대에는 원주민들이 활과 토기, 석기 공구들을 만들어 사용했으며 가축사육과 농경이 BC 3, 4천년 전에 이 지역에서 시작되었음을 보여주는 유물이 발견되었다. BC 1500~1000년 청동기 시대의 유물은 안드로노보Andronovo문화의 유물이 대표적이다. 안드로노보 부족(部族)은 가축을 방목하고, 괭이를 사용하여 경작을 하였으며, 사냥이나 낚시에도 종사했던 것으로 알려져 있다.

BC 5백년 경에 초기 정착 원주민들은 대부분 유목민으로 전환하였다. 헤로도트Herodotus는 이 시대의 부족들을 아시아 스키타이인Scythians이라고 불렀는데, 페르시아의 아케메네스 왕조(BC 558~331)시대에 쓰여진 설형문자 기록에는 이 부족들에 대하여 사카에Sacae라고 불리고 있다. 스키타이인들처럼 고대 페르시아어를 사용했던 사카에 부족들은 목축업과 함께 관개농업을 개척했고 철제 도구를 사용했다. 각 부족은 부족 연맹체를 이루어 BC 2~3세기에 사카에 문명을 이루었다. 우순Usun이라고 불려지는 부족 연맹체는 천산산맥, 발카쉬 호수에서 이식Issyk(光) 호수에 이르는 세미레체Semireche 지역과 시르다르야강 중부지방, 그리고 카라타우Kara Tau(黑山) 지역에 정착하

---

4) 카작은 원래 kazakh 혹은 kazaq로 표기되며 우리말로 카자흐 혹은 카작으로 표기할 수 있으나, 여기서는 튀르크어의 음운 체계를 따라 '카작kazak'으로 표기하기로 한다. 나라이름 역시 카자흐스탄 혹은 카작스탄 등으로 표기될 수 있으나 동일한 이유로 '카자흐스탄'으로 표기하기로 한다.

5) 이러한 농민 군사 공동제를 러시아어보 카자제스트보kazachestvo라고 한다. 이는 '초원의 말 타는 자'란 뜻을 가지고 있으며 모험자, 자유인이라는 의미도 있다.

였다. 한편, 알라니Alani라고 불려지는 부족은 아랄해 서안에서 카스피해 북쪽 안으로 이동하여 정착하였다. 이들 유목민족들은 유목생활을 하였고, 철제 도구를 사용하였다. 대상(隊商) Caravan들은 실크로드를 건너 우순의 영토를 통과하였으며 이들의 활동으로 중국, 트란속시아나Transoxiana, 볼가 유역까지 상업적인 유대관계가 형성되었다. 우순Usun 부족연맹체는 쿤미Kunmi 또는 베이Bey가 통치하였으며 그 직책은 세습되었다. BC 1세기에 칠리미 Tsilimi라는 쿤미는 그의 영역 내에서 타부족민이 사육하는 것을 금지시켰는데, 이러한 영토 내 통치권 강화와 침범금지 정책은 원시공동체 사회의 분열을 가지고 왔으며, 통치자의 부(富)의 축적 그리고 통치권 강화와 더불어 봉건적 계급관계를 형성시켰다. 이리하여 가속화된 부족간의 전쟁은 원시공동체를 약화시키게 되었고, 이처럼 약화된 우순연맹체는 돌궐인들의 공격으로 인해 붕괴되었다.

2) 카자흐스탄 지역에 중세 돌궐계 부족국가의 형성과 발전

카자흐스탄 지역에서 발달한 원시 공동체는 고대에 노예제도 단계를 거치지 않고 곧바로 중세의 봉건단계로 발전하였다. 이 지역에서 세워진 최초의 봉건국가는 6세기 중엽에 형성된 돌궐계 국가들이었다. 4~6세기에 돌궐제국(突厥帝國)을 건설했던 고대(古代) 튀르크족은 8세기에 이르러 돌궐제국이 중국 당(唐)에 의해 붕괴되기 시작하면서 이 지역에로 유입하기 시작했다. 8세기 초에 돌궐계Türk(튀르크계) 튀르케쉬Türgesh부족이 일리Ili강(江)과 추Chu강(江) 중간 지역에서 칸국을 건설하였고, 751년 탈라스 국제 전에서 아랍의 도움으로 중국 군을 격퇴한 튀르크계 카를룩Karluk이 766년 이 지역에서 그들의 칸국을 세웠다. 튀르케시와 카를룩 통치 시대에 이 지역에서 봉건체제는 크게 발달하였다.

또한 오늘 날 잠불Dzhambul 지역인 타라즈Taraz에서 수공업과 무역이 발달했으며, 더불어 도시가 형성되었다. 도시와 유목민 집단 지역과의 경제적 유대 관계도 정착되기 시작하였고 튀르케시 부족이 제조한 화폐도 등장하게 되었다.

한편, 탈라스 국제전 이후에 돌궐족이 이슬람화되기 시작했는데, 8세기부터

10세기까지 이슬람은 남부 카자흐스탄에 널리 퍼졌다. 후에 중앙아시아의 서부 스텝에서 이슬람 셀주크제국을 건설한 이슬람 튀르크족은 소아시아까지 진출, 11세기 후반에 비잔틴제국을 소아시아반도에서 몰아내게 되었다.

9세기에서 11세기에는 카자흐스탄 남부와 남서부가 봉건국가를 이룬 튀르크계 오우즈Ohguz부족의 지배를 받았다. 대상들은 오우즈의 영토를 지나서 트란속시아나, 이란, 카프카스 지역 및 볼가강 유역을 왕래하였다. 카자흐스탄 북부와 중부 지역에는 튀르크계 부족인 키막Kimak과 큽착Kypchak[6] 부족이 자리잡고 있었다. 키막과 큽착 부족들은 주로 목축에 종사하고 있었다.

세미레체의 부족들은 10세기 초에 동(東)튀르키스탄 튀르크계 부족 야으마Yagma 부족의 침략을 당했다. 9세기 말 카를룩에 의해 세워진 카라한Kara Khan 조(朝) 역시 야으마 부족의 공격을 받았다. 10세기 말과 11세기 초에 튀르크계 최초의 이슬람 국가 카라한 조는 카쉬가르Kashgaria, 세미레체 그리고 서부 스텝 트란속시아나에 이르는 거대한 영토를 병합하여 강력한 국가로 발전하였다. 11세기 후반 튀르크계 봉건국가들 간의 치열한 전쟁이 계속되었다. 카라한제국에 대하여 트란속시아나를 장악한 셀주크Selchuk제국의 공격이 시작되었다. 그러나, 결국 카라한제국은 거란족Kara Kitay에 의해서 1130년에 붕괴되었다. 중앙아시아에서 발생한 이러한 봉건제국들 간의 전쟁으로 인하여 무역이 크게 퇴조하였다. 12세기에 세력을 형성하고 등장한 몽골이 이 지역에 침입하기까지 카라키타이는 세미레체 지역을 통치하였다.

지금까지 이 지역에 남아 있는 건축물들은 10~12세기에 카자흐스탄 지역의 발달된 경제 문화 상황을 잘 말해 주고 있다. 이 시기에 시르다르야 강 유역을 따라 많은 도시가 발달하였다.

3) 카작 민족공동체 형성과 발전

1219~1221년 동안의 카자흐스탄 지역은 몽골제국의 공격을 받게 되었고,

---

6) 튀르크계 부족 큽착Kypchak은 후에 널리 볼가 강 유역과 러시아 남서부 지방까지 넓게 분포되어 살게 되었고, 몽골제국의 지배시기에 큽착칸국을 이루었다. 현재 카자흐스탄에서 사용하는 카작어는 튀르크계 언어 중에서 키르기스어, 타타르어, 바쉬키르어 등과 함께 바로 이 큽착 그룹에 속한다.

칭기즈칸 후손들의 통치하에 놓이게 되었다. 몽골제국의 후기에 카자흐스탄은 타타르족이 지배하는 금(金)호르드Golden Horde(큽착 칸국)의 지배하에 놓이게 되었고, 몽골제국 붕괴 후에는 백(白)호르드White Horde와 모굴리스탄 Mogulistan의 통치를 받았다. 방대한 영토를 지배했던 백호르드는 14세기 말부터 15세기 초에 걸쳐서 노가이Nogay[7]호르드와 우즈벡 칸국Özbek Khanate으로 나뉘게 되었다. 노가이호르드는 우랄과 볼가강 유역을 지배했고, 우즈벡 칸국은 아랄해(海)로부터 북구의 토볼Tobol, 동부의 이르티쉬Irtish에 이르는 넓은 지역을 통치하게 되었다.

이처럼 큽착 칸국이 붕괴된 후 15세기 중엽에 이르기까지 큽착 초원을 중심으로 등장하기 시작한 튀르크계 우즈벡족이 시르다르야강을 건너서 서(西)튀르키스탄으로 이동하였다. 그들은 그 곳에서 샤이바니 왕조의 부하라 칸국을 건설하였는데, 이 때 카작인들은 우즈벡족으로부터 분리되어 현재의 카작 초원의 중부와 남동부로 이동하여 독립적인 유목민 집단을 이루게 되었다. 이리하여 카작 민족공동체가 이 지역에서 형성되기 시작하였다. 한편 추Chu와 탈라스Talas 지역에는 다시트-이-큽착Dasht-i- Kypchak 지역에서 이동해온 이주민들의 커다란 정착지가 형성되었다. 몽골제국과 튀르크계 민족 타타르의 지배가 끝이 나면서 15세기 말과 16세기 초에 세미레체는 카작 민족 공동체의 중심지로 크게 발전하였다.

16세기 초반에는 30만 내지 100만에 달하는 많은 사람들이 이동하여 마침내 서쪽으로는 우랄 산맥과 카스피 해 북서안, 동쪽으로는 발하쉬 호수에 이르기까지 광대한 영역을 차지하게 되었다. 카작 카슴Kazakh Kasym 통치 하에 (1511~1523) 카작 칸국은 크게 발전하였고, 인구도 1백만에 이르게 되었다. 16세기 중엽 노가이 호르드가 무너지고 모굴리스탄과 시베리아의 칸국들이 멸망하게 되자 이들 칸국들의 주요 부족을 이루고 있던 카작인들이 카작 민족 공동체에 합세하게 되었고 카작 공동체는 민족 공동체로 정착하게 되었다.

이들은 유목 생활을 주로 하고 칸을 중심으로 왕후가 지배 계층을 구성했었다. 카작 사회에서 농민은 봉건적 예속 농민으로서 샤루아Sharua라고 불렸

---

7) 노가이Nogay족은 본래 몽골계 부족으로서 후에 완전히 튀르크족화된 부족이다.

다. 농민들 이외에 노예 계급을 이루는 쿨Kul도 있었다. 농민들은 법적으로 노예는 아니었으나 봉건영주의 노역에 봉사해야 하는 의무를 가지고 있었다. 유목사회가 혼란해질 때는 노예 농민들이 봉건영주의 소유물을 약탈하고 다른 곳으로 이주해 도망하는 일들이 빈번하였다. 자신이 속한 마을 공동체 아울 Aul로부터 도망한 농민들은 다른 영주에게 소속하였다.

중세 카작인들은 외적으로는 수니파 무슬림이었으나, 종교는 형식적인 것이었다. 그 당시의 카작 민족 사회는 관습법과 이슬람법에 의하여 통제 받았고, 영웅 서사시와 해학적인 이야기, 순수성을 지키려는 젊은 영웅의 비극적인 이야기 등 구전 전승 문학이 유행했다.

17세기 중엽에 카작 민족은 3개의 호르드[8] — 대(大)호르드(발하쉬 호 주변에서 시르강 하류), 중(中)호르드(카작 중부 초원지방), 소(小)호르드(아랄해 북부 초원) — 로 나뉘어 세력이 약해지면서 대 · 중 호르드는 중가르(큽착 칸국의 후예)의 지배하에 들어가게 되었고, 후에 청나라에 의해 중가르가 멸망하면서 중국의 명목상 속국이 되어 일부는 신장성으로 이주했다. 한편 러시아가 17세기부터 시베리아를 지배하게 되면서 우랄강 유역에서 이르티쉬Irtish 강 상류 유역을 연결하는 시베리아 남쪽 경계에 요새 성을 구축하여 유목민 카작인들의 침입을 방지하는 한편 중앙아시아 무역의 거점으로 삼았다.

4) 러시아의 카작 합병

18세기 초 동쪽의 중가르Dzungar 칸국의 침입으로부터 시달려 온 카작은 크게 쇠약해졌다. 카작 칸국은 내부적으로 분열되어 전쟁이 계속되었다. 카작 칸국의 칸Khan 아불카이르의 통치권은 소(小)호르드에 국한되었으며, 중(中)호르드는 세메케 칸Semeke Khan, 큐축 칸Küchük Khan 그리고 술탄 바락 Barak 및 아불맘베트Abulmambet 등이 분할 통치하고 있었다. 이때에 이미 러시아는 카자흐스탄 북서부 인접 지역까지 진출해 있었고 경제적인 목적으로

---

8) 호르드Horde는 튀르크-몽골계 어휘로써 본래 군대(軍隊)를 뜻한다. 군대를 중심으로 형성되어 있거나 혹은 전체 부족민의 군대화된 성격을 가진 당시 유목민족 사회에서 지배자 칸 Khan 혹은 술탄Sultan을 중심으로 형성된 독립적인 유목민 통치 집단을 호르드Horde 혹은 오르두Ordu라 불렀다.

카자흐스탄 진출의 기회를 노리고 있었다.

1710년, 1728년, 1729년 중가르 칸국의 카자흐스탄 공격은 계속되었다. 이러한 대 환난 시기에 카작 제후들의 반격으로 간신히 영토를 지켰으나, 카작인들은 크게 위협을 받고 있었다. 마침내 1926년 아불카이르 칸은 러시아 편입을 러시아에 요청했고 1731년 이 요청이 수락되어 실질적으로 러시아에 합병되었다. 1735년 아불카이르의 요청으로 러시아는 오르스크Orsk 강어귀에 요새를 건설하였다. 러시아의 카자흐스탄 통치가 강화되면서 1731에서 1740년 사이에 대다수의 카작 칸Khan과 술탄Sultan들이 러시아에 복속되었다. 1740년대 초에 중가르의 카작 공격이 재개되었으나, 러시아군은 이를 격퇴하였다.

러시아의 카작 식민 통치는 경제적으로 카자흐스탄이 발전하는 계기가 되었다. 러시아와 무역이 증대되었고 군사요새와 더불어 도시가 건설되었다. 그럼에도 불구하고 카작 봉건 제후들 간의 권력투쟁과 반목은 계속되었다. 1748년에 아불카이르 칸이 살해되었다. 정권을 계승한 그의 아들 누랄르Nuraly는 소(小)호르드의 칸이 되어 러시아의 지원 하에 중(中)호르드와 서부 지역 히바Khiva까지 그 세력을 확대하려고 했으나 성공하지는 못했다. 한편, 대(大)호르드의 대부분을 지배하여 영역을 확장했던 중가르는 중앙아시아 진출을 노린 중국 청조(淸朝)의 공격을 받고 그 세력을 잃게 되었다.[9] 또한, 이 일을 기회로 코칸드칸국Kokand Khanate은 침켄트Chimkent를 포함한 카자흐스탄 남부 지역을 장악하였다.

칸Khan과 술탄 계층이 러시아의 보호를 요청하게 되면서 시작된 러시아의 카자흐스탄 진출은 이처럼 가속화되었다. 러시아는 1740년에는 중·소 호르

---

9) 러시아의 중앙아시아 진출이 가속화되자, 전통적으로 중앙아시아에 대한 영향권을 행사해 온 중국은 러시아의 진출을 우려하여 중앙아시아 진출을 꾀하게 된다. 그러나 중앙아시아에 대한 두 양대 세력의 대결은 러시아가 군사적 영향력을 통해서 중앙아시아의 공국들을 장악함으로써 러시아의 승리로 끝나게 되었다. 마침내 중국은 1881년에 러시아와 피터스브르그 조약Treat of St. Petersburg을 체결함으로써 중앙아시아에 대한 러시아의 지배를 인정하게 되었다. 이 조약은 1689년에 러시아와 체결한 네르친스크Nerchinsk조약과 더불어 러시아의 시베리아와 중앙아시아에 대한 통치권 Status quo를 인정하는 것이 되었다. 이로서 15세기에 조그만 모스크바 공국으로 시작한 러시아는 거대한 유라시아 대륙을 국토화하여 통치하는 세계 최대 영토 소유국으로 발전하게 되었다. 중앙아시아는 후에 러시아로부터 독립해 나오지만 시베리아는 지금까지 여전히 러시아인의 통치하에 놓여 있다.

드를 명목상 속국으로 만들었으며, 1750년에 이르러서는 카자흐스탄 초원 전체를 지배하게 되었다. 러시아는 카작 왕족들의 권력을 축소하고 러시아 문화를 이식함으로써 카자흐스탄의 완전한 식민지화를 꾀하였다. 카작인들은 러시아 군대와 상인에게 곡물과 축산물의 공급권, 공업 제품의 시장 지배권 그리고 토지까지 빼앗기자 그들의 불만은 팽배해졌다. 드디어 1783년 러시아 제국주의 세력에 대항하여 수차례 반란을 일으켰다(1783~1797, 1916년 반러시아 폭동). 그러나 러시아제국의 카자흐스탄 지배는 1917년 10월 혁명이 일어날 때까지 계속되었다.

러시아경제의 카자흐스탄 진출은 전통적인 유목민족적 경제 체제를 영위하던 카자흐스탄 경제에 획기적인 발전을 가져왔다. 19세기 초반에 이르러서는 카자흐스탄과 러시아의 무역관계가 크게 발전하였는데, 대개 축산품은 러시아에 수출한 반면 곡물과 공산품은 러시아로부터 수입되었다. 한편, 카자흐스탄의 정착 농업도 상당히 향상되었다. 당시에 소(小)호르드에 5,330여개의 농장은 약 26,160ha의 경작지를 보유하고 있었다.

카자흐스탄의 통치 체제도 유목민족적 봉건 체제에서 러시아제국의 통치 체제로 변모하였다. 이러한 변화는 중(中)호르드에서 가장 먼저 일어났다. 중호르드의 부케이칸Bukey Khan과 발리칸Vali Khan의 사망을 계기로 1822년 러시아는 카자흐스탄에 러시아제국 통치자 짜르에 의해 임명된 식민 정부가 세워졌다. 행정 체계도 근대식 행정 체계로 바뀌었다. 스페란스키M.M. Speranskiy가 작성한 시베리아 키르기스 법전Statutues on the Siberian Kyrgyz에 근거하여 국내 행정 단위 8개 주(州)로 편성되었다. 주(州)는 군(郡)Volost으로 구분되었고, 군에는 마을을 구성하는 하급 행정 단위 아울Aul이 있었으며 아울은 50~70개의 키비트카(kibitka 대가족 단위의 유목민 텐트)로 구성되었다. 소(小)호르드에서 1824년 칸Khan의 통치가 와해되고 호르드의 영토는 세 지역으로 분할되어 통치되었으며, 근대식 지방 행정 체계가 도입되었다.

이와 같은 러시아의 지배하에 개혁적으로 형성된 새로운 통치 행정 체계에서 러시아의 중앙집권적인 식민 통치는 더욱 더 강화되었다. 그러나, 이러한 러시아의 식민 통치에도 불구하고 극히 전근대적인 유목사회를 형성하고 있던 카자흐스탄의 사회적 변화와 함께 경제적 발전은 괄목할 만한 것이었다. 술탄, 바이스, 바트르의 권한은 약화되었으며 가부장적인 노예제도가 금지되었다. 이 시대에 러시아의 식민 통치에 항거하는 봉건 민족주의 세력의 활동도 계속되었다.

　러시아의 식민통치에 대한 봉건 민족주의 노선의 저항도 계속되었다. 대표적인 반러시아 민족주의 지도자는 술탄 케네사라 카슴Kenesara Kasym이었다. 그는 소수 카작 칸들과 세력을 규합하여 중앙아시아 민족주의 노선과 연합함으로써 반러시아 정책을 추진하였다. 부케이 칸국에서 일어난 봉기는 대표적인 반러시아 항쟁이었다. 1820년대 중반 타이노프I. Taimanov와 우테미소프M. Utemisov 통치기에 대규모 농민저항 운동이 발생하였으나 진압되었다. 부케이 칸국의 봉기 진압 후에 러시아는 시르강(江) Darya, 이르기즈Irgiz, 그리고 투루가이Turgay 강 유역에 요새를 건설하였다. 연이어서 1847년 라임Raim 요새가 건설되었고, 1848년 카잘르Kazaly 요새가 건설되었다. 1840년대에 코칸드와 히바 칸국은 중앙아시아에 대한 러시아 식민 진출에 대항하여 카자흐스탄 남부 지역을 공격하였다. 오렌부르그 러시아 총독 페로브스키V.A. Perovsjii는 러시아제국의 지원을 받아 대대적인 군사 원정을 개시하였다. 결국 코칸드의 악메치트Ak Mechit 요새는 함락되었고 이 지역이 러시아제국의 식민통치에 들어갔다.

　한편 봉건적 민족 제후 통치를 거부하며 친(親)러시아 식민 통치를 지지하는 세력도 있었다. 코칸드와 히바의 반러시아 민족주의 봉건 제후Bek들의 영향권 아래 있던 남부 카자흐스탄 농민들은 러시아가 세워 놓은 카자흐스탄 내 요새(要塞)로 피신해 들어 왔다. 1831년에는 대(大)호르드로부터 약 7,500 세대가 유입되었다. 1821년 남부 카자흐스탄의 농민들은 친(親)러시아 정권을 지지하며 코칸드 칸국에 대항하여 봉기하기도 했었다.

　1845년에 카팔Kapal 지역의 카작 유목민들은 자발적으로 러시아에 투항하였다. 1846년에는 대호르드의 카작인들의 거주 지역인 일리Ili 강 유역의 세미레체 지역이 러시아에 편입되었다. 1854년 러시아 짜르 정부는 현재의 알마트Almaty 지역인 베르느르Vernyr에 요새를 건립함으로써 이 지역에 대한 통치권을 강화하였다. 이 요새가 건립된 후 수많은 코사크Kosak인들이 대거 이 지역으로 이동해 들어 왔다.[10] 이와 같은 알마티 지역의 러시아화 정책을 막기 위해 코칸드 칸국은 1860년 가을 2만여 명의 기마병을 파견하여 러시아 세력 정벌을 시도하였으나 러시아 군대에 의해 대패하였다. 이 전쟁 이후 코칸트 세력은 우준 아아츠Uzun Agach 너머로 퇴

꺼지지 않는다는 카작의 '영원한 불'

각하였고 이리하여 세미레체 지역은 완전히 러시아에 복속되게 되었다.

러시아제국의 카자흐스탄 완전 통합은 1860년대에 이루어졌다. 러시아의 짜르 정부는 카자흐스탄 전 지역에 대해 행정 개혁을 단행하였다. 이리하여, 세미레체와 시르강 유역은 1867년에 튀르키스탄Türkistan에 편재되었고, 우랄스크와 투루가이 지역은 1868년 오렌부르그에, 악몰린스크Ak Molinsk와 세미팔라친스크Semipalatsinsk 지역은 분리하여 서시베리아의 총독의 관할하에 두었다. 모든 토지는 국유화하여 술탄, 바이스, 바트르 등 기존 민족 기득권 세력의 영향권을 약화시켰다.

이러한 개혁에 대하여 카작의 대부분의 계층은 불만족하였다. 과거 지도층뿐만 아니라 농민들도 세금부과, 토지 소유의 규제 그리고 식민군사 통치에 반발하였다. 조직적이고 중앙 집권적인 행정 통치 체제에 익숙지 않고 자유분방한 유목민 생활 패턴에 익숙한 카작인들로서 이러한 새로운 법질서에 대해 매우 억압적으로 느껴졌다. 이리하여 우랄스크Uralsk, 투루가이Turgay 그리고 만그슬락Mangyshlak 등의 지역에서 민중 봉기가 발생하였다. 그러나 민중 봉기는 진압되었다.

5) 러시아제국 말기와 사회주의 혁명(1900~1920)

러시아제국 식민 통치기에 카자흐스탄은 러시아의 식민지 시장이며 원료 공

---

10) 코사크인들은 슬라브계 러시아 유목민족으로서 10세기 이후 다른 러시아인들이 대부분 농경 생활로 정착했음에도 불구하고 이들은 여전히 산악 지대 등에 살며 유목 생활을 계속하였다.

급원이었다. 러시아 정부는 카자흐스탄 광산업을 크게 발전시켰으며 시베리아 철도 건설, 오렌부르그-타쉬켄트 철도 건설 등으로 러시아와 카자흐스탄 교역이 활성화하였다. 1911년에는 엠바Emba 지역에서 최초로 석유를 시추하였다. 이와 같은 러시아의 카자흐스탄 개발 사업에 부응하여 카자흐스탄의 봉건적 경제 체제와 자연경제가 사라지고 자본주의 경제가 자리를 잡게 되었다. 한편 이러한 경제 발전에도 불구하고 대부분의 주요 교역이나 기술 집약적 산업은 러시아인들이 장악하고 있었으며 대부분의 카작인들은 광산 노동자, 농민으로서 경제 활동에 참여했다.[11] 소수의 카작인 민족 자본가들은 축산업과 농장들을 통해서 민족 자본을 형성시켜 나갔다.

마르크스 사회주의 운동이 전개되기 시작하면서 1890년에서 1910년까지 카작인들과 러시아 노동자들이 수차례 조직적인 연대 파업을 하였다. 특히 1900~1903년 동안 노동자 파업은 카자흐스탄 전역에서 발생하였다. 이 기간 동안 스파스크 구리 공장과 우스페스키, 에키바스투즈 및 카라칸다 광산에서 노동태업이 발생하였다. 물론, 이러한 일련의 노동쟁의는 카작 민족주의 운동과는 관계가 없는 것으로써, 마르크스주의 운동가들에 의해 유도되는 것이었다. 당시 대표적인 사회주의 혁명가로는 대부분 카자흐스탄 내 러시아인 혁명가들로서 하리토노프V.G. Kharitonov, 구세바Z.V. Guseva, 포크로보스키 P.P. Pokrovskii 및 카신스키P.M. Kashinskii 등이었다.

이와 같은 사회주의 노선의 노동운동은 1903년에 들어서는 정치 운동으로 발전하였다. 모스크바의 마르크스주의자들과 연대하여 진행되는 이러한 운동은 1903년 5월 1일 우랄스크Uralsk에서 정치 시위 형태로 발생하였으며 1905년 이후 혁명 열기가 더해지면서 그 기세는 더욱 확대되었다. 1905년 12월에는 우스펜스키 구리광산 노동자들은 토포르닌P. Topornin 및 바이차그로프Bay Chagyrov 등 마르크스주의자들의 주도하에 러시아-키르기스 동맹을 결성하였다.

이러한 혼란기에도 러시아제국이 추진하는 중앙아시아의 러시아화를 목적으로 하는 러시아인들의 중앙아시아 이주 정책은 계속되었다. 특히 1906년부

11) 이와 같은 현상은 공산 혁명 이후 소련 체제하에서도 크게 변하지 않았다.

터−1912년까지 러시아 당국은 러시아제국 내 농촌문제를 해결하기 위하여 45만에 달하는 러시아인들은 아크몰린스크, 투르가이, 우랄스크, 세미팔라친스크 등지로 대거 이주시켰다. 카작인들이 경작해 오던 농토는 이주해 온 러시아인들에게 양도되었다. 이주 정책을 추진하는 러시아 정부는 친(親)러시아계 보수파 카작 농촌 지도자들, 즉 바이Bay들에게 특혜를 주어 사유 재산권을 인정하였다. 이러한 정책은 카자흐스탄 내에 저변으로부터 마르크스주의 운동을 부채질하였다. 결국 카작인 민중 지도자 바트르Batyr 아마넬드 이마노프A-mangeldy Imanov의 주도하에 1916년 전(全)카작 주민이 참가하는 사회주의 민족해방 운동이 발발하였다.

1917년 2월 혁명 후에 카자흐스탄에 이중적 권력 구조가 형성되었다. 1917년 3월 노동자소비에트와 군인소비에트가 각각 베르니, 세미팔라친스크, 페트로파블로브스크, 쿠스타나이, 악티우빈스크, 악몰린스크, 그리고 페로브스크에서 결성되었다가 4월에는 이 두 세력이 연합하여 노동자-군인소비에트를 결성하였다. 농민 대표와 키르기스 대표가 연합하는 농민-키르기스소비에트도 5월에 열린 농민 의회에서 결성되었다.[12] 혁명 초기에는 중앙아시아 소비에트의 대부분을 멘세비키파들과 사회주의 혁명가들이 장악하고 있었다.

한편 보수-민족주의 노선을 표방하는 일부 카작 민족주의 지도자들은 임시정부를 수립하고 러시아제국으로부터 완전 독립을 꾀하였다. 그들은 임시정부 산하에 튀르키스탄 위원회, 임시정부의 지역 및 군(郡) 위원회, 집행위원회, 시 및 볼로스트 인민위원회 등을 구성하였다. 이들 민족주의 노선은 처음부터 독립을 공개적으로 표방하지 않았던 까닭에 사회주의 혁명에 반대하는 러시아자본가들의 지원도 얻을 수 있었다. 임시정부는 8월과 9월에 세미레체 지역과 부케이 스텝 지역에 계엄령을 선포하였다. 이들은 1917년 7월에 보수 민족주의 노선 알라쉬Alash당(黨)을 결성하였다.

볼세비키당(黨)은 9월에 오렌부르그, 페트로파블로브스크, 그리고 페로브스크 소비에트에서 절대 다수를 장악하였다. 이들은 9월 말에는 오렌부르그−타

---

12) 여기서 말하는 키르기스는 카작인이 중심이 되면서 키르기스인들을 포함하는 말이다. 당시에는 카작인 거주 지역과 키르기스인 거주 지역을 포함하여 키르기스스탄으로 칭하고 있었다.

쉬켄트 철도 파업과 시위를 일으켜 혁명 세력을 지지하였다. 농민 봉기가 테미르, 콕체타프, 세미레체, 부케이 등지에서 대대적으로 발생하였다. 10월 초에 세미팔라친스크 농민대표회의 소비에트에 권력을 이양하는 결의안을 채택하였다. 이리하여 혁명 세력은 카자흐스탄에 적군(亦軍)을 조직하였다.

알마 아트Alma Aty(舊알마아타)를 비롯한 몇 개의 도시를 장악한 사회주의 정치당은 카작 민족주의자들이 결성한 알라쉬Alash당과 강렬하게 대립하였다. 같은 해 12월, 이슬람 종교 지도자, 지식인, 부르조아 민족주의자들이 오렌부르그에서 모여 자치 독립을 선언했고, 민족 지도자 부케이하노브A. Bukeikhanov를 중심으로 하여 독립 정부를 수립하였다. 우랄과 세미레체 카작 지방에도 군사 정부가 세워졌고, 오렌부루크-타쉬켄트에도 평화적으로 독립 정부가 수립되어 있었다.

한편 1917년 11월 알라쉬당(黨), 멘세비키당(黨) 그리고 사회민주주의자들의 지지를 받고 코사크 부족장 두토프Dutov는 오렌부르크에서 소비에트에 대항하여 봉기하였으나 곧 진압되었다.

그러나 1918년 1~2월 중, 투르가이와 세미팔라친스크에서 무력에 의해 소비에트 정부가 수립되었고, 남동부의 세미레체에서는 노동자들이 봉기하고 서부 우라리스크에서는 농민들이 봉기하여 소비에트 정부 수립을 선언하였다. 이 정부는 3월 말에 군사 정부와 민족주의자들에 의해 무너졌다가 1919년 1월, 적군(赤軍)에 의해 회복되었다.

1918년 5월 11일 러시아를 장악한 레닌은 포고령을 발표하여 대기업의 재산을 국유화하였다. 카자흐스탄에는 카자흐스탄 소비에트 자치정부가 수립되었고 남부 지역 시르강과 세미레체는 1918년 4월에 건립된 튀르키스탄 자치공화국에 편입되었다.

1918년 봄과 여름 기간동안 한 때 보수주의 노선과 백규(白軍), 그리고 카작 민족주의 노선이 연합하여 소비에트 혁명 세력을 누르고 카자흐스탄의 대부분을 장악하였다. 1918년 7월 초에 코사크 부족장 두토프는 오렌부르그를 다시 장악하고 카자흐스탄 일부와 튀르키스탄을 소비에트 러시아의 영향권에서 완전히 분리시켰다.

이에 소비에트 러시아의 지원을 받아 오렌부르그, 세미레체 및 우랄스크 지역에 연합전선이 형성되고 시르강, 세미레체, 투르가이, 브케이 스텝 지역에 적군이 결성되었다. 1918년 가을 레닌은 중앙아시아와 카자흐스탄 소비에트 혁명 세력에 대한 대대적인 지원에 나섰다. 스텝 지방의 혁명가 장길딘A.T. Dzhangildin을 통해서 다량의 무기와 군수품이 오렌부르그에 지원되었다. 카작인 소비에트 민중 혁명가 아만게리 이마노프의 활약이 대단했다. 1919년 1월 22일 동부 지역과 오렌부르그에서 소비에트 연합 전선이 오렌부르그를 완전히 재탈환하였고, 1월 24일에는 우랄스크도 장악하였다.

1919년 4월 보수 민족주의 연합이 이끄는 백군(白軍)은 악티우빈스크를 재장악하여 소비에트 세력에 대항하였다. 4월 말에는 백군이 우랄스크도 장악하였으나 소비에트 빨치산 지하조직이 이끄는 인민 봉기가 발발하여 어려움을 겪었다. 백군과 적군의 대결은 1920년 봄까지 치열하게 계속되었다. 동부 전선에서는 백군 장군 콜착Kolchak이 적군에 대항하여 분전했으나 결국 패전하고 말았다.

카자흐스탄의 소비에트화는 레닌의 절대적인 지원에 의해 가능하였다. 레닌은 1919년 7월 10일 포고령을 발표하였다. 러시아공화국 인민 평의회에서 발표된 포고령의 내용은 1925년 4월까지 카자흐스탄 국가 건설을 위해 키르기스 지방 혁명행정위원회를 창설한다는 것이었다. 혁명위원회 위원으로 장길딘, 멘데세프S.M. Mendeshev, 페스트코브스키S.S. Pestkovskii 그리고 아이티에프A. Aytiev 등이 선임되었다. 1920년 8월 26일 러시아 중앙집행위원회와 인민평의회는 레닌과 칼리닌이 서명한 바 오렌부르그를 수도로 하는 카자흐스탄 국가(키르기스 사회주의 자치공화국) 창설을 위한 포고령을 인준하였다. 카자흐스탄에 악몰린스크, 세미팔라친스크, 투르가이, 우랄스크 지역, 트란스카스피 해(海)의 일부 지역, 아스트라한, 그리고 오렌부르그 등이 포함되었다.

보수-민족주의 노선과 마르크스 사회주의 노선의 격렬한 국내전이 막을 내리고 마르크스 사회주의 혁명 세력이 정권을 완전 장악함으로써 드디어 1920년 10월 4일에서 12일까지 카자흐스탄 소비에트 입헌의회가 오렌부르그에서 개최되었다. 이 의회에서 멘데세브를 의장으로 하는 중앙집행위원회와 라두스젠코비치V.A. Radus Zenkovich를 의장으로 하는 인민평의회가 선출되었다.

이리하여 카자흐스탄은 현재의 키르기스스탄을 포함해서 키르기스스탄 사회주의 자치국(自治國)으로써 출범하게 되었고, 1922년에는 소비에트 연방에 가입하였다.

6) 사회주의 카자흐스탄 건설(1921~1940)

카자흐스탄에서 소비에트 러시아의 지원을 받은 마르크스 사회주의 혁명이 성공을 거두면서 1921~1922년에 토지개혁이 시행되었다. 이 개혁입법에 따라 과거 러시아 짜르 정부에 의해서 강제로 탈취되었던 50여만 헥타르에 달하는 토지가 카작과 키르기스 현지인 원소유주에게 반환되었다. 1924년 봄 러시아 중앙집행위원회와 러시아공화국 인민평의회의 포고령에 따라 카작과 키르기스 유목민과 반(半)유목민에게 농토의 소작제도가 허용되었다.

1924년 1월 5일에서 10일 동안 열린 제4차 러시아공화국 소비에트의회는 공화국헌법 초안을 마련하였다. 1924년과 1925년에 중앙아시아 공화국들은 민족 거주 지역에 따라 민족 단위 국가로 재편성하였다. 이에 따라 카작인들이 대거 거주하는 시르강과 세미레체(제트수Dzhety Su) 지방은 키르기스공화국의 영토로 편성되었다.

1925년 4월 15일에서 19일까지 열린 제 5차 전체 카자흐스탄 소비에트의회는 카작 명칭을 국명에 넣어 카작 소비에트 사회주의 자치공화국Kazakh ASSR으로 변경하였다. 수도는 오렌부르그에서 크즐오르다Kyzyl Orda로 이전이 결정되었고 오렌부르그는 러시아공화국에 편입시켰다. 카라칼팍Kara Kalpak자치주는 카자흐스탄에 편입되었다. 1929년 5월 수도를 현재의 알마티Almaaty로 옮겼다. 1936년 12월에는 소련 헌법에 의거하여 카작 자치공화국은 소련을 구성하는 독립 공화국이 되어 「카자흐스탄 소비에트 사회주의 공화국」을 탄생시켰다. 1937년 3월 카자흐스탄 소비에트 제 10차 특별 회의는 카자흐스탄공화국 헌법을 채택하였다.

한편 소련에서 도(道)와 군(郡)이 폐지되고 주(州)가 도입됨에 따라 카자흐스탄에서도 1928년에 구Okrug(區)13)와 주Raion (州)가 도입되었다. 1930년 구Okrug와 주Raion가 폐지되고 6개 주(州) Oblast14)로 행정구역이 개편되었다. 1936년 소련 헌법에 따라 독립 공화국으로써 카자흐스탄의 행정구역이 재편성되면서 행정구역도 작은 단위의 주(州)로 바뀌었고 1936년부터 1939년까지 여러 주가 추가되었다.[15] 1944년 코체타프Kochetav주와 탈드쿠르간 Taldy Kurgan주가 신설되었다.

1960년부터 1965년까지 코체타프, 쿠스타나이, 파블로다르, 세베르니 카자흐스탄 및 첼리노그라드 등 5개 주(州)가 첼리니 지방Krai에 통합되고 자라드니 지방(악티우비스크주, 구레프주, 우랄스크주)과 유즈니 카자흐스탄 지방(잠불주, 크즐오르다주, 침켄트주)도 1962년~1964년 동안에만 유지되었다. 투르가이주는 1970년에 수립되었다.

1970년 8월에 카자흐스탄은 사회주의혁명의 승리 투쟁, 2차 세계대전에서 영웅적인 투쟁 및 공산주의 건설의 업적 등에 대한 공헌을 인정받아 10월 혁명 훈장을 수여 받았다. 1972년 12월에는 카자흐스탄은 소련 건국 50주년 기념일에 인민우정훈장을 수여 받았다.

사회주의 국가가 건설된 후에 카자흐스탄의 산업화는 가속화되었다. 1928~1937년 제 1~2차 5개년 계획 기간 중에 소련 정부 예산 20억 루블이 투자되었다. 다른 공화국에 근무하는 엔지니어, 기술자, 노동자들이 카자흐스탄 건설 프로젝트에 파견되었고, 카자흐스탄 거주민에게 기술이 전수되었다. 돈바스 Donbas탄전의 광부들은 카라간도로, 바퀴Bakü와 그로즈니Grozni의 유전 노동자들은 엠바Emba로, 하르코프Kharkov와 스베르들로프스크Sverd-lovsk가 기술자들은 카자흐스탄 공장으로 파견되었다. 제 2차 세계대전 이전 5개년 계획 기간 동안에 침켄트Chimkent 납공장과 발하쉬Balkash 구리 주

---

13) 1929년 카자흐스탄에 13개 구(區)가 설정되었다. 13개 구는 아다에프Adaev, 악몰린스크Ak-molinsk, 악티우빈스크Aktiubinsk, 알마아타Alma Ata, 구레프Gurev, 카르카랄린스크 Karkaralinsk, 크즐오르다Kyzyl Orda, 쿠스타나이Kustanai, 파블로다르Pavlodar, 페트로파블로스크Petropavlosk, 세미팔라친스크Semipalatsinsk, 시르다르야Syr Darya, 우랄스크Uralsk

14) 카자흐스탄에 6개 주가 편성되었다. 6개 주는 알마아타주(州), 악티우빈스크주, 보스토치니 카자흐스탄주, 카라칸다주, 자라드니 카자흐스탄주(1962년 이후에 우랄스크주로 바뀜), 유즈니 카자흐스탄주(1962년 이후 침켄트Chimkent주로 바뀜)

15) 추가된 주는 1936년 쿠스타나이주와 세비르니 카자흐스탄주, 1938년에 구레프주, 크즐오르다주, 파블로다르주, 1939년에 잠불주, 세미팔라친스크주, 악몰린스크주 등이 성립되었다. 1961년에 첼리노그라드주가 추가되었다.

조공장 등을 포함한 약 200여개의 대기업이 소련의 원조 하에 건설되었다. 튀르키스탄-시베리아 철도 튀르크쉬프Turksib가 건설되고, 카라간다-발하쉬, 루브초브카-리데르, 침켄트-렌게르, 우랄스크-일레츠크 철도가 건설되었다. 1940년 카자흐스탄 총산업 생산은 1913년에 비해 7.8배, 대기업의 생산량은 19.5배 각각 증가하였다.[16]

사회주의 농촌 건설 운동이 1929년 중앙아시아 전역과 카자흐스탄에도 빠른 속도로 전개되었다. 1930년 5월에 콜호즈가 전체 농장의 28.5%를 점유하게 되었다. 콜호즈 운동과 더불어 유목민 정착화를 유도하기 위하여 소작(小作)제도가 도입되었고 노예 쿨락Kulak과 농촌 전통 지배층 바이스Bais와 같은 계급제도는 폐지되었다. 1937년에 이르러는 전체 농장의 97.5%를 콜호즈가 차지하게 되었다.

전쟁 기간동안 사업 생산은 크게 증가하였다. 10억 루블 이상의 화폐와 수십만 푸드Pood(16.38kg)의 식량이 국방 기금에 투입되었다.

7) 고르바초프 개혁과 개방

고르바초프가 소련을 장악하면서 개방 정책과 함께 카자흐스탄에서도 새로운 변혁이 일어났다. 카자흐스탄 공산당 제 1서기 딘무하메드 쿠나에브Din-mukhamed Kunayev가 부정 혐의로 물러난 후, 러시아인 겐나디 콜빈Gennady Kolbin이 새로이 임명되자 1986년 12월 약 3,000명의 시민이 군중 시위를 벌였다. 이 사건에서 경찰의 시위 진압으로 카작인 2명이 사망하고 200명이 부상당했다. 이러한 군중 시위에도 불구하고 콜빈은 현직에 남아 있고 카작인 쿠나에프 측근들이 축출되자 카작 민족주의 운동이 더욱 더 거세어졌다.

다른 중앙아시아 공화국들에서처럼 언어 정책 문제는 민족주의 운동과 연계되어 카자흐스탄에서도 주요 이슈로 대두되었다. 학교 교육 언어로 카작어가 사용되지 않는 것에 대한 불만이 높아지자 1987년 카작어와 러시아어 두 언어를 교육어로 사용하도록 허락하는 법안이 공포되었다. 이어 1989년에는 카작어를 공식어로 사용하고 러시아어는 민족소통언어로 사용토록 하는 법이 최고

---

16) 지역정보센터, 전갈서. pp.45-46.

회의에 의해 공포됨으로써 카작 민족주의의 법적 기틀이 마련되었다.[17] 그러나, 일반 공무원들은 두 가지 언어를 모두 사용 가능해야 했다.

1989년 3월 전체 소련 연방 인민대표의원 선거가 실시되었다. 선거 후에 카자흐스탄인 누르술탄 나자르바이에프Nursultan Nazarbayev 가 카자흐스탄 제 1서기로 임명되었고 콜빈 서기장은 모스크바에 소환되었다. 나자르바이에프는 경제 개혁을 위해 정치 안정이 절대적임을 강조하면서 그해 9월 정치 및 행정 개혁을 단행하였다. 상설 기관으로써 최고회의가 발족되고 공산당 제 1서기의 직무가 최고회의 의장에게 이양되었다. 1990년 2월 1일 나자르바이에프가 최고회의 의장으로 선출되었다. 선거는 최고회의에서 대통령이 선출되는 간접선거제가 채택되었고 최고회의 의원은 직접선거에 의해 선출하되 복수 후보 선거제가 채택되었다. 그러나, 최고회의 의원 선거에서 공산당 의석 확보를 위해 전국구제도가 채택되었다.

1990년 3월 25일 최고회의 의원 선거가 새롭게 실시되었고 공산당이 압도적으로 승리하였다. 4월 최고회의에서 나자르바이에프가 초대 대통령으로 선출되었다. 1990년 10월 25일 최고회의는 공화국의 천연자원과 경제권에 대한 카자흐스탄의 독자적 통제권을 주장하는 주권선언을 발표하였다. 이 선언은 카자흐스탄의 소련으로부터의 완전 독립을 위한 전주곡이었다. 이 주권선언이 있자, 러시아인이 주민의 대다수를 이루는 우스트 카메노고르스크 시(市)에서는 반대 시위가 있었다. 한편, 이 선언서가 카자흐스탄의 완전 독립을 지양하고 있지 못하다는 이유로 카작 민족주의 단체들은 최고회의를 비난하며 선언서를 부인하였다. 나자르바이에프는 소련의 공화국 독립권이 강화되는 신 연방 법안 창제를 강력히 지지하고 나왔다. 그는 카자흐스탄 기업의 90%이상이 연방정부의 통제를 받고 있는 상황을 개탄하면서 카자흐스탄 경제 독립을 강력하게 주창하고 나왔다. 1991년 3월에 카라간다 광산에서 노동자들이 노동조

---

17) 카작어를 공식어로 채택한 조치에 대하여 인구의 다수를 차지하고 있는 러시아인을 비롯한 슬라브계 민족들의 반발이 없지 않았다. 언어 정책 등 카작 민족주의 정책에 반발한 러시아 민족주의 단체인 에진스트보Yedinstvo는 카자흐스탄에 지부를 설립하고, 러시아인 인구밀도가 높은 카자흐스탄의 북부 지역을 러시아에 병합되도록 시위를 벌이기도 했다. 1990년 9월 솔제니친을 비롯한 러시아 작가들이 이 지역을 러시아에게 이양하도록 제안하기도 하였다. 카자흐스탄 민족주의자들은 영토의 보호를 주장하며 반발하였다.

건 개선과 임금 인상을 들고 나와 파업을 강행하자 나자르바이에프는 노동자들의 요구 조건이 선결되기 위해서는 경제 통제권이 카자흐스탄에 이양되어야 한다고 연방정부를 설득하였다. 민족주의 단체들의 소리가 높아 가고 노동자들이 파업을 강행하는 것 등이 나자르바이에프의 공화국 독립 확보에 긍정적으로 작용하게 되었던 것이다.

　1991년 8월 20일 신(新)연방조약 체결이 모스크바 쿠데타로 불발했다. 나자르바이에프는 모스크바 쿠데타세력의 국가비상사태위원회가 불법임을 선언하였다. 쿠데타 불발 후에 나자르바이에프는 쿠데타 세력의 지지를 공개적으로 표명했던 당지도부 공산당 정치국 및 중앙위원회의 정치활동을 중지시켰다. 이리하여 그는 명실 공히 카자흐스탄 헌법이 보장하는 유일한 국가지도자로서 자리를 굳히게 되었다. 나자르바이에프는 이러한 과도기에서 비슬라브계 국가지도자로서 중앙아시아 튀르크계 국가들의 지도자로서 자신의 위치를 공고히 하며 그의 지도력을 과시했다. 1991년 12월 21일 카자흐스탄 구수도 알마티에서 열린 독립국가연합CIS이 창설회의가 열리자, 카자흐스탄은 다른 중앙아시아 공화국들과 함께 CIS 공동설립자로 들어갔다.

　과거 소련 내에서 카자흐스탄은 경제적으로 매우 중요한 위치를 차지하였다. 광대한 농경지와 풍부한 농작물 — 1979년 소련 흉작 때 카작은 전 소련 식량의 1/5를 생산해 냈다 — 이 외에도 철광, 아연, 석탄 등의 광산물의 저장량이 방대하기 때문이었다. 그러나 카자흐스탄 인구의 41%를 차지하는 러시아인들은 이곳의 원주민이 아니기 때문에 동화되기가 어려웠고, 분열의 불씨를 항상 안고 있었다.

　카자흐스탄 대통령 나자르바이에프는 그의 온건한 민족 정책 때문에 카자흐스탄 내 러시아인들의 상당한 지지를 받고 있다. 나자르바이예프가 카자흐스탄은 중앙아시아에서 수수민족이 이탈하지 않는 유일한 나라라고 자랑하지만, 내부적으로 러시아인들과 민족주의자 카작인들 사이에 갈등이 적지 않다. 1992년 12월에 1만 5천여 명의 러시아인들이 우스트 카메노고르스크에서 러시아어가 카작어와 함께 국어가 되어야 할 것과 러시아 시민권과 카작 시민권이 동시에 부여되는 이중 국적 취득을 보장해 줄 것을 주장하여 군중대회를 가졌다. 이러한 군중대회는 1992년 4월에 언어 정책에 관한 법안 초안이 발표된 이후에 일어난 것이었다. 결국 1993년 1월 29일에 확정안이 발표되었는데, 카작어를 공식어official language로 러시아어를 사회어social language로 확정하였다. 또한 이 법에 따라 카자흐스탄 대통령은 반드시 카작어를 사용해야만 한다고 규정하고 있다. 이러한 내용은 러시아인 국회의원들에 의해서 강력히 비난받았다. 이들이 주장하는 것은 이 법이 인구의 60%을 차지하는 비카작인들의 표를 다 얻어도 대통령이 될 수 없게 한다는 것이다. 러시아인 의원들은 이 법이 사회적, 인종적 불안을 조성하고 반러시아 차별을 조장하는 씨가 되고 있다고 주장하였다. 나자르 바이예프는 북부 카자흐스탄의 러시아인들이 분리주의 운동을 통해서 러시아에 합병할 것을 우려하고 있다.

2. 카작 민족주의 운동

모스크바 정부가 추진하는 바, 소련의 러시아화를 위해서 러시아인을 비롯한 슬라브족을 비슬라브계 민족집단 속으로 이주 시키는 재배치 정책Relocation Policy의 결과로 중앙아시아의 인구가 급격히 증가하게 되었다. 스탈린이 통치하는 시기에는 슬라브계 민족뿐만 아니라 소수의 고려인, 유대인, 게르만인들이 중앙아시아에 강제로 이주되어 왔고, 이로 인해 카자흐스탄 내의 카작인의 인구 비율이 줄어들게 되었다. 현재 카자흐스탄 내의 카작 뛰르크족의 비율은 36%에 지나지 않는다.

카자흐스탄에 대한 슬라브인의 유입은 현지 카작인에 대한 사회적, 경제적 기득권이 박탈되는 것으로써 민족 부르주아적 계층의 거센 반발을 불러 일으켰다. 이러한 상황에서 20세기 초부터 소규모 카작 민족주의 운동이 일어나기 시작하여, 10월 혁명 이후 공산 세력에 대항하는 무력을 동반하는 조직적인 무슬림-민족주의 저항운동, 즉 비스마치 운동이 생기게 되었다. 민족 저항 운동은 특히 스탈린의 탄압정책 이후 국민들 사이에 깊게 뿌리 내리기 시작했는데, 이러한 반러시아 민족 감정은 오늘날까지 이어져 내려오고 있다.

카작인의 민족주의 운동은 부르주아적 반사회주의 운동으로써 단호하게 탄압되었다. 1916년에 노동력 징발을 거부하며 일어난 카작인 반란자 약 2천명이 학살당했으며, 1930년 초에는 농업 지역 내에 강압적으로 유목민들을 정착시키기 위해 추진된 정책에 반대하는 유목 카작인들이 대량 학살되려고 했던 사건 등은 카작인 차별 정책으로 유명하다.

카작인들의 반(反)러시아인 감정은 최근 구소련 개방정책이 있게 되면서 기회를 타서 재발하였다. 1986년 2월 16일, 당시의 소련 대통령인 고르바초프의 요청에 의하여 22년간 카자흐스탄의 공산당 제 1서기로 근무하였던 브레즈네프파(派) 카작인 쿠나예프 정치 국장을 부정 부패의 이유를 들어 해임시키고, 그 후임자로 러시아인 겐나디 콜빈을 기용했던 사건이었다. 소련에서는 각 공화국의 민족 감정을 자극시키지 않기 위해 공화국의 제 1서기만은 그 공화국 출신자로 결정하는 것이 관례였는데, 민족 감정 문제에 대해 경솔하게 생각했던 고르바초프와 소련 정부가 이 관례를 깨뜨린 것이었다. 이 일로 인해, 앞에서 언급한 바와 같이 1986년 2월 17~18일, 수백 명의 학생들과 민족 청년 멤버들이 가세한 시위대가 격렬한 데모를 벌였고, 카작인 2명이 사망하고 시위대 200여 명이 부상을 입었으며, 7명의 경찰이 사망했다.

3. 언어

카자흐스탄의 공식어는 카작어이며 러시아어는 민족 소통어로써 공식어와 마찬가지로 공용어로 사용되고 있다. 카작어는 카라칼팍어, 키르기스어, 노가이어, 바쉬쿠르트어, 타타르어 등과 함께 튀르크계어의 큡착Kypchak 그룹에 속한다. 다른 많은 언어들과는 달리 카작어는 자체 방언이 거의 존재하지 않고 단일화되어 있다. 카작 튀르크어는 카자흐스탄 이외에 카라칼팍 자치공화국과 중국 위구르 자치구 및 몽골 거주 카작인들에 의해서도 사용되고 있다. 러시아어로부터 차용된 어휘가 많은 카작어는 튀르크계 언어이지만 음운 형태 변화가 심하여 아나톨리아 반도의 터키 사람들과 거의 40% 정도밖에 의사소통이 되지 않는다. 우즈벡어나 터키어 어두음 y-(ㅇ)가 카작어에서 j-(ㅈ)로 변화하는 것이 특징이다.

4. 인구 및 민족구성

카자흐스탄 인구는 2002년 7월
통계로 16,741,519명이다. 카자흐
스탄의 주민은 카작인이지만 그
인구의 구성비는 전체 인구의
40%에 지나지 않으며 러시아인이
38%를 차지하고 있다. 18세기 말

말타는 카작인

이후 경제적인 이유로 러시아인들의 이주가 계속적으로 이루어져 1980년에만
해도 러시아인의 인구는 제 1위를 차지했었다. 1991년 독립 이후 카자흐스탄
정부는 카작인 인구 구성 비율을 높이기 위해 몽골 서부 지역에 거주하는 카작
인들을 대거 카자흐스탄 영토 내로 이주시켰다. 또한 최근에 카작 내 러시아인
들의 러시아 이주로 인해 러시아 인구의 비율이 다소 줄어드는 경향에 있다.

카자흐스탄에는 10여 개의 소수민족이 거주하고 있는데 주요 민족을 인구
비율로 나누면, 카작인 이외의 민족 구성은 러시아인(38%), 우크라이나인
(5%), 게르만인(6%), 우즈벡인(5%), 타타르인(2.1%)[18], 고려인(1.1%)[19], 기타
등으로 이루어져 있다.

카작인은 카자흐스탄 이외에 다른 나라에도 다수 분포되어 있다. 중국 신장
성 위구르 자치구에 6십 5만 명가량의 카작인이 거주하고 있는데, 이들은 대
부분 볼셰비키 혁명 이후에 이주해 간 사람들이다. 약 3만 명의 카작인이 북부
아프가니스탄에 거주하고 있다.

카자흐스탄의 인구는 농촌보다 도시에 더 집중되어 있으며, 남자보다 여자
가 더 많다. 도시 인구는 전체 인구의 57%이며 농촌 인구는 43%를 차지하고

---

18) 타타르(Tatar)인은 튀르크계 민족으로서 인구 면에서 튀르크족으로서는 우즈벡인들 다음으
로 제 2위를 차지하고 있다. 이들은 세계 제 1차 대전 이전부터 구소련에서 튀르크 민족주의
운동을 주도해 온 튀르크 민족주의의 중심 세력이다. 스탈린은 정권을 잡은 후 러시아 팽창
주의에 대한 최대의 견제 세력이었던 타타르인들을 곳곳으로 강제 이주시킴으로써 반체제
민족주의 운동에 쐐기를 박았다. 현재 타타르족의 국가로 독립국가는 없으며 러시아연방공
화국의 타타르 자치공화국이 있다. 타타르 자치공화국의 수도는 카잔Kazan이다. 카잔대학
교는 전통적으로 튀르크 민족연구의 중심지이며 동양학 연구의 전당으로 유명하다.
19) 카자흐스탄에는 알마티를 중심으로 약 10만명 정도의 고려인들이 거주하고 있다.

있다. 카자흐스탄의 1가구 당 평균 인구는 4명이다. 전통적으로 러시아인들의 출생률이 저조한데 비해 카작인들의 출생률이 비교적 높았다. 그러나 최근에 카작인들의 출생률도 저하되고 있는 추세에 있다.

카작인들은 중앙아시아 스텝 지역에 주로 거주하며, 아시아 몽골 인종에 속하는 민족으로 천산 산맥의 키르기스인과 매우 흡사하고, 체질적으로는 튀르크족과 몽골족과의 혼혈의 특징을 나타내고 있다. 키는 중키로 남자가 165~166㎝ 정도 또는 그 이하이며, 중두(中頭)에 광대뼈가 나왔다. 코는 짧고, 낮다. 머리카락은 직모이며, 까맣고 수염과 체모는 적은 편이다. 눈에는 흔히 몽골주름을 볼 수 있고, 유아에게는 대부분 몽골반점이 나타난다.

이들은 원래 양과 염소를 방목하는 유목민이었으며, 겨울에는 부족이 한 곳에 집합하지만, 봄에는 이동을 개시하며, 여름에는 10개 내외의 텐트로 나뉜 소집단으로 분산하여 전형적인 유목 생활을 해 왔었다. 그러나 러시아제국과 소련의 통치 하에서 키르기스인, 카라칼팍인, 투르크멘인 등 중앙아시아 튀르크계 유목민들과 마찬가지로 카작인들도 점차 정착 농경민으로 전환되었다. 다시 말해서 본질적으로 농경 정착 생활을 할 수 없는 이들이 정착화 된 것은 러시아(소련)의 강제 정착화 정책 덕분이라 해도 과언이 아니다.

5. 카자흐스탄의 고려인

1989년 통계로 소련 전체에 거주하고 있는 고려인(韓人)의 수는 약 43만 9천여명이다. 이 가운데 우즈베키스탄에 전체의 약 41.7%인 18만 3,1000명이 살고 있고 카자흐스탄에 전체의 약 23.5%인 10만 3,400명이 살고 있다. 카자흐스탄의 고려인의 지역별 분포를 보면 1989년 현재 쿠르간Kurgan주(州)에 1만 3590명으로 가장 많고 그 다음으로 잠불 시(市)에 1만 3,360명, 크즐 오르다에 1만 2,185명이 거주하고 있다. 구 수도 알마티와 주변에는 약 5200명의 고려인이 거주하고 있다.

카자흐스탄에 거주하는 고려인을 출생 지역별로 보면 62.3%가 카자흐스탄에서 출생하였고 이 가운데 50% 이상이 알마티 시(市)와 알마티 주(州)에서 태어났다. 고려인을 연령별로 구분해 보면 0~9세가 고려인 전체 인구의 19.6%, 10~19세가 16.6%, 20~29세가 13.5%, 30~39세가 19.8%, 40~49세가 11.2%, 50~59세가 9%, 60~69세가 6.4% 그리고 70세 이상이 3.9%를 차지하고 있다.

결혼 상황을 보면, 순수 고려인간의 결혼은 전체 고려인 인구의 18.7%에 불과하며 대다수가 이민족(異民族)과 결혼한 것으로 나타나 있다.

6. 위치 / 기후 / 지형 / 자원 / 산업

카자흐스탄은 중앙아시아 북부 초원 지대에 위치하며, 서쪽으로는 카스피해, 동쪽으로는 중국과 국경을 접하고 있다. 전 지역의 대부분이 낮고 평탄한데, 서쪽은 푸리카스피 저지(低地), 투란Turan 저지 등으로 구성되며, 중국과의 국경을 형성하는 동쪽 끝은 알타이, 중가리아 알라타우, 키르기스 등의 산지(높은 곳은 5,000m가 넘는다)이다. 영토는 2,717,300㎢이며 넓이는 동서로 3,000㎞이고 남북으로 2,000㎞에 이른다. 러시아와의 북쪽과 서쪽 경계선은 5,000㎞나 되며, 중국과의 경계선은 1,700㎞에 달한다. 러시아인들은 카자흐스탄을 중앙아시아에 포함시키지 않았다. 그들은 일찍부터 카자흐스탄을 러시아에 합병시키려는 의도가 있었던 것으로 보인다. 카자흐스탄의 북부 지역은 대부분 러시아인 거주민들로 구성되어 있다.

주요 하천들은 시르다르야강, 아랄해, 발하쉬호, 바이칼호 등이 있다. 평야 지대는 극히 건조하며, 북부는 여름철 기온이 서늘하여 7월 평균 기온이 19℃를 나타내지만, 남부의 침켄트 지역은 26~30℃까지 올라간다. 1월은 가장 추운 달로 -10℃ 전후이다. 극단적인 대륙성 기후를 나타내는 크즐쿰Kyzyl Kum 사막에서는 여름 최고 기온이 40℃, 겨울 최저 기온이 -4℃를 기록한다.

카자흐스탄의 기후를 전체적으로 나타내면 중앙아시아의 다른 지역에 비해 사람들이 지내기 쉬운 반(半)사막성 기후라고 말할 수 있다. 연평균 강수량은 비교적 적은 편으로 북부는 30㎜에 불과하며, 남부도 수십㎜를 나타내고 있다. 연 강수량의 대부분이 북부에서는 여름, 남부에서는 봄에 집중되어 있다.

천산산맥

동부의 산간 지대에는 비가 많이 내려 연 강수량이 1,000mm에 이른다. 식물의 생육 기간은 200~290일 정도이다.

카자흐스탄은 농업 부문에서 전통적으로 가축 사육을 하며, 양털은 카라쿨 양털의 1/3, 세계 시장에서 판매되는 아스프라한 양털의 1/5를 생산하고 있다. 특히 수자원 문제를 해결하기 위해서 직접 지하수를 이용하는 방법이 개발되고, 사막과 반사막 지대에 수십의 관개 오아시스를 개발하는 데 성공하였다. 그 결과로 목지 1억ha가 관개되었으며, 면양, 소, 말, 낙타, 돼지가 대량 사육된다. 면양은 구소련 2위이며 소는 3위를 기록하고 있다.

최근에 북부 카자흐스탄의 미개간지 개척에 따라 밀, 옥수수 등 경종(耕種) 농업이 비중을 많이 차지하게 되었는데, 밀 경작지는 구소련CIS 지역의 1/3을 차지하고, 그 외에 면화, 수수, 수도(水稻), 담배 등이 재배되고 있으며 메론, 포도 등의 산출량도 많다.

발하쉬호로부터 아랄해를 가로질러 카스피해에 이르는 이 지역은 연간 강우량이 적고 건조한 사막 기후이므로 천산 산맥과 파미르 고원에서 흘러 내려오는 여러 하천을 이용한 대규모 관개 농업이 이루어지고 있다. 소련에서 연간 농업 생산율은 6.4%였다.

카자흐스탄의 주된 수송 수단은 내륙에서 많이 이용되고 있는 철도인데, 특별히 원유는 파이프라인을 통해 수송된다. 카자흐스탄의 주요 동물군은 영양, 에크, 늑대, 곰, 눈 표범, 흰 담비, 검은 담비 등이며 호수나 강에는 잉어, 농어, 연어, 청어, 송어 등이 다량 서식하고 있다.

카자흐스탄은 유목중심의 국가였으나 목축과 농업을 체계적으로 발전시키기 위해 500km에 이르는 이르티슈 카라간다Irtish Karaganda 운하를 건설하였다. 이후에 오비 강 좌측의 지류인 이르티슈Irtish 강의 물이 카자흐스탄의 중앙부로 관개됨으로써, 1996년 현재 경지 면적은 32만 6,000km²이고 관개

농지의 면적은 2만 2,000㎢로 확
대되었다. 소련에서 그 결과 우크
라이나 다음가는 농업지대로 발전
하였다.

이르티슈, 이심의 양 하천과 시
르다리야 강 연안의 평야에서는
봄밀이 재배되고, 남부의 크질오
르다Kyzyl Orda를 중심으로 한

발하쉬 호수

시르다리야강 중상류 지역에서는 목화와 사탕수수가 주로 재배된다. 이와 같
은 남과 북, 양 지역의 중간이 반사막으로 되어 있어서 방목 축산이 이루어지
고 있다. 남동부에는 잎담배, 포도, 기타 과실이 재배되고 있다. 알마티 부근에
서는 관개농업이 발달하여 사과와 야채가 풍부하다.

광공업의 발달은 튀르크 쉬프 철도가 개통되고 정비됨에 따라 지하자원의
개발이 가능해져서 많은 공장이 지역에 입지하게 되었다. 석유, 석탄, 철, 연,
아연, 망간, 니켈, 인광 등 지하자원이 풍부하게 매장되어 있으며, 석유는 서부
의 엠바 강 하류와 카스피해의 동북 연안지대, 석탄은 중앙고지의 카라간다,
철광석은 북서부의 토볼강 연안, 구리는 중앙고지와 발하쉬호 북안에서 채굴
된다.

카자흐스탄의 석유 매장량은 약 250억 배럴로 중동의 쿠웨이트 것보다 많은
것으로 알려져 있고, 구소련 전체 생산량의 39.1%에 해당하는 석유를 생산하
고 있다. 1991년에는 2,660만 톤의 석유를 생산하였으나 독립 이후 서구 자본
과 기술을 도입하여 시추작업을 계속해 왔다. 2001년부터는 대량 생산에 들어
가서 석유 강국으로 서서히 도약하고 있다.

망기쉬라크 반도 말단부에 있는 포르트셰프첸코는 근처에서 매장량이 풍부
한 유전이 발굴된 후 석유화학 공업단지가 이 지역에 건설되었다. 또한 엠바
강 하류유역에서 카스피해에 이르는 지역은 유전지대로써 아테라우 부근과 악
튜빈스크 주에 정유공장이 집중되어 있다. 아테라우와 오르스크 간에는 송유
관이 부설되어 있다. 카스피해 북부의 탱기스 유전은 그 규모가 거대해서 20
세기 최후로 남겨진 대유전의 하나로 평가되고 있다. 그 자체매장량은 90억

Barrel로 추정되며, 서구자본과의 제휴로 일일 원유생산량 120만 Barrel 생산을 목표로 시추작업이 진행되었고 근래에 다량 생산에 들어갔다.

천연가스도 망기쉬라크 반도나 아랄해의 북서 연안에서 산출되어서 우즈베키스탄 가즐리와 러시아연방 첼랴빈스크 간에 연결된 파이프라인을 통해 돈바스 공업지역으로 송출되고 있다. 또한 카자흐스탄의 북부, 러시아연방과의 국경 근처에 있는 카라챠가나크에는 천연가스가 매장되어 있어서 이탈리아와 영국의 자본이 60년간의 개발권을 갖고 채굴을 진행 중에 있다.

카자흐스탄 중부의 카라간다 탄전은 소련 제 3위의 산출량을 자랑하였으나, 석회분이 많아 대기오염의 원인이 되어 고품질의 선별 채광이 과제로 남아 있다.

카자흐스탄 철광석 생산량은 구소련 전체의 14.2%를 담당하고 있다. 철광석은 북부의 루드니, 중앙부의 카라잘에서 채굴되어 상당량이 우랄지역으로 이송된다. 테미르타우와 카자흐스탄 고원의 제즈카즈간에서 발하쉬호 북안에 걸친 지역에서는 소련 당시 구리 산출 제 1위였다. 채굴된 구리는 카르삭파이, 제즈카즈간, 구루보코예 등지에서 제련된다.

아연도 다량 생산되어 침켄트, 우스티카메노고르스크, 레니노고르스크 등지에서 정련되고 있다. 니켈광은 악튜빈스크, 안티몬은 첼리노그라드, 흑색금속 야금은 테미르타우와 카라간다, 보크사이트광은 파블로다르 지방에서 산출되어 수력발전소가 있는 우스티카메노고르스크와 파블로다르에서 제련된다.

카자흐스탄에는 구소련 최고의 비철 금속 단지가 형성되어 있고, 전자 제품, 핵 발전, 로켓 제조에 필수적인 비스뮤, 카드뮤, 탈륨의 최고 순도를 자랑한다.

잠불은 과인산 비료공장이 유명하며, 아테라우에서는 석유채굴 기계, 첼리노그라드와 알마티에서는 농업기계, 파블로다르에서는 트랙터 등이 생산되고 있다. 농기구 생산은 구소련에서 1위를 기록하고 있다.

경공업으로는 각종 농산물의 가공분야로서 특히 육가공 부문이 발달하여 구소련에서는 우크라이나 다음이며, 세미팔라틴스크 등 4개소에 집중 분포되어 있다. 육가공 제품은 통조림의 형태로 외국에 수출된다. 그 외에 제분, 피혁, 유지, 제미, 제사 등의 공장이 각각 원료 산지의 근처에 설치되어 있다. 또한 피혁가공도 유명하다.

카자흐스탄은 소련의 연료와 전력의 중심지였다. 가동 중인 20개의 화력 발전소가 있어서 하루에 3십만 톤의 석탄이 사용된다. 여기서 생산된 전기는 중앙아시아, 우랄, 서(西)시베리아에 공급되고 있다.

그러나, 풍부한 자원을 갖고 있음에도 석유, 천연가스, 석탄 등은 화학공업으로 연결되지 않은 채 원유 상태로 수출되고 있다. 철광석과 비철금속은 채광과 정련만을 현지에서 하고 가공과 최종 제품은 다른 지역에서 이루어지고 있는 것이다. 따라서 본격적인 공업화를 위해서는 유용한 천연자원과 풍부한 인적자원을 어떻게 효율적으로 공업화에 동원하느냐가 과제이다.

7. 경제동향

1) 국내 경제

카자흐스탄은 소련 내에서 러시아 다음으로 큰 나라로써 구소련의 12.2%에 달하는 영토를 차지하고 있다. 카자흐스탄의 경제가 소련 내에서 차지하는 비중도 1990년 말 기준으로 NMP의 4.6% 정도로 러시아, 우크라이나에 이어 세 번째를 점하고 있다. 그러나 카자흐스탄 경제는 마이너스 성장을 지속해 오고 있다가 2003년 국제원유 가격의 상승과 원유생산의 가시화로 경제가 구소련CIS 국가로는 보기 드물게 급격히 호전되고 있다. 특히 소련 붕괴 이후에는 경제 및 사회 개혁에 따른 혼란과 공화국간의 교역 체제 와해로 1991년 GDP 성장률이 전년 대비 11.8% 감소한 이래 1992년 -13.0%, 1993년 -12.9%를 기록했으며 1994년에 들어서도 산업 부문 전반의 생산 저하로 이러한 감소 추세가 계속되었다.

중앙아시아 국가들의 에너지 생산 상황(1992년)

국가	석탄(백만 톤)	원유(백만 톤)	천연 가스(천만 ㎥)
카자흐스탄	127.0	25.7	8.1
우즈베키스탄	4.7	3.3	42.
투르크메니스탄	1.0	5.2	60.1
키르기스스탄	2.2	0.1	0.07
타지키스탄	0.2	0.01	111.14

카자흐스탄의 화폐

카자흐스탄이 지속적으로 추진하고 있는 경제개혁 기조는 점진적인 시장경제화로서 1990년에 이미 임대법 외국인투자법 대외경제관계법 재산법 등 주요 법률을 제정하는 등 여타 공화국과 비교하여 일찍부터 경제개혁에 착수하였다. 카자흐스탄의 시장경제로의 이행을 위한 생산구조개혁과 경제개혁을 추진하고 있는데 특히 식품공업, 경공업 및 내구 소비재 부문에 집중적인 투자를 하고 있다.

1992년 1월 6일에는 러시아의 가격자유화 정책에 대응하기 위하여 기초 식료품과 서비스 부문 등을 제외한 가격자유화(석탄, 석유 포함)를 단행하였는데, 이러한 조처는 여타 CIS 공화국에서와 마찬가지로 물가 폭등을 가져와 1992년 1,513%, 1993년 1,571%, 1994년에는 1,850% 정도로 추산되는 급격한 물가 상승을 초래하였다. 이러한 수치는 정부의 예상보다 훨씬 높은 것으로서 사회적 불안이 대두되고 있다. 그러나 1992년 1월의 부분적인 가격자유화 조치 이후 1994년 중에는 식료품, 에너지 등의 품목에 대해 추가적인 자유화 조치를 단행함으로써 가격자유화는 완성 단계에 있으며, 무역에 있어서도 원유 및 원유 제품 등을 제외한 대부분의 품목에 수출 Quata가 폐지되고 우즈벡-키르기스 등과의 자유무역협정이 체결되는 등 자유화가 순조롭게 진행되고 있다. 이뿐 아니라 1991년 9월 사유화법이 공포된 이후 사유화작업이 본격적으로 추진되어 소규모 기업은 대체로 순조롭게 사유화가 진행되고 있으며, 중 대규모 기업의 경우에서는 민영화 방식을 둘러싼 의견 대립 등으로 다소 부진한 실정이다.

카자흐스탄의 통화정책은 오랫동안 러시아의 통제를 받아 왔으나 1993년 11월, 카자흐스탄은 루불권을 탈퇴하면서 독자적인 텡게Tenge화를 도입하여 카자흐스탄의 중앙은행 National Bank of Kazahkstan이 통화 신용 정책을 담당하도록 하였다. 지난 1994년 상반기에는 인플레에 따른 화폐수요증가로 통화량이 급격하게 증가하였으나 1994년 하반기에는 중앙은행의 긴축재정 금융정책으로 인플레가 다소 진정되면서 그 추세가 크게 둔화되었다.

2) 국외경제

카자흐스탄의 대외경제적인 측면에서 가장 중요한 비중을 차지하는 것은 역시 공화국간의 교역이다. 1991년도에는 공화국 간 교역이 수출의 89.5%, 수입의 92.8%를 차지하였으나 1992년 이후 이 비율이 점차 낮아져서 1993년에는 수출이 66.9%, 수입이 70.9%를 기록하였으며, 1993년 11월의 루불권 탈퇴로 1994년 들어서는 공화국간의 교역이 더욱 줄어들고 있는 추세이다. CIS 공화국간에 교역에서 가장 중요한 교역 대상국은 러시아로서, 러시아는 공화국 간 수출의 61%, 수입의 56%를 점하고 있으며 그 밖에도 중국, 스웨덴, 독일, 이탈리아, 미국, 스위스 등과 교역을 하고 있다. 카자흐스탄의 주요 수출 품목은 원료, 연료 및 광물자원이고 주요 수입 품목은 기계 설비나 섬유류, 수송장비류, 식료품 등이다. 한편 무역수지는 공화국간의 교역과 공화국 외 교역 부문 모두에서 적자 기조를 벗어나지 못하고 있으며, 특히 공화국간의 무역 적자는 매우 크다.

소련 붕괴 이후 CIS국가들은 소련의 모든 외채를 공동으로 부담하기로 하였다. 카자흐스탄의 분담률은 3.86%로써 실제 액수로는 약 25억 달러 정도가 되었으나 1992년 12월 카자흐스탄은 러시아와 외채 및 대외 자산 양도 협정을 체결하여 러시아가 카자흐스탄의 외채를 맡는 대신 구소연방에 대한 카자흐스탄의 지분을 러시아에 양도하는 것에 합의하였다.

1994년 6월말 기준으로 카자흐스탄의 외채 잔액은 23억 달러로 추정되는데 이 중 13억 달러는 러시아에 대한 채무였다. 1992년과 1993년 사이에는 정부 보증으로 기업이 도입한 외채에 대한 상환연채가 빈발하자 카자흐스탄 정부는 1994년 10월 말까지 3천5백만 달러의 외채를 우선 청산하기로 하고, 기업의 외채 도입을 통제함과 동시에 이미 정부 보증으로 기업들이 인출키로 예정되어 20억 달러에 대해서도 그 도입을 포기한다는 결정을 내리기도 했었다.

그러나 카자흐스탄의 외환 보유고(금 포함)는 1993년 말 7억 달러에 비해 1994년 말 10억 달러로 증가하였으며, IMF가 1994년에 지원한 체제이행차관 STF 8천5백만 달러, 대기성 차관 1억 달러 등 총 1.9억 달러와 World Bank

가 1995~1997년 중에 지원하기로 한 10억 달러 규모의 자금 공여 등으로 나아지고 있다.

3) 석유산업과 경제성장

(1) 석유 생산 증가와 대규모 해외투자자금 유입

카자흐스탄의 석유 확인 매장량은 54억에서 176억 배럴에 달한다. 2005년으로 계획된 개발 첫 단계에서의 생산량은 십만bbl/d이 될 것으로 예상되고 개발이 더 진행될 경우 카자흐스탄은 세계 5대 석유 생산국이 될 것으로 예상되고 있다.

카자흐스탄은 상당한 양의 석유와 천연가스 보유고로 세계 에너지시장에서 중요한 위치에 있다. 석유와 천연가스분야에 대한 해외투자가 밀려 들어옴에 따라, 중앙아시아 국가인 카자흐스탄은 엄청난 생산 잠재성을 깨닫기 시작하고 있다. 또한 수출에 있어서 여러 가지 선택권을 가진 카자흐스탄은 향후 10년 내에 세계 최대 석유 생산 수출국 중의 하나가 될 수도 있다.

1991년 소련 공산주의 체제 붕괴로 독립한 카자흐스탄은 지난 수년 동안 경제적으로 눈에 띄게 성장했다. 소련이 붕괴에 따른 즉각적인 여파로 몇년 동안의 경제위축을 겪은 후에 카자흐스탄의 경제쇠퇴는 1995년에 끝났으나 1998년 8월 러시아의 재정 위기와 세계 원유가격 폭락으로 또 한번의 경제침체를 겪어야만 했다. 그러나 1999~2000년 세계 원유가격 회복과 시기적절한 텡게 Tenge 화의 평가절하로 경제가 침체의 늪에서 벗어날 수 있었다. 카자흐스탄의 경제는 부분적으로는, 적절히 시행된 금융정책과 경기 부양책으로 1999년 하반기에 기록적인 성장을 했다.

그 결과 인플레이션이 10%이하로 내려갔고 예산이 남고 통화가 안정되고 실업률이 감소하게 되었다. 1999년 1.7%의 성장을 한 후에 2000년 카자흐스탄의 실질 GDP는 정부가 공식적으로 계획했던 수치의 세 배인 9.8%로 증가하였다. 2001년에 카자흐스탄은 전년도의 경제 성과를 바탕으로 실질GDP를 13.8% 증가시키면서 독립 이후 최고의 경제성과를 거두었다.

카자흐스탄의 경제 성장의 원동력은 석유 수출 및 석유와 천연가스 산업에 대한 해외투자의 증가였다. 카자흐스탄 경제통상 장관은 국내 석유산업은 현재 카자흐스탄의 정부 예산 수입의 약 30%에 달하고 있으며, 해외투자 자금 유입이 계속 늘어나고 있다고 밝혔다. 카자흐스탄의 잠재성을 보고 거대 규모의 석유 및 천연가스 분야에 해외 투자가 집중되고 있는 것이다.

(2) 카스피해 석유 소유권 국제분쟁

카스피해의 카자흐스탄 연안 지역의 석유개발은 연안국가 사이의 소유권에 대한 논쟁으로 지연되고 있다. 이러한 의견 충돌은 카스피해가 환경문제를 포함하여 관련 국제법 하에서 어떻게 다루어져야 하는가에 대한 카스피해 연안 국가들 사이에 합의가 도출되지 못하고 있기 때문이다.

카자흐스탄은 러시아, 아제르바이잔, 투르크메니스탄 등과 카스피해 영해 분할 협정에 조인했었다. 그러나 이 협정은 카스피 해 상황이 모든 연안 국가 사이에서 해결될 때까지는 효력이 발휘되지 못하는 것이다. 2001년 7월 이란의 무장 헬리콥터가 아제르바이잔 영해에서 탐사를 하고 있던 British Pet-roleum 탐사 선을 강제로 몰아냈다. 이란은 이 영해가 이란에 속한 것이라고 권리 주장을 한 것이다. 이 사건을 계기로 긴장이 고조됨으로써 다자간 협정에 대한 필요성이 더욱 더 증가하였다.

그러나 2001년 10월까지 모종의 최종협정 타결 자체가 불가능하다는 것이 명백해지자 카스피해 연안국가 정상회담도 무기한 연기되는 사태로 발전했다.

(3) 석유 수출

카자흐스탄의 석유 산업이 직면하고 있는 또 다른 주요 문제는 카자흐스탄의 석유를 세계시장으로 수출하는 수송 루트를 확보하는 것이다. 다른 중앙아시아 모든 국가들과 같이 카자흐스탄 역사 내륙에 속해있기 때문에 대외 물자 수송에 많은 장애를 겪어 왔다. 소련 체제 하에서 카자흐스탄의 파이프라인은 러시아의 파이프라인과 연계되어 있었고 카자흐스탄의 석유는 모두 러시아의 파이프라인을 통해서 수출되었다.

카자흐스탄의 총 석유 수출량은 2001년 558,000bbl/d 로 증가하였으나, 수출 파이프라인의 부재와 카자흐스탄의 불리한 지리적 입지 조건 때문에 수출량 증대에 근본적인 문제에 직면해 있는 것이다. 2001년 석유 수출은 기차를 통해서 이루어지거나 카스피해를 가로질러 화물선을 통해서 수송되었다. 또한 일부는 아트라유 사마라 파이프라인을 통해서 러시아를 통해 수송되었다. 이런 문제로 인해 카자흐스탄은 러시아와의 협력을 강화함으로써 이 문제를 해결하려고 한다.

현재 카자흐스탄은 카스피해 송유관 컨소시엄 사업 문제에 대해 러시아와 긴밀히 협력하고 있다. 이 사업을 통해 카자흐스탄은 방대한 매장량을 가진 텡기즈 산 원유를 러시아 흑해의 원유 수출항으로 직송할 수 있는 원유 운송체계를 확보할 수 있게 되는 것이다.

4) 외국인 투자환경

카자흐스탄은 구소련 CIS 국가 중 가장 먼저 외국인투자법을 제도화(1990. 12. 7)한 이후 관련법을 제정함으로써 외국인 투자환경을 적극 개선해 나갔다. 외국인 투자자에게 중앙아시아 국가 최초로 합작기업은 물론 지사, 대표 사무소 등 하급기관의 설립도 인정했으며, 군수산업 부문을 제외한 모든 분야에 외국인 투자가 가능하고 원투자자본 및 이윤에 대한 송금 보장 및 투자자산에 대한 국유화 또는 수용에 대한 보호 등도 일찍이 규정했다.

독립 후에 카자흐스탄 정부는 자국 경제 개혁의 최대 과제인 원료공급기지 성격의 경제구조를 극복하기 위하여 에너지, 광업, 금속, 소비재, 운송 및 통신 분야 등을 최우선 투자분야로 지정하여 외국인 투자유치에 주력해 왔다. 카자흐스탄 내에 등록된 합작기업은 1988년에 한개 기업이 설립된 이후 1990년에 15개, 1991년에 164개, 1992년에 491개 등으로 독립 후 계속적인 증가를 보였다. 1994년 6월 카자흐스탄 국가동계위원회의 자료에 의하면 당시 1,416개에 달하는 것으로 나타났다. 카자흐스탄 내 외국인 합작기업에 고용되었다. 주요 투자국은 초기에 미국, 독일, 터키 등이고 90년대 중반에는 중국, 일본, 한국 같은 국가들이 금융부문 등에 진출했으나 대부분 소규모 투자에 그쳤다. 대규모 외국인 투자는 주로 에너지 자원개발 분야에 집중되었다.

독립 초기에 소규모의 외국인 투자는 주로 알마티에 집중되었고 이후에 투자가 에너지 자원개발 및 기간산업 개발과 연계되면서 투자지역이 점차 지방으로 확대되어 갔다.

외국인 투자 상황을 살펴보면 다음과 같다.

미국

현재 카자흐스탄에는 여러 국가들이 투자에 참여하고 있는데 그 중에서 미국이 가장 활발히 투자활동을 보이고 있다. 소련 시대인 1989년 셰브론사(社)가 당시 정부와 텡기스 유전 개발 계약을 체결한 이래 미국 자본은 금융무역 및 통신수송 등 다양한 분야에 대구모로 투자하였다. 몇몇 분야에서는 가격을 지배할 만큼의 영향력을 발휘하고 있어서 많은 전문가들은 카자흐스탄 경제가 미국에 종속되는 것이 아닌가하고 우려를 나타내고 있다.

러시아

카자흐스탄에서 러시아는 새로운 투자를 하기보다는 과거 소련 체제의 연장 선상에서 지속하고 있다고 보아야 할 것이다. 경제가 어려운 러시아로서 러시아 자본의 카자흐스탄 내 존재는 '참가' 혹은 '진출'이라기보다 오히려 '잔존'이라는 표현이 더 어울린다. 활동범위는 점차 상대적으로 축소되고 있지만 여전히 차지하는 비율은 높다. 석유가스 분야를 주도하고 있으며, 무역, 유통, 화학 등 분야에서 카자흐스탄은 여전히 러시아에 대한 의존도가 크다.

독립 당시 카자흐스탄은 풍부한 천연 자원을 제시하며 미국 기업의 투자를 적극 유치하였다. 겉으로는 자본 부국인 미국으로부터 재원을 공급받는 형태를 취하였지만 이면에는 미국의 영향력을 확대하여 잔존하는 러시아 세력과 균형을 유지하려는 의도도 있었던 것으로 알려져 있다. 그러나 현재 카자흐스탄 정부와 기업은 이러한 정책이 실패했다고 자인하고 있다. 카자흐스탄은 러시아뿐만 아니라 미국에도 종속되어 벌써 부담을 느끼고 있기 때문이다.

터키

카자흐스탄에 대한 세번째 투자국은 320여개의 기업이 진출해 있는 터키이다. 현재 카자흐스탄 경제에서 터키 기업들의 영향력은 미미하지만 중소기업에 의한 직접 투자로는 압도적인 비중을 차지하고 있다. 주요 활동분야는 소매 중개업 등 대부분 서비스 부문이지만 점차 대기업도 정부보증을 바탕으로 투자를 확대해 나가고 있다. 터키는 카자흐스탄에서 이미 탄탄한 기반을 확보한

것으로 알려져 있다. 그리고 양국 간의 무역량도 1992년 3,000만 달러 수준
에서 1998년 5억 달러로 증가하였다.

중국

카자흐스탄 투자국 중에서 제 4위는 중국과 일부 EU국가들이 차지하고 있
다. 중국의 진출 분야는 주로 상업 가운데 소비재 영역이다. 영세한 카자흐스
탄 기업을 인수하여 중국인 상권을 형성하는 것이 일반적인 진출형태이다.
1991~1992년 기간 동안 카자흐스탄의 대(對)중국 무역은 카자흐스탄 전체 무
역의 약 30%를 차지하였지만 90년대 말에는 그 비율이 7~9%로 감소하였다.

일본

동아시아 국가 가운데 일본 역시 카자흐스탄 투자에 적극 나서고 있다. 일본
기업은 이미 오래 전부터 카자흐스탄에서 활동하고 있으며, 투철한 준법정신
과 공정한 경쟁으로 카자흐스탄 경제계에서 평이 좋은 편이다.

8. 문화와 종교

카자흐스탄의 문화는 튀르크족이라는 민족적 근간 위에 샤머니즘과 이슬람
의 종교적 배경과 과거 소비에트 사회주의 국가 체제하의 사상적 영향, 그리
고 다민족화함으로 말미암은 정책적 영향 등 다양한 배경 가운데서 고찰되어
야 한다.

과거 소련 체제에서 카자흐스탄의 구 수도 알마티는 모스크바, 레닌그라드
에 이어 제 3의 사상 연구 교육의 중심지로써 중앙아시아 사회주의 이념 교육
의 중심 역할을 해 왔다. 따라서 이 기간 동안 전통 종교인 이슬람과 샤머니즘
적 요소는 철저히 제거되었으며 공화국 내에 다수의 러시아인들이 거주하고
있는 관계로 슬라브적인 요소가 많이 침투해 들어 왔다. 카자흐스탄의 민간인
들은 다른 중앙아시아의 아시아계 공화국들과는 달리 기독교정교의 문화적 배
경을 가진 슬라브계 종족 러시아인 혹은 우크라이나인들에 대한 문화적 이질

감을 별로 느끼지 못한다. 오히려 러시아인, 우크라이나인, 우즈벡인, 고려인 등 문화적 배경이 다른 다민족들의 문화와 접하면서 카작인들은 일반적으로 비교적 개방적이며 진취적인 문화 감각을 소유하게 되었다.

카자흐스탄에 있는 정교사원

그럼에도 불구하고 카작인들의 문화의 저변에는 튀르크족이 이슬람화되기 전의 샤머니즘과 17세기 중반 이후의 이슬람적 요소가 깊게 자리 잡고 있다. 특히 소련 붕괴 후 카자흐스탄 사회가 근본적인 변화를 맞이하면서 정치적인 목적과 부응하여 이슬람을 민족 종교로 부상시키려는 일부의 정치적 노력이 현저해지고 있다. 이슬람의 가르침이 부분적으로 강화되고 있으며 정치적인 목적을 가진 일부 이슬람주의자들에 의해 이슬람 종교 조직들이 늘어나고 있다. 그러나 이러한 종교 운동은 순수종교 운동이라기보다는 튀르크 민족주의적인 색채가 강하며 따라서 반슬라브 반러시아 감정이 정치적으로 이용되고 있다고 볼 수 있다.

카작인들에게 있어 이슬람은 과거 역사 속에서 민족적 종교로 발전했었기 때문에 민족의 정체성을 대표하는 하나의 상징이라고 할 수 있다. 카자흐스탄의 이슬람은 수니파가 대부분이며 7백 8십만 내지 천만의 신자가 있다고 보고되었고, 그 다음으로는 러시아정교가 많다고 한다. 이들의 이슬람 종교의식은 전통적인 중앙아시아의 샤머니즘과 혼합되어 있어서 무속적인 정령 숭배 의식이 강하다. 이슬람은 공식적으로는 이들의 사회에 큰 영향력을 미치지 못하고 있으며 이슬람 의식은 거의 시행되지 못하고 있다. 그러나 독립국가연합 형성과 더불어 여러 가지 정치적 움직임과 함께 단지 시골 몇 곳에서만 볼 수 있었던 모스크(회교사원)가 1990년 봄에는 25개에 불과하였던 것이 1991년 11월에는 230개로 늘어났다고 한다.

알마티 국립대학

9. 교육

1992년을 기준으로 카자흐스탄에는 8개의 대학과 1개의 아카데미가 있으며 대학 및 연구소에 총 160,737명(여학생 89,097명)의 대학생이 있다. 또한 63개의 고급교육기관이 있으며 75개의 중학교와 65개의 남자귀족중학교가 있다. 초등학교는 8,895개로 집계된다. 63개의 고등교육기관도 대학수준의 교육을 담당하고 있다. 고등교육기관의 교수는 1992년 현재 2만 4,337명이고 학생 수는 28만 737명(여학생 24,337명)이다. 전 국민의 문맹률은 낮은 편이다. 카자흐 S.M과 키로프 국립대학, 알베이 교육대학 및 알마티에 소재 한 종합기술연구소, 농업연구소, 수의학연구소등은 잘 알려진 고등 교육 기관이다. 교육 과정은 러시아어 및 카작어로 되어 왔는데, 소연방 해체 후 반러시아 감정의 고조로 일반 사회에서는 러시아어를 쓰지 않는 분위기가 고조되고 있어, 교육과정에도 영향을 미치고 있다. 그러나 공화국 내 러시아인의 구성 비율이 다수를 이루고 있으며, 대부분의 연구 자료들이 러시아어로 되어 있어 현재의 급격한 사회 변화에도 불구하고 러시아어는 교육에 있어 여전히 공용어로 사용되고 있다. 카작 국립대의 저널리스트학과에는 조선어 강좌가 개설되어 교원을 양성중이다.

일반적으로 중앙아시아 지역의 교육은 러시아에 비해 다소 뒤떨어져 있다. 그 이유는 이슬람의 영향을 받은 높은 출생률과 여성에 대한 소극적 교육 풍토, 대학의 도시 집중화 및 러시아어 교육 때문인 것으로 풀이된다. 청소년 근로자와 농민들을 위한 야간 초등학교가 전국에 걸쳐 분포되어 있다. 전 교육과정은 무료이나 대학교육에 대해 외국인들에게는 외국 수준의 상당한 학비를 받는다.

10. 사회 전반

카작인의 씨름하는 모습

카자흐스탄의 결혼 연령은 평균 18세이며, 징집 연령 역시 18세이다. 카작인의 1/3 이상은 20세 이전에 결혼을 한다. 다른 이슬람 국가들과 마찬가지로 돈을 주고 신부를 사는 카림이라는 풍속이 여전히 잔존하고 있다. 결혼식은 엄숙하게 진행되며 서구식으로 신부는 흰 드레스와 스타킹을 그리고 신랑은 흰 셔츠에 검정 양복을 입는 것이 보통이다. 신혼부부들은 제 2차 세계대전 전몰용사 비석 앞에서 결혼 신고를 하는 풍습이 있다. 직장인일 경우에는 3일간의 휴가가 가능하며 주택 사정으로 인해 적게 출산하는 편이다. 전통적인 옷차림은 여성일 경우 높은 칼라가 달린 길고 넓은 드레스와 발목을 묶는 바지인데 젊은 층에서는 서구식 옷을 많이 입고 있다.

카자흐스탄에는 오페라나 발레를 위한 극장이 상당히 많다. 1944년 설립된 카자흐 필름 스튜디오는 유명하며, 수많은 예술학교를 통해 드라마, 뮤지컬, 무용 등의 아마추어 활동이 활발하다. 카자흐스탄의 라디오 방송은 카작어를 비롯해 러시아어, 우즈벡어, 조선어 등 여러 나라 말로 방송된다. 고리키 공원을 비롯하여 중앙아시아 최고 수준을 자랑하는 아베이 오페라 극장이 알마티에 있고, 알마티 근교에는 세계적으로 유명한 스케이트장인 메데오가 있다.

가장 대중적인 운동은 중앙아시아의 다른 민족들과 마찬가지로 기마 및 승마이며 튀르크식 씨름과 양궁도 즐기고 있다. 이슬람 달력에 따른 새해 전야인 나부르즈는 이 나라 최대의 명절이며, 카작민족의 전통적 행사인 '봄의 축제(내로츠)'는 종교적인 색채가 짙다는 이유로 소연방에 의해 금지되었다가 고르바초프의 개방 이후 거의 60여 년 만에 부활되었다. 이 행사에는 여러 인종들이 참여하며, 카작의 민속 의상을 입는다.

카자흐스탄 시골의 주거 환경은 유목민 특유의 유르트yurt와 파오이며, 이

전몰기념 동상

슬람의 전통인 일부다처제는 시골에서 여전히 비공식으로 존재하고 있다.

카자흐스탄의 역사적 인물로는 '알리셰르 나보이'가 있는데, 그는 중앙아시아 이슬람 집단의 창설자 중 한 사람으로 유명한 시인이었으며 신실한 이슬람 교도였다. 또한 현대의 인물로서 스탈린 동상과 레닌 문학상을 수상한 소설인 아뱌이 Abay의 작가 무카타르 야우죠프Mukhatar Auezov가 있고 카작문학의 선구자인 아바이 이브라임Abay Ibragim 등을 들 수 있다.

농수산물 및 식료품은 싼 편이지만 공산품은 비싸다. 알마티와 같은 도시에 사는 사람들은 비록 현대 문명의 혜택을 풍족히 받고 있지는 못하지만 먹고 사는데 큰 어려움은 없다. 도시화와 인구 집중 현상으로 인해 적당한 주거 환경을 찾으려는 사람들이 과열 경쟁을 하여 민족 간의 갈등과 마찰이 잦다. 카자흐스탄의 보건 수준은 상당히 높은 편으로 병원과 모자 복지시설이 나라 전역에 퍼져 있다.

이들의 주식은 쌀로 만들어진 [프로프]이며, 이슬람 사회이기 때문에 돼지고기는 먹지 않고 양고기 중심의 요리를 주로 먹으며 말고기는 고급 요리로 알려져 있다. 양고기 꼬치 구이(샤시리크 또는 시시케밥)는 간을 해둔 양고기를 철꼬치에 꿰어 구어 먹는 요리로 잘게 썬 빵과 함께 곁들여 먹는다. 또 점심에 주로 먹는 수프인 보르시치와 보르시치식의 수프에 우동을 넣어 끓인 라그망, 양고기 군만두인 프리욘이 있다. 여름에는 포도, 사과, 배, 복숭아, 살구, 버찌, 라즈베리 등의 과일이 풍성하다.

현재 카자흐스탄의 대통령은 독립 후 초대 대통령으로 장기 집권하고 있는 카자흐인 누르술탄 나자르바이예프Nursultan Nazarbayev이다. 그는 공산당 간부 출신으로서 소련 붕괴 후 국제 정세에 맞추어 개혁 정책을 추진해 나가고 있다. 특히 중앙아시아의 국가들 중에서 유일하게 핵무기를 보유하고 있는 국가의 대통령으로서 강력하고 독자적인 대외 정책을 과감히 수행하고 있어 중앙아시아 국민들의 갈채를 받고 있다. 그러나 인구의 약 40% 가량이 러시아인이라는 국내 사정 때문에 항상 국내 러시아인들을 의식해야 하는 부담이 크다. 다른 중앙아시아 국가에서 반러시아 감정이 고조되고 있는데 대해 나자르바이예프는 카자흐스탄에 이러한 영향이 미치지 않도록 대단히 경계하고 있다. 그는 기회가 있을 때마다 러시아인들과 카작인들의 공존을 강조하며 이러한 공존이 국가의 이익에 부합됨을 국민들 특히 카작인들에게 설득하고 있다. 만약 카작인들과 러시아인들이 극단적으로 대립될 경우 국가는 최대의 위기를 맞게 될 것이다. 현재 카자흐스탄에서는 대통령은 카작인인데 반해 수상은 전통적으로 러시아인이 된다.

11. 음식문화

카자흐스탄은 동쪽은 중국, 서쪽은 카스피해, 북쪽은 러시아에 접해 있으며 국토가 세계에서 7번째 큰 나라이지만 전체 국토의 1/3 이상이 구릉과 고원이며 나머지는 산지, 초원, 사막 등으로 형성되어 있어서 농사를 지을 수 있는 비옥한 땅은 매우 적다. 용수는 서부의 우랄강 지류와 남부의 시르다리야강을 이용한 관개용수로 충당되고 있으며 필요에 비해 매우 부족한 형편이다.

전통적으로 스텝지역의 유목문화의 기반 위에 농경이 혼합되는 반목반농으로 현재는 비교적 풍부한 농산물이 생산되고 있다. 음식문화는 우즈베키스탄 등 다른 중앙아시아 튀르크계 국가들과 크게 다르지 않다. 그러나 자세히 살펴보면 약간의 특이점과 다른 점이 발견된다.

카자흐스탄 사람들은 다른 중앙아시아 사람들처럼 말, 양, 닭, 소, 등 가축에서 나온 다양한 종류의 고기와 치즈, 양젖, 발효성 유제품 등 낙농제품을 즐겨먹는다. 말고기로 만든 진미 요리가 많고 아주 인기 있는 음식이며 주식은 쌀과 빵이다. 농업이 가장 발달해 있는 우즈베키스탄과는 같지는 않지만 그래도 우즈베키스탄에 가까운 남부 지역에는 과일과 야채가 비교적 풍부한 관계로 집에서는 주로 포도, 메론, 가지 등 많은 과일과 야채들을 즐긴다. 그러나 늘 이러한 과일과 야채류가 부족하여 우즈베키스탄에서 대량 수입하여 충당한다.

카작인들은 대부분의 집마다 자그마한 다차, 즉 집안에 작은 밭을 가지고 있다. 여름 내내 그곳에서 야채와 과일을 재배하여 자급자족할 뿐만 아니라 한해 필요한 먹거리를 충당한다. 수확기에 거둔 야채와 과일을 이용하여 각종 과일쨈과 오이지류 등 다양한 저장음식을 만들어 야채와 과일을 볼 수 없는 겨울을 대비한다. 이러한 전통은 스텝 지역에 사는 사람들의 전통적인 양식이다.

중앙아시아 다른 지역에 비해 카자흐스탄은 특히 말고기가 많이 소비되고 있으며 그 조리법이 많이 발달하였다. 그 중에서도 말고기 순대가 유명한데, 이것은 피를 넣은 것이 아니라 마육을 넣고 말렸다가 삶거나 구워 만든다. 수육, 목살, 훈제, 건육, 순대 등 말고기 음식이 매우 다채롭다.

모든 중앙아시아 국가들처럼 이슬람 종교 전통에 따라 돼지고기와 술은 금기시 되어 있지만 다른 중앙아시아 국민들에 비해 카작인들은 술을 즐겨 마시는 편이며 상당히 돼지고기도 찾는다. 이러한 전통은 소련 체제에서 카자흐스탄 내에 인구의 40%이상이 러시아인들로 구성되어 있는 관계로 러시아인들의 영향을 받은 것이다.

우즈베키스탄처럼 녹차를 즐겨 마시지는 않지만 대개 홍차에 각종 유차를 넣어서 마신다. 차는 중국에서 수입하거나 흑해나 카스피해 중서부 일대에서 재배되는 차에 의존하는 편이다.

말순대

고려인들이 만드는 특별한 음식이다. 말고기는 카자흐스탄에서 가장 값비싼 고기이며 그들이 즐기는 음식이다. 식용으로 말을 키운다.

베스바르막

다섯 손가락이라는 뜻의 전통음식이다. 주로 재료는 양고기와 밀가루가 사용된다. 베스바르막은 가정에 손님이 방문했을 때, 자주 등장하는 전통음식이다. 밀가루 반죽을 얇게 밀어 칼국수 모양으로 썰어 만든 다음, 대개 양고기를 건져 낸 국물에 끓여 만든다. 큰 쟁반에 담아내고 그 위에 삶아 놓은 고기를 썰어 놓고 위에 소스를 끼얹는다. 이때 귀한 손님에게는 양의 머리 중 귀중한 부위를 집주인이 손수 잘라 손님에게 대접한다. 이것은 과거 유목생활에서 전해

내려온 음식이다. 수저를 사용하지 않고 손으로 먹는 음식이라 해서 이 이름이
붙여졌다.

라그만

이것은 본래 위구르족의 전통음식인데 카자흐스탄 내 위구르 소수민족 덕분
에 카자흐스탄에도 보편화 되었다. 밀가루로 만든 면과 양고기(혹은 쇠고기)와
각종 양념을 섞은 재료의 소스를 뿌려
먹는 음식이다. 카자흐스탄은 다민족
국가이기 때문에 모두들 즐겨먹는 음
식 중의 하나이다. 라그만은 한국인에
게는 약간 느끼하지만 그 맛이 독특하
다. 그리고 위구르 민족은 중국 한족의
영향을 받아 젓가락을 사용한다.

라그만

저장 음식들

중앙아시아 지역이 모두 동일하지만 카자흐스탄에도 저장음식이 매우 발달
되어 있다. 야채나 과일을 가공해서 서늘한 지하 저장소에 놓고 겨우내 이것을
가지고 반찬을 한다. 사과, 포도, 배, 체리 등 각종 과일 쨈 종류가 많다. 심지
어는 수박도 저려놓고 먹는다. 이러한 과일 쨈은 여름에 대량으로 만들어 겨울
을 위해 보관한다.

12. 구 수도 - 알마티Almaty

알마티는 중앙아시아에서 가장 발달된 도시로 1989년 통계에 의하면 인구는
112만 8천명이다. 자이리스키 아라타우원이 산맥의 북쪽 기슭에 위치한다.
1998년 수도를 카자흐스탄 서북부 지역 아스타나Astana로 옮기면서 지금은
구 수도로 남아있으나 알마티는 여전히 카자흐스탄 최대의 도시이다.

1993년 도시 명칭이 교정되었는데 이전에 사용되던 알마아타Alma Ata의

구 수도 알마티 시내 전경

문자적인 뜻은 '사과의 아버지'이나, 이것의 정확한 표기는 알마 아트Alma Aty가 되어야 하는데, 와전되어 Alma Ata가 된 것이다. 알마 아트Alma Aty는 '이름(은) 사과'라는 의미이다. 지금은 이 명칭을 발음이 편하게 줄여 Almaty로 쓰고 있다.

특히 봄에 하얀 꽃을 흩날리는 사과나무가 아름다워 이 도시 이름이 유래했다고 한다. 알마티는 천산 산맥의 줄기인 알라토 산맥이 가로 지르고 있으며 나무들이 울창하게 심어져 있는 도시이다. 알마티에는 우주개발 기구가 있고 인공위성 등 최첨단 과학 연구가 활발히 행해지고 있다.

과거 초원길의 중심이요 동서 문명이 교차되는 지역인 관계로, 역사 속에서 인종과 문화의 혼합이 많았다. 이 지역에는 19세기 중반 이후 러시아 제국의 영향력이 증대되면서 점차적으로 정착 농경생활로 그 생활 패턴이 바뀌게 되었다. 그 후 18세기 중엽에 알마티 교통의 요충지에 제르누이라는 성이 구축되었는데, 그 내부에서 상업 활동이 활발히 이루어져 도시 형성의 기틀이 마련되었다.

1854년 카작인의 유목민 부락이었던 알마티에 이 지역을 합병한 러시아 군대가 전략상, 식민 정책상의 전진 근거지로 '비에르느Vernoye(충성의 땅)'를 건설했고, 1867년에 비에르니Vierny시(市)로 개칭되었다. 비에르느는 사과가 많이 나는 조그만 마을이었는데, 이를 유추해서 카작인 볼쉐비크 사회주의자들이 알마아타Alma Ata로 개명하여 불렀다고 전해지고 있다.

1887년과 1911년 두 번에 걸친 대지진의 피해를 입었다. 그때마다 파괴되었는데 건축 기사였던 젠코프가 세운 목조 성당은 파괴되지 않고 현재까지 남아 중앙 박물관으로 이용되고 있다. 과거에는 유형지로 자주 이용되었었는데, 이곳에 유배되었던 대표적인 인물은 트로츠키이다.

1929년 5월에 카자흐스탄의 수도가 크즐 오르다Kyzyl Orda에서 이곳으로 옮겨왔다. 1930년 투르크시프 철도 개통이후 러시아화와 공업화의 물결을 타게 되었다. 기계제조 공업, 경공업(육류, 과일 통조림, 콤비나트, 담배, 제당, 직물 등)이 발달했다. 1939년경에 인구가 폭등하여 22만 2천 명에 이르게 되었는데, 특히 제 2차 세계대전 중 모스크바와 레닌그라드로부터 인구와 기관의 대거이동이 큰 영향을 준 것으로 여겨지고 있다.

소련 당시 아시아에 대한 소련의 창구로 개발되었으며, 카작대학(1934년 창립)을 비롯한 종합대학들과 고등전문학교, 연구소, 과학 아카데미, 도서관을 갖춘 학술과 문화의 중심지 역할을 하였다. 돈브로프스키의 [옛 문화 보관인]이라는 소설의 배경무대가 되었으며, 이 도시 근교의 메데오Medeo(해발 1,529m) 스케이트장은 빙질이 좋아서 스피드 경기의 기록을 낼 수 있는 경기장으로 알려져 있다. 1986년 12월에는 이 시의 중심부에서 청년, 학생들의 폭동이 발생했었다.

알마티에는 고려인이 많이 거주하고 있으며, 잘 꾸며진 도시로써 독립국가연합 창설 회담장소이기도 하다. 소련 체제에서는 사회주의 이데올로기 교육 중심으로 유명하였다.

Ⅱ. 우즈베키스탄 Özbekistan; Uzbekistan

우즈베키스탄 개황

국가설립: 1991. 12. 21	**의 회:** 국회
국경일: 독립기념일 9/1, 승전기념일 5/9, 제헌절 12/8	**수 상:** V. Sultanov
정치체제: 공화제(대통령제)	**외무장관:** A. Kamilov
원 수: Islam karimov	**집권당:** 인민민주당

인 구	25,563,441명 (2002년 7월, 현재)
연 령	0~14세: 35.5% (남 4,617,110/여 4,457,065) 15~64세: 59.8% (남 7,567,510/여 7,726,753) 65세 이상: 4.7% (남 482,137/여 712,866) (2002년)
인구성장률	1.62% (2002년)
유아사망률	1,000명당 71.72명 사망 (2002년)
평 균 수 명	63.9세: 여자 67.6세, 남자 60.38세(2002년)
종 족 집 단	우즈벡인 80%, 러시아인 5.5%, 타직인 5%, 카작인 3%, 카라칼팍인 2.5%, 타타르인 1.5%, 기타 2.5% (1996년)
종 교	무슬림 88% (대다수 수니파), 러시아정교 9%, 기타 3%
언 어	우즈벡어 74.3%, 러시아어 14.2%, 타직어 4.4%, 기타 7.1%
문 맹 률	15세 이상 읽고 쓸 수 있는 인구 비율: 99%; 남자 99% , 여자 99% (1996년 말)

총 GDP	구매력 – $62 billion(2001년)
GDP – 실질성장률	3%(2001년)
1인당국민소득	구매력 – $2,500(2001년)
GDP 분포	농업: 33%, 공업: 24%, 서비스업: 43%(2000년)
소비자 물가지수	23%(2001년)
노 동 력	1천 1백만 9천
노동력 분포	농업 44%, 공업 20%, 서비스업 36%(1995년)
실 업 률	10%~20%(1999년)
예 산	수입: $4 billion, 지출: $4.1 billion(1999년)
주 요 산 업	직물, 식품, 기계제조, metallurgy, 천연가스, 화학
산업성장 지수	4%(2000년)
농 산 품	면화, 채소류, 과일, 곡물, 가축
수 출	$2.8 billion (f.o.b.)
주요 수출품	면화 41.5%, 금 9.6%, 에너지 9.6%, 광물, ferrous metals, textiles, 식료품, 자동차 (1998년)
수출 대상국	러시아 16.7%, 스위스 8.3%, 영국 7.2%, 우크라이나 4.7%, 한국 3.3%, 카자흐스탄 3.1%(2000년)
수 입	$2.5 billion (f.o.b.)
주요 수입품	기계 장비 49.8%, 식료품 16.4%, 화학 및 금속(1998년)
수입 대상국	러시아 15.8%, 한국 9.8%, 미국 8.7%, 독일 8.6%, 카자흐스탄 7.3%, 우크라이나 6.1%(2002년)
대 외 부 채	$5.1 billion(2001년)
경 제 차 관	약 $150 million 미국차관(2001년)
화 폐	솜 sum (UZS)
환 율	솜sums/USD – 687.0(2002년 1월), 325.0(2001년 1월), 141.4(2000년 1월), 111.9(1999년 2월), 110.95(1998년 12월), 75.8(1997년 9월)

우즈벡(외즈벡)인들의 외양은 몽골인과 비슷한데 기울어진 눈과 갈색의 곧은 머리, 넓은 얼굴을 하고 있다. 우즈벡인들은 구소련에서 슬라브계 민족인 러시아인, 우크라이나인 다음으로 큰 민족을 이루었는데, 역사적으로 보면 지금의 우즈벡인들은 우즈벡 사트족과 다른 튀르크계 민족들, 그리고 몽골계 민족들과 혼합된 소위 동튀르키스탄에 정착한 혼혈족이라 할 수 있다.

러시아어 표기법 덕분에 우리에게 우즈벡Uzbek이라고 소개된 우즈벡Özbek[20]라는 말은 튀르크어로 '자기 자신, 핵, 중심; 진짜, 순수한'이라는 뜻을 가진 öz라는 단어와 백부장의 뜻을 가진 bek이라는 단어가 합해서 이루어진 말로써 '진짜 백부장'과 비슷한 뜻을 가진다. 민족명 Özbek에서 bek은 고대 중국어 佰이 차용된 것으로써, 이 단어는 후에 beg의 형태를 거쳐 현재 터키어에서는 bey 형태로 변화하였으며, 우리말 '씨(氏)' 혹은 영어 Mr.의 뜻으로 쓰이고 있다. 근대 중앙아시아 칸국Khanate(公國)들에서 beg은 수장(首長), 지방 제후(諸侯) 등의 뜻으로 사용되었다. 튀르크계 부족들이 과거 군대 문화에 익숙한 유목민들이었음을 이 단어에서도 암시하고 있다. 우즈베키스탄(Özbekistan)이라는 말은 우즈벡Özbek에 '나라'를 의미하는 중세 페르시아어 stan이 붙어 형성된 이름이다.

우즈벡이라는 이름은 1312년에서 1340년까지 통치한 사람 우즈벡 칸 Özbek Khan에 처음 나타난다. 우즈벡 칸은 몽골 칭기즈칸의 큰 아들 조치 Jochi의 손자, 즉 바투Batu의 아들로 알려져 있다. 14~15세기 초에 우즈벡 칸이 이슬람의 부흥과 포교에 주력하게 되자, 항간에서 우즈벡 이름이 무슬림 튀르크인을 지칭하는 말로 사용되기 시작했다. 우즈벡 이라는 이름이 널리 알려지게 된 결정적인 계기는 15세기 중엽에 몽골제국의 후예인 튀르크계 장군 압알하일 칸이 나와서 큡착 초원에 강력한 유목 국가를 건설하고 그의 일족들과 그를 따르던 자들을 특별히 '우즈벡'이라고 부르게 되면서부터이다. 그들의 후예들은 15세기말, 큡착Kypchak 스텝에서 시르다르야강 남부로 남하해서 중앙아시아의 정착 지역을 침공하기 시작하여 1507년에 티무르 왕조를 섬

---

20) Özbek을 보통 영어에서 Uzbek으로 표기하고 있는데, 이는 영어나 러시아어에 모음 Ö표기하는 문자가 없기 때문이다.

멸하고, 샤이반Shayban 왕조를 세웠다. 이리하여 16세기 초에 이 이름은 마지막으로 트란속시나Transoxina를 정복했던 샤이바니 칸Shaybani Khan과 그 집단을 지칭하기 시작했다. 그후 우즈벡인들의 쟌 왕조, 망킷트 왕조 등 계승 왕조가 부하라Bukhara를 중심으로 세워졌었기 때문에, 이들을 총칭하여 부하라 칸이라고 불리웠다. 마침내는 중앙아시아 토착 선주민인 키르기스인들과 사르트인들에 대하여 중앙아시아 칸국들을 주도하는 부족을 우즈벡이라 부르게 되었다. 이리하여 이 이름은 소부족명에서 공국명으로, 후에는 민족명으로 사용되기에 이른 것이다. 14세기까지만 해도 북서부의 주변 부족들과 더불어 큡착인이라 불리웠던 우즈벡인들은 마침내 16세기에 민족명으로 발전하게 된 것이다.

우즈벡인들은 우즈베키스탄이 세계의 중심이라고 믿는다.

1. 역사적 배경

1) 고대 원시공동체 사회(고대~BC 5세기)

우즈베키스탄 지역에서 행해진 고고학 발굴작업에서 페르가나와 부하라 등지에 전기 구석기 시대 석기들이 발견되었다. 이는 우리가 알수 없는 고대인들이 이때부터 이 지역에 살았음을 말해주고 있다. 바이순시(市) 근교 아미르 테미르Amir Temir동굴, 사마르칸트 근교의 아만 쿠탄Aman Kutan동굴, 타쉬켄트 근교의 오비라흐마트Obirakhmat동굴 및 쿨불락Kulbulak동굴 등의 유적지에서 발견되는 유물은 당시에 상당한 규모의 집단이 이 지역에 거주하였음을 보여주고 있다.

신석기 시대로 분류되는 켈테미나르Kelteminar 문화의 유적지의 유물들은 우즈베키스탄 지역이 BC 4천년 경에 신석기 시대에 돌입했음을 시사하고 있다. BC 3천년대 말기에 이 지역에서 청동기구들이 사용되기 시작했으며 BC 2천년에서 천년 사이에 농업이 시작되었다.

청동기 시대에 속한 것으로 BC 2천년대 후반에 형성된 타자 벡 이압Taza Beg Iab문화는 청동기 시대 말기에 개관시설을 이용한 농업이 이 지역에 널리 보급되어 있었음을 보여 주고 있다. 원시 사회의 주요 농산물은 보리, 밀, 조였으며 가축은 양이 제일 먼저 사육되기 시작했고 뒤이어 소와 말이 사육되었던 것으로 추정된다. 청동기 시대 말기에 부족 공동체가 형성되기 시작했으며 계급사회로 변천하였다.

2) 고대 부족국가 시대(BC 5세기~AD 5세기)

우즈베키스탄과 그 주변 지역에 BC 천년 경부터 박트리아Bactria, 하레즘 Kwarezm, 소그디아나Sogdiana, 파르티아Parthia제국들이 건설되었으며 마라칸다Maracanda, 키레샤타Kireshata 등 도시가 발달하였다. BC 6세기 경에는 아케메니드Achaemenid제국이 설립되어 BC 4세기 중반에 페르시아 제국과 대립하였다. 그 후 알렉산더 대왕의 정복에 의해 페르시아제국이 붕괴되었으며 중앙아시아도 알렉산더 대왕의 지배를 받게 되었다.

알렉산더제국의 붕괴 후에 그레코 박트리아Greco-Bactria 왕국이 이 지역에 세워졌으며, BC 2세기 중반에 중앙아시아 부족들과 토하르Tochar[21]족, 소그디아나, 박트리아 등이 연합하여 알렉산더의 후계자들을 몰아내었다. 그리하여 BC 2세기 후반에 페르가나 왕국이 이곳에 수립되었다. BC 1세기에서 AD 4세기까지 우즈베키스탄을 포함하는 중앙아시아 지역에 쿠샨Kushan 왕조가 부분적으로 영향력을 행사하였다. AD 5세기 중엽에는 아프가니스탄 지역에 페르시아계 국가인 에프탈리테Hephthalite(White Hun 백훈)가 성립되어 강력한 봉건 국가로써 세력을 행사하였다. 당시 에프탈리테는 이란 지역에 성립된 사산조 페르시아제국(AD 2~7세기)에 영향력을 행사할 정도로 강한 국가였다. 에프탈리테 왕국은 몽골리아 서북부에 있던 월지국(月氏國)과 좋은 관계를 가지고 발전했는데, 6세기 중엽 월지국을 멸망시키고 부상한 돌궐제국에 의해서 560년 멸망하였다. 이후에 우즈베키스탄을 비롯한 중앙아시아에 돌궐족(튀르크족)들의 본격적인 유입과 지배가 시작되었고 이 지역의 새로운 주인은 서돌궐(西突厥)제국이 되었다.

한편 우즈베키스탄 지역을 중심으로 고대 시대에 형성된 부족 국가들은 주

---

21) 토하르족은 인도-유럽어를 사용했던 인도유럽족이다.

로 아무다르야 강, 시르다르야 강, 제라프샨 강 유역을 중심으로 농업에 종사하였다. 이 지역에서 고대 시대에 건설된 개관시설은 13~15세기에 건설된 것보다 그 규모가 큰 것으로, 당시 부족 국가가 중앙집권적이며 상당수의 인구를 가진 강력한 국가였음을 암시하고 있다.

산간 지역과 초원에서 유목이 발달했으며 가축 사육도 발달하였다. 이미 흉노, 연연 등에서 보듯이 몽골리아와 중앙아시아 일대에 널리 퍼져있는 철공업, 금속세공의 기법은 이 지역의 수공업을 촉진시켰고 비단길을 따라 고대 그리스, 로마, 페르시아, 비잔틴제국과 중국을 잇는 상업과 교역을 발달시켰다.

우즈베키스탄 고대 시대에 여러 부족 공동체들이 형성 발전되는 과정에서 이 지역의 문명 발전을 주도했던 부족은 고대 소그드Sogd족이었다. 이들은 페르시아계 부족으로써 일찍부터 비단길 교역을 주도했으며 중앙아시아 물질문명 발전을 주도해 왔다. 이 시기에 수공업이 발전하였고 화폐가 등장하였으며, 상업교류와 함께 도시가 발달하였다. 농업과 원예 등도 발달하였는데, 페르가나 지역에서는 포도재배와 함께 주조(酒造)기술도 발달하였다.

이 지역에 서돌궐의 주민들이 대거 유입되면서 사회는 정착농민과 돌궐족의 전통적인 유목생활을 하는 유목민들로 이중적인 구조를 가지게 되었다. 동돌궐의 왕을 카간Kaghan이라고 부르는데 반해, 서돌궐의 통치자는 야브구Yabgu라고 불렸다. 대부분의 농경지는 전통 지주 데칸Deghan에 속하였고 농경은 케디베르Kediver라는 소작인들에 의해 이루어졌다. 당시 이 지역에서는 면화재배와 원예가 성행하였으며 비단 및 면화의 교역이 비단길을 따라 활발히 진행되었다. 우즈베키스탄 지역과 그 주변에서 금, 구리, 납, 철, 은 등 금속들이 많이 채굴되었다. 이러한 경제적인 안정과 풍요 속에서 상인과 데칸 계층이 성장할 수 있었고 이것은 이 지역에서 봉건제도가 발달하는 계기가 되었다.

3) 우즈벡 민족공동체 형성과 발달

서부 중앙아시아 하레즘Kwarezm과 소그디아나Sogdina의 3000년 역사는 기원전 6세기 고대 페르시아제국의 다리우스 왕과 BC 3세기 마케도니아의 알렉산더왕, AD 7세기의 동돌궐과 아랍의 침략, 13세기 몽골의 정복과 러시아의 지배 등 수난의 길을 걸어 왔다. 우즈벡인들이 민족적 정체성을 가진 집단으로 형성되기 시작한 것은 13세기 몽골 침입 이후였다.

13세기에 몽골제국은 짧은 기간동안 급속히 중앙아시아에 통치권을 확립했다. 몽골제국은 얼마 가지 않아 4개의 칸국으로 나뉘어 중국, 중동, 러시아, 중앙아시아를 분리 통치하게 되었다. 이 중에서 중국과 중동 지역 통치자들은 빠르게 정착 문화에 익숙해져 정착민화되어 중앙 집권적인 통치 체제를 이루었다. 이에 반해서 중앙아시아의 차카타이Chagatay 칸국과 남부 러시아의 광활한 큽착Kypchak 스텝의 큽착 칸국의 지배 부족들은 여전히 유목민으로 남아 있었다.

몽골 혹은 튀르크계 군인들에 의해서 행사되어 온 통치권의 추이와 함께 몽골제국 후기에는 중앙아시아와 큽착 스텝의 공식어가 몽골어에서 차카타이 튀르크어로 대치되었으며 민족 구성도 변모하게 되었다. 이러한 변화와 더불어 후에 형성된 우즈벡 공동체의 언어와 문화 사회의 형성에 차카타이적인 요소가 근간을 이루게 되었다.

한편 몽골제국 말기에 중앙아시아 스텝 서부 지역에서 계속적으로 일어난 반란은 유목민들의 지속적인 이동의 원인이 되었으며, 이러한 결과로 많은 몽골족들은 다수 민족인 튀르크족 속에서 동화되어 튀르크족화 되고 말았다. 큽착 스텝에서 몽골족이 튀르크족화 된 전형적인 예는 16세기에 우랄해 하류를 점거하던 노가이Nogay와 망그트Mangyt 부족이다. 오늘날에도 우즈벡인들 가운데 바를라스Barlas, 차카타이Chagatay, 나이만Naiman, 몽골Mongol 부족들의 후손들이 남아 있다.

11~13세기에 현재의 우즈베키스탄 중심부는 카라한 Kara Khan과 카를룩 Karluk 사람들이 차지하고 있었으며 서부는 오우즈인들, 북부는 큽착 Kypchak인들과 크막Kymak인들, 그리고 동부는 위구르Uygur인들이 자리 잡고 있었다. 따라서 우즈베키스탄에는 튀르크Türk 계 부족이면서 원조가 큽착계열이 아닌 부족들이 있는데, 위구르Uygur인들과 카를룩인들이 대표적이다. 1924년의 자료에는 이외에도 큽착계열이 아닌 부족이 상당수 내재하고 있음을 나타내고 있다. 이러한 부족으로는 투르크멘Turkmen인, 사마르칸트와 페르가나 지방의 튀르크인Türk[22], 카라칼팍Karakalpak인 등이 있다.

몽골제국이 멸망한 후에 1312년에서 1340년까지 이 지역들을 통치한 사람은 우즈벡 칸Özbek Khan이었다.

이들의 후예들은 15세기 말, 큽착Kypchak 스텝에서 시르다르야강 남부로 남하해서 중앙아시아의 정착 지역을 침공하기 시작하였다. 우즈벡인들은 1507년에 티무르의 마지막 후계자인 바부르Babur를 몰아내었다. 바부르는 후에 인도에서 무굴제국을 건설하게 된다. 이리하여 티무르 왕조가 붕괴되고, 우즈벡인들의 샤이반 왕조Shiiban Khan가 세워졌다. 이후에 이 왕조는 쟌왕조, 망킷트왕조 등 부하라Bukhara 칸국으로 발전하였다. 또 다른 우즈벡 일파는 16세기초 하레즘Kwarezm에 히바칸국을 건설하였다. 초원지대에서 농경지대로 이주한 우즈벡 유목민들은 서서히 정착생활을 시작하게 되었고, 이와 함께 우즈벡이라는 민족명이 이 지역의 다른 튀르크족들에게도 널리 알려지게 되었다. 또한 이들은 기존의 튀르크계 혹은 몽골계 또는 페르시아계 부족들을 흡수하여 동화되었는데, 현재도 이러한 민족 동화 과정은 계속되고 있다.

무함마드 압둘라 샤이반칸Muhammad Shiiban Khan에 의해 시작된 부하라칸국은 16세기부터 19세기까지 계속되었다. 압둘라칸Abdullah Khan (1583~1598)의 통치 시기에 하레즘(히바), 바다흐샨Badakhshan, 타쉬켄드 Tashkent, 그리고 호라산Khorasan 지역이 부하라칸국에 합병되었다. 부하라칸국은 러시아, 시베리아, 인도 등과 대외 교역을 활발히 벌렸다.

17세기에는 우즈벡인들 영토는 아무 다르야Amu Darya 북부 지역에서 시작하여 코페트 다그Kopet Dagh에 이르렀다. 우즈벡인들의 본격적인 세력 확장은 부하라칸국에 의해 이루어졌다. 부하라칸국은 오늘날의 우즈베키스탄 지역과 타지키스탄의 일부를 포함하는 넓은 지역으로 그 영역을 확장시켰다.

부하라칸국 시기에 중앙아시아는 크게 발전하였다. 부하라칸국은 우체국, 궁전, 학교, 카라반사리아, 목욕탕 등 많은 공공 시설을 건축하였으며 곳곳에 다리를 세웠다. 아름다운 부하라는 칸국의 수도가 되었고, 그 수도 이름이 후에 칸국 이름으로 불리게 되었다. 칸국이 붕괴되어 가는 1870년대에도 부하라

---

22) 여기서 튀르크인이란 터키Turkey 사람들을 말한다. 이들은 터키공화국 아나톨리아 소아시아에 거주하는 터키인들과 같은 방언을 사용하고 있다.

는 고도로 문명화된 오리엔탈풍의 도시로써 명성을 떨쳤다. 1870년대에 이곳을 여행한 미국인 지리학자요 여행자인 Eugene Schuyler는 다음과 같이 기록하였다.

> "나는 고품격을 지닌 아시아풍의 부하라를 보고 놀랐다. 부하라는 공식적으로 - 종교적인 이유로 - 영예로운 도시로 불리고 있었으며, 편안한 도시는 아니지만 나에게는 매우 강하고 상쾌한 인상을 주었다. 좋은 옷을 입고 호화로운 장식을 한 말을 타고 여가를 즐기는 사람들, 좁은 거리에 높게 지어진 상점들 앞에 옹기종기 모여 있는 군중들, 수많은 장터들, 거의 매일 장이 열린 것처럼 계속적으로 막대한 양의 상품들이 거래되고 있는 부하라를 당신이 본다면 이 도시가 대도시라는 것을 실감하게 될 것이다."

18세기 중엽 경제 불황으로 어려움을 겪고 있을 때 왕조의 세력이 약화되자 지방 토후들이 발흥하여 칸국은 몇 개의 지방세력으로 분열되었다. 부하라칸국이 약화된 틈을 이용하여 페르시아(이란)는 1740년 부하라칸국을 정복하였다. 그러나 13년 후인 1753년 무함마드 라힘 칸Mohmed Rahim Khan은 페르시아 세력을 몰아내고 부하라칸국을 독립시키는데 성공하였다. 그러나 하레즘, 타쉬켄트, 페르가나는 다른 우즈벡 토후들의 지배하에 있게 되어 과거의 부하라 칸국의 영토를 회복하는데는 실패하였다.

1917년 소비에트 혁명이 발발하자 부하라는 반소비에트 저항운동인 바스마치Basmachi운동의 중심지가 되었다. 부하라의 통치자Emir는 페르시아를 통치하고 있는 영국의 지원을 받았다. 그러나 1920년 적군 사령관 프룬제Frunze의 지휘하에 소비에트군은 부하라에 진격하여 완전 장악하였다. 1920년 9월 14일 이곳을 중심으로 구소련 우즈베키스탄을 영토로 하는 부하라 인민 사회주의공화국이 선포되었다.

한편 큽착스텝에서 남하한 우즈벡인들은 큽착 칸국 즉, 금호르드Golden Horde의 몽골제국의 통치에 가담한 몽골 통치자들의 직계 후손으로서 튀르크화된 사람들과, 몽골 통치에 참여한 튀르크계 지배층 출신 혹은 후손들이다. 이에 반하여 원래부터 우즈베키스탄 지역에 있던 사람들을 통상 사르트Sart

인이라 부르는데, 이들은 원주민인 유목민 튀르크 부족들과 페르시아계 부족들을 통칭하는 말이었다. 이들 우즈벡인들은 15~16세기에 사르트인들과 주변의 카작인들 그리고 위구르인들을 흡수하여 우즈벡 공동체를 형성하기 시작하였다.

이러한 정착 과정에서 이미 이슬람화된 우즈벡 공동체에 대한 아랍 문화의 침입은 급속히 가속화되었는데 이와 함께 이슬람은 우즈벡인들의 사회에 큰 영향을 미치게 되었다. 우즈벡어 명사의 70% 이상이 아랍어 혹은 페르시아어 차용어라는 사실은 이슬람의 영향이 어느 정도인가를 잘 나타내 준다.

우즈벡인들은 16, 17세기까지도 현재의 지역에 정착하지 않고 여전히 유목민족으로서 철에 따라 이동하고 있었다. 우즈벡인들에 대한 타민족의 침략이 진행되면서 이 지역의 유목민족이 부분적으로 서서히 정착하기 시작했는데, 다음과 같은 이유들로 인해 우즈벡인들의 농경 생활로의 정착은 더욱 가속화되었다. 첫째로, 해로의 발달로 인해 유럽과 동양을 잇는 중앙아시아의 교역로로써의 역할이 줄어들었다. 두번째는 이반 4세의 통치하에 러시아제국은 청나라를 제치고 중앙아시아에서 영향력을 행사하는 주요한 세력이 되었다.

이러한 상황 속에서 유목민들의 정착이 진행되면서 그들의 정치 제도는 매우 발달하게 되었고, 이슬람의 성직자들은 부하라 근처에 집중되어 상당한 경제력을 보유하게 되었다.

4) 러시아제국의 식민통치(1917~1968)

16세기부터 중앙아시아의 원주민인 튀르크계 부족들과 대립 상태에 있던 러시아는 19세기에 들어와서 이 지역에 대한 세력확장을 본격화하였다. 1860~1870년 동안에 러시아의 짜르는 지금의 우즈베키스탄을 포함한 중앙아시아 튀르키스탄Türkestan 정복 사업을 시작한 것이다. 러시아의 중앙아시아 진출은 당시 중동과 서남아시아를 장악하고 북상하고 있던 영국세력에 대한 견제를 목적으로 급격히 이루어졌다.

19세기 마지막 25년 동안은 러시아제국에게는 번영과 확장의 시기였으며, 이 시기에 중앙아시아의 대부분의 튀르크계 부족 집단은 러시아의 영향권 아래 놓이게 되었다. 러시아제국의 알렉산드르 2세는 1865년부터 1876년까지의 군사원정을 통해 중앙아시아를 합병하는데 성공했다. 부하라와 히바 왕국은 강하게 저항하였으나, 1868년 6월 부하라는 러시아에 굴복하는 평화조약에 조인함으로써 정복되었고, 히바는 사막에 둘러싸여 있다는 지형적 조건으로 보호되었으나, 1873년 러시아의 카우프만 장군이 히바를 공격하여 그 해 8월 지배자 칸Khan이 러시아 보호령을 받아들임으로써 굴복당하였다.

중앙아시아는 상업적 의미에서도 러시아인들의 관심이 집중된 곳이었다. 이 지역은 면화 등 주요 원자재를 러시아에 제공할 수 있는 공급원인 동시에 러시아 제조품의 시장이었기 때문이다. 우즈베키스탄을 중심으로한 중앙아시아에 대한 러시아의 식민통치는 전반적으로 해당국의 경제, 사회, 법률, 종교, 관습 등에는 거의 관여하지 않았다. 그러나 이전까지 이란계 무슬림 상인들에 의해 주도되어 왔던 러시아와 중앙아시아의 교역이, 러시아 진출 이후로는 점차로 러시아인들이 장악하게 되었다.

우즈베키스탄에서 러시아 식민통치의 주된 관심은 면화재배를 증진시키는 일이었다. 1884년 초에 변종 중 가장 우수한 미국의 면화가 이 지역에서 재배되기 시작했으며, 우즈베키스탄 지역은 곧 러시아의 주요 면화 제공 원천지가 되었다. 면화재배는 주로 소규모 영세농민에 의해 이루어졌으나, 면화의 구입과 면제품 판매는 러시아의 대규모 직물기업들이 장악하였다. 한편 면화 생산이 증가함에 따라 화폐사용이 확대되었고, 시르 강과 페르가나 지역에 러시아 농민이 대규모 이주하게 되었다. 또한 면화 수송을 위해 철도가 건설되었는데, 트란스카스피해Transcaspian 철도는 1899년에 완공되었고, 오렌부르그-타슈겐트Orenburg-Tashkent 철도는 1095년에 완공되었으며, 페르가나 철도와 부하라 철도는 1910년에서 1916년 사이에 건설되었다.

5) 소비에트 연방과 우즈베키스탄(1917~1991)

1917년 러시아에서 마르크스 사회주의자들에 의해서 주도된 사회주의 혁명은 당시 러시아제국의 지배를 받고 있는 우즈베키스탄을 비롯한 중앙아시아 국가 전체에 커다란 영향을 미쳤다. 당시 서구제국에 비해서 경제적 후진성을 탈피하지 못한 러시아제국은 반(半)봉건, 반(半)자본주의 형태의 미숙한 경제발전 상태에 있었다. 프랑스의 막대한 재정적 지원을 약속받은 러시아는 불러

동맹을 맺어 제 1차 세계대전에 휘말리게 되었으나 전쟁이 계속되면서 경제력 부족으로 독일에 밀려 연패하고 있었다. 이러한 과정에서 러시아 국민들은 러시아 짜르 정권에 대해 불만이 깊어지게 되었다. 결국 1917년 2월 혁명에 의해 짜르 정권이 붕괴되고 러시아왕 리꼴라이 2세의 퇴위와 함께 사회주의 혁명가들이 주도하는 소비에트 임시정부가 수립되고 의회가 성립되었다. 그러나 사회혁명당과 멘세비키에 의해서 주도된 임시정부는 전쟁 중지를 희망하는 국민의 여망에 부응하지 못하고 계속 전쟁을 수행함으로 정국은 파국으로 치닫게 되었다. 이 때에 볼셰비키 지도자들이 당세를 확장하고 여론을 장악함으로써 1917년 10월 볼셰비키가 주도하는 노동자, 농민 봉기가 발생하여 정권을 장악하게 되었다. 10월혁명이 성공함으로 러시아제국이 지배하던 영역에 동시에 사회주의 정권들이 수립되었다.

10월 혁명 전후에 우즈베키스탄 지역에는 이슬람 성직자들과 봉건적 수장들이 지배하는 부하라칸국과 히바칸국이 있었다. 새로 출범한 소비에트 정부는 처음에는 이들 칸국들에 대하여 민족 자결 원칙을 표방하면서 간섭하지 않았다. 그러나 서구 제국 열강들이 소비에트 국가에 대하여 간섭하기 시작하고 책동을 하게 되면서 중앙아시아는 영국의 지원을 받은 부르조아 민족자본가들과 이슬람 성직자들을 중심으로 반(反)혁명세력을 형성하기 시작했다. 그러자 러시아 소비에트 정부는 군대를 투입하여 칸의 권력을 붕괴시키고 소비에트 정부를 수립하였다.

개혁적이고 반(反)봉건적인 소비에트의 영향권이 민중 깊숙이 파고들면서 소비에트 세력은 얼마가지 않아 중앙아시아 전체를 실질적으로 장악하게 되었고 민족주의적 혹은 종교적 배경을 가진 반혁명세력은 사라지게 되었다. 이리하여 우즈베키스탄을 비롯하여 카자흐스탄, 키르기스스탄, 투르크메니스탄 그리고 이란계 타지키스탄 등 중앙아시아 튀르크계 공화국들은 1922년 12월부터 자진하여 소비에트 연방에 가입함으로써 중앙아시아는 소련의 일부분이 되고 말았다.

6) 반(反)러시아 저항운동

우즈벡인들은 1877년부터 페르가나 계곡을 중심으로 러시아제국의 식민정치에 반대하는 저항운동을 시작하였다. 1882년 이 저항운동이 러시아군에 의해 진압된 후에도 1886년, 1889년, 1916년에 저항운동은 계속 발발하였다. 1918년에는 이슬람 종교를 배경으로 하는 민족주의 저항운동인 바스마치Bas-machi 저항운동이 조직적으로 계속되었는데, 이 저항운동도 결국 노동자 농민층의 절대적인 지지를 받은 소비에트의 강한 군사력 앞에 소멸되고 말았다.

10월 혁명 후 1924년에 튀르키스탄공화국이 철폐되었고, 각 주요 민족 그룹에 따라 공화국들이 분리되어 나가면서 우즈베키스탄이 형성되었다. 이러한 분리 정책은 중앙아시아에서 범(汎)튀르크 민족주의 운동Pan-Turkism을 제어하며 러시아의 통치력을 강화하는 데 중요한 역할을 하였다. 1938년에서 1939년 사이에 튀르크 민족주의자들에 대한 소련 정부의 대숙청 작업이 있었는데, 이 때 우즈벡 민족주의 지도자들이 대부분 국외로 추방되었고 이에 따라 우즈베키스탄에 대한 모스크바 중앙 정부의 통치는 한층 더 수월하게 되었다.

7) 독립 이후 반(反)정부 운동

고르바초프 등장 이후 우즈베키스탄에서 민족주의 운동과 이슬람 부흥운동이 동시에 산발적으로 서서히 일어났다. 곳곳에 이슬람 사원이 재건축되고 새로운 이슬람 사원이 건설되는가 하면, 민족주의 성향이 강한 신문들이 출간되었다. 이러한 운동은 공산당 출신들이 장악하고 있는 집권당에 대항하여 독립 이후에도 계속되었다. 이슬람 부흥 운동은 이란과 사우디아라비아의 지원을 받아 왔다. 1992년 페르가나 계곡의 나망간Namangan에 거대한 모스크가 세워졌다. 이맘 압둘 아하드Imam Abdul Ahad가 시무하는 이 사원은 와하비즘Wahabism을 포교하는 사우디아라비아의 아흘레 순나Ahle Sunnah 운동이 지원하는 2십만불의 자금에 의해 건립된 것이다.

독립 전후에 지방에서 이슬람이 부흥한 반면 대도시에서는 민족주의 운동이 성행하였다. 이 운동을 주도하는 대표적인 세력은 1989년 설립된 비를릭Birlik당으로서 카리모프 정권에 의해 그 활동이 금지되었다. 비를릭당(黨)의 지도자는 타쉬켄트대학교 교수이며 저명한 인공두뇌학 전문가인 압둘라힘 풀라토프Abdulrahim Pulatov이다. 카리모프 정권의 인권탄압을 비난하다가 체포되어 교수직을 박탈당한 풀라토프는 1992년 6월 KGB 요원으로 추정되는 정체불명의 청년들에 의해 철봉으로 맞아 골이 깨진 채 쓰러져 죽은 것으로 판단되어 길 바닥에 버려졌으나 후에 기적적으로 살아났다. 풀라토프는 가까스로 아제르바이잔으로 도망했다가 터키에 은신했다. 그는 우즈베키스탄에서 민주와 인권 수호의 상징이 되었다. 카리모프는 이에 분노하여 아제르바이잔 수도 바쿠와 타슈겐트의 항공 노선 일체를 취소하였다. 풀라토프의 동생 압둘마납 풀라토프Abdulmanab Pulatov는 1992년 12월 6일 우즈베키스탄의 민주헌법이 채택되는 바로 그날 키르기스스탄에서 열린 인권 컨퍼런스에 참석했다가 우즈베키스탄 KGB 요원에 의해 납치되어 타쉬켄트 감옥에 투옥되었다. 몇일 후에 비를릭당은 활동이 금지되었으며 압둘마납은 대통령을 모독한 죄로 유죄 판결을 받았다.

 이슬람 근본주의 운동과 우즈벡(튀르크) 민족주의 운동은 카리모프 정권에 가장 큰 도전이 되어 왔다. 그러나 과거 공산당 지도부 출신인 이슬람 카리모프Islam Karimov 대통령은 독립 6년이 지난 지금 이슬람근본주의 세력과 민족주의 세력을 모두 제압하고 강력한 친정 정권을 수립하는 데 성공하였다. 풀라토프의 터키 망명 문제로 터키와 잠시 긴장 관계 속에 있던 우즈베키스탄은 지금은 터키와도 정치적으로 원만한 관계를 유지하고 있다. 경제학자 출신인 카리모프는 강력한 리더쉽을 가지고 카자흐스탄이나 키르기스스탄과는 달리 점진적인 개방 정책을 펴나가고 있는데 우리나라의 박정희 대통령의 통치 철학 및 방법에도 관심이 많은 것으로 알려져 있다.

2. 위치 / 면적 / 인구 / 언어 / 지형 / 토양

1) 위치 및 면적

 우즈베키스탄Özbekistan ; Uzbekistan은 동경 56~73도, 북위 37~46도 사이에 위치하고 있으며, 북서쪽으로는 아랄해 남쪽의 카라칼팍Karakalpak 자치공화국을 포함하고 있고, 남동쪽으로는 아프가니스탄과의 국경까지 국토가 길게 뻗어 있다. 북쪽으로는 거의 대부분이 카자흐스탄과 크즐쿰Kyzyl Kum 사막에서 국경을 이루고, 남서쪽으로 투르크메니스탄과 아무다르야 강

을 경계로 국경을 길게 접
하고 있으며, 동쪽으로는
키르기스스탄 및 타지키스
탄과 국경을 이루고 있다.
우즈베키스탄의 국토 총
면적은 약 447,400㎢로써
남한의 약 4.5배이며, 남북
한 총면적의 약 2배 정도
된다. 구소련 15개 공화국
중에서 다섯번째로 넓은

우즈베키스탄의 아이들

영토를 보유하고 있는 공화국이다. 한편 우즈베키스탄은 키르기스스탄 내 오시
주(州)에 2개소의 격리된 영지(領地)를 보유하고 있으며, 우즈베키스탄 나망간
Namangan주에 타지키스탄 영지 1개소가 위치하고 있다.

주민들의 2/3 이상은 아무다르야강과 제라프샨강 연안의 오아시스 지역에
살고 있다. 동부의 산록 지대와 페르가나 분지는 비교적 인구 밀도가 높은 편
이다.[23]

2) 인구 및 언어

우즈베키스탄 인구는 2002년 7월 통계로 25,563,441명이다. 1991년 통계
로 우즈베키스탄의 인구는 20,613,000명이었다. 구소련CIS 내에서 러시아,
우크라이나에 이어 세번째로 인구가 많다. 인구의 자연 증가율은 1991년 통계
로 2.66%이었으며, 2001년 통계에는 1.62%로 많이 줄었다. 경제적 여건이
반영된 것으로 보인다. 국민들의 평균 수명은 1990년 69.3세로 다른 구소련
국가와 거의 비슷하다. 유아 사망률은 1992년 3.79%로 구소련CIS 국가들 중
에서 투르크메니스탄, 타지키스탄에 이어 세 번째로 높았다. 우즈베키스탄은

---

23) 우즈베키스탄은 현재 다음과 같이 1개 자치국와 12개 주로 행정구역이 구분되어 있다: (1) 카
라칼팍 자치공화국, (2) 과례즘주, (3) 나보이주, (4) 부하라주, (5) 사마르칸트주, (6) 카슈가
다르야주, (7) 수르한다르야주, (8) 지작주, (9) 스르다르야주, (10) 타쉬켄트주, (11) 나망간
주, (12) 안디잔주

우즈벡의 노인들

120여개의 소수 민족이 함께 공존하는 다민족(多民族) 국가로 전체 인구의 71.4%를 이 나라의 원주민인 튀르크계 우즈벡인들이 점유하고 있으며, 러시아인이 8.3%, 타직인 5%, 타타르인 4%, 카작인 4%, 카라칼팍인 2%, 고려인 1%[24] 등이 있다. 우즈베키스탄 내의 고려인들은 약 20만 명이며 수도 타쉬켄트에 약 2만 명이 거주하고 있다.

우즈벡인들은 우즈베키스탄 이외에도 아프가니스탄, 파키스탄, 터키, 사우디아라비아, 호주, 미국, 서유럽 등에 흩어져 있고 중국에는 약 12,500명이 살고 있으며 중앙아시아 국가들에 널리 분포되어 있다. 중앙아시아 국가들의 인구 중 우즈벡인들이 차지하는 비율은 대략 키르기스스탄 12%, 투르크메니스탄 9%, 타지키스탄 23%, 카자흐스탄 5% 등이다.

우즈베키스탄 인구는 동부 특히 페르가나 분지에 집중되어 있다. 지역별로 보면 사마르칸트 주에 가장 많은 인구가 거주하고 있으며, 다음으로 페르가나 주와 타쉬켄트 주를 들 수 있다. 그러나 인구밀도 면에서는 수도 타쉬켄트를 제외하면 페르가나 지역의 안디잔 주와 페르가나 주가 가장 밀집되어 있다.

우즈베키스탄 국민들 가운데 두번째로 많은 민족은 1989년 현재 8.3%로 러시아인이다. 대개 러시아인들은 대도시에 거주하거나 기간산업 부문에 종사하는 사람이 많은데, 수도인 타쉬켄트의 러시아인의 비율은 1989년 현재 34%에 이른다. 그 밖에 러시아인들이 집중되어 있는 도시로는 나보이 주의 나보이 시와 제라프 시가 있다. 나보이 시는 1960년에 도시계획에 의해 건설된 도시이

---

24) 1989년의 인구 조사에 의하면, 우즈베키스탄에는 약 100,000명의 유대인이 거주하고 있다. 그러나 소련이 붕괴된 후 러시아의 유대인들이 이스라엘이나 미국 등으로 이주 해감에 따라 이곳의 유대인들도 상당수가 이주해 가고 있다.

며, 제라프 시는 1960년 무룬타우Murun Tau 금광 개발과 더불어 1960년에 건설된 도시로써 경제개발의 영향으로 러시아인들이 이 도시에 집중된 것으로 보인다. 우즈베키스탄 내에 러시아인의 비율은 최근에 감소 추세에 있는데, 원인은 중앙아시아에서 일어나는 민족주의 운동에 위협을 느낀 러시아인들이 러시아공화국으로 돌아가고 있기 때문이다. 한편 러시아어를 구사할 수 있는 우즈벡인은 24.6%로 타민족에 비해 매우 저조한 형편이다.[25]

한편 우즈베키스탄의 인구의 팽창은 바로 민족주의적 측면에서도 조명해 볼 수 있다. 중앙아시아 무슬림들의 급격한 수적 증가는 구소련 당시 러시아인을 비롯한 슬라브족들로 하여금 많은 우려를 자아내게 했었다. 특히 우즈베키스탄은 이런 폭발적인 인구 팽창의 선두로서 1959년과 1970년 사이에 무려 50.4%가 증가하였고, 1970년과 1979년 사이에는 32%의 증가율을 보였다. 이와 같은 인구의 급속한 성장은 노동 가능 연령의 인구를 증가시키는 결과를 낳게 되어 소연방 내 노동력의 주요 공급원 역할을 하게 되었다. 또한 소련군대의 민족 구성에도 변화를 가져오게 되어 민족간에 군사적, 정치적으로 갈등을 낳게 되었다.

우즈벡어는 중국 신강성 위구르 자치구에서 공용어로 사용하는 위구르어와 함께 동튀르크어군(群)에 속하는 튀르크계어로 고대 돌궐계 카를룩어, 중세 차가타이어를 계승하여 발전한 언어이다.[26] 현재는 다수의 방언들로 분류되어 있는데, 현대 표준어는 동남부 지역의 방언에 기초하고 있고, 아랍어, 페르시아어, 러시아어로부터 차용된 어휘가 많다. 이슬람화된 이후 차가타이 제국부터 1920년까지 계속 아랍문자를 사용하였으나 그후 잠시 라틴문자(로마자)로

---

25) 다른 중앙아시아 국가들보다도 민족주의적 경향이 강한 우즈베키스탄은 최근에 아직 구체적으로 시행되고 있지는 않지만 문자개혁을 결정하여 터키 문자를 채택하는 등 민족주의적 노선을 따르는 정책 입안을 계속하고 있다. 이러한 분위기에서 러시아어를 아는 우즈벡인들 조차도 공공 장소에서 러시아어를 사용하는 것을 꺼리고 있으며, 대민 업무를 보는 우즈벡 공무원들 조차도 방문하는 러시아인에 대해 러시아어를 사용하지 않고 우즈벡어로 대답함으로써 우즈벡어를 모르는 러시아인들을 매우 당혹하게 하고 있다. 이러한 상황에서 러시아인들이 자기 민족국가인 러시아로 귀환하는 일이 점점 많아지고 있는 실정이다.

26) 한편 튀르크어 분류에서 카작어, 키르기스어, 타타르어, 바쉬키르어, 카라칼팍어 등은 큽착 Kypchak그룹에 속한다. 또한, 쿠르크멘어는 아제리어, 터키어와 함께 오우즈Oguz그룹에 속한다.

바꾸었다가 소련에 편입된 후에 1940년 이후 러시아인들이 사용하는 시릴(키릴)문자로 사용해 왔다.[27] 이러한 조치는 중앙아시아 국가들이 러시아의 문화적 영향권에 들어가게 되는 결정적인 계기가 되었다.

한편 우즈베키스탄 정부는 독립 후에 문자개혁 정책을 발표하여 터키에서 사용하는 터키어식 라틴문자를 사용하기로 결정하였으나 다량 인쇄기 보급 등 기술적인 문제로 인해서 즉각 시행하지 못하고 있다.

구소련 체제에서 러시아어는 우즈베키스탄에서 우즈벡어와 함께 공식언어였다. 고등교육기관에서는 러시아어만 사용토록 규정되어 있었으며, 우즈벡어는 초중등학교에서 러시아어와 함께 교육용어로 사용토록 허용되어 왔었다. 그러나 우즈벡인들은 일상 생활에서는 우즈벡어를 계속 사용해 왔다. 1989년 우즈벡 정부는 러시아어를 교육언어에서 제외시키고 우즈벡어를 유일한 교육언어로 사용할 것을 공포하였다. 현재, 우즈벡어는 우즈베키스탄의 유일한 공식언어요 국어가 되어 있다. 한편 사마르칸트Samarkant는 과거 타지키스탄의 수도였던 관계로 인해 사마르칸트 인구의 50% 이상이 타직인으로서 타직어를 사용하고 있다.

카자흐스탄 등 다른 중앙아시아 국가들에서는 자신들의 언어인 현지어는 서툴면서 러시아어를 마치 모어(母語)처럼 인식하고 사용하는 젊은이들이 많은 데 비해, 우즈베키스탄은 중앙아시아 국가들 중에서 언어적으로 가장 적게 러시아어의 영향권에 있던 국가로써 자신들의 언어를 거의 모든 우즈벡인들이 모국어로 사용하고 있다.

---

27) 이와 같이 중앙아시아 튀르크계 국가들에게 시릴 문자를 사용하게 힘으로써 러시아는 우즈베키스탄을 비롯한 중앙아시아 공화국들을 가장 큰 튀르크계 국가인 터키로부터 문화적으로 분리시키려는 정책을 쓴 것이다. 이리하여 터키와 중앙아시아 튀르크족 사이에 언어적, 문화적 장벽을 형성하여 범튀르크 민족주의 운동을 억제하려고 했던 것이다. 한편 구소련 붕괴 후 대부분의 중앙아시아 튀르크계 국가들은 독립을 맞이해 국가의 기강을 잡고 민족적 정체성을 추구하는 과정에서, 그 동안 공산체제에서 사용해 왔던 시릴 문자를 버리고 터키공화국에서 사용하는 터키식 라틴문자를 사용하기로 결정하였다. 1992년 후반기부터 우즈베키스탄을 비롯하여 아제르바이잔, 키르기스스탄, 투르크메니스탄, 카자흐스탄 등 다른 중앙아시아 튀르크계 국가들도 라틴문자 사용의 시행을 위한 준비작업에 들어갔다.

3) 지형 및 토양

우즈베키스탄 국토의 2/3는 사막과 초원 지역으로 이루어져 있으며, 국토의 80%에 해당하는 면적이 서부 지역에서부터 중부 지역에 걸쳐 평지를 이루고 있고, 투란Turan 저지(低地)인 크즐쿰Kyzyl Kum 사막이 중앙부에 넓게 펼쳐져 있다. 우즈베키스탄의 북서부 지역은 내륙호인 아랄 호의 서해안이 위치해 있고, 사막 및 건조한 초원 지대로 이루어진 광활한 평지와 낮은 산맥, 소금 늪지, 그리고 동굴형태의 배수지(配水池) 등이 자리잡고 있다.

동부와 남부 지역은 해발 45m 이상의 구릉지를 형성하고 있으며, 산과 계곡 및 분지로 이루어져 있다. 이 지역에는 천산(天山), 기사르Gissar, 알라이Alai 산맥이 있으며, 해발 350~900m의 페르가나Fergana, 해발 200~500m의 제라프샨Zeravshan, 시르다르야Syr Darya, 산자르 누라타우Sanzar Nuratau, 카쉬카다르야Kashka Darya, 수르한다르야Surkhan Darya 분지 등이 이들 산맥에 둘러싸여 있다. 또 이 지역에는 아무다르야와 시르다르야강의 지류인 제라프샨Zeravshan 강이 흐르고 있어 관개 시설에 이용되고 있다.

우즈베키스탄의 남동부 국경 부근에 파미르 고원 가장자리에 위치한 알라이 산맥의 기슭으로부터 시작된 아무다르야와 시르다르야 강이 북서부의 드넓은 사막과 초원 지대로 통과해 아랄해로 유입되고 있다.

동부 지역 시르다르야 강 상류의 페르가나 분지에서는 면화, 과일, 채소, 곡물 등이 재배되고 있다. 이 지역 사람들은 페르가나를 장미의 골짜기, 땅의 진주, 소련의 캘리포니아로 부르고 있다. 페르가나는 비록 구소련 전체 면적의 1%밖에 되지 않는 지역이지만, 구소련의 면화 생산 중 1/3을 담당하고 비단의 35%를 생산하고 있다.

우즈베키스탄의 서부 지역은 평평하고 낮은 산맥과 소금 늪지, 그리고 동굴로 된 배수 분지로 되어 있다. 이 지역의 모든 강들은 산에서 시작하고 있으며 강에는 고기 종류가 다양하고 풍부하다.

개척되어 있지 않는 북서부 지역은 부분적으로 카라쿨Kara Kul 양(羊)을 기르기에 적합하다.[28]

---

28) 카라 쿨Kara Kul은 '검은 노예' 혹은 '축복의 노예'라는 뜻이다.

　　우즈베키스탄의 기후는 매우 건조한 편으로 여름에는 뜨겁고 건조한 열대 공기가 밀려들어오며 겨울에는 비교적 습기가 많은 편이다. 연중 강수량은 적다. 이와 같은 기후는 가축 사육과 면화 재배, 누에 산업에 적합한 환경을 제공하여 준다. 우즈베키스탄은 세계 최대의 면화 생산지 중의 하나이고, 양 사육과 누에고치, 과수원, 포도원 등이 많을 뿐 아니라 천연가스, 석탄, 구리, 납, 아연, 텅스텐, 몰리브덴 등 지하자원도 풍부하다. 크즐쿰 사막은 금이 많이 나오며, 석유도 생산된다.

　　우즈베키스탄은 면화 생산에 중점을 두어 왔기 때문에 면화의 1차 가공업이 발달했지만 제 2차 세계 대전 중 기계 제작, 철강업 등 공업 지역이 우즈베키스탄으로 이동함에 따라 60년대 이후에는 천연 가스, 비철금속 등의 채굴과 가공업이 비약적으로 발전해 왔다.

　　우즈벡인들은 인구이 2/3이상은 아무다르야 강과 제라프샨 강 연안의 오아시스 지역에 거주하며 농경과 목축업에 종사하고 있다. 페르가나 분지도 비교적 인구밀도가 높은 편이다.

　　우즈베키스탄의 토양은 크즐쿰 사막에 모래 토양이 넓게 분포되어 있으며, 이 중에서도 충적토(沖積土) 지층과 퇴화한 토양층에는 회갈색 토양이 많다. 언덕과 야산(野山)에서 흑토지대가 흔히 발견되는데, 해발 250~400m에서는 일반 흑토지대(체르노젬)가 분포되어 있으며, 해발 700~1,200m는 어두운 흑토지대로 되어 있다. 해발 1,200~2,800m 정도의 중간 규모 산에서는 황갈색 토양과 갈색 산림토가 주종을 이루고 있으며 해발 2,800m 이상의 고산지대에서는 연갈색 초원토양이 넓게 분포되어 있다. 이러한 자연 생성토 중에서 목초 토양, 목초 습지 토양, 습지 토양과 같은 습성 토양이 계곡은 물론 매우 건조한 평원에서도 발견되며 체르노젬 목초 토양, 사막 목초 토양 등과 같은 준습성 토양과 섞여 있다.

3. 기후

위성사진으로 본 아랄해

우즈베키스탄은 사막 기후에 속하기 때문에 연중 매우 건조하며, 특히 여름에는 매우 뜨겁고 건조한 열대 공기가 밀려들어와 사마르칸트 등은 매일 40℃를 넘는 더위가 계속되기도 한다. 그러나 여름 평균 기온은 27℃(타쉬켄트 7월 평균) 정도로 높지만 매우 건조하기 때문에 그늘이나 사무실, 집안에서는 우리나라의 습도 높은 여름 날씨에 비해 훨씬 시원하게 느껴진다. 밤낮의 기온차가 심하여 밤에는 기온이 내려가지만 낮의 열기가 초저녁까지 계속된다. 연중 강수량은 매우 적은 편이지만 겨울에는 비교적 습기가 많고 가끔 눈이 내리기도 한다. 겨울 평균 기온은 영하 -2℃(타쉬켄트 1월 평균)로써 비교적 따뜻하지만, 밤에는 다소 기온이 하강한다.

이러한 우즈베키스탄 기후는 가축사육과 면화 재배, 누에 생산에 적합하다. 따라서 이 지역에서 양 사육이나 누에고치 산업이 매우 발달해 있으며, 과수원, 포도원 등을 흔히 볼 수 있다.

우즈베키스탄을 기후대로 구분하면 최남단 지역은 아열대 지방이며, 그 밖에는 대부분 온대 지대에 속한다. 그러나 사막기후의 특성으로 여름에는 비가 거의 내리지 않으며, 도리어 겨울에서 이른봄까지 비교적 강수량이 많다. 또한 전형적인 대륙성 기후의 특성을 지니고 있어서 7월에는 최고 47℃ 까지 수은주가 상승하기도 하여 비구름이 비를 내리게 해도 내리는 도중에 증발하여 비가 땅에 도달하지 못하는 이른바 마른 비 현상이 나타나기도 한다. 드문 경우이나 1월 최저 기온이 급강하여 최저 -20℃ 까지 내려간 경우도 있다.

구소련에 나타나는 6가지 기후대 중에서 실크로드 지역으로 구분되는 우즈베키스탄은 이와 같이 사막의 건조한 기후 특징으로 북서부 지역의 아랄해가 점점 말라 가고 있으며, 환경오염이 심각하여 최근 환경 보장에 대한 국제적인 관심사가 계속 집중되고 있다.

4. 천연자원 및 산업 구조

우즈베키스탄에는 석탄, 석유, 천연가스 등 총 89가지의 풍부한 지하자원이 매장되어 있으며, 이들 자원의 개발 및 수출 잠재력은 매우 큰 것으로 평가되고 있다.

구소련 제 2의 금 생산국인 우즈베키스탄은 구소련 전체 금 생산량의 25.2%를 생산하고 있으며, 최근에는 미국 기업들과 합작으로 미개발 금광의 개발을 서두르고 있다. 주요 금생산지는 타쉬켄트 주의 카울드Kauldy, 지자크Jizak 주의 마르잔블라크Mardjan Bulak 등이 있다.

국내의 주요 에너지원으로 에너지 소비량의 70% 이상을 공급하고 있는 천연가스는 구소련 전체 생산의 5% 정도를 차지하고 있으며, 주요 생산지는 부하라주의 가즐리Gazli, 우츠키르Uchkir 등이다.

원유 생산량은 전체 소비 수요의 1/3정도(연간 약 280만톤)에 머물고 있으나, 하루에 56,000배럴을 생산할 수 있는 능력을 갖추고 있다. 1992년에 나망간과 페르가나 지역에서 대규모 유전(매장량 약 750만톤)이 발견됨에 따라, 순조로운 개발이 이루어질 경우 에너지 자급이 가능할 것으로 보이며 이를 위해서는 적극적인 외국인 투자유치가 요구되고 있다. 한편, 과거 주요 에너지원이었던 석탄은 최근에 석유, 천연가스가 생산되면서 점점 생산량이 감소하는 추세이다.

이밖에도 은, 구리, 아연, 텅스텐 등의 자원이 생산되고 있으나, 그 규모가 비교적 작고 아직 미개발 상태에 있기 때문에 생산 규모는 많지 않다.

농업 총생산량의 약 40%, 전체 노동력의 30%를 차지할 정도로 국가경제는 면화를 중심으로 하는 농업 부문에 크게 의존하고 있으나, 식량 자급률은 1/4 수준에 불과하여 러시아, 우크라이나 등에 대한 식량의 대외 의존도가 높다. 구소련 전체 면화 생산량의 약 60%에 달하는 면화 생산량은 연간 4백만 톤을 상회하고 있으나 기계, 연료부족 및 아랄해의 고갈로 생산량 감소가 불가피할 것으로 전망된다. 또한 전 국토의 60% 이상이 사막 및 준사막지대로 경작지의 대부분이 관개가 필수적이나 주요 수자원인 아랄해가 고갈됨에 따라 관개시설의 확충이 곤란한 상태이며 농약 및 비료의 과다 사용으로 토질이 점차 저하되고 있는 실정이다.

한편 러시아 등에 대한 원료 공급을 특화시키는 구소련의 산업정책으로 우즈베키스탄의 산업은 농산물 가공, 농기계 제작 및 비료 생산 등 농업과 관련된 분야에 편중되어 왔다. 따라서 우즈베키스탄의 공업화 수준은 구소련CIS 국가 내에서도 매우 낮은 편이다.

5. 경제 동향

1) 국내 경제

1990년 기준으로 소련 내에서 우즈베키스탄의 경제가 차지하는 비중은 러시아, 우크라이나, 카자흐스탄, 벨로루시 다음의 경제 규모를 보유했다. 1980년대에는 연평균 3.4%의 실질 성장을 이룩했었지만, 1991년 소련 붕괴 이후 공화국간 상호보완관계가 단절되고 시장경제체제로의 전환 과정에서 발생되는 혼란으로, 생산이 급격히 감소하여 지속적인 마이너스 성장을 보였다. 이러한 경제 추세는 독립 초기에는 다른 중앙아시아 공화국들의 수준에 비하면 상당히 양호한 편이었으나 현 정권의 경제정책의 실패로 지금은 경제가 매우 어렵다. 산업이 면화 재배에 크게 의존하고 있고, 소비 및 투자는 계속해서 감소했으며, 경제개혁 역시 지지부진하게 이루어졌다. 최근 다소 경제가 소생하고 있으나 다른 CIS 국가들처럼 우즈베키스탄의 생산 감소 현상은 좀더 지속될 전망이다.

우즈베키스탄 정부는 경제정책의 기본 방향을 '시장경제로의 체제전환'에 두고 재산법, 사유화법, 은행 및 은행 활성화법, 외국인투자법 등 경제정책에 필요한 법률제정을 서둘렀다. 그러나 이러한 법적 조치에도 불구하고 여전히 사회주의식 관료주의가 팽배해 있어 전반적인 경제 운영에 많은 어려움을 겪고 있다. 1991년 11월에 사유화 법을 제정하고 1992년 2월에 사유화 추진전담기구인 '국가자산 감독 및 사유화위원회'를 설립하였으나 사유화 정책이 보수적이며 점진적으로 시행되고 있고, 행정적 추진능력도 부족하여 민간분야에서 실질적인 성과를 거두지 못하고 있다. 또한 토지 소유권 사유화는 고려대상에

우즈벡의 시장풍경

도 들지 못하고 있으며, 사유화된 민간기업에 대해서도 여전히 신용대출이나 무역에 통제를 가하고 있어 기업운영에 효율성이 떨어지고 있다는 평가가 지배적이다.

독립 후 모든 구소련 국가들과 마찬가지로 우즈베키스탄의 물가 상승은 폭등세를 기록했다. 1992년 1월 가격자유화 조치 이후 수차례에 걸쳐 생필품 및 에너지 가격을 인상 조치함으로써 1992년 598%, 1993년 851%의 급격한 인플레를 초래하게 되었다. 따라서 1994년 1월 1일자로 실시하려 했던 전면적인 가격자유화 조치를 계속 연기했으나, 물가상승에 따른 실질임금수준을 위한 물가 임금연동제 실시에 따라 고인플레 추세는 지속되어 1994년에도 1,350%의 인플레를 기록했다. 그러나 1995년 중반 이후에 우즈베키스탄의 경제는 인플레가 급격히 감소하는 등 다소 안정세에 들어갔으며 1996년부터 외국인 투자도 꾸준히 증가하고 있다.

2) 국외 경제

우즈베키스탄은 전통적으로 CIS 국가간의 교역이 전체 수출의 약 82%, 수입의 약 85%를 차지할 정도로 공화국간의 교역이 대외 교역의 큰 비중을 차지해 왔다. 역내 국가간의 교역에서 주요 수출품은 수출의 30% 이상을 차지하는 면화를 비롯하여 비철금속, 천연가스, 비료, 기계류 등이며 주요 수입 품목은 석유, 농산품, 섬유 등이고 전반적으로는 적자 기조를 보이고 있는 편이다. 특히 러시아에 대한 수출입이 각각 60%와 50%를 차지하고 있는데, 주로 우즈베키스탄의 면화와 러시아의 석유를 중심으로 雙務協定 체결을 통해 교역이 이루어져 왔다. 현재 공화국간의 무역은 독립 후에는 구소련 내에서 청산무역시스템 붕괴와 공화국들의 루불화 결제기피 등의 이유로 점차 바터(물물교환)교역 형태가 일반화되어 왔다. 따라서 역내 국가들은 상호간의 새로운 무역 및 결제시

스템의 대안 마련에 부심하
고 있다.

역외의 교역에서 주요 상
대국은 터키, 스위스, 영국,
벨기에, 독일, 중국, 말레이
시아, 한국 등이며 주요 수
출 품목은 수출의 거의
80%를 차지하고 있는 면화
를 비롯한 비철금속, 질소비

타쉬켄트의 브로드웨이

료 등을 들 수 있고 주요 수입 품목은 밀, 육류, 쌀, 의류 등이다. 공화국 외 교
역 역시 무역수지 적자 기조가 지속되고 있으나 매우 심한 면화의 국내외 가격
차를 개선할 경우 무역수지 적자폭을 상당부문 축소시킬 수 있을 것으로 전망
된다.

우즈베키스탄은 1991년 말 기준으로 약 653억 달러로 추정되는 소련의 대
외 채무 중 3.27%인 약 21억 달러를 분담하게 되었으나 1992년 11월 2일 러
시아와 채권, 채무 양도 협정을 체결하여 우즈베키스탄이 맡아야 하는 채무를
러시아가 인수하는 대신 우즈베키스탄도 소련의 대외 자산 지분을 포기하기로
합의하였다.

1993년 말 기준으로 우즈베키스탄의 총 외채는 7억3천9백만 달러로 GNP
의 3.6%에 해당되는데, 경제개혁 부진으로 외자도입은 부진한 실정이다.

3) 외국인 투자환경

우즈베키스탄의 외국인 투자환경은 비교적 좋은 편이다. 왜냐하면 우즈베키
스탄은 제2위의 금생산국이며 제 3위의 천연가스 생산국이고 석유, 은, 동 등
의 천연자원 보유량도 풍부할 뿐만 아니라 중앙아시아 지역의 교통의 요지로
서 철도 및 도로망이 비교적 잘 발달되어 있는 등 사회 간접자본도 양호한 편
이기 때문이다.

우즈베키스탄 정부는 외국인 투자를 적극 유치하기 위하여 1991년 6월에 외
국인투자법을 제정하고, 1992년 7월에는 대통령령에 의한 대외경제 활동 및

외국인 투자촉진을 위한 법적 기반을 마련하였으며, 소득세 5년간 면제 등 동기부여를 하려고 애쓰고 있다.

그러나 원칙적으로 아직은 외국인의 100% 투자를 허용하고 있지 않고, 특히 이윤의 해외 송금 및 분쟁시 제 3자 중재에 관한 구체적인 보장이 마련되어 있지 않아 외국인 투자에 대한 장애요인이 되고 있다.

우즈베키스탄에 등록되어 있는 외국인 기업의 수는 약 400여개 정도가 된다. 1996년을 기점으로 우즈베키스탄 최대의 외국 투자 기업은 대우자동차합작 공장Uz-Daewoo이며 우즈베키스탄 국내에서도 최대 규모의 기업으로 알려져 있다. 투자업종은 우즈베키스탄의 경제 여건상 장기투자보다는 소비재 생산, 무역, 건설 및 농산물 가공에 집중되어 있으며 주요 투자국은 한국, 미국, 독일 및 터키 등이다.

6. 사회와 문화

우즈베키스탄의 풍부한 문화적 유산은 많은 학자들과 시인들, 문학가, 천문학자, 수학자들을 배출하였다. 우즈벡인들은 음악적 소양이 매우 풍부하고 유머가 있으며, 서사적인 구전 전승 문학이 발달되어 있어서 우즈벡인들 사이에서 존경받는 사람 중에는 시인들이 많다. 대표적인 예로 우즈베키스탄의 위대한 역사 인물인 울루그 벡Ulug-Beg은 시인이며 철학자, 천문학자, 수학자로서 티무르Timur의 문화진흥 시기에 스스로 교편을 잡고 문학, 음악, 이슬람 신학, 역사가, 수학, 천문학, 철학 등을 가르쳤다. 그는 또한 천문학자로 세계 10대 고전 과학자에 포함될 정도로 명성이 높다.

또한, 우즈베키스탄의 거리와 빌딩의 이름에까지 널리 인용되는 알리 쉬르 나보이Ali Shir Navoi(1441~1501년)는 우즈벡인의 계관 시인으로서 우즈벡 민족문학의 창시자로 불린다. 그는 자기 고유어인 차카타이 튀르크어 이외에도 아랍어, 페르시아어 등으로도 작품을 많이 남겼다. 우즈벡 문학은 나보이의 작품을 통해서 세계적으로 알려지기 시작했다.

나보이 이후에 무함마드 살리흐Muhammed Salikh(1455~1535), 무함마드 바베르Muhammad Baber(1483~1530) 등은 서사시, 우화 등 구전 혹은 성문화된 많은 작품들을 통해 우즈벡 민족문학 발전에 크게 기여하였다. 이와 같은 우즈벡인들의 구전 또는 성문화된 문학작품들은

장례행렬

서사시와 우화, 격언들을 포함하고 있다.

우즈베키스탄은 전통적인 농업사회로 대체로 7~8명의 대가족 단위로 모여 살고 있으며, 전통적으로 자녀가 결혼을 하여도 분가하지 않고 같이 사는 풍습이 있다. 가족들은 가장의 권위를 절대적으로 인정하고 복종한다. 마을은 이 가족 단위의 확장된 형태라 할 수 있는데, 마을마다 마을 어른을 모시고 있으며, 남자들로 구성된 엘라트elat제도가 있어서 마을 어른의 자문 역할을 담당하고 있다.

남녀 모두 16~18세 정도가 되면 결혼을 하게 되는데, 결혼 과정은 양가의 부모의 결정에 따라 진행되는 것이 보통이다. 여자들은 과거 우리나라에서 처럼 대개 13세 정도가 되면 결혼을 준비하며, 시골에서는 전통적인 결혼식을 하지만, 도시에서는 웨딩드레스를 입고 서양식으로 결혼식을 올리기도 한다.

우즈벡인들의 명절은 봄 축제, 튤립 축제, 면화추수감사축제, 이슬람 종교 명절 등이 있으며, 이때는 남녀 모두 전통적인 특별한 의상을 입는다. 우즈벡인들의 민속 의상은 목도리로 묶여져 있는, 밝은 색깔의 줄무늬가 있는 긴 옷이다. 남자들은 '덥'이라고 하는 곱게 수놓아진 골무형의 실내 모자를 쓰는데, 이 모자로 우즈벡인임을 알아볼 수 있다. 여자들은 색깔이 있는 밝은 비단옷을 입으며, 머리에는 하얀 수건을 쓰고 종종 비단으로 수놓아진 '추비체이카' 라 불리는 골무형 모자를 쓴다.

컴퓨터센터에서 컴퓨터를 배우는 학생들

7. 교육

우즈베키스탄은 소련에서 독립한 후에 1992년 7월 새롭게 교육법을 만들어 교육 분야에서 일대 개혁을 추진하였다. 이 새로운 법은 자율 학습을 위한 개인 시간을 인정하고, 정규시간 이외에 보충교육 및 실습을 받을 권리를 보장하며, 관리구조의 확립과 더불어 재정적 측면에서 학교의 일정한 독립성을 인정하고 있다. 교육 분야의 국제 협력에 관한 규정을 설정하는 내용 등을 포함하는 이러한 교육법은 우즈베키스탄 교육의 새로운 전환기를 맞이하게 했다. 이 법에 의하면 사립학교 설립도 허가하고 있으며, 공립학교도 일정한 학비를 징수하고 기업과 산학 협력에 관해 허용하고 있다. 또한 외국 기관과 교육협력을 체결할 경우 외환계정 등을 보유할 수 있는 권한도 부여하고 있다.

우즈베키스탄에는 야간 과정과 특수 과정을 포함하여 대학수준의 53개 고등교육기관(대학, 연구소)이 있다. 고등교육 기관에서 공부하는 학생은 17~20세 연령층의 19%에 해당하는 321,682명에 이르는데, 이는 1990년 구소련 전체 통계인 23.6%보다 낮은 것이다. 고등교육기관 이외에 440개의 기술학교(직업학교)가 있는데 총 2십2만명의 학생이 공부하고 있다.

8. 음식문화

우즈베키스탄의 국토 면적은 한국의 약 2배가 조금 못되는 크기에 인구는 2,410만(1999년 인구조사)으로 인구 밀도는 낮은 편이다. 국토의 4/5가 메마른 저지대나 사막으로 되어 있고 동남쪽으로 기름진 오아시스에서 면화재배나 누에 산업 그리고 과일과 채소를 생산한다. 국토의 59%가 농축목에 이용되며 대표적인 농산물은 경작지의 40%이상을 차지하는 면화와 곡물(30%), 과일 (11%), 채소(4%)로 목화생산은 세계 5위이며 곡류는 고려인들이 재배하는 쌀과 밀, 보리, 콩, 담배 등을 들 수 있다. 과일도 다양하며 하미과, 수박, 포도, 각종 딸기가 있어서 과일의 천국이라 할 수 있다. 채소나 견과류 등도 많이 있는 편이다.

목축업에서는 돼지를 제외한 양, 염소, 소, 말, 낙타, 닭 등이 주류이고 각각의 유가공 외에 유목민의 전통을 잇는 유제품의 종류가 많다. 아랍계 특유의 각종 향신료가 풍부하다. 미묘한 양념과 환상적인 단맛이 남부 우즈베키스탄 요리의 특징이다. 차는 쉽게 접할 수 있으며 대개 우유 없이 제공된다.

우즈베키스탄은 유목국가의 바탕을 가지고 있으나 전통적으로도 반(半)유목 사회이며 오히려 타 중앙아시아 국가들에 비해 농경사회에 가까울 정도이다. 우즈벡인들의 주식은 빵, 양고기, 소고기, 닭고기 및 채소류이며 우리나라의 볶음밥에 기름 바른 것 같은 음식을 먹고 그 외에도, 우리나라 만두와 같으나 크기가 아주 작은 만티manti와 다양한 만두류가 있다.

밀로 만든 논Non, 즉 빵을 주식으로 하는데, 이 빵은 15~20㎝ 너비와 1㎝ 두께를 가진 원형 혹은 타원형이다. 우즈벡 사람들은 매 식사마다 논을 먹는다. 식사 때마다 빵과 함께 소, 양, 말고기와 요구르트, 버터, 치즈 등의 유제품이 나온다. 기후가 건조하므로 스프와 차는 일상적인 식사에서는 필수이다.

내륙 국가이기 때문에 해산물, 생선류는 거의 없는 편이다. 그러나 시르다르야 및 아무다르야 강이나 호수 등에서 잡히는 민물고기를 회로 만들어 먹거나 말려서 먹기도 하는데 흙냄새가 많이 난다.

우즈벡 사람들은 이슬람 종교 전통에 따라 돼지고기는 먹지 않고 보드카와 같은 독한 술도 잘 마시지 않는다.

다음은 우즈베키스탄과 중앙아시아 전역에 보편화 되어 있는 음식들이다.

논Non

논이라 불리는 빵은 중앙아시아 모든 민족의 주식이다. 매일 이 빵을 만드는데, 만들 때나 보관할 때도 정성을 다한다. 논 종류 가운데 특히 둥근 모양의 니뽀쉬카는 우즈벡 사람들이 먼 길을 갈 때도 싸가지고 다니는 주식이다. 지역에 따라 모양이 다르고 크기도 다른데, 모든 식탁에 니뾰쉬카가 나온다. 우즈벡인들은 사마르칸트 니뾰쉬카를 최고로 친다.

쁠로브

쁠로브는 현지를 방문하는 우리나라 사람들이 기름밥이라고 부르는 음식으로써 양고기와 쌀을 섞어 볶은 음식으로 논과 더불어 일반 식탁은 물론이고 각종 행사나 잔치에 다량으로 제공되는 우즈베키스탄의 대표적인 음식이다. 양고기와 당근 썬 것을 볶고 여기에 쌀과 특별한 향, 건포도 등을 넣어 볶아서 만든다. 아침에는 논과 유제품으로 식사하지만, 점심에는 대게 논과 더불어 쁠로브를 준비한다. 점식에 맞추어 준비하기 위해서 아침부터 요리하며 잔치 집에서나 식당에서는 어른 한 사람이 들어가도 될 만큼 큰 솥에서 만든다.

샤슬릭

기다란 쇠꼬챙이에 양고기와 양기름 덩어리를 차례로 여러개를 꽂아 숯불위에서 굽는다. 다 구워지면 양고기 위에 양파 썬 것과 식초를 뿌려서 함께 먹는다. 대개 리뾰쉬카 빵과 함께 먹는다. 양고기, 닭고기가 대부분이나 양고기가 보편적이다. 양기름 덩어리를 현지인들은 즐겨 먹는데, 우리나라 방문객들은 기름덩어리라고 기피하는 경향이 있다. 현지인들은 이 기름덩어리가 육체에 힘을 준다고 생각한다. 육체노동자에게는 도움이 되지만, 요즘처럼 과식하는 경향이 있는 세대에는 건강에 해로울 수 있다.

만티

우리가 알고 있는 소고기 등을 넣어 만든 고기만두이다. 만두의 원류라고 할수 있다.

차이

차이는 바로 차를 말한다. 양고기나 기름기 있는 음식을 주식으로 하는 이들의 식생활에서 차이는 필수적이다. 차 음식 문화가 일반화되어 있고 기름기 많은 음식이 많기 때문에, 도자기 종류의 그릇 문화가 발달해 있다. 목이 마를 때도, 손님이 와도, 기름진 음식을 먹은 후에도, 한여름에도 뜨거운 차이 한 잔을 마신다. 녹차가 보편적이나 홍차도 생산되고 있다. 차문화의 특징은 진하게 끓여서 꿀, 설탕을 타거나 마신 후 먹기도 한다. 중국 신장성의 우즈벡과 위구르족은 말, 소, 양 등의 유차를 즐겨 마신다.

쿨다크

감자와 양파를 다지고 잘게 썬 양고기나 말고기로 버무려 아이들 주먹 만하게 만들어 솥에 삶는다. 이 것은 대개 꿀이나 설탕에 찍어 먹는다.

9. 환경문제 및 토양오염

우즈베키스탄의 환경 문제는 아랄해 연안의 수질 오염과 수질원의 오염으로 심각한 상황에 처해 있다. 면화를 집중적으로 재배하는 우즈베키스탄 등 중앙아시아 국가들은 관개사업을 위하여 아랄해와 시르다르야 강의 수자원을 집중적으로 사용하였는데, 이러한 대규모의 개간 사업과 관개 사업은 토지와 수질을 오염시키는 결과를 낳게 한 것이다. 현재 아랄해 유역은 심히 황폐되어 있어 다시 회생시킬 수 없을 정도가 되어 있다. 지난 30년 동안 아랄 해의 면적은 68,000㎢로부터 39,000㎢까지 감소하였고 수량은 1,005㎦에서 280㎦로 기존 수량의 2/3이상이 고갈되었으며 염분 농도는 물 1리터 당 10g에서 28g으로 증가하였다.

환경오염으로
말라가고 있는 아랄해

이러한 환경문제를 일으키는 주요 원인은 면화재배에 집중된 농업 및 공업의 편향성, 높은 인구증가율 및 아랄해 연안 지역의 인구 집중, 제한된 수질 자원, 관리 및 효과적인 감독 부재 등을 들 수 있다.

1987년 우즈베키스탄은 면화 및 환금작물 재배를 위한 관개 농지 면적의 비중이 구소련 최고 수준에 이르렀다. 이러한 수준까지 도달하는 과정에서 토양이 훼손되는 것은 당연한 일이다. 토양보호를 위한 경작주기는 실제로 거의 지켜지지 않았고 유기질 비료의 대부분이 가축사육에 충당되어 일찍부터 공급이 부족하였다. 이러한 까닭에 대규모의 무기질 비료 및 살충제의 사용이 불가피하였고, 이러한 것들이 토양의 자연적인 생물학적 과정을 파괴하였으며 자연정화기능을 저하시켰다.[29]

수질 오염의 근본적인 원인은 화학물질 및 살충제 성분을 함유하고 있는 폐수가 처리 과정을 정상적으로 거치지 않고 강으로 유입되는 데 있다. 식수의 질이 악화되어 어려움을 겪고 있는 지역으로는 카라칼팍, 하레즘, 부하라 및 나보이가 대표적이다. 페르가나 지역의 지하수는 송유관에서 새어나온 석유 (원유)로 인하여 심하게 오염되어 있다. 우즈베키스탄에서는 석유 생산량의 3% 가량이 이렇게 유출되고 있다고 한다.

10. 종교 / 민족주의 운동

우즈베키스탄은 약 90%에 해당하는 국민 대다수가 이슬람 종교를 신봉하는 무슬림들이다. 무슬림들 중에서 약 70%는 대부분 우즈벡인들로서 수니파 수피계통이며, 약 20%는 우즈벡인들 일부와 대부분 타직인들로서 이란 혹은 아프가니스탄과 같이 시아파에 속한다. 수니파 교도들은 전통적인 튀르크 민족 민속 신앙과 혼합되어 매우 세속적이나, 시아파들은 이란 혁명의 영향으로 비교적 열성적이다. 우즈베키스탄 정부는 이란의 지원을 받고 아프가니스탄이나 타지키스탄에서 올라오는 이슬람 근본주의 운동을 억제하고 있다.

우즈벡인들은 고대 시대에 조로아스터교와 불교의 영향을 받았었다. 아랍 이슬람의 중앙아시아 진출에 따라 8, 9세기 이후에 다른 튀르크계 민족들과 함께 우즈벡인들도 이슬람을 접하게 되었다. 우즈벡 집단에 이슬람이 본격적으로 자리를 잡게 된 것은 14세기경에 금호르드의 지배자 우즈벡 칸Özbek Khan이 이슬람 신자가 된 다음부터이다. 그 후 우즈벡인들은 중앙아시아 튀르크계 민

---

29) 대외경제정책연구원 지역정보센터, 우즈베키스탄, 1994. pp.88~89.

족들 사이에 널리 퍼져
있는 수피즘 이슬람의 영
향을 크게 받았다.

수니파 무슬림인 우즈
벡인들에게 있어서 이슬
람은 종교의 의미는 물론
그들의 정체성을 규정해
주는 주요한 문화적 요소
이다. 우즈베키스탄의 엄
청난 인구 증가는 산아제

종교를 통한 민족주의 형성

한을 반대하는 이슬람 전통 교리의 영향이다.

우즈베키스탄을 비롯한 중앙아시아의 이슬람은 기독교 제국인 제정 러시아
에 의한 1세기 이상의 통치와 공산 혁명 이후 70여년 동안 공산주의 체제에서
의 이데올로기 강요 속에서 많은 수난을 겪어 왔다. 그러나 지금은 소련이 붕괴
되고 민족적 정체성 추구 움직임과 더불어 젊은이들 사이에서 이슬람 전통을
추구하는 운동이 일어나고 있다. 이에 따라 이슬람을 과시하는 의미에서 이슬
람문화를 상징하는 전통 모자를 쓰는 사람들이 많아졌으며, 무함마드의 가르침
인 하디스Hadith와 이슬람 경전인 쿠란을 읽는 사람들이 날로 늘어나고 있다.
현재로는 우즈벡인들 가운데 이슬람 교리를 잘 아는 사람은 극히 드물고 대부
분 사람들의 종교행위는 샤머니즘과 결합된 형태의 민간 신앙과 관련되어 있어
서 조상의 무덤을 숭배하는 등 변질된 형태의 이슬람을 추구하고 있다.

수도 타쉬켄트는 중앙아시아 전 지역의 이슬람 중심지이며, 제2, 제3의 도
시인 사마르칸트와 부하라도 종교성이 강한 도시이다. 타쉬켄트와 부하라에
두개의 이슬람 신학교가 있으며 타쉬켄트, 사마르칸트, 부하라, 페르가나, 나
망간, 안디잔 등에 모스크가 많이 있다. 소련 붕괴 후 이슬람 사원과 예배처가
급격히 늘어났다.

전통적으로 러시아정교도인 러시아인들과 무슬림인 우즈벡인들 사이에 사
회적 교류나 결혼 등은 극히 드물었는데, 독립 후 우즈벡인들 가운데 반러시아
감정이 강해지면서 공공연하게 적대감을 표시하는 일이 잦아지고 있다.

소련 공산체제하에서도 중앙아시아에는 오랫동안 마르크스주의에 대한 도전이 있어 왔고, 특히 페르가나 분지는 무슬림 저항운동의 근거지가 되어 왔다. 1920년대 초에 페르가나 분지에서 형성된 이슬람 튀르크 민족주의 바스마치Basmachi계 비밀결사대인 야사이브 무르시드Yasaiv-i Murshid의 투쟁은 중앙아시아 전체를 통해 반체제 인사들의 지지를 받았었다. 이 결사대는 비밀 캠프에서의 의식과 훈련을 행하면서 테러를 비롯한 강력한 저항운동을 전개했으며 1935, 1952, 1959, 1970년대에는 수차례 소련 정부 보안대와 격전을 벌였었다.

소련 당시에도 다른 중앙아시아 국가들과는 달리 우즈베키스탄의 이슬람당은 50만 정도의 당원을 확보하면서 빠르게 성장했었다. 소련 당국은 이들을 가리켜 "강도들의 집단일 뿐이며, 정해진 목표도 없다"라는 식으로 비방하면서도 점증되는 세력을 의식하며 견제해 왔었다. 이들 집단이 내세운 정강은 첫째로 튀르크인, 러시아인을 막론하고 민족주의의 우상을 파괴한다(그러나 실제로는 반러시아 튀르크 민족주의 운동이 집요하게 계속되어 왔었다). 둘째, 사람들이 세상 물질의 숭배로부터 알라신에게 숭배하도록 한다(이것은 유물론의 공산주의에 정면으로 도전하는 것이다). 셋째로 사람들을 알라의 영광과 위대함의 증인으로 죽도록 준비시킨다(실제로, 이슬람 정당은 죽은 이후의 세계, 즉 구원의 세계에 대해 강조함으로써 현 물질세계의 하찮음을 강조하여 소련 마르크스주의에 대항하여 왔었다).

중앙아시아는 소비에트 연방에 속하여 조각조각 나뉘고, 공산체제하에서 집단 이데올로기화가 강요되었으며, 러시아를 비롯한 슬라브 문화권의 영향을 받고 지내왔지만 소련 당국의 의도와는 달리 중앙아시아인들은 그들의 민족적, 문화적, 언어적 정체성을 끝까지 지키며 발전시켜 나갔다. 이들은 70여년의 공산주의 사회 안에서도 여전히 자신들의 종교를 고수했으며, 끊임없이 러시아 세력에 대항하며 민족적 자존을 지키려고 투쟁해 왔다. 그리하여 구소련이 무너진 지금 우즈벡인들은 다시 과거 차카타이 왕조의 영예를 부르짖으며 수세기 동안의 러시아인들의 지배가 언제 있었느냐는듯 새롭게 이슬람 전통에 근거한 민족적 부흥을 위해 노력하고 있는 것이다.

우즈베키스탄의 민족주의 운동은 이슬람과 연계되어 반러시아, 반공산주의를 표방하며 전개되어 왔는데, 1991년 구소련 붕괴 직후 과도기에 러시아인들은 "너희 나라로 돌아가라Go Home"라는 소리를 공공연하게 들을 뿐 아니라, 젊은 극단파 무슬림 민족주의 행동대원들의 위협에 직면하기도 했다.

1994년 현재 우즈베키스탄의 대통령은 이슬람 카리모프Islam Karimov이며 과거 공산당 간부 출신으로서 이슬람 원리주의의 부상을 경계하면서 세속적인 현대 국가 터키를 모델로 개혁 정책을 추진하고 있다. 그의 이러한 억제 정책 때문에 그는 중앙아시아 튀르크계 국가의 지도자들 중 가장 비민주적인 지도자라는 비난을 국내 야당으로부터 받기도 했다. 카리모프는 타직인들이 많이 거주하는 서부도시 사마르칸트 출신으로서 타직 말은 잘하지만 우즈벡말은 서투른 것으로 알려져 있어 출신이 타직인이라는 일설이 있다.

11. 정당 / 주요 정치세력

우즈베키스탄의 정권은 카리모프 대통령의 인민민주당이 장악하고 있다. 우즈베키스탄에서 국민 대중의 폭넓은 지지를 받고 있으면서 실제로 정치권력을 행사하고 있는 정치세력은 현 집권세력인 구공산당 지도층이다. 또한 민족주의-이슬람 세력이 일반 대중의 지지를 적지 않게 확보하고 있다. 민주세력은 매우 미약하여 국내정치에 별다른 영향을 주지 못하고 있다. 겉으로는 민주세력을 자칭하나 실제로는 강한 민족주의 세력인 비를릭Birlik당(통일인민전선)은 카리모프 대통령의 압력에도 불구하고 1988년에 조직되어 1992년 중반에 당원 백만명을 확보하는 등 크게 성장하였다. 이 정당은 터키의 조국당Ana Vatan Partisi 등 중도 우익 정당을 모델로 하여 이슬람의 전통을 살리면서 튀르크 민족주의에 입각한 서구식 국가 창설을 목표로 하고 있다. 통일인민전선의 이러한 목표나 이념은 사실상 카리모프 대통령과 크게 다를 것이 없음에도 집권자 카리모프는 터키의 간접적인 지원을 받는 이 정당에 크게 라이벌 의식을 갖고서 정치적 압력을 가하여 정당 등록을 금지시켰다. 독립 후에 반정부 단체 중에서 무함마드 살리흐Muhammad Salih가 설립한 자유민주당(Erk Democratic)에 대해서만 정당 등록을 허용되었다. 또한 1990년 이슬람 정당이 창설되었으나 1992년 2월 이후부터 활동이 전면 금지되었다.

한편 대통령 카리모프는 근본주의 이슬람세력의 지원을 받으며 타지키스탄 내에서 크게 영향력을 행사하고 있는 타직 이슬람당의 영향력이 우즈베키스탄의 이슬람세력을 부추기고 자극할 것을 우려하여 이슬람근본주의 운동을 적극 저지하고 있다. 카리모프는 통일인민전선(Birlik당)과 자유민주당(Erk Democratic당)에 대하여도 정치적 압력을 가중시켰다. 현 정권은 경찰력을 동원하여 이들 단체에 대한 인쇄물 배포를 저지시키고 당원들을 협박하고 회유하는 등, 독립 후에 그들의 활동을 강력히 저지하여 반정부 정치세력에 대한 공권력 사용을 계속해 왔다. 이러한 압력으로 회원수는 급격히 감소하여 현재는 정치활동이 거의 소멸되었다. 다음은 각 정당에 관한 내용이다.

1) 인민민주당Popular Democratic Party

소련 당시에 우즈베키스탄 공산당은 다른 구소련 국가들에 비해 매우 보수적이고 공산주의를 절대 신봉하는 세력이었다. 고르바초프 통치 시대에 그의 개혁을 지지하였으나, 1991년 8월 강경파가 모스크바에서 쿠데타를 시도했을 때 우즈베키스탄 공산당은 잠시나마 이들 쿠데타 세력을 지지하였었다. 그러나 옐친이 이끄는 러시아 민족주의 민주세력이 쿠데타 세력을 몰아내고 고르바초프의 퇴진이 분명해지자, 우즈베키스탄 공산당은 급격히 선회하여 민족주의 개혁성향을 강조하며 서둘러 공산권으로부터 이탈을 선언하였다. 그들은 당명을 공산당에서 인민민주당으로 바꾸고 한편으로 이슬람세력을 회유하면서 터키식 민족주의 노선을 걸어왔다. 이 당의 리더인 현직 대통령 카리모프 Karimov는 정치안정이 경제성장을 보장한다고 강조하면서 단호하고 권위주의적인 태도로 국가를 경영하고 있다. 카리모프의 이러한 강력한 정치는 큰 효과를 보았고 현재 우즈베키스탄은 과도기에서도 매우 안정된 모습을 보이고 있다.

2) 통일인민전선Birlik Popular Front

통일인민전선 Birlik당은 작가, 과학자, 언론인 등 우즈벡 지식인들을 중심으로 소련 붕괴 전 과도기에 창설되었다. 이 당은 러시아 영향권에서 탈피를 강조하며 터키 같은 튀르크계 국가와의 연대, 민족주의, 우즈벡 민족전통회복 등을 주창하는 우즈베키스탄 최대의 민족주의 정치단체이다. 풀라토프Pula-tov교수, 타쉬무하메드Tash Muhamed, 이스아툴라Ismatulla 등 민족주의 자들이 주도하고 있는 이 당은 공산주의를 강하게 비판하고 있어서 현재 정권을 장악하고 있는 구공산당 출신들 지도부의 탄압을 받아 활동이 금지되어 있다. 1992년 5월 통일인민전선은 타쉬켄트에서 제 5차 지역대표회의를 개최하였는데 200여명의 지역 대표들이 참가하였다. 이 자리에서 다수의 참석자들은 반정부 지도자들로 구성된 지하조직 형성의 필요성을 주장하기도 하였다. 그러나 이 회의가 끝난 후에 무장 괴한들의 침입으로 정당본부 건물은 완전히 파괴되었다. 이후 6월에 이 당의 공동대표 풀라토프 교수는 KGB 요원으로 추정되는 괴한들의 습격을 받아 중상을 입었으며, 그 해 12월에는 주요 당원들이 경찰에 체포되기도 하였다.

최고의회는 통일인민전선의 단체 등록을 잠정적으로 철회하였다. 1993년 1월에는 이 단체의 회원 166명이 법을 위반하였다는 이유로 등록 철회 기간을 1993년 4월까지 연장하였다. 활동 기간이 만료된 5월 이 단체의 공동대표 이스마툴라Ismatulla가 습격을 당하였다.

한편 7월에는 통일인민전선이 자유민주당과 연합으로 합법적인 반정부 투쟁을 계속할 것을 선언하기도 하였다. 현재, 통일인민전선은 조직력과 정치자금의 부족으로 큰 힘을 발휘하지 못하고 있는데, 터키공화국도 카리모프와의 관계를 의식해서 일방적으로 이 당을 지원하지 못하고 있는 실정이다.

3) 이슬람부흥당Islam Renaissance Party

이슬람부흥당은 우즈베키스탄이 독립한 후 국민들 가운데 반러시아 감정이 팽배해 있을 때, 종교 감정을 이용하여 짧은 기간 내에 부상한 정치세력이다. 이슬람부흥당은 민족주의보다는 이슬람종교를 더 중요하게 보고 있으며, 이슬람을 기초로하여 국가 기강이 확립되어야 한다고 주장하고 있다. 소련 붕괴 직후에 국민의 종교 감정을 의식한 구공산당 출신 집권자들은 국민의 종교 감정에 편승하여 부상한 이 이슬람당에 정면으로 대립하지는 않았다.

그러나 시간이 지나면서 카리모프는 국민의 지지를 확보하여 정치적 기반이

든든해지자 이슬람 세력에 대한 거센 작업에 들어갔다. 특히 이웃나라 타지키스탄에서 이슬람근본주의 세력의 계속된 투쟁으로 인하여 타직 정국이 혼란해지자, 이를 기해서 우즈베키스탄 내의 이슬람세력에 대해 정치적 탄압을 개시했다. 물론, 카리모프가 이처럼 이슬람세력에 대담하게 도전할 수 있었던 것은 원리주의 운동의 중앙아시아에로의 확장을 우려한 러시아, 터키, 미국 등의 지지가 있었기 때문이다. 실제로 튀르크 민족국가들의 지도자격인 터키와 중앙아시아 내에 많은 자민족이 거주하고 있는 러시아는 이란의 지원을 받은 근본주의 이슬람이 중앙아시아로 진출하는 것을 매우 우려하고 있었다. 또한 과거에 이란과 대결한 적이 있으며 이슬람 세계에서 이란의 영향권 확대에 대해 매우 민감하게 반응하고 있는 미국은 이란이 같은 페르시아계 국가인 아프가니스탄과 타지키스탄을 이슬람근본주의(원리주의)로 장악하고 그 세력을 확장시키고 있는 것에 대해 크게 우려해 왔다. 우즈베키스탄은 러시아를 도와서 타지키스탄 내 이슬람 정권을 몰아내고 세속주의 친러시아 정권을 세움으로써 이슬람 부흥운동을 제어하고 정치적 안정을 도모해 왔다. 최근에는 중앙아시아와 서남아시아의 국제정세가 급변하면서 이슬람 세력은 급격히 후퇴하고 있다. 2001년 미국이 아프가니스탄을 공격하고 탈레반 정권을 붕괴시키고 새로운 친미 정권을 세움으로써 이 지역에 대한 이슬람 운동을 일단 제어할 수 있게 되었다.

4) 자유민주당Erk Democratic Party

자유민주당은 통일인민전선 Birlik당으로부터 분리되어 1990년 4월 창당되었으며 1991년 9월 정당등록을 하였다. 이 당은 시인 무함마드 살리흐Muhammad Salih를 당총재로 하고 작가 아흐마드 아그마자Ahmad Agzama를 당 제1서기로 지도체제를 확립하여 활동하고 있다. 에르크Erk당은 민족주의와 우즈벡 전통회복을 강조하고 있다. 우즈베키스탄의 당총재 살리흐는 1991년 12월 대통령 선거에 출마했으나 12.3%의 지지획득에 그쳤다. 이 당은 통일인민전선 Birlik당과는 다르게 공산주의 세력을 크게 비난하지는 않았다. 그럼에도 자유민주당의 반정부적인 활동에 대해 불편하게 생각한 카리모프는 우즈베키스탄에서 유일하게 정당 등록이 허용된 이 당에 대하여 예외없이 정치적 압력을 행사해 왔다. 1992년 2월 자유민주당 대표 살리흐Salih는 인민의원으로서 명예회손과 의회 내의 위헌 단체 조직이라는 명목으로 우즈베키스탄 최고회의에 의해 기소되어 투옥되었고, 총무겸 당 편집장 자한기르 마마토프가 검찰에 연행되었다. 또한 자유민주당에 의해 주도되는 모든 집회를 금지시키고 주요 당원들은 국가전복 혐의로 씌워 10년에서 15년에 이르는 징역형에 처했다. 또한 1993년 4월 타쉬켄트 시장은 자유민주당 본부를 타쉬켄트에서 철거할 것을 명령하였다.

우즈베키스탄 최고회의 의원이기도 한 자유민주당 대표 살리흐는 이와 같은 정치 탄압에 반발하여 의원직을 사퇴하였다. 그는 의원직 사퇴를 밝히는 성명에서 앞으로 반 정부운동을 지하조직에 의한 정치투쟁으로 계속할 것을 천명하였다.

당 대표 살리흐Salih는 1993년 감금된 후에 마침 우즈베키스탄을 공식 방문한 당시 터키 대통령 오잘Özal이 카리모프에 요청하여 풀려났는데, 그는 1994년 현재 터키에 망명해 있다. 카리모프는 살리흐의 송환을 터키 정부에 촉구하였으나 터키는 이러한 요청을 거절하였다. 이 문제로 인하여 터키와 카리모프 사이에 불편한 감정은 없지 않으나 양국간에 정부, 민간 차원에서 정상적인 교류는 계속되고 있다. 그럼에도 불구하고 이러한 관계로 인해 카리모프 대통령은 1996년 이후에 자국에 대한 터키의 영향력을 급속히 감소시켜 왔으며, 상대적으로 러시아와의 관계를 개선하고 중국과의 관계도 진전시켜 왔다. 미국의 아프가니스탄 공격을 계기로 미군의 비행장 사용을 허용함으로써 미국과의 관계를 급진전시켰다. 미국은 우즈베키스탄과 키르기스스탄을 교두보로 하여 중앙아시아 및 카프카스 지역에서 자국의 영향력을 확대해 나가고 있다.

5) 민주개혁운동Democratic Reform Movement

학자, 언론인 등 지식인들에 의해 1991년 창설된 민주개혁운동은 역사학자 파이줄라 이삭코프Faizulla Ishakov 교수를 대표로 추대하였다. 이 단체는 온건한 민주연합운동을 추진하고 있는데 국민의 지지나 정치적 힘이 매우 약하다. 카리모프가 현 정부의 전체주의적 통치 방법을 비판하고 있다.

12. 대외관계

1) 러시아와의 관계

카리모프Karimov가 주도하는 현 정부는 러시아와의 관계를 매우 중요하게 생각하고 있다. 우즈베키스탄 정부는 러시아와 과거의 종속관계를 탈피하여 동등한 동반자적인 관계 속에서 긴밀한 경제 동맹체로 발전해 나가는 것을 원칙적으로 희망하고 있다. 러시아제국 이후로 계속해서 러시아의 정치, 사회, 문화적인 영향을 받아 온 우즈베키스탄으로서는 러시아와의 관계를 무시하고 정치, 경제적 발전 구상을 전개시키는 것이 현 시점에서 거의 불가능하다. 이런 까닭에 카리모프 대통령은 튀르크 민족주의를 주창하는 야당과 재야 세력으로부터 많은 비난을 받아 가면서도 정치적 안정과 안정된 경제 성장을 위해서 국내에서 일고 있는 반러시아 감정이 과도하게 표면화되지 않도록 유의하고 있으며 러시아와 긴밀한 협조관계를 지속적으로 강조해 온 것이다. 이러한 카리모프 대통령의 현실을 인정하는 실용노선이 계속 지속되면서 최근에는 초기에 종교 감정과 민족주의 감정에서 이슬람 종교 세력이나 민족주의 세력에 동조하던 국민 대중들도 비교적 많은 지지를 보내고 있다.

우즈베키스탄이 자립하여 자국의 자원을 십분 활용하여 경제 활성화를 기하기 위해서는 사회 정치적인 안정이 매우 중요하다. 이는 곧 공화국의 안정과 현 정권에 대한 대내외적인 모종의 보장이 필수불가결하다. 이런 면에서 러시아의 현정부 지지는 매우 의미 있는 일인 것이다. 타지키스탄에서 이슬람세력이 확장하며 군사적으로 대결할 때에 러시아와 우즈베키스탄이 동조하여 연합군을 파견하여 이슬람세력을 분쇄했던 사실은 러시아와 우즈베키스탄의 정치적 군사적 연대를 잘 나타내주고 있다. 우즈베키스탄 정부나 국민들은 1990년대 후반부에 들어서서 이러한 군사적인 면 이외에도 경제적인 협조 관계도 강화될 필요성을 깊게 인식해 오고 있다.

우즈베키스탄의 경제는 금속, 석유, 목재, 수송수단, 기술 장비 등 실질적으로 매우 주요한 자원을 러시아로부터 공급받고 있다. 이에 대하여 러시아는 우즈베키스탄으로부터 면화, 비단, 채소, 과일 등을 수입하고 있다. 이러한 경제 교류는 과거 소련 체제에서부터 계속되어온 전통적인 것으로 이러한 경제 공조가 와해될 때 우즈베키스탄으로서는 치명적인 경제적 타격을 입게 될 것은 뻔한 일이다. 결론적으로 우즈베키스탄은 과거 소련 체제에서 뿐만 아니라 소련 연방에서 독립한 지금도 러시아와의 우호, 협력을 지속적으로 강화시켜 나가고 있는 것이다.

1992년 5월 러시아와 우즈베키스탄은 양국 정상회담을 갖고 우호와 협력을 바탕으로 한 양국관계의 지속적 발전을 재확인하였다. 여기서 체결된 협정에서 경제적 협력 문제가 가장 많은 비중을 차지하고 있다. 이 협정을 바탕으로 1993년 총리회담에서는 양국의 통화, 신용관계에 관한 협정, 우즈베키스탄의 대러시아 부채의 상환기간 재조정, 러시아의 우즈베키스탄에 대한 추가적 신용 및 현금차관 제공 등이 합의되었다. 한편 러시아에 대한 우즈베키스탄의 면화 공급이 러시아 산업에 큰 비중을 차지하고 있는데, 러시아 총리는 1993년 5월 우즈베키스탄을 재차 방문하였다. 이 협상에서 양국은 우즈벡키스탄 면화와 러시아 석유의 교환 조건, 우즈베키스탄의 대(對)러시아 면화 공급량 확대, 교역시 루블 사용 등에 대한 협정을 체결하였다.

한편 1993년 1월 우즈베키스탄, 카자흐스탄, 아제르바이잔, 아르메니아, 그루지아, 우크라이나 등 6개국은 우즈베키스탄과 카자흐스탄을 통과하는 천연가스 수송에 관한 협정에 서명하였다.

2) 중앙아시아 국가들과의 관계

중앙아시아 국가들은 카자흐스탄, 우즈베키스탄, 투르크메니스탄, 키르기스스탄 등 튀르크계 국가와 타지키스탄, 아프가니스탄 등 이란계 국가로 나뉜다. 이들 중앙아시아 국가들은 전통적으로 같은 역사적, 문화적 배경 속에서 발전해 오면서 깊은 유대관계를 가져왔다. 특히 아프가니스탄을 제외한 다른 중앙아시아 국가들은 러시아제국이나 소련 체제에서 러시아인들의 영향권 안에 2등 국민으로 대우받으면서 동질의식 혹은 연대감을 키워왔다. 무엇보다도 이들 국가의 국민 대부분이 이슬람 종교를 믿고 있다는 사실이 이들 국가 간의 문화적 연대감을 강화시켜 왔다. 특별히 튀르크계 국가들 간에는 동일 민족이라는 것 때문에 다소 갈등이 있으나 공동체 의식이 저변에 자리 잡고 있다.[30]

특히 소련이 붕괴한 직후 전체 중앙아시아 국가에서 일시적으로 일어났던 반러시아 감정, 민족주의 혹은 이슬람종교 부흥운동은 그동안 잊고 있었던 자신들의 정체성을 새롭게 확인하는 계기가 되었다. 비록 지금은 친(親)러시아적 정책 노선을 걷고 있는 집권당들의 정치적 노력으로 인하여 국민들 사이에 처음과 같은 민족, 종교적 연대감 혹은 열기는 높지 않지만 예전에 비해 상호 문화적 연대 의식을 강하게 일깨워 주는 결과를 낳게 되었던 것이다.

또한 각 국가들은 중앙아시아 전역을 포괄하는 전력 및 수송체제, 개관시설 및 급수체계, 가스공급체계 등의 공동 이용이 불가피하며, 광물자원 및 농산품의 가공에 있어 각 지역간 협조체제가 필수적이다. 최근 이 지역에서 중요한 현안문제가 되고 있는 아랄해 고갈과 주변 생태계 파괴는 아랄해를 둘러싸고 있는 주변 국가들과 아랄해로 유입되는 아무다르야 강과 시르다르야 강의 수원을 사용하는 공화국들 간에 협조체제가 구축되어야만 해결이 가능한 것이다.[31]

중앙아시아의 정상들이 1993년 1월 타쉬켄트에서 모여서 독립국가연합CIS 내 중앙아시아 5개국 공동시장(共同市場) 창설을 협의하고 결정하였다. 통화, 관세, 조세, 물가, 투자, 수출에 대한 공동정책을 표명하고 군사적 공동안보 문제까지 논의했었으나 아직 이렇다할 구체적인 추진 사항은 없다. 실제로 모두 어려운 처지에 있는 중앙아시아국가들의 자체 협력에 한계가 있는 것이다. 이와 같이 우즈베키스탄이 제안한 공동시장 창설을 통한 중앙아시아 연합은 당

---

30) 중앙아시아의 튀르크계 국가 국민들은 그들이 동일 민족임에도 불구하고 국민들 사이에 민족공동체 의식이 기대되는 것처럼 그리 강하지 못하다. 여기에는 몇가지 이유가 있다. 첫째, 18세기 이전에만 해도 중앙아시아 전역에 널리 퍼져있던 수많은 튀르크 부족들은 부족적 연대는 가지고 있었으나 자신들이 같은 민족공동체라는 의식은 거의 갖지 못했다. 왜냐하면 이들은 유목민족으로써 유목 생활의 특성상 환경적으로 부족 간에 상호 불신과 대결이 계속되어 왔기 때문이다. 둘째, 러시아제국이나 러시아인들이 주도하는 소련 정부는 중앙아시아 민족들 간에 상호 연대감이 형성되지 않도록 각 공화국의 독자성을 강조하는 문화, 행정, 경제, 사회 정책을 추진했었다. 이처럼 중앙아시아 국가들은 같은 민족임에도 불구하고 비교적 상호 분리저, 독자저으로 발전하게 하면서도 가 공화국들이 모든 영역에서 러시아와는 연계되도록 정책을 추진하였는데, 이는 중앙아시아에 튀르키스탄 같은 튀르크 연합 국가의 출현을 방지하고 영구적으로 러시아인들의 중앙아시아 통치를 용이하게 하기 위한 것이었다.

31) 우즈베키스탄으로써는 아랄해 고갈등 환경문제는 매우 심각한 문제이다. 면화생산에 국가경제가 크게 의존하기에 면화생산과 농업에 필요한 물이 충분히 있어야 하는데 수자원(水資源) 문제가 국제적인 이슈가 되면서 매우 곤혹스러워 하고 있다. 그러나 우즈베키스탄 정부로써도 그저 매년 물을 끌어들여 생산만 하는 것이 장기적으로 치명적인 결과를 낳는다는 것을 알고 있기 때문에 이러한 공조체제에 적극 협조하고 있는 형편이다. 수자원 문제는 앞으로 중앙아시아 국가들 간에 공생 가능성을 타진하는 중요한 시험대가 되고 있다.

분간은 실현 가능성이 없어 보인다. 그러나 중앙아시아 국가들이 보유하고 있는 방대한 지하자원이나 경제적 잠재력을 고려할 때, 앞으로 이러한 구상이 실현되지 않는다고 누구도 장담하지 못할 것이다.

그러나 현재로서는 매우 불투명하다. 키르기스스탄은 독자통화를 도입하는 등 경제통합의 분위기에 역행하고 있다. 그러나 투르크메니스탄과 우즈베키스탄 간에는 경제통합을 위한 노력이 매우 진지하다. 1993년 4월 양국 대통령은 무역 및 경제협력에 관한 정부간 협정을 체결하였는데, 이 협정에는 양국이 신용결제제도를 250억불로 확대시키고 가스 수송과 관련하여 긴밀한 협조체제를 구축한다는 내용을 담고 있다.

13. 주요 도시

1) 타쉬켄트Tashkent

타쉬켄트는 우즈베키스탄의 수도로써 공화국 동남부 지역의 시르다르야 중류에서 오른쪽으로 갈라져 나온 치르치크 강변에 위치해 있다. 중앙아시아의 오아시스 도시이며 인구는 약 207만 3천명이고 102개의 민족이 거주하는 다민족 도시로 소련에서 4번째 큰 도시이다.

타쉬켄트는 '돌'을 뜻하는 tash와 '도시'를 뜻하는 kent의 합성어이다. 즉 Tashkent의 의미는 석시(石市)이다.

시르다르야 오른편 타쉬켄트와 그 일대는 옛날부터 동서교역로였으며, 또한 북쪽 유목지대와 남쪽 농경지대와의 경계이자 정치적, 경제적으로도 중요한 지역이었다. 이러한 입지조건을 지닌 타쉬켄트는 교역을 통한 번영과 복잡한 정치적 지배의 변동을 함께 경험한 역사적인 도시이다. 이 오아시스 지역에 대한 확실한 기록은 중국의 정사[위서(魏書)]에 자설국(者舌國)이라고 기록된 것이 처음이며, 이것은 당시의 아라비아계 주민의 현지명인 차치Chach를 음역한 것이다. 7세기 이후의 돌궐, 카라칸 왕조와 같은 튀르크족의 진출로 이 지역이 튀르크화된 결과, 몽골의 지배를 받기 시작한 13세기경부터 튀르크어로 '돌의 도시'를 의미하는 타쉬켄트라고 불리게 되었다. 15세기의 티무르 왕조와 16세기의 우즈벡인, 카작인들의 잇달은 지배후 18세기 말에는 코칸드 칸국에 편입되었다. 당시의 인구는 2만 명 정도에 지나지 않았지만 19세기 후반 러시아에 점령된 이후 러시아의 중앙아시아 진출의 거점으로 확장되었다. 1865년 러시아 합병 이후 모스크바 중앙 정부의 적극적인 개발 시책에 따라 유목민으로 낙후된 생활을 하던 이곳 우즈벡인들은 전통적인 유목생활를 탈피하여 급격히 근대화의 길을 걷게 되었다.

소비에트 공화국 성립 이후에는 섬유, 기계공업을 비롯한 공업이 활발하였으며 종합대학, 박물관 등이 세워져 소련 내의 중요한 대도시로 발전하였다. 타쉬켄트는 중앙아시아의 최대 도시로 종교, 문화, 학술, 정치, 과학, 공업의 중심지이며, 중앙아시아 이슬람의 근원지이고 중심 도시이다. 타쉬켄트는 1966년 4월 25일에 발생한 대지진으로 완전 파괴되어 옛 자취는 거의 사라졌고, 현재의 도시는 복구 계획에 기초하여 새로이 조성된 것이다. 타쉬켄트 복구사업은 소연방 전 지역에서 온 자원 봉사자들에 의해 이루어졌는데, 이것이 타쉬켄트를 비롯한 중앙아시아 사람들이 소연방 특히 러시아인들에 대해 보다 감정적으로 친근해지는 큰 계기가 되었다. 한편 대지진 발발 후 이 지역의 낙후된 이슬람적 요소는 일시에 무너지고 세속화 혹은 현대화가 급격히 이루어지게 되었다. 현재는 도시 북서부 지역에만 낙후되고 전통적인 이슬람적인 모습이 남아 있을 뿐이다.

타쉬켄트는 400여 개의 군수산업체가 밀집되어 있으며, 의류, 방직기, 식기 등의 제작이 유명하고 면화의 집산지로도 유명하다. 타쉬켄트에는 19개의 대학, 36개의 중등전문학교, 28개의 직업기술학교가 있으며, 93개의 과학아카데미와 9개의 박물관이 소재해 있다.

2) 사마르칸트Samarkand

우즈베키스탄의 제2의 도시이며 인구 40만명으로 '푸른 도시' 라고 불린다. 제라프샨 강 유역 아프라샵 언덕에 위치하고 있다. 사마르칸트는 2,500년의 역사를 가진 중앙아시아 최대의 도시로써, 국가수도인 고대도시 타쉬켄트(石市)보다는 500여년이나 앞서 건설되었다. 지리적으로는 북동쪽으로는 지작, 남쪽으로는 카르쉬와 테르미즈, 서북쪽으로는 나보이의 초원으로 둘러싸인 기름진 땅이다.

사마르칸트는 BC 4세기 그리스인들에게는 마라칸다로, BC 5세기 이후에 중국인들에게는 강국(康國)으로 알려져 왔다. BC 10세기 무렵부터 중앙아시아에서 손꼽히는 오아시스 도시로 발전했으나 BC 6세기에 아카에메네스 왕조 페르시아의 지배를 받았었다. BC 4세기에 3년에 걸친 격렬한 저항이 있었으나 결국 알렉산더 대왕의 정복군에게 정복되었다. 이후에도 AD 5세기에는 에프탈리테Hephtalites와 서돌궐의 지배를 받았으며, 6세기에는 사산조 페르시아제국, 8세기초에 아랍의 지배를 받았다. 사마르칸트 주민은 9~10세기의 이란계 사만Saman 왕조시대에 완전히 이슬람에 동화되었다. 11~13세기의 카라한Karakhan 왕조, 셀주크Selchuk 왕조, 카라키타이Karakitai 왕조, 하레즘Kwarezm 왕조가 지배하던 시대 이후 이곳은 튀르크 민족 집단 거주지로 변하여 후에는 튀르크족 이슬람교도들이 이 도시를 완전히 장악하게 되었다.

1220년 몽골의 침입을 받아 시가지와 성벽이 완전히 파괴되고 폐허화되었다. 그러나 그후 남서쪽에 신시가지가 다시 건설되어, 14~15세기 티무르 Timur 왕조 시대에는 티무르제국의 수도로써 유례없는 번영을 누렸다. 현재도 시내에 남아 있는 비비 하눔 모스크, 구르 아미르 묘같은 건축물은 모두 티무르 왕조 시대의 영화를 보여주는 귀중한 문화재이다. 16세기 이후에는 우즈벡인이 세운 부하라Bukhara 칸국의 지배를 받게 되었고, 한때 이 나라의 수도가 되기도 했으나 1868년 러시아인에 의해 정복되면서 러시아제국에 편입되었다. 1917년 11월 러시아 혁명 이후로는 튀르키스탄 자치 소비에트공화국에 편입되었고, 1924년 우즈베키스탄 소비에트공화국이 탄생하면서 1930년까지 이 공화국의 수도였다. 이후로는 타쉬켄트에 이어 공화국 제 2의 도시로써 오늘에 이르고 있다.

과거에 사마르칸트 주민들 중에서 동방 이란어족에 속하는 소그드어를 사용하는 소그드인은 실크로드를 따라 중국, 몽골에까지 진출하여 국제적 상인으로 활약하면서 종교와 문자 등 서방의 문화를 동방으로 전파시키는 데 큰 역할을 하였다.

1896년에는 카스피해 동쪽 해안의 크라스노보스크와 철도로 연결되었고, 1899년에는 타쉬켄트로 가는 철도까지 개통되어 옛 카라칸 루트의 중심지로

아무르 티무르 동상

서의 면모를 새롭게 가다듬었다. 19세기말 이후에는 면업, 피혁업, 식품가공업이 발달했으며, 제 1차 5개년 계획 기간에 견직물 공장, 청과물통조림 공장 등이 건설된 것을 시작으로 근대 산업의 중심지로 탈바꿈하였다. 또한 우즈벡 과학 아카데미, 고고학 연구소, 사마르칸트대학(1927년 설립), 기생충학 연구소, 사마르칸트 시사 박물관, 우즈벡 문화, 예술사 박물관 등이 들어서면서 교육, 문화면에서도 중요한 역할을 담당하고 있다.

한편 14세기에 이르러 몽골제국이 붕괴되자 몽골제국의 재건을 꿈꾼 아무르 티무르Amur Timur가 사마르칸트에서 얼마 멀지 않은 도시 샤크르샤비즈에서 출현하였다. 그는 티무르제국의 영토를 파키스탄, 이란, 흑해 연안까지 넓혀 대제국을 건설을 건설하였다. 이후 사마르칸트는 티무르제국의 수도로써 그 명성을 떨치게 되었다. 티무르는 이 도시를 자신의 제국에 어울리는 세계 제일의 아름다운 도시로 만들고자 하는 열망이 강력했다고 전해진다. 타 지역으로 군사원정을 가면 반드시 그 지역의 유명한 건축가나 예술가를 데리고 와서 사마르칸트 도시 조성에 참여케 하였다. 이렇게 하여 사마르칸트는 티무르가 통치한 아주 짧은 기간 동안 급격하게 재건되었으며 중세 중앙아시아 최고 수준의 도시로 발전하였다. 오늘날 도시 안에 산재한 오래된 건축물의 대부분 티무르와 그의 후계자들에 의해 만들어진 것이다.

이후에 사마르칸트는 중세 중앙아시아 이슬람 문화 중심지요 예술문화의 중심지가 되었다. 또한 바자르(시장)가 발달하였으며, 실크로드 여행객들이 머무는 다수의 캐러밴 샬레(대상의 숙소)가 갖추어졌다. 이렇게 하여 사마르칸트는 실크로드 교역의 중심지로 발전하게 되었다. 그 후 사마르칸트 남서쪽에 신시가지가 건설되어 도시는 크게 확장되었다. 14~15세기 티무르 왕조 시대에 사마르칸트는 티무르제국의 수도로써 최대의 번영을 누렸는데, 현재 사마르칸트 시내에 보존되어 그 위상을 자랑하는 비비하눔 사원, 구르 아미르 묘 같은 건축물은 모두 티무르 왕조시대의 영화를 보여주는 대표적인 문화재들이다. 이슬람종교를 부흥시키고 문화 예술의 발달에 크게 기여했지만, 또한 잔인하기로 유명했던 아무르 티무르의 대제국은 급속히 붕괴되었다. 이후에 샤이바니 칸Shaybani Khan이 북쪽에서 남하하여 이 지역을 통치하게 되었으며, 16세기 이후에는 사마르칸트를 중심으로 부하라 칸Bukhara Khan 국이 건설되었다. 부하라 칸국은 1868년 러시아 제국에 의해 정복되었다. 부하라의 수도였던 사마르칸트는 1917년 11월 러시아 혁명 이후로는 투르크메니스탄 자치 소비에트 공화국에 편입되었고, 1924년 우즈베키스탄 소비에트 공화국이 탄생하면서 1930년까지 이 공화국의 수도가 되었다. 이후에 수도가 타쉬켄트로 바뀌면서 사마르칸트는 공화국 제 2의 도시로써 오늘에 이르고 있다.

우즈베키스탄 중부지역에 위치한 사마르칸트는 중세 이후 지금까지 우즈베키스탄 뿐만 아니라 중앙아시아 지역에서 중요한 도시로 기능하였다. 사마르칸트의 특색을 살펴보면 다음과 같다.

첫째는 사마르칸트는 역사적으로 훌륭한 학자들과 시인, 문학가, 천문학자들을 많이 배출하였다. 특히 이 지역이 배출한 존경받는 시인들이 많은데, 대표적으로는 중세 계관시인 울르그 벡Ulug Beg을 들 수 있다. 울르그 벡은 시인이며 철학자, 천문학자, 수학자로서 아무르 티무르가 재건한 도시에 문화의 꽃을 피운 대표적인 시인이요 학자며 왕이다. 울르그 벡 이후에 사마르칸트는 음악인과 시인들의 도시가 되었다. 많은 뛰어난 음악가들과 문인들이 사마르칸트를 찾았으며, 그 명성은 중세 이후 중동 아랍 이슬람 세계까지 자자하였다고 한다. 지금도 사마르칸트에는 서사적 구전 전승 문학이 매우 발달해 있다.

둘째, 사마르칸트에는 문화적 유산이 풍부하다. 마치 한국의 고도 경주와 같이, 사마르칸트는 아직도 도시 전체가 아무르 티무르 제국 시대의 영화를 간직하고 있다. 특히 이슬람 유적이 많아 수많은 무슬림들에게는 종교적 중심 도시로 꼽히며, 일반 관광객들에게는 실크로드의 자취를 가장 많이 간직한 역사적 도시로 잘 알려져 있다(특히 '우즈베키스탄 관광의 해'에는 수많은 관광객이 이곳을 찾을 전망이다). 관광 자원이 풍부한 우즈베키스탄 내에서도 중심적인 위치를 차지하는 사마르칸트는 우즈벡키스탄 관광산업의 중심지인 셈이다.

셋째, 우즈베키스탄과 사마르칸트에는 다양한 인종이 거주하고 있다. 130여 개의 민족이 각기 다른 문화, 언어, 종교, 생활풍습을 가지고 살아가고 있다. 페르시아 계통의 민족으로는 타직족과 파쉬툰족이 있는데 실제로 사마르칸트 인구의 절반 이상은 타직인들이다. 소련 해체 전에는 유대인들도 많이 거주하였으나, 이후에 이스라엘로 대거 이주했다. 우즈벡인 이외에 러시아인, 타타르인 등이 다수 거주하며 고려인 등도 적지 않다.

여러 민족이 함께 섞여 살면 다양한 문화와 다양한 언어가 어우러져 더 풍성한 문화를 낳는다는 면에서 좋은 점도 있으나 민족간 갈등 또한 간과할 수 없다. 실제로 과거에는 우즈벡인과 타직인 사이에 민족갈등이 심화되어 폭동으로까지 이어졌으며 많은 사람이 죽기도 했다. 이 당시 "모든 튀르크 민족이여 일어나라"라는 슬로건이 유행했는데, 이러한 슬로건은 튀르크 계통인 우즈벡인들이 같은 튀르크계 민족들 – 카작인, 타타르인, 투르크멘인, 아제르인 등의 민족 감정을 자극하여 페르시아(이란) 계통 타직인들에게 대항하기 위한 선동적 목적을 잘 나타내는 것이다.

사마르칸트를 이루고 있는 대표적인 두 민족이 우즈벡인과 타직인인데 이 두 민족은 수세기 동안 같이 살아왔기 때문에 문화적, 종교적으로 외관상 서로 동일 하지만 실제적인 내면에는 서로 적대시하는 민족적인 감정이 있다. 그 대표적인 예로 이 두 민족은 오랜 세월을 함께 살아왔으면서도 1%만 혼혈되어 있고 각자의 언어를 사용하며 자기 정체성을 유지하고 있다.

이러한 민족 갈등으로 인해 사마르칸트는 여타 지역보다 민족주의 정서가 강하다. 때문에 정부는 우즈베키스탄 내에 민족분규 위험지역으로 간주하고 다른 어떤 지역보다 신경을 많이 쓰고 있다. 이런 맥락에서 볼 때 소련이 해체되고 국가가 독립한 이후 자주 볼 수 있는 정치적, 민족적 슬로건은 눈 여겨 볼 만하다. – "민족은 여럿이나 조국은 하나", "조국은 우리 모두의 어머니이다"

넷째, 사마르칸트는 교육의 중심도시이다. 전문대를 포함하여 총 12개의 대학이 있으며, 학교마다 각 지역에서 모여든 학생들로 활기를 띄고 있다. 이 학생들은 우즈베키스탄의 희망인 동시에 소중한 고급 인력이다. 그러므로 사마르칸트는 미래를 향해 열려 있는 가능성의 도시인 것이다.

도시와 주변의 생활환경

사마르칸트 시내는 울창한 나무들로 아름답게 조경이 되어 있고 곳곳에 유적들이 즐비하다. 마치 거대한 유적 박물관에 들어온 듯하다. 사마르칸트의 거리는 크게 신시가, 구시가, 아프로시욥 언덕, 울르그벡 천문대 주변의 4곳으로 나눌 수 있다. 신시가는 도로가 넓고 가로수가 거리를 덮고 있으며 구획 정리도 잘 되어 있는 편이며, 구시가는 레기스탄(중세 이슬람신학교) 광장과 비비하눔 사원을 중심으로 펼쳐져 있다. 도시의 동북부에는 아프로시욥 언덕이 있다. 그리고 이 언덕을 비스듬히 가로지르는 타쉬켄트카야 거리가 시오브 강을 넘는 곳에 있고, 오른쪽에 울르그 벡 천문대가 있다.

경제적으로 어려움을 겪고 있는 요즈음에는 집에서 쓰던 물건을 내다 놓고 파는 사람들이 꽤 많이 보이는데 교수의 한달 급여가 2만원 정도에 불과하니 이들의 생활고를 짐작할 수 있을 것이다. 많은 사람들이 이중으로 직업을 가지고 있다. 구소련 다른 국가에서처럼 의사들이 진단서를 떼어 줄 때나 교사들이 학생들에게 점수를 줄 때도 뇌물을 주는 일이 비일비재하다.

사마르칸트의 거리를 걷노라면 우즈벡 민족뿐만 아니라 러시아인, 타직인, 고려인, 타타르인, 페르시아인들을 만날 수 있다. 깊숙이 들어간 눈, 길고 하얀 수염, 높은 코, '차반'이라는 민속의상을 두른 할아버지들, 터반을 감고 있는 사람 등 노천 시장에는 여러 민족들이 모여 갖가지 언어가 난무하다. 사마르칸트의 특징적인 문화로는 전통을 중시하는 씨족 공동체를 들 수 있는데 도시에서는 마할랴(전통마을)가, 농촌 지역에서는 키쉴록(시골 지역)이 씨족공동체로 기능하고 있다. 사마르칸트는 이 공동체로 이루어진 도시이다. 실제로 이들 공동체 내에서 일어난 일련의 일들에 대해서는 국가나 공공 기관에서도 그 권위를 인정하고 있다. 이것은 다시 말해 국가가 이 공동체를 다른 어떤 것보다 중요시한다는 의미이다. 이들 공동체들은 이슬람과 연장자에 대한 권위와 존경, 순종을 중심으로 강한 결속력 속에서 삶을 같이 하고 있는데, 이 안에서 혼자 떨어져 나온다는 것은 우즈벡 사회에서 살아가기에 매우 어렵다고 볼 수 있다.

또 한 가지 사마르칸트의 특징이라면 각기 다른 민족의 독특성을 들 수 있는데 몇 가지 예를 들어 보면, 사마르칸트 내 타직인들은 머리가 뛰어나고 상술이 뛰어나 대부분이 상업에 종사하고 있다. 그러나 다른 민족이 타직인들을 보는 시각은 그리 곱지 않다. 그래서 타직인들을 '늑대'라고 부른다. 우즈벡인들은 주로 농업에 종사하고 있다. 이들은 성품이 매우 유순하고 대체적으로 평가가 좋아 '양'으로 표현된다. 그러나 양의 삶을 자세히 살펴본다면 좋은 의미로 순결하고 조용한 성품이지만 나쁜 의미로는 게으르고 먹기만 한다는 비난을 받기 딱 좋다. 그래서 다른 민족들은 우즈벡인들을 '양'이라 표현한다. 이 지역에서 사람들은 양들은 그저 먹기만 하는 게으른 동물로 이해하는 것이다. 아마 우즈벡인들이나 타직인들에 대한 이러한 인식은 민족 상호간 감정에서 나온 것일 것이다. 실제로 우즈벡인들이나 타직인들은 모두 매우 겸손하고 예의 바르며 착하고 부지런하다.

러시아연방 내에는 타타르공화국이 있다. 러시아제국 당시 러시아의 중앙아시아 및 카프카스 지배에 대항하여 민족저항운동을 펼친 튀르크계 대표적 민족이다. 이러한 민족운동으로 인해 타타르족은 유라시아 대륙 비러시아계 민족들 가운데 과거에 지도력이 대단했던 민족이다. 바로 그 타타르인들이 사마르칸트에도 다수 거주한다. 타타르인들은 손재주가 좋아 금세공, 건축 등을 주로 하는데 다른 민족을 생각하기보다는 자민족 중심적인 면이 강하고 손버릇이 나쁘다는 등 대체적으로 좋지 못한 평가를 받고 있다. 타타르인들에 대한 시기심에서 나온 이야기일 것이다.

사마르칸트 거주 백인 계통의 민족으로 대표적인 것은 러시아인과 아르메니아인을 들 수 있다. 아르메니아은 러시아연방 내에 아르메니아 공화국을 이루고 있다. 흑해 서부 카프카스 남부에 위치한 전통적 기독교 국가인 아르메니아는 튀르크계 이슬람 국가 아제르바이잔과 소련 말기부터 갈등하다가 결국 치열한 전쟁을 치렀다. 따라서 우즈벡인들이 수백 년을 자신들을 지배해온 러시아인들을 달가워하지 않는 것처럼 같은 튀르크 민족이요 이슬람 국가인 아제르바이잔에 대한 아르메니아 국가의 공격에 대해 좋지 않게 생각하는 것은 당연하다. 아르메니아인들은 사마르칸트에서 투박하고 전쟁을 좋아하는 민족들로 평가받고 있으며, 기독교인들로서 버릇없고 예의가 없다고 평가를 받고 있다.

고려인들은 대체적으로 농업과 상업에 종사한다. 그들은 근면하며 일을 잘하는 민족으로 평가받고 있다. 그러나 이기적이며, 기회주의적이라는 평도 적지 않다. 고려인들이 동양계이면서도 유일하게 비이슬람계 소수민족으로써 전통적으로 지배 민족 러시아인들과 다수민족 현지 무슬림 우즈벡족 사이에서, 혹은 그 갈등 구도 속에서 치이지 않고 살아남기 위해 양쪽의 눈치를 살피며 얼마나 열심히 노력하고 일했을까 하는 면이 역력한 대목이다.

대부분 이곳을 떠나 지금은 얼마 남지 않은 유대인들은 다른 민족들로부터 나쁜 평가를 받는다. 타타르인들처럼 자기중심성이 강하고, 건축과 구두수선공, 금세공사, 기공사, 이발사 등 직종에서 일하면서 비교적 돈을 많이 벌면서도 이 나라를 위해서는 한 푼도 투자하지 않은 민족으로 낙인찍혀 있다. 다른 나라에서 거주하는 유대인들도 그러하지만 상황이 달라지면 언제든지 짐을 싸서 다른 나라로 이주할 채비를 차리고 수백 년을 이곳에서 살아온 유대인들의 삶의 행태를 짐작케 하는 말이다. 그러면서도 그들의 전통적 신앙을 고수하면서, 아직도 사마르칸트에는 유대인의 회당인 '스나고아'가 남아 있다.

(1) 레기스탄Registan 광장

사마르칸트의 유적지들 중 대표적인 것으로 '모래의 광장'이라는 뜻을 가진 레기스탄이 있는데 이곳은 15, 16세기에 걸쳐 지어졌다. 이 곳은 울루그 벡, 틸러카라, 쉐르도르의 세개의 마드라사(이슬람 신학교)로 이루어져 있는데 오늘날 가장 뛰어난 동양 건축물의 집결체로 꼽히고 있다. 울르벡 마드라사는 1417~1420년에 지어졌으며, 세 건물 중 가장 오래되었다. 이곳은 주로 이슬람 신학대학으로 천문학, 철학, 역사, 수학 연구소로 사용되었으며 티무르제국의 학술 연구의 근원지였다. 입구 문에는 "학예를 연마하는 것은 모든 이슬람 백성의 의무"라고 쓰여 있다. 사마르칸트는 중세에 아랍 지역을 포함하는 전 세계 이슬람권의 학문의 중심지였으며 수많은 이슬람 학자를 배출시킨 곳이다. 영향력 있는 세계 이슬람권의 학문중심지로 유명했던 점을 상기시키는 문구임에 틀림없다.

쉐르도르는 '용맹한 사자'라는 의미이며 티무르제국 이후 이 지역을 통치한 우즈벡 영주인 야한그도르에 의해 1619~1636년에 건축되었다. 여기에는 태양을 업고 가는 사자그림이 새겨져 있는데 4~5세기경 물, 불, 태양을 숭배하던 조로아스터교의 영향을 받은 것이다. 사마르칸트 입구에서부터 만나게 되는 이 그림은 도시 곳곳에서 찾아 볼 수 있다. 틸러카라는 야한그도르 바하도

사마르칸트의 레기스탄

르 영주에 의해 1647~1660년에 건축되었다.

모든 사원이 메카(사우디)를 향해 있는데 현재 대부분의 문화행사가 여기 레기스탄에서 열리고 있다. 즉 우즈베키스탄의의 상징적인 유적지라 할 수 있다.

(2) 구르아미르

레기스탄 근처에 보이는 구르아미르는 '지배자의 묘'라는 뜻을 지니고 있는데 바로 아무르 티무르와 그의 사랑하던 손자 무함마드 술탄이 묻혀 있다. 이 묘는 티무르 왕이 1404년 손자 무함마드 술탄의 전사를 추도하기 위해 지은 것이다. 티무르는 스승을 존중하여 자신의 묘보다 스승의 묘를 더 크게 만들도록 유언하였는데 이에 따라 구르아미르에서 제일 큰 묘는 티무르 스승의 묘이다. 마당에는 동물을 잡아 제사 지내는 제단이 있고 돔 안에는 금박으로 '알라는 위대하다' Allahu Akbari라는 문구가 쓰여 있다. 푸른 타일로 화려한 문양이 장식된 돔은 64개의 나무가 내장되어 골격을 유지하고 있으며 세로로 무수한 흠이 조작되어 있다. 이러한 축조기술은 티무르 시대에 개발되었으며 사마르칸드 도처에서 볼 수 있다. 푸른색을 좋아한 아무르티무르는 구르아미르의 돔(둥근 지붕)의 모자이크를 푸른색으로 만들었으며 이때부터 사마르칸트를 푸른색의 도시라 부르게 되었다.

흥미로운 에피소드가 있다. 사막 한가운데 있던 묘를 1941년 러시아 고고학자들이 발굴할 때의 일이다. 아무르 티무르가 죽으면서 "내 관이 열리는 날이 세상이 진동하리라." 이런 유언을 남겼다고 한다. 그런데 관을 막 열었을 때 한 러시아 병사가 달려와 "독일이 러시아를 침공했습니다"라고 보고하였다고 한다. 제 1차 세계대전이 일어난 것이다. 우즈벡인들은 이 저주를 지금도 믿고 있다.

(3) 샤흐진다

샤흐진다는 '살아있는 영묘'라는 뜻이다. 중앙아시아가 이슬람화되는 초기 시기인 9~10세기 경에 이슬람 선지자 쿠샴이 이곳을 방문하였다. 그러자 이곳에 거주하던 튀르크계 비무슬림들이 쿠샴을 살해했다고 한다. 샤흐진다는 목이 잘려 죽은 그가

구르아미르

자신의 머리를 가지고 땅으로 꺼졌다는 전설과 함께 그를 위해 만든 무덤이다. 때문에 이곳 사람들은 쿠샴 선지자가 아직도 살아서 모든 무슬림의 생사고락을 지배한다고 믿고 있다. 이런 전설로 인해 이곳은 우즈베키스탄 무슬림들은 물론 중앙아시아 전체 무슬림들에게 있어서 중앙아시아의 메카로 알려져 있다. 실제 매년 라마단 금식이 시작되면 수많은 무슬림들이 이곳을 찾아 순례한다. 이곳에는 티무르의 일족, 울르그 벡의 스승과 자녀들의 유해가 안치되어 있다. 무슬림들은 죽더라도 이슬람 선지자(성자)의 무덤 옆에 묻히기를 소원하여 현재의 이곳은 거대한 무덤촌이 형성되어 있다. 죽음을 두려워하는 이곳 사람들은 성자들과 영웅들의 무덤을 손으로 만지며 기도하기 때문에 여러 선지자들의 흰 무덤 가운데는 때가 묻어 검게 변해 있는 곳이 많다.

(4) 아프로시욥 언덕(다니엘 묘와 박물관)

발에 차이는 것을 하나 들어보면 쉽게 깨진 유물 조각을 볼 수 있는 아프로시욥 언덕에는 성경 구약에 나타나는 이스라엘 선지자 다니엘의 묘와 박물관이 있다. 다니엘의 묘는 아무르티무르가 원정 가서 이스라엘의 선지자 다니엘의 다리뼈를 가져와 만든 것이라고 하는데 그 뼈가 계속 자라고 있다고 사람들은 믿고 있다. 입구에 '다니엘의 샘물'이 있는데 유명한 선지자가 죽은 자리에서 나오는 거룩한 샘물이라는 생각에서 이곳 사람들은 그 물을 마시고 무덤 촌에 들어간다. 이곳은 이슬람종교와 더불어 샤머니즘적인 모습이 많이 나타나는 곳이다.

박물관 안에는 커다란 벽화가 있는데, 이 벽화는 8세기 아랍인들이 이곳 중

다니엘묘

앙아시아를 무력 침입하여 이슬람화 시키기 이전의 사마르칸트의 번영을 보여주는 벽화로 유명하다. 이 벽화는 수년 전 아프로시욥 언덕에서 발견되었는데, 거의 훼손되지 않은 상태로 보존되어 있었다. 이것은 7~8세기 경 사마르칸트의 영주의 궁궐 안에 그려져 있던 것이다. 푸른색을 배경으로 빨강, 노랑, 흰색, 검은색 등이 사용되었는데, 사마르칸트 방문한 여러 외국 사절들의 모습이 나타난다. 코끼리를 탄 신부와 날카로운 눈에 턱수염을 기르고 칼을 찬 남자들의 모습이 보인다. 그리고 옛날 신라 사신(실제로 경주 괘능에 가면 소그드인의 동상이 있음 – 이런 유물은 당시 신라와 이곳 소그디아나가 사신을 교류한 증거라 볼 수 있다)의 모습도 확실히 볼 수 있다.

(5) 울르그 벡 천문대

1428~1429년에 걸쳐 티무르의 손자인 울르그 벡 Ulug Beg에 의해 건축되었으나 그의 사후 내전으로 인해 일부분이 붕괴되었다. 현재는 천문대의 기본 골격과 육각형 천체관측기의 지하 부분이 남아 있다. 당시에는 거대한 대리석으로 높이 40m의 관측 돔이 있었다. 태양, 달, 행성의 고도를 정밀하게 측정하고 지구의 위치, 시간을 결정하였으며 당시 측정한 1년은 실제 기간과 1분 정도의 차이 밖에 없었다고 한다. 울르그 벡은 티무르의 손자이자 위대한 학자, 천문가, 정치가였다. 특히 그가 이룩한 천문학적인 업적은 오늘날에도 높이 평가될 만큼 뛰어난 것이다. 울르그 벡이 세웠던 천문대는 20세기 들어 발굴되었는데 당시 페르시아 등지에서 저명한 천문학자들이 모여들었다고 한다. 거대한 규모의 육부의(별들의 거리를 측정하는 기구)를 통해 놀랄 만큼 정밀한 천문관측이 이루어졌으며 이 성과는 17세기 유럽으로 전파되었다.

(6) 비비하눔 사원과 묘

바자르(전통시장)의 바로 옆에 위치한 비비하눔 Bibi Khanum사원은 규모에서 본다면 중앙아시아 최대의 사원이다. 인도와 시리아 다마스커스, 알레포로 원정을 떠났던 만년의 티무르는 그곳에서 중후한 많은 사원을 보았다. 이후 티무르는 사원 건축의 열망을 갖기 시작했다. 결국 비비하눔 사원이 건립되었는데, 이와 관련하여 전해내려 온 이야기는 유명하다.

때마침 티무르는 긴 인도원정을 준비하고 떠났다고 한다. 티무르의 인도 원정 개선에 맞추어서 왕비인 비비하눔은 남편 티무르 공적을 기념할 만한 새 사원을 선물하기로 결심했다. 그녀는 당대의 저명한 건축가를 모아서 사원 건설을 진행해 나갔다. 그러나 티무르의 개선 전까지 완성하기가 어려워지자 왕비는 공사를 재촉했다. 그러던 어느 날, 남몰래 왕비를 연모하던 한 건축가가 왕비에게 사랑을 고백하게 되었다. 왕비는 몇 개의 계란에 색깔을 칠하고, "색은 다르지만 어느 것이나 같은 맛이다. 나는 남편이 있으니 단념해 달라"고 설득했다. 그러나 건축가는 두 개의 컵을 가지고 와서 "어느 쪽이나 같은 색깔이지만 한쪽은 냉수가 또 한쪽은 마음을 유혹하는 술이 들어있다"고 반박하며 유혹했다. 결국 왕비는 굴복하여 뺨을 내밀었다. 그런데 그 남자의 키스 자국은 반점이 되어버렸다. 이렇게 해서 사원은 티무르의 개선 전에 완성되었다. 사마르칸트로 돌아온 티무르는 이 사원의 모습에 놀라서 총애하는 왕비 비비하눔에게 한시라도 빨리 고마움을 표시하려고 한다. 그러나 왕비를 만나본 티무르는 모든 사실을 알게 되었고 복수를 결심한다. 결국 건축가는 사형당하고 왕비는 사원의 첨탑에서 내던져졌다. 그래서 비비하눔 사원 옆에 조용히 안치된 비비하눔의 묘소가 있다.

비비하눔의 이야기는 유목민족의 전통을 가진 튀르크족 여성들의 기를 보여준다. 전통적으로 중앙아시아 유목민족의 여성들은 매우 활달하고 남자들과 더불어 말을 탈 정도로 기상이 대단하였다. 자신의 주장이 강하며 – 지금도 이런 면이 강하다 – 색깔이 분명하다. 이슬람화 된 이후에 종교 영향으로 다소 폐쇄적인 면이 있으나, 중동 아랍이나 이란의 이슬람 여성들하고는 분명히 다른 기풍이 있다. 남편을 위해 사원을 당당히 건축한다거나 중세시대에 왕비임에도 불구하고 한 건축 기술자와 연애하는 비비하눔의 모습은 당대 전형적인 튀르크족 여성들의 모습의 단면을 보여주는 것이다. 이 사원은 유목전통에서 이슬람전통으로 바뀌어 가는 이행기에, 사랑에 빠진 중앙아시아 한 여인의 비애를 이야기하고 있다.

3) 부하라Bukhara

이 도시는 제라프샨 강 하구의 광대한 오아시스에 위치하며 인구는 약 22만 4천명이다. 최근의 고고학적 연구에 의하면 이 도시는 서기 1세기 무렵에 건설된 후 지금까지 위치에 변함이 없었다.

'부하라' 라는 이름은 불교 사원을 뜻하는 산스크리트어 vihara에서 파생된 것으로 추정된다. 문헌상으로는 7세기 중국 사서에 '안국(安國)' 으로 처음 나타나고 있다. 이 시대의 부하라는 이란계 소그드인의 도시 국가로 부하르 후다트라는 이름의 토착왕조가 지배하고 있었다. 709년 쿠타이바 이븐 무슬림이 지휘하는 아랍 무슬림군에게 정복되어 아랍인들이 이주해 옴에 따라 이슬람화되기 시작하였다. 9~10세기에 사만Saman 왕조의 수도가 된 부하라는 서아시아 방면에서 튀르크계 노예를 공급하는 상업도시로 번영하는 한편, 이슬람 문화와 부흥하는 이란 문화가 교차하는 일대 중심지가 되어 이븐 시나Ibn Sina, 루다키 같은 학자, 시인들을 많이 배출하였다. 1220년 몽골 원정군의 공격을 받아 큰 피해를 입었으나 그 후 서서히 복구되어 1500년 우즈벡족이 점령한 뒤에는 부하라 칸국의 수도가 되었다. 16세기 이후 우즈벡 유목민의 침입과 정착의 결과 아무다리야 강 북쪽 오아시스 땅과 마베란나히르의 일부 지역에서는 튀르크화가 진행되었다. 하지만 부하라에서는 1920년대에 이르기까지 이란계 타직어가 우즈벡어보다 계속 우세를 보였다. 또 근교에 낙쉬반드 Nakshiband 교단의 창시자의 무덤이 있어 중앙아시아 각지로부터 수많은 순례자가 모여들어 부하라는 중앙아시아에서 신비주의의 중심지로도 알려지게 되었다. 18세기 이후 중앙아시아와 러시아의 상업관계가 밀접해지면서 부하라는 중앙아시아에서도 이름난 큰 상업도시로 발전하여 인구도 20세기 초에는 7만 명을 넘어섰다.

중세 시대 부하라는 360여 개의 이슬람 사원과 113개의 마드라사(학교)가 있었으며, 당 시대에 이슬람 학문의 중심지로 이슬람 세계에서 사우디아라비아 메카 다음으로 두 번째 주요한 도시였다. 1900년에도 103개의 마드라사가 있었으며 1만여 명의 무슬림 학생들이 이곳에서 수업했다. 도시 중심가에 칼얀 Kalyan 사원이 있다. 반대편에는 구소련 체제에서도 유일하게 활동이 허용되었던 미리 아랍Miri Arab 마드라사가 있는데, 600여년 전의 것과 전혀 다를 것이 없이 지금도 학생들이 이곳에서 수업하고 있다.

히바의 전경

부하라는 1920년 소비에트혁명 후에 부하라 인민 소비에트공화국(1920~1924)의 수도였으나, 현재는 우즈베키스탄의 주요 도시이다. 또 이곳에는 유서 깊은 이슬람 성직자 양성기관인 '미리 아랍 마드라사'가 있는데, 이것은 소련에서 공적으로 기능했던 2개의 이슬람 성직자 양성기관 중의 하나였다. 10세기에 창건된 마가크 이 아타리사원(12세기와 16세기에 재건)과 중후한 탑(미나레트)을 가진 카르얀 사원 같은 이슬람사원을 비롯한 역사적 건축물이 많아 중앙아시아의 대표적인 관광도시이기도 하다.

14. 카라칼팍 자치공화국

우즈베키스탄 내에는 서북부 지역에 카자흐스탄과 경계하여 카라칼팍Kara Kalpak 자치공화국이 있다. 17세기 초 러시아 문서에 러시아인들과 이웃하고 있는 카라칼팍인들은 작고 평화로운 부족으로써 여러 차례 그들의 거주지를 옮겨 우즈벡인, 카작인, 그리고 투르크멘인들의 거주지 삼각지대인 이곳에 정착하였다고 기록하고 있다. 카라칼팍인은 카작인들과 마찬가지로 튀르크계 민족으로써 큽착계열에 속한다. 카라칼팍은 kara(검정)와 kalpak(모자) 두 단어가 합성된 이름으로 검정모자라는 뜻을 갖는다. 카라칼팍 자치공화국은 다민족집단으로써 우즈벡인들이 인구의 3분의 1을 차지하고 있으며 카작인들이 최대 소수민족으로 거주하고 있다. 카라칼팍인의 인구는 1939년에 185,775명이 었는데 1989년 통계에서는 구소련 전체 카라칼팍인의 인구를 423,436명으로 기록 있다. 1989년 통계에 의하면 카라칼팍 자치공화국 인구는 1,212,207명이다.

1928년까지 카라칼팍인들은 그들의 문자가 없었다. 1939년까지 라틴문자가 사용되었다가 1939년에 시릴문자로 교체되었다.

Ⅲ. 투르크메니스탄Turkmenistan

투르크메니스탄 개황

국가설립: 1991. 12. 21	의 회: 단원제(Majlis)
독립기념일: 10. 27	원 수: S. Niyazov
정치체체: 대통령제	집권당: 투르크멘 민주당

인 구	4,688,963 (2002년 7월 현재)
연령별 인구	0~14세: 37.3% (남 895,536/여 853,301), 15~64세: 58.6% (남 1,350,142/여 1,399,879), 65세 이상: 4.1% (남 72,784/여 117,321)(2002년)
인구성장률	1.84% (2002년)
유아사망률	1,000명당 73.21명 사망 (2002년)
평 균 수 명	61.1세:여 64.8세, 남 57.57세 (2002년)
평균 출산률	여성 1인당 3.54명 출산 (2002년)
종 족 집 단	투르크멘인 77%, 우즈벡인 9.2%, 러시아인 6.7%, 카작인 2%, 기타 5.1% (1995년)
종 교	무슬림 89%, 러시아정교 9%, 기타 2%
언 어	투르크멘어 72%, 러시아어 12%, 우즈벡어 9%, 기타 7%
문 맹 률	15세 이상 읽고 쓸 수 있는 인구 비율: 전체 98%; 남 99%, 여 97% (1989년)

총 GDP	구매력 – $21.5 billion (2001년)
GDP/실질성장률	10% (2001년)
1인당 국민소득	구매력 – $4,700 (2001년)
GDP 분포	농업: 27%, 공업: 45%, 서비스업: 28% (2000년)
빈 곤 층	34% (2001년)
소비자 가격지수	10% (2001년)
노 동 력	2천 3백 4십만 명 (1996년)
노동력 분포	농업 48%, 공업 15%, 서비스업 37% (1998년)
예 산	수입: $588.6 million, 지출: $658.2 million (1999년)
주 요 산 업	천연가스, 석유, 석유제품, 섬유, 식료품
농 산 물	면화, 곡물, 가축
수 출	$2.7 billion (f.o.b.)
주요 수출품	가스 33%, 석유 30%, 면직물 18%, 섬유 8% (1999년)
수출 대상국	우크라이나 27%, 이란 14%, 터키 11%, 이탈리아 9%, 스위스 5% (1999년)
수 입	$2.3 billion (c.i.f.)
주요 수입품	기계 장비 60%, 식료품 15% (1999년)
수입 대상국	터키 17%, 우크라이나 12%, 러시아 11%, UAE 8%, 프랑스 6% (1999년)
대 외 부 채	$2.3 billion to $5 billion (2001년)
차 관	$16 million 미국 차관 (2001년)
화 폐	마나트 manat (TMM)
환 율	마나트 manat/ USD – 5,200 (2000년 1월~2002년 1월), 5,350 (1999년 1월), 4,070 (1997년 1월)

기즈갈라의 옛 도성

투르크멘이라는 이름은 처음에 종족명이라기보다는 중앙아시아의 일부 집단 즉 이슬람을 받아들인 튀르크인을 지칭하는 말로 넓게 사용되었다. 이 말이 아랍인 지리학자 막디시Makdisi에 의해서 AD 10세기에 최초로 두개의 튀르크 계통 부족 가운데 오우즈Oghuz와 카를룩Karluk을 지칭하는 종족명으로 언급되었다. 당시 오우즈 부족의 주거지는 시르다르야 강 중류의 옛 마을 이스피잡Isfijab이었다. 이스피잡은 당시 카를룩인들과 오우즈인들의 경계에 위치해 있었다. 당시에 오우즈 부족의 영토는 아랄해 북부 이스피잡에서 카스피해까지였으며 카를룩의 영토는 이스피잡에서 페르가나 Fergana에 이르렀다.

AD 11세기에 중세 튀르크어 어휘록을 편찬한 유명한 카슈가를르 마흐무드 Kashgarli Mahmud는 그의 저서에서 오우즈 부족과 카를룩 부족을 투르크멘인으로 취급하고 있다. 오우즈 부족에 관해서는 AD 8세기 오르혼 비문에도 그 이름이 기록되어 있다. 오우즈 부족은 원래 오르혼 비문이 세워진 북부 몽골리아 지역에 있었으나 후에 서쪽으로 이주하였다. 오우즈 부족 집단은 9세기 말에 시르다르야 유역에 정착하였으며 10세기에 부족장 셀주크Selchuk의 통치하에 셀주크제국을 건설하였다. 한편 오우즈 부족은 10세기를 전후로하여 급격히 이슬람화했다. 11세기에 이르러서 페르시아의 역사가인 가르디지 Gardizi의 저서에서 처음으로 투르크멘이라는 이름이 오우즈 부족을 지칭하는 말로 사용되었으며 그 이후로 이러한 전통은 계속되었다.

투르크멘Turkmen은 8~9세기에 중앙아시아의 튀르크족이 이슬람화되는 과정에서 초기에 이슬람화된 한 튀르크족 집단을 가리켜 부르던 이름이다. 어원적으로 투르크멘이 "나는 튀르크인이다Türk-men"라는 문장에서 유래한 것이라든가, 종교적으로 "신실한 튀르크Türk iman"에서 유래했다는 설은 민간 어원론으로써 근거가 없는 이야기이다. 대부분의 언어학자들은 19세기 역사학자 밤베리Vambery가 제시한 가설 즉 Türk와 영어의 -ship 혹은 -dom을 의미하는 어미 men이 결합한 것이라는 주장을 지지하고 있다. 유명한 튀르크어 학자이며 프랑스人 선교사인 데니J. Deny도 밤베리의 가설을 지지하고 있다. 투르크멘은 "튀르크인들 중에 튀르크인Türk of Türks"이라는 의미이다.

투르크메니스탄의 총 인구는 1989년 통계로 2,718,297명이며, 다양한 인구 구성 분포를 보이고 있다. 투르크멘인 72%, 러시아인 9.5%, 우즈벡인 8.5%, 카작인이 2.9%를 차지하고 있으며, 이 밖에도 소수의 타타르인, 아르메니아인, 아제르바이잔인, 카라칼팍인 등이 있다.

인구의 대부분은 하천 연안과 코페트다크 산맥의 오아시스 지역에 집중되어 이곳의 인구밀도는 50~100명에 달하며, 사막의 인구 밀도는 1㎢당 1명 이하이다. 전체 인구 밀도는 1㎢당 7.2명으로 낮은 편이다. 도시 인구는 전 인구의 45.0%로 비교적 높은 편이나 도시인의 대다수는 투르크멘인이 아닌 러시아인 등 외부인들이다. 도시별 인구를 보면 차르쵸우 16만 1천명, 타샤우즈 11만 1천명, 마라 8만 9천명, 글라스노보드츠크 5만 9천명 등이다. 투르크멘인은 투르크메니스탄 외에도 아프가니스탄, 이라크, 이란, 요르단, 시리아, 터키, 티베트, 미국, 독일, 파키스탄 등지에 흩어져 있다.

1. 역사적 배경

투르크메니스탄에는 이미 이전에 훈족, 사산조 페르시아인, 아랍족 등 다른 부족들이 거주했었다. AD 5세기 이후에 튀르크족들이 중앙아시아의 서부 지역으로 이주해 와 살게 되면서 이 지역이 서서히 페르시아인들의 거주지에서 튀르크계 부족들의 거주지로 변하기 시작했다.

튀르크계의 한 부족 그룹인 오우즈Ohguz족이 9세기말~10세기 초에 이 지역으로 이주하여 이 시기 말엽에 이슬람을 수용하게 되었다. 그때부터 중앙아시아 역사에서 '투르크멘'이라는 이름이 나타나기 시작하였다. 아제르바이잔과 메소포타미아, 소아시아 지역으로 이주하여 셀주크, 오스만제국을 세웠던

독립 1주년 기념공원

오우즈 부족이 현재의 투르크멘의 조상으로 여겨지고 있다.

중앙아시아의 투르크멘인들은 항상 침략을 받아 왔다. 몽골의 침략을 비롯하여, 남쪽에는 이슬람화된 페르시아인이, 북쪽은 우즈벡인이 그들을 공격했다. 이러한 불안정한 환경에서 살아남기 위하여 투르크멘인들은 다른 부족과 동맹을 맺거나 그들 스스로 독립을 유지할 수 있는 전쟁 기술을 발전시켜 나갔다. 기동성 있는 전술과 이동식 유목 생활양식은 투르크멘 부족으로 하여금 자체의 정치적 결속력이 약했음에도 불구하고 정착 문화 속으로의 투르크멘인들의 동화를 막는 역할을 하였다.

투르크멘인들은 19세기 첫 반세기 동안에는 '튀르크인들의 땅'이라는 의미의 Türkistan(영어: Turkestan)의 공국Khanate에 의해 통치되었다. 히바, 메르브, 부하라 등의 공국들이 튀르키스탄에 합병되었다. 그러나 이 시기에도 투르크멘인들은 쉽게 동화되지 않았고, 오히려 민족적 결합이 불가능했던 시대에 중앙아시아의 유일한 민족으로 인정될 만큼 강한 민족성을 나타냈다.

러시아는 18세기에 시베리아의 남부로부터 스텝 지역과 튀르키스탄 지역 안으로 진출하기 시작했다. 1717년 초 피터대제 시대에 투르크멘의 기병들은 카스피해 연안에 침입한 러시아 원정군을 퇴패시켰다. 투르크멘인들의 필사적인 저항 때문에 투르크메니스탄은 19세기 말까지 러시아군에게 점령되지 않는 채 있었으며, 점령된 후에도 그들은 쉽게 포기하지 않고 끝까지 러시아 정부에 대항하여 투쟁하였다. 1924년 10월 27일, 투르크메니스탄은 소련에 속하여 이름을 투르크멘 사회주의 공화국으로 바꾸었다.

2. 지형 / 기후 / 자원

카라쿰 사막

투르크메니스탄의 총면적은 48만 8,100㎢로서 90%이상이 카라쿰(검은 사막 지대)이다. 구소련의 최남단에 위치한 나라로 서쪽은 카스피해가 있고, 북쪽에는 카자흐스탄과 우즈베키스탄, 남동쪽으로는 아프가니스탄, 남쪽으로는 이란과 접해 있다. 면적은 구소련에서 4위에 해당할 정도로 넓으나, 인구는 3백만 정도밖에 되지 않는다. 총 면적의 4/5이상은 저지대 카라쿰과 남쪽 가장자리에 있는 케페트다크Kopet Dagh 산맥, 그 동쪽의 카라빌 고지로 형성되어 있다. 주요 하천으로는 아랄 해로 흘러 들어가는 아무다르야 강과 남서쪽에 카스피해로 흘러 들어가는 아트락 강이 있고 그 밖에 여러 하천이 있으나, 모두 카라쿰 사막에서 끝나는 무미천(無尾川)이다.

기후는 심한 대륙성 기후를 나타내며 극도로 건조하다. 7월 평균 기온은 28℃이며, 1월 평균 기온은 4℃이나, 지역에 따라 천차만별이다. 지금까지 기록된 최고 기온은 카라쿰 남부의 50℃이고, 최저 기온으로는 쿠시카의 −33℃로 나타나 있다. 비는 봄철에 집중되는데, 중앙부에서는 연 강수량 100㎜이하이다. 계절이 바뀌는 때에는 모래 바람이 몰아치며, 하천은 봄, 여름에 수위가 높아져 오아시스의 관개용수로 이용된다.

투르크메니스탄은 다른 중앙아시아 국가들처럼 지하자원이 풍부하다. 석유, 천연 가스, 요오드, 나트륨, 납, 아연, 구리 등과 모래, 석회암 등 건축 재료가 많이 난다. 특히 석유 생산은 러시아, 아제르바이잔 다음으로 구소련에서 제3위를 차지하는데, 이곳에서 나는 원유는 상당히 고급품으로써 연료뿐만 아니라 화학 재료로도 이용되고 있다.

중공업 부문에서는 정유 플랜트 설비와 수도 아쉬하바드에 철도 차량, 아쉬하바드, 마리, 차르죠 등지에 기계 공업 그리고 글라스노보드스크에 조선업이 발달해 있다. 식품 산업은 포도주, 브랜디 등 양조와 메론, 포도 등의 과일 가공업 등이 발달했다. 면방직, 견직물, 피혁가공 등도 여러 도시에서 발달해 있다.

농업은 면화, 카라쿨 양, 누에고치, 과일류 등 농목업이 주요 품목이며 수출도 하고 있다. 투르크메니스탄은 전체적으로 건조 지대로써 크게 두 지역으로 나누어 생각할 수 있는데, 적절한 물의 공급, 경작된 땅, 발달된 산업의 중심지인 오아시스 지역과 목축, 풍부한 천연 가스, 석유 등이 생산되는 사막 지역 등이다. 아무다르야 강 중류에서 서쪽으로 카라쿰 운하가 제 2차 세계대전 이후에 건설되어 농토 관개 및 수운생활, 용수공급에 기여하고 있다.

간선 철도가 글라스노보드스크~차르죠, 마리~쿠슈카를 잇고 있고, 글라스노보드스크는 투르크메니스탄 최대의 항구 도시이다. 자동차 도로는 총 연장 7,000km에 달하지만, 도로 포장율은 30% 미만이다. 사막을 횡단할 경우에는 낙타가 주요한 교통수단이 되고 있다.

3. 문화와 종교

투르크멘인의 문화는 두 종류로 이해해야 한다. 즉, 투르크메니스탄을 중심으로 한 구소련 내의 투르크멘 사람들의 문화와 아프가니스탄, 파키스탄, 이라크 등 외국에 살고 있는 투르크멘 문화로 나누어 살펴야 한다.

투르크멘인도 다른 중앙아시아 민족들처럼 전통적으로 유목민이었고, 스텝 교역의 교량 역할을 하여 교역에 종사하는 사람들에게 두려움의 대상이 되어 왔다. 그들은 대상들에게 있어서 천벌 내지는 역병과 같은 존재였고 부하라, 사마르칸트 노예 시장의 주 세력으로 유명했었다. 그들에 대한 다음과 같은 묘사가 있다. "투르크멘 사람들은 사람보다는 들짐승에 가깝고 두려움과 굴복을 모르는 자들이며, 여자들과 아이들까지도 죽을 때까지 싸운다."

전통적인 유목민인 투르크멘 사람들은 계절에 따라 목초지를 옮겼는데, 지금도 여전히 그들 사회에서는 목자에 대해 높은 사회적 가치를 인정하고 있다. 유목 생활은 이동성을 전제로 한 것으로 정치적 통제에서 자유로울 수 있으며, 다른 민족들의 침입에 대해 비교적 안전할 수 있다는 것을 의미하기도 한다. 금세기 초까지도 모든 투르크멘인들은 둥근 지붕의 텐트인 유르트Yurt에서 살았다.

한편 때때로 투르크멘인들은 '검은 민족Kara halk'으로 알려져 있었는데, 그 이유는 검은색kara이 그들 생활의 거의 대부분을 점유하고 있기 때문이다. 그들이 거주하는 구소련 지역과 이란, 아프가니스탄 중앙에는 Kara Kum(검은 사막)이 있고, 그들은 검은 양떼를 치고 있다. 그들의 집

투르크멘인들이 거주했던 유르트yurt

Yurt은 검은색 또는 시간이 지남에 따라 금방 검어지는 하얀색이고 그들은 '검은 왕, Kara Khan'이라 불리는 아편을 즐긴다.

다른 튀르크족들과 같이 투르크멘인들도 빵 이외에 쌀밥 필라브pillav를 먹는데, 음식은 양념이나 향신료가 적은 비교적 순한 것들이 많다. 고기 요리는 토마토, 양파를 넣어 끓여 만든 다양한 종류의 스튜가 있는데, 다량의 기름과 소금을 사용하고 있어 우리나라 사람이 먹기는 불편하다. 양고기는 이들의 최고 음식이자 주식이며, 대표적 요리는 케밥kebap이다. 케밥은 구운 빵에 양고기 간(肝)과 야채를 넣어 만든다.

투르크멘 사람들은 먼 여행으로부터 안전하게 돌아온 친구를 축하하기 위해 'Qudayi'라는 신에게 감사하는 향연을 갖는다. 그 첫 시작은 한 마리 이상의 양을 도살함으로써 개시된다. 그리고 늦은 아침에 다른 많은 손님들과 함께 양고기를 먹는데, 도살한 양의 살 대부분을 불에 굽고, 나머지는 스튜를 만들고, 기름은 빵에 발라 한 마리를 모두 다 먹어치운다. 이들이 먹는 빵은 그 위에 발라진 기름으로 인해 아프칸의 구운 빵Nang보다 더 두껍다. 양의 뼈들은 다 씹어 먹고, 골수를 빼내기 위하여 부순다. 거리의 걸인들은 기다렸다가 그 나머지를 얻어먹는다. 밤에는 신에게 기도를 한 후, 양의 좋은 부위를 먹게 되는데, 주로 간 케밥, 위, 뇌, 눈, 얼굴 가죽 등을 먹게 된다.

투르크멘인들도 중앙아시아의 다른 튀르크족처럼 민속 음악을 즐기는 민족이다. 이들이 좋아하는 악기들이 몇가지가 있는데 그 중 대표적인 것은 다음과

전통악기를 연주하는 모습

같다.

① Dhambra : 두 개의 줄이 있고 긴 목에, 줄받이가 없는 악기로써 결혼식, 할례식 등 특별한 경우에 사용한다.

② Ghizak : 약 2자 정도 되는 두 줄의 악기로 활을 가지고 연주하며, 첼로나 더블베이스의 소리가 난다.

③ Chiltar : 40개의 줄이 있으며, 긴 목과 긴 줄의 소리 상자로 둘러싸인 현악기와 같다. 기타와 같은 소리가 난다.

④ Tasak : 종 같은 소리를 내는, 손에 쥘 수 있는 악기이다.

비록 구소련 정부가 튀르크족을 소수민족으로 취급해 왔지만, 이들 튀르크계 민족들의 중앙아시아에서의 영향력은 대단하다. 투르크멘인들을 포함한 중앙아시아의 무슬림들은 악한 상황에서도 그들의 이슬람적 전통과 풍습을 유지하려고 부단히 노력해 왔다.

투르크멘 사회에서도 대부분의 무슬림 사회와 마찬가지로 남자들에 비해 여자들의 지위는 매우 낮다. 그들은 남편과 오빠, 심지어 남자 손님들에게까지 절대 복종해야 한다. 여자가 요리를 하지 않거나, 남자를 접대하지 않으면 그 여자는 지하실로 끌려가 본래의 역할을 할 수 있을 때까지 머리끈으로 입을 틀어 막히고 침묵을 강요당하며 벌을 받기도 한다. 남자들은 그들의 여자에 관한 농담을 큰소리로 이야기하고, 솜씨좋은 여자들을 칭찬하지만 여자들을 인격적으로 존중하는 의미의 외적 태도는 나타내지 않는다. 여자들은 또한 카페트를 짜는 기술로 등급이 매겨지기도 한다. 이슬람의 영향이지만, 여자들은 천천히 말해야하고 남자들에 의해 항상 보호받아야 한다. 20세기 이후에도 다수의 부족들이 있었고, 각 부족들은 부계 조직에 기초를 두고 활동해 왔는데 경제, 사회적인 면에서 씨족 관습은 가족에서나 혼인 등에서 잘 나타난다. 예를 들면 60년대까지도 농촌의 68% 이상이 부락 단위의 대가족을 이루어 유르트yurt에서 집단 거주하였다.

이런 대가족 집단에서 장모와 같은 위치에 있는 여자들은 때때로 중요한 책임을 부여받기도 한다. 그녀는 음식 창고의 열쇠를 가지며, 가정 내의 다른 여자들을 다스리고, 다른 남자들에게 시장을 봐올 것을 지정한다. 가족과 친구들의 모임에서는 각자의 지위에 따라 앉는 자리가

결혼하는 투르크멘 여인

달라지며, 아들들은 그들의 아버지에게 순종해야 하고, 많은 규율들을 지킴으로 아버지에 대한 순종을 나타내야 한다. 아들들은 좀 더 낮은 자리에 앉아야 하고, 항상 어른에 대해 예의바르게 행동해야 하며, 가벼운 대화나 농담을 피하고, 아버지나 연장자 앞에서 담배를 피워서는 안 된다.

결혼은 이슬람 관습을 좇아하게 되는데, 결혼하는 남녀는 대부분 서로 얼굴을 모르는 채, 부모들의 결정에 따라 혼인하게 된다. 투르크멘인들에게 있어서 사촌 간의 결혼은 관습상 허용되지 않는다. 그러나 예외적으로 사촌이 같은 집에서 자랐다면 결혼해도 좋도록 되어 있다.

그들은 가난한 일족 일수록 멀리 있는 관계이고, 부유할수록 더 가까운 관계라는 등식을 가지고 결혼하여, 이러한 근친 부자들 사이의 결혼을 통해 같은 혈족 그룹의 재산을 계속 유지시켜 왔다. 다시 말해서, 이들은 가난한 타인과의 결혼을 통해서 재산이 나뉘어 그 결과로 경제적으로 나약해지는 것을 원치 않는 것이다.

아프가니스탄에서는 투르크멘인과 우즈벡인 사이에 결혼이 이루어지고 있다고 한다. 결혼할 때는 일반적으로 어머니가 자기 아들에게 맞는 여자를 선택한다. 결혼이 성립되기 위한 첫 시작은 양가 어머니들이 차 파티에 응하는 것이다. 그 후에 아버지들이 신부의 값을 매기고 흥정한다. 신부가 아름답고 건강한 것도 매우 중요하지만, 가장 첫째 조건은 그녀가 얼마나 좋은 카페트를 만들 수 있느냐는 것이다. 즉, 그들은 결혼 후에 신부를 통해 얻을 경제적 수익을 먼저 생각한다. 다시 말하여 이들은 결혼에 있어 사랑을 통해서 새로운 가

정을 이루는 것보다는 경제성을 더 중요시한다는 것이다.

신부 값은 신랑이 10마리의 낙타나 100마리의 양을 주는 것이었는데, 최근에는 현금이 더 일반적이며 600내지 1,000파운드에 달하는 현금이나, 그 상당의 곡식 또는 물건을 지불한다. 그리고 나면 미리 정해진 날에 신랑의 친구들이 신부 집으로 가서 가족들로부터 신부를 훔쳐 온다. 베일로 싸인 신부는 그녀의 남편이 이슬람 승려인 이맘Imam과 함께 기다리고 있는 새 집으로 옮겨져 결혼 축하잔치를 하게 된다.

그들이 가장 즐기는 스포츠는 일종의 투르크멘식 기마경기인 부스카시Buskashi 경기이다. 이 운동의 기구는 염소나 송아지의 머리 없는 시체로 만든 공이다. 게임 전날 밤, 여러 마리의 동물을 도살하고 잘라, 모래를 채워 넣고 꿰매어 밤사이에 물에 담가 60~80파운드의 무게로 만든다. 그리고 큰 원을 만든 후 공을 원 바깥쪽에 놓는다. 말을 타고 원 밖에서 게임 시작을 기다리던 선수들은 신호와 함께 공을 잡아 원안으로 던져 넣는데, 먼저 잡아 던져 넣는 선수가 이기게 된다. 게임의 심판은 모인 사람들 중 가장 존경받는 사람으로 선출한다. 심판은 게임의 첫 시작과 점심시간, 종료와 기도 시간 등을 알려준다. 게임 동안에 선수들은 채찍을 사용할 수 있는데, 그들은 이것을 다른 말들의 진행을 막기 위해 등을 치는데 사용한다. 게임에서 좋은 평판을 얻게 된 말은 매우 값비싸게 되며, 가장 좋은 음식을 먹을 수 있게 된다. 부스카시 경기는 투르크멘인들의 도전성과 반항적인 독립성을 나타내는 일종의 상징적인 경기라 할 수 있다. 이것은 또한 전투에서 사기를 높이는 요소가 되어 왔다. 한편, 이 경기를 통해서 남자들은 사업의 장(場)을 형성하게 되고, 소식과 이야기들이 전해지며, 먼 친척들을 만나게 되는 등 부스카쉬 경기장은 사회적 접촉의 장소가 되어 왔다.

투르크메이의 카페트는 중앙아시아에서 최고로 꼽힌다. 카페트의 제조에는 모든 가족들이 참여하며, 표준 2×1m의 양모 카페트를 만드는데 2개월이 필요하고, 비단 카페트는 6개월이 소요된다. 양을 가지고 있지 않은 경우, 남자들은 시장bazaar에 가서 좋은 양모를 사 가지고 온다. 카페트 제조에 사용되는 양모는 광택이 있고, 품질이 매우 좋다고 평가받고 있다. 카라쿨Kara Kul 어린양의 가죽이 모피 시장에서 명성을 얻고 있는 것과 같이, 카페트 양모는 카라쿨의 토

착 종자로부터 얻는다. 카라쿨
양은 동시에 두 종류의 털이 자
라는데, 바깥쪽의 털은 안쪽보다
부드럽고 곱슬이며 길다. 이것을
조심스럽게 골라 부드럽게 가공
하여 카페트 양모를 생산해낸다.

투르크메니스탄에서 생산, 판매되는 카페트

카라쿨 가죽은 태어난지 며칠
안된 어린양을 죽여서 얻는다.
가장 좋은 품질의 것은 미성숙한 태내 양의 하얀 표피이다. 이것은 새끼를 잉
태한 어미 양을 죽인 후 꺼내 만든다. 남자들이 양모를 구해오면, 여자들은 그
것을 깨끗이 한 다음 실을 뽑고, 남자들이 좋아하는 색으로 염색을 한다.

카페트를 짜기 위한 기구로는 긴 베틀과 큰 가위, 낫 모양의 칼과 큰 빗 등이
쓰인다. 디자인의 기술과 방법 등은 어머니로부터 딸에게 전승되어 계속 내려
온다. 다 만들어진 카페트는 남자들이 시장에 가지고 나가 팔게 된다.

투르크메니스탄은 10월 혁명 전, 낙후되었던 중앙아시아 지역에서도 가장
뒤떨어져 대부분이 문맹이었으나, 현재는 99.9%가 글을 읽을 줄 안다. 인구
약 3백만의 국가에 대학은 9개로 학생수는 4만 2백명 정도이며, 고등 전문학
교는 37개이고 학생수는 3만 7,100명 정도이다. 이러한 교육 발전 상황은 다
른 중앙아시아 국가들의 경우도 마찬가지지만, 소련 사회주의 정부가 중앙아
시아의 문맹퇴치와 문화 산업적 발전에 얼마나 공헌했는가를 잘 말해주는 좋
은 예이다. 만약, 중앙아시아가 18~19세기 이후 진보된 외부 세력의 진출이
없이 그대로 버려졌다면 어쩌면 중앙아시아의 대부분의 사람들은 아직도 산과
초원을 헤매며 유목민 생활을 영위하고 있거나, 인도처럼 인도와 파키스탄을
지배한 영국의 식민지가 되어 발전도 없이 앵글로색슨족에게 무자비하게 착취
만 당했을지도 모른다.

대학으로는 투르크메니스탄 국립대학, 교육대학, 의과대학, 농과대학 등이
있으며, 과거에는 교육대학에서만 투르크멘어로 가르쳤으나, 이제는 다른 모든
대학에서도 투르크멘어로 교육하고 있다. 소련 체제에서처럼 교육은 여전히 무
상으로 주어지며, 고등 교육을 받게 되면 국가로부터 일정량의 급여도 받는다.

곽데페 사원

한편 튀르크계 오우즈 부족들은 중세 초기인 10세기에 투르크메니스탄 지역으로 이주하면서 이슬람을 받아들이게 되었다. 투르크멘의 종교는 하나피파(派)의 수니 이슬람이다. 그러나 신비적이며 중앙아시아 토착 이슬람인 수피즘의 영향으로 낙쉬벤드 종교 분파Nagshbandiyya를 따른다. 이렇듯, 대부분의 투르크멘인들은 성격면에서 수피파Sufi tariqat에 속하며, 따라서 샤머니즘과 토속적 민속 종교의 영향도 매우 크다.

비록 이슬람이 정통 종교이지만 투르크멘 여자들은 이슬람에서 강요되는 규율인 얼굴을 가리는 베일 쓰기에 응하지 않는다. 역사적으로 투르크멘의 여자들은 남자들과 함께 적에 대항하여 싸우며 일해 왔기 때문에, 생활 풍습 면에서 여자들에게는 이슬람 율법보다 튀르크족으로써 민족적 전통이 더 몸에 베여 있는 것이다.

라마단의 금식은 대다수의 사람들이 지키고 있으며, 부유한 남자들은 가능하면 메카를 순례하려고 한다. 이슬람 수피 지도자들의 영향력은 중앙아시아의 투르크멘인들과 우즈벡인들 사이에서 매우 강한데, 대부분의 투르크멘인들은 수피즘에 입각한 특별한 가르침을 줄 수 있는 영적 지도자의 인도를 받고 있다.

소련 시대에 이슬람은 정부의 통제를 받아왔다. 투르크메니스탄의 이슬람 역시 소련 정부와 당에 의해 제한적인 종교 활동을 인정받았다 이 제한 조건들은 공개된 장소에서의 기도와 금식을 하지 못하는 것 등을 포함했으며, 이 시기에 전 투르크메니스탄 내에는 5개의 모스크만이 존재 했었다. 이슬람은 당의 통제와 제약을 받아왔기 때문에, 투르크메니스탄 무슬림들의 대다수는 비공식적인 이슬람 운동, 즉 비합법적인 모스크들과 쿠란 학교를 운영하고 참여하였다. 소연방 당시에 중앙 정부로부터 임명되지 않은 많은 사제Mullah들이 있었다.

샤머니즘과 결합된 귀신들림과 초자연적인 현상은 일반적으로 평민들이나 배우지 못한 농부들에게서 흔히 발견된다. 마을마다 인도자가 있어서 제사를 주도하고, 치료자와 샤만과 마술사의 역할을 담당하고 있다. 주로, 그 사회에서 나이가 들었거나 존경을

마리사원

받고 있는 여자들이 영매가 되어 신비스러운 경험들과 중요한 문제 해결의 인도자가 된다. 마술, 부적, 주문들은 투르크멘인들 신앙의 하부에 깊숙이 존재하고 있으며, 불교, 조로아스터교와 같이 이슬람교 이전의 신앙적 뿌리로써 강한 세력을 형성하고 있다.

투르크멘 여자들은 특히 '악마의 눈'을 두려워하고 있는데, 이것은 여자들로 하여금 질병, 불임, 남편의 관심을 못 받게 하는 것 등 악한 세력으로 이해되고 있기 때문이다. 이러한 위협을 가라 앉히고자 여러 가지 주술과 제사들이 행해진다. 많은 일을 행하는 마술적 힘이 지방 성인들의 묘지나 제단에 있는 것으로 생각되어서, 그것과 접촉하거나 그 힘을 빼앗아 오게 되면 다른 사람들로부터 존경을 받고 불행이나 질병, 뜻밖의 재난을 이기는 영적인 힘을 얻는다고 그들은 믿고 있는 것이다.

대도시에 사는 젊은 투르크멘인들 가운데 구소련 공산 체제하에서 무신론의 강한 영향을 받아 그들의 종교를 버린 사람들을 많이 볼 수 있다. 1924년 이후에는 이런 분위기가 사회, 문화적으로도 반영되어 이슬람이 어떤 공식적인 힘을 발휘하지는 못했다. 투르크메니스탄의 모든 종교 활동은 타쉬켄트에 있는 중앙아시아 종교부의 통제를 받는데, 이 부처위원회는 우즈벡어를 공식어로 사용하고 있다.

4. 언어와 민족 구성

투르크멘어는 터키어, 아제리 튀르크어와 함께 오우즈어 계통인 남튀르크어에 속한다. 주요 부족별로 Ersary, Goklen, Salor, Saryk, Tekke, Yomut 등 여러 방언들로 나뉘어 있으며, 이란-우즈베키스탄 국경에도 Anauli, Khasarli, Nokhurli 등 몇 가지 부족 방언이 더 존재한다. 이들 부족들의 방언들은 현대어의 기초 형성에 중요한 역할을 하였다.

투르크멘어의 어휘들은 아랍어, 페르시아어, 러시아어에서 차용된 단어가 많으며, 그 자체적으로 발전한 것도 많다. 소련의 러시아어 확장 정책에도 불구하고, 투르크멘인들 중에 단지 1%만이 러시아어를 모어(母語)로 사용하며, 98.7%는 투르크멘어를 사용하여 왔다. 1929년까지 아랍문자, 1940년까지는 로마자를 사용했고 1940년 이래로 시릴문자를 써왔다.

투르크메니스탄의 민족 구성은 투르크멘인이 68.4%로 가장 많고, 러시아인, 우즈벡인, 카작인들의 순서로 이루어져 있다.[32]투르크멘인들은 튀르크족에 속하며, 역사 개요에서 보듯이 튀르크계 오우즈 부족에서 갈려져 나왔다. 이들의 민족의식은 20세기 초에 대두되기 시작했는데, 처음에는 투르크멘 지식인 계층에서 시작하여, 혁명 후 평민 계층에게 퍼져 나갔다. 그 후 소련 정부의 소수민족 억제 정책에도 불구하고 민족 감정은 더욱 강하여져서, 부족을 중심으로 한 민족주의 의식은 사회, 경제, 문화, 정치적 영역까지 영향을 미쳤고,

---

32) 이 밖에 투르크멘인들은 이란, 파키스탄, 아프가니스탄, 터키 등지에서 집단을 이루고 흩어져 살고 있다. 이들의 상황을 보면 다음과 같다.
이란내 투르크멘인들: 투르크멘인들은 이란 북부에 요무트, 고크럴등 두 주요 그룹을 형성하고 있다. 이들은 둘 다 시아파 무슬림들이며, 언어, 정치제도, 관습등이 약간씩 다르나 정착 농경민족이다. 유목민들은 오직 구소련 국경 지대에서만 거주하고 있다. 이들의 주요 작물은 면, 밀, 보리 등이며 현대화된 농장을 가지고 있다. 이들도 역시 구소련에서와 마찬가지로 민족성에 대한 위축과 억압을 경험해야 했다. 그러나 투르크멘인들 사이의 민족적 자각 정도는 그들의 언어만으로 된 방송을 하는 등 매우 높다고 보여진다. 또한 이란에서의 투르크멘 이슬람은 정통 이슬람에서 벗어난 모습들을 보여준다.
아프가니스탄, 파키스탄, 터키의 투르크멘인들: 이 지역의 투르크멘인들의 대다수는 반러시아 전쟁 후에 소련 지역에서 도피하여 온 사람들이다. 이들 중 일부는 난민 캠프에서 살고 있고, 파키스탄등의 도시에서 카페트나 담요를 팔고 있다. 아프가니스탄의 투르크멘 난민들은 유목생활에서 벗어나 반정착 농민들로 변화하였다. 이들은 소유된 땅이나 양이 없으며, 자주 옮겨 다니는 유랑 생활을 하고 있다.

특별히 인척 관계를 기반으로 하는 시골 지역과 협동 농장 콜호즈에서 깊게 자리를 잡았다. 이러한 부족 문화와 민족의식은 투르크메니스탄으로 하여금 러시아화되는 것을 거부하는 요인들이 되었다.

5. 수도 - 아쉬하바드Ashkabad

수도 아쉬하바드 전경

아쉬하바드Ashkabad는 투르크메니스탄의 수도로써 이 말은 ashk와 abad 두 단어의 합성어로 ask은 '사랑' abad는 '도시'의 뜻으로 '사랑의 도시'라는 의미를 가진다. 인구는 약 40만명 정도이며, 이란 국경으로부터 40km 떨어져 있고, 산맥의 작은 구릉에 위치하고 있다. 1919년까지는 아쉬하바드로 불렸고, 이후 1927년까지 뽈또라쯔코로 개칭하였다가 다시 아쉬하바드가 되었다. 이 곳의 여름 기후는 무더운 날씨가 계속되고 여름 한낮의 평균 기온은 35℃까지 올라간다.

마리지역의 산자르-조로아스터교 사원

이 지역은 본래 조로아스터교(배화교)를 숭배하는 아리안계의 정착 농경민이 살고 있었다. 실제로 유적지인 아나우에는 농업을 했던 자취들이 남아 있다. 7~8세기에 들어오면서 아랍-이슬람인들의 침입이 있었고, 후에 중앙아시아로부터 유목민 튀르크족들의 유입이 계속되었다. 이러한 영향으로 인해 얼마 되지 않아 이 곳은 튀르크어 사용 지역으로 변하게 되었다. 이 지역에서는 소련공산정부가 이 곳을 지배하기 전까지만 해도 고대부터 계속된 대상 무역과 노예 시장이 성행하였다.

Ⅳ. 키르기스스탄Kyrghyzstan

카자흐스탄

비쉬켁

우즈베키스탄

키르기스스탄

중국

타지키스탄

키르기스스탄 개황

국가설립: 1991. 12. 21	의 회: 양원제
국경일: 1991. 8. 31	수 상: A. Jumagulov
정치체제: 공화제(대통령중심제)	집권당: 사회민주당
원 수: A. Akaev	국 방: 90만

인 구	4,822,166 (2002년 7월)
연 령 분 포	0~14세: 34.4% (남 838,224/여 821,230), 15~64세: 59.4% (남 1,403,328/여 1,459,914), 65세 이상: 6.2% (남 113,861/여 185,609) (2002년)
인구성장률	1.45% (2002년)
유아사망률	1,000명당 75.92명 사망 (2002년)
평 균 수 명	63.56세; 여 67.98세, 남 59.35세 (2002년)
출 산 율	여성 1인당 3.16명 출산 (2002년)
종 족 집 단	키르기스인 52.4%, 러시아인 18%, 우즈벡인 12.9%, 우크라이나인 2.5%, 독일인 2.4%, 기타 11.8%
종 교	무슬림 75%, 러시아정교 20%, 기타 5%
언 어	키르기스어-공용어, 러시아어-공용어(2001년 12월 러시아어를 공용어로 채택)
문 맹 률	15세 이상 읽고 쓸 수 있는 인구비율: 97%; 남 99%, 여 96% (1989년)

총 GDP	구매력 – $13.5 billion (2001년)
GDP –실질성장률	5% (2001년)
1인당 국민소득	구매력 – $2,800 (2001년)
GDP–분포	농업: 38%, 공업: 27%, 서비스업: 35% (2000년)
빈 곤 층	55% (2001년)
소비자 가격지수	7% (2001년)
노 동 력	2백 7십만 명 (2000년)
노동력 분포	농업 55%, 공업 15%, 서비스업 30% (2000년)
실 업 률	7% (1999년)
예 산	수입: $207.4 million, 지출 $238.7 million (1999년)
주 요 산 업	경공업, 섬유, 식료품, 시멘트, 신발, sawn logs, 냉장고, 가구, 전기 모터, 금, 귀금속
산업 성장지수	6% (2000년)
전 기 생 산	14.677 billion kWh (2000년)
전기생산 분야	화학발전: 8%, 수력발전: 92% , 기타: 0% (2000년), 원자력 발전: 0%
전기 소비량	9.818 billion kWh (2000년)
전 력 수 출	4.153 billion kWh (2000년)
전 력 수 입	321 million kWh (2000년)
농업생산품	담배, 면화, 감자, 채소, 과일(포도 外)/양, 염소, 가축/모직
수 출	$475 million (f.o.b.)
주요 수출품	면화, 모직, 육류, 담배, 금, mercury, 우라늄, 수력전기, 기계, 신발
수출대상국	독일 28.7%, 우크라이나 17.7%, 러시아 12.9%, 중국 8.7%, 카자흐스탄 6.6% (2000년)
수 입	$420 million (f.o.b.)
주요 수입품	석유, 가스, 기계 장비, 식료품
수입 대상국	러시아 23.9%, 우크라이나 13.5%, 카자흐스탄 10.3%, 미국 9.7%, 터키 4.8% (2000년)
대 외 부 채	$1.6 billion (2001년)
차 관	$50 million 미국차관 (2001년)
화 폐	솜 som (KGS)
환 율	솜 som/USD – 47.972 (2002년 1월), 48.378 (2001년), 47.704 (2000년), 39.008 (1999년), 20.838 (1998년), 17.362 (1997년)

키르기스Kyrghyz, Qyrgyz라는 종족 이름은 BC 1세기경에 중국 역사서인 한서에 맨 처음 등장한다. 이 때에 키르기스인들은 알타이 산맥 북부 스텝에 거주하고 있었던 것으로 추정된다. 저명한 중국학자이며 선교사였던 프랑스인 펠리오P. Pelliot는 이들이 직접 중국인들과 접촉한 것이 아니고 몽골어 사용자들의 중개에 의해 접촉이 이루어졌다고 주장했다. AD 6~8세기 당나라 때에는 이들에 대한 보다 정확한 정보가 주어졌다. 즉 키르기스인들은 몽골리아 북부 예니세이 강 상류 아바칸Abakan 스텝과 코그멘Kogmen 산악지대에 거주하고 있었던 것이다. 중국 문서에 키르기스족은 초기에는 견곤(堅昆), 당 시대에는 결골(結骨)로 불리웠다.

유명한 튀르크 역사학자 바르톨드Barthold는 키르기스인들의 기원에 대해 말하면서 이들은 튀르크족이 아니라 우랄족 일파인 사모예드족이라고 주장했다. 즉, 그는 키르기스인들이 튀르크족화된 사모예드족이라는 것이다. 바르톨드의 견해는 튀르크 어학자 멩게스K. Menges에 의해서도 지지되었는데, 이러한 주장은 중국 문서에서 고대 키르기스인들은 붉은 머리와 파랑 눈을 가지고 있다는 기록에 근거한 것이다.

19세기말 튀르크 어학자 라들로프Radloff는 키르기스Qyrgyz의 어원은 qyrk '40'과 us '100'의 합성어라고 주장했다. 그러나 키르기스의 민간 어원론은 키르기스라는 말이 qyrk '40'과 qyz '소녀, 딸'이라는 말의 합성어임을 주장해 왔다. 이러한 민간어 원론은 그들의 조상이 40명의 딸들에서 유래한다고 믿는 전설에 기인한 것이다. 그러나, 실제로 키르기스라는 말은 qyrk '40'과 guz '텐트'라는 두 단어가 합성된 것이다. 이러한 어원적 해석은 과거 유목민 생활을 하던 시대에 40개의 텐트, 즉 40개 집안으로 형성된 무리가 모여 시작된 민족임을 암시한다.

유목민족인 키르기스인들은 수세기를 거쳐 예니세이 강 북부 바이칼 호의 서편의 그들의 거주지에서 내몰리면서 중앙아시아에 유입되게 되었다. 그들은 과거에 몽골족과 차카타이 민족, 칼묵인들에 의해 수차례 침범을 당하여 이리 밀리고 저리 밀리면서, 현재의 위치에 자리를 잡게 되었다. 러시아 공산혁명 이후에는 적어도 3십만 명의 키르기스인들이 중국 국경 쪽으로 내몰렸고, 중국혁명에 의해서 이들의 일부가 또다시 아프가니스탄으로 쫓겨가야 했다. 그

음식을 준비하는 키르기스 여인들

리고 아프가니스탄이 러시아의 영향권 아래 있게 되면서 그들은 다시 파키스탄과 터키 쪽으로 이동해야만 하게 되었다.

광대뼈가 튀어나오고 미간이 좁으며 큰 키에 검은 얼굴색, 작고 검거나 갈색의 눈을 가진 키르기스인들은 흥미롭게도 과거 중국 문서에는 '빨강 머리에 파란 눈을 가진 종족'으로 묘사되어 있다. 그러나 지금의 키르기스인은 외모로 보아도 곧 알 수 있을 정도로 인종적으로 몽골계 특징이 강한 튀르크족이다. 외견상으로 이들은 다른 무슬림 튀르크 민족들보다는 몽골인들과 더 가까우며 역사적으로도 몽골족과 밀접한 연관관계를 가지고 있다.

한편 카작인들은 키르기스인들을 '검은 키르기스인Qara Qyrgyz' 혹은 '거친 산 키르기스인Dikokamenny Qyrgyz'이라고 불렀으며, 후에 러시아인들도 카작인들의 관행을 따라 이들을 호칭했다. 오이라트족이나 청나라에서는 중가리아인Dzungarian Ölöt의 관행을 따라 '부루트Burut'라고 부르기도 했다.

키르기스인을 생각하면 텐(天山)과 파미르 알타이Pamir Altay라고 불려지는 높은 산맥을 떠올리게 되는데, 비록 키르기스스탄(키르기스탄) 인구의 85%가 1,500m이상의 고원지대에 거주하기는 하지만, 실제로 농업의 80%는 900m 아래에서 이루어지고 있다.

키르기스스탄에 약 254만명의 키르기스인들이 살고 있으며, 중국에는 약 2십만명이 살고 있다. 이 밖에 터키, 파키스탄, 아프가니스탄 등지에도 키르기스인들이 집단을 이루고 있다. 전체 키르기스인은 약 3백만 명으로 추정되고 있다. 키르기스스탄의 인구는 약 438만명인데 이 중 키르기스인의 비율은 40.5% 정도이다. 공화 국내의 다른 민족으로는 러시아인들이 30%, 우즈벡인들이 10.6%, 우크라이나인들이 6.6%를 차지하고 있다.

1. 역사적 배경

키르기스인들은 위에서 언급한 것처럼 기원전부터 예니세이 강 상류, 바이칼 호 서부에서 삼림 지대의 수렵민 집단으로 살았음이 중국 사서에 기록되어 있으며, 몽골어 키르쿤Kirkun에서 비롯된 견곤(堅坤)이란 이름으로 불려졌다. 키르기스란 이름은 AD 8세기 오르혼 비문에 처음 등장하고 있으며, 이 시기에 그들은 바이칼 호 서쪽 예니세이 강과 Kogmen의 북쪽, 사얀 산맥 등에서 살았으며 튀르크화되어 있었다. 이들은 9세기 초에 남쪽으로 이동하여 840년에 몽골리아의 튀르크계 제국인 위구르를 멸망시켰다. 키르기스족은 키타이Qara Khitay제국의 건설시기인 10세기에 지금의 몽골로 내몰렸고, 1218년에 몽골제국의 칭기즈칸에게 복속되어 몽골의 지배를 받았을 때, 대부분의 키르기스인들이 천산 산맥 쪽으로 이주하였다. 15세기 이후에 몽골계 오이라트족 및 서쪽의 튀르크계 카작인들과 접촉하게 되었으며, 1609년에는 카작인들의 지배를 받았다.

16세기 중에는 비교적 강성해져서 타바쿨 칸Tavakkul Khan의 영도 아래 타쉬켄트를 점령하기도 하였다. 이 시기에 키르기스는 세 구역으로 나뉘어졌는데, 그들 영토의 동쪽을 대(大)호르드Ulu Djuz, 서쪽을 소(小)호르드Kishi Djuz, 중심부는 중(中)호르드Orta Djuz로 분류하여 17세기 말에 이 구역이 확정되었다.

그러나 17~18세기 무렵에는 중가르 왕국의 지배를 받았고, 1760년대부터는 청나라에게 복속되어 주로 천산 산맥의 이슥쿨 호에서 타림 분지의 가장자리, 페르가나 동부 지역, 파미르 산지 등에 흩어져 거주하며 유목생활을 영위하였는데 국가 형태는 갖추지 못하였다. 한편, 페르가나 지역의 키르기스인들은 코칸드 칸국에게 정복되었다.

19세기에 들어와 러시아인들이 중앙아시아 키르기스인 거주 지역으로 진출하면서 긴장이 고조되었다. 이 시기에 키르기스의 통치자였던 케네사리 칸 Kenesari Khan은 매우 탁월한 지도자였는데, 키르기스인들은 그의 지도 아래 1842년부터 알라 타우Ala Tau 산맥에서 러시아군에 대항하여 싸웠으나, 결국 1860년대에 제정 러시아의 식민통치하에 들어가고 말았다. 1862년에는

실크로드의 이슥쿨호

지금의 수도인 비쉬켁가 러시아의 수비대 도시의 역할을 하게 되었고, 1868년
에는 러시아 보호령 안으로 키르기스 지역이 강제 병합되었다.

1869년에 키르기스인들은 반(反)러시아 반란을 일으켰는데, 이 반란은
1870년까지 계속되었다. 그 후 1876년에 키르기스인들은 완전히 러시아에게
종속되었고, 많은 사람들이 러시아 통치를 피해서 중국, 파미르, 아프가니스탄
쪽으로 이주하였다. 1916년에 중앙아시아 튀르크족들에 대한 러시아 정부의
강제 군대징집 시도가 계기가 되어 다시 중앙아시아 전역은 폭동의 땅으로 변
했는데, 이 때 수백만 명의 키르기스인들이 중국으로 이주하였다.

10월 공산 혁명 후 키르기스는 카자흐스탄에 속해 있었는데, 1918년 2월,
러시아 군인들이 코칸드를 약탈하고 수만 명의 남녀노소들을 죽임으로써 다시
한 번 그 지역의 키르기스 무슬림들에 대한 대학살 사건이 발발하였다. 이 시
기에 수많은 키르기스인들이 죽거나 다른 지역으로 이주하여 당시 이 지역에
서 키르기스인의 30%가 줄게 되었다. 한편, 이러한 핍박을 피해서 키르기스인
들의 일부가 북아프가니스탄 지역에 있는 세계의 지붕이라고 일컫는 파미르
고원으로 도피하기도 하였다.

키르기스는 1918년 4월 30일 러시아연방으로 편입되어 키르기스 사회주의
공화국이 되었다가, 1926년 2월 1일 키르기스 자치 사회주의공화국으로 재편

성되었다. 키르기스스탄은 1936년 12월 5일에 공식적으로 소비에트 연방에 가입하였다.

고르바초프 등장 이후 1989년에는 타지키스탄과 민족분규를 겪기도 하였다. 1991년 8월 공산 보수파 쿠데타 삼일천하가 끝난 이후 독립을 선언하였고, 국제정세의 변화에 따라 12월 21일에 독립국가연합에 가입하였다. 현재 키르기스스탄은 사회, 정치, 경제 등 다방면에서 개방정책을 추진하고 있으며 다른 중앙아시아 국가들에 비해 국민 대부분이 무슬림임에도 불구하고 종교적으로도 비교적 온화하고 개방적인 입장을 취하고 있다. 키르기스스탄은 같은 민족인 터키와 유대 관계를 깊이 하고 있는데, 중앙아시아국가들 중 미국의 정치 경제적 영향력이 가장 많은 국가로 알려져 있다. 미국은 중국, 러시아, 그리고 중앙아시아 이슬람 국가 등 3대 세력을 의식하면서 인구나 면적이 가장 작고 러시아인들의 인구 비중이 비교적 높은 키르기스스탄을 중동의 이스라엘과 같은 위치에서 미국의 위성국으로 발전시키려는 의도가 있는 것으로 알려지고 있다. 2001년 미국의 아프가니스탄 공격이후 미국은 키르기스스탄과의 외교 군사적 관계를 급진전시키고 있다. 아프가니스탄을 장악하고 우즈베키스탄에 미군을 주둔시킨 미국의 이러한 전략은 중앙아시아와 카프카스 지역에 대한 영향력을 확대하는 것과 동시에 중국을 포위함으로써 세계적 헤게모니를 구축하려는 의도로 보인다.

2. 기후 / 지형 / 지하자원 / 산업

키르기스스탄의 면적은 약 198,500㎢인데 이것은 구소련 영토의 약 1%에 불과한 것이다. 북쪽으로는 카자흐스탄, 서쪽으로는 우즈베키스탄, 남쪽으로는 타지키스탄과 남동쪽으로는 중국 위구르 자치구 신장성으로 둘러싸여 있다.

전 영토의 약 75%가 해발 1,500m이상인 고산지대로 천산(天山)과 북동 파미르 알타이 산맥이 자리하고 있다. 영내에는 많은 산이 있고 평지라고는 페르가나 분지 주변, 키르기스 산맥의 북쪽 기슭, 이시크쿨 호 연안과 좁고 긴 곡저 평야뿐이다. 산지는 천산 산계의 여러 험한 산맥을 중심으로 중국 국경과

러시아 건축양식의 영향을 받은 발레극장

가까운 동부에는 파베다 봉(7,439m), 한텡그리 봉(6,995m)이 솟아 있다.

기후는 매우 다양한 편이며 일반적으로 건조하다. 서부나 북서부의 산록에는 연평균 강수량이 800㎜, 곡지 분지에서는 200~300㎜정도로 적다.

농지는 광대한 산맥의 방목지(9,800만㏊)와 좁은 골짜기 바닥 경지로 구성된다. 곡저 평야나 분지는 매우 건조하기 때문에 농업 발전을 위해서는 관개용 수로의 건설이 무엇보다 시급한 상황이다.

키르기스스탄의 광산 자원은 풍부하다. 석탄, 금, 수은, 우라늄, 주석, 아연, 텅스텐 등을 상당량 보유하고 있으며, 비철금속 및 광물 수출은 총 수출의 1/3 이상을 차지하고 있고 구소련에서 안티몬과 수은의 주요 생산국이었다. 이 밖에 납 구리 플루오르 등도 풍부하며 건축 재료인 화강암, 대리석, 석회암, 이회토, 석고, 황토 등도 많이 생산된다. 그러나 석유와 가스는 대부분 여타 CIS공화국으로부터의 수입에 의존하고 있다. 수력 발전은 나린Naryn, 탈라스Talas, 추Chu 강을 따라서 이루어지고 있는데, 이들 강의 대규모 관개 시설을 바탕으로 훌륭한 목초지와 영농지를 형성하고 있다.

키르기스스탄의 포장 수력은 구소련의 제3위였고, 곳곳에 중소 규모의 수력 발전소가 건설되어 있다. 공업은 수도인 비쉬켁Bishkek와 오슈 등의 산록도시에 집중되어 있고, 전통적인 면직, 견직, 피혁가공 이외에도 소형 전동기, 농업 기계, 공장 기계 생산 등 근대산업도 활발히 이루어지고 있다. 비쉬켁-타쉬켄트-오쉬를 잇는 간선 철도나 항공로를 비롯하여, 인구 집중 지역들이 산맥으로 분단되어 있는 관계로 인해 산을 넘는 자동차도로도 주요한 수송로로 이용되고 있다.

또한 키르기스스탄은 산지의 목초지가 비교적 넓기 때문에 양의 이목(移牧) 혹은 방목(放牧)을 행하고 있는데, 소련에서의 양모 생산율은 제5위였고, 젖소와 야크, 염소, 말의 사육도 활발하다. 농작물로는 수수와 밀 이외에 추 강 유역의 사탕무와 케냐프(섬유작물), 페르가나 분지의 면화와 비단, 그리고 소련 생산량 제5위인 이슥쿨 호반의 양귀비 등이 특산물로 유명했다. 이러한 농림축산업은 1980년대 후반까지 안정적인 성장을 지속하면서 키르기스스탄의 경제성장을 주도해 왔으나, 1991년에는 구소련 해체에 따른 공급체계 혼란으로 생산량이 전년 대비 약 9%나 감소했다. 앞으로도 연료, 비료, 농기계, 부품 부족으로 감소 추세는 계속될 것으로 전망된다.

한편 토지개혁 정책의 일환으로 1992년 중반까지 470여 개의 국영 및 집단 농장 중 158개 농장이 민영화되었다.

3. 경제동향

1) 국내경제

키르기스스탄은 농업 위주의 취약한 산업구조로 인해 구소련이 해체되기 이전까지는 원유, 가스, 금속, 화학제품 등 산업물자 대부분을 구소련으로부터 공급받아 왔다. 1986~1990년 사이에는 농업 부문 등의 견실한 성장으로 연평균 4.8%의 안정적인 성장을 유지해 왔으나, 1991년 구소련의 해체에 따른 교역체제 붕괴로 산업물자 공급이 거의 중단되어 산업전반에 걸쳐 치명적인 타격을 받게 되었다. 이러한 경기 후퇴 국면이 가속화되는 가운데 1992년 8월에는 대지진이 발생, 농업 생산의 급감으로 약 19.1%의 마이너스 성장을 기록했으며 마이너스 성장은 이후에도 지속되었다. 더욱이 1994년에는 자국의 경제 안정화를 위해 중앙은행이 실시한 여신 긴축강화 및 기업간 미결제 대금누증 등으로 생산침체 현상은 더욱 심화되어 1월~10월까지 GDP가 전년 대비 26.8% 감소한 것으로 추정된다.

재정수지 면에서도 성장세를 보여 왔던 1987~1991년 중에는 소폭의 흑자를 기록하였으나, 소련이 붕괴된 이후 긴축재정에도 불구하고 소련 및 러시아로부터의 보조금 중단, 생산 침체에 따른 세수기반 축소, 비공식 경제활동 증가, 납세기피 현상 등으로 재정적자가 계속되고 있다. 사회주의 경제체제 하에서

안정세를 유지해 온 물가 또한 1991년 들어 일부 국영기업의 상품 가격이 자유화되면서 급등하기 시작하였으며, 특히 1992년 1월에는 가격 자유화 2단계 조치로 일부 품목을 제외한 대부분의 품목에 대해서도 가격통제가 철폐되면서 1월에만도 도매물가가 378%, 소매물가가 110% 상승하는 등 연평균 906%의 상승률을 보였다. 이러한 추세는 정부의 인플레 억제정책 실패와 러시아의 높은 인플레에 영향을 받아 1993년에도 급격한 상승률로 이어졌다. 그러나 1994년에는 중앙은행의 여신 긴축으로 물가상승세가 다소 둔화되었다.

소련이 해체되고 난 후에 키르기스 정부는 1992년 7월 IMF의 지시에 따라 포괄적인 경제개혁 전략Comprehensive Economic Reform Strategy 1992. 7~1995. 12을 실시하였다. 이 경제 개혁안에 의하면 처음 18개월 동안은 거시경제 안정에 중점을 두고, 다음 2년간은 구조개혁으로의 전환에 주력하게 되어 있다. 구조개혁의 주요 내용은 ①보조금 동결을 통한 가격의 완전 자유화 ②적자국영기업의 해산 ③비독점화 ④무역 및 외국인 투자의 확대 ⑤중앙은행의 독립성 확보 ⑥시장지향적인 통화정책수단 도입 등이다. 또한 키르기스스탄의 정부는 군수산업과 행정조직의 자산을 제외하고 국가 자산의 2/3를 1992년까지 민영화하고 나머지 1/3은 1995년까지 민영화할 계획을 가지고 있다. 그러나 강력한 예산통제 실패, 가격자유화에 대한 국민들의 저항, 1993년 12월 정부 교체에 따른 개혁파 각료의 퇴진 등으로 인해 개혁정책 추진은 실질적인 성과가 없었다.

1994년 9월 15일에는 키르기스스탄의 아카예프 대통령이 ①개인 업종에 대한 재정지원 ②조세제도 단순화 ③임금 및 연금적기지급 등을 주요 내용으로 하는 13개항의 포고령을 발표하였으며, 농업부문 활성화를 위하여 토지 사유화를 강력히 추진할 것을 천명하기도 하였다.

2) 국외경제

키르기스스탄은 여타 CIS공화국에 비해 소련에 대한 교역 의존도가 매우 높은 나라로서 소련과의 교역비중은 1990년 기준으로 수출이 98%, 수입이 73%를 차지한 바 있다. 키르기스의 주요 수출 품목은 금, 수은, 농산물(담배 精製糖), 모직물, 전기, 전자제품 등이며 수입 품목은 석유, 가스, 기계류, 금속제품, 화학제품 및 식료품 등이다.

키르기스스탄의 무역수지는 1990년까지 만성적인 적자를 벗어나지 못했다. 그러나 1991년, 가격자유화 조치에 따른 급속한 물가상승으로 국내 가격 기준의 공화국간의 교역액이 대폭 증가하였으나 정부의 긴축재정 및 구소련 내 교역체제 붕괴로 수입이 대폭 감소하여 결과적으로 무역수지 흑자를 기록하게 되었으며, 공화국 외 교역도 경기 침체로 수입이 대폭 감소하여 적자폭은 오히려 전년대비 1/3로 축소하였다.

한편 소련의 붕괴로 인해 공화국간의 대금결제 시스템이 와해되고, 에너지 수입가격이 급등함에 따라 미결제 대금이 지속적으로 증가하여 1993년 후반부터는 채권국들이 총 660루블(약 65백만 달러)에 달하는 무역 연체금 지급을 요구하기 시작했다. 이에 대해 키르기스는 러시아와 7년간 채무 연기, 카자흐스탄과는 5년 간 채무연기에 합의하였다. 1993년 상반기 중 공화국간 무역적자는 204백만 Som(51백만 달러 또는 408억 루블)로 추정된다.

키르기스스탄의 화폐는 현재 독자통화인 Som화(93년 5월 실시, U$1=4Som)를 사용한다. Som화는 물가급등으로 그 가치가 지속적으로 하락하였으나 94년 6월 이후 인플레의 둔화 및 중앙은행의 외환시장 개입에 힘입어 Som화의 실질 환율은 하락세를 나타냈다.

화폐 \ 시기	93. 5. 10	94. 2. 23	5. 25	6. 29	7. 29	9. 9
Som/U$ 1	4	10.8	12.3	1.3	10.2	10.8

(시기별 som 화의 실질 환율)

그밖에 키르기스스탄은 1994년 7월 20일 IMF로부터 104백만 달러의 확대구조조정차관ESAF을 승인 받았고, 이를 계기로 그동안 부진하였던 세계은행의 각종 연성(軟性)차관과 IDA 및 선진국 정부로부터의 양허성 차관 도입이 적극 추진될 것으로 전망된다. 독일 정부도 ESAF와 연계하여 키르기스스탄에 독일 마르크를 공여할 계획을 가지고 있으며, EBRD는 신설 키르기스 국영 전화통신회사에 대해 달러의 차관을, IDA는 전화통신 시설 현대화 프로젝트에 협조

융자분 1억 8백만 달러를 공여할 계획을 가지고 있다.

3) 외국인 투자환경

키르기스스탄 정부는 1994년 9월 5일 대통령령에 의거하여 외국인 투자자에게 경화에 의한 투자 원금 및 과실공금을 보장하고 있으며, 대외경제활동 기본법에 따른 국유화 금지, 국가공무원에 의한 피해보상 규정 등을 통해 외국인 투자자산을 보호하고 있다. 뿐만 아니라 키르기스 정부는 외국인 투자자에 대한 조세감면 등 인센티브 제도도 점차 폐지하여 외국인 투자자가 국내 투자자와 동등한 여건 속에서 경제활동을 할 수 있도록 보장하려고 준비 중이다. 한편 키르기스탄 정부는 1992년 2월 국내 공급이 부족한 상품에 대한 수출을 통제하기 위해 '수출입 허가 관련 잠정위원회Interim Committee on Licenses'를 설치, 공화국간 거래를 포함한 대외 거래에 대한 허가를 담당토록 하였다.

금융기관으로는 중앙은행인 키르기스 국립은행National Bank of Kyrgyz-stan: NBK과 저축은행Savings Bank과 구(舊) 전문국영은행이 합작하여 상업은행으로 전환한 3개 Agroprombank, Promstroibank, Zhilsotsbank의 은행 및 6개의 신설 상업은행 등 11개 은행이 있다. 3개의 합작 상업은행은 기업에 대한 여(與)·수신(受信)을 전담하고 있으며, 전체 대출의 95%, 기업과 공공부문 저축의 90%를 차지하고 있다. 금리수준은 중앙은행의 재할인율이 12%, 재할인율을 제외한 모든 은행의 금리는 해당 은행의 조달금리에서 3%를 초과하지 않는 범위 내에서 완전 자유화되었다.

외국인 투자자에 대한 조세는 1992년 세제개혁으로 기존의 판매세와 영업세를 폐지하는 대신 부가가치세와 소비세를 도입하여 현재 조세제도는 기존의 이윤세, 소득세, 토지세와 함께 5종류로 되어 있으며 전체의 95%를 차지하고 있다. 여기서 부가가치세의 세율은 28%(단일세율)이며, 대회 거래 품목 및 운송, 주책, 보험, 금융, 우편, 교육, 관광(카지노, 경마 등) 등을 제외한 모든 부문에 적용된다. 소비세는 술, 담배, 카페트, 피혁 등 9개의 소비재에 부과되며, 세율은 품목에 따라 다르다. 그리고 기업의 이윤세율은 35%로 단일화되어 있으며, 1994년 9년 5일 대통령령에 의해 외국인 기업 및 합작법인에 대해 5%의 외화이윤 송금세를 면제하고 있다.

키르기스스탄의 총 발전 능력은 1989년말 기준으로 151억 kwh로 수력발전의 개발 잠재력이 높은 편이며, 현재 우즈베키스탄, 카자흐스탄, 중국 등에 연간 3,000kwh의 전기를 공급하고 있다. 주요 운송 수단은 항공과 도로이며, 도로의 총 연장은 19,100㎞(88.5% 포장)로 중앙아시아 5개국 중 가장 양호하나 철도는 372㎞로 가장 불량한 상태이다. 국내외 항공편은 1992년 말 이후 연료 및 부품 부족으로 운행이 불규칙한 실정이다.

4. 종교와 문화

전통적인 유목민족이었던 키르기스인들은 그들의 생활에 적합한 문화를 발달시켜 왔다. 그들의 주거는 다른 중앙아시아 유목민족들과 같이 이동이 용이한 둥근 지붕을 가진 텐트인 유르트yurt였다. 유르트는 방이 하나로 되어 있어서 보통 한 가족당 2~3개의 유르트를 가진다. 부인과 첩들은 중앙의 남자 텐트 둘레의 텐트에 살도록 되어 있다. 부족장의 친척들은 그의 주변에서 살게 되며, 중심에 위치한 족장의 텐트로부터 멀어질수록 지위가 낮음을 의미한다.

텐트를 만들고 세우고 철거하는 일은 여자들의 몫이며, 겨울에는 모든 일족들이 함께 모여서 거주하게 되고, 여름에는 높은 산에 올라가 텐트를 줄지어 짓고 거주하면서 목초지를 이용한다.

곡식은 항상 부족한 편이라서 간 야크 고기로 만든 미트볼과 거친 양고기 가죽으로 만든 고기 수프, 신선하나 씹기가 어려운 국수인 아쉬 등이 주식이다. 이들이 가장 좋아하는 음식은 쿠르트Qurut라는 것인데, 이것은 거의 돌같이 딱딱한 버터 밀크로 만들어진 것이다. 또 말젖을 5배로 희석시켜 발효시킨 쿠무스가 있고, 난이라는 큰 빵, 네모지게 자른 양고기인 크루타크, 건빵 비슷한 보르소크 등의 음식이 있다.

키르기스인들의 풍부한 구전문학 전통은 그들 문화생활의 근간을 이루고 있는데, 음유시인들이 민속전설, 영웅전, 신화 등과 같은 시적 이야기들, 즉 마나스Manas가 전승되고 있다. 마나스 중에서 어떤 것은 사십만행 이상으로 이루어진 전통 서사시도 있으며, 이러한 서사시 60여개 정도의 의역이 있으나 끝

작은 마을 입구에 있는 모스크

까지 해석한 사람은 아무도 없다. 마나스의 내용들은 단순히 매일의 삶의 문제나 풍경을 묘사한 즉흥적인 노래들이 일반적이나, 이렇듯 서사시적인 것도 많아 키르기스의 전통 문학을 풍요롭게 해주고 있다.

또한 키르기스인들은 이같이 즉흥적이며 시적인 노래를 통하여 병고침을 바라거나, 비를 내려 주기를 바라는 등의 애니미즘 내지는 샤머니즘적인 종교적 신앙을 표출하기도 한다. 즉흥시의 예술은 널리 퍼져 있어서 때때로 길에서 만났을 경우조차도 노래로 인사를 주고받으며, 유명한 음유시인 즉, 아큰Akyn 혹은 아쉬크Ashyk인 경우에는 초대받은 자리에서 즉석으로 작사와 작곡을 하여 노래를 부르는 것이 요청되기도 한다. 생존하는 알려진 문학가로는 칭기스 아이트마토베Chingiz Ait-matove가 있다.

음악을 사랑하는 키르기스인들은 많은 악기를 사용하고 있는데 이것들은 대부분 종교 의식 때 많이 사용된다. 이 중 몇 가지를 소개하면 다음과 같다.

① 코무스Komuz: 줄받이가 없는 세 줄을 가진 현악기로 자작나무, 호도나무 등 과일나무로 만든다. 이들의 악기에 대한 태도는 다음 말에 잘 나타나 있다.

"악기를 만드는 사람이 나무를 사랑하고 느낄 때만 악기는 노래하게 된다"

② 초오르Cho'or: 부는 악기로써 3~4개의 손 구멍을 가지고 있으며 입술의 끝 쪽에 악기를 대고 연주한다.

③ 사르바스나이Sarbasnai: 금속으로 만든 일종의 플룻으로 구멍이 5개이고 길이는 약 600㎜정도이다.

④ 크악Kyak: 속이 비어 있는 몸체를 가진 두 줄의 현악기로 활 모양이고, 말의 갈기 털로 된 활로 연주한다.

⑤ 테미르 코무스Temir-Komuz: 하프 형태이며 철로 만들어졌고, 아이들이 좋아하는 악기이다.

키르기스인들은 일반적으로 기술적으로 말하고 이야기 듣는 것을 좋아한다. 이러한 경향은 음유시인들에게 잘 반영되어 나타나는데, 음유시인들은 이야기를 하면서 표현에 공교한 변화를 줌으로써 청취자들에게 감동을 주려고 애쓴다. 그의 이야기를 듣고 있는 청중들은 숨을 죽이고 이야기에 심취하게 된다. 그들은 머리를 고정시킨 채 어깨를 마주 대고 눈을 빛내면서 단어 하나하나를 음미하는데, 특별히 위트 있는 대목이 나오면 박수를 치며 좋아한다.

키르기스인들은 "손님은 신의 선물, 오랫동안 머물러도 많은 것을 얻을 수 있다"라는 속담 외에 손님을 접대하는 것과 관련된 많은 잠언들을 가지고 있으며, 이 지역의 사람들은 사람 사이의 관계와 교제를 매우 중요하게 생각하고 있다. 그들은 손님을 만났을 때 악수를 하는데, 오른손으로만 했을 경우에는 사악한 마음이 없음을, 양손으로 했을 경우에는 서로의 정이 깊음을 표현한다.

손님에게 차를 대접할 때는 대부분의 중앙아시아 튀르크계 민족들이 그러하듯이 뜨겁게 마실 수 있도록 조금씩, 찻잔이 빌 때를 기다렸다가 따라 주는 등 극진히 접대한다.

한편, 원래 샤머니즘적 신앙을 가지고 있던 키르기스인들은 17세기 중엽 무함마드의 추종자들이 대거 거주하던 카슈가르와 페르가나 지역으로 쫓겨 내려가 이주하면서 그들과의 접촉을 통해 이슬람을 알게 되었다. 그 후 키르기스인들은 17~18세기에 중앙아시아 전역에 널리 번창하던 수피즘 운동을 통해 대거 집단적으로 이슬람화 되었으며, 19세기에 들어서면서 코칸드 칸국의 영향 아래 비로소 무슬림 집단으로써 그 기세를 떨치기 시작하였다. 현재 그들은 자신들을 모두 무슬림이라고 생각하고 있으며 — 실제로 그들의 삶이 이슬람법을 따라 살지 않는다 하더라도 — 대개 수니파에 속해 있다.

그러나 오랜 기간 무신론의 공산 통치 체제하에 있던 키르기스인들은 대부분 자신들이 열심히 고백하는 무슬림 신앙의 기본도 알지 못하고 단지 형식적이며 집단적인 신앙 형태를 따르고 있을 뿐이다. 이들 사이에는 오히려 정통 이슬람의 모습은 쇠퇴하고 자신들의 전통적 샤머니즘과 결합된 정령주의적인 민속 이슬람folk islam이 발달해 있다.

민속 이슬람이 강한 키르기스인들은 이슬람 규율에도 없는 조상 숭배 신앙

홍차를 타주는 여인

을 가지고 있으며, 귀신에게 사로 잡힐 것에 대한 영적 불안감이 민간에 지배적이다. 따라서 이들은 공산주의 무신론 주입 교육에도 불구하고 영적 두려움을 없애기 위한 주술과 굿 등 무속적 행위를 계속하고 있는 것이다.

중앙아시아의 다른 튀르크계 민족들처럼, 키르기스인들에게 있어서도 이슬람 신앙의 중요한 표현은 '성지 순례'이다. 고대 정착 지역이었던 오쉬Osh[33]는 중앙아시아 이슬람 세계에서 최초의 인간 아담이 정착했었다는 지역으로 알려져 있다. 이 지역은 수피 무슬림들의 순례 장소이며, 도시 서쪽의 언덕에 자리한 술레이만의 왕좌Taht-i Suleyman 때문에 메카 다음으로 유명한 곳이 되었다.

키르기스스탄은 우즈베키스탄이나 타지키스탄에 비해 이슬람의 정도가 약하며, 구세대들 중에는 신실한 사람들도 있으나 젊은 세대들은 단지 종교에 대한 어떤 존경심만을 가지고 있을 뿐이다. 구소련 붕괴 이후 종교적 자유가 부여되면서, 전에는 젊은 세대가 이슬람 사원을 방문하는 것이 드물었지만 점점 더 많은 사람들이 모스크를 방문하고 있으며, 새 모스크들이 세워지고 있다. 그러나 비쉬켁에서 모스크를 방문하는 사람들의 대다수는 전통적으로 이슬람이 강한 튀르크계 위구르인들이며 키르기스인들은 아직 소수이다.

수도인 비쉬켁에는 현재 키르기스어로 방영되는 30분내지 1시간 정도의 이슬람 라디오 방송이 있으며, 쿠란이 키르기스어로 번역되어 인쇄 중이다. 키르기스스탄에서 대부분의 이슬람 학자들은 이슬람 율법에 대해 제대로 이해하

---

33) 오쉬Osh 또는 Oz는 세계 고대 정착 지역 중의 하나로 페르가나 골짜기에 위치하며 행정적으로 중요한 도시이다. 악부라Akbura 강에 인접한 해발고도 1,000m의 도시이다. 13세기 몽골에 의해 파괴되었다가 200년 후에 재건되었다. 인도에서 중국으로 가는 중요한 무역 통로였고 오늘날 비단과 면화 산업으로 유명하다. 페르가나 골짜기 전체는 안티몬, 수은 등 지하 자원이 많다. 오쉬는 파미르 고속도로의 시작 지점이 된다. 오쉬는 특히 수피 무슬림들의 순례 장소로 유명한데, 도시 서쪽 언덕에 위치한 술레이만 왕좌Taht-i Suleyman 때문에 이슬람 순례지로써 메카 다음으로 인기가 높다.

지 못하고 있으며, 정식
이슬람 교육을 받은 승려
는 거의 없다. 이들은 대
부분 종교적인 사항에 대
해서 우즈베키스탄 수도
타쉬켄트에 있는 이슬람
종교 지도부의 지시를 따
라 행하고 있다.

키르키스의 행상들

5. 언어와 민족 구성

키르기스어는 튀르크계 언어로써 카작어, 노가이어, 타타르어 등과 같이 튀르크어의 서부 그룹에 속한다. 키르기스어는 북, 남서, 남동 등 세 가지 방언으로 구분되는데, 북쪽 방언이 표준어로 사용되고 있으며, 국경을 맞대고 있는 카작어와 대단히 유사하다.

1927년부터 로마자를 채용 문자로 사용하다가 소연방에 병합되면서 1939년부터 시릴문자로 바뀌게 되었다. 현재는 시릴문자를 계속 사용하자는 의견과 터키에서 사용하는 것과 같은 모델로 로마자를 사용하자는 의견이 팽팽히 대립되어 있다.

키르기스어는 몽골어, 이란어, 아랍어, 러시아어로부터 차용된 단어들을 많이 가지고 있다. 소연방 체제하에서 키르기스어는 러시아어와 함께 키르기스탄의 공식어로 사용되어 왔다. 초등학교 교육 때는 어느 언어로 교육해도 상관이 없으나, 그 이후의 교육은 반드시 러시아어로 하도록 되어 있었다. 현재 대부분의 중앙아시아 신생 독립 국가들의 경우처럼, 대학 교육은 여전히 러시아어를 사용하고 있으며 키르기스어를 단독으로 사용하는 대학은 아직 없다. 그 이유는 아직 대학 교재와 학술지, 논문 등이 대부분 러시아어로 되어 있기 때문이다. 그러나 조만간 국가가 정비되면 키르기스어를 단독 교육 언어로 하는 조치가 내려질 것으로 보인다. 소연방 해체를 전후하여 전국적으로 민족주의가 강조되면서 공식어로 러시아어 사용을 하지 않고, 민족 언어인 키르기스어만을 사용해야 한다는 분위기가 팽배해지고 있다.

키르기스탄의 민족구성은 키르기스인 40.5%, 러시아인 30%, 우즈벡인 10.6%, 우크라이나인 6.6%로 이루어져 있다.

중앙아시아의 다른 국가들에서와 마찬가지로 이들의 민족주의는 그들의 공통 문화 요소인 이슬람 강화 형태로 나타나고 있다. 왜냐하면, 사실 이들의 신앙은 다분히 형식적인 것이나, 자신들의 민족적 정체성을 이슬람에서 찾으려고 하고 있기 때문이다. "당신은 왜 자신을 무슬림이라고 생각하는가?"라는 질문을 받는다면 대부분의 중앙아시아 튀르크인들의 경우처럼 이렇게 대답할 것이다: "왜냐하면 나는 키르기스인이기 때문이다."

6. 수도 - 비쉬켁Bishkek

키르기스탄의 수도 비쉬켁의 뜻에 대한 설은 여러 가지나 가장 유력한 것은 이 단어가 bish와 kek의 합성어라는 설이다. Bish는 튀르크어로 '다섯'을 의미하며 kek은 '도시'를 의미하는 원형 kent에서 /n/이 탈락한 것이다. 즉 비쉬켁의 뜻은 '다섯 도시'이다.

비쉬켁의 인구는 1989년 최근 인구조사에 따르면 61만 6천여명이다. 추강 왼편, 키르기스 산맥의 북쪽 경사면의 비옥한 분지에 위치해 있다. 옛날부터 스텝으로의 중계지여서 취락이 발달했지만 이 도시의 직접적인 전신은 19세기 말 러시아가 건설한 피쉬펙 성채로, 1897년의 인구는 고작 7천명에 지나지 않았다. 비쉬켁은 교통과 교역의 중심지여서 1939년 소비에트 연방의 독립국으로 키르기스스탄이 승격되면서 수도로 결정되었다.

혁명 후인 1926년에 이 지방에서 태어난 적군(亦軍)의 미하엘 프룬제 장군을 기념하여 도시명을 '푸룬제'라고 바꾸었다가 1991년 2월 6일 옛 이름 비쉬켁으로 복원할 것을 결정하였다. 이 지방의 정치, 경제적 중심지로 석유, 식품, 피혁, 구두, 직물(양모, 면), 기계 제조(농기구, 전기 등)등의 공업이 발달했으며, 종합대학 등이 세워진 근대 도시로 발전하였다.

Ⅴ. 타지키스탄Tajikistan

타지키스탄 개황

국가설립: 1991. 12. 21	의 회: 최고회의
독립기념일: 1991. 9. 9	수 상: Y. Azimov
정치체제: 공화제(대통령제)	집권당: 인민당
원 수: E. Rahmonov	국제기구가입: UN, CIS, OSCE

인 구	6,719,567 (2002년 7월)
연 령 분 포	0~14세: 40.4% (남 1,370,314/여 1,346,465), 15~64세: 54.9% (남 1,835,573/여 1,854,677), 65 이상: 4.7% (남 136,033/여 176,505) (2002년)
인구성장률	2.12% (2002년)
유아사망률	1,000명당 114.77명 사망 (2002년)
평 균 수 명	64.28세: 여 67.46세, 남 61.24세 (2002년)
출 산 율	여성 1인당 4.23명 출산 (2002년)
종 족 집 단	타직인 64.9%, 우즈벡인 25%, 러시아인 3.5%, 기타 6.6%
종 교	수니파 이슬람 85%, 시아파 이슬람 5%
언 어	타직어 (공용어), 러시아어
문 맹 률	15세 이상 읽고 쓸 수 있는 인구비율: 전체 98%; 남 99%, 여 97% (1989년)

총 GDP	구매력 – $7.5 billion (2001년)
GDP-실질성장률	8% (2001년)
1인당 국민소득	구매력 – $1,140 (2001년)
GDP 분포	농업: 19%, 공업: 25%, 서비스업: 56% (2000년)
빈 곤 층	80% (2001년)
소비자 가격지수	33% (2001년)
노 동 력	3백 십만 8천 7백명 (2000년)
노동력 분포	농업 67%, 공업 8%, 서비스업 25% (2000년)
실 업 율	20% (2001년)
예 산	수입: $146 million: 지출 $196 million (2000년)
산 업	알루미늄, zinc, 납, 화학, 시멘트, 식용류, 석유, 금속절단기, 냉장고
산업 성장지수	10% (2000년)
농 산 품	면화, 곡물, 과일, 포도, 채소, 가축, 양, 염소
수 출	$640 million (f.o.b.)
수 출 품	알루미늄, 전기, 면화, 과일, 식용류, 섬유
주요 수출국	유럽 43%, 러시아 30%, 우즈베키스탄 13% (2000년)
수 입	$700 million (f.o.b.)
수 입 품	전기, 석유제품, aluminum oxide, 기계 장비, 식료품
대 외 부 채	$1.23 billion (2000년)
차 관	6천 7십만불/미국차관 (2001년)
화 폐	소모니 somoni
환 율	소모니 somoni/ USD – 2.55 (2002년 1월), 2.2 (2001년 1월), 1550 (2000년 1월), 998 (1999년 1월), 350 (1997년 1월), 284 (1996년 1월)

후잔의 방직 공장

타직Tajik이라는 종족명은 처음에는 AD 8세기에 페르시아 사람들에 의해서, 후에는 튀르크(돌궐), 중국 사람들에 의해서 아랍Arab인을 지칭하는 말로 사용되었다. Tajik 혹은 Tadzhik의 원형은 tazik이었으며 튀르크어에는 tezik 혹은 täjik 형태로 표기되었다. Tazik은 아랍의 한 부족인 Tay의 변형이다. 한편 아랍인을 지칭하는 말로 Arab이 8세기 오르혼Orkhon 돌궐 비문에 나타나는데 예니세이Yenisey 돌궐 비문에는 아랍인을 지칭하는 말로 tözik이 사용되었다. 그러나 AD 8~11세기에는 타직가 아랍인을 지칭하기보다는 이슬람 종교를 신봉하는 무슬림을 지칭하는 말로 보편적으로 사용되었다. 이러한 과정 속에서 타직는 중앙아시아에 거주하는 이슬람 개종자 이란인을 지칭하기에 이르렀다. 티무르가 중앙아시아를 지배하던 14세기에 타직은 중앙아시아의 이란계 무슬림을 지칭하는 말로 정착되었다. 지금은 타지키스탄를 중심으로 중앙아시아와 아프가니스탄에 살며 페르시아어를 사용하는 사람을 지칭한다.

현재 타직인은 타지키스탄의 2백 4십만 명을 포함해서 구소련에 약 3백 2만 명 가량이 있으며, 아프가니스탄에 약 3백만 명으로 아프간 인구의 약 1/5을 차지하고 있다. 또한, 중국 위구르 자치구 신장성에 약 3만 2천명의 타직인들이 소수민족으로 거주하고 있다.

1. 역사적 배경

중앙아시아에 아직 정착문화가 형성되지 않았던 시기인 BC 2세기경에 페르시아계 타직Tajik, Tadzhik인들은 유라시아 고원에서부터 중앙아시아로 이동하여 이란 고원으로부터 카스피해, 그리고 중국 변경까지 널리 분포되어 거주하였으며 중앙아시아의 정착문화를 주도해 왔다. 그들은 일찍이 진흙과 돌로 편평한 지붕으로 된 집을 짓고 농토를 개간하여 밀, 보리, 기장 등 농작물과 멜론을 중심으로 한 다양한 과일을 재배했다.

소그디아, 호라산, 박트리아의 오아시스 지방에서 독자적인 정착 문화를 형성한 타직인들은 일찍부터 중국, 인도, 페르시아를 연결하는 국제무역의 중심지 역할을 해 왔었다. 그러나 끊임없이 이동해 온 튀르크계 부족들로 인해 타지키스탄Tajikistan, Tadzhistan과 주변에 거주하던 타직인들의 문화는 튀르크화되었다. 하지만 그들의 언어는 계속하여 유지해 왔다.

AD 7~8세기 아랍 이슬람군이 중앙아시아에 진출하여 이 지역을 점령되게 되자, 페르시아계 토착 주민들인 타직인들은 이슬람으로 개종하게 되었고, 중앙 아시아의 튀르크인들이 이들을 '타직Tajik'이라고 부르면서 이들도 튀르크인들에 대하여 자신들을 구별하여 그렇게 부르기 시작했다.

그들의 언어인 타직어는 9세기경에 시작한 트랜스카프카스와 호라산 지방에서 전개된 페르시아 문화 부흥 운동 가운데에서 발달한 페르시아계 방언으로, 이란에서 발전한 근세 페르시아어와 함께 페르시아 문학에 있어서 중요한 언어가 되었다.

16세기 이후 튀르크계 우즈벡족이 침입하면서 트랜스카프카스 지방의 튀르크화가 진행되자, 타직은 이란을 중심으로 한 페르시아 문화권에서 소외되었으며, 이슬람의 종파도 시아파에서 수니파로 변하게 되어 이란과의 관계는 더욱 소원해지고 말았다.

15세기부터 18세기까지 타직인들은 우즈벡인들의 부하라 칸국의 지배를 받았는데, 이 시기에 타직어는 부하라 칸국의 공용어로 쓰였다. 이 시기에 아프간인들이 아무다르야 강 남부 지방을 장악하게 되어 타직인들은 정치적으로 크게 두 집단으로 분리되었다. 1860년대에 타지키스탄 대부분의 영토를 러시아제국이 통치하게 되었으며, 1917년 공산 혁명 후에 타지키스탄은 튀르키스탄 자치국과 부하라 인민사회국으로 양분되었다. 그러나 1924년에 이 두 타직 집단이 통합되어 새로운 타직자치국이 탄생해 우즈벡공화국에 속해 있었다가, 1929년에 독립하여 소련 연방에 가입하게 되었다.

2. 기후 / 지형 / 자원 / 산업

약 5백 12만 정도로 적은 인구를 가진 타지키스탄의 면적은 143,000km²이며, 국토의 90%를 세계의 지붕이라 불리는 파미르 고원이 차지하고 있고, 남쪽으로는 아프가니스탄, 동쪽으로는 중국, 북쪽으로는 키르기스스탄과 우즈베키스탄에 접해 있다. 또한 넓게 펼쳐진 페르가나 분지와 북서부와 중부의 튀르키스탄 제라프샨, 기사르, 아라이 등 여러 산맥들이 있다. 그리고 남부 파미르 고원에는 최고봉인 콤니즘 봉과 레닌 봉이 솟아 있다. 남서부는 대륙성 기후로 건조하고 사막과 스텝, 산악 지역이 많아 급사면과 방목지, 모래땅으로 이루어져 있다.

타지키스탄의 기후는 대륙성 기후로써 건조하고 기온의 연교차가 커서 겨울은 최저 -60℃, 여름은 최고 45℃에 이르고 있다.

이 곳에는 석탄과 천연가스가 많이 나며 텅스텐, 주석, 아연, 납, 우라늄, 바위수정, 금 등도 풍부하다. 소련 연방에 소속된 후부터 제철, 수력발전 등 공업이 발달하여, 박크쉬Vakhsh 강의 발전소에서 나오는 값싼 전기로 알루미늄(구소련 전체 생산량의 15%), 전기화학 공장 등을 가동하고 있다. 타지키스탄의 광공업인구는 1991년 기준으로 NMP의 30.6%, 총고용의 13.5%를 차지하며 여타 공화국에 비해 국영기업의 비중(98%)이 높은 편이다. 광공업은 1986~1990년 중 연평균 8.1%의 높은 성장을 지속해 왔으나 1991년 중에는 기후 불순에 따른 농업관련 가공 산업의 생산 감소와 내전 확대에 따른 가동률 저하로 전년대비 2.9%의 마이너스 성장을 나타냈다.

타지키스탄의 농업인구는 1991년 기준으로 NMP의 44%, 총고용인구의 43%로 타지키스탄의 경제를 주도하고 있으나 농촌에서의 급속한 인구증가로 경작지 및 수자원 부족이 심화되고 있다. 양모, 면, 실크 직물업 등이 발달했고, 우즈베키스탄과 투르크메니스탄 다음으로 면화의 생산량이 많다. 섬유기계 공장과 비단 공장, 양탄자 공장 등이 있으며, 면화 가공 및 통조림 생산 공장 등이 발달하였다. 감자, 야채, 포도를 중심으로 한 농업도 발달하였고 양, 야크 등의 사육도 활발하다.

3. 경제동향

1) 국내경제

타지키스탄은 농업 및 구소련연방정부로부터의 이전 수입에 대한 경제 의존도가 매우 높았던 나라로써 구소련공화국 중에서도 1인당 국민소득이 가장 낮은 최빈국에 속한다. 특히 높은 실업률은 1980년대말 고르바초프 전 소련대통령의 개방과 개혁 정책 이전부터 타지키스탄 경제의 가장 심각한 문제로 지적되어 왔다. 1985~1990년 사이에는 연평균 2.8%의 경제성장을 기록하기도 했으나 높은 인구 증가율(연평균 2.93%) 때문에 1인당 국민소득은 오히려 감소하여 마이너스 성장을 지속해 왔다. 통계에 따르면 1991년에는 구소련 해체에 따른 이전 수입 감소 및 공화국간 교역체계 붕괴로 8.7%의 마이너스 성장을 기록했고, 1992년에는 내전이 본격화되면서 경제 침체가 가속화되어 30%의 대폭적인 마이너스 성장을 기록했다. 또한 1993년에는 예기치 않은 홍수로 인해 주요 농작물인 면화생산이 큰 타격을 받음에 따라 27.6%의 마이너스 성장을 거듭하여 타지키스탄의 경제는 거의 붕괴 상태에 직면하게 되었다. 정치적 불안정, 루블 Zone 붕괴에 따른 교역축소 및 CIS 전역의 경기침체로 인하여 타지키스탄의 향후 경제회복 전망은 매우 불투명한 실정이다.

재정수지는 1991년 중 긴축재정정책 및 예상을 웃도는 조세 수입의 증가 등에 힘입어 소폭의 흑자를 보였다. 그러나 다음 해인 1992년에 과거 구소연방정부로부터 수예하여 온 이전 수입(91년 세입의 46.6%)이 중지되고 내전 전비 지출이 늘어났을 뿐만 아니라 연료 및 식품 부족에 대처하기 위한 재정지원 등으로 큰 폭의 적자를 기록하였다.

물가 또한 1991년 4월에 실시된 부분적인 가격자유화의 영향으로 급등세를 보이기 시작했으며, 1992년 1월 또다시 식료품 등 일부 기초 상품을 제외한 약 80%정도의 전반적인 가격자유화로 1월 한달 동안에만 소비자 물가가 133%나 급등하였다. 더욱이 계속되는 내전과 식량부족 등으로 1992년 중의 물가 상승률은 913%까지 치솟았고, 1993년에는 루블권을 탈퇴한 인접국으로부터 대량의 루불화가 유입돼 인플레를 더욱 촉발(2,195%)시키는 결과를 가져왔다.

　총통화 증가율도 여타 공화국과 마찬가지로 경제 각 부문의 통화수요 증대로 1991년을 기준으로 하여 67.4%의 증가율을 나타냈으나 인플레를 감안하면 오히려 마이너스의 증가율을 보인 것이라 할 수 있다. 타지키스탄은 1992년 이후에도 긴축통화정책을 실시하여 왔으나 1993년 7월 러시아의 통화개혁조치 이후 러시아 중앙은행이 약속한 1,200억불의 신루불화를 공급하지 않음에 따라 심각한 현금부족 사태에 직면해 있는 것으로 알려져 있다.

　한편 소련 붕괴 이후 타지키스탄은 여러 가지 경제개혁 정책을 실시하였다. 타지키스탄 정부는 1991년 새로 제정된 민영화 법률에 의거, 1992년 연말까지 840여개의 국영기업 매각을 목표로 한 특별 프로그램을 채택하였는데 여기서 제시된 민영화 방안은 ①주식매각을 통한 법인화corporatisation ②매입을 전제로 한 리스leasing ③개인 및 집단에 대한 직접 매각 ④주식의 자유로운 양도 등이다. 뿐만 아니라 정부는 1992년 9월 경제개혁의 가장 획기적인 조치로 국제적 규범에 부합하는 상법의 제정을 검토하기 위하여 전략위원회 설치를 발표하였고, 1993년 3월에는 토지개혁 및 농업 관련 법률을 제정하여 농민의 토지소유 임대 상속을 가능하게 하였으며, 경영이 부실한 농·공 복합 국영기업agro-industrial complex 전부를 합작기업법인체 또는 민간농장 등으로 전환할 계획을 가지고 있다. 그러나 이와 같은 일련의 개혁 계획은 내전에 따른 정치적 불안정으로 그 실행이 계속 지연 내지 중단되고 있어 여타 공화국에 비해 경제 각 부문애소 자유화가 더디게 진행되고 있다. 이에 정부는 1993년 11월 국영기업의 민영화 추진 실적이 매우 저조함을 인정하고 국유재산매각을 가속화시키기 위한 새로운 조치를 실시하기 위하여 국가재산위원회에 민영화 대상 중소기업명단을 작성토록 지시하였으나 타지키스탄이 해결해야 할 시급한 과제가 산적해 있음을 고려해 볼 때 이러한 조치는 상당 기간 단순한 계획에 머물러 있을 가능성이 높다.

2) 국외경제

　타지키스탄은 1991년도까지 여타 역내 공화국에 비해 소련에 대한 무역 의존도가 매우 높아 구소련과의 교역 비중이 수출 86.5%, 수입 83.6%를 차지하고 있었으나, 무역의존도를 줄이기 위한 정부의 노력으로 1992년에는 이 비율이 각각 44.8%, 77.2%로 낮아졌다. 주요 교역 상대국은 러시아, 우즈베키스탄, 카자흐스탄 등 소련 내 공화국들과 오스트리아, 스웨덴, 노르웨이, 프랑스, 아프가니스탄 등이고 주요 수출품목은 알루미늄, 면화, 섬유제품, 채소 및 과일 등이며 주요 수입품목은 석유, 자본재, 소비재, 곡물 등이다.

무역수지는 상당 규모의 소비재 및 에너지 수입으로 인해 만성적인 적자기조를 보여 왔고, 경상수지 역시 구소련으로부터의 이전수입에도 불구하고 1990년까지 큰 폭의 적자를 지속하였다. 그러나 1991년 이후부터는 구소련과의 교역체제의 붕괴 및 경화부족 등으로 교역규모가 크게 감소하고 있는 가운데, 정부의 강력한 수입억제로 무역 경상수지는 소폭의 흑자를 나타내기도 하였다.

한편 타지키스탄은 아직까지도 IMF 등 국제기구로부터 금융지원을 받지 못하고 있는 구소 6개 공화국 중의 하나로써 외채 총액이 1993년말 기준으로 41.5백만 달러로 GNP의 1.6%에 이르는데, 현재 타지키스탄이 개도국으로 분류되고 있는 점과 IMF, World Bank 등 국제금융기관의 양허성 차관 수혜조건에 부합되는 것을 고려해 볼 때 조만간 체제이행차관STF, 구조조정차관 ESAF 등이 공여될 것으로 기대된다.

3) 외국인 투자환경

타지키스탄 의회는 1992년 9월 외국인 투자 자유화를 골자로 하는 외국인투자관련 법률을 제정하였다. 이 법률에서는 외국인 투자기업에 대한 세금우대와 법적보장 그리고 민간분야에 대한 외국인의 참여 제한 철폐 등을 규정하고 있으며, 특히 타직정부는 민영화 프로그램과 관련하여 농·공 복합기업 및 중소규모 사업에 대해 합작방식을 통한 외국기업의 적극적인 참여를 희망하고 있다.

금융기관으로는 중앙은행인 타지키스탄 국립은행을 비롯하여 저축은행, 대외무역은행, 과거 전문국영은행이었던 3개의 대형 상업은행 및 과거 러시아계 은행의 현지 지점이 재편되어 설립된 3개의 상업은행 등 9개 은행이 있으며, 95년 1월에는 최초의 외국계 은행인 Tajik-Cypriot Central Asian Bank가 개설되어 경공업, 도로건설 및 농산물분야에 자금지원을 하고 있다. 한편

1991년 2월에 제정된 은행관련 법률에서는 은행의 예금금리 자유화와 업무영역에 대한 제한 철폐 등 경쟁원리를 도입하였으나 아직까지 은행간 경쟁은 매우 제한적으로 이루어지고 있다.

대외무역에 관련하여 타지키스탄은 1992년초 대외무역 자유화 계획을 수립하고 이를 위한 법안을 마련하였다. 이 법안은 매 건마다 수출 허가를 받도록 했던 종전의 제도를 개선하여 기업으로 하여금 제한된 상품에 한해 자유로이 수출할 수 있도록 규정하였으나 1992년 내전으로 인하여 그 실행이 지연되고 있다. 또한 정부는 세입 증대를 위하여 수출관세를 부과(비루불권에 대한 수출관세는 경화로 납부해야 함)하고 있으며, 경화 수입에 대한 의무매각제도도 폐지되지 않을 것으로 보인다.

타지키스탄의 주요 운송 수단은 도로 및 철도, 항공 등으로 내륙 깊숙이 위치한 지리적 불리함 때문에 대외 거래 시 과도한 운송비 부담이 문제시되어 왔으며 동서를 가로지르는 높은 산맥으로 인해 겨울철의 도로 운송이 어려운 실정이다. 또한 1991년 이래 계속된 내전으로 교량, 철도 등 사회 간접자본 시설이 크게 파괴되었고, 공화국간 교역 관계 붕괴 및 경화의 부족으로 타지키스탄에 대한 타 공화국의 원유, 가스 및 전력 공급량이 대폭 감소함에 따라 극심한 에너지 부족에 시달리고 있다.

타지키스탄에 대한 외국인 투자는 살펴본 바와 같이 국내의 정치적 불안정, 열악한 사회 간접자본 및 시장규모의 협소 등 불리한 여건으로 인하여 1993년 말 기준으로 3건, 1백만 달러에 불과하였다.

4. 사회 문화와 종교

다른 중앙아시아 국가들과 마찬가지로 타지키스탄의 인구 증가율은 대단히 높아서, 인구의 절반이 20세 이하이며, 9살 이하의 어린이가 인구의 3분의 1을 차지하고 있다. 구소련 체제하에서 인구의 절반 이상이 집단 농장에서 일했으며, 30%가량은 노동자로 일했다. 기술직 혹은 사무직 직원은 인구의 1/8가량 되는데 대부분 러시아계 사람들로 구성되어 있었다. 그러나 현재 대다수의

러시아인들이 빠져나가고
있는 상황이다.

타직인들의 대부분은 크
슐락Qyshlaq[34]이라고 하
는 지방 농촌 부락에 거주
하고 있는데, 크슐락의 거
주 가옥은 더러운 진흙으
로 둘러싸여 있다. 대부분
의 집들은 편평한 지붕으

아무르티무르상 앞에서 결혼사진을 찍는 장면

로 되어 있으며, 각 집마다 넓은 과수원을 가지고 있다. 크슐락으로 불리는 부
락에는 학교, 병원, 가게 등이 구비되어 있다.

대개 타지키스탄의 풍습과 전통은 중앙아시아의 튀르크족들과 비슷하며 페
르시아적 문화를 저변에 깔고 있다. 타지키스탄은 페르시아 및 타직 문학의 기
초자인 루다키Rudaki를 비롯하여 많은 시인 문학가를 배출했다.

이곳에서는 튀르크족의 전통 씨름 구레쉬Güresh와 같은 구셩Gushing이
인기 있는 스포츠 종목이며 궁도도 널리 행해진다.

종교적으로 타직인들은 대부분 수니파 무슬림들인데 멀리 떨어진 산간 지방
에는 시아파 무슬림들이 다소 있다. 타지키스탄은 가까이 인접해 있는 우즈베
키스탄과 사회, 문화, 경제적으로 긴밀한 유대관계를 가지고 발전해 왔는데,
소련 붕괴 이후 새롭게 독립하면서 같은 민족인 타직인들이 많고 새롭게 이슬
람 편향 정부가 수립된 아프가니스탄과 정치적으로 유대 관계를 강화해 나가
고 있다.

공산주의 몰락은 이 지역에서 쇠퇴해 있던 회교 전통을 부활시키는 길을 열
어 주었다. 이란은 타지키스탄에 회교사원 건립을 위한 재정 지원을 약속했고,
1991년 12월에는 3백 70명의 타직 회교도 학생들에게 장학금을 지급하기 시

---

34) 크슐락Qyshlaq이란 말은 튀르크어로써 '겨울집'이란 뜻이다. 중앙아시아 튀르크족들은 원
    래 유목민들로 철에 따라 이동하면서 목축으로 생활을 영위했는데, 크슐락에 대해 유목민들
    이 여름에 집단으로 부락을 형성하며 사는 곳은 '야즐륵Yazlyk'라 불린다.

보보타고의 문 앞에서 기도하는 모습

작하였다. 그러나 이에 대한 타직인들의 반응은 공식적인 종교 지도자의 말에 잘 나타나 있다. "사회를 발전시킨다는 것은 회교 사원 속에만 갇혀 있지 않고 세속적인 분야를 발전시키는 것, 표현의 자유를 갖는 것을 뜻한다. 국호에 [회교]라는 말을 끼워 넣는다고 만사가 해결되는 것은 아니다."

사우디와 이란의 포교 활동은 도시보다 시골에서 더 활발한데, 페르가나 계곡은 호전적이며 전통적인 이슬람의 온상 역할을 하고 있다. 이곳의 과격파 무슬림들은 아라비아 반도에서 유래한 전통적인 이슬람 근본주의 운동인 와하비즘Wahabism을 신봉하고 있다.

최근 사우디아라비아 이슬람 포교단들은 방대한 양의 쿠란을 배포하며 종교적 열정을 불러일으키려 하고 있으나, 대부분의 구소련 중앙아시아 국가들의 경우처럼 이제 갓 무신론 공산 체제에서 독립한 타지키스탄 사람들의 신앙심은 그렇게 독실하지는 않다. 타지키스탄이 러시아인들이 가르쳐 준 시릴어를 버리고 아랍문자로 바꿀 것을 발표하자, 사우디는 아랍어로 된 꾸란을 대량 인쇄하여 보급하고 있다. 한편 터키는 도시들을 중심으로 튀르크화된 로마자 타자기를 대량 공급할 계획을 가지고 있어서 문자를 빌미로 외부 세력간의 다툼이 벌어지고 있다. 정교분리를 기반으로 하는 서방지향적인 국가 체제를 확립한 이슬람 국가 터키와 이슬람 정통주의를 고수하는 사우디아라비아, 그리고 이슬람 원리주의를 표

두샨베에 있는 바라켓시장의 내부 모습

방하는 이란 사이에서 다른 중앙아시아국가들에서와 마찬가지로 경쟁적 세력 다툼이 계속되고 있는데, 앞으로의 귀추가 주목된다.

한편 수도 두샨베Dushanbe의 파미르 고원 아래에 있는 키프로젬 시장에는 매일 1만 명이나 되는 사람들이 몰려 상품 매매가 행해지고 있다. 손으로 누빈 회교도 옷, 하이힐, 스카프 등에서부터 투르크메니스탄 산 양탄자와 음식들, 그리고 서방의 잡지, 록 음악, 테이프 등 다양한 물건들이 팔리고 있다. 이들은 터키산을 비롯, 인도, 프랑스 등지에서 온 상품들을 가지고 고객을 끌어들이고 있다.

스탈린 시대에 강제 이주해 온 고려인 후예들이 이 지역에서 가장 활동적으로 기업 활동을 하고 있는 것으로 알려져 있다.

타지키스탄에는 아프가니스탄의 학생, 기업가들을 비롯하여 수천명의 아프간 사람들이 1990년대 중반 탈레반 집권 이후 몇 년 동안 전쟁의 위험을 피해 두샨베에 피신해 왔다. 이들을 보는 타지키스탄 정부의 입장은 상업적인 목적의 입국은 허용하고 있으나, 다른 목적의 입국에 대해서는 정치적, 군사적 문제에 휩쓸리지 않으려는 이유 때문에 매우 부정적인 태도를 보여 왔다. 9.11 사태 이후에는 상황이 반전되었다. 타지키스탄 정부가 미국의 아프카니스탄 군사공격을 지원하게 됨으로써 도리어 아프가니스탄 내에 타지키스탄의 영향력이 증대되었다. 물론 이러한 상황은 군대를 주둔시키고 실질적으로 타지키스탄을 장악하고 있는 러시아의 움직임과 관련이 있는 것이다.

소련 해채 이후에 이란 정부는 이란계 신생 국가인 타지키스탄과 아프가니

당나귀를 타고 가는 할아버지

스탄을 연결하는 새로운 페르시아 문화권 형성을 위해 노력하고 있으나, 타직인들 대부분이 시아파가 아니고 수니파 무슬림들인 관계로 수니파 이슬람 국가인 사우디아라비아와, 이란의 확장을 우려하는 미국과 터키[35] 등 외부 세력의 견제로 쉽게 그 뜻을 이루지 못했다. 9.11 사태 이후에는 미국이 아프가니스탄을 장악하고 타지키스탄이 여전히 러시아의 군사적 영향 하에 있는 관계로 이 지역에 대한 이란의 대외정책은 전혀 실효를 거두지 못하고 있다.

5. 언어와 민족 구성

타지키스탄의 인구구성은 타직인이 63%, 우즈벡인이 23%, 러시아인이 7%, 타타르인이 1.6% 등으로 되어 있다. 타지키스탄에는 인구의 90% 가량이 타직어를 사용하고 있으며, 인구의 27% 가량이 러시아어를, 30% 이상은 우즈벡어를 알고 있다.

타직어는 페르시아어와 흡사한 남서 이란어 계통으로 타지키스탄 외에도 우즈베키스탄, 키르기스탄, 카자흐스탄, 아프가니스탄, 이란, 이라크, 중국의 위구르 자치구까지 퍼져 있으며, 대체로 이란 서방에서부터 북아프가니스탄을 통해 타지키스탄에 걸쳐 이 언어 사용권이 집중되어 있다. 타직어를 사용하는 사람들은 대체로 구소련 내에 302만 명, 아프가니스탄에 약 300만 명 정도라

---

35) 타지키스탄에는 23% 가량의 튀르크계 우즈벡인들이 거주하고 있는데, 이것을 이용하여 타지키스탄에 대한 영향력을 행사하려 하던 소위 '중앙아시아 튀르크계 국가들의 형님' 격인 터키는, 소련 붕괴 후 이란이 타지키스탄 내의 이슬람 세력을 부추기며 근본주의 운동을 야기하려 하자 이란과의 긴장 관계를 의식해서 다소 주춤하고 있다.

고 한다. 문자사용은 아라비아 문자에서 1930년부터 로마자로, 1940년부터는 시릴 문자를 쓰게 되었다. 타직어의 어휘는 튀르크어, 아랍어, 러시아어로부터 온 차용어가 많으며, 특히 북서쪽에서는 우즈벡어, 카작어, 키르기스어 등 튀르크계 언어들과의 접촉을 통해서 튀르크계 언어 구조의 영향을 많이 받아 본래의 언어 구조가 크게 변모하였다.[36)]

타직어는 중앙, 북, 남동, 남서쪽의 4개의 방언으로 나뉜다. 표준 타지크어는 북쪽 방언이다.

타직인들은 수세기 동안을 거쳐 내려오면서 우즈벡족들과 혼혈되어서, 우즈벡인들과의 민족적 유대가 높다.

6. 대내외 정치관계

타지키스탄은 독립 이후 곧바로 이슬람과 민주개혁 세력이 연합하여, 공산당 출신 장기 집권자이며 소련 시절 타지키스탄 공산당 서기장 출신인 나비예프를 축출하는데 성공했다. 그러나 이란의 원리주의 이슬람 혁명을 시도하는 이슬람 세력과 민주 자유체제를 주장하는 지식인들 사이의 세력 다툼은 국가를 혼란 속으로 몰아넣고 말았다. 특히 독립 초기에 아프가니스탄의 극단적 이슬람 세력의 지원을 받은 이슬람종교 집단에 대한 우려는 미국, 터키, 러시아 등과 이웃 우즈베키스탄으로 하여금 타지키스탄 군부를 지원하게끔 만들었다. 한편 이슬람 원리주의자들의 집권을 우려하는 지식인들 역시 세속주의 노선을 추구하는 군부를 잠정적으로 지지해 왔다. 급기야는 러시아기 우즈베키스탄, 카자흐스탄 등과 연대하여 CIS 군을 창설하고 타지키스탄에 대한 군부 개입을 함으로써 이슬람 정파는 축출되었다. 현 정권은 친러시아 군부 정권으로서 내전을 종식시키고 비교적 안정적으로 국가를 끌어가고 있다. 9.11 사태 이후에 타지키스탄 내에 이슬람 세력은 현저히 약화되었다.

---

36) 타직어는 이란계(페르시아계) 언어인데, 이란어는 인도-유럽어군(群) 중 인도어계에 속한다. 인도어계는 다시 크게 인도어와 이란계 언어로 나뉜다.

파르크바르좁의 경치

7. 자연 / 기후

타지키스탄은 대륙성 기후로서 연 강수량이 400~600㎜이며, 1월 평균 기온이 최고 −4℃이고 최저 −20℃이며 여름 평균 기온은 최저 16℃이고 최고 20℃이다. 동부 산악 지대는 겨울에는 −60℃까지 내려가며 여름에는 45℃까지 기온이 상승한다. 일부 사막 지대를 제외하고는 산악 지대는 목초지를 형성하고 있으며 토양은 스텝 토양이다. 산악 지대는 목축과 면화 재배가 활발하다. 인구의 2/3가 농촌 지역에 거주하며 주로 면화를 재배하고 있다. 영토의 50% 이상이 해발 3,000m가 넘는 고지대로써 이를 이용한 수력발전이 상당히 발달되어 있다. 발전소로는 박크쉬Vakhsh가 유명하다.

8. 수도 - 두샨베Dushanbe

두샨베Dushanbe는 타직어로 '월요일'을 가리키는 말로 매주 월요일마다

이 지역에서 물건을 사고파는 장이 열렸기 때문에 붙여진 이름이라고 한다.

두샨베에 있는 쿠차이소모리의 문학가들상

두샨베Dushanbe는 아무다르야 강 지류의 하나인 카피르니간 강이 형성하는 히사르 골짜기 아래 중앙부에 위치해 있으며, 인구는 1989년 통계에 따르면 약 54만 명이다.

이 지역은 옛날부터 파미르 횡단로에 위치하고 있었지만, 근세까지는 한낱 빈촌에 지나지 않았다. 소련 설립 이후 1924년 타지키스탄의 수도로 채택되어 정치, 공업(전기, 섬유, 식품 등)도시로 급속하게 발전하였다. 혁명 후 한때 스탈리나바드Stalinabad로 불렸던 적도 있다.

Ⅵ. 아제르바이잔Azerbaijan

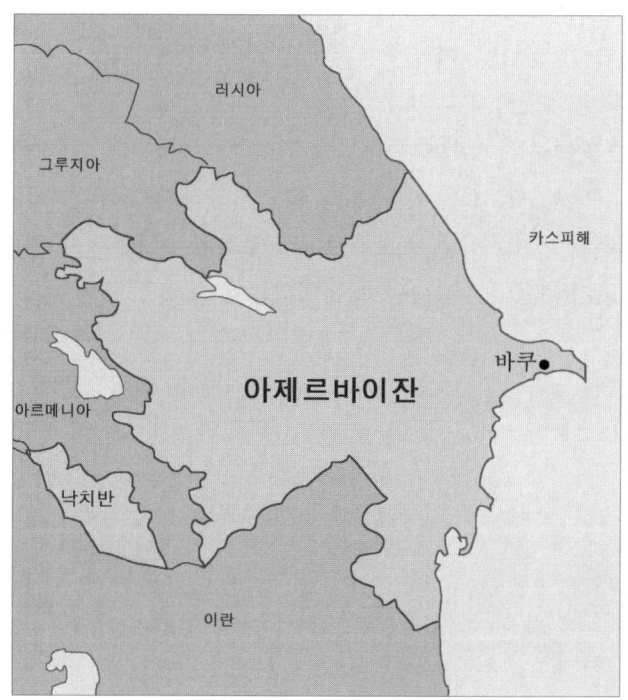

아제르바이잔 개황

인 구	7,798,497명 (2002년)
연 령 분 포	0~14세: 28.3% (남 1,122,340/여 1,082,355), 15~64세: 64.3% (남 2,441,830/여 2,577,109), 65세 이상: 7.4% (남 228,735/여 346,128) (2002년)
인구성장률	0.38% (2002년)
유아사망률	1,000명 당 82.74명 사망 (2002년)
평 균 수 명	63.06세: 여자 67.53세, 남자 58.8세 (2002년)
출 생 률	여성 1인당 2.29명 출산(2002년)
종 족 집 단	아제리인 90%, 다게스탄인 3.2%, 러시아인 2.5%, 아르메니아인 2%, 기타 2.3% (1998년)
종 교	무슬림 93.4%, 러시아 정교 2.5%, 아르메니아 정교 2.3%, 기타 1.8% (1995년)
언 어	아제리어 89%, 러시아어 3%, 아르메니아어 2%, 기타 6% (1995년)
문 맹 률	15세 이상 읽고 쓸 수 있는 인구비율: 97%; 남자 99%, 여자 96% (1989년)

총 GDP	구매력 – $24.3 billion (2001년)
GDP–실질성장률	10% (2001년)
1인당 국민소득	구매력–$3,100 (2001년)
GDP 분포	농업: 22%, 공업: 33%, 서비스업: 45% (2000년)
빈 곤 층	64% (2001년)
소비자 가격지수	2% (2001년)
노 동 력	2.9 million (1997년)
노동력 분포	농업 및 임업 32%, 공업 15%, 서비스업 53% (1997년)
실 업 률	20% (1999년)
예 산	수입: $888 million; 지출: $978 million (2001년)
주 요 산 업	석유 및 천연가스, 석유제품, 석유채굴장비/강철, iron ore, 시멘트/화학 및 석유화학/섬유
산업성장지수	5% (2001년)
농 산 물	면화, 곡물, 쌀, 포도, 과일, 채소, 차, 담배/가축, 돼지, 양, 염소
수 출	$2 billion (f.o.b.)
주요 수출품	석유 및 가스 90%, 기계, 면화, 식료품
수출대상국	이탈리아 57.2%, 이스라엘 7.1%, 그루지아 4.5%, 러시아 3.4%, 터키 2.9% (2000년)
수 입	$1.6 billion (f.o.b., 2001)
주요 수입품	기계 장비, 석유제품, 식료품, 금속, 화학
수입대상국	미국 16.1%, 러시아 10.7%, 터키 10.4%, 카자흐스탄 7.0%, 독일 5.1% (2000년)
대 외 부 채	$1.5 billion (2001년)
차 관	ODA, $113 million (1996년)
화 폐	마나트 Manat (AZM)
환 율	마나트 / USD – 4,804 (2002년 2월 11일), 4,656.58 (2001년), 4,474.15 (2000년), 4,120.17 (1999년), 3,869 (1998년), 3,985.38 (1997년)

아자르바이잔Azarbaycan 혹은 아제르바이잔Azerbaycan이라는 이름은 'Azeri'라는 페르시아어에서 유래했다. 즉 과거에 이 지역에 사는 페르시아인 들을 아제리 사람이라고 불렀었는데, 10세기를 전후로 중앙아시아의 튀르크족 들이 이곳에 진출하여 정착하면서 이들을 지칭하는 말로 바뀌었다.[37] 아제르 바이잔이라는 말은 이란어 아자르adhar, 즉 '불'이라는 말에서 유래한 것으 로 '불의 땅'이라는 의미를 가지고 있으며, 그것은 여기에 독립 주를 세웠던 그리스 알렉산더 대제(大帝)와 '불에 의해 보호된 자'라는 뜻을 가진 아트로포 스 시대로부터 유래된다.

알렉산더가 이란을 침입해 왔을 당시, 현재 아제르바이잔과 이란 지역은 아 투라파트Aturpat이라는 지도자에 의해 통치되고 있었다. 그 이름의 뜻은 '불 의 수호자'이다. 그리고 그의 아들들에 의해 계승되는 왕조의 이름은 아투라 파트칸Aturpatkan이었다.

이란의 유명한 역사가 아흐마드 카스라비Ahmad Kasravi는 아제르바이잔 이라는 명칭이 바로 이 지역의 통치자 아투라파트의 이름에서 유래했다고 말 하고 있다. AD 642년 아랍 군대가 이 지역을 침공하면서 아투르파트칸이라는 이름은 아랍어 발음인 아제르바이잔으로 변조되어 아랍 문서에 기록된 것이라 고 전해 졌다.

아랍 문서 기록에 의하면 아제르바이잔의 영토는 남쪽으로는 잔잔Zanjan, 동쪽으로는 데일라미스탄Deylamistan, 타롬Tarom, 길란Gilan 지역이고, 서쪽으로는 바르산Varasan, 북쪽으로는 아라헤스Araxes 강에 이르는 지역 으로 묘사되어 있다. 이 영토 안에는 현재 아제르바이잔은 제외되어 있다. 10 세기에 기록된 지리서 Hodud al-alam(세계의 경계)에서는 Araxes강 북쪽

---

37) 아제르바이잔에 거주하는 사람들을 이란계 아제리인과 구별하기 위해 통상 '아제리 튀르크 인'이라 부르고 있다. 아제리 튀르크인은 현재 아제르바이잔에 약 7백 10만명이 있는데, 아 제르바이잔과 국경을 대하고 있는 이란 서부 지방의 거주인은 대부분 아제리 튀르크인으로 서 약 8백만 명으로 추정되고 있다. 최근에 아제르바이잔 대통령이 공식 연설에서 아제리 튀 르크인이 거주하고 있는 이란 서부 지역을 아제르바이잔에 합병해야 한다는 발언을 해서 이 란을 크게 자극하였고, 이 결과 계속되는 아제르바이잔과 아르메니아 분규에서 아제르바이 잔을 지원하던 이란이 아르메니아를 전격 지원하게 되었다. 현재 터키는 아제르바이잔을 적 극 지원하고 있다.

배화교 사원
(이슬람과 배화교와 토속신앙의 혼합된 형태의 신앙)

지역을 아란Aran이라고 기록하고 있다. 즉 현재 아제르바이잔 지역을 말한다. 그 외의 많은 10세기 문서들에서 아란Aran을 카스피해와 Araxes강으로 둘러싸인 지역으로 언급하고 있다.

10세기 여행가들이 적어놓은 문서들을 보면, 아제르바이잔 지역에 살고 있는 사람들이 사용하는 언어는 페르시아어와 아랍어였다. 그리고 아란 지역의 사람들은 아란Aran어를 사용하였다. 여러 역사 문헌들을 종합해 볼 때, 아제르바이잔에서 사용되었던 아제리어는 당시에 페르시아어의 한 방언이었을 것으로 보인다.

그러면 지금 우리가 말하는 아제리어는 터키어와 같은 오우즈 튀르크어의 한 분파인데 이것은, 1029년 2천개의 텐트를 가진 오우즈 튀르크 집단이 소아시아로 동부 지역으로 이주해 왔다. 그리고 1054년 셀주크 왕조의 전사 토그릴 벡Toghril Beg이 아제르바이잔과 아란 지역에 도착하였고 그 지역을 자신의 통치하에 넣게 되었다. 이때부터 피통치 주민인 아제르바이잔 사람들은 오우즈 튀르크어의 한 분파에 영향을 받게 되고 서서히 바로 그 튀르크어 방언을 사용하게 되었으며, 현재의 아제리어로 발전하였다.

한편 아제르바이잔에는 석유, 천연가스 등 방대한 양의 지하자원이 매장되어 있어서 지면에서 석유를 가시적으로 볼 수 있을 정도인데, 아마도 이런 이유로 인해 이 지역을 불과 연관시킨 것이 아닌가 싶다. 또한 이로 인해서 종교적으로도 일찍이 이곳은 불을 숭배하는 배화교(拜火敎)의 원산지가 되었고 아직도 그 신전이 남아 있다.

인구는 약 779만 명이며, 총면적은 190,840㎢이고, 인구밀도는 81.6명/㎢로 인구밀도가 매우 낮은 편이다.

1. 카프카스(코카서스) 종족 집단들

1) 개황

카프카스는 흑해와 카스피해 사이의 넓은 지협을 말한다. 카프카스의 북쪽 경계는 카스피해의 북서부 해안과 아조프해 사이의 스텝 지역이 형성하고 있다. 카프카스의 남서부는 터키 아나톨리아 반도가 경계하고 있으며 남부는 이란에 접하고 있다. 카프카스는 몇 가지 문명의 요소들이 함께 공존하고 있다. 페르시아(이란) 문명의 영향이 강력하며, 오스만 튀르크제국과 비잔틴 문명의 영향 또한 지대하다. 지리적 위치 때문에 카프카스는 지난 천 년 동안 다양한 인종과 종족들이 이주하여 가는 교차로 역할을 하였다. 이러한 결과로 카프카스는 지금과 같이 다양하고 상이한 종족 집단들이 운집해 있게 된 것이다. 카프카스 종족은 크게 원주민 종족들과 러시아인들이나 우크라이나인들 같이 근세기에 외부로부터 유입해 온 새로운 이주자들로 나누어 생각할 수 있다. 토착 원주민들이 서로 다른 종족들을 이루고 있지만, 전문가들에 따라 이들을 분류하는 방법은 다소 차이가 있다. 작고한 아제르바이잔 학자 메흐메드 에민 레술자데 Mehmet Emin Resulzade가 분류한 카프카스 종족 집단들은 다음과 같다.

① 아제르바이잔인: 알타이 계통어 중 튀르크계파어인 아제리 튀르크어를 사용하며 종교적으로 이슬람 시아파에 속한다. 카프카스에서 최대 다수를 이루는 종족 집단이다.

② 아르메니아인: 인도-유럽 계통어인 아르메니아어를 사용하며 종교적으로 기독교 그레고리안 종파를 따르고 있다.

③ 그루지아인: 이베로Ibero-카프카스 계통어인 그루지아어를 사용하며 종교적으로는 그리스정교 종파를 따르고 있다.

④ 북카프카스 종족들: 체첸Chechen, 잉구슈Ingush, 체르케스카야Cher-kessk, 발카르Balkar 등 다수의 종족을 이루고 있으며 이베로 카프카스 계통어나 튀르크 계통어를 사용하며 기독교정교를 믿는 오세트Osset인들을 제외하고는 대부분 이슬람 종교를 따르고 있다.

1939년 구소련 인구통계에 따르면 다음과 같다.

① 기본 민족들:

아제르바이잔인	2,274,805명
그루지아인	2,248,566명
아르메니아인	2,151,884명

② 부족들(종족집단들):

다게스탄 종족집단	857,371명
체첸인	407,690명
오세트인	354,547명
카바르디노인	164,106명
잉구슈인	92,074명
아디게야 체르케스카야인	87,973명
카라차예보인	75,737명
아브하즈인	58,969명
발카르인	42,666명

1989년 구소련 인구통계에 따르면 다음과 같다.

① 기본 민족들:

아제르바이잔인	6,791,106명
아르메니아인	4,627,227명
그루지아이	3,983,115명

② 부족들(종족집단들):

다게스탄 종족집단	2,072,071명
체첸인	958,309명
오세트인	598,802명

카바르디노인	394,651명
잉구슈인	237,577명
아디게야인	124,941명
체르케스카야인	52,356명
카라차예보인	156,140명
아브하즈인	102,938명
발카르인	88,771명

1995년 카프카스 지역 자치공화국 및 자치지역 인구 통계는 다음과 같다.

다게스탄 자치공화국	2,000,000명(마하치칼라)
체첸 자치공화국	1,300,000명(그로즈니)
아자리야 자치공화국	400,000명(바투미)
남오세트 자치공화국	120,000명(쉬힌발리)
북오세트 자치공화국	642,000명(블라디 카프가스)
카바르디노-발카르 자치공화국	785,000명(날치크)
카라차예보-체르케스카야 자치공화국	450,000명(체르케스크)
잉구슈 자치지역	200,000명(나즈란)
아디게야 자치지역	449,000명(마이코프)

또한, 이란 북서부 지방에 거주하는 아제르바이잔인(아제르인)의 수도 1천만 명 혹은 그 이상에 이르고 있다. 터키에 거주하는 라즈인Laz, 구르주인Gurdju 등과 같은 그루지아인들의 수도 상당하다. 터키에 라즈인이 약 7만, 구르즈인이 약은 약 2십 8만 명으로 추정되고 있다. 흥미롭게도 체르케스인들은 카프카스보다 터키에 더 많이 거주하고 있는데 터키에 약 1백 십만 명이 897개 마을에 흩어져 살고 있다.

아르메니아인들은 아르메니아와 구소련 전체에 약 4백 7십만 정도의 인구를 이루고 있으며, 미국 등 해외에 약 3백만 명이 거주하고 있다.

북카프카스인들은 카프카스 이외에 터키와 중동 지역에 약 8백만 명이 거주하는 것으로 보고 있다. 카프카스에서 대표적인 튀르크계(터키계) 민족은 아제르바이잔인들이다. 아제르바이잔인들은 터키와 이란, 그리고 중앙아시아 튀르키스탄의 튀르크계 민족집단 등을 연결하는 역할을 하고 있다.

아제르바이잔 이외에 카프카스에 거주하는 다른 튀르크계 종족집단들로는 쿠믁Kumyk, 노가이Nogay, 카라차이Karachay, 발카르Balkar 등을 들 수 있다. 카라차이인들과 발카르인들은 소련 스탈린 정권 때 강제 이주 당해 카프카스를 떠나야만 했다. 그러나, 최근에 그들은 다시 돌아오고 있으며 그들의 거주 지역을 회복하여 종족 공동체를 다시 형성해 나가고 있다. 이들 카프카스의 튀르크계 종족집단들은 카프카스, 크리미아, 볼가 지역 그리고 튀르키스탄에 거주하는 튀르크인들을 연결하고 있다. 크리미아에는 크림 타타르인이 거주하고 있으며, 볼가 지역에는 타타르인, 추바슈인, 바슈키르인 등이 있고 튀르키스탄에는 투르크멘인, 우즈벡인, 위구르인 등이 있다.

2) 카프카스 종족 갈등과 분쟁

북부 카프카스의 자치공화국들의 인구 구성을 보면 상당수의 러시아인들이 거주하는 것을 알 수 있다. 과거에 이주해온 러시아인과 오쎄틴 종족이 기독교를 신봉하고 있으며, 몽골계 종족 칼묵Kalmuk은 불교를 신봉하고 있다. 그리고 나머지 다른 종족들은 대개 이슬람 종교를 따른다.

소련 체제 하에서 고르바초프가 등장하기 전 1980년 대 중반까지는 토착 무슬림 집단들은 토착 언어 교육, 이슬람 예배, 문화 활동들에 있어서 제한을 받아 왔다. 전통적으로 이슬람 종교가 지배적인 카프카스 지역에서는 이슬람이 그다지 강하지 않다. 그럼에도 불구하고 서로 다른 종교 집단과의 분쟁 가능성은 항상 존재하고 있다.

한편 동일 종교 집단 안에서 토착 소수민족 간의 갈등도 적지 않다. 카라차예보-체르케스카야 공화국도 13만의 카라차예보 민족과 4만여 명의 체르케스카야 민족간에 오래 동안 갈등과 불화가 계속되었다. 스탈린 시대 고산지대의 카라차예보 민족과 구릉 지대의 체르케스카야 민족을 하나의 행정구분으로 묶은 것이 반목의 원인이 되었다. 대립과 위기 상황은 현재 표면적으로 사라졌으나 종족 분쟁의 불씨는 여전히 존재한다.

또 약 37만 명의 카바르디노 민족과 7만여 명의 발카르 민족 간의 분쟁은 카바르디노-발카르 자치공화국에서 독립하려는 발카르 민족 지도자들의 주동에 의해 일어났다. 그러나 발카르인들은 대부분 분쟁이 확대되는 것을 원치 않고 연합 정부 상태에 큰 불만을 표시하지 않아 일단락되었다. 이외에도 1994년에 아제르바이잔에서 탈르쉬 소수민족의 독립운동이 격렬하게 일어났다. 같은 무슬림이지만 튀르크계 국가인 아제르바이잔 내에 약 40만의 이란계 탈리쉬 민족은 이란 국경에 접한 아스트라, 랭캐란 지역에 소수민족으로 집단 거주하고 있다. 이 독립 운동은 폭동이 일어난 직후 곧 해결되어 봉합되었다. 그러나 상황의 변화에 따라 언제 또 분출할지 모르는 후면 상태이다.

카프카스 지역의 주요 종족 분쟁을 살펴보면 다음과 같다.

카라차예보-체르케스카야Karachaevo-Cherkesskaya 공화국 분쟁

1998년 1월 28일 카라차예보-체르케스카야 공화국의 수도인 스카야에서 약 6,000명의 공장 근로자들이 반정부 데모를 하였다. 이것은 이 지역 역사상 처음 있는 일로써 데모 군중의 요구는 대통령의 하야였다. 현 대통령은 1979년부터 러시아 정부에 의해 임명된 대통령으로 장기집권 중이다. 이 지역에서 유일한 장기집권 대통령인 셈이다.

체첸 자치공화국 분쟁

체첸 사태는 잘 알려져 있다. 1998년 3월26일 체첸공화국은 국회 의결을 통해 국명과 수도명을 바꾸었다. 수도명은 자하르 두다예프Djohar Dudaev의 이름을 따서 조하르 칼레Djoharkale로 대치하였다. 칼레kale는 성(城) 혹은 시(市)라는 뜻이다. '무서운, 위협적인' 뜻을 가진 이름 그로즈니Groznyi는 러시아가 1824년 체첸 침략 당시에 그로즈니를 전진기지로 만들면서 붙였던 이름이다.

이 도시는 1994~1996년 전쟁 당시 폭격으로 완전히 파괴되었고 현재 재건 중이다. 현 대통령 마스하도프의 반대에도 불구하고 체첸 국회는 헌법을 개정하며 수도의 이름을 초대 대통령의 이름을 따서 조하르Djohar로 하고 공화국명을 Chechen Republic of Ichkeria로 바꾼 것은 그들의 강력한 독립의지를 표명한 것이다.

한편 1998년 5월 1일 옐친 대통령의 전권을 가지고 파견된 발렌틴 블라소브 특사가 잉구슈의 아씨노프스카야에서 체첸인에 의해 납치되었는데, 아직까지 범인은 잡히지 않고 있다. 이는 북부 카프카스의 불안을 조성하고 현재 진행 중인 러시아와 체첸과의 평화협정을 방해하기 위한 목적으로 보고 있다. 1996 년 체첸에서 러시아군의 철수이후 수백 명의 사람들이 납치되었으며 이로 인해 러시아 정부는 체첸공화국에서 인질범들을 소탕하지 못함으로 인해 비난해 왔다. 2001년 러시아군은 다시 그로즈니에 진격하였다.

한편 1998년 5월 18일 체첸의 제 1부총리 샤밀 바사예브는 체첸과 다게스탄의 전략적 합병의 필요성을 역설하였다. 이로써 모스크바 연방정부가 주도하는 북카프카스의 인종분규를 방지할 수 있다는 것이다. 체첸의 외무부 장관 오브라디 우드고브는 이슬람국가를 제안하며 19세기 독립 투사 샤밀Samil 시대의 국경으로 돌아가야 한다고 주장하였다.

1998년 5월 26일 체첸 수도 조하르Djohar에서는 체첸-다게스탄 국민의회가 구성되었고 샤밀 바사예브가 초대의장으로 선출되었다. 이에 대해 6월 5일 모스크바에서 열린 러시아 21개 공화국 수반들의 모임에서 옐친은 체첸-다게스탄 독립을 결코 허용하지 않을 것을 발표했다.

다게스탄 공화국 분쟁

1998년 5월21일 러시아 국회 두마Duma의 부의장이며 다게스탄 소수민족의 지도자 및 무슬림 운동의 지도자인 나지르 카칠라예프의 추종자 약 300명이 다게스탄의 수도 마하치칼라 정부청사를 포위했다. 다게스탄 수상 Khizri Shiksaidov는 청사를 점거하고 시위했던 이들에 의해 감금되었다. 동시에 약 2000여 명의 데모 군중이 국회의장, 수상, 내무부 장관 등 몇몇 고위직의 사임을 요구하며 비상위원회를 구성했다. 이로 인해 국경의 군대는 비상대기중이며 수도 마하치칼라로 가는 모든 길은 봉쇄되었다. 더구나 체첸 번호판을 단 자동차가 경찰을 향해 발포하 경찰이 사망하고 6명이 부상하여 긴장감은 더하였다.

북아세티아 공화국 분쟁

1998년 5월 31일 세베로오세티야의 수도인 블라디카프카스에서 부수상이 정체불명의 괴한에게 총격을 받고 사망했으며 동행했던 러시아의 사업가도 피살되었다. 같은 해 6월 9일에는 세베로아세티야의 질기 지역에서 5명의 버스 승객 납치 사건이 있었다. 또 다른 지역에서 6명의 세베로아세티야인이 납치되었다.

기타 분쟁 사건들

1998년 5월 19일에서 25일 사이 그루지아의 압하지아 자치공화국의 갈리 지역에서는 그루지아 게릴라들과의 충돌이 있었다. 6월 1일 그루지아의 세르바드나제와 압하지아의 아르진바는 분쟁을 그치기로 합의했고, 이에 앞서 그루지아는 러시아가 압하지아에게 중무기를 제공했다고 강력히 비난하였다.

위에서 언급한 사건은 1998년 한 해 동안 카프카스 지역에서 발생했던 사건의 일부를 나열한 것이다. 다민족 집단이 거주하는 카프카스 지역은 앞으로 민족공존과 평화정착을 위해 극복해야 할 과제가 적지 않다.

2. 아제르바이잔의 역사적 배경

아제르바이잔 지역에는 신석기 시대 및 초기 청동기 시대에 이미 농목민이 살고 있었던 것으로 추측되며, 또한, BC 7세기에 스키타이인에 의해 정복되었다는 기록이 있다. BC 5세기에는 고대 페르시아 제국의 영역으로, BC 4세기에는 알렉산더 대왕에 의해 정복당하였다. 그 후 이곳에 왕조를 세운 장군의 이름을 따서 명명한 아트로파페스가 BC 2세기에 파르티아에게 정복될 때까지 독립을 유지하고 있었다. 로마시대에는 오늘날 아제르바이잔의 고대 원주민인 알바니아인이 이곳에 독립국가를 세워 알바니아라고 하였다.

그 후 3세기부터 사산조 페르시아, 7세기 중엽부터는 아랍-이슬람 제국, 11세기에는 셀주크제국의 지배를 받았다.

5세기 중엽에 중앙아시아와 몽골리아 등지에 흩어져 있던 튀르크족(돌궐족)이 유라시아의 북쪽으로부터 카프카스를 따라 남하하여 사산조 페르시아를 공격한 것이 최초로 튀르크계 종족이 카프카스에 진출한 것으로 보고 있다. 북카프카스 스텝 지역, 돈Don유역, 그리고 테렉Terek분지 등지에 진출해 있던 튀르크계 종족들이 남카프카스 아제르바이잔 지역으로 남하하게 된 원인은 당시에 페르시아와 전쟁 가운데 있던 이 지역 군주들이 유목민 전사들인 튀르크족들을 불러들여 함께 페르시아를 공격한 것이 계기가 되었다. 이후로 튀르크적 요소들이 오늘날의 아제르바이잔 지역에 유입되기 시작하였다.

7세기에 비잔틴제국 황제 헤라크리우스Heraclius와 긴밀한 동맹관계를 가지고 있던 하자르Khazar 튀르크인들이 카프카스를 점령하게 되었다. 사산조 페르시아가 사라센 이슬람 제국에 의해 멸망한 이후에 하자르인들은 꽤 오래 동안 카프카스를 장악하고 지배하였다. 이것이 튀르크인들이 북부 지역에서 남부 카프카스로 대량 유입하게 된 또 하나의 원인이 되었다. 후에 11세기에 셀주크제국이 이곳 카프카스에 진입하였을 때 별다른 저항을 크게 받지 않았던 이유는 이미 이곳에 튀르크인들이 대거 거주하고 있었기 때문이었다.

그러나 아랍 이슬람 제국이 7세기 중엽에 북상하여 카프카스에 영향력을 행사한 이래로 13세기까지 이 지역 사람들은 대부분 이슬람화되었는데, 이후에 이슬람 문화를 페르시아인들이 주도하면서 페르시아풍의 문화가 깊이 자리 잡게 되었다.

한편 1256년 몽골 제국의 지배 이후에 이 지역의 말라가라는 도시는 시리아로부터 중앙아시아에 이르는 일칸국의 중심 도시가 되었다.

몽골 제국의 지배는 곧 튀르크족들을 이 지역에 대거 이주시키는 결과를 낳았다. 특히 이 때에 오우즈Oghuz계 튀르크족들이 크게 유입되었는데, 이는 몽골 제국의 군대가 주로 튀르크계 종족들로 이루어져 있었기 때문이다. 몽골 제국 이후에 몽골제국 재건을 꿈꾸던 티무르Timur는 세 차례에 걸쳐 카프카스 지역을 진격하였다. 티무르 군대의 진격이 있을 때마다 다수의 튀르크인들이 이곳에 정착하게 되었는데, 이것이 아제르바이잔이 완전히 튀르크화 된 결정적인 계기가 되었다.

튀르크계 군주들은 카프카스 지역에 여러 소공국을 탄생시켰다. 초기에 이들 소공국들은 페르시아, 몽골, 오스만 등 여러 제국들에 예속되었다. 16세기와 17세기에 아제르바이잔에 대한 페르시아(이란)와 오스만제국 사이에 계속된 헤게모니 경쟁은 아제르바이잔 지역의 소공국(칸국)들이 하나로 통일하는데 가장

아제르바이젠에서 바라본 카스피해

큰 장애 요인이 되었다. 이러한 결과로 약화된 아제르바이잔에 러시아 제국이 쉽게 진출할 수 있게 된 것이다. 러시아 제국의 아제르바이잔 진출은 카프카스의 친 러시아제국 성향의 기독교인들에 의해 가속화되었다. 기독교 제국인 러시아의 보호를 받기를 원하는 기독교인들이 러시아의 진출의 교두보 역할을 하였던 것이다. 대표적인 예는 그루지아 왕 헤라클레스Ⅱ HeraclesⅡ세는 1783년에 러시아 제국에 접근하여 자발적으로 자국에 대한 보호를 요청한 경우이다. 러시아 제국은 그루지아 내정에 관여하지 않기로 약속하였으나 러시아는 1801년에 이 약속을 깨고 그루지아를 합병해 버리고 말았다.

그루지아를 합병하여 중앙 카프카스에 교두보를 확보한 러시아는 아제르바이잔 소공국들을 수월하게 격퇴하고 장악하였다. 19세기 중후반까지 아제르바이잔에 대한 러시아 제국의 통치는 그다지 거칠거나 호되지 않았다. 그러나 북카프카스를 완전히 장악하고 세력을 확장한 이후에 러시아는 아제르바이잔 공국들에 대한 자치권을 박탈하고 통치자들을 러시아제국 내로 유배시켰으며 러시아인 통치관들을 파견하여 직접 통치에 들어가기 시작했다.

러시아가 카스피해 연안 지방으로 진출함에 따라 1806년 러시아와 오스만 튀르크 제국 사이에 전쟁이 발발하여 6년 동안 계속되었다. 그 결과 러시아제국이 이곳을 점령하고 엘리자벳 폴리스크와 바쿠에 각각 현(縣)을 설치하였다.

한편 아제르바이잔 남부 지금의 이란 서북부 도시 테브리즈Tebriz에서 사파비 왕조(1502~1722)가 출현하여 아제르바이잔과 남부 이란을 통치하였으며 이후에 하자르 왕조Khazar(1796~1924)가 뒤를 이었다. 그러나 러시아제국

멀리 보이는 아르메니아와의 경계선인
규아잔이라는 산

이 아제르바이잔을 통치한 이후에 테브리즈를 비롯한 아제르바이잔도 남부 러시아군의 통치를 받다가 1921년에 이 지역에 이란(페르시아)의 통치권이 회복됨으로써 아라크스 강을 경계로 하여 남부는 이란의 영토에 귀속되었다.

아제르바이잔 지역은 러시아 10월 혁명 전까지 계속해서 러시아의 통치하에 있었는데 혁명 후에는 '트랜스 카프카스 소비에트 사회주의 연방공화국'의 영역에 귀속되었다. 1936년에 아제르바이잔 소비에트 사회주의연방공화국으로 개편되어 독립하여 소련의 한 독립 공화국이 되었다.

고르바초프 등장 이후, 아제르바이잔 내 소수 민족인 아르메니아인 자치구 카라바흐가 독립을 선언하면서 발발한 아제르바이잔과 아르메니아 사이의 민족 분규가 치열해져 수많은 사상자를 내었다. 아제르바이잔은 소련의 개방화 정책에 힘입어 1989년 10월 5일 주권 선언을 하였으며, 1991년 2월 6일 국명을 '아제르바이잔 소비에트 사회주의공화국'에서 '아제르바이잔 공화국'(약칭, 아제르바이잔)으로 개칭하였다. 소련 붕괴와 함께 1991년 8월 30일 드디어 소연방으로부터 완전 독립하게 되었다.

아제르바이잔은 1992년에 구소련의 튀르크계 국가로써는 처음으로 국립국가연합체(CIS) 탈퇴를 선언하면서 터키와의 긴밀한 유대 관계를 구축해 갔다. 터키에서 파견된 전문가들의 자문을 받아 사법, 행정, 교육, 국방, 외무 등 전 분야에 있어서 과거 모스크바 종속적인 체제를 개편하고 독립국가로써 국가 체제 확립에 힘썼다. 또한 초대 대통령으로 정권을 장악한 엘치베이Elchi Bey는 친 터키 노선을 강화하면서 소련의 화폐인 루블화 사용을 중단하고 자체적인 화폐 단위를 개발하였다. 또한 그는 국어를 러시아어에서 아제르바이잔 튀르크어로 바꾸고, 문자개혁을 단행하여 시릴 문자를 폐기하고 터키에서 사용하는 것과 같은 로마자를 채택하여 러시아적 요소를 제거하려고 부단히 노력

하였다. 이러한 민족주의 정책은 쿠데타를 통해 집권한 후임 해이대르 알리에
프 Haydar Aliev 대통령에 의해서도 지속적으로 추진되었다.

그러나 엘치베이의 이와 같은 탈 러시아적인 정책 추진에 대한 불만을 느낀
러시아는 아제르바이잔 내 군사 쿠데타를 조장함으로써 엘치베이 정권을 붕괴
시키는데 성공하였다. 친 러시아계 장군이며 소련 때 아제르바이잔 국가안보
위원회 KGB 최고 책임자인 해이대르 알리에프Haydar Aliev는 1993년 10월
러시아의 지원을 받아 엘치베이를 몰아내고 정권을 장악하였다. 그는 곧 이어
아제르바이잔을 CIS에 재 가입시켰다. 러시아는 방대한 석유 자원을 보유하고
있는 아제르바이잔을 포기할 수 없었던 것이다.

아제르바이잔에 친 러시아 정권이 들어섬으로써 아제르바이잔과 아르메니
아 분쟁은 러시아의 조정에 의해 타결되어 갔다.

엘치베이와 동향으로써 터키 국경지대 나흐지반 출신인 알리에프는 정치적
으로 친 러시아적인 정책을 추진하면서도 선임자 엘치베이의 문자개혁, 화폐
개혁 등 근본적인 개혁을 그대로 수용하여 문화적으로는 자민족 정체성을 회
복하려는 의지를 강하게 보이고 있다. 시간이 가면서 터키와의 관계도 회복한
알리에프는 지금은 러시아와 터키 사이에 등거리 외교를 하고 있다.

정치외교 노선의 변화와 관계없이 문자개혁과 화폐개혁은 아제르바이잔에
큰 변화를 가져왔다. 터키 회사들이 아제르바이잔에 대거 진출하고 동일 언어
를 사용하는 터키와 아제르바이잔 국민들 사이에 교류가 활발해지면서 아제르
바이잔의 탈 러시아화 혹은 튀르크화는 가속화되고 있다.

비록 아제르바이잔의 종교가 이란과 동일한 종파인 이슬람 시아파로 이란
근본주의의 영향이 우려되었으나 중앙아시아의 튀르크계 국가들과 마찬가지
로 현 정권이 이란의 종교적 영향력을 정치적으로 차단하여 현재는 이란의 근
본주의 이슬람이나 중동과 같은 율법주의 혹은 전통주의 이슬람보다는 터키와
같이 민족을 종교보다 우선시하는 민족주의 이슬람이 정착해 가고 있다.

도리어 아제르바이잔의 일부에서는 이란 내 천만 명이 훨씬 넘는 동족 아제
르바이잔인들에 대한 영향력을 행사하려는 움직임이 일고 있으며 이 문제로
이란과 다소 긴장하고 있다.

앞으로 아제르바이잔은 러시아적인 요소뿐만 아니라 과거 중세 때부터 유입

바퀴(바쿠) 근처에 있는 공장

되어 깊숙이 자리를 잡고 있는 이란적 요소까지 제거함으로써 명실 공히 튀르크계 국가로써의 정체성을 확립하려고 부단히 노력할 것으로 보인다.

3. 기후 / 지형 / 자원 / 산업

아제르바이잔은 카스피해의 서부와 남서부 연안, 이란과 구소련의 국경 사이에 위치해 있다. 북쪽은 대카프카스 산맥, 동쪽은 카스피해, 서쪽은 아르메니아 공화국과 터키, 남쪽은 이란령 쿠르드스탄과 접해 있다. 아제르바이잔은 터키에서 발원하여 카스피해로 흘러드는 아라크스 강으로 이분되며 북쪽은 산지와 아라크스 강 북부의 평야로 이루어져 있고, 아라크스 강 남쪽은 우르미아 호, 고원 지역, 카스피해안으로 구성되면서 이란령 아제르바이잔에 접하고 있다.

영토는 약 86,600㎢로 이란령 아제르바이잔을 합하면 아제리 튀르크인 거주 지역은 약 190,800㎢가 된다. 아제르바이잔 지역 대부분은 산맥 또는 고원으로 북쪽 한계인 대카프카스 산맥과 아라크스 강을 넘어 이란까지 뻗어 내리고 있다. 이들 사이를 쿠라 강과 그 지류인 아라크스 강이 흘러 카스피해로 향하면서 넓은 평야를 가로지른다.

아라크스 강의 동쪽 고원 지대는 휴화산인 사발란, 사한드 등이 솟아 있다. 산악 지대는 관목으로 덮인 곳도 있으나 암석이 그대로 드러난 곳이 많고, 삼림은 카스피해 연안과 아스타라 부근에서만 볼 수 있다. 쿠라아 아라크스 유역의 동부는 반사막 지대이며 카스피해 연안, 쿠라 강 남부는 페리칸, 타조, 홍학의 서식지로 야조 보호구가 설치되어 있다.

아제르바이잔의 평야 지대는 건조한 아열대 기후로 더운 여름(월 평균 27℃)과 추운 겨울(월 평균 1℃~3℃)이 나타내고, 강우량은 연 300㎜정도이다. 내륙의 고도 2,000m이상의 산악 고원지대는 한랭한 기후로 우량이 많아 연 강우량 2,000㎜가 넘는 곳도 있다. 아제르바이잔의 수도 바퀴(바쿠)는 아열대기후를 보여주고 있다. 아제르바이잔의 삼림률은 13.8% 정도이며 전력과 석유, 천연 가스, 석탄 등의 지하자원이 풍부하여 공업이 발달되어 있고 도시인들의 대부분이 유전 관계 산업

낙치반에 있는 이슬람 성지 아사비 케이트

에 종사하고 있다. 주요 생산품들은 석유 채취 장비, 석유제품, 천연가스, 알루미늄, 전동기, 철물 재료 등이다. 아카데미 지리학 연구소가 생태학적으로 인간 거주가 부적당한 오염 지역 300곳을 지적했는데 아제르바이잔 공업 지대는 그 중의 하나로 꼽히고 있다.

주요 농업 지대는 쿠라, 아라크스 평야와 그 주변의 산기슭과 구릉에 펼쳐져 있다. 경지의 65%가 하천 혹은 댐에 의한 관개시설의 혜택을 입어 구소련에서 생산 제 4위를 자랑하는 면화를 위시하여 쌀, 차, 메론, 포도 등을 대량 생산하고 있다. 건조한 구릉이나 골짜기에서는 양과 말의 사육이 성행하고 대 카프카스 산맥의 남쪽 기슭이나 쿠라 · 아라크스 평야에서는 양잠도 행해지고 있다. 농산 가공은 담배, 포도주 양조와 배, 사과 등 과실의 통조림 가공, 얌(마과의 마속에 딸린 덩쿨성 식물을 통틀어 이르는 말) · 견직물 가공 등이 이루어지고 있다. 어업도 성행하는 편으로 카스피해에서 쿠라 강 하류에 이르는 일대의 연어, 철갑상어 등을 통조림 등으로 가공한다. 아제르바이잔의 주요 생산품은 양탄자, 융단, 면, 알팔파Alfalfa(자주개자리; 콩과에 속한 식물), 밀 등을 들 수 있다.

4. 문화와 종교

아제르바이잔은 구소련에서 연극과 영화 그리고 음유시에 있어서 선구자적인 역할을 하였다. 대부분의 중앙아시아와 카프카스의 튀르크족들처럼 아제리

전통컵에 홍차와 설탕을 타서 마시며
쵸렉이라는 빵을 주로 먹는다.

바이잔 민족 역시 노래와 춤, 무도
회, 시 낭송 등을 즐기는 예술성과
낭만성이 강한 민족이다. 커피 집에
서 오잔Ozan 혹은 아쉬그Ashig[38]
라 불리는 음유시인이 싸즈Saz[39]를
치며 들려주는 이야기를 경청하는
것을 좋아하며, 커피 집과 모스크가
이들의 사회적 만남의 자리가 된다.

아제르바이잔에는 장수자가 많아, 100만명 중 48명이 100세 이상의 연령이
고 평균 수명은 76세다. 이슬람 종교와 유목민족의 전통 때문에 마을 주민은
부모와 함께 살며 가부장적인 대가족을 구성하고 있어서 중앙아시아의 다른
튀르크계 국가들과 마찬가지로 소연방 초기에는 인구가 도시로 이동하지 않아
도리어 농촌의 인구 과잉현상이 야기되고 도시는 인구 부족현상이 생겨 문제
가 되기도 했었다. 그러나 지금은 도시 인구 유입률이 높아져 도시의 인구가
급증하고 있다. 한편 60년대 이후 인구 증가율이 높아지기 시작했는데 현재는
젊은층이 90.5%로 이들 중 노동 불가능 연령층이 34.5%, 노동 가능 연령층이
56.0%에 달하고 있다.

아제리 튀르크인들의 종교는 이슬람이기는 하지만, 아제르바이잔이 소연방
에 편입된 이후 사회주의 체제의 영향으로 인하여 의상 등에 있어서는 러시아
식으로 변화하였다. 여자들은 전통적 이슬람 양식인 머리와 얼굴을 가리는 차
르샵 사용을 거의 하지 않는다. 그러나 최근 독립 후에 기독교 전통 국가인 아
르메니아와의 전쟁 등으로 종교 감정이 다소 격해지면서 이슬람 전통이 일부
젊은이들 사이에 다소 강해졌다.

주식은 쌀로 만든 밥과 빵, 양고기, 채소, 낙농품(치즈, 발효우유 등), 과일

---

38) 아쉬그Ashig는 각 지방을 유랑하면서 마을에 들러 사람들이 가장 많이 모이는 찻집에서 싸
즈를 치며 시와 노래를 읊는다. 이러한 음유시인의 특징은 이미 준비된 시와 노래를 하기보
다는 그 지방의 풍습과 정치 사회상을 풍자하면서 즉흥적으로 지어 부르는 것이다.
39) 싸즈Saz는 원래 유목민족인 튀르크족의 고유의 악기로서 기타와 비슷하다. 현재도 터키와
중앙아시아 등 튀르크계 민족들 사이에 널리 퍼져 있는 악기이다.

등이다. 이들은 '차이chay' 라고 부르는 차를 많이 마시는데(하루 평균 20잔) 작은 잔을 사용하며, 차가 뜨거울 때는 차를 받침 접시에 쏟아 식힌 후 다시 컵에 부어 마신다. 양고기 꼬치구이인 샤시리크와 전채 요리로 큰 접시에 차갑게 한 고기, 햄, 야채를 배합시킨 요리가 고급 요리로 취급되며, 양고기는 일반적으로 향신료를 넣어서 먹고 소시지 또는 생선 식초 조림을 빵과 함께 먹는다.

국민들의 주된 직업은 유전 장치업, 해양 시추업(석유 탐사 등), 어업, 밀농사, 유목민, 면, 자주개자리 장사 등이다.

1991년 통계로 총인구 7,137,000여명 중에서 4,143,500명이 중등 및 고등교육을 받았다. 이곳에는 수도에 위치한 바쿠국립대학을 비롯하여 16개의 전문 및 종합대학이 있으며 99,700명의 학생들이 대학교육을 받고 있다. 대학생 배출율은 0.93%정도이다. 이슬람 문화권이기 때문에 국민들 사이에 여성이 고등교육을 받는 것에 대해 비교적 소극적이고 부정적인 태도가 강하다.

튀르크족이 유입해 오기 전 아제르바이잔의 고대 원주민들의 종교는 조로아스터교(배화교)였다. 배화교는 불을 숭배하는 종교로 BC 7세기 조로아스터를 고조로 하여 지금의 이란 근처에서 시작하였다. 아제르바이잔의 수도 바쿠천연가스가 풍부하게 매장되어 있어 가스가 땅속으로 지나가다가 지구 표면의 일정한 곳에서 분출될 때, 그 곳의 공기나 모래 등의 마찰에 의해 불이 붙으면 계속해서 타오르게 된다. 사막 가운데서 계속 타고 있는 불을 보며, 사람들은 신성을 느끼고 숭배하게 되었음에 틀림없다. 7세기 이후 이곳에 아랍-이슬람군이 진격해 들어오면서 거주민들이 이슬람으로 강제 전환하게 되었다. 10세기 말 셀주크 제국 건설을 전후로 중앙아시아의 튀르크족이 대량 유입해 들어왔는데 이들은 이곳에 오기 전에 이미 중앙아시아에서 이슬람을 받아들였다.

현재 아제리 튀르크인의 약 70%가 시아파 무슬림인데, 이들은 주로 아제르바이잔의 동부, 남부, 서부 농촌과 도시 지역에 분포되어 있다. 나머지 30%는 순니 무슬림으로서, 중부와 북부 지역에 몰려 있고 소도시에 집중되어 있다. 아제르바이잔에서 이 두 종파 사이에 심각한 갈등은 존재하지 않으며 형식에 있어서의 차이만 있고 이들은 같은 모스크에서 함께 예배를 드린다.

소비에트 공산 혁명 전 2,000개가 넘었던 모스크는 1988년 이전에는 16개만이 남아 있다가 고르바초프 등장 이후 1988~1989년 사이 60여 개가 더 증

이슬람 대학 내
사원과 대학생들

가되었다 현재도 계속 증가되고 있으며, 일부는 보수가 진행중이다. 바쿠에 이슬람신학교가 있으며 등록된 성직자의 수는 100명 이하였으나, 소연방 때 미등록 성직자들의 계속된 활동으로 그 당시 1,000개의 지하 기도처와 300개의 성지가 있었다고 한다. 카프카스 지역에는 이슬람 수피즘 세력이 강하며 트랜스카프카스 지역의 이슬람 중심지는 아제르바이잔 수도 바쿠이다.

5. 언어와 민족구성

알타이어족(語族) 중에서 튀르크 어군(語群)에 속하는 아제리 튀르크어는 튀르크어의 분류에서 남서 튀르크어, 즉 터키어, 튀르크멘어와 함께 오우즈 Oguz(語群)에 속한다. 아제리 튀르크어는 고도의 문학어로 일컬어지고 있으며 페르시아어의 차용어가 대단히 많다.

1922년 문자가 아랍문자에서 로마자로 바뀌었다가 1939년 구소련의 영향으로 러시아인이 사용하는 시릴문자 사용이 공식화되었다. 과거 구소련 체제하에서 초중등 교육은 아제리 튀르크어로 이루어졌으며 대학에서는 학생의 70%가 아제리 튀르크어로 교육을 받았다. 소련 붕괴 후 독립하면서 러시아어를 공식어에서 제외시키고, 아제리 튀르크어를 유일한 국어로 선언했으며 문자도 시릴문자에서 터키에서 사용하고 있는 튀르크화된 라틴문자를 채택하였다.

아제르바이잔 인구는 2002년 통계로 7,798,497명이다. 1991년 통계로 민족구성은 아제리 튀르크인이 83%, 러시아인 6%, 아르메니아인 6%, 다게스탄인 3.4% 등으로, 공화국 내에는 아제리 튀르크족 이외에 약 16개 소수민족들이 거주한다. 아제르바이잔인은 카프카스 지역과 이란 북서부 카스피해 등 아제르바이잔 지역의 주민을 말한다. 아제르바이잔에 외부인 유입은 AD 5세기를 전후로 간헐적으로 계속되어 오다가 10세기 중반에 튀르크족 유목민들이 중앙아시아로부터 대량으로 이주해 왔다. 이후로 아제르바이잔의 민족구성은 튀르크족이 주축을 이루게 되었다.

한편 이미 무슬림이 된 튀르크족이 아제르바이잔에 정착하는 과정에서 주변 기독교 정착민들에 대한 방화와 잔악한 학살은 튀르크족의 소아시아 지역(현 터키 지역) 진출 과정에서 나타난 유사한 잔인성과 함께 서구 기독교 세계에 알려지게 되어 중세 이후로 지금까지 서구 기독교 사회가 튀르크족에 대한 부정적인 견해를 갖게 하는 결정적인 원인이 되었다.

이곳에 유입되어 온 튀르크계 유목민들은 정착하면서 유목보다는 정착 농경에 더 의존하게 되었고 유목민족의 전통에 따라 가족 단위를 기본으로 하는 부계 혈연 집단이 사회 경제 생활의 단위가 되어 왔다.

이와 같은 외부인 유입과 기존 정착인과의 갈등 속에서 아제르바이잔 거주민이 집단적 새로운 통일체로 형성된 것은 13세기 이후이다. 이 때로부터 아제르바이잔 지방은 지정학적인 위치 때문에 주변의 강대국인 오스만 튀르크 제국과 러시아제국, 그리고 이란의 침략 대상국이 되었다.

러시아 혁명이 일어나 카프카스 일대가 일시적으로 독립 상태가 된 1917년부터 1920년 사이에 석유에 대한 권익의 보존을 위한 목적으로 오스만 튀르크군이 카프카스 지방에 진출하였는데, 이 때 오스만 튀르크군과 아르메니아인 사이에 유혈 충돌이 일어나 150만명 이상의 사상자를 내었다. 또한 터키 공화국의 원조인 오스만 튀르크인들과 아르메니아인들 사이의 충돌에서 아제리 튀르크인들이 오스만 튀르크인들에게 전면적으로 협력하였기 때문에, 이때부터 형성된 두 민족 간의 첨예한 갈등은 현재까지 계속되고 있다.

6. 나고르노 카라바흐 자치주

아제르바이잔이 공식적으로 소연방 통치하에 들어가면서 인구의 80%가 아르메니아인으로 형성되어 있는 나고르노-카라바흐Nagorno-Karabakh는 모스크바의 압력으로 1923년 7월 7일 아르메니아에서 분리하여 아제르바이잔 소속 아르메니아인 자치구가 되었다. 소련의 개방과 붕괴가 진행되면서 이 곳의 아르메니아인들이 아르메니아의 지원을 받아 자치구에서 완전 독립국 성취를 위한 분리 운동을 강화하면서 민족 분규가 발발하였다. 아제리 튀르크인과 아르메니아인들은 서로 역사적 근거를 제시하면서 카라바흐 지방이 자신들의 고유 영토라고 주장하고 있다.[40]

나고르노 카라바흐 자치주에서 일어난 민족간 분쟁은 20세기를 통해 간헐적으로 계속되어 왔는데, 그 개요를 보면 다음과 같다.

1905년 지방유지들에 의해 처음 폭동이 시작되었고, 앞에도 언급한 것처럼 1918년 아제리 튀르크인의 지원을 받은 오스만 튀르크군과 아르메니아인들과의 군사 충돌로 총 1만 5천 명에서 2만 명이 사망하였다. 그러나 스탈린의 통치 시대에는 아르메니아인들의 민족적 요구들이 묵살 당하였고, 1964년 흐루시초프 때에 18명의 아르메니아 기독교인들이 아제르바이잔 무슬림들에 의해 살해되었으나, 정부로부터의 아무런 조치도 없이 계속 이 지역은 방치되어 왔다.

고르바초프 등장 이후 나고르노-카라바흐의 아르메니아로의 편입 희망은 개혁정책을 추진하고 있는 정부에 의해 긍정적인 반응을 얻는 듯이 보였다. 1987년 8월 이 지역을 아르메니아로 편입시키기 위한 탄원서에는 7만 5천 명에서 40만 명이 서명을 하였지만 아제르바이잔 정부가 카라바흐 자치구 내 학교에서 아르메니아 역사를 가르치지 못하게 한 것이 원인이 되어 독립의 감정은 더 한층 고조되었다. 그 해 12월과 1988년 1월에는 탄원서가 모스크바로 보내졌고, 2월 12일 이 요구가 받아들여지지 않았음이 발표되자, 대규모의 시위 움직임이 일어나기 시작하였다. 그 해 2월 20일부터 약4만여 명의 아르메니아인들이 광장에서 시위를 시작하였는데, 이때 발생한 충돌 사태로 수천 명의 아제리 튀르크인과 아르메니아인이 사망하였다. 2월 26일에는 소련군대가 투입되고, 고르바초프가 성명을 발표하였는데, 이 지역이 아르메니아에 귀속되어야 한다는 아르메니아인들의 주장이 고르바초프에 의해 결국 긍정적으로 받아 들여졌다.

1988년 2월 28일, 그 유명한 숨가이트Sumgait 학살 사건이 일어났다. 2월 28일, 바퀴 북쪽에 있는 숨가이트 시에서 아르메니아인 수십 명이 학살당했다. 이것은 처음에는 젊은 폭도들에 의한 것으로 발표되었으나, 후에 아제르바

40) 카라바흐Karabakh는 튀르크어로 '검은 농장' 이라는 뜻이다.

이잔 내 이슬람 근본주의자들에 의한 것으로 판단되었다. 이와 같은 난리는 대규모 소련 군대의 투입과 진압으로 겨우 진정되었다. 1988년 6월 나고르노 카라바흐의 공산당 지도부는 아제르바이잔으로부터 탈퇴하여 아르메니아로 귀속할 것을 일방적으로 발표하였는데, 이에 대해 아제르바이잔이 즉각적인 거부를 발표함으로써 사태는 다시 악화 일로를 치닫게 되었고, 결국 소련 중앙정부가 나고르노 카라바흐 자치주를 중앙정부의 특별 직할시로 선정 발표함으로써 일단 수습은 되었으나, 실제로 이 자치구에서의 혼란과 분쟁은 중앙정부가 거의 통제할 수 없는 지경에 이르게 되었다. 이때 아르메니아 내의 아제리 튀르크인 수천 명이 아르메니아인들에 의해 학살당했는데, 이후에 카라바흐는 아제리 튀르크 소수민족이 거의 없는 아르메니아인의 자치구가 되어 버렸다.

1990년에도 아제르바이잔-아르메니아간 무력 충돌이 일어났다. 1월 12일부터 내전 상태에 들어간 아제르바이잔은 아제르바이잔 정부의 아르메니아인들의 체포와 이에 대한 무력 항거로 수많은 사상자가 생겨났고, 고르바초프의 중재 노력도 실패로 돌아가 소련 군대의 무력 진압에 의해 일단 수습되었다.

1991년 8월 소련 보수 세력에 의해 주도되었던 쿠데타가 실패로 돌아가고, 소연방이 와해의 길을 걷게 되면서 이 지역의 민족 분규는 다시 격화되기 시작하였다. 1991년 10월 두 민족간의 유혈 충돌로 사상자가 난 것을 시작하여 1992년 1월 27일에는 카프카스 여러 곳에서 전투가 발생해 수십명이 사망하였고, 비행기 공격으로 인한 추락과 살상 등이 자행되었다. 이곳에 주둔해 있던 CIS(독립국가연합)군대에 대해 아르메니아인들의 포격이 가해지고, 1992년 2월 29일에는 아르메니아 군이 나고르노 카라바흐 주를 점령하는 과정에서 1천명 이상의 아제리 튀르크인이 사망하고, 4천명 이상이 부상당했다. 지난 몇 년간 이 지역에서의 아제르바이잔과 아르메니아와의 민족 분규는 CIS의 존속을 위협하는 최대 요인 중 하나가 되었다. 현재는 러시아와 유럽안보회의 OSCE의 개입으로 휴전 상태에 있다.

바퀴 시내 전경

7. 수도 - 바퀴 Bakü (바쿠 Baku)

아제르바이잔의 수도 바퀴는 구소련에서 5번째 큰 도시로써 가장 최근 (1989)의 인구 조사에 따르면 약 115만 명의 인구를 가지는 카프카스 최대의 도시이다. 바퀴는 카스피해 연안 지역과 아프세론 반도의 남쪽에 위치해 있다. 지명의 유래에 대해서는 여러 설이 있는데, 페르시아어의 '바드 쿠베' (바람이 부는 마을)에서 비롯되었다는 설이 그중 하나이다. 특히 강한 북풍 '하즐리'가 유명하다. 9~10세기의 지학(地學) 연구서에는 바퀴가 언급되어 있는데, 그 당시 석유를 채굴했던 것이 나와 있다. 12세기에는 시르반 국의 중심지가 되어 카스피해의 교역 중심 항으로 발전했고 석유도 수출하였다.

16세기 이후부터 터키와 이란의 침공을 받아 18세기 초에는 일시적인 쇠퇴기를 맞이했다. 1747년 바쿠 한국이 설립되었고, 1804~1913년 동안의 러시아-이란 전쟁 중 1806년에 러시아에 병합되었다. 1872년, 산유지 독점임대 제도 폐지 이후 바퀴의 석유 산업은 단기간에 걸쳐 경이적으로 발전하게 되었다. 1897~1907년에 바투미까지 송유관이 부설되었으며, 1901년에는 전 세계 산유량의 절반을 생산하는 국제적인 석유도시가 되었다. 다양한 민족으로 이루어진 석유 산업 노동자들은 러시아 제국의 혁명 운동에서 중요한 역할을 하였다. '바퀴코민'의 수립과 붕괴, 영국군과 터키군의 점령 등의 격동기를 거쳐 1920년 4월 소비에트 권력이 수립되었다.

오늘날 아제르바이잔 전 인구의 1/6, 도시 인구의 1/3이 집중된 대도시로써 천연 항구가 있으며 석유, 가스, 석유화학, 기계, 금속 가공, 식품, 경공업이 활발하다. 특히 카스피 해의 풍부한 석유 채굴은 석유 산업을 발전시켜, 주민들 중에는 유전 관계 일에 종사하는 사람이 많다. 기후는 온난한 편이며 강우량은 적다.

8. 현재 상황

70여년간의 소련 공산체제에서 독립한 아제르바이잔은 종교적으로 이슬람 사원이 부활되고 정오의 기도 시간이 지켜지고 있으나, 아제르바이잔인들에게 있어서 현재 주된 관심은 경제생활을 재건하는 것이다. 그들은 이란의 이슬람 근본주의자들에 의한 회교원리주의의 확산을 두려워하며, 보다 민주화되고 서구화된 터키를 발전 모델로 삼고 있다. 이미 1990년 1월 아제르바이잔은 터키와 다양한 분야의 합작 투자를 포함한 산업, 운송과 통신, 건축, 석유 시추, 생산, 정제, 석유화학산업, 공업, 농산물 가공, 여행 등 전반적인 분야에서 경제 협력을 위한 의정서에 상호 조인한 바 있다.

아제르바이잔이 독립하게 되자 터키는 신생 독립국가 아제르바이잔에 전권 대사를 파견하는 최초의 국가가 되어 이란을 제치고 아제르바이잔 주재 외교단 단장의 역할을 맡게 되었다. 비록 아제르바이잔이 종교적으로 이슬람 시아파로서 이슬람 순니파가 지배적인 터키보다는 이란에 가깝지만, 아제르바이잔과 터키의 민족적 동일성과 언어적 동일성 — 약간의 방언적인 차이가 있지만 약 80%의 의사소통이 가능하다 — 을 기반으로 하는 연대감은 아제르바이잔 국민들로 하여금 자유개방 기업정신, 민주주의, 세속주의를 조화시켜 힘찬 경제 번영을 이룩한 터키를 지향해야 할 모델로 여기게 하여, 다른 중앙아시아 국가들과 함께 터키를 중심으로 한 튀르크 블럭 형성에 적극적으로 참여할 것으로 보여진다.

터키의 가죽제품 회사 파트홀동과 담배 회사 테켈TEKEL이 아제르바이잔에 공장을 지었는데, 터키는 아제르바이잔으로부터 석유와 천연가스를 더 많이 구매해 줄 것을 요청 받고 있다.

미개척 영역과 연안 무역에 대한 상호 협력 협약에 의해 터키와 아제르바이잔은 국경 지대의 아제르바이잔 자치구인 낙치반과 사다락 구간 고속도로 건설에 착수했는데, 이 도로를 통해 양국간의 교역을 증대하려 하고 있다. 또한 대학생 상호 교류를 정책적 차원에서 실시하고 있으며, 터키는 아제르바이잔에 의약품과 의료 장비를 생산하는 기업 등을 설립하고 있다.

한편 이란은 아제르바이잔의 국민 대다수가 시아파 이슬람임을 이용하여 회교원리주의 확산을 통해 아제르바이잔에 대한 영향력 확대를 시도하고 있다. 이란은 이를 위해 막대한 돈과 인적 자원을 투자하고 홍보 전단을 뿌리고 있다. 그러나 종교적 감정을 이용해 아제르바이잔에 진출하려는 이란의 계획은 이미 과거 공산주의 체제에서 이슬람 종교가 많이 희석된 아제르바이잔에서 용이하지 않을 것처럼 보인다.

이란 서북부 지방에 1천만 명 이상의 아제르바이잔인 집단이 형성되어 있는데 이들 소수민족 문제는 아제르바이잔이 독립국을 형성하고 있는 현 상황에서 이란과 아제르바이잔의 관계가 앞으로 어떻게 발전하는가에 따라 그 영향이 클 것으로 보인다. 최근 터키와 긴밀한 정치, 경제, 그리고 모종의 군사협력 관계를 맺고 있는 아제르바이잔 대통령의 이란 내 아제리 튀르크인 거주 지역이 아제르바이잔에 합병되어야 한다는 정치적인 발언으로 양국 사이에 긴장 관계가 형성되었으며, 또한 이란이 기독교 국가이며 아제르바이잔의 적대국인 아르메니아와 긴밀한 협조 관계로 발전하는 계기가 되었다. 즉 이란이 아제르바이잔-아르메니아 민족 분규에서 아르메니아 쪽으로 기울게 된 것이다. 이러한 불편한 관계가 어느 정도 지속될지는 모르나 군사력이 강하며 새롭게 경제적으로 부흥한 터키가 카프카스-중앙아시아 진출이라는 장기적인 계획을 가지고 동족인 아제르바이잔을 적극 지원하고 있어 앞으로의 귀추가 주목된다. 아제르바이잔과 아르메니아가 동시에 가입하고 독일의 적극적인 중재에 힘입어 현재는 소강상태에 있다.

Ⅶ. 몽골Mongol

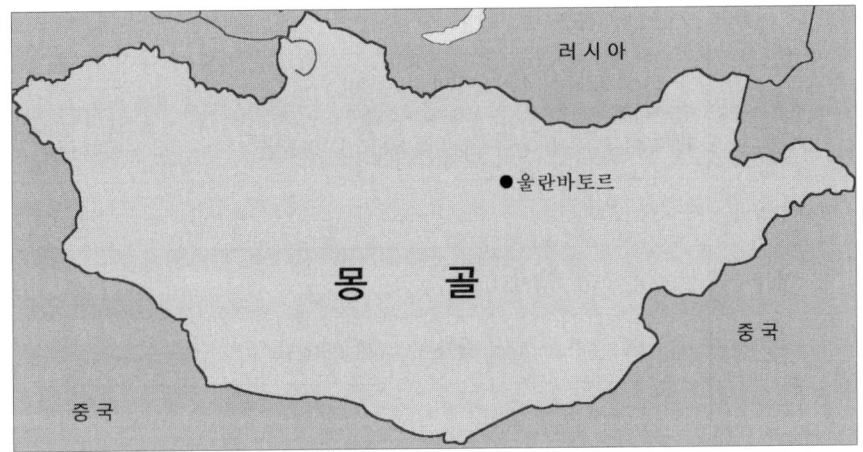

몽골 개황

인 구	2,694,432명(2002년 7월)
연 령 분 포	0~14세: 32% (남 438,176/여 422,960), 15~64세: 64.1% (남 864,033/여 865,172), 65세 이상: 3.9% (남 45,080/여 59,011) (2002년)
인구성장률	1.48% (2002년)
유아사망률	1,000명당 51.97명(2002년)
평 균 수 명	64.62세: 여자 66.87세, 남자 62.47세 (2002년)
출 생 률	여성 1인당 2.37명 출산(2002년)
종 족 집 단	할하 몽골인 85%, 카작 튀르크족 7%, 퉁구스인 4.6%, 기타 3.4% (1998년)
종 교	티베트 라마 불교 96%, 무슬림 (남동부 지역), 샤머니즘, 기독교 4% (1998년)
언 어	할하 몽골어 90%, 튀르크어, 러시아어 (1999년)
문 맹 률	15세 이상 읽고 쓸 수 있는 인구비율: 97.8%; 남 98%, 여 97.5% (2000년)

총 GDP	구매력 – $4.7 billion (2001년)
GDP-실질성장률	2% (2001년)
1인당 국민소득	구매력 – $1,770 (2001년)
GDP 분포	농업: 32%, 공업: 30%, 서비스업: 38% (2000년)
빈 곤 층	36% (2001년)
소비자 가격지수	12% (2000년)
노 동 력	1.4 million (2000년)
노동력 분포	목축/농업
실 업 률	20% (2000년)
예 산	수입: $262 million, 지출: $328 million (2000년)
공 업	건설자재, 광업(석탄, 구리, 몰리브덴molybdenum, 형성fluorspar, 금)/ 석유/식품과 야채, 육류 가공
산업성장지수	2% (2000년)
농 산 품	밀, 보리, 도마토, forage crop/양, 염소, 가축, 낙타, 말
수 출	$466.1 million (f.o.b., 2000년)
주요 수출품	구리, 가축, 육류, 캐시미어, 모직, hides, fluorspar, other nonferrous metals
수출 대상국	중국 59%, 미국 20%, 러시아 10%, 일본 2% (2000년)
수 출	$614.5 million (c.i.f., 2000년)
주요 수입품	기계 장비, 석유, 식료품, 소비재공산품, 화학, 건축자재, 설탕, 차
수출 대상국	러시아 34%, 중국 21%, 일본 12%, 한국 9%, 미국 4% (2000년)
대 외 부 채	$760 million (2000년)
차 관	$208.7 million (1999년)
화 폐	토그로그/투그릭 togrog/tugrik (MNT)
환 율	토그로그togrogs/ USD – 1,101.29 (2001년 12월), 1,097.70 (2001년), 1,076.67 (2000년), 1,072.37 (1999년), 840.83 (1998년), 789.99 (1997년)

몽골은 원래 칭기즈칸이 다스리던 소부족의 이름으로 일설에 의하면 이 말은 '용감하다'라는 뜻을 가지고 있다. 한자어 몽고(蒙古)는 중국인들에 의해 만들어진 조어(造語)로서 몽매할 몽(夢)자와 쓸모없다는 뜻의 옛 고(古)의 합성어이다. 우리나라도 예로부터 중국을 따라 몽골을 '몽고'라고 불렀다.

13세기 초부터 태평양 연안의 고려에서부터 유럽의 아드리아 해까지 중앙아시아를 비롯하여 중국, 러시아, 아라비아에 이르는 거대한 유라시아대륙을 통괄하는 사상 최대의 제국을 건설하였던 몽골족은 한때 주변 국가들에게는 공포와 전율의 대상이었다.

우리가 외몽고라고 부르는 몽골리아는 1,565,000㎢의 방대한 영토에 겨우 2백 10만 명 가량의 적은 인구를 가지고 있으며, 수도는 '붉은 용사'이라는 뜻을 가진 울란바토르Ulanbator[41]로써 약 50만 명이 거주하고 있다.

현재 몽골족은 외몽고 이외에도 중국의 내몽고 자치구, 회족(回族) 자치구, 신장성 위구르 자치구, 티베트의 북부와 러시아의 칼묵 자치국, 투바 자치국, 브리야트 자치국, 그리고 아프가니스탄 등지에 널리 분포되어 살고 있으나, 외몽고를 포함한 전체 몽골족 인구는 5백만 가량밖에 되지 않는다.

1. 역사적 배경

몽골족에 대한 최초의 언급은 중국 당조에 기록된 문서에 나타난다. 그 후, 전혀 언급이 없다가 11세기에 거란족이 중국 북부를 통치할 때 다시 언급되기 시작했다. 거란족은 북방 민족들에 의해 키타이Qitay라고 불려졌는데, 유럽에 Cathay라는 말로 전해졌다. 거란족은 요(遼)나라를 세워 중국 북부를 907~1125년 사이에 통치했는데 몽골계 부족으로 알려져 있다. 거란은 1125년 퉁구스계 부족인 여진족에 의해 멸망당했는데, 여진족이 세운 국가가 금(金)나라이

---

41) 울란바토르Ulan Bator의 바토르bator는 바가토로bagator에서 발전한 것으로써 바가토르는 baga와 tor의 합성어로 baga는 '두꺼비' tor는 '장군, 용사'의 뜻을 가진다. 두꺼비를 의미하는 baga는 과거 돌궐제국을 비롯한 유목민족집단에서 관직명으로 많이 사용되었다. 울란ulan은 형용사로 '붉은'의 뜻이다.

다. 그 후 몽골의 한 부족인 타타르Tartar[42]족이 북방에서 활약했는데 북부 외몽고의 오논Onon, 케룰렌Kerulen 계곡과 그 주변에서 살았다.

요나라가 멸망한 후 거란족들은 거란 지도층의 인도 하에 서쪽으로 이동하여 지금의 카자흐스탄 지역에 도달했다. 그들은 후에 이곳에 카라 키타이Qara Qitay라는 강력한 국가를 세웠다.

1206년 칭기즈칸의 영도 아래 몽골제국을 수립하였던 몽골민족은 지금의 중국, 한국, 중앙아시아 및 중앙유럽, 아라비아 반도를 포함하는 광대한 지역을 통치하였다. 14세기 중엽 내부적 분쟁의 결과로 몽골제국이 해체된 후, 청나라의 교묘한 몽골 분열정책이 성공하여 몽골의 재통일은 이루어지지 못한 채 세월은 흘러갔다. 1691년 돌로눌Dolonor조약에 의해 몽골은 정치적인 독립의 기회를 완전히 상실하고 공식적으로 중국 변방의 한 성(省)으로 남게 되었다. 그 후 2세기 동안 몽골은 종족의 분산 과정을 통해 남부 지역 내몽골은 외국 열강의 식민지화가 이루어지고, 북부 지역 외몽고에는 신정권력이 강화되었다.

1911년 중국 신해혁명이 일어나자 몽골의 지배자들은 이것을 몽골이 청나라의 지배로부터 벗어날 수 있는 호기로 생각하여, 그해 12월 울란바토르(당시명 우르가)에서 혁명을 일으켜 몽골의 독립을 선언하였다. 이러한 독립운동은 제정 러시아의 지원을 받아 이루어졌으나, 당시 주로 유럽 전선에 힘을 쏟아야 했던 러시아는 몽골 문제로 청조와 분쟁을 일으키기를 원치 않았기 때문에 적극적으로 지원하지 않아 결과 없는 운동에 그치고 말았다. 그 후 1915년 중국을 종주국으로만 인정하는 자치권을 부여받았으나, 얼마 되지 않아 1919년에 다시 중국에 통합되었다.

1921년 몽골인민혁명당(MPR)이 창설되었으며, 이들은 국민들을 민족해방운동에 동원하고, 소련 적군(赤軍)의 원조를 받아 당시 백군(白軍)에 의해 점거되어 있던 우르가를 점령하는데 성공했다. 이로써 몽골 혁명정부는 소련의 원

---

42) 현재 러시아연방공화국의 자치국인 타타르공화국은 타타르족의 독립자치국이다. 이들 타타르족의 이름은 과거 몽골계 타타르족에서 유래하나, 역사 속에서 완전히 튀르크화되었고, 튀르크계 언어를 사용하며 튀르크 민족으로 취급되고 있다. 이 타타르족은 서구유럽에서 Tartar족으로 불려졌는데, 이 말은 '지옥'이라는 뜻의 라틴말이다.

벽화에 담긴 몽골의 역사

조 아래 독립의 제 일보를 내딛게 되었다. 그 후 몽골은 1924년에는 몽골인민공화국이라는 국명 아래 공식적인 새로운 국가를 수립하였다. 이 혁명 후에 몽골은 그들의 장래를 사실상 소련과 같이하게 되었던 것이다.

1930년대 중반부터 1984년까지 몽골의 정치는 크게 두 시기로 구분된다. 1930년대 중반부터 1952년까지 제 1기는 쵸이발산이 집권한 시기로서 정치적, 종교적인 대숙청을 통해 몽골 인민혁명당의 집권을 강화하는 시기이다. 이 시기에 몽골은 쵸이발산의 통치하에 중앙집권적 국가로써의 기틀을 다지게 되었는데, 이로써 과거 전통적인 라마불교의 종교 세력은 대대적으로 붕괴되었다.

제 2기는 체덴발의 통치기간이다. 1952년에 당의 지도자가 된 체덴발은 중앙집권적 국가 통제경제 골격을 확립하였으며, 1974년에는 국가 원수가 되었다. 1961년 UN에 가입하였으며, 1965년 대부분의 공산권 국가들과 정식 외교관계를 수립하고, 그 후 영국, 프랑스, 캐나다 등 비공산 서방 국가들과도 외교관계를 맺어 총 40여개의 국가들과 국교 관계를 맺게 되었다. 1969년 중-소관계가 악화되면서 소련군이 몽골 내로 진주하였고, 이것이 계기가 되어 1970년대 이후에 소련과의 관계는 한층 더 강화되었다.

1984년 8월 체덴발이 권좌에서 물러나고 같은 해 12월 바트문흐가 이끄는 온건 정부가 들어서게 되었다. 바트문흐는 소련의 페레스트로이카에 보조를 맞추어 위로부터의 개혁인 시네치엘(쇄신)을 실시하게 되었는데, 이 개혁이 국민들의 기대에 부흥하지 못해 국민들의 반발을 불러 일으키게 되었다. 급기야 1989년 12월 몽골민주연맹의 주도하에 아시아 공산국가에서는 최초로 민주화 가두시위가 발생하게 되었다. 몽골민주연맹 DMU은 학생, 종교인, 예술인, 지식인 등으로 구성된 재야 세력으로, 지금까지 몽골의 민주화 운동을 주도하는 핵심 세력으로 활약했다. 1990년 1월 14일 이들은 울란바토르에서 체덴발의 재판 회부 요구와 그들을 지배했던 공산 이데올로기의 전면 부정, 스탈린식 정

치 제도와 집권 인민혁명당
의 독재체제를 비난하는 시
위를 시작하여, 4일 후에는
스탈린 동상을 철거하였다.

몽골의 초원

1월 20일에 정부는 개혁단
체인 몽골민주연맹을 인정,
공산당 일당 독재포기를 시
사하였고, 지방 당직의 경선
제 도입, 연내 개헌 착수, 자유총선 실시 등 잇따른 정책 변화를 발표함으로써
몽골 민주화 시위에 대한 굴복의 뜻을 나타냈다. 같은 해 2월 18일 몽골민주연
맹을 주축으로 한 몽골 최초의 야당인 몽골민주당 MDP가 창설되었고, 3월 12
일 몽골 정치국원 전원 사퇴에 따라 공산당 권력 독점이 막을 내렸으며, 3월 15
일 바트문흐 서기장의 사임으로 몽골의 민주화 시위는 승리로 끝나게 되었다.

1992년 1월 몽골인민대회Great Huural에서 사회주의를 완전히 청산하고
중립, 비동맹, 자유시장 경제를 지향할 것을 선언하였고, 국명을 몽골인민공화
국Mongolian People's Republic에서 몽골국The State of Mongolia으로
개명하였다.

2. 기후 / 지형 / 자원 / 산업

몽골은 중앙아시아에 위치한 내륙 국가로 북쪽으로는 구소련, 동서남쪽으로
는 중국과 접해 있다. 총면적은 1,565만㎢으로 인도의 약 절반, 우리나라의 7
배, 일본의 4배에 해당하는 영토이다.

지형은 북부와 서부의 세 개의 큰 산맥으로 이루어진 산악지대 및 초원지대
로 나누어져 있고, 어디서든지 목축이 가능하다. 국토의 71%가 초원이고, 8%
가 삼림이며, 21%가 고비사막[43]으로 구성되어 있다.

---

43) 우리말에 어려운 일을 극복할 때 '고비를 넘다'라는 표현을 쓰는데, 이 때 사용되는 고비라
는 단어가 외몽고의 사막 이름 고비Gobi에서 유래한 것이다.

평균 해발고도가 약 1,600m에 이르는 고지(高地)이고 기후는 전형적인 대륙성기후이기 때문에 겨울이 6개월 이상이나 되고 매우 추우며, 10월에서 3월까지 일년 중 6개월 동안은 기온이 영하로 떨어져 평균 −20℃이고, 혹한 때에는 −50℃까지 내려간다. 그러나 날씨가 건조하기 때문에 기온에 비해서 체감온도는 낮지 않다. 몽골은 지진대에 속해 있어 기후와 지진으로 인한 어려움 때문에 사회간접자본의 발전에 상당한 어려움을 갖고 있다.

농지가 풍부하며, 국토의 약 80%가 소, 말, 낙타, 염소, 양 등의 방목에 적합하다. 집약적인 속성 재배는 짧은 경작 기간, 심한 일교차로 인해 제한을 받고 있으며 석탄, 철, 주석, 구리, 금, 은, 텅스텐, 아연, 형석, 몰리브덴, 준보석과 같은 광물자원이 풍부하여 광물자원 개발의 잠재력이 크다. 전력은 국내 석탄과 수입 디젤유 등을 이용한 화력 발전을 통해 획득하고 있다. 지금까지는 구소련에서 수입한 전력량이 자체 생산양보다 많았고, 농촌 지역에 거주하는 인구의 약 20%는 전기의 혜택을 받지 못하고 있다. 상당한 규모의 수력 및 풍력발전 잠재력을 보유하고 있으나 아직 미개발 상태이고, 석유 개발은 착수 단계에 있다.

몽골 경제를 뒷받침하고 있는 기간산업은 목축업이다. 최근에는 농업의 발전과 함께 식품공업, 축산가공, 피혁가공, 직물제조 등 각종 콤비나트를 포함하는 공업이 발달하였고 석유, 석탄, 금, 주석 등을 중심으로 하는 광업도 개발되어 가고 있다. 농업은 대규모화된 기계 농업으로 밀, 보리, 콩 등의 곡류와 감자, 토마토, 오이, 수박 등의 야채와 사과, 귤 등의 과실이 수확된다.

중공업은 발전소를 제외하면 거의 미숙한 상태이나 앞에서 말한 콤비나트를 중심으로 하는 각종 공업이 발달함으로써 일용품과 식료, 의류 등 생활필수품의 자급화가 일단은 이루어진다고 볼 수 있다.

3. 문화와 종교

국토에 비해 인구밀도가 너무 낮은 몽골은 인구증가를 장려하고 있어, 1960년대 이래 인구가 2배 이상 증가하였다. 그러나 아직도 평균 인구밀도는 매우 낮아 1km²당 1.3명에 불과하다. 근래 30여년 사이에 인구가

몽골의 전통가옥

급격히 팽창한 관계로 인구의 50%이상이 20세 이하로 구성되어 있다는 점이 특이하다.

법적으로 네 자녀를 출산할 때까지는 낙태를 금지하고 있으며, 자녀가 많으면 많을수록 정부의 혜택이 많다. 정부는 다섯명 이상의 자녀를 낳은 경우는 훈장을 수여하는 등 비상한 노력을 기울이고 있다. 그러나 소아과 의사의 절대 부족으로 정확한 사망률을 추정할 수 없을 정도로 높은 유아 사망률을 가지고 있다. 심지어 어떤 해는 출생률이 50%인데, 사망률이 70%가 되기도 하였다.

이들의 주거는 전통적인 가옥인 겔Gel이다. 겔은 분해와 조립이 용이한 유목 생활에 적합한 가옥으로 여름에는 강가 분지에 설치하고 겨울에는 산지 남쪽에다 설치한다. 수도인 울란바토르에는 수준이 높지 않은 현대식 건물과 아파트가 많다. 이들은 목초를 따라 이동하는 유목 생활을 하는데, 현재는 계획적이며, 집단적인 목축 경영방식을 따르기도 한다. 가정 연료는 가축의 배설물을 사용하는데, 화력도 좋고 냄새도 없다고 한다.

의복은 크게 세 가지로 나뉜다. 두루마기와 닮은 겉옷 '델'과 모자 격인 '마라가이', 긴 장화 모양의 신발인 구달 등이 그것이다. 건조한 기후 때문에 여름에도 긴소매 옷을 입고 다닌다. 몽골인은 모자를 매우 소중히 여겨 그 디자인과 색깔은 매우 멋있다. 구달은 장화처럼 생긴 것으로 발톱 앞이 위로 치솟아 있고, 발뒤꿈치가 없으며, 발목이 무릎 가까이 까지 닿도록 길어, 기마민족다운 기상이 엿보인다.

몽골의 주식은 가축에서 나오는 유제품이다. 이들에게 있어 가축은 식량이자

몽골인

동시에 주요한 재산이다. 다른 식량을 구할 수 없는 겨울에는 고기를 마치 김장김치처럼 저장하여 먹는다. 말, 양, 소 등은 유목민의 주요 식량원이자 옷감 공급원이, 낙타는 사막과 초원지대에 필수적인 이동수단으로 특히 사막에서 배의 역할을 한다. 가축의 젖은 그대로 먹기도 하지만, 치즈나 술 등 유제품을 많이 만들어 이용하며, '수때이 차이' 라는 차를 만들어 먹기도 한다. 이들의 음식 중에는 '미스가라' 라는 것이 있는데 이것은 미싯가루와 흡사한 것으로 콩가루 떡에 버터와 우유를 넣어 조금씩 개어 만든다. 또 특별한 의식이 있을 때나, 손님을 접대할 때에는 '마유주' 를 쓰는데 마유주는 말 젖을 발효시켜 만든 것으로 성인병 치료에도 사용되며, 여름철에 먹을 수 있다.

또한 몽골에서 1921년 7월 11일 사회주의 혁명의 성공을 기념하여 '나담' 놀이가 행해지는데 이는 관제적인 성격을 지닌다. 이 때 행하는 경기는 씨름, 활쏘기, 말타기의 3종목으로 이틀에 걸쳐 행해지는데 최고의 권위를 가진다. 나담의 어원적인 뜻은 '나다후' 로써 모든 신령과 성지인 '어버' 를 받들고 승전을 기념한다는 것을 의미하고 있다. 씨름은 파릴도호라고 하며, 말타기는 주로 어머니가 아이들에게 가르치게 되는데 선수들은 6~12세 정도의 어린이들이다. 몽골에서의 가장 큰 화제는 '말' 인데 몽골인은 대체로 3세부터 말타기를 배우며, 흔히 몽골인들은 '말 안장위에서 태어난 사람들' 이라 불릴 만큼 말과 친숙하며, 몽골에서 사육되고 있는 말은 200만 마리 정도로 국민 1인당 1마리 꼴인 셈이다. 말을 조련하는 사람을 '위아찬' 이라고 하는데, 몽골 소년들의 최상의 꿈은 위아찬이 되는 것이다. 몽골인들은 말을 '멸', 조랑말을 '조르멸', 얼룩말은 '알락머르' 라고 부른다. 몽골의 말은 체구는 작아도 인내력과 근력이 뛰어나다.

1949년 튀르크계 고대 위구르 문자를 개조한 몽골 문자를 폐지하고 시릴문자로 바꾸면서 문맹률이 현저하게 떨어졌다. 몽골 인구 구성은 18세 미만의 비율이 48%로서 이들의 교육 문제가 심각하여 최근에는 8-10년제의 보통학교 교육 의무제를 시작했다. 혁명 전까지만 해도 불교 사원 이외에 교육 기관이 하나도 없었는데, 현재는 보통교육학교가 891개, 고등전문, 기술전문학교가 62개, 대학교가 8개 있다.

인구 1만 명당 2,723명 정도가 학교에 다니고 있으며, 고등학생이 233명, 대학생이 145명꼴이다. 대개의 학생들은 국영농장 중심지에 세워져 있는 학교에 다니고 있는데, 80%가 기숙사 생활을 하고 있다. 이전에는 사회주의 국가의 유학생들 뿐이었으나, 1986년 이후 몽골판 페레스트로이카라고 불리는 시네치엘과 일도트의 영향으로 자본주의 국가의 유학생들도 받아들이게 되었다.

이들은 민간 신앙으로 '어버'를 섬기고 있는데, 이것은 대평원에서 길잡이의 역할을 하는 것으로 흙을 쌓아 올리고 그 위에 돌을 쌓거나, 버드나무를 세워 놓은 것이다. 어버는 먼 곳에서도 볼 수 있도록 높은 곳에 위치하며, 사람이 사는 곳이면 대부분 어버가 있다. 몽골인들은 몽골의 끝없이 펼쳐진 대평원에서 어버를 보며 고독감에서 벗어나고, 어버가 생명을 보호해 준다는 절대적인 의미를 부여하고 있다. 또한 어버는 이들에게 병과 재난을 막아 주며, 가축의 번성을 돕는 수호신이며, 과거 우리 나라의 성황당과 같이 생활 애로의 해결을 기원하는 대상이다.

몽골인들의 대중 종교는 라마불교이다. 라마Lama는 '뛰어난 사람' 혹은 '최상자'를 뜻하는 것으로 가장 존경받는 승려에 대한 경칭이다. 티베트인들은 자신들의 종교를 라마교라고 하기보다는 '불타 종교' 또는 '정통 불교'라고 말하며, 불법승(佛法僧)보다는 살아 있는 부처로서 손쉽게 접할 수 있는 덕이 높은 개인 스승인 라마를 숭배하고 그에게 순종함으로써 그들의 신앙을 표현하고 있다. 라마 중에서도 특별한 고승을 활불(活佛)이라고 하는데, '달라이 라마'는 활불 중에서도 최고의 활불이다. 몽골 정부의 발표에 따르면, 라마불교 신도는 인구의 35%이나, 불교측에서는 100%라고 주장하고 있다.[44]

불교의 한 지류인 티베트 라마교는 1207년 당시 티베트와 이웃한 중국 내륙

몽골의 전통 축제인 나담축제에서 씨름하는 모습

의 탕굴(西夏)을 칭기즈칸이 정벌할 때, 티베트와의 접촉으로 몽골인들에게 처음 알려졌다. 그 후 1247년, 칭기즈칸의 손자 고단이 라마교를 공인함으로써 라마교는 토속신앙인 샤머니즘, 토테미즘과 함께 몽골의 민족종교로서 자리를 잡아가기 시작하였다. 원조(元朝)때에 라마교의 정교합일주의에 입각하여 라마승들은 정책 결정의 조언자로 그 위치를 굳히게 되었는데, 대표적으로 쿠빌라이칸과 파스파 라마승은 가까운 개인적인 친분 관계를 유지하기도 하였다. 파스파 라마는 정치 관여는 물론 문자가 없던 몽골에 파스파문자라는 것을 창제하여 몽골 문화에 큰 영향을 주었다. 당시에는 라마교가 전 몽골인에게 넓게 전파되지는 않았으나, 주로 지배층에서 그 발판을 넓혀 나갔다.

1368년 원조(元朝)멸망 후 북원(北元)시대에는 주로 서몽골 지역에서 라마교가 계속 번성하면서 몽골의 알탄 칸 시대에 쏘드남 라마가 정치에 많이 관여하였다. 1409년에는 총카바라마가 겔룩파 승려학교를 설립하고, 1578년에는 티베트의 달라이라마가 몽골에 들어옴으로써 몽골의 라마교는 커다란 부흥기를 맞게 되었다. 1586년 할하 몽골의 마바다이 칸은 어르더니사원을 세우고 본격적인 포교 활동을 벌이기 시작하였는데, 티베트 달라이라마가 몽골에 들

---

44) 정부 통계가 더 신빙성 있게 받아들여지고 있는데, 그 이유는 몽골에서 35세 이하의 연령층이 전 인구의 약 70%를 차지하고 있으며, 이들은 공산주의국가였던 몽골에서 태어나고 자란 세대로, 공산당의 라마교 탄압정책으로 인해 라마교를 접할 기회가 없었기 때문이다.

어온 뒤 2년 후에 몽골에서 죽자, 라마교의 윤회설에 입각하여 달라이라마가 몽골에서 환생한다는 교리가 자리를 잡게 되어 몽골의 라마교는 티베트에 이어 활불을 갖게 됨으로써 정통성을 인정받게 되었다.

몽골의 무속신앙

특히 몽골의 마지막 대칸인 릭단 칸은 라마교 사원을 곳곳에 세워 라마교를 통한 몽골인들의 단합을 꾀하고 나아가 몽골제국의 재건설을 시도하였으나, 동몽골 부족들의 반란과 만주세력에의 투항으로 뜻을 이루지는 못하였다.

청조(淸朝)의 몽골통치시대에 이르러 강희, 건륭 등 청조 통치자들은 몽골인들에 대해 분할과 통치 정책을 펴서 몽골은 내몽골과 외몽고로, 그리고 다시 기(旗)와 맹(盟)으로 나뉘어져 그 힘을 잃게 되었다. 청조는 다른 한편으로 몽골인들의 호전성을 없애고, 군사력의 약화를 위해 몽골 지역의 라마교를 적극 보호하고 장려하였다. 이 시기에 모든 라마교 서적들이 번역되어졌고, 일반 가정에서도 아들 중 하나는 라마 사원에 보내는 관습이 생겨나게 되었다. 청조에 의해 대대적으로 장려되면서 라마교가 간인들 사이에 널리 퍼지게 되었는데, 이러한 번창의 결정적인 이유는 청조가 칭기즈칸을 부처 중의 하나로 숭배하게 했기 때문이다.

청조 말기에 들어오면서 승려들 계속 증가되 었는데 이들은 생산적인 노동력이 되지 못하고 국민들에게 부담이 되었다. 게다가 국민들에게 종교세를 부과하여 그 부담은 가중되었고, 라마교 사원의 증가로 인한 많은 토지 점령으로 경제는 더욱 악화되었다. 뿐만 아니라 승려들의 도덕적 타락은 많은 문제점들을 야기시키게 되었다.

1921년 소련 적군의 지원 아래 중국으로부터 독립하여 세운 몽골공화국(1924년 몽골인민공화국으로 개칭함)은 대내외적으로 몽골의 지도자로 숭배받던 접준담바 후툭두를 실권 없는 국가원수로 내세우고 혁명에 참가했던 라

라마불교사원

마 승려들과 귀족들이 한 세력을 형성하고, 소련의 영향을 받던 친소파가 또 한 세력을 형성하여 두 세력간의 권력투쟁이 시작되었다.

그러나 1924년 접준담바 활불의 죽음을 틈타 친소파는 더 이상의 활불의 환생을 부정하고 국가 이름도 몽골 공화국에서 몽골 인민공화국으로, 그리고 몽골인민당도 몽골 혁명인민당으로 바꿈으로써 공산주의 국가로써의 제일보를 내디뎠다.

건국 초 몽골 정치에 상당한 영향을 주던 라마 세력들은 점점 숙청되기 시작하였고, 1930년대에 들어서면서 소련 스탈린 독재의 영향 아래 당시 친소파의 대표적 인물이며 몽골의 스탈린식 독재자였던 쵸이발산은 문화혁명을 일으켜 라마교를 탄압하기 시작하였다. 7백여 개가 넘던 라마사원은 울란바토르의 간단사 한 개를 남겨 놓고 대부분 파괴되었고, 라마 승려 수만 명이 처형되었으며, 사원의 토지들은 압수되었을 뿐만 아니라 라마교 서적들 대부분이 불태워졌다.

초창기 일부 국민들은 생산 능력이 없는 승려들과 라마사원의 대규모 토지 점유, 종교세 등에 불만을 갖고 있던 터에 이러한 정부의 정책에 찬성하였지만, 대다수 국민들은 이미 뿌리박힌 라마교에의 탄압에 부정적인 반응을 보였다. 게다가 부처의 하나로 숭앙하던 칭기즈칸의 격하에는 더욱 더 반발하였다. 그러나 1940년부터는 라마교는 이제 더 이상 몽골 정치에 영향을 줄 수 없게 되었고, 몽골 라마교에서 부처로 숭배하던 칭기즈칸도 소련의 영향으로 계속 격하되었다. 1962년 칭기즈칸 탄생 팔백주년 기념행사는 모두 취소되었고 칭기즈칸의 초상이 그려진 우표는 모두 압수되었다.

라마교는 더 이상 몽골 인민공화국에는 존재하지 않았고, 단지 울란바토르의 간단사와 부설 승려학교만이 그 명맥을 유지하면서 정치적으로 이용되었다. 대표적인 예로 몽골 라마교단은 사회주의 기치 아래 아시아 불교의 단합

이란 명목으로 매년 북한 불교와 중
국 티베트 라마교, 동남아시아 불교
계의 인사들을 초청하여 아시아 불교
연합회를 개최하여 불교의 사회주의
에 대한 공헌 등을 강조하였다.

라마승

　1990년 초 몽골의 정치 개혁은 그 동
안 거의 활동을 못했던 라마교 신자들
과 울란바토르 승려학교의 젊은 승려들, 그리고 그 동안 정치적으로 이용만 당해
왔던 몽골라마교의 최고승 함바 라마에게는 라마교 재 부흥의 계기가 되었다.

　몽골의 정치 개혁은 정치적으로 다당제 수용 및 경제개방이 그 특징을 이루었
다. 당시의 몽골 인민혁명당의 서기장이자 개혁의 주도자였던 곰보자빈 오치르
바트는 종교의 자유 보장을 공식 발표하였다. 그 후 1990년 3월 신도연합이란
단체가 결성되고 3개월 후에는 이 단체의 후원으로 종교민주당이 창당되어 개혁
정치에 참여하기 시작하였는데, 당원의 숫자는 놀라울 정도로 크게 불어났다.

　라마승들은 적극적인 정치 참여를 통해, 과거의 좋지 않았던 이미지를 벗고
몽골의 새로운 경제 정책을 적극 수용할 자세를 보이고 있어 라마교의 몽골 정
치에의 참여는 더욱 가속화되어가고 있다.

4. 언어와 민족 구성

　몽골어는 9가지 방언으로 구분되어 있으며, 그 중 현대 몽골어는 다시 7개
의 방언으로 나뉜다. 표준어는 할하 몽골어로써 인구의 75%이상이 사용하고,
전 국민이 이해하고 있다. 이 밖에 브리야트족은 브리야트어를, 튀르크계통 민
족은 튀르크어를 사용한다. 문자는 시릴문자(33개)에 2자를 합친 35자의 변형
문자를 사용해 왔다. 그러나 최근 민족주의 정책을 강화하여 고유문화 회복정
책의 일환으로 몽골인 고유 문자(파스파문자) 회복을 시도하고 있다. 과거에는
문맹률이 99%였으나, 사회주의 혁명 이후 문맹 퇴치 운동으로 약 20%미만으
로 개선되었다.

몽골의 민족 구성은 할하 몽골인 약 75%, 카작인 4.7%, 브리야트인과 투바인 각각 3%정도, 니안, 다리간가, 두르벳, 올로트, 토르굿 등의 소수민족들이 4.3%이며, 러시아인 2% 미만, 중국인이 2%정도이다.

5. 정치

1920년 몽골 인민혁명당이 창설되어 민중을 조직하여 민족해방운동을 전개하였다. 소련 적군에게 원조를 받은 몽골 적군은 당시 백군이 점거하고 있던 우르가를 점령함으로써 몽골 혁명정부가 출범하게 되었다. 마침내 1924년 몽골은 '몽골인민공화국' 이라는 이름으로 사회주의 국가를 출범시켰다. 이 적군 혁명으로 몽골은 사실상 그들의 장래를 소련과 함께 하게 되었다.

그 후 몽골 정부는 초기에 급진적 사회주의 정책을 수행하였으나 실효를 거두지 못하자 1932년경부터 점진적 사회주의 정책으로 전환하였다. 이후 우여곡절을 겪으면서도 소련, 중국, 동유럽 사회주의 국가들의 원조를 받아 사회주의 국가로서의 기반을 굳혔다. 1991년 소련의 해체되자 몽골은 1992년 1월 신헌법을 제정함으로써 사회주의 체제를 탈피하고 대통령중심제의 중립·비동맹국가로 전환하였다.

한편 과거 세계에서 두번째로 사회주의 국가가 되었던 몽골은 1961년 UN에 가입하였으나, 1963년 영국과 수교를 맺기 전까지는 철저한 고립주의 정책을 추진하였다. 그러나 1980년대 중반부터 고르바초프의 개혁 개방 정책의 영향으로 몽골은 민주화 및 시장경제로의 개혁을 추진하여 아시아 지역에서 최초로 탈사회주의 국가를 추구하는 나라가 되었다.

최근 주요 대외정책은 심각한 경제난 타개와 경제지원 확보를 위한 서방과의 관계강화 및 국제기구 가입, 안보 및 경제적 차원에서 주변국과의 관계증진을 추구하고 있다. 몽골은 사상과 이념을 초월한 개방외교를 추진하고 있으며, 외국 군대의 주둔을 일체 불허하고 있다.

1992년 1월, 몽골은 몽골인민대회에서 사회주의 완전 청산과 중립, 비동맹, 자유시장경제의 지향을 천명하였다. 이로써 몽골은 1921년 아시아에서 최초로 공산국가가 된 이후로 1989년 최초의 민주화 시위와 최초의 자유선거, 그리고 1990년 아시아 공산국가로는 처음으로 민주정부를 수립한데 이어 이제 아시아 공산국가 중 최초로 탈사회주의를 표방한 나라가 된 것이다.

인민 대회에서 결정된 주요 사항은 국명을 '몽골인민공화국'Mongolian People's Republic에서 '몽골국' The State of Mongolia으로 변경하였고, 대통령제에 의한 삼권분립의 제도화, 일부 토지에 대한 개인소유 인정 등과, 헌법 전문에 "인도적인 시민 사회의 발전을 최대 목표로 삼는다"와 본문에 "법률, 민주, 정의, 자유, 평등, 민족 통일을 중시한다"라는 문구를 명시한 것이었다.

2000년 12월에는 헌법을 개정하여 이전의 대통령중심제와 내각책임제의 중간 형태인 이원집정부제에서 벗어나, 의회와 내각의 권력을 대폭 강화한 의원내각제적 성격을 강화하였다. 삼권 분립을 제도화하였으며, 입법기관으로 국가최고 권력기관인 국가최고회의가 있고 구성원은 76명이며 임기는 4년이다.

행정부에는 연임이 가능한 임기 4년의 대통령을 비롯해서 총리를 수반으로 12개부로 구성된 최고행정기관인 각료회의가 있어 몽골의 주요행정을 집행한다. 대통령은 국가의 상징적 역할을 하며 실질적인 행정부 수반은 수상이다.

사법기관으로는 헌법기관인 헌법재판소와 대법원 및 지방법원이 설치되어 있다. 공산당 1당 독재체제를 유지해왔던 몽골은 1990년 3월 인민혁명당중앙위원회 제8차 총회에서 헌법을 수정하여 공산당 1당 독재를 포기하고 복수정당제를 채택하였다.

1993년 6월 몽골 최초의 민선 대통령선거가 실시되어 인민혁명당의 푼살마긴 오치르바트Punsalmaagyn Ochirbat가 당선되었다. 1996년 총선에서는 야당인 민주연합이 압도적인 승리를 거두어, 인민 혁명당의 75년 통치를 종식시켰으나, 1997년의 대통령 선거에서 점진적 개혁을 주장하는 온건파 인민혁명당의 후보 나차긴 바가반디Natsagin. Bagiabandi가 61%의 지지율로 당선되었다. 2000년 7월 총선에서 인민혁명당이 76석 가운데 72석을 차지하는 압승을 거두었다. 2001년 5월 바가반디는 제3대 대통령 선거에 재출마해 전 국회의장이자 야당후보인 민주당MDP 의라드나숨베렐린 곤칙도리Radnaa-sumbereliin Gonchigdorj를 누르고 재선에 성공하였다. 2001년 현재 집권당 수반이요 국가 수상은 남바린 엥흐바야르Nambaryn Enkhbayar이다.

236

몽골의 시장

2001년 1월 통계 몽골공화국의 정규군은 2만여 명으로, 육군 1만 8,000명, 공군 2,000명으로 구성되어있다. 내륙 국가인 관계로 해군은 없다. 몽골 군은 징병제로서 18~28세의 몽골 남자가 징집대상이 되는데, 군복무 기간은 1년이다. 그 동안 최고 약 6,600명까지 달하던 소련군이 1992년 9월 25일 완전히 철수함에 따라 외국군의 주둔은 없다.

한편 과거 사회주의적 이념의 완전 탈피와 함께 구공산당이었던 몽골 인민혁명당도 당의 지도이념이었던 마르크스주의를 배제하고 민주사회 건설을 당의 목표로 내세웠다. 몽골 지도부는 국가경제운영을 위한 대부분의 자원을 구소련에 의지해 왔던 몽골이 살아남을 수 있는 길은 대외 개방과 체제 개혁뿐임을 잘 인식하고 있다. 또한 그 동안 몽골 정부의 주도하에 심각한 갈등 없이 점진적인 민주화와 경제개혁을 추진하여, 국제 사회에서 우호적 평가를 받고 있어 이 같은 조치는 정치적으로 큰 무리가 없을 것으로 보인다.

6. 경제

문제는 근대국가로써 민주정치와 자유시장경제를 경험해 본 적이 없는 몽골이 개혁을 위해 많은 비용을 치러야 한다는 것이다. 몽골을 현재 시각한 경제난을 겪고 있다. 연료 부족으로 버스가 중단되고 수도 울란바토르에서도 병원의 항생제와 거즈가 동이 나는 사태가 발생했다. 파종을 위한 비료와 트랙터 연료도 구하지 못하는 실정이라고 한다. 정부는 지난 겨울 발전소 사고로 인한 시민 동사(凍死)에 대한 대비책으로 50만 울란바토르 인구 중 1/4을 대피시키는 비상 대책을 비밀리에 수립하도 했다. 지난 70여 년 간 생필품에서부터 석유, 의약품에 이르기까지의 모든 물자를 공급하고 GNP의 최고 25%에 달하는 예산 적자를 메워 주었던 소연방의 붕괴로 최대의 무역상대국을 잃어버린 몽골은 실질 소득의 33%가 감소되는 타격을 입었다. 소련 붕괴 후에 러시아는 무역 관세를 부과하고 원조와 부품 공급을 중단하였다.

물을 사러 모여든 마을 주민들

또한 지난 12월 러시아가 원유 공급을 중단하여 몽골 산업시설은 마비되었고, 수출은 격감(2천만 달러에서 25만 달러) 되었다. 이와 같은 경제적 어려움에도 불구하고 몽골은 서구식 경제체제로의 전환을 시도하고 있다. 몽골 정부는 3월 초, 밀가루와 빵을 제외한 모든 식료품의 가격을 자유화했다. 이것은 자유시장의 확대로 농목민들이 정부의 공출을 꺼림에 따라 실질적인 통제가 불가능해져 취해진 조치이다.

일본 동경에서 몽골지원회의가 열리고 경제 원조를 위한 국제통화기금IMF과 세계은행사절단이 몽골을 방문 등 몽골 개혁을 지지하는 국제 분위기가 조성되고 있으나, 개혁 성공을 위해 몇 개의 험난한 산을 넘어야 할 것 같다.

가장 심각한 문제는 체제 변화를 선언했지만 몽골 정부 내에는 자본주의의 복잡성에 대한 이해가 깊지 못하고 자유시장경제에 대한 지식이 너무나 부족하다는 것이다. 따라서 정부가 내세운 정책과 현실사이에는 괴리가 나타나고 있는 실정이다. 또한 적은인구와 산만한 인구 분포는 사회간접자본 형성에 큰 걸림돌이 되고, 기후의 악조건 역시 경제 발전에 저해 요소로 작용할 수 있다.

만성적 물자 부족인 상황에서 모든 식료품 가격을 시장경제에 맡겨 자유화한다는 것은 필연적 물가 앙등을 야기한다는 점에서 불안 요인이 된다. 외국 투자의 미미함과 자생적 경제에 필요한 간접자본과 기간시설이 전무한 상태 역시 몽골 경제 개혁의 성공을 불투명하게 하고 있는 요소이다. 더구나 최근 수개월 동안 중국의 내몽골 자치구에서 중국 통치에 항의하는 격렬한 독립 시위가 발생하여 수십 명이 부상당하였다. 이 시위대는 중국 정부의 탄압 정책에

몽골의 음식

대한 반대와 자치구의 중국 정부로 부터 독립, 몽골과 통합을 주장하여 몽골과 중국과의 관계가 불편해짐으로 한국과는 중과세 방지협정을 체결, 몽골로 진출하는 한국 기업의 배당, 이자, 사용료, 소득 등에 대해 몽골 국내 법보다 낮은 세율을 적용키로 합의함으로써 한-몽 협력 관계는 우호적으로 발전하고 있다.

몽골은 그 동안 사회주의체제에서 사용해 온 시릴문자 대신에 전통적인 몽골문자를 사용하기 위한 움직임이 있으나 여러 현실적인 문제 때문에 즉각 시행하지 못하고 있는 실정이다. 최근에 몽골에서 일어나고 있는 칭기즈칸 연구와 민족 종교로써 불교 부흥운동은 민족적 정체성을 확립하기 위한 국가적 노력으로 보인다

전통적으로 몽골 경제를 뒷받침하고 있는 기간산업은 목축업이다. 1990년 당시 양 1,300만 마리, 소 300만 마리, 말 250만 마리와 염소, 돼지, 닭 등을 합쳐 모두 약 4,000만 마리로 이는 몽골인 1명당 20마리를 소유하고 있음을 나타낸다.

농업은 대규모 기계화를 실시하였다. 주체는 국영 농목장으로 밀, 보리, 콩 등의 곡류와, 감자, 토마토, 오이, 수박 등의 채소와 사과, 귤 등의 과일을 수확한다.

중공업은 발전소를 제외하면 발전이 미약한 상태이고 식품공업, 축산가공, 피혁가공, 직물제조 등 콤비나트를 포함하는 각종 공업이 발달되어 있다.

그러나 몽골의 경제는 대체로 낙후되어 있다. 구리, 금, 우라늄 등이 매우 풍부한 세계 10위의 자원부국임에도 경제발전이 제대로 되지 않고 있다. 과거 대외무역의 95%를 소련 및 공산권국가에 의존했고, 국내총생산GDP의 30%를 매년 소련에게 원조받았으나, 1990년과 1991년 사이 이러한 원조가 모두 그쳤다.

몽골은 1980년대 후반 공산권의 민주화 개혁을 전후로 공산권 국가와의 교역이 감소하여 어려움을 겪어왔다. 이러한 경제난을 타개하기 위해 1990년부

터 시장경제와 자유무역을 도입하였고, 외국인 투자자들에게 문호를 개방하는 획기적인 입법조치를 단행하였다. 1997년 세계무역기구 WTO에 가입하였다. 1999~2000년 겨울에는 30년만의 한파로 가축 240만마리 이상이 동사하는 등 경제에 큰 타격을 입었다.

1999년 국내총생산은 8억 9700만 달러, 2000년 물가상승률은 8.1%이다. 2000년 수출은 4억 3230만 달러, 수입은 5억 742만 달러이며, 주요 수출품은 석탄, 동, 금, 형석, 몰리브덴 등 광물과 캐시미어 등 피혁 제품이고, 수입품은 기계류 및 일상 소비재이다. 주요 무역상대국은 중국, 러시아, 미국, 일본, 한국 등이다.

7. 사회

현대 몽골 사회는 옛날과 같은 유목사회는 아니지만 인구 약 50만 명의 수도 울란바토르의 주민 42%가량이 파오(蒙古包)라고 불리는 원형천막 겔에서 살고 있다. 국토의 태반을 차지하는 농촌 초원지대에는 몽골인들이 주민 대부분이 겔에 거주하고 있다. 1960년대 부터 현대식 아파트를 건설하기 시작하였는데 아파트 거주비율은 49.1% 정도 수준이다.

음식은 양고기를 먹고 마유(馬乳)나 몽골주를 마신다. 이것이 농촌 몽골인의 생활기조(生活基調)인데, 지금은 이른바 물과 풀을 찾아 유랑하는 유목 생활은 없어지고 집단적인 목축이 이루어진다. 최근 산업발전과 경제개발으로 인한 이농과 인구 도시집중 현상이 심화되고 있다.

종교는 과거 사회주의 혁명 전 라마교가 국교였으나 공산화 후 쇠퇴하여 많은 사원이 헐리고 단지 100여 명의 승려가 남아 명맥을 유지하고 있다. 민주화 운동 이후 과거 공산정권에 의해 제국주의자 및 전쟁광으로 비난받던 민족영웅 칭기즈칸의 명예회복 운동이 일어나 그의 추모사업회도 발족되었다.

교육제도 의무교육은 8년이고 초등학교 683개소, 고등교육기관 63개소가 있다. 교육여건과 시설의 낙후에도 불구하고 97.8%의 높은 문자 해독률을 보이고 있다.

언론매체로는 주요 일간지 〈우르딘 소닌〉이 유명하며, 약 200여개의 잡지가 발간되고 있다. 1998년 통계에 의하면 통신사 2개사, 텔레비전방송국 4국이 있고 라디오 방송국은 AM방송국 12국, FM방송국 2국, 단파방송국 13국이 있다.

8. 한국과 몽골 관계

몽골은 우리 한민족과 같이 인종적으로 몽골리언이며 언어학적으로 알타이어족에 속한다. 몽골은 13세기 몽골제국 시기에 고려를 60년간 통치하였으며, 이 시기에 많은 몽골어 차용어가 한국어에 유입되었다. 몽골제국이 붕괴된 이후 외몽고에 몽골 민족 세력이 약화되고, 몽골과 한반도가 중국의 종속국으로 전락함으로써 몽골과 한민족 관계는 중국의 그늘에 밀려 전혀 발전하지 못했다.

한편 일찍이 1948년에 북한과는 국교를 수립하였으며, 한국과는 공산 체제 말기 1990년 3월에 외교관계를 수립하였다. 한국은 1992년 외무장관, 1994년 헌법재판소장, 1995년 교육부장관, 서울시장, 1998년 외교통상부 장관이 차례로 몽골을 방문하였다. 1999년에는 김대중 전 대통령이 몽골을 공식 방문하였다.

몽골은 1991년 10월 오치르바트 전 대통령이 내한하여 정상회담을 가졌고 1999년 총리, 헌법재판소장, 국방장관 등이 연이어 방한하였다. 2001년에는 대통령 바가반디가 방한하였다.

1991년 양국은 경제·과학기술 협력협정, 어업협정, 항공협정, 문화협정, 무역협정 등을 체결하였다. 또한 1992년 이중과세방지협정, 1993년 세관협력에 관한 상호지원 협정에 이어 1999년 형사사법공조 조약, 범죄인인도 조약, 체육 분야 협력 약정, 에너지 및 광물자원 분야의 협력에 관한 협정, 기술협력 약정을 체결하였다.

2000년 몽골은 한국으로부터 연간 총수입량은 5446만 달러이고, 대한국 수출은 266만 달러이다. 주요 수입품은 자동차, 봉제품 등이고, 수출품은 광물, 축산품, 원자재 등이다. 2000년 몽골 내 한국인 체류자는 약 600명이다.

수도 울란바토르 시내 전경

9. 수도 - 울란바토르Ulan Bator

몽골의 수도 울란바토르, 인구는 약 50만 명 정도(1990년)이다.1924년까지는 성벽을 뜻하는 쿠룬이라고 불리었으며, 중국에서는 우란바터우(烏蘭巴), 유럽에서는 우르가라고 불리었다. 오르혼 강의 지류인 토라 강의 우편에 위치한 높이 1,300m의 초원성 고원에 자리해 있으며, 여름 기온 27℃, 겨울 -46℃의 극심한 대륙성기후를 보이고 있다.

1649년 초대 활불이 라마묘(廟)를 창건한 이래 몽골 라마교의 본산으로써 발전하였고, 18세기에 들어서는 러-청 양국의 중계 무역지로 번창하였다. 1911년 외몽고의 독립과 함께 그 수도가 되었고 1921년 혁명으로 공화국이 설립되면서 라마교가 탄압 받게 되어 라마교의 자취는 거의 사라지게 되었다. 1924년 '울란바토르'(몽골어로 '붉은 영웅'이라는 뜻)로 개칭되어 몽골의 정치, 경제, 문화의 새 중심지로서 그 위치를 확보하게 되었다.

1934년 소련의 원조로 건설된 공업 콤비나트를 필두로 공업화가 시작되어 제 2차 세계대전 후 피혁, 제화, 모직, 식육, 유제품, 제분 등의 공업이 발달하였다. 울란바토르는 현재 전통 주거인 빠오는 거의 찾아볼수 없고, 큰 건물과 집단주택, 넓은 포장도로 등이 건설되어 현대적 도시 면모를 갖추고 있다.

제3장
러시아연방 내 알타이계 자치공화국

I. 바쉬키르공화국Bashkir
(바쉬코르트공화국 Bashkortstan)

1. 볼가-우랄 지역의 튀르크계 종족집단

볼가-우랄 지역의 튀르크계 종족 집단들은 주로 볼가Volga 유역 중류와 벨라야Belaya 유역에 집중적으로 분포되어 있다. 방대한 지하자원을 보유하고 있는 우랄Ural 산맥을 끼고 있는 볼가 강은 구 소련에서 가장 중요한 수로였다. 볼가-우랄 지역은 유라시아 근대사에서 매우 중요한 역할을 하였다. 이 지역은 러시아인, 우크라이나인, 벨로루시인 등 슬라브계 민족이 튀르크계 민족을 비롯한 동쪽의 아시아계 민족과 만나는 곳이어서 아시아적인 것과 슬라브적인 것이 합쳐져 복합된 성격을 나타내고 있다. 이 지역 인구를 크게 분류해 보면 튀르크족, 핀-우그르족Fin-Ughuric(우랄계 민족), 슬라브족 등 세개 민족그룹으로 나뉜다. 튀르크계 민족은 약 1천 1백만 명 가량으로 카잔 타타르Kazan Tatar, 추바슈Chuvash, 바쉬키르Bashkort 등 세개의 주요 종족 집단으로 구분된다. 이들 종족 집단들은 각각 자치공화국ASSR을 형성하고 있었는데, 비교적 자기 종족이 인구의 대다수를 차지하는 추바슈 자치공화국을 제외하고 나머지 다른 자치 공화국은 인구 구성이 매우 호납적인데,특히 비튀르크계 소수 종족의 비율이 매우 높다. 한편 이웃하고 있는 핀-우그르계 자치공화국 — 마리Mari ASSR, 우드무도바Mordova ASSR, 모르도바Mordvin ASSR — 안에는 다수의 튀르크계 종족들이 소수민족으로 거주하고 있다. 튀르크계 종족 가운데 가장 널리 분포되어 있는 종족은 카잔 타타르족이다. 카잔 타타르족은 자민족 자치공화국보다 외부에 더 많은 수가 거주하고 있다. 중부 볼가 지역의 튀르크계 및 핀-우그르계 종족 집단의 인구 분포는 다음과 같다:

	1939년	1989년
바쉬키르	842,925명	1,449,462명
추바슈	1,367,930명	1,839,288명
타타르	4,300,336명	6,645,588명
모르도바	1,451,429명	1,153,516명
우드무르트	605,673명	746,562명
마리	481,262명	670,288명

2. 역사적 배경

바쉬키르인의 민족적 기원은 명확하게 밝혀져 있지는 않지만 핀계 민족과 튀르크계 민족의 혼혈로서 10세기경 형성된 것으로 추정된다. 이들은 1236년 몽골 바투에 의해 정복되어 큽착 칸국Golden Horde의 지배를 받았다. 이후 이들은 큽착 칸국과 몽골제국 멸망 후에 성립된 카잔 칸국 지배 하에서 완전히 튀르크화 되고 종교적으로 이슬람화되었다.

러시아의 지배가 있기 전 1502년 큽착 칸국이 붕괴되면서 바쉬키르인들은 세 지역으로 나뉘어 각각 다른 국가의 통치를 받고 있었다. 서부 지역은 카잔 칸국Kazan Khanate의 지배하에 민족의식과 종교적 열심이 강한 타타르인들의 영향을 크게 받았다. 동부 지역은 시비르 칸국Sibir Khanate의 지배를 받았고 후에는 카작 호르드Kazakh Horde의 지배를 받았다. 따라서 이들은 중앙아시아 유목민족의 성격이 강하다. 남부 지역은 노가이 호르드Nogay Horde

의 지배를 받아 이 지역 역시 중앙아시아의 유목민족 기질이 남아 있다.

　러시아의 이반 4세가 카잔을 공략한지 5년 후인 1577년에 바쉬키르인 일부가, 17세기 초에 이르러서는 전국이 러시아의 지배를 받았다. 러시아의 강제적인 기독교정교회 정책, 가혹한 세금 징수, 러시아 농민의 유입 등에 항의하는 바쉬키르인의 강한 반발로 1622~1664년, 1681~1683년, 1705~1711년, 1735~1740년, 1755년 등 2세기에 걸쳐 끊임없이 반란이 일어났다. 카테리나 2세 때 러시아 이슬람의 최고 권위 기관인 무슬림 성직자협의회가 우파Ufa(바쉬키르의 수도)에 설치된 사실에서도 알 수 있듯이 이슬람 의식이 무척 강하고 반란을 '성전(聖戰)'으로 간주하기도 했다. 1917년 혁명과 뒤따른 내전 기에 저명한 튀르크 역사 언어학자인 토간 V.Togan을 지도자로 하여 독립국가 건설을 목표로 민족 운동을 전개했으나 실패했다. 바쉬키르 자치공화국 지역은 백군과 적군이 격돌하는 동부 전선의 격전지가 되어 양군간에 쟁탈전이 되풀이된 끝에 1919년 6월 프룬제Frunze가 이끄는 적군이 최종적으로 이 지방을 제압하였고 그해에 러시아연방 최초의 자치공화국이 되어 오늘에 이르고 있다.

　러시아 혁명 전에만 해도 바쉬키르인들은 같은 튀르크계 부족인 볼가 타타르인과 동족으로 생각되어 왔다. 타타르어와 바쉬키르어는 매우 유사하며 방언적인 차이가 있을 뿐이다. 그러나 1923년에 바쉬키르어의 문자가 타타르어와 달리 독립적으로 제정되고 문어체가 정립되면서 점차로 바쉬키르인들은 독립된 부족으로 발전하기에 이르렀다. 이처럼, 바쉬키르인들이 타타르인들과 구별되어 독립된 공화국을 형성하고 민족적 정체성을 확립하게 된 데는 민족주의자 토간Togan의 노력이 크게 작용한 것이다. 레닌과 개인적인 친분이 있던 토간은 자민족의 독립된 정치 행정 단위를 구성하는 데는 성공했으나, 후에 스탈린 시대에 민족주의자로 몰려 터키로 망명하였다. 터키 이스탄불대학교 문과대학에서 재직한 토가은 70년대에 사망했는데 중앙아시아 역사 전문학자로서 세계적으로 잘 알려져 있다.

　바쉬키르Bashkort로 그 뜻이 '우두머리bash 늑대kort'로써 영어로 바쉬키르트Bashkirt로 표기되었다. 최근에 튀르크 민족주의자들은 공화국의 독립성을 강조하기 위하여 바쉬키르 자치공화국을 바쉬코르트스탄Bashkortostan이라고 부르곤 한다.

3. 위치 / 기후 / 자원 / 산업

바쉬키르 자치공화국의 수도
는 우파Ufa이며, 면적은 약 14
만 3600㎢이다. 볼가 강과 우랄
산맥 사이에 있으며 서쪽으로는
타타르 자치공화국 및 우드무르
트 자치공화국, 동쪽으로는 첼랴
빈스크 주, 남쪽으로는 오렌부르

대통령궁에서 바라 본 백강

크 주와 접해 있다. 동부는 우랄 산맥 남단과 바로 이어진 준평원 및 대지로 되
어 있다. 대륙성 기후로 1월 평균기온은 −14℃에서 −17℃, 7월은 16.5℃에서
20℃사이이며, 연 강수량은 400에서 500㎜이다.

투이마지, 이심비아, 시키포보 등지를 중심으로 석유, 천연가스가 산출되며
이 지역의 유전은 소련 굴지의 볼가, 우랄 유전의 일부이다. 그 밖에도 갈탄,
철광, 금 등이 산출된다. 공업으로는 석유 관련 공업이 압도적인 비중을 차지
하여 우파, 살라바트, 이심바이 등지에 정제, 가동공장이 있고 이외에도 금속
가공, 기계제작 등의 공업이 발달되어 있다. 농업도 공화국의 주요 산업으로,
국토의 약 절반이 농토이며 밀을 주로 하는 곡물농사와 젖소, 육우 사육 등 목
축업도 성하다.

4. 종교

바쉬키르인들은 10세기 이래 이슬람의 지속적인 영향을 받아 왔다. 수도 우
파는 서부 러시아와 중앙아시아를 제외한 시베리아의 이슬람 중심지로써 이슬
람 본부가 있다. 카테리나 2세에 의해서 우파에 이곳에 이슬람 본부가 세워졌
는데 공산 혁명 후 폐쇄되었다가 1943년에 다시 개원되었다. 오늘날 대부분의
바쉬키르인들은 수니파 하나피계 무슬림들이며 우파에 있는 종교국의 관리를
받고 있다. 바쉬키르인으로서 기독교 그룹도 있는데, 이들은 나가이박Nagai-

우파에 있는 러시아 이슬람 본부

bak인들로서 18세기에 기독교정교로 집단 개종한 사람들이다. 그러나 이들의 대부분은 주변의 이슬람 집단들에 의해 이슬람 문화에 거의 동화되어 있다. 현재 바쉬키르공화국에는 약 120여개의 이슬람사원이 있다. 그러나 종교적으로 바쉬키르인들의 종교적 열심은 타타르인들보다 열세하다.

5. 언어와 민족 구성

바쉬키르 자치공화국 인구는 1989년 자료로 약 3,952,000명이며, 민족 구성비는 바쉬키르인 24.3%, 러시아인 40.3%, 타타르인 24.5%, 추바슈 3.2%, 마리인 2.8%, 우크라이나인 2.0%, 그 외 기타 민족 2.9%이다. 공화국의 남동부 지역에 사는 바쉬키르인들은 같은 튀르크계 부족인 카작인, 노가인 등과 같이 유목민 출신 부족 집단들이다.

바쉬키르어는 서부 튀르크계의 언어로 분류된다. 바쉬키르족은 볼가 지역의 타타르어와 유사하며 약간의 음운적인 차이만 있을 뿐이다. 바쉬키르 문어(文語)는 1923년에 남동부 지방의 쿠바칸 방언을 기초로 성립되었다. 쿠바카 방언은 타타르어와 가장 거리가 멀고, 오히려 카작어와 가깝다. 문어체는 그리 보편화되지 못했으며 대부분의 바쉬키르인은 볼가 타타르어를 문어체로 사용하고 있는 실정이다. 바쉬키르어는 지역적으로 남동쪽과 북동쪽의 산지 언어와 남서쪽과 중앙 지역의 스텝어 등 2개의 방언으로 나뉜다.

Ⅱ. 추바슈 공화국Chuvash

1. 역사적 배경

러시아에 구석기시대의 인류가 살았다 해도 빙하시대가 지나고, 신석기 시대가 시작된 후에 비로소 중부와 북부 러시아 지역이 인간 정착지가 된다. 수많은 선사시대의 유물들이 러시아 고고학자들에 의해 발굴되었다. 유라시아 대륙의 광대한 내륙지대는 수세기 동안 흉노족(훈족), 아바르족Avar, 카자르 혹은 하자르족Khazar, 페체넥Pechenek, 쿠만Kuman, 몽골Mongol 같은 여러 유목민 군사 제국들의 끊임없는 통치를 받아왔다. 그들은 대부분 튀르크 민족이거나, 언어학적으로 혹은 인종적으로 튀르크족과 흡사했다. 중국인으로 간주되는 흉노(匈奴)라 불리는 민족은 중국의 서쪽과 북서 지역의 사람들인데, BC 200년부터 그 이름이 기록되 왔다. 흉노족들의 후예인 튀르크족들이 중국인들에 의해 돌궐(突厥)이라고 불린 것은 AD 6세기 이후였다. 여러 튀르크 제국들의 흥망성쇠로 인해 중앙아시아 고원지대에 새로운 민족들이 진출하게 되었고, 많은 부족들의 이동과 이주의 현장이었 되었다.

추바슈Chuvash인들의 형성에 대해서는 분명하지 않다. AD 155년에 흉노제국이 몽골계 선비족과 중국 한(漢)나라에 의해서 멸망하게 되는데, 일부는 서진하여 일리Ili 지역 초원에 머물고 있다가 한나라의 정벌로 인하여 현재의 카자흐스탄 지역에 이르게 된다. 350년경는 약탈을 목적으로 카프카스 지역의 알란 족을 공격하였으며 계속적인 이동으로 볼가 강 유역에 이르게 되었다. 볼가 유역의 원주민들인 알란 족과 핀-우그르계 부족들을 완전히 복속시킨 흉노족은 이어서 4세기 중반 동(東)고트Goth족들을 압박하기 시작했는데 이들은 헐가리 지방으로 밀려나게 되고 또한 서(西)코트 집단의 이동을 게르만족의 대이동을 야기시켰다. 이 때 흉노족이 훈Hun족이라는 이름으로 서방에 알려지게 되었다. 동고트족을 공격한 훈족의 수장 발람베르Balamber은, 추바슈어의 선조어인 볼가 불가르어와 유사한 언어를 사용했던 것으로 알려지고 있다. 이후 훈족은 아띨라Attila의 통치하에 전성기를 맞이하게 되는데, 이때 훈족의 종주권이 로마와 게르만 슬라브, 핀족들에게까지 미쳤다.

453년 아띨라가 죽음으로써 훈 제국은 곧 멸망하게 되었다. 멸망하기 직전 내부의 권력 다툼으로 내전이 발발하게 되는데. 이때 권력 다툼에서 패배한 아띨라의 작은 아들 이르네크Irnek와 그를 따르는 부족이 중부 유럽을 떠나 흑해 북부 지방으로 이동하여 그곳의 튀르크계 오구르Ogur족을 규합, 7세기 초에 대(大)불가르국을 건설하였다. 지도자 쿠르트Kurt의 사망 이후에 분리되었다. 남쪽에 있던 또 다른 튀르크계 부족 하자르의 압력으로 불가르 튀르크족은 여러 부분으로 나뉘었는데, 한 부류는 북쪽으로 가서 볼가 강 중류에 정착했고 다른 몇 부류는 서쪽으로 이동했다.[45] 후자의 한 부류가 AD 678년에 다뉴브 강 하류(현재의 루마니아와 불가리아 근처)에 정착해서, 다뉴브 불가르인Da-nube Bulgar 혹은 투나 불가르인Tuna Bulgar으로 알려지게 되었다.[46] 이 집단은 토착 슬라브인들에게 서서히 흡수되었고, 이들이 존재했다는 증거로 단지 불가리아에 이들의 이름만 남아있을 뿐이다. 비록 이들의 왕국은 주로 볼가 강 왼쪽이고 오늘날 추바슈공화국은 오른쪽 즉, 8~10세기 사이에 핀족의 모르도바인Mordvin이 통치하던 볼가 고지대이지만, 볼가 불가르인으로 알려졌던 볼가 강 중류의 다른 한 집단이, 지금의 추바슈인의 조상인 것으로 받아들여지고 있다. 볼가 불가르의 주요 두 도시는 볼가르, 볼가르와 수바르Suvar였다. 볼가르Bolgar는 오늘날까지도 규모가 큰 중요한 도시인데, 그 옛터는 카마Kama와 볼가 강 합류점에서 남쪽으로 약 30km지점에 있다.

추바슈인이 초기 볼가 불가르인의 직접적인 후손이란 사실이 완전하게 입증되진 않았지만, 거의 사실에 가깝다고 할 수 있다. 볼가 불가르인들은 러시아인과 튀르크인 뿐만 아니라 이웃의 핀 족들에게 유입되 많은 영향을 받았으며

---

45) 볼가Volga 강의 명칭은 불가르Bulgar 튀르크족의 이름에서 유래했을 가능성이 높다. 불가르Bulgar는 볼가르Bolgar에서 발전된 것이며, 튀르크어 동사 bulga- '혼잡시키다, 혼란하게 하다' 에 부정(不定)형 동사 시제 어미 -r이 붙은 것이다.

46) 이처럼 대(大)불가르국은 카프카스 지방에 세력을 형성하던 이웃 나라 튀르크계 카자르국에게 밀려 그 일부는 현재의 발칸 지역 현재의 불가리아로 이동하여 그 곳의 원주민인 슬라브계 부족들을 규합하여 불가르국Bulgar을 세웠는데, 역사학계에서는 이 나라를 투나Tuna 불가르국이라고 부른다. 투나 불가르국은 9세기에 오무르타그Omurtag 집권시에 전성기를 맞이하게 되는데, 후에는 비잔틴제국의 영향으로 국민과 통치자가 기독교화 되었다.

수세기에 걸쳐 점점 이들에게 동화되었다. 이 때문에 오늘날의 추바슈어는 다른 튀르크 제어와 그 형태 면에서 매우 다르다. 추바슈인이 볼가 불가르인들의 후손이라는 이론은 현재 이 분야를 연구하는 대부분의 학자들에 의해 인정되고 있다. 오늘날의 추바슈인들은 둥근 머리와 대체로 평평한 얼굴, 그리고 밝은 눈을 가진 핀 족과 튀르크족이 혼합된 것 같다.

러시아 역사에서 키예프Kiev 공국의 시기, 즉 9세기 바랑고이족 왕조에서부터 13세기 몽골 침략까지(AD 878~1237) 러시아인들은 단지 지금의 러시아의 서부 유럽 지역만을 다스리고 있었다. 볼가 강 중류 지역은 불가르인들이 집단을 이루고 있었고, 러시아인과 상업적으로 밀접한 관계를 맺었다. 또한 이들은 때로는 싸우기도 했는데, 러시아인들은 965년 볼가 불가르인들을 약탈했고, 다시 985년에는 러시아이들과 볼가 불가르인들 사이에 전쟁이 발발하기도 하였다. 볼가 강 하류 지역은 강력한 튀르크계 왕국인 하자르가 지배하고 있었다. 오늘날 하자르인의 후손들은 남아있지 않다. 하자르인들은 965년 유태교로 개종했고, 볼가 불가르인들은 922년 이슬람교를 받아들였는데, 이들은 당시 이슬람교 확장의 최북 지점에 있었다. 러시아인들은 10세기말 하자르 왕국을 무너뜨리면서 카스피해까지 진출했다.

볼가 불가르인들은 이웃에 있는 튀르크계 부족 쿠만Kuman처럼, 러시아와 동양의 중재자였고 1006년에 러시아인들과 무역 협정을 체결하였다. 이 이슬람 지대를 지나면 러시아의 동부와 남동부는 내전중인 여러 튀르크계와 몽골계 부족들이 있다. 러시아인과 볼가 불가르인들 사이에 경제적 관계가 있긴 했으나, 서로 다른 종교는 이들 간의 문화적 경제적 교류에 큰 장벽이 되었다.

13세기 초, 러시아는 그 영역을 동쪽으로 확장하였다. 그리하여 러시아의 북쪽과 남쪽 경계 사이가 모스크바와 체복사리Cheboksary 사이의 절반거리인 200마일에 달했다. 러시아 군주들은 볼가강 유역 전체를 통치하겠다는 일념으로 볼가 불가르인들에게 종주권을 행사하려 했으나 실패하였다. 왜냐하면 바로 그 즈음에 13세기에 전 세계를 놀라게 했던 몽골제국의 침략이 있었기 때문이다. 칭기즈칸 지휘하의 몽골제국은 그의 통치기간(1206~1227)동안, 튀르크계 부족들과 연합하여 전 스텝 지역을 통치하고 동으로는 중국에서 서로는 키예프와 드네프르Dnepr 강에 이르는 광활한 지역을 통치하는 강력한 제국으로 발전하였다.

칭기즈칸이 죽은 후 그의 네 명의 아들이 제국을 분할했는데, 그 중에 장자인 조치Jochi에게 할당된 지역에 추바슈가 포함되었다. 그는 페르시아에서부터 돈 강과 볼가 강 계곡까지 통치했는데, 그의 왕국은 큽착 칸국Kypchak Khan 혹은 금호르드Golden Horde로 알려졌다. 조치의 둘째 아들 바투 칸Batu Khan은 그의 아버지를 계승해 13세기초 동안에 금호르드의 영역을 크게 넓혔다. 이 때 볼가 불가르인들과 러시아인들은 바투 칸의 습격으로 크게 피폐하였다. 결국 몽골제국은 1236~1237년에 볼가 불가르 지역을 완전 장악하였다. 후에 몽골제국의 큽착 칸국은 주로 이슬람 튀르크계 장군들이 다스림을 받게 되어, 이곳은 완전히 튀르크화되고 이슬람교가 넓게 퍼져 나갔다.

러시아 군주들은 전적으로 금호르드의 칸에게 복종했다. 러시아 군주들은 금호르드 칸에게 공물을 바쳤으며, 그들의 통치권을 칸에게서 확인 받기 위해 특별히 칸을 알현하는 순회여행을 해야했다. 그러나 몽골인들은 공물이 신속히 바쳐지면 러시아 내부문제는 간섭하지 않았다.

14세기 중엽과 말엽에, 금호르드는 계승자 문제와 서부의 러시아 군주들의 세력이 증가함에 따라 서서히 흔들리기 시작했다. 금호르드는 더 작은 속령들로 갈라졌고, 칸의 영역이 15세기 중엽에는 현재 추바슈 지역을 통치했던 카잔 Kazan 칸국에게 넘어갔다. 1480년에 러시아 군주들은 더 이상 공물 바치는 것을 거절했고, 러시아의 이반 4세는 1546년에는 추바슈 지역에 대한 공격을 감행하여 이 지역을 처음으로 러시아가 통치하게 되었다. 이때부터 추바슈인들은 러시아 식민지로서 러시아화와 기독교화를 강요당했다. 따라서 현재 추바슈인들의 대부분은 기독교정교를 믿고 있고, 이슬람교를 신봉하는 사람도 많이 있다.

볼가 강 중류는 2~3세기 동안 러시아 정복자들과 핀족, 튀르크족 사이에 잦은 분쟁이 일어났다. 16세기 러시아는 서서히 동쪽으로 전진하여 이전의 금호르드의 통치 지역을 완전히 합병하여 러시아화하였다. 1650년까지 추바슈 지역은 러시아의 통치 영역으로 완전히 흡수 소화되었다. 그러나 17세기에 여러 지역, 특히 볼가 강 유역에서 많은 농민 봉기가 있었다. 1667년 러시아계 유목민 코사크Cossack에 의한 발발한 농민 반란은 3년 동안 지속되었고, 이 기간에 코자크인은 볼가 중하류 지역을 획득하기도 하였다. 후에도 농민들은 계속 농노제도 하에서 학대받고 착취당하였는데, 그 결과로 그 유명한 1773년의 푸가체브Pugachov 대반란 같은 격렬한 봉기들 일어났다.

이처럼 볼가 강 중류 지역은 러시아제국이 초기에 통치 지역에 대한 러시아화를 시도하는 최초의 지역이었다. 17세기 러시아 경제는 군주, 교회, 국가, 황제, 자유농민들이 소유한 토지를 농노들이 경작하는 상태였다. 그러나 농노제도는 1781~1783년 사이에 볼가 강 중류 지역에만 적용되었고, 북부 추바슈 지역은 농노가 20% 미만이었고, 남부는 20~40% 였다. 1860년까지 15%가 증가하여 36~55%가 되었다. 1861년의 농노제 폐지 때(신기하게도 미국도 이 시기에 노예해방이 이루어졌다)귀족과 상류층이 토지를 소유하였고, 농노들은 이들의 토지를 경작하는 노동자가 되었다.

심비르스크Simbirsk(남부 추바슈)와 카잔(북부 추바슈) 지역으로 나뉘어진 추바슈 역사는 17세기부터는 러시아 역사와 완전히 합쳐지게 되었다. 그래서 1920년에 자치 지역으로 개편되기까지 추바슈의 역사는 러시아 역사의 되풀이가 된다.

2. 위치

추바슈 소비에트 자치공화국은 추바슈아(Chuvashia)라고 불리기도 하는데, 1920년 6월 24일 법령에 의해 러시아공화국 내 자치 지역으로 처음 형성되었다가 1925년 4월 21일 공화국으로 선포되었다. 북쪽 영토 일부가 과거에 카잔 공국에 속했지만, 러시아 제국에 합병된 이후에 전 영토가 심비르스크 지역에 포함되었다. 현재 영토는 가로 약 100 마일, 세로 약 125 마일이 되는 직사각형 모양이다. 이 지역은 볼가 강 굴곡에 위치하고 있는데 볼가 강은 모스크바 지역을 지나 동쪽으로 흘러, 카잔 근처에서 남쪽으로 구부러진 후 울리야노프스크Ul'yanovsk와 쿠이비셰프Kuibeshev까지 이른다. 그래서 공화국의 지역 일부는 강을 넘어 저편에 있기도 하지만, 추바슈 영토는 볼가 강이 북쪽 경계를 이루고 북쪽으로 흐르는 수라Sura 강이 서쪽 경계를, 남쪽으로 흘러서

볼가강

볼가 강에 평행이 되는 스비야가Sviyaga 강이 동쪽 경계를 이루고 있다. 그래서 추바슈는 정확히 마리Mari공화국의 남쪽에, 모르도바공화국의 동쪽에, 그리고 튀르크계 자치공화국인 타타르 서쪽에 위치한다.

추바슈의 수도는 러시아어로 체복사리Cheboksary이고, 추바슈어로는 슈파쉬카르Shupashkar인데, 인구가 약 10만 명으로, 러시아 도시들 중 약 200번째에 해당된다. 모스크바의 동쪽으로 직행하여 약 375 마일 떨어진 곳에 위치한 체복사르는 모스크바권 철도의 바깥 테두리에 위치하지만, 모스크바에서 타타르공화국의 수도 카잔까지 뻗는 동−서 간선도로 시베리아 횡단철도에 바로 위치하진 않는다. 서쪽으로는 번화한 산업 중심 도시 고르키Gorky가 있고, 남쪽으로는 울리야노프스크Ul'yanovsk가 있다.

러시아의 수도 모스크바는 구 소련의 서쪽 국경과 우랄 산맥 사이의 거의 가운데에 위치하고, 체복사리는 모스크바와 우랄 산맥 사이의 가운데에 있다. 추바슈공화국은 북위 54°~56° 위치하는데, 위도 상으로 코펜하겐이나 에딘버러와 같은 위치이다. 동경으로는 46°~48° 해당한다. 체복사리는 북위 56°9′, 동경 47°15′이다. 추바슈공화국의 면적은 1,8300㎢이다.

3. 지리와 기후

구 소련의 지리는 각각 그 넓이와 중요성에 따라 5개의 기후 수평지대로 나뉜다. 첫째, 북극해를 따라 좁게 펼쳐 있는 툰드라 지대다. 둘째, 서쪽 끝 러시아에서부터 태평양까지 이르고 평원과 침엽수림, 낙엽송으로 구성된 숲 지대이다. 추바슈공화국은 이 숲 지대의 남쪽 경계선에 위치한다. 나머지 지역은 각각 나무가 없는 스텝 지역, 사막, 아열대 지역이다.

추바슈는 소위 수풀림 스텝 지대라 하는 곳에 위치하는데, 이곳은 원래 낙엽송 숲 지대였으나 지금은 대부분 농토로 개간되었다. 추바슈공화국의 남부와 남서부에는 여전히 거대한 숲지대가 남아 있으나 북부와 북동부에는 단지 부분적으로 존재한다.

볼가 강에 위치하는 추바슈 지역은 이 강과 지류인 수라, 스비야가 강으로 배수한다. 그 외에 몇몇 강이 있는데 그 골짜기는 그 지역에서 고도가 가장 낮고, 높은 고도의 언덕에서부터 아래로 골짜기가 경사진다. 이 골짜기들의 평균 고도는 수평선 위로 150에서 200피트이다. 볼가 강은 체복사리 건너편 둑에 위치한 좁은 지역의 공화국을 약 80마일 정도 가로지른다. 볼가 강의 지류로는 수라, 스비야가, 大찌빌Tsivil, 베즈드나Bezdna, 키르야Kirya, 카를라Karla, 불라Bula, 쿠븐냐Kubnya 등이 있다. 수라 강에서 추바슈공화국에 있는 강로를 따라 150마일 정도 항해할 수 있다.

고르키에서 쿠이비쉐프Kuibeshev에 이르는 볼가 강 중류 지역은 상대적으로 인구가 많고 나무가 우거진 스텝 지역이다. 이 숲 지대의 벌채가 점점 증가되었고 흑토는 계속 경작되었다. 농토 확장이 나무숲에 의해 막히고 여기저기서 마을이 세워졌다. 이 지역의 볼가 강폭은 1~2마일로 다양하고, 1931년부터 강 양쪽 1km 이내로는 벌채를 금지 하였다. 볼가 강의 오른쪽 둑은 절벽 둑으로 불려지고, 왼쪽은 목초지 둑이라 일컬어지며, 평균 고도 300~400피트에서부터 600피트까지 높고 가파르다. 운하는 주로 잦은 산사태가 있는 오른쪽 둑 근처에 놓인다. 이 지역에 수력발전소가 여러개 세워져 방대한 전력을 공급하고 있다.

볼가 강의 서쪽 강둑(남부)은 볼가 고지대라 불리는데, 동쪽 강둑(북부)보다 상당히 높아 이 지역의 폭우에 보호막이 되어 농사를 잘 지을 수 있도록 돕는다. 우랄 산맥은 추바슈와 좀 떨어져 있는데, 이 산맥은 동부 러시아와 서부 시베리아 사이의 기후를 뚜렷이 구별해 준다.

추바슈의 기후는 농업에 그리 적합하지 않은 냉대 기후이며, 지대는 척박한 토양으로 이루어져서 이 곳의 주요 산업을 제한하고 있다. 기후는 북극과 서부 대서양 대기들의 흐름에 영향을 받는다. 대륙성 기후로 1월 평균기온은

-12.7℃, 7월은 19.3℃, 연 강수량은 450~500mm로, 그 중 40%는 여름에 내린다. 10월에서 4월까지 약 140~180일 동안 16~24인치에 달하는 눈이 내린다. 겨울은 길고 추위가 심하다. 6, 7월에는 잦은 태풍이 있다. 바람은 남서쪽에서 있는데, 한창 더운 여름에 스텝지대에서 모래를 끌어와 농작물을 뒤덮는다.

추바슈공화국은 그리니치에서부터 세번째 시간대 지대이어서 그리니치 표준시 GMT와 두시간 차이가 나고, 모스크바와는 한 시간 차이가 있다.

4. 산업

추바슈는 농경 지역이고 숲 지대이다. 그러나 석탄, 석유, 철강 같은 천연자원 풍부하지 않다. 최소한 구소련의 경제 지리학에서 언급된 것과 같이 충분한 양이 있는 것은 아니다. 이 공화국의 1/3이 숲으로 쌓여 있지만 어떤 대규모 제지산업이 없고, 목재는 소수 건설 현장으로 보내진다. 매장된 광물로는 인산광물, 시멘트, 생철과 혈암류는 등이 있다. 혈암류는 낮은 열과 많은 재를 내는데, 열량이 낮은 국부 연료로써, 볼가의 오른편 강둑을 따라 아주 많이 있고, 혈암으로부터 추출되고 있다. 토탄도 생산 된다.

추바슈의 슈메를야Shumerlya에는 종이, 섬유소, 목재 공장이 있다. 남서부에서 자라는 참나무, 소나무 등은 주로 가구산업과 철도 재료로 사용된다. 추바슈 목재 분포는 참나무 23%, 자작나무 21%, 린덴 14%, 그 외 오리나무 등이다.

서부 고르키에서는 모터 차량, 트랙터, 디젤엔진, 비행기 엔진, 유람선과 증기선을 생산한다.

추바슈의 목재 자원은 초기 때 겪었던 것처럼 한때 크게 위험 상황에 놓여 있었다. 무차별 벌목과 대체 계획이 부족했기 때문이다.

추바슈 농민들이 이용하는 토양은 체르노젬(우크라이나의 비옥한 흑토)과는 비교할 수 없는 질이 떨어지는 회색토와 다공질 흑토이다.

추바슈는 수력발전 같은 대규모 전기 생산력이 없다. 물론, 체복사리에서 처럼 소규모 전기생산은 국내 필요를 충족시킨다. 일년 중 4~6개월 동안 강이 얼기 때문에 수력발전소가 일년 내내 전기를 생산하지는 못한다. 그래서 이 기간에는 고체 연료를 대신해서 사용한다.

추바슈 숲 지대에서 서식하는 동물은 여우, 스라소니, 오소리, 늑대, 갈색 곰, 큰 사슴, 다람쥐와 뇌조류 몇 종이다. 스텝지대에는 뒤쥐, 마못, 족제비, 큰 쥐, 메추라기와 종다리가 있다. 강을 따라서는 수달, 물 쥐, 사향뒤쥐, 밍크, 오리, 비버가 있다. 강 속에는 잉어, 황어, 창꼬치, 농어류가 산다.

농업은 곡물, 감자 등의 재배와 축산을 함께 하는 혼합 농업이며, 공업용 작물로서는 대마, 담배, 홉 등이 주로 재배되고 있다. 축산물 중에서 유제품과 식육은 모스크바와 고르키로 보내진다. 공업은 주로 체복사리에 집중해 있으며 기계, 금속가공, 섬유, 식품, 피혁, 알코올 등의 공장이 있다. 전통적 공업인 목재 가공업은 영역 내의 어려 도시에서 발달하였다. 1960년 이후 수도 체복사르에 댐과 발전소가 건설되었다. 카잔-사라스크간 철도가 운행되고 있다.

5. 언어와 민족 구성

추바슈 자치공화국의 인구는 1989년 통계 자료에 의하면 1,336,000명이며, 인구의 1/3이 도시에 거주한다. 공화국의 민족 구성은 추바슈인 68.4%, 러시아인 26.0%, 타타르인 2.9%, 기타 2.7%이다. 추바슈어는 튀르크계 언어로써 음운론적 특성이 다른 튀르크계어와는 크게 다르며 도리어 몽골어나 만주 통구스어와 유사하다. 그 예로서 다른 튀르크계어가 toquz '9'인데 추바쉬어에서는 taxxar이다. 헝가리어에는 추바슈 조어(祖語)인 볼가 불가르어의 차용어들이 다소 있다. 학자들 중 추바슈어의 선조가 흉노어로 보기는 학자도 있다. 그러나 이러한 견해에는 약간의 문제가 있으며, 필자가 보기에는 흉노어가 볼가 유역의 핀-우그르어 혹은 알려지지 않은 제3언어를 기저층(基底層)substratum으로 발달한 것이 추바슈어가 아닌가 한다.

6. 전통적 생업

과거에 볼가 강 볼가르Bolgar인들의 풍습은 하자르Khazar, Hazar인들과 매우 흡사했다. 그들은 무역을 하고, 어업을 행하며 땅을 경작했다. 여름에는 말을 데리고 스텝 지역에서 살았고, 겨울에는 자신들의 본토 마을에서 살았다. 스텝 거주자들은 목자들과 마소 사육자들이었는데, 때로 이 둘은 충돌하기도 했다. 1400년대에 고대 추바슈인들은 숲에서 동물을 사냥하거나 농사를 지었는데, 주요 직업은 농사다. 비러시아계통의 사람들이 이곳에 빽빽이 들어찼는데, 이들은 숫자도 많을 뿐더러 서로가 인접해 살았다. 러시아인들 대다수는 도시에 살았다. 농부 이 외에도 목수, 다리 건축가, 마구 만드는 사람, 신발과 부츠, 가정용품 제조자, 도공, 재봉사, 빵 제조업자와 대장장이, 기술공들이 마을과 도시에 살았다. 가구, 통, 마차, 삽 등의 나무 제품도 많이 만들어졌다.

땅 경작할 때 농부들은 다른 지방 농부들처럼 단순한 기구를 사용했는데 흙을 갈기 위해 동물이 끄는 나무 쟁기, 괭이나 낫 같은 간단한 도구들이었다. 이런 형태의 농업으로 단지 몇 사람은 부양할 수 있었으나, 다른 필요들을 채우기 위해 농산물을 판매하거나 물물교환을 할 여유는 없었다. 자기 자신들의 필요를 위해 소용되지 않는 것들은 교회나 국가에 물품세로 보냈다.

전통적으로 러시아와 소련은 농민들의 땅이었고, 근세까지도 도시보다는 농촌의 중요성이 더 컸다. 19세기 들어와서 몇몇 주요 도시를 중심으로 산업이 발달하기 시작했으며 도시 인구도 증가했다. 그러나 인구의 도시 집중은 10월 대혁명 이후에서야 눈에 띄게 일어났다. 그럼에도 불구하고 1926년 통계로 보면 당시에 인구의 4/5가 시골 농촌에 거주하고 있었다. 지금은 인구의 1/2 이상이 십만 이상의 도시에 산다. 1863년에 5만 이상의 도시가 13개였고, 1897년에는 44개, 1939년에는 175개가 되었다. 1959년에는 인구의 48%가 도시에 거주하게 되었다.

혁명 이전에는 농업기계를 거의 사용하지 못하고, 작은 나무 쟁기로 갈고, 추수는 낫으로 했다. 그러나 혁명 이후에 농업의 근대화가 이루어져 기계화 농업이 급속히 발달하였다. 대규모 기계화의 출현으로 이전의 3부 경작제와 농민들의 그 오래된 소규모 농사를 사라지게 되었다. 경작되는 땅은 증가했고,

에이커 당 수확량이 생기게 되고, 가축 농업도 향상되었다.

7. 농업

고대 러시아에서는 농민들이 공동체를 형성하면서 작은 마을에서 함께 살았다. 그들은 주로 3부 경작제도를 시행했는데 이것은 겨울 밀과 겨울 호밀, 다른 봄 농작물, 그리고 세번째는 휴경지로 경작하는 것이다. 그리하여 농작물은 윤작되어진다. 토지는 보통 수많은 좁고 긴 구역으로 나뉘는데, 각각 그 농부마다 그 구역 수가 다르고, 농민들은 농기구를 가지고 이 구역 저 구역으로 움직이느라 많은 시간을 소비한다. 구역들은 통합될 수 없는데, 이는 토지의 질이 다양하고, 부적절한 분배를 초래하기 때문이다.

15세기와 16세기 같은 초기에는, 농민 공동체가 국가에 세금을 내야만 했다. 대부분 토지의 소유주는 황제, 귀족, 수도원 등이었다. 농노제도는 노예제도와 거의 비슷했는데, 농노들은 군사력을 제공하고 국가가 세금을 냈다. 농노에 대한 많은 규제가 있었는데 이러한 규제들은 견디기 힘든 것이었다. 많은 지도자들은 이 제도가 비인격적인 것을 인정하면서도, 모든 제도를 없애지는 못했다. 농노제도 폐지 후에 발생할 심각한 사회 문제들을 우려했던 것이다. 그러나 마침내 농노제는 1861년에 폐지되었고, 토지는 농민들에게 할당되었다.

후에 영세농민들은 자신들의 부를 축적할 수 있게 되었는데, 이들은 후에 쿨락Kulak이라고 불리게 된다.

공산화 후에 개인 소유가 부정되고 집단 농장화 계획이 추진되었다. 집단 농장화 때문에 부농들이 제거되었다. 소련정부는 반대하는 자들에 대한 대량 학살까지 자행하였으며, 반대파를 소련의 다른 지역으로 추방시키기도 하였다. 많은 저항이 있었지만 소련의 계획은 결국 승리하였고, 1936년까지 농업의 90% 이상이 집단화되었다.

1938년 통계에 따르면, 추바슈는 소련에서 경작율이 가장 높은 지역에 속했는데, 경작율은 60~80% 정도였다. 추바슈 동부에서는 80%가 곡식농사였고, 서부는 전 지역이 경작되었다. 상대적으로 수확이 적은 밀은 전혀 재배되지 않는 지역도 있었고 30%까지 경작되는 지역도 있었다. 호밀은 30% 이상 널리 재배되었고, 귀리는 10~20%정도이었다. 보리는 10%미만이었고, 감자는 전 농작물의 3~10% 정도였다. 목장과 초원지대는 추바슈 전 농토의 10~20%를 차지하였고, 5~10%는 사료작물을 재배하였다.

현재는 전 지면의 60%가 경작되는 곳인데, 곡식이 경작지의 75%를 차지하고 있다. 나머지는 감자, 채소, 옥수수, 사료 등이 재배된다. 곡식을 자세히 분류하면 겨울 호밀 47%, 귀리 22%, 봄밀 15%, 콩류 8% 등이다. 집단농장은 몇 가지 부수적인 영농사업이 병행되는데 주로 소, 돼지, 양, 양계 사육이 행해지고 있다.

메밀, 밀, 삼과 담배, 완두콩과 렌즈 콩, 딸기, 꿀, 사과는 소량 재배된다. 추바슈는 소련에서 주요 홉 생산국에 속한다. 민들레 비슷한 식물 콕-사그즈 kok-sagyz는 일종의 생고무로 재배가 성공적이나, 추바슈보다는 남부에서 더 많이 생산된다. 실크 산업도 추바슈의 남부에서 행해지고 있다.

추바슈의 수출 품목으로는 소, 육류, 목재와 가축 등이 있다. 주요 수입품은 소금, 등유, 철물 등이다. 많은 시장이 있는데, 특히 체복사리에서 가장 크게 열리는 시장들은 유명하다.

8. 추바슈 민족주의

추바슈어는 튀르크계 언어지만 타타르, 바쉬키르 같은 이웃 튀르크계 언어와 매우 달라서 과거에는 추바슈인들은 자신들이 튀르크계 종족이 아니라고 생각했었다. 과거에 튀르크계 민족들 가운데 간혹 러시아에 대항하여 범튀르크 민족주의 운동이 일어났었는데, 추바슈인들은 결코 이 운동에 참가하지 않았다. 왜냐하면 그들은 과거에 특히, 10월 대혁명 이후에 지난날 강력했던 대불가르Bulgar, Bolgar제국의 자손으로서의 긍지에 차 있었으며 자신들의 과거를 자랑스럽게 여기고 있었기 때문이다.

10월 혁명 이후에 소련 정권은 사회주의 이념에 따라 소련의 많은 소수민족들에게 그들 자신의 역사와 민족 정통성을 확립을 장려했으며, 민족명이나 종족명도 자신들의 언어에 근거한 이전 명칭으로 변경할 것을 허락하였다. 따라서 우랄계 종종 사모예드Samoyed는 그 이름이 '스스로 먹는 자 또는 식인종'의 의미를 가지고 있어 고유한 이름으로 바꾸고, 네메트Nemet로 종족명을 코르약Koryak은 느믈란Nymylan으로 바꾸었다. 이러한 변화의 과정에서 추바슈인들은 자신들이 볼가르Bolgar라 칭함 받기를 원했고, 그들의 국가를 볼가리아Bolgaria라고 부르기를 원했다. 이러한 움직임에 대해 소련당국은 이것이 겉으로는 민족주의를 표방하지만 내용에 있어서는 반사회주의적인 면이 있다고 보았다. 그래서 소련 당국은 다음과 같은 이유로 추바슈인들의 요구를 거절하였다.

첫째, 고대 대불가르제국이 다양한 인종을 포함한 다민족 국가였으며 추바슈인들의 조상은 그들 다민족 중에서 오직 한 종족에 불과했다. 둘째, 따라서 추바슈인들에게 그들 자신을 볼가르Bolgar로 부르도록 허가하는 것은 그들의 조상이 대불가르제국에 주된 세력으로 참여했던 카잔 타타르Kazan Tatar인들도 그들을 볼가르인이라고 부르게 될 것이기 때문에 옳지 않다. 셋째, 볼가르란 이름이 유감스럽게도 발칸 반도의 불가리아와 유사하다.[47]

추바슈의 희극, 소설 작가들은 공산당이 낭만적인 민족주의를 표현하는 것을 금지할 때까지 볼가르Bolgar제국을 회상하며 과거의 대제국을 찬양했다. 그러나 추바슈 민족주의는 또 다른 엉뚱한 문제에 직면했다. 지금은 울리야노프스크Ul'yanovsk로 이름이 바뀐 심비르스크Simbirsk는 과거에 추바슈의 주요한 국가 중심지였다. 이곳에서 최초로 추바슈어로 된 책이 출판되었고, 최초의 추바슈 중등학교가 세워졌다. 1960년대 초에 추바슈 공산당원들은 심비르스크를 추바슈공화국 일부분으로 만들기를 원했다. 만일 심비르스크가 추바슈 교육감이었던 Il'ya Nikolayevich Ul'yanov의 아들인 Vladimir Il'yich Lenin의 출생지로 기록되지만 않았어도 이것은 가능했을지 모른다. 그러나

---

47) 발칸 반도의 슬라브계 국가 불가리아는 러시아어로는 볼가리야Bolgariya이며, 그들의 종족명은 볼가르Bolgary이다. 이러한 이유는 대불가르제국이 붕괴된 이후 그들의 지도층이 발칸 반도로 이주하여 그곳 원주민인 슬라브계 사람들을 지배하며 볼가르Bolgar제국을 이곳에서 계속 유지시켰기 때문이다. 즉 대불가르제국을 세운 사람들과 불가리아를 세운 사람들이 같은 종족이다.

이러한 요구는 허용될 수 없는 것이 되고 말았다. 왜냐하면 심비르스크는 이미 레닌의 부친 Ul'yanov의 이름을 따라 개명되어 버렸고, 이 도시는 추바슈인들의 고토가 아니라 저명한 사회주의 국가 창시자인 레닌의 아버지의 명성과 동일화되어 버렸던 것이다. 소련 당국은 Ul'yanov가 레닌의 부친의 것이 아닌 추바슈인들의 것으로 기억되는 것을 결코 용납할 수 없었다.

중앙공산당 회의는 추바슈인들을 민족주의자들로 비난했고, 이러한 추바슈 민족주의의 부상을 막기 위하여 지난 과거의 대(大)불가르제국의 영광에 대해 관심을 가지지 않으며 프롤레타리아 혁명 의식이 강한 주변의 농촌 지역을 심비르스크(울리야노프스크) 대신에 1926년 추바슈에 편입시켰다. 이리하여 추바슈 공산당 내에 프롤레타리아적 요소가 강화되었고 민족주의 주창자들의 세력은 거세되었다.

소련 당국의 이러한 조치에도 불구하고 추바슈인들은 그리스, 몽골, 스페인, 독일 그리고 스웨덴과 다른 한때 위대했던 국가 국민들처럼 과거의 영광을 결코 잊으려고 하지 않는 것 같다.

9. 미술과 공예 / 음악

고대 시대로부터 추바슈의 주요한 공예 미술 중 하나는 집안 장식용으로 사용하는 나무조각 장식이나, 가정용 기구들을 위한 나무 조각 장식이다. 이러한 공예미술은 긴 시대를 거쳐 고도로 발달되었고, 19세기 말에는 많은 가옥의 외관이 반 양각 나무 조각품으로 처마 등에 장식되어 있었다. 옷이나 다른 물건들의 자수품도 민간에서 널리 유행하였다. 어두운 적색은 장식으로 사용되는 녹색, 푸른색, 노란 색과 함께 주된 색깔이다.

추바슈에서는 공산 혁명 이후에 소련의 영향을 받아 수채화, 조각, 그래픽 미술이 매우 발달하였다. 그래픽 미술 숍이 1934년 알라트르Alatyr에서 최초로 세워졌는데, 1940년에 체복사리로 옮겨졌다. 미술 숍은 후에 미술 제품을 다루는 기술공업 학교로 발전하였다. 주립 예술 전시관이 1939년 처음으로 수도 체복사르에서 개관되었다. 잘 알려진 것처럼 소련 공산 시대에는 예술도 어떤 형태로든지 사상적으로 국가 혁명 이념의 구현에 봉사할 수 있는 것이어야 했는데, 이러한 까닭에 많은 작품들은 서방 세계에서는 예술적인 가치가 없는 것으로 무시되었다.

유명한 추바슈 예술가들 중에는 스피리도노프M.S. Spiridonov (1890년 출생)와 스베르치코프N.K. Sverchkov (1891년 출생)가 있다. 제 2차 세계대전 이후 예술가로는 화가 마까로프V.M. Makarov와 노즈드린E.A. Nozdrin, 그리고 조각가 꾸드르야브쩨프I.F. Kudryavtsev와 차빠예프Chapayev등이 유명하다.

추바슈에는 17, 18세기의 건축물도 있다. 체복사리의 몇몇 다른 중요한 역사적 건물들은 1742년에 세워진 행정관청 가옥과 1708년도에 세워진 미가엘 천사 교회, 그리고 1763년에 세워진 오스뻬스키Uspenskii교회이다.

추바슈 민요는 종종 두 가지 종류로 알려져 있지만 사실 두 종류가 맥을 같이하고 있다. 5음 음계가 사용되고, 많은 자유 즉흥 연주로 구성되어 있다. 서정적이고 의식적이며 익살스러운 성격의 노래와 근로에 대한 노래들이 있다.

어떤 음악 학자에 따르면 추바슈 민요는 핀-우그르계와 튀르크계 사이의 과도기적 형태의 음악이라고 한다. 정해진 가락이 충실하게 반복되는 것에 익숙한 서방 음악 감상자들에게 추바슈 음악은 뚜렷한 동양적 특색을 가지고 있다. 이는 노래들이 같은 방식으로 두 번 연주되지 않는다는 사실에 의해 증명된다. 기본 형태는 확실히 같지만 많은 작은 변조와 첨가된 부분이 반복적으로 함께 어우러진다. 가사는 우리에게 익숙한 음악처럼 반드시 음계와 정확히 일치하는 것은 아니다. 그러나 몇 음질이 필요에 따라 하나의 음계로 불려질 수 있고, 반대로 한 단어나 음절이 멜로디에 단어의 수를 맞추기 위해 몇몇 음계가 연주되는 동안 불려질 수 있다. 이와 같이 하나의 가락에 서로 다른 몇 개의 노래들이 불려지거나 다른 멜로디에 같은 가사들을 사용하는 것이 가능하다. 대체로 타타르 민속 음악인 튀르크계 음악과 핀-우그르 음악으로부터 많은 영향을 받은 것 같다.

추바슈의 주요 민속 악기는 플롯과와 속이 빈 줄기로 만든 호각의 일종인 샤흐리제shakhlidzhe와 백파이프의 일종인 샤파르shapar, 같은 종류의 많은 줄을 가진 현악기인 구슬레gusle 또는 쿠파스kupas 또는 바이얼린, 그리고

3~4개의 줄을 가진 치터 일종인 툼브라tumbra이다. 19세기에는 하모니카, 아코디온, 발랄라이카 등이 소개되었다.

10. 민속 / 민족지학 / 문학

전통적인 추바슈의 시골 주거는 거친 통나무로 만들어진 나무 오두막 같은 종류였다. 그러나 러시아 문화의 영향이 커짐에 따라 전통적 형태의 나무 집으로 바뀌었다. 옛날 오두막에는 벽난로가 없고, 출입문 바로 오른편에 스토브가 있었다. 왼쪽에는 나무 침대와 벽을 따라 나무 의자가 나열되어 있었다. 작은 창문은 동물의 방광이나 내장을 특별 처리하여 만들었다.

추바슈의 전통 의상은 가정에서 뽑은 실로 만든 옷이었다. 전통의상을 입은 남자들은 거의 볼 수 없으나 시골 여자들은 아직도 아래 부분에 주름 장식이 있는 흰 색 혹은 다른 색의 블라우스를 입는다. 블라우스는 대개 수로 장식된다. 겉옷은 대부분이 카프탄kaftan이다. 카프탄은 밸트로 조여서 입는 긴소매 옷이고 같은 스타일의 양가죽으로 된 코트가 있다. 전통적으로 추바슈 사람들은 발 위에 옷감을 덥고 식물성 나무나 껍질로 만든 큰 신발을 신었다. 결혼하는 여자는 머리에 수놓은 터번 같은 것을 썼는데 그것은 동전이나 구슬 심지어는 진주 같은 것을 길게 꼬아서 앞뒤로 늘어뜨린 것이다. 여자들은 원추형의 모자를 쓰는데 마찬가지로 동전이나 구슬로 장식된 것이다. 이런 모자들은 주로 숄이나 손수건 등으로 이어졌다.

추바슈의 가족은 가부장적이다. 수세기 전에는 대가족이었지만 지금은 핵가족 제도가 발달해 있다. 결혼 상대는 대부분 부모들이 정해 주며 자녀들은 부모들의 의견을 따른다. 그러나 결혼 당사자들이 거부할 경우 부모들도 그의 이견을 존중한다. 소년이 19세가 되면 가족 어른들 누가 그의 신부감이 될 것인가를 고려한다. 만일 그 청년이 소개해준 신부를 원하지 않으면 다른 사람을 선본다. 중매쟁이는 대개 친척이나 이웃이 된다. 신랑은 지참금을 신부 부모에게 지급해야 한다. 오늘날에는 지참금 풍습이 거의 없어졌다. 그럼에도 시골에서는 여전히 이러한 요구가 공공연히 행해진다.

추바슈의 결혼식은 폭음, 춤, 연회, 많은 공식적인 행사들과 결혼 노래로 특징지을 수 있다. 결혼 후나, 몇 년이 지난 후에라도 결혼한 여자가 부모와 작별하는 특별한 작별 예식을 갖는다. 이 때 여러 공식 문이 낭독되고, 기념품을 주고 받는다.

사람이 죽으면 죽은이 외 가족과 친지들이 모인다. 사망이 확인된 후 친척들은 모여 닭을 질식시켜 죽임으로 죽음의 신으로 하여금 사자의 혼을 가져가도록 기원한다. 그들은 이렇게 해야 신이 죽은 자의 혼을 받는다고 믿는다. 시체는 동성의 사람들이 씻고 깨끗한 린네르 셔츠, 바지, 모자, 양말, 신발을 신긴다. 진주나 모조 진주를 시체의 입 속에 끼워 넣고, 비단실로 귀와 눈에 채운다. 그들은 이렇게 함으로써 죽은 사람이 신 앞에서 그가 살 동안 왜 종교적 진리를 듣지 않고, 보지 않고, 따르지 않았는지를 변명할 수 있게 해 준다고 믿는다. 이후에 친인척이 곡을 하며 죽은 자를 애도하는데, 애도식은 7일 동안 계속된다.

결혼과 장례의 전통 이외에도 러시아정교를 믿는 추바슈인들은 기독교 의식인 성령 강림절Pentecost 축제를 행한다. 이 절기에는 거위, 양, 소등이 희생된다. 많은 의식상의 기도가 행해지는데 전체 절기는 1주에서 3주까지 계속된다.

또 다른 의식은 기우제와 불 경배 의식인데 '땅 속으로 들어가는 것'이라고 불린다. 이 의식에서는 터널이 파지고 양끝에 두개의 모닥불이 켜진다. 그리고 동물들이 도살되고 사람들은 의식적인 회초리질을 하면서 자기 학대 행위를 한다.

볼가 불가르인들은 아랍문자를 사용하였다. 이는 추바슈인의 조상 볼가 불가르인들이 당시에 이슬람 종교를 신봉했기 때문에 이슬람 전통에 따른 것이었다. 왜냐하면 무슬림 집단은 항상 거룩한 알라신의 언어인 아랍어를 사용할 종교적인 의무를 가지고 있기 때문이다. 그러나 불행히도 우리에게 전해진 유일한 아랍문자 문서 무덤 위의 비문뿐이다. 비록 그 언어가 차카타이 튀르크어(현재 우즈베키스탄을 중심으로 한 차카타이제국의 언어)로 된 다른 유사한 비문과 명백히 다르지만 비문에는 주로 "B의 아들 A가 (언제) 생을 마쳤다."라는 단순한 문장만 쓰여 있으므로 충분한 언어학적 정보를 제공하지는 못한다. 타타르인 역사가는 책들이 이러한 고대 추바슈 언어로 쓰여졌다고 기록하지만 우리에게 전해지는 것은 아무것도 없다.

수세기 동안 추바슈 민족시와 작문은 잊혀지지 않은 서사시, 설화와 더불어 구전으로 남아 있었고 음영 시인들에 의해 불려졌으며 세대에서 세대로 구전되어 전해졌다. 이곳은 많은 핀-우그르인들과 중앙아시아의 다른 튀르크계인들에게 일어난 상황과 유사하다. 러시아와 외국 민족지 학자들이 19세기 중반에 추바슈 민족 문학에 관심을 가지고 난후 비로소 이러한 문학들이 문서로 보존되게 되었다.

1767년 러시아 여황제 케더린이 카잔을 방문했을 때, 그녀를 환영하며 추바슈인들이 시를 낭송했는데, 이것이 기록된 최초 추바슈 시로 알려져 있다. 기독교의 전파와 대규모의 개종이 이루어지면서 동시에 시릴문자에 근거한 추바슈 알파벳이 고안되었다. 이와 더불어, 수많은 논문들과 종교와 선교의 성격을 가진 작품들과 복음이 이 새로운 문자로 인쇄되었다. 이와 같은 종교 문서, 문헌들이 수십년 동안 추바슈에서 출판되는 유일한 책들이었다.

1872년 추바슈의 교육자 야꼬브레프I. Ya. Yakovlev는 몇개 문자를 더해서 추바슈 음운구조에 적합한 시릴어 문자를 기초한 추바슈 알파벳을 고안했다. 이 새로운 문자가 고안되면서 추바슈 지식인들은 자신들의 문화유산과 민간전승의 보존에 더욱 더 관심을 갖게 되는 동기 부여가 되었다. 이후 민간전승을 주제로 하는 작품들이 많이 나타났는데, 1879~1880년 페도로프M. Fedorov의 민요 아르수리Arsuri (나무귀신)가 대표적이다. 이 기간의 대표적인 다른 작품은 어린이들을 위해 만들어진 야꼬브레프I.Yakovlev의 설화와 이바노프I.Ivanov의 설화, 그리고 유르낀I.Yurkin의 이야기 '풍족하지만 갈망하는 눈을 가진 인간'이다. 그들은 추바슈 마을의 전통 생활을 묘사했다.

추바슈가 만들어낸 가장 위대한 문학적 인물은 젊은 시인 아바느프Konstantin V.Ivanov인데, 그는 추바슈 농민의 국가적 이데올로기를 찬양하였다. 그는 추바슈 여성의 권리 신장을 위해 열렬한 투쟁하였고, 아버지와 남편의 독재 권력을 폭로하였다. 비록 그는 25세의 나이(1890~1915)로 죽었지만 수많은 시를 지었고, 드라마와 다른 많은 단편 작품들을 남겼다.

11. 종교

키예프의 블라디미르Vladimir 군주가 AD 989년에 그리스도교로 개종한 이후 러시아인들을 비롯한 동슬라브계인들의 기독교화는 계속되었다. 마침내 러시아제국으로 발전하면서 거의 모든 러시아 사람들은 기독교를 공식적인 신앙으로 믿게 되었다. 처음에는 기독교가 귀족과 상위 계급에 한정된 것이었으나 몇 세기가 지나고 나서야 농민들이나 노동자 계층, 그리고 때로는 반기독교적 입장을 취하던 종족과 부족들도 기독교를 받아들이게 되었다. 러시아가 약 1세기 동안 몽골제국의 지배를 받게 되었으나 몽골은 예상되는 것과 반대로 통치기간 동안 기독교를 근절시키지 않았고 모든 종교 행위를 인정하였다. 특히, 피터 대제 때에 러시아정교회는 모스크바 공국과 동맹함으로, 후에 기독교는 러시아가 제국으로 발전하는데 크게 기여하였다.

볼가 불가르인들은 초기부터 카프카스와 남부 시베리아, 그리고 중앙아시아에서 교역과 무역 중개 역할을 담당하였다. 그런데, 그들은 중개 무역을 하는 과정에서 아랍과 페르시아 상인들과의 빈번한 교역은 볼가 불가르인의 이슬람화를 가속화시키는 결과를 낳았다. 결국 922년 볼가 불가르인들 대부분이 집단적으로 이슬람으로 개종하게 되고, 볼가 강의 볼가르국Bolgary이 이슬람 국가가 되었다. 이들의 신앙은 후에 몽골-튀르크 연합국 금호르드Golden Horde의 이슬람 장려 정책에 의해 더욱 강화되었다. 이전에 그 지역의 스텝 부족들은 본래 하늘(Tengri, 텡그리)을 섬겼고, 삼림의 부족들은 무속 신앙에 젖어 있었다.

금호르드의 붕괴 이후 러시아의 군주는 추바슈 정복하여 러시아의 영역을 확장시켰다. 러시아의 지배 하에 많은 러시아계 정착자들이 이곳으로 유입되어 왔는데 이들은 1743년에 추바슈인들에 대한 강력한 기독교화를 강행하기 시작했다. 기독교 복음을 전파하려는 선교사들은 추바슈 언어로 된 복음서를 번역하려는 열망으로 추바슈어 연구에 집중하였다. 그리하여, 최초의 추바슈어 문법서가 1769년에 러시아어로 출판되었다. 1820년에 공관 복음서 전체가 카잔에서 시릴문자로 출판되었다. 그보다 앞서 1804년에 몇 개의 쪽 복음과 소책자, 교리 문답서가 나왔다.

1897년 러시아제국 인구는 1억3천만이었고 그 중에서 약 8천8백만이 러시아정교회 신자들이었다. 비기독교인들은 약 4천2백만에 이르렀다. 이러한 통계 숫자에 자극을 받은 러시아제국은 제국 내 러시아화, 즉 기독교정교화 정책을 대대적으로 추진하였다. 이러한 정책으로, 오랫동안 러시아의 지배를 받아오면서도 자민족 정체성을 지키고 종교적 동화를 거부하던 튀르크계 부족들을 중심으로 한 중앙아시아의 비러시아계 부족들은 큰 압력을 받게 되었다.

러시아가 공산화되면서 소련 정부는 신이 없음을 공식 선언하였고, 모든 종교를 부정하였다. 종교 교육이 금지되었고, 성직자들 대거 추방되었다. 그럼에도 불구하고 농촌 지역에서는 기독교와 이슬람 종교 등이 강한 결속력을 가지고 유지되어 왔으나 무신론 교육 풍조 속에서 자란 젊은 세대의 영향으로 갈수록 종교적 신앙은 갈수록 크게 쇠퇴하였다.

18세기에는 추바슈에 18개의 수도원이 있었고, 체복사리에는 12개의 교회, 11개의 성당, 하나의 수도원이 있었다.

18세기 이후로 추바슈인들 대부분은 명목상으로 기독교인들이다. 다른 튀르크계 국가들처럼 이슬람을 따르지 않는다. 그러나 20세기 초에 행해진 민족지학의 연구에 따르면 당시에 많은 사람들이 기독교를 고백하지 않고 있었다고 한다. 그리고 2차 대전 중에 독일인들은 러시아를 공격하여 추바슈인들을 전쟁 포로로 잡았는데, 그들 중 기독교인이 아닌 사람들이 다소 있었다고 전해진다. 현재, 구소련 붕괴 이후 추바슈인들 사이에서 러시아 전역에서 일어나는 기독교정교 부활 움직임에 편승하여 조용히 기독교 종교 예식이 성행하고 있다.

Ⅲ. 타타르 공화국Tatarstan

1. 역사적 배경

타타르족은 현재 튀르크계 부족인데 원래는 몽골계 유목 부족으로써 본거지는 몽골 동부, 셀렝가, 케룰렌 강 유역이었다. 타타르Tatar란 이름은 8세기 전반에 세워진 돌궐(突厥) 비문(碑文)에 처음으로 나타나는데 돌궐 비문 중 빌게카간Bilge Kaghan 비문에 9부족 타타르라는 의미의 '도쿠즈 타타르', 30부족 타타르라는 의미의 '오투즈 타타르' 등에 나타나 있다. 또 당(唐)대의 문헌에도 위구르가 지배하고 있던 한 부족의 이름이 중국어 달단(達旦)으로 표기되어 있는데, 아마도 이 이름이 타타르의 중국어 표기라 여겨진다. AD 840년 위구르가 멸망한 뒤 통일정권이 생기지 않고 타타르 부족을 비롯한 크고 작은 유목민 집단이 세력다툼을 되풀이하고 있었다. 10세기 초 몽골계 부족인 거란족이 발흥하여 거란제국을 건설하면서 그 세력이 외몽고까지 확장되자, 타타르 부족은 거란족의 지배를 받게 되었다. 12세기 초에 중국 북부에서는 거란족의 요(遼)나라 대신 퉁구스계 부족 여진족의 금(金)이 들어섰으나 그 세력이 외몽고에는 미치지 못했다. 이렇듯 거란 제국의 멸망 후에 외몽고에서는 다시 유목집단의 싸움이 격화되었으며, 타타르 부족은 외몽고 동부에서 가장 유력한 집단이 되는 동시에 그 수장은 칸Khan이라고 일컫게 되었다. 이후 남쪽의 금나라를 침입하여 약탈을 되풀이했으나 나중에는 금나라와 화친하게 되었다.

12세기 중반 몽골 부족의 지도자 테무진(칭기즈칸)이 흥기하여 외몽고를 재통일하는 과정에서, 그는 숙적 타타르 부족을 무찌르는데 성공하게 되었고, 이 때 타타르인들은 몽골제국의 속민이 되었다. 나중에 몽골제국의 오고데이 Ogodei Khan 시대에 있었던 두번째 서방 원정에서 칭기즈칸의 손자 바투Batu가 이끄는 몽골군은 러시아에서 동유럽으로 진군하게 되는데, 이 몽골군 가운데 타타르족이 많았다고 한다. 이 때에 몽골군은 당시 유럽 세계를 크게 위협하여 공포를 안겨 주었는데, 유럽인은 이러한 타타르인들을 지칭하는 말로 그리스어의 타르타로스tartaros(지옥)를 차용하여 경멸조로 사용하게 된다. 이것이 원인이 되어 당시에 유럽은 몽골을 타르타르Tartar라고 부르게 되었다.

이 과정에서 처음에는 북동 외몽고 등에 거주하던 몽골계 유목민 북방 그룹의 명칭으로 사용되던 타타르는 후에 외몽고 고원으로 들어간 튀르크계 민족들까지 포함한 유목 기마 민족을 총칭하게 되었으며, 나중에는 서아시아와 유럽에서도 13세기에 몽골제국이 성립될 때부터 몽골인뿐 아니라 몽골인이 지배하고 있던 유라시아의 튀르크계 민족 전체를 합쳐서 타타르 또는 타타르 몽골이라는 속칭으로 부르게 되었다. 따라서 타타르는 유럽 사회에서 특정한 인종·민족의 명칭이라기보다는, 정착문명의 입장에서 매우 이질적인 아시아적 유목사회 부족들을 총칭하는 의미로 사용되었다.

한편 현재 타타르를 건설한 타타르 부족은 몽골에서 발흥하여 몽골제국 통치한 큡착 칸국(金호르드)과 그 이후 볼가 강 유역을 지배한 카잔 칸국(카잔 공국)의 몽골-타타르 부족이 10세기에 선주민인 핀-우그르계의 민족들과 함께 볼가, 카마 강 유역에서 불가르국을 건설한 튀르크계 소수 원주민들을 13세기를 전후로 해서 흡수하여 형성 발전된 부족 집단이다.

볼가 강에서 형성된 튀르크-우그르 원주민과 외몽고에서 이동한 몽골-튀르크계 타타르인들은 오랜 세월을 두고 동화되는데, 부족집단 언어로써 튀르크계어가 지배적으로 부상하게 되었다. 몽골제국의 큡착 칸국이 해체되고 15-16세기에는 카잔Kazan, 아스트라칸Astrakhan, 크림 등 남러시아에서 시베리아에 걸쳐 몇 개의 국가가 탄생하여 각각 다른 타타르의 부족체도 나타나기 시작했다. 그 중 카잔 칸국은 15세기 전반에 그때까지의 볼가 강 유역의 불가르국을 대신하여 거의 같은 지역과 주민을 지배하게 된 국가로 그 영역에는 카잔, 타타르를 중심으로 바쉬키르, 추바슈 등의 튀르크계 부족과 마리, 모르도바, 우르무르트 등의 우랄계 부족 등의 여러 민족들을 지배하게 되었다.

1552년에 러시아의 이반 4세가 카잔을 점령하고 1558년에 카잔 칸국 전투를 병합하기에 이르러서 이들 민족은 러시아제국에 편입되었다. 이 무렵에 서시베리아에서는 몽골계 쿠춤Kuchum 칸이 튀르크, 몽골 부족들을 정복하고 토볼스크에 가까운 시비르를 중심으로 시비르Sibir 칸국을 세우고 러시아인 식민지를 공격해서 이슬람교를 널리 보급하는 등 한때 세력을 떨쳤으나, 결국 러시아군에 패하고 살해당했으며 칸국도 멸망하였다. 이 때부터 러시아의 중앙아시아와 시베리아 확장이 시작되었다. 그렇지만 타타르는 그 밖의 원주민과 마찬가지로 러시아인 지배자, 군대, 교회 세력에 대한 저항을 멈추지 않았기 때문에 러시아 정부는 각지에 요새를 쌓고 방어선을 강화하지 않으면 안되었다. 14세기에 패주한 타타르 귀족의 자손으로 나중에 통치자까지 된 보리스 고두노프와 같은 인물도 나왔지만, 대다수의 타타르인들은 러시아의 농민이나 카자흐인들과 함께 인민대중으로서 생업에 종사했다.

러시아 식민 통치 이후 지금까지 러시아에서 튀르크계 부족 민족주의 운동의 기수로 그 영향력을 행사해 온 타타르인들은 17세기 라진의 난, 18세기 푸가초프의 난 등에도 적극적으로 참가하였으며, 19~20세기의 혁명운동 등에서도 지역 주민들과 함께 주도적인 역할을 담당하였다. 타타르공화국은 러시아공화국 내의 자치공화국으로 1920년 5월 27일에 공식 출범하였다.

2. 위치 / 지형 / 기후 / 자원 / 민족

타타르공화국은 우랄 산맥 서쪽과 볼가 강 중류 지역에 위치해 있으며, 면적은 약 68,000㎢이다. 국토의 약 90%는 낮은 평지이고, 삼림 비율은 16%로 볼가 강 동안(東岸)의 초원 스텝지대와 서안(西岸)의 삼림지대로 대별된다. 토양은 비옥하고 흑토, 퇴화흑토, 포드졸화 흑토 등으로 형성되어 있다. 볼가 카마 하천 부근의 충적지 중 약 2,850㎢은 수몰되어 쿠이비세프 인공호를 이루고 있다.

기후는 대륙성으로 1월 평균기온은 −13℃~−14.8℃이고 7월의 평균기온은 18.6℃~19.6℃이고 연 강수량은 400~450㎜, 적설(積雪)량은 약 60㎝이다. 1943년 부굴마벨레베이 구릉에서 유전이 발견된 후부터 산업이 급속도로 발전하였다. 또 천연가스나 카마 강 상류에서 채취되는 소금을 원료로 한 화학공업이나 기계공업이 카잔을 중심으로 발달하고 있다. 그 밖에 제지, 파이프, 제재, 목공가공업이 행해지고 있다. 농산물은 귀리, 밀, 호밀, 콩류, 사탕 무우, 감자 등을 산출한다. 사과밭이 많고 젖소, 양 등의 사육도 성하다.

볼가 강과 카마 강은 러시아 굴지의 수상 교통로이며 모스크바, 아스트라한

타타르 여인들

등에 정기선이 취항하는 외에 모스크바-우랄 간의 철도가 카잔을 통과한다.

3. 언어와 민족 구성

타타르 자치공화국의 총인구는 약 400만으로써, 민족 구성은 타타르 47.6%, 러시아인 44.0%, 추바슈인 4.3%, 기타(모르도바인, 우드무르트인, 우크라이나인 등) 4.1%이다.

한편, 구소련 내의 타타르인들은 약 670만 명인데 타타르공화국의 인구보다 중앙아시아 튀르크계 국가 등 외부에 거주하는 타타르인의 인구가 훨씬 많다. 타타르인들은 현재 볼가, 시베리아에 6,645,588명, 크리미아에 268,739명(크름 타타르인), 그리고 불가리아, 루마니아, 폴란드, 핀란드, 중국, 미국 등지에 각각 소수의 타타르인이 있다. 터키에도 앙카라에서 약 15Km 떨어진 도시 에스키세히르Eskishehir에 타타르인이 다수 살고 있지만 그 정확한 숫자는 알 수 없다.

한편 타타르인들은 크림 타타르Crimean Tatars[48]를 별도로 하고, 시베리아 타타르인, 아스트라칸 타타르, 카슴 타타르, 라투바니아 타타르, 볼가 타타르인 등 5개 그룹으로 분류된다.

(1) 시베리아 타타르인: 자신들을 원주민이라는 뜻으로 '톱 일레리 할크Top Ierli Khalk'라고 부르며 후에 볼가 유역에 이주해 온 부족들과 자신들

---

[48] 크림 타타르인Krym tatar, Crimean Tatars의 인구는 약 30만명 안팎인데, 크림타타르인은 터키인의 후예로, 스텝에 사는 노가이인의 후예인 타타르와는 각각 배경이 다르다. 1944년 나치 독일에 협력했다는 이유로 약 20만 명이 우즈베키스탄 등지로 강제 이주당하고 크림 자치공화국은 폐지되었다. 1967년 소련정부는 뒤늦게 그 억울함을 인정했다가 고르바초프의 개혁 개방 정책이 추진된 후에야 원주거지 복귀가 허용되었다.

을 분리하고 있다. 러시아제국 때는 러시아인들은 이들을 가리켜 야삭 타타르Yasak Tatar라고 불렀는데, 이 뜻은 세금을 내는 타타르인이라는 뜻이다. 대부분 수니Sunni파 하나피Hanafi계 무슬림들로서 과거에는 시비르 칸국의 동부 통치 관할에 속해 있었다.

(2) 아스트라칸 타타르인: 자신들을 카라가쉴르Karagashly라고 부르는 타타르계 일파로서 15, 16세기에 아스트라칸국을 설립했었다. 당시에 노가이 튀르크족들과도 혼혈되었는데 카잔 타타르인들(볼가 타타르인들)과 거의 동일하다. 오늘날 이들과 카잔 타타르인들과는 거의 구별되지 않는다.

(3) 카슴 타타르인: 15세기에 카슴 칸Kasym Khan을 수장으로 카잔칸국에서 이탈해서 나온 사람들의 집단이다. 후에 카슴 타타르의 칸들은 모스크바 공국의 봉신으로 행세했다. 이들은 자신들의 전통 종교인 이슬람을 고수하고 있다.

(4) 리투바니아 타타르인: 이들은 노가이Nogay 튀르크족들의 후예로서, 그들의 조상이 리투바니아를 도와서 1410년 그룬왈드Grünwald전투에서 승리한 후에 리투바니아Lithuania 통치자의 초청으로 리투바니아로 이주하여 정착한 사람들이다. 리투바니아는 이들을 극진히 대우하여 귀족의 신분을 부여하였다. 이들은 리투바니아의 주민들, 즉 리투바니아인, 폴란드인, 벨로루시인 등의 여자들과 혼인을 하는 등의 방법으로 정착이 빨리 이루어졌다. 시간이 지나면서 자신들의 언어인 튀르크계 노가이어를 잊어버렸으나, 그들의 종교인 이슬람은 지금까지 고수하고 있다. 리투바니아 타타르인들의 대부분은 현재 폴란드에서 살며 폴란드어를 사용하고 있다.

(5) 볼가 타타르인: 볼가 타타르들은 볼가 타타르인Volga Tatar, 미샤르인Mishar, 테프티아르인Teptiar, 크르아셴Kryashen 등 4개의 그룹으로 나뉜다. 볼가 타타르인들은 자신을 카잔 타타르인Kazan Tatar이라고 부르는데, 공산 혁명 전에는 자신들을 '튀르크인Türk'이라고 불렀다. 이들은 볼가 불가르국을 설립했던 볼가 불가르인들의 후손들로서 금호르드인들과 동부 핀계 부족들이 튀르크화한 부족이다. 이들의 외형은 눈

이 파란 핀Fin 계형에서부터 몽골로이드형, 카작인형까지 다양하다. 이들의 언어에는 방언적인 차이가 전혀 없이 단일어를 형성하고 있다. 미샤르인들은 동부 핀계 부족(메쉬체라인, 모르드바인)이 튀르크화한 부족이다. 이들은 볼가 불가르국과 금호르드 통치 시대에 이슬람으로 개종했다. 이들이 볼가 타타르인들과 다른 점은 볼가 타타르인들이 상업, 수공업, 농업 등에 종사한 반면, 이들은 원래부터 전통적으로 농업에 종사하고 있다는 점이다. 테프티아르인들은 원래 볼가 타타르인들로서 1552년 러시아 합병 후에 바쉬키르인들 거주 지역으로 이주한 사람들이다.

(6) 크르아셴인: 볼가 타타르인들로서 기독교정교로 개종한 사람들이다. 16세기 후반에 러시아제국의 카잔 칸국 정복 후 많은 무슬림 타타르인들과 무속적인 신앙을 가졌던 다른 튀르크계 사람들과 핀계 사람들이 기독교정교로 개종하였다. 이 시기에 개종한 사람들을 러시아어로 스따로끄르아세니Starokryasheny 즉, old converts라고 부른다. 이들은 성경과 기독교정교 서적들을 타타르어로 번역하였다. 이들은 정통 기독교 신자들이 되었으나 지금까지 전혀 러시아인화 되지 않았다. 18세기 초반 짜르 안나 통치하에서도 많은 무슬림 타타르인들이 개종을 강요 당했다. 이 때에 개종한 타타르인들을 'new convert'라는 의미로 러시아어로는 Novo-kryasheny, 타타르어로는 Yangi Kryash라고 부른다. 그러나 1905년 러시아 공산 혁명 전 혼란기에 이들의 대부분은 다시 이슬람으로 개종해서 자신들의 본래의 종교인 이슬람으로 돌아갔다.

현재 크르아셴인들은 대부분 농업에 종사하며 그들의 기독교 마을을 이루고 살고 있다. 1928년 이후에 이들은 계속적으로 타타르인들과 러시아인들에 의해 인종적 동화의 위협을 받아 왔는데, 이들의 결혼은 종교적인 이유로 타타르인들보다는 러시아인들과 더 많이 이루어진다. 따라서 이들의 문화는 타타르인들보다는 러시아인들의 문화에 가까운 면이 많다.

타타르어는 큽착어 그룹, 즉 카작어, 키르기스어, 바쉬키르어, 노가이어 등과 함께 튀르크어의 북서부 그룹에 속한다. 타타르 자치공화국을 중심으로 쓰이는 타타르어 사용 인구는 약 285만 명이며, 시릴문자를 사용한다. 타타르어는 카

잔타타르어 외에 시베리아, 중
앙아시아 등 전체 타타르어의
총칭으로 사용되고 있다. 타타
르공화국에는 타타르어로 발행
되는 신문이 약 40개, 러시아
어 35개, 추바슈어 4개, 우랄
어계인 우드무르트어 1개 등이
있다.

크레믈린 안의 기독교와 이슬람
(왼쪽이 정교회, 오른쪽이 정부청사, 가운데 모스크)

4. 크림 타타르족의 강제 이주와 귀환

1944년 5월 18일, 선조 대대의 고향인 크림 반도에 살던 25만 명의 타타르
족의 운명을 바꿔 버린 중대한 사건이 발생했다. 이날 이오시프 스탈린은 크림
반도의 타타르족이 나치 독일에 협력했다는 이유로 이들 모두를 우즈베키스탄
벽지의 수용소로 퇴거시키라고 명령했다. 이유는 크림 타타르인들이 — 체첸
인들과 마찬가지로 — 1차 대전 당시에 독일군에 협조했다는 것이었다. 그러
나 이러한 이유 이외에 스탈린은 반러시아적 성향이 강하고 독립 의지가 강한
크림 타타르족이 터키와 연대하여 카프카스 민족 분리주의 운동을 조장할 것
을 두려워하고 있었던 것이다. 타타르족은 단 30분 만에 식량과 소유물을 챙
겨 화물열차에 떼지어 실려졌다. 그리고는 중앙아시아로 강제 이주되어 내팽
개쳐 졌다. 이제 그들은 그들 삶을 아무것도 없는 상태에서 다시 시작해야만
했다. 많은 사람들이 그 과정에서 죽었으며, 당초 그들이 살던 땅에는 러시아
인들이 정착했다.

크림 타타르인들은 50여 년 전 강제 퇴거된 후에 고향에 돌아갈 수 있는 권
리를 되찾기 위해 운동해 왔다. 이에 러시아 측은 지난 1989년 3월 타타르인들
의 귀환 조치를 위한 위원회를 구성함으로써 처음으로 양보 조치를 취했다.

타타르족 운동가들은 그에 대한 반응으로 쿠룰타이Kurultay, 즉 민족회의
를 소집했다. 이 회의는 1991년 6월 〈크림 타타르족의 민족 주권 선언〉을 채

카잔 국립대

택하고 타타르 주권국가를 재건하겠다는 의사를 공포했다. 민족회의는 또 무스타파 제미레프를 의장으로 선출했다. 많은 타타르인들은 이와 같은 일련의 사건들에 고무되어, 중앙아시아의 집을 팔고 크림 반도로 향했다. 하지만 이들은 이곳에서 심각한 주택난과 학교 및 의료 시설의 부재(不在)에 직면했다.

크림 반도의 러시아인들은 자신들의 인구 우위가 약화될 경우 크림 반도에서의 돌이킬 수 없는 영향력 감소로 이어질 것을 크게 두려워하고 있다. 제미레프 의장은 이와 같은 우려에 대응하여, 모든 타타르인이 아시아에서 돌아온다 해도 타타르족이 크림 반도의 인구에서 차지하는 비중은 17%에 불과할 것임을 재빨리 지적했다.

심페로폴의 크림 거주 러시아인 지도부는 키예프의 우크라이나 정부보다 타타르인의 운동 목표에 훨씬 덜 동정적이다. 우크라이나인들은 타타르족의 귀환을 늘리려는 타타르인들의 노력을 적극 지원하고 있다. 그 대신 우크라이나는 타타르인들에게 우크라이나어에 유창한 타타르인을 늘려 줄 것을 기대하고 있다.

요즘 타타르족의 차세대 젊은 지도자들은 긍정적인 변화를 모색하면서 지원을 받을 목적으로 터키 정부와 접촉 중이다. 터키 정부는 소규모의 지원을 제공하고 있는데, 이는 타타르족이 기대했던 수준은 못된다. 유럽안보협력기구 OSCE는 크림반도 내 타타르인들의 어려운 처지에 관심을 쏟는 유일한 국제조직이다. 전통적으로 카프카스와 중앙아시아에 대한 영향권 증대를 꾀하고 있는 독일과 프랑스가 주도하고 있는 OSCE는 충분한 자금만 확보되면 조직적이고 지속적인 타타르족 지원을 통해 이 지역에 대한 기득권을 확보해 나갈 것이다. 러시아의 남하 정책을 우려하고 있는 터키는 독자적으로 충분한 지원을 할 수 없는 처지에서 이러한 OSCE의 개입을 반대하지는 않을 것이다.

수도 카잔 시내 전경

5. 수도 - 카잔 kazan

카잔은 타타르 자치공화국의 수도이며, 인구는 109만4천명(1989)이다. 모스크바 동쪽 800Km 지점인 볼가 강 유역에 위치하여 수상, 육상교통로의 요충지로서 공화국 경제, 문화의 중심지이다. 기계공업, 화학공업, 석유가공공업, 피혁공업 등이 발달하였으며 10여 개의 대학과 전문학교가 있다. 13세기 중엽에 타타르인이 건설했으며, 15세기 중엽에는 카잔칸국의 수도가 되었다. 모스크바 대공국과 계속 항쟁했으나 1552년 이반 4세에게 최종적으로 점령되었다. 그 후에도 이 지방의 중심 도시로 번영했으나 1774년 푸가초프의 난으로 파괴되었다. 그 후 제정시대에 와서는 카잔현의 현도였다가 혁명 이후 1920년에 성립된 자치공화국의 수도가 되었다. 시가지는 볼가 강의 넓은 골짜기를 따라 남북으로 약 25㎞ 가량 뻗어 있고 동서의 너비는 10㎞정도이다. 러시아에서 네번째로 오래된 대학이며 세계적인 동양학 연구 중심지인 카잔대학교가 있다.

IV. 체첸공화국Chechenia

1. 공화국 개요

체첸자치공화국은 북부 카프카스에 위치한 튀르크화된 민족국가로써 현재
는 러시아연방공화국 내 자치공화국을 이루고 있으며 수도는 그로즈니
Groznyi이다.

체첸은 1835년 제정 러시아에 합병되어 소련 시기에는 소수민족 자치공화
국이고 현재는 1993년 제정된 신 헌법에 따라 러시아연방공화국의 자치공화
국 중 하나로 규정되었다.

우리나라 경상북도 크기만한 영토(19,000㎢)에 인구가 겨우 1백2십만 명에
지나지 않다. 체첸인들 대부분은 민족 고유의 체첸어를 사용하는 회교도(수니
Sunni파)로서 중앙아시아 공화국들과 가까울 뿐만 아니라 인근 이슬람 국가
들인 터키와 이란과도 친근한 민족이다.

1922년 10월에 체첸 자치지역Chechen Autonomous Oblat을 이루고 있
다가 1934년 1월에 잉구슈 자치 지역과 합하여 체첸-잉구슈 자치 지역으로
재편되었다. 1936년 12월에는 이것이 체첸-잉구슈 자치공화국으로 승격하였
다. 체첸인들과 잉구슈인들은 서로 다른 역사적 배경을 가지고 발달한 종족집
단이지만 언어는 매우 유사하며 종교 역시 동일한 이슬람 수니파 가운데 하나
피Hanafi계에 속한다. 그러나 체첸-잉구슈 자치공화국은 1944년 3월에 폐지
되고 체첸인들과 잉구슈인들은 카자흐스탄을 비롯한 중앙아시아로 소련 당국
에 의해 강제 이주되었다. 1968년 이후에야 이들의 재정착이 이루어졌다.

체첸인들의 인구 증가를 보면 1926년에 318,000명/ 1939년 407,690명/
1959년 418,756명/ 1970년 612,674명/ 1979년 755,782명/ 1989년 958,309
명으로 증가율이 매우 높아 구소련 최고를 기록하고 있다. 1939년에 비해
1959년 인구가 크게 늘지 않은 이유는 1943~1994년에 소련 당국의 강제 이주
정책으로 많은 사람이 사망했기 때문이다.

1979년 인구통계에 따라 체첸-잉구슈 자치공화국의 인구 1,155,805명의

구성을 보면 체첸인 52.9%, 러시아인 29.1%, 잉구슈인 11.7%, 아르메니아인 1.3%, 우크라이나인 1%, 다게스탄 및 카프카스인(쿠믁인, 노가이인, 아바르인, 다르긴인, 라크인 등) 1.9%이다. 종교적으로 보면 이슬람 종교를 믿는 무슬림이 66.5%이며 기독교정교인을 비롯한 비무슬림들이 31.4%, 기타가 2.1%였다. 한편 1959년에 공화국 내에 러시아인의 구성이 49%인데 반해 1970년에는 34.5%로, 1979년에는 29.1%로 감소했다. 이는 체첸인의 증가율이 상대적으로 높았기 때문이다.

체첸 자치공화국이 위치한 카프카스(코카서스) 지역은 유럽과 아시아의 관문이요, 이슬람과 기독교의 교차점이며, 슬라브족과 튀르크족이 만나는 접경 지역이다. 카프카스는 또한 세계에서 가장 다양한 문화와 언어가 밀집해 있는 지역이다. 소련이 붕괴된 이후에 러시아에 대한 반감, 저항의식이 가장 현저히 과시된 지역도 이곳이었다. 카프카스 지역은 러시아, 터키, 이란 3국이 헤게모니 경쟁관계 속에서 대립적으로 긴장관계를 유지하고 있는 지역이기도 하다.

19세기 러시아의 카프카스 진입은 카프카스 산악 지대 원주민들의 거센 반발과 저항을 불러 일으켰다. 수십 년에 걸친 저항 전쟁은 계속되었으며 1864년에 이르러서 카프카스는 러시아에 합병되기에 이르렀다. 그러나 합병 이후에 러시아제국이 추진하는 동화정책에 대한 현지인들의 저항운동과 독립 (저항)운동은 부분적이나마 끊임없이 계속되었다.

러시아의 식민 동화정책에 대하여 자민족 종교인 이슬람과 자민족 언어를 지키려는 체첸인들의 열망은 바로 역사 속에 깊이 뿌리 박혀 있는 이와 같은 카프카스 민족들의 반러시아 저항운동의 한 표본이다. 카프카스 지역에서 보이는 이와 같은 자민족 종교와 자민족 정체성에 대한 집요한 애착심은 소련 붕괴 이후에도 반러시아 저항 운동으로 계속 나타나고 있는 것이다.

체첸인들은 북(北)카프카스 민족들 가운데 가장 호전성을 과시하고 있는 민족 집단이다. 러시아의 정복 시대로부터 시작해서 체첸인들은 러시아의 통치에 대하여 강하게 반발하였다. 카프카스의 다른 종족들이 비교적 쉽게 투항 한 데에 반해서 체첸인들의 저항은 예외적인 것으로 받아들여질 정도로 독립 저항의식을 강하게 나타냈다. 카프카스 민족들 가운데 카바르드인들은 1561년에 '무서운 이반(러시아 황제 이반 4세)'과 군사동맹을 체결하여 러시아의 정복사업을 도왔으며 오세트인들도 일찍이 18세기에 러시아와 평화협정을 체결하여 러시아의 영향권 안에 들어갔다.

그러나 최근의 체첸사태에서도 보이는 바와 같이 체첸인들의 저항의식은 가공할 만한 것이다. 제정 러시아에 합병된 이후에 체첸공화국과 다케스탄에서는 기회가 있을 때마다 독립운동이 일어났다. 1877년 러시아-터키 전쟁 기간, 1905년 볼셰비키 혁명의 실패와 연이은 시민혁명 기간 등 기회가 있을 때마다 다게스탄과 체첸에서는 반란이 일어났다. 러시아는 이와 같은 체첸인들의 반동에 대하여 기회가 있을 때마다 무자비한 응징을 가하는데 주저하지 않았다. 1930년대 대숙청 시기와 스탈린의 비슬라브계 민족 재배치 정책에서도 그 첫 번째 대상은 체첸인들이었다. 체첸인들을 비롯하여 잉구슈인, 발카르인 그리고 카라차이인들 전체가 스탈린에 의해서 강제 이주를 당했던 기억이 아직도 이들 가운데 생생하다. 이들 가운데 예외적으로 친러시아적이거나 반항적이지 않고 독립운동에 대해 소극적인 사람들도 있었을 것이다. 그러나 러시아는 이들을 전혀 구별하지 않고 체첸인 전체를 아무런 재산도 취하지 못하게 한 채 1943년 혹독한 겨울 어느 날 하루아침에 카자흐스탄으로 강제 이주시켰던 것이다. 이와 같은 혹한의 강제 이주 과정에서 인구 절반이나 되는 수많은 사람들이 추위와 배고픔으로 도중에 죽고 말았다. 체첸인들은 졸지에 그들의 영토를 빼앗기고 마치 죽음의 계곡에 던져지는 것 같은 참혹한 지경에 놓였던 것이다.

당시 소련 정권의 공식 입장은 독일과의 전쟁으로 인한 안전 문제 때문에 이와 같은 민족 재배치가 필요하다고 발표했었다. 소련 정권은 카프카스 민족들이 믿을 수 없었고 전쟁이 발발할 경우 독일 편에 서서 싸울 것이라는 우려가 지배적이었던 것이다. 그러나 이러한 기우는 사실에 근거한 것이 아니었다. 나찌 정권과 카프카스인들 사이에 모종의 연대나 이와 관련된 시도가 있었다는 어떠한 증거도 제시되지 못했다. 대부분의 역사학자들은 스탈린 정권의 주장에 동의하지 않는다. 이러한 강제 이주 정책은 소련에서 가장 저항적이요 번식력이 강한 체첸인들에 대한 당시 소련 정부의 부담을 반영한 것으로 보는 것이다.

한편 체첸인들은 그들의 생활터전이 산악지역으로써 이슬람적 호전성과 전투성이 그대로 보존되어 있는 현대문명의 변방에서 위치한 전근대적 순수성을 보존하고 있는 산악 민족이다. 칼과 무기를 다루는 면에 있어서는 타의 추종을 불허하며, 아직도 체첸 민족에게는 씨족사회의 관습이 그대로 이어져 내려오고 있다. 따라서 만약 동생이 다른 사람에게 해를 입었을 경우 아버지, 어머니, 형, 동생들은 전원이 복수에 나서며 만약 그렇지 않은 경우 그 집안은 조롱의 대상이 될 만큼 씨족사회의 성격이 강하다.

지난 1991년 체첸의 독립을 주장하며 새로 제정된 체첸 국기에는 그로즈니 남부의 4천 2백여 봉우리를 상징하는 산꼭대기와 달 아래 앉아 있는 늑대가 그려져 있을 만큼 그들의 전통적 투기와 호전성은 익히 잘 알려져 있다. 과거 소련 지도자들은 그들로 하여금 모스크바의 정권에 복종하게 하기 위하여 체첸인들에게 수많은 박해를 가하였다. 특히 스탈린 시기에는 체첸 인구의 절반을 시베리아로 강제 이주시켜 그들 대부분을 추위와 굶주림 속에서 아사시킨 적이 있을 정도로 심한 박해를 가하였다. 이때 사망한 체첸인들에 대한 통계는 나와 있는 것이 없지만 수십만 또는 수백만 정도의 체첸인이 사망한 것으로 추정하고 있다.

그 후에도 체첸인들의 가슴에 깃든 러시아인들에 대한 반감은 한결같았다. 이와 같은 반러시아 감정과 그들 특유의 불굴의 투지력은 1980년대 후반에 이르러 고르바초프에 의해 개혁 개방 정책이 시작되기가 무섭게 소련군 공군 소장 출신인 죠하르 두다예프를 중심으로 민족 독립운동이 전개되는 직접적인 배경이 된다.

체첸인들 이외에 카프카스에서 강제 이주를 당한 카라차이인, 발카르인, 그리고 그루지아의 메스키트인들 역시 모두 튀르크계 민족이었다. 이와 같은 사실은 러시아인들이 갖는 전통적인 관념, 즉 터키와 터키계(튀르크계) 민족들에 대한 그들의 거부감을 반영하고 있는 것이다.

1957년 후르시초프는 카프카스 민족들의 복귀를 허락하였으며 1968년 이후에야 재정착이 이루어졌다. 1959년에 전체 체첸 인구 418,756명 중 58.3%인 243,974명이 체첸 지역 이외에 중앙아시아나 시베리아에 거주하고 있었다. 1970년에는 전체 인구 중 83.1%인 508,898명이 체첸 지역에 거주하기에 이르렀다. 1979년에는 약 80.9%인 611,405명이 공화국 내에 거주하였다.

1991년 체첸공화국이 체첸-잉구슈 자치공화국에서 분리되어 나가기까지 체첸인들은 그들의 사촌격이며 북카프카스에서 두번째 큰 민족 그룹인 잉구슈와 함께 다게스탄 서쪽에 재정착하여 공동체를 이루어 나갔다. 1989년 통계에 의하면 석유 산출지인 체첸-잉구슈 자치공화국은 총인구 130만으로 이 가운데 55%가 체첸인이며 12%는 잉구슈인 그리고 22%가 러시아인으로 구성되었다. 1991년 체첸인들이 독립을 선언하자 잉구슈인들은 나즈란Nazran을 수도로 하여 독립적인 자치공화국을 건설하였다.

러시아연방 내 자치공화국들 가운데 독립선언을 한 공화국은 체첸만이 아니었다. 소련이 붕괴되고 여러 공화국으로 구성된 러시아연방이 탄생하여 민족주의자 옐친에 의해 통치되자 러시아연방 내 다수 공화국이 독립선언을 하였다. 타타르공화국, 바쉬키르공화국, 야쿠트공화국 등으로 이들 모두가 튀르크계 공화국들이다. 러시아 초대 대통령 옐친(Yeltsin)과 그의 후계자 푸틴 Putin은 만일 체첸공화국에게 완전한 독립을 — 외교권 및 독립 군대 조직 등 — 부여할 경우 연이어 타타르공화국 등 다른 튀르크계 공화국들이 도미노처럼 독립해 나갈 것을 우려하고 있다.

체첸공화국의 완전 독립은 당분간 어려울 것으로 보인다. 체첸공화국이 카스피 해 송유관의 통로에 위치하는 등 지정학적으로 매우 중요하다는 것과 체첸 공화국이 러시아연방 내륙에 위치하고 있어서 독립이 현실적으로 어렵다는 등 여러 이유가 있다. 그러나 가장 중요한 것은 한 국가로 독립하기 위해서는 국제적으로 강대국의 외교적 지원이 절대적인 점을 감안할 때 작금의 국제정세는 체첸인들에게 매우 불리하게 작용하고 있다는 것이다. 체첸을 지원할 수 있는 형편에 있는 강대국이 거의 없는 것이다. 체첸 사태는 러시아의 입장에서 하나의 소수민족 문제이다. 자국내 소수민족집단이 독립 국가를 쟁취하기 위해 투쟁하고 있는 것이다. 이와 같은 소수민족 문제는 대부분의 강대국들이 안고 있는 문제이다. 중국은 위구르와 티베트 독립 운동 때문에 긴장하고 있으며 영국은 북아일랜드 문제로, 캐나다는 큐벡인들 때문에, 스페인은 바스크족들로 인해서 어려움을 겪고 있다. 이와 같은 상황은 체첸에 대한 서구의 적극적인 지원을 하지 못하게 하는 장기적이고 결정적인 요인으로 작용하고 있는 것이다. 또한 체첸인들을 적극 지원할 수 있는 터키는 자국 내 소수민족인 쿠르드족의 독립투쟁으로 오랫동안 혼미를 거듭하고 있으며 이란 역시 자국내 소수민족 아제르바이잔인(아제리인)들의 잠재적인 독립 움직임으로 인해서 신경을 곤두세우고 있는 실정이다. 체첸을 지지한다는 것은 곧 자국 내 소수민족의 독립도 허용해야 한다는 논리에 봉착하게 되는 것이다.

미국이 체첸 독립을 지지한다면 미국이 가장 원하는 바는 중국 내 위구르나 티베트의 독립도 지지해야 하지만 우방국인 캐나다의 퀘벡족이나 영국의 북아일랜드의 독립도 지지해야 하는 처지에 놓이게 된다. 이는 장기적으로 미국 내에 거대한 인구를 확보한 스페인 혹은 멕시코계 소수민족들이 독립을 요구한다면 이에 응해야 하는 자가당착에 빠지게 될 것을 의미한다.

현재의 국제 정세는 소수민족들에게 매우 불리하게 작용하고 있다. 마치 강대국들이 소수민족 독립 문제에 대하여 암암리에 연대하는 것 같은 인상이 짙게 나타나고 있다. 특히 이러한 경향은 9.11 사태 이후 두드러진다. 미국이 아프가니스탄을 공격하면서 기존 세계 질서에 대항하는 모든 세력을 테러로 규정하면서, 체첸이나 쿠르드, 위구르족의 독립운동은 모두 테러로 규정되어 버린 것이다. 미국이 아프가니스탄에 대한 보복 공격을 감행할 때 러시아는 체첸을 중국은 위구르를 대대적으로 진압한 사실에서도 잘 나타난다. 이제 세계는 바야흐로 강자들의 연대 시대에 돌입한 것이다. 미국이 전통적으로 유지해온 소수민족 집단에 대한 인권 차원의 지원과 지지를 철회함으로써 핍박받는 소수민족 즉, 제4세계는 더욱 더 처지가 어렵게 되었다.

체첸공화국의 독립 운동과 관련하여 앞으로 국제정세의 변화, 특히 유럽연합EU의 발전에 따라 추이가 변할 여지가 전혀 없는 것은 아니다. 독일이 영향력을 행사하는 강력한 EU가 실현될 경우 동구 유럽을 장악한 독일은 전통적으로 반러시아적이면서 상대적으로 친밀한 감정을 가져온 카프카스 민족들, 특히 체첸에 대해 적극적으로 지원할 가능성이 있기 때문이다. 이와 같은 가능성은 독일이 동구 유럽과 중동, 그리고 카프카스, 중앙아시아를 포함하는 거대 영역권의 건설의 꿈, 즉 전통적인 동방정책과도 연계되기 때문이다. 지금도 강대국 가운데 체첸이나 쿠르드족 그리고 보스니아 문제를 가장 관심 있게 접근하고 이들 소수민족들을 비교적 적극적으로 지지하는 국가는 독일이다.

2. 체첸 민족의 역사

　체첸과 잉구슈 두 민족은 모두 튀르크 민족화된 카프카스 종족이며 같이 나흐족Nakh 일파로 7세기경 동시에 이 지역에 나타나서 그 후 10여 세기 동안 함께 이 지역의 주인이었다. 그러나 19세기 중엽에 제정 러시아에 강제로 편입됨으로써 러시아인에 대하여 사무친 원한을 가지고 지금까지 살아왔다. 18세기 말 팽창주의 정책을 폈던 러시아가 카프카스 정복에 나섰을 때 이들 산악 민족들은 자신들을 지키기 위해 격렬하게 저항하였다. 이 카프카스 전쟁은 거의 반세기 가까이 계속되었는데 1859년에 이르러서야 종전되었다. 최종적으로 러시아 군이 승리하긴 했으나 당시 유럽 최강을 자랑했던 러시아 육군은 수차례에 걸쳐 격퇴되는 곤경에 처하고, 막대한 희생과 전쟁비용을 소모했다. 이 전쟁 당시 동부에 거주하던 나흐족은 러시아에 격렬히 저항한 반면, 서부의 나흐족은 이 전쟁에 개입하지 않았다. 그 후 러시아인들은 이 두 집단을 각각 다르게 인식하게 되었다. 이로써 이 두 집단의 거주지역 중 큰 도시의 이름을 따라 동부의 나흐족을 '체첸', 서부의 나흐족을 '잉구슈'라 구별하여 불리기 시작했다.

　20세기초 러시아 혁명기에도 체첸 민족과 러시아 간에는 치열한 분쟁과 갈등이 있었다. 러시아의 지배에 저항한 체첸인들은 자신들의 저항을 성전(聖戰)으로 규정하고 전투적인 이슬람 교단을 중심으로 항쟁을 전개했다. 이후 10월 혁명과 이어지는 내전 시기에는 한때 인접한 다게스탄 지역에 이슬람국가인 '다게스탄 체첸 회교국'을 선포하기도 하였다. 그러나 1921년 소련군이 이들을 완전히 장악함으로써 이 지역은 소련의 일부로 완전 편입되었다.

　소비에트 혁명 후 공산주의 소비에트 지도자 레닌Lenin은 제정 러시아에 의해 짓밟혀 왔던 체첸의 굴욕적 역사를 상기하여 '러시아 내 이슬람교도'에 관한 성명서를 통해 체첸인을 비롯한 모든 이슬람교도, 즉 무슬림들의 권리보장을 선포하였다. 그 후 1936년에 이르러 체첸-잉구슈 두 자치구가 합병하여 '체첸-잉구슈 자치공화국'을 형성하였다. 그러나 1930년대 중반의 스탈린의 숙청바람으로 1937년 여름부터 1938년까지 체첸-잉구슈 자치 공화국을 포함한 북 카프카스 전역에서 지식인과 지방당 간부들을 포함하는 총 10만 명의 체첸인들이 체포되어 일부는 처형되고 나머지는 타 지역으로 강제 추방되는 비운을 겪었다. 1940년 초 체첸인과 잉구슈인들은 하산 이스라일로프Khassan Israilov의 지휘로 소비에트 정권에 대해 다시 저항운동을 전개하였으나 1942년 말엽에 진압되고 말았다.

체첸 민족에 대한 러시아의 박해는 제 2차 세계대전 말기에 또 다시 전개되었다. 당시 스탈린의 소련당국은 이 지역을 일시 점령했던 독일군에게 체첸인들이 협력했다는 이유로 1944년 2월 체첸-잉구슈인 거의 전체에 해당하는 약 50만 명을 카자흐스탄 등 중앙아시아 지역으로 강제 이주시켰다. 당시 강제이주 대열에서 도망친 소수 사람들은 카프카스 산악에 숨어들어 게릴라전으로 소련군에 대항하였으며, 강제이주와 게릴라 투쟁 과정에서 약 23만여 명이 사망했다.

당시 소련 당국의 민족 말살정책에 대항하고 체첸-잉구슈인의 연대감을 북돋우며 고향으로의 귀환을 적극적으로 추진했던 이슬람 수피 종단 타리카(Tariqa; 이슬람형제단)가 있었는데, 이들의 노력과 흐루시초프의 개혁노선에 힘입어 1957년 체첸 민족은 명예회복이 이루어지고 고향으로의 귀환이 허용되었으며 자치공화국으로 드디어 부활되었다.

그 후 소련이 붕괴해가는 와중에서 1991년 10월 조하르 두다예프 대통령은 러시아로부터 체첸의 독립을 선언하였고, 잉구슈 역시 1992년 10월 자치공화국으로 분리 선포되었다. 더 나아가 이 두 자치공화국은 1993년 12월 채택된 러시아 연방헌법에 의해 각각 신생 러시아연방공화국의 자치공화국으로 공식 인정되어 오늘에 이르고 있다.

체첸 민족은 역사적으로 끊임없이 열강들의 침략에 시달려 왔다. 그 결과 17세기 이래 페르시아제국, 오스만제국, 제정러시아, 소비에트 연방, 그리고 오늘날의 러시아 연방공화국에 이르기까지 주변 강대국들의 통치 하에서 살아왔다. 겨우 1백 5십만 명 정도의 인구에 지나지 않는 체첸 민족이 오늘날 전 세계 50여 국가들에 뿔뿔이 흩어져 살고 있는 것도 이와 같은 고난의 역사에서 비롯된다. 특히 체첸인들은 혹독한 독재자 스탈린 정권하에서 이미 폭동을 일으킬 정도로 반(反)러시아 감정을 가슴 속 깊이 품고 살았다. 1932년 스탈린이 강제로 언어문화가 다른 잉구슈인들과 함께 체첸-잉구슈 자치 공화국으로 병합시키자 이에 무력으로 항거하고 나섰던 것이다. 1943년 나찌 독일군이 체첸 수도 그로즈니Grozny 문턱까지 진격해왔을 때, 체첸인들이 이들에 협조하면서 러시아인들에 대해 다시 반기를 들었다. 이러한 체첸 민족을 주목한 스탈린은 1944년 전쟁이 끝나갈 무렵 체첸인들을 중앙아시아와 시베리아로 일제히 이주시켰다. 그 후 1956년 귀환이 허용되자 많은 체첸인들은 고향을 되찾아왔고, 지금의 위치에서 체첸-잉구슈 자치 공화국의 일원으로 재정착 했던 것이다.

1991년 소비에트 연방이 붕괴되고 소비에트 연방이 수십 개의 독립 국가로 산산조각이 나자 체첸인들은 "소비에트로부터", "러시아인들로부터"라는 슬로건을 내걸며 독립선언을 하였다. 체첸의 지도자 두다예프Dudaev는 이 기회야말로 체첸이 러시아인들로부터 독립할 수 있는 최대의 호기라고 생각했다. 이후부터 체첸 자치공화국에서는 정부군과 반정부군 간의 전투가 시작되었다.

1991년 소비에트 연방이 붕괴될 무렵 체첸 공화국이 독립을 선언하고 러시아 연방공화국으로부터 탈퇴를 선언하였으나, 러시아는 당시 우크라이나와 전쟁을 치를지도 모를 만큼 감정이 악화되어 있는 등 다른 문제로 인하여 체첸에 대하여 신경을 쓰지 못하고 그저 반정부군에 무기를 공급하는 소극적인 방관자 역할을 하였다.

3. 체첸의 종교 / 사회 / 문화 및 정치

종교 / 사회 / 문화

체첸지역에서 발견되는 러시아정교회 예배당의 흔적들은 8세기경에 어느 정도의 체첸인들이 러시아정교로 개종했었다는 사실을 보여준다. 그러나 그 후 체첸에 정착한 다른 무슬림들에 의해 이슬람교가 전해졌고 17세기말 무렵에 이르러서는 이 지역에 남아있던 러시아정교 세력은 완전히 사라지게 되었다. 지금도 상당한 체첸인들이 체첸 및 잉구슈 자치공화국의 남부에 있는 이슬람 주요 문화의 중심지인 다게스탄에서 이슬람 종교 훈련을 받고 있다.

체첸인들은 소련에서 가장 열정적인 무슬림 집단에 속한다. 소련에 항거하여 일으켰던 폭동들 그들의 종교적 열정을 더 부추겼으며, 특히 1940년대 스탈린 집권 시에 러시아에 대항해서 일으킨 항쟁은 대표적이다. 이후에 체첸 지역에서 이슬람 사원과 기도처 건물이 모두 폐쇄되었다. 그러나 이러한 억압정책은 이 지역의 이슬람 포교 활동을 활성화시키는 결과만 낳았다. 이슬람을 억제하려는 이러한 무자비한 압제가 가해졌으나 1978년에 이르러 2개의 이슬람 사원이 다시 문을 열었다.

이슬람 편향적인 경향에도 불구하고, 체첸어에는 몇몇 기독교의 흔적을 볼 수 있다. 일요일을 가리키는 단어는 '신의 날'로 번역되어 있고, 금요일은 '마리아의 날'로 불리는 것은 흥미롭다.

숱한 수난을 감내했던 이들 체첸 민족은 예로부터 독자적인 전통과 문화를 간직해 온 독특한 민족으로 특히 '피를 두려워하지 않는' 그들의 용맹성은 특기할 만하다. 그들은 조국방위라는 결연한 자세로 남자는 만 7세가 되면 무기 사용법을 배우고, 지금도 체첸인 대부분은 단검과 단총, 자동소총을 소지하고 있으며, 가족이나 친척이 피살될 경우엔 남은 사람들이 반드시 피의 보복을 하는 것을 계율로 삼고 있다. 러시아의 식민 동화정책에도 불구하고 자민족 종교인 이슬람과 민족 언어를 지키려는 체첸인들의 열망은 역사 속에 깊이 뿌리박힌 카프카스 민족들의 저항운동의 한 표본이다. 이러한 자민족 종교와 정체성에 대한 집요한 애착은 소련 붕괴 이후에도 반러시아 저항운동을 통해 계속하여 나타나고 있는 것이다. 체첸인들의 저항의식은 강력하여 기회가 있을 때마다 체첸과 다게스탄지역을 중심으로 저항 독립 항쟁을 일으켰다. 그래서 스탈린의 대숙청과 민족 재배치 정책에 있어서도 그 첫번째 대상이 체첸인들이었다.

2002년 11월 발생했던 모스크바 극장의 체첸인들의 인질극 사건은 러시아의 강경하고 무자비한 유혈 진압 등으로 실패로 끝났다. 그러나 이 사건을 계기로 체첸 전사들은 그들의 독립을 향한 투지를 다시 한번 세계에 알리게 되었다.

한편 체첸인들은 잉구슈인 등 기타 대부분의 북카프카스 종족들과 마찬가지로 봉건제도를 거치지 않고 여전히 그 사회의 기초로써 부족 사회의 틀을 유지하고 있다. 체첸 사회의 기초 단위는 타이프taip로써 씨족적인 성격을 고수하며 족외혼의 전통을 지키고, 아버지 및 조상의 이름을 따는 부칭(父稱) 관습을 계승하고 있다. 이러한 기본 관습은 대략 12세대를 거친 체첸 사회에서 조상 대대로 지켜 내려 왔다. 타이프taip는 대개 약 200호로 구성된 마을 두세 개를 합한 규모에 해당한다. 가장 중요한 체첸 타이프는 베노이Benoy, 쫀타로이 Tsontary, 드쉬니Dyshni, 쿠르찰레이Kurchaley, 알레오이Aleroy, 벨게토 이Belgetoy, 아르세노이Arsenoy, 샤토이Shatoy, 벨코이Belkhoy 등이다. 다른 타이프들은 다른 종족들에 속한 것들이다. 타르쿠Tarku는 쿠믹, 자이 Jay는 아바르, 쿠브치Kubchi는 다르긴 종족에 속한 타이프들이다.

사회주의 혁명 이전에는 타이프가 공동체의 경제적 이해에 기초하였다. 혁명 이후에 경제적 결속의 의미가 상실했음에도 불구하고 타이프는 계속 존재하는데, 그 성격이 정치적 사회심리학적 결속의 기초로 바뀌었다. 각 타이프에는 공동묘지가 있으며, 씨족 노인들로 구성되는 씨족회의가 있으며 비공식적인 씨족 법정, 타이파난 크헬taipanan Kkhel이 운영되고 있다. 타이프는 네케nek'e 혹은 가르gar라 불리는 더 적은 단위로 분리되는데, 이것은 10내지 50호로 이루어지며 씨족 어른들로 구성되는 장로회가 있으며 매우 엄격한 규율이 적용된다. 이와 같은 하부 조직 씨족 단위는 전통적으로 무슬림 형제 결속을 강조하는 이슬람 수피집단의 관습이 매우 강하게 적용된다.

북오쎄티아와 더불어 체첸 및 잉구슈 지역은 마지막으로 이슬람을 받아들인 북카프카스 지역이다. 쿠믹 및 아바르 사람들에 의해 전래된 이슬람은 16세기에 다게스탄으로부터 체첸-잉구슈 지역에 유입되었으나 비교적 서서히 확장되었다. 17세기 후반에 이르러서 체첸 지역이 완전히 이슬람화되기에 이르렀다. 잉구슈 지역은 19세기 후반에 이르러서야 수피 카디리Sufi Qadiri 포교단의 활발한 활동의 결과로 이슬람화되었다.

소련 자료들은 체첸인들과 잉구슈인들이 소련 전체에서 이슬람이 가장 강한 집단으로 기록하고 있다. 이와 같은 경향은 역사 속에서 오래 동안 계속된 성전(聖戰)에 기인한다. 이슬람 낙쉬반드Naqshiband 교도 지도자 이맘 만수르 Imam Mansur에 의해서 주도된 1783년 봉기에서부터 시작해서 1920~1922년, 1940~1943년 봉기에 이르기까지 수많은 반(反)러시아 혹은 반소비에트 저항운동 및 봉기가 발발하였다. 체첸인들의 종교적이며 전투적인 저항정신은 1940년대 초 체첸인들과 잉구슈인들이 중앙아시아와 시베리아로 강제 이주되었을 때 크게 촉진되었다. 기독교정교를 종교적 배경으로 하는 러시아인들의 핍박을 받을 때마다 체첸인들 가운데 이슬람은 더욱 더 강해졌고 수피Sufi 이슬람 종교가 민족적 정체성의 절대적 기조로 발전하여 갔다. 1943년 체첸인들을 비롯한 튀르크계 무슬림들이 강제 이주된 이후에 체첸과 잉구슈 지역 내에서 소련 당국에 의해서 이슬람 말살 정책이 매우 치밀하게 추진되었다. 1943년에 900여 개의 사원Jami과 500여개의 기도처medresseh 등 모든 이슬람 사원 및 예배처가 폐쇄되었다. 1960년대 체첸인들이 다시 돌아온 이후에 이들 사원들과 기도처들은 다시 재건되었다. 러시아의 전문가들은 체첸인들에 대한 소련 당국의 반이슬람적인 정책이 별로 실효를 거두지 못했다고 인정한다. 체첸인들은 이전보다 더 강하게 이슬람교를 신봉하게 되었다. 사실 수피 이슬람교도들에게는 이슬람 사원이 그리 중요하지 않다. 이슬람 사원을 폐쇄함으로써 체첸인들 사이에 종교적 형제애의 결속만 강화시키는 결과를 낳았으며 종교적 열성분자들만 더 증가시키게 되었다.

　체첸에서 지배적인 이슬람은 수피종파로써 낙쉬반드파와 카디리아 두 그룹으로 나뉜다. 낙쉬반드파가 체첸과 잉구슈 지역에 전파된 것은 18세기 후반 이맘 만수르Imam Mansur가 부하라Bukhara로부터 낙쉬반드 가르침을 전래해 옴으로 시작되었다. 이후에 19세기 중반에 다게스탄으로부터 샤밀Shamil의 한 낙쉬반드 지도자 타쇼 하지Tasho Haji가 다시 또 이 종파를 대대적으로 체첸 지역에 전래하였다.

　카디리야Qadiriya 그룹은 19세기말에 한 쿠믁Kumyk인 무슬림 쿤타 하지Kunta Haji에 의해서 전래되었다. 그는 이후에 1867년에 러시아 가옥에서 옥고를 치르다 사망하였다. 카디리야 그룹은 몇 가지 분파로 나뉜다. 첫번째 분파의 창립자는 밤마트 기라이 하지Bammat Giray Haji로서 이 분파는 처음 체첸 타이프 구노이Gunoy에서 시작하여 후에 전체 체첸 지역과 북부 다게스탄으로 확장해 나갔다. 이 분파의 리더십은 미타에프Mitaev 가문에 대대로 계승되고 있다. 두번째 분파는 잉구슈 수도 나즈란Nazran의 수르호히Surhohi 지역 출신 바탈 하지 벨호로에프Batal Haji Belhoroev에 의해서 창립되었다. 이 분파는 잉구슈 지역에 제한되어 활동하고 있으며 종교적 성결을 강조하며 구소련에서 가장 열성적인 이슬람 수피 분파로 알려져 있다. 리더쉽은 벨호로

에프 가문에서 대대로 계승된다. 세번째는 침 미르자Chim Mirza 분파로써 이것 역시 창립자의 이름을 딴 것이다. 이 분파는 체첸 샬리Shali 지역 마이르 툽Mairtup 마을에서 미르자에 의해서 시작되었다. 마지막은 1940년대에 카 자흐스탄에서 체첸 무슬림 지도자 비스 하지 자기에프Vis Haji Zagiev에 의 해서 창립된 비스 하지 분파이다. 이 분파는 오늘날 카디리야 종파 중에서 가 장 널리 영향력을 행사하고 있는데, 카라르다Kabarda에서부터 북부와 중부 다게스탄 지역에 이르기까지 널리 전파되어 있다. 이 분파는 카디리야 종파 중 에서 그 방법론에 있어서는 가장 현대적이면서 교리는 가장 보수적인 것으로 유명하다.

수피 이슬람의 종교적 예식과 활동은 주로 과거 수피 성자sheikh들의 무덤, 즉 성지(聖地)를 중심으로 이루어진다. 체첸과 잉구슈의 수피즘이 갖는 특징을 나열하면 다음과 같다.

(1) 중앙 집권적인 조직력보다는 수피 교도들의 상부상조하는 공생(共生) 패 턴과 씨족 연대에 의해서 결속이 조장된다. 수피 교도 그룹은 30내지 50 여명으로 구성되는데 구성원의 대부분이 친족들인 경우가 많다. 따라서 동일 종교 종파뿐만 아니라 친족 결속에 의해 이루어진 이러한 종교 공동 체는 결집력이 강할 수밖에 없다. 각 그룹은 한 사람의 종교지도자에 의 해 지도를 받는다.

(2) 따라서 수피 교도들은 종교적 충성심과 종족 혹은 씨족적 충성심이 하나 되어 함께 공존한다.

(3) 반러시아적이며 저항적이고 이들 교도들 간에 매우 긴밀한 비밀 네트워 크를 형성하고 있다.

(4) 완벽한 비공식적 조직 체계를 형성하고 있다. 각 분파마다 종교재판소가 있으며 자금력을 가지고 있다. 제카트Zekat, 즉 종교 헌금이 자금력의 기초가 되고 있다. 또한 규율이 매우 엄격하며 내부 규례를 어길 경우 엄 하게 다스려 진다. 어떤 분파는 사형을 집행하기도 한다.

(5) 포교 활동에 있어서 매우 근대적이다. 여성들의 종교적 리더십 및 활동 이 받아들여지며 어린아이들조차도 설교를 할 수 있다. 종교 교육에 있 어서 라디오나 녹음테이프 등 현대 기기가 널리 사용된다. 성지 근교에

쿠란 학교나 종교 교육 시설 혹은 기도처를 만들어 집중적으로 종교 교육을 실시한다.

(6) 바탈 하지와 비스 하지 분파에서는 동일 분파 내에서만 결혼이 허용된다.

정치

체첸은 1998년 3월 26일 국명과 수도 명칭을 바꾸었다. 국명을 '이즈케리야 체첸' 공화국으로, 수도 그로즈니를 '조하르' 시(市)로 각각 공식 개명했다. 이번 개명은 체첸 독립의지를 보다 강조하기 위한 것으로 평가되고 있다. '이츠케리야'는 체첸 강경파들이 독립국 체첸을 강조할 때, 스스로를 일컫는 말이다. 이 말은 원래는 체첸 남부 산악지대를 가리키는 지명인데, 이 지역이 18세기부터 대러시아 무장 항쟁의 거점이 되면서 체첸독립의 상징 어휘가 되었다. 체첸 게릴라들은 스스로를 '이츠케리야 전사'라고 칭해왔다. '조하르'는 체첸 독립투쟁의 상징인 고(故) 조하르 두다예프 전 체첸 대통령의 이름에서 따 온 명칭이다. 그는 소련군 공군출신으로 체첸 독립운동에 뛰어들어 1991년 10월 체첸 대통령으로 선출되었고 그 후 체첸 독립운동을 주도하다가 1996년 4월 무장투쟁 도중 전사했다.

그로즈니Grozny는 '무서운, 위협적인' 뜻을 가진 이름으로 러시아가 1824년 체첸 침략 당시에 그로즈니를 전진기지로 만들면서 붙였던 이름이다.

언어

체첸 사람들이 사용하는 체첸어는 잉구슈어와 마찬가지로 북카프카스 혹은 이베로Ibero-카프카스 언어그룹에 속한다. 체첸어와 잉구슈어는 매우 유사하여 다소 어려움이 있으나 서로 의사소통이 가능하다. 소비에트혁명 전에는 이들의 문자는 없었다. 잉구슈는 1923년에 라틴문자를 채택하였는데, 체첸인들은 1925년에 라틴문자를 채택하였다. 1938년에 이 두 종족 문자는 소련 당국에 의해 시릴(키릴)문자로 바뀌었다. 약 15년내지 20여년 동안 강제 이주되어 시베리아와 카자흐스탄에서 살았고 자민족 언어로 전혀 교육이 실시되지 못했지만 이들은 그들의 구어체를 그대로 보전하여 복귀하였다. 1959년 실시된 조사에서 체첸인들의 98.8%가 체첸어를 모어(母語)로 사용하고 있는 것으로 나타났다. 소련 당국에 의한 집중적인 러시아어 교육에도 불구하고 1970년에는 98.6%에 달했다. 이러한 결과는 구소련 내 다른 소수민족이나 공화국들에서는 쉽게 볼 수 없는 특이한 것이다.

4. 체첸 분리주의 독립운동

1) 소련 해체 전 체첸 독립운동

체첸 자치공화국은 러시아의 남서부 카프카스 산맥 북단의 산악과 초원지대에 걸쳐 있는 잉구슈 자치공화국 및 다게스탄 자치공화국과 인접해 있는 나라이다. 이들의 생활 터전인 카프카스 산맥은 남쪽은 급경사이며 북쪽은 경사가 완만한 형태를 이룬 카스피해와 흑해 사이에 위치한 험준한 산악으로 터키, 이란 등 남부로부터의 침입을 막을 수 있는 요충지역할을 하는 곳이며 또한 러시아의 남서부 진출을 위한 관문이기도 하다. 영토는 우리나라의 경상도 만한 크기이며 인구는 130만명 정도로 조그마한 나라이다. 19세기 이전까지 산악지역에서 유목생활을 영위하였으며 인종은 터키계이고 민족 고유어인 체첸어를 사용하는 이슬람교도(수니파)이다. 체첸과 러시아의 충돌이 시작된 것은 표트르 대제 때부터이다.

본격적인 체첸 항쟁은 50년 전쟁이라 불리는 1817년에서 1869년 사이의 카프카스 전쟁이었다. 1829년 아드리아노플 조약으로 제정 러시아와 터키 국경은 남카프카스로 결정되었으며, 이 결과 체첸은 제정 러시아에 복속되었다. 당시 체첸인들과 다게스탄 지역 산악 민족들의 항쟁은 제정 러시아의 식민지화 정책에 대하여 성전을 주장하는 종교성이 강한 전투적인 이슬람 교단에 의하여 주도되었다. 러시아는 무력이라는 강압 수단을 사용하여 체첸 항쟁을 제압하였다. 당시 이 지역 무슬림 민족들의 항쟁은 조직적이지 못하고 매우 산발적이었으며 통합적이지 못하였을 뿐만 아니라 배후에 외세의 지원도 없었기 때문에 러시아에 의해 쉽게 분쇄되고 말았던 것이다. 이러한 러시아의 대응은 1840년 대탄압과 1860년 대학살과 대파괴로 이어졌고, 이로 인해 체첸 사회 집단은 무참히 붕괴되었으나 그들의 반발은 끈질기게 계속되었다.

소련 체제에서 체첸인들은 1917년 볼셰비키 혁명 중에 다시 독립운동을 시작한다. 민족 자결을 내 걸었던 볼셰비키 당은 세력을 확보한 후 저항세력에 대해 무자비한 학살과 말살 정책을 감행했다. 1934년에 스탈린은 강제로 체첸과 잉구슈를 자치 공화국으로 합병시켰다. 그러나 이 지역은 1942년부터 1943년까지 잠시 독일에 점령당하게 되었다. 1944년에 체첸인들이 국가독립을 위하여 독일에 협조하였다는 이유로 그들은 소련 정권에 의해서 비극을 맞게 된다.

정확한 사실은 모르나 원래 스탈린은 체첸인들을 카스피해에 수장시킬 계획을 가지고 있었던 것으로 알려져 있다. 그만큼 스탈린 정권에 있어서 체첸은 부담스러운 집단이었음에 틀림없다.

소련 연방 보안국 무장 요원 20만 명은 이 지역에 진격하여 약 80만 명에 달하는 체첸인들을 강제 이주 하였다. 이 과정에서 약 24만 명의 체첸인이 죽었다. 이로 인하여 체첸인들의 러시아에 대한 반감은 돌이킬 수 없는 것이 되었다.

1953년 스탈린 사후 흐르시초프가 정권을 잡게되면서 잠시 해빙된 분위기가 조성되었다. 흐르시초프는 스탈린의 정책을 비판하면서 1957년 강제이주 당했던 민족집단의 귀환을 허용하게 되었다.

고향 땅으로 귀환하게 된 체첸인들은 당황할 수 밖에 없었다. 그곳에 이미 다른 민족들이 자리 잡고 살고 있었던 것이다. 그들의 집과 전답은 이미 다른 러시아인들이 소유하고 있었다.

마침내 이주 당했던 체첸인들은 다시 귀향하여 지금의 위치에 체첸 잉구슈 자치공화국을 다시 구성하게 되었으나, 러시아인들에 대한 반감은 그 후에도 계속되었다. 고르바초프의 등장과 함께 개혁 정책이 추진되자 체첸 지도자 죠하르 두다예프를 중심으로 독립 저항운동이 마치 기다렸다는 듯이 곧 시작되었다. 1991년 11월 두다예프는 국가의 독립을 선포하고 체첸 정규군을 조직함과 동시에 연방정부의 모든 명령을 거부하였다. 이로 인하여 연방정부와의 관계는 극도로 악화되었다. 그 후 갈등과 투쟁이 계속되었으며, 급기야 1994년 12월 11일 3만여 명의 러시아 연방군의 침입으로 전면적인 유혈 항쟁으로 발전하였다.

2) 소련 해체이후 체첸 독립운동

(1) 체첸-러시아 1차 전쟁 (1991~1996년)

체첸-러시아 분쟁은 러시아 내의 체첸 자치공화국이 소비에트 연방 해체기에 러시아연방으로부터 분리 독립을 선포하자, 체첸의 탈러시아를 묵과하지 않은 모스크바 정권이 개입하면서 비롯된 분쟁이다. 소련 공군 장군 출신인 두다예프가 체첸-잉구슈 자치공화국을 접수하고 체첸공화국의 독립을 선포하자 러시아연방 옐친Yeltsin 정부는 이를 용인할 수 없었다. 잘 알려진 것처럼 소련 해체 이후 설립된 러시아연방공화국은 약 120 여개의 소수민족으로 구성된 다민족 국가로서 체첸 자치공화국의 독립 움직임은 다른 소수민족 공화국들의 분리 독립 운동에 결정적인 영향을 미칠 수 있기 때문이다.

러시아는 체첸 내에 반(反)두다예프Dudaev 세력을 결성하고, 친(親)러시아 정권의 수립을 기도하였다. 이런 가운데 체첸 내의 반두다예프 세력은 1993년 7월 아브투르하노프를 위원장으로 하는 임시평의회를 구성하여 모스크바 당국에 대해 자신들을 체첸 공화국의 유일한 합법 정부로 인정해 줄 것을 요구했다. 친러시아 체첸세력은 같은해 8월 두다예프 축출을 위한 무장투쟁을 선언하였으며, 10월과 11월에 체첸의 수도 그로즈니를 공격하였으나 두다예프 정권 전복에 실패하였다. 러시아는 반두다예프 세력의 공세 초기 단계에는 간접적인 지원만을 하였을 뿐이고 직접적인 무력 개입은 회피하였다.

1991~1994년까지 체첸 사태에 대해 관망 상태를 보이던 러시아는 1994년 12월 러시아군을 체첸에 투입함으로써 체첸-러시아 간 제 1차 전면전이 발발하였다. 장비와 화력에서 압도적인 우세에도 불구하고 러시아군은 그로즈니를 함락하는데 한 달 이상의 시간을 허비하는 등 고전을 면치 못하였고, 체첸군은 산악지대로 이동하면서 끈질기게 항전을 계속하였다. 체첸과의 전쟁이 장기화되면서 러시아 내부에서는 체첸 전쟁에 대한 회의가 일기 시작했고, 실익이 없는 싸움이라는 여론이 러시아 내에 거세어지자 옐친 정부가 주도하는 러시아연방은 체첸과의 협상을 통해 문제를 해결하려고 노력하였다.

1996년 8월 러시아의 새로운 안보회의 서기가 된 군부출신 개혁파 레베드Lebed는 체첸 문제에 대한 대통령의 전권을 받아 마스하도프Maskhadov 체첸공화국 대통령과 여러 차례 협상을 거친 뒤 평화협정을 체결하는데 성공하였다. 그러나 이 평화협정에 대해 모스크바 당국에서는 체첸에게 너무 많은 것을 양보했다는 의견도 만만찮았다. 그러나 얼마 후 레베드가 안보회의 서기장직에서 해임 당하면서 체첸과 러시아간의 관계에 긴장이 감도는듯 하였다.

1997년 5월 양측 정상은 새로운 평화조약을 체결하여 경제 협력 등 새로운 관계 정립을 모색하였다. 그러나 양측은 분리 독립에 대한 확고한 의견 차 때문에 평화조약 체결에도 불구하고 불씨는 지속되어 왔다.

한편 1994년 초 러시아연방이 체첸공화국에게 선전포고를 하고 직접적으로 전쟁을 개시하자 체첸 공화국은 내전의 양상으로 발전되었다. 침공 당시 러시아연방이 표면적으로 내세운 이유는 체첸 근처를 순찰하고 있던 러시아연방 헬기 2대가 격추되고 6명의 러시아군이 억류되었다는 것이었다.

당시에 체첸 공화국과의 전쟁을 시작하기에는 러시아는 너무나 많은 국내외 문제가 산재해 있었다. 1994년 초 신문 등 언론 매체에서 전쟁에 대한 찬반 투표를 한 결과 러시아 국민들의 반대도 만만치 않았으며, 일부 러시아연방 하원 의원들은 러시아가 침공할 경우 체첸 수도에서 인간 방패 막을 형성하겠다고 경고하기까지 하였다. 즉 러시아 연방 내 민족문제는 총으로써 해결되는 것이 아니라는 것이 그들의 주장이었다. 또한 GDP 8%정도를 지출할 것으로 예상되는 전쟁비용 부담 등을 고려할 때 사실상 러시아연방이 체첸을 침공하는 것은 무리수가 뒤따를 것이라는 것이 일반적인 견해였다. 그러나 러시아연방 대통령 보리스 옐친은 체첸 침공을 결의하였고 이에 따라 침공은 시작되었으며 사태는 지금까지도 큰 진전을 보지 못하고 있다.

따라서 많은 서방 언론들은 왜 이러한 침공을 결정하였는가에 대하여 초점을 맞추고 열띤 취재 경쟁을 벌인 적이 있다. 서방 언론에 게재되어 있는 러시아 관련 칼럼에서는 러시아연방 정부가 체첸을 침공한 이유가 러시아연방 정부의 표면상 이유인 각 공화국의 연쇄 분리 독립을 막아 보자는 것 등이다.

당시 서방언론에 나타난 기사들을 살펴보면 다음과 같다.

첫번째, 만약 체첸 공화국의 독립을 허용할 경우 잘못하면 체첸이 도화선이 되어 타타르, 잉구슈, 시베리아 야쿠트(사하) 등 다른 자치공화국으로 분리주의 독립 운동이 확산될 것이고 이는 소련 해체이후 새롭게 형성된 러시아 연방 자체가 다시 붕괴될 수 있는 중요한 문제라는 것이다. 따라서 자칫하면 연방 붕괴까지 몰고 올 수 있는 각 공화국의 독립 움직임을 체첸 공화국을 선제 공격 함으로써 사전에 막아 보겠다는 것이 주목적이라는 것이다.

두번째, 체첸에 있는 자원과 체첸이 지정학적으로 요충지라는 것이다. 체첸은 인근 카프카스 지역으로 연결되는 주요 통로이기 때문에, 만약 이 지역이 러시아로부터 떨어져 나간다면 러시아의 경제적 이익의 상당 부분이 손실된다는 점과 체첸 공화국 주변에 있는 유전의 경제적 가치를 고려했다는 것이다. 체첸 주변에 있는 유전에 대한 경제적 가치에 대하여는 여러 가지 의견이 있으나 러시아에 있어 전쟁을 치룰 만한 충분한 경제적 이익을 가져올 수 있다는 것이다.

세번째, 러시아, 특히 모스크바 등 대도시에 있는 체첸 마피아의 숙청이라는 것이다. 체첸 마피아는 러시아인은 물론 러시아 내에서 활동하고 있는 외국인 사업가에게 있어 두려움과 무서움의 대상이었다. 따라서 이들의 잔혹성과 용맹성은 널리 알려져 있으며, 불과 몇 년 사이에 모스크바 내의 최대 마피아 조직으로 성장하였으므로 이들의 제거는 옐친 대통령에게는 필수적이었기 때문이다. 실제적으로 전쟁이 시작되자 러시아에는 대대적인 체첸 마피아 소탕전이 일어났으며 이들 대부분의 재산을 몰수하였다. 이러한 정부의 행동이 체첸으로 들어가는 독립 자금을 막기 위한 부분적인 목적도 무시할 수 없다.

이러한 이유 이외에 또 다른 주요한 이유는 따로 있다. 왜냐하면 러시아 입장에서 전쟁을 치르지 않더라도 반군을 교묘히 이용하면서 체첸 대통령 두다예프 길들이기에 나섰더라면 아마 문제는 더 쉽게 풀렸을지도 모른다는 것이다. 또한 러시아 연방 내에서 독립을 저지하기 위하여 전쟁을 일으킨다는 것은 거꾸로 러시아연방이 전쟁 때문에 새로운 내전 위기에 직면하여 붕괴될 수도 있기 때문이다. 실제로 스탈린 시절 강제이주 정책의 결과로 현재 체첸에 살고 있는 러시아인의 비율은 전체의 30%~40%정도로 체첸인들만을 상대로 하는 전쟁이 아니라 경우에 따라서는 러시아인과도 전쟁을 벌이거나 피해를 줄 수 있기 때문에 체첸 공화국을 상대로 전쟁을 벌일 경우 수많은 각 공화국과 인종들 사이에 연쇄적인 반(反)러시아 저항 운동을 부채질할 가능성도 배제할 수 없기 때문이다.

그러나 옐친 러시아 대통령은 숙고 끝에 이 전쟁을 시작하였고 그 후계자 푸틴도 이 전쟁을 보다 적극적이며 공격적으로 계속하고 있다. 그러나 그 당시 상황을 좀 더 알아보면, 옐친 대통령은 1993년 10월 의회를 무력으로 해산하면서 2,000명의 의원, 모스크바 시민을 사망케 하여 매우 어려운 입장에 취해 있었다. 더욱이 의회 침공은 소련 연방 법률에 따라 적법하게 옐친 대통령을 탄핵한 의회를 무력으로 해산하여 법적인 타당성이라던가, 윤리적인 기반을 가지고 있지 못했다. 당시 의회에서는 옐친 대통령을 탄핵한 상태였으며 이러한 결정은 최고회의의 헌법적 권한에 속한 것이었다. 따라서 가뜩이나 불만이 큰 국민 및 군부의 반(反)옐친 성향을 다른데로 돌릴 필요가 있었다는 것이며 이러한 상황에 체첸이 좋은 핑계거리가 되었다는 것이다.

이러한 의구심을 뒷받침하는 것은 초기 체첸 전쟁을 수행할 장성의 구성이었다. 옐친은 자신의 심복 부하인 국방부장관 그라초프의 병력을 동원하여 체첸을 침공한 것이 아니라 바비체프 장군 등 주로 자신의 반대파 장성들로 초기 체첸 침공 병력을 구성하였다. 아마 옐친 대통령의 입장에서는 자신과 반대계열에 있는 장성들을 체첸 전쟁으로 내몰면서 쿠데타의 위험을 줄이고 이러한 장군들이 체첸 전쟁에서 승리한다고 해봐야 장군들에게는 민족 내부 문제를 무력으로 해결했다는 오명이 돌아갈 것이며, 만약 전쟁을 제대로 수행하지 못할 경우 이들을 군사 법원에 회부하여 강제 예편시키거나 구속시킬 수 있다는 교묘한 계산이 있었을 것이라는 관측이다.

실제로 체첸 전쟁 당시 반(反)옐친 성향의 장성들이 옐친의 명령을 듣지 않고 진격을 하지 않아, 모스크바에서 군법무관을 체첸 지역으로 급파하여 이 장성들을 체포한 사례가 있으며, 초전에 무리한 작전을 수행하다 수많은 러시아 군인이 사망하기도 하였다. 따라서 옐친 대통령은 자신의 정책에 반대의 의견을 가진 다수의 반 옐친 성향의 장군들을 체첸에 내몰아 이들을 자연스럽게 제거할 수 있었으며, 군부를 새로이 장악하는 계기로 활용하여 일거양득의 효과를 얻을 수 있었던 것이다.

이렇게 볼 때 1994년초 러시아연방이 체첸을 침공한 가장 중요한 이유는 옐친 대통령의 교묘한 정치적 계산에서 나온 것으로 사료되며 위에 열거된 것처럼 옐친 대통령은 이외에도 마피아 숙청으로 인한 시민 및 외국인투자가의 반응 등 많은 것을 체첸 전쟁으로 인하여 얻었다고 볼 수 있다.

(2) 체첸-러시아 2차 전쟁 (1996~현재)

체첸군과 게릴라전에 패배한 러시아군은 1996년 6월 8일 체첸과 휴전협정을 체결하였고 체첸의 지위 논의를 2001년까지 유보하기로 합의함으로써 체첸-러시아 간의 제1차 전쟁은 일단락되었다. 체첸-러시아 간의 제1차 전쟁의 종식 후 체첸은 1997년 1월 대러시아 협상론자인 마스하도프를 대통령으로 선출하고 전후 복구와 이슬람종교 통치체제 구축 등 내부 정비에 주력함으로써 러시아와 비교적 안정된 관계를 유지해 왔으나, 샤밀 바샤예프Samil Basa-yev등 체첸 강경파들이 산악지대에서 독자 세력을 형성하여 마스하도프Ma-skhadov의 대러시아 정책에 반발하면서 인질 테러 등을 개시하여 대러시아 투쟁을 다시 가속화하였다.

그러던 중 1998년 4월 바샤예프 체첸반군 사령관은 체첸의회와 다게스탄 Daghestan 분리주의 세력으로 구성된 군단을 결성하여 다게스탄 영내를 침입하고 신생 독립국 '체첸-다게스탄 공화국'의 건설을 공포하였다. 이는 1999년 12월의 총선과 2000년 3월의 대통령 선거를 앞두고 불안해질 러시아 국내 정세를 좋은 기회로 삼아 다게스탄공화국까지 끌어들어 이슬람 신생국가를 세움으로써 이 지역에 있어서의 러시아 영향력을 분쇄하기 위한 의도였다.

이제 1999년 여름 체첸 반군의 군사행동에 대한 러시아의 강경한 대처는 체첸-러시아 제 2차 전쟁으로 비화하게 되었다. 모스크바 정부는 1999년 여름 동안 다섯 차례나 연쇄적으로 일어난 모스크바와 상트페테르부르크 시내의 아파트 폭탄테러를 체첸 회교반군이 저지른 것으로 보고 9월 5일 이후 체첸 국경지역의 반군 거점에 대한 본격적인 무차별 공습을 감행하였다. 최고 수십만 명의 병력과 대량의 첨단 장비를 동원한 러시아 군의 대대적인 공세에도 불구하고 수도 그로즈니 등을 거점으로 맞서는 체첸 반군의 격렬하고 끈질긴 대항으로 양측은 수많은 사상자와 난민만을 양산해 냈을 뿐 대결구도를 바꾸지는 못했다. 이러한 추세는 대략 1999년 말까지 지속되었으며 신임 푸틴Putin 러시아 대통령의 강력한 의지로 공격을 한층 강화한 2000년 1월 말~2월 초에 이르러 그로즈니 지역의 체첸 반군은 거의 진압된 것으로 보인다.

체첸인들은 흑해와 카스피해 사이에 있는 남부 러시아 코카서스 산맥의 멀리 떨어진 계곡에서 거주한다. 그들은 독립을 위해 싸워온 긴 역사를 가지고 있는 강하고 단호한 민족이다. 20세기 전반기 동안은 소련이 체첸을 지배했다. 오랜 동안 체첸인들은 씨족 공동소유제를 기반으로 땅을 보유해왔다. 소련이 씨족소유제 대신 사회소유제를 도입했을 때 체첸인들은 강력하게 그에 반발했다.

제2차대전 때 대부분의 체첸인들은 독일에 반대하여 소련의 붉은 군대에 힘을 보탰음에도 불구하고 1944년 많은 사람들이 이웃 민족 잉구슈와 함께 중앙아시아로 추방당했다. 1968년에 이르러서 돌아오는 것이 허락되었다. 1991년 10월 27일 체첸 공화국은 독립을 선언했다. 이후 러시아 군대는 다시 체첸을 통제하기 위해 체첸인들을 공격했으며 그 결과 많은 국민들이 몰락의 위기에 놓여있다.

1994년 이후 지지부진 끌어오던 체첸과 러시아의 평화협상은 1997년 여름 후에 대선주자로 출사표를 던졌던 러시아연방 안보리 서기 블라지미르 레베드의 노력에 의해서 어렵게 성사되었다. 그러나 이후에도 러시아와 체첸과의 분쟁은 종결된 것이 아니었다. 대규모 전투는 없었지만 체첸인들이 수백 명에 이르는 러시아인들을 억류하고 외국인들을 인질로 삼아 몸값을 요구하였다.

1997년 8월에는 체첸 전사들이 러시아의 국영방송 NTV의 ORT소속 5명의 기자들을 인질로 붙잡으며 이들 몸값으로 수백만 불을 받고서야 풀어주는 사건이 발생하였다. 다음해 1월에는 러시아연방 북(北)오세티아 지방의 블라디카프카스 시(市)에 체류 중이던 유엔난민 고등판무관을 납치하고 몸값을 요구하는 등 체첸인들의 반러시아 투쟁은 계속되었고 양 국 사이에 불편한 관계는 계속되었다.

1999년 9월 4일, 9일, 13일 연이어 발생한 모스크바 민간인 아파트 폭발사건으로 러시아인 400여 명 가량의 사상자가 발생하였다. 이 사건을 계기로 러시아 당국의 체첸 무력 소탕작전이 전면적으로 전개되었다. 러시아 치안당국은 수사 결과 이 폭탄테러가 체첸 이슬람 반군 지도자 하타브의 부하들이 저지른 것이라고 발표하였다. 이 모든 폭탄테러가 체첸인에 의한 것이라는 발표가 있자 모스크바 시민들이 테러 대책을 세워달라며 정부를 대상으로 연일 데모를 하였고, 정부는 모스크바 시민에게 체첸인을 응징할 것을 약속하였다. 그후 정부는 모스크바 시내에 체류하는 체첸인 및 카프카스 지역출신 주민 총 1

만 1천여 명을 구금하였다. 또한 카프카스 북부 다게스탄Daghestan 지역에서 체첸반군과 지루한 소모전을 펼치고 있던 러시아군 병력을 강화하여 체첸공화국을 대상으로 전면전을 전개하였다. 마침내 러시아 군은 10월 3일에 체첸 영토 내로 진격하였고, 수도 그로즈니 및 주변 도시에서 시가전이 치열해짐에 따라 수많은 체첸인 사상자를 냈다. 이러한 러시아 정부의 강경 무력 전쟁은 공식적으로는 체첸인들의 테러가 한계를 넘었다는 판단에 의한 것으로, 이러한 강경 논조는 푸틴 정권에 의해 이후 계속되었다.

그러나 이러한 강경 무력 정책의 이면에는 또 다른 이유도 상존한다. 그것은 모스크바 정치권과 군부 사이의 불화설이다. 당시 러시아 군인들의 봉급은 소대장이라 봐야 약 50달러정도 받았다. 물론 현재도 큰 차이는 없다. 중대장급이 되어야만 100달러정도의 급료를 받는다. 예전 소련 시절에는 직업 군인이 최고의 직업으로 뭇 여성들의 선망의 대상이 되었다. 군인은 안정된 직장으로 간주되었으며 비교적 높은 급료를 받고 주거 및 식생활이 수준 이상으로 보장되는 등 상당한 예우를 받았다. 그러나 소련 해체 이후에는 국내 경제적 어려움으로 군인들의 처우가 매우 달라졌다. 러시아 군인들은 가장 천대받는 직업으로 전락하였다.

이러한 상황에서 체첸은 러시아연방에서 계속 테러 공격을 하고 있고, 러시아는 일어난 테러에 대하여 아무런 대책을 세우지 못하고 있었던 것이다. 러시아 언론의 인터뷰에 응한 한 러시아 병사는 지난 아르메니아 의회 총격사건을 상기하면서 부러워하였다. 그는 이것이 남의 일이 아니라는 것을 모스크바 정치가들은 알아야 할 것이라고 말하며 현 모스크바 정부를 비난하는 기를 주저하지 않았다. 이 당시 러시아 군은 정치가들의 권력싸움과 생계유지도 힘든 낮은 처우로 인해 사기가 바닥을 치고 있었다. 이러한 군부의 불만을 조금이나마 잠재울 수 있었던 것이 체첸 내전이었다는 분석이다. 이미 전술한 바아 같이 러시아 정부의 입장에서 테러 집단인 체첸에 대하여 전쟁의 명분은 충분한데다가 아나톨리 크바시닌 군 참모장 등 일부 군부 내의 강경파들은 무차별 폭탄 테러를 감행한 체첸 게릴라들을 응징하지 않는다면 국가 존립이 위태롭다는 입장을 공식 표명하고 나섰다. 1999년 11월 3일에는 모스크바 정권이 체첸 반군과 평화협상을 한다는 정보를 입수한 러시아 군부 내 강경파들의 항의로 휴가 중이던 옐친 대통령이 급거 귀경한 적도 있었다. 이렇듯 러시아 군부 강경파는 당시 옐친 정권과 정치권에 대하여 깊은 불신을 가지고 있었고 정치가들은 이러한 불신을 체첸 전쟁으로 유도하였다는 것이다.

모스크바에서 러시아 강경파들의 입지가 강화된 또 하나의 중요한 이유는 1994년도 전쟁에서와 마찬가지로 체첸의 완전독립 및 체첸 지역 주변의 석유자원에 대한 안정보장을 확보하기 위한 정책적 목적이 있었기 때문이다. 1997년 4월 체첸공화국은 러시아연방과의 평화협상을 위반하고 자체적으로 군(軍)을 창설하였다. 비록 1천 5백여 명으로 이루어진 소규모 군대이지만 이는 체첸 독립을 반대하는 러시아에게는 용납하기 힘든 것이었다. 1997년 아슬란 마스하도프 체첸 대통령의 도발적인 체첸 독립선언 및 체첸 이슬람공화국 선포는 러시아 연방공화국에게 있어서 묵과할 수 없는 문제였다. 결국 언젠가는 무력으로 이 문제를 되돌려 놓아야하는 상황이었다. 더욱이 개발이 가속화되고 있는 카스피 해 지역의 4~5백억 배럴에 이르는 황금유전 지역을 이렇게 쉽게 포기할 수는 없었던 것이다.

3) 체첸 사태의 성격

체첸 사태의 성격에 대해서 다음 세 가지 측면이 있다.

첫째, 체첸 사태는 내부의 권력다툼에서 비롯되었다는 것이다. 1990년 10월에 결성된 이슬람계 체첸 민족 회의 의장 두다예프의 권위주의적 지배와 이에 반발하는 친러시아 성향인 아프트라노프 중심의 잠정평의회 간의 권력투쟁이 체첸 사태의 악화를 야기했다고 볼 수 있는 것이다.

둘째, 체첸 사태는 이슬람들의 성전(聖戰), 즉 종교전쟁의 성격을 띠고 전개되었다는 것이다. 체첸공화국 국민 대부분은 수니Sunni파 무슬림들로 구성되며 카자흐스탄, 우즈베키스탄, 투르크메니스탄, 타지키스탄 등 중앙아시아 국가들과 가까울 뿐 아니라 인근 이슬람 국가인 터키와 이란, 사우디아라비아 등과도 매우 우호적인 관계를 가지고 있다. 따라서 옐친 러시아 대통령의 대 체첸 공격에 대한 이슬람권의 시각은 전적으로 종교적 차원, 즉 무슬림 형제애 차원에서 바라본다는 점이다. 따라서 국민들 사이에는 이것은 러시아 정교 집단에 의한 무슬림 집단 탄압이라는 주관적 해석이 지배적 정서로 작용하고 있는 것이다.

또한 체첸인들의 강경한 자세와 전투에서 발휘되는 용맹성과 집요한 투쟁 또한 여타 이슬람권 민족들의 경우와 유사한 양상을 띠고 있는 것도 종교적 연대감을 자극하는 점이다. 이란과 터키, 아프가니스탄, 사우디아라비아 등 이슬람 국가들이 체첸 사태에 대해 심각한 우려를 표시하고 국민 여론이 의용군 파병문제까지 제기하는 등 비상한 관심을 보였던 것에서도 이러한 측면을 엿볼 수 있다.

셋째, 장기화된 체첸 사태는 피할 수 없는 민족 간 분쟁의 양상을 나타내고 있다는 것이다. 그런데 구소련은 126개의 크고 작은 다민족들로 구성된 국가이고 이중 100개 이상의 민족들이 지금의 러시아연방 내에 거주하고 있다. 그러나 스탈린의 민족동화 정책과 러시아인의 비러시아 공화국으로의 정략적 이주정책 추진의 결과로 대부분의 비러시아 민족 공화국들은 자민족 구성비율이 50%에도 이르지 못하고 있다. 그러나 유독 체첸공화국만은 체첸인이 2/3 이상을 차지하고 있어서 자민족 정체성이 강한 다수 체첸인들에 의한 소수 러시아인들에 대한 적대의식은 더욱 심화되었다. 1999년 러시아의 대대적인 체첸 무력침공 사태가 발발한 이래 이 지역에 거주하는 많은 러시아인들이 불안한 정국을 피해 러시아 공화국 역내로 피난을 감행함으로써 체첸 민족이 차지하는 비율은 갈수록 더 높아지고 있다. 이러한 상황은 장기적으로는 러시아인들에게 불리하게 작용할 것으로 보인다.

9.11 사태 이후 체첸의 입지는 매우 좁아졌다. 이슬람 무력 투쟁 테러 집단에 미국과 러시아의 연대는 체첸 민족과 같이 분리주의 운동을 하는 소수민족 집단에게는 매우 불리하게 작용하고 있다. 미국이 아프가니스탄을 보복 공격하고 있을 때 러시아는 체첸 세력을 분쇄하기 위해 대대적인 무력 공격을 감행하였다. 궁지에 몰린 체첸 전사들은 급기야 2002년 11월에 모스크바 내 한 극장을 장악하고 인질극을 벌리며 억압받는 체첸 민족의 형편을 세계에 호소하기 위해 노력했다. 그러나 러시아 대통령 푸틴은 이러한 체첸 열사들을 강경 진압하면서 그들의 노력은 실패로 끝나고 말았다. 체첸 열사들이 목숨을 걸고 감행한 모스크바에서의 이러한 무력 투쟁에 대해서 이슬람 국가들을 비롯한 많은 비서구권 국가들이 우려하면서도 러시아의 강경 진압을 반대했던 것과는

달이 예상했던 대로 미국 및 영국은 체첸 열사들을 강력히 비난하면서 푸틴 정권의 강경 진압을 지지하였다.

체첸 반군의 분리주의 운동은 9.11 사태 이후 매우 불리한 처지에 놓이게 되었다. 체첸 전사들이 모스크바에 진입하여 목숨을 걸고 자신들의 처지를 호소해야하는 형편에 놓인 것이다. 9.11 이후 전개되는 신국제질서 환경 속에서 제4세계 대부분의 소수민족들의 처지가 어렵게 되었지만, 체첸의 경우 더욱 더 어렵게 되었다. 당분간 체첸 민족의 분리주의 운동은 약세가 계속될 것으로 보인다. 미국에 노골적으로 대항하며 체첸 민족의 투쟁에 지지할 강대국도 없어진 지금의 상황에서 더욱 더 그럴 것이다.

4) 체첸 분쟁 대한 러시아인들의 인식

체첸 공화국은 전쟁 이전에는 연간 260만톤의 원유를 생산하는 등 석유 지하자원 보유량이 적지 않는데다, 흑해(黑海)로 이어지는 약 150km의 송유관 일부가 이 지역을 통과하고 있다. 따라서 러시아로서는 체첸의 독립을 묵과할 수 없는 처지에 있다. 체첸 독립을 인정할 경우, 러시아 내 2000만 인구의 이슬람 세력을 자극하게 되고 이어서 발생할 여타 이슬람 소수민족들의 독립 요구를 막아내기 어렵다고 보기 때문이다.

소련 해체 이후 몇 년 간은 러시아 내부에서는 체첸을 포기하자는 여론도 만만치 않지만, 옐친 정부는 안보논리를 내세워 이를 선거 때마다 이용해 왔다. 푸틴 역시 총리시절 체첸반군에 대한 강경 진압으로 국민적 인기를 얻어 대통령에 당선되었다. 하지만 체첸인들에 대한 러시아인들의 정서는 대개 체첸인들은 테러분자요, 범죄자라고 여기는 사람들이 절대 다수이다. 그러나 한 때는 체첸전쟁에서 자식들을 잃은 러시아인 부모들로 구성된 '체첸 전쟁 반대 어머니 모임'이 결성되어 반전운동에 적극 나서기도 하였다.

체첸의 양분과 진압에 있어서 논란이 많은데 현재 체첸은 독립을 주장하는 '체첸 반군'과 러시아 내 자치공화국으로 그냥 있자는 '친(親)러시아 체첸 정부'로 양분돼 있다. 체첸 반군 전사 집단은 1000여명, 이들은 러시아군의 완전 철수와 독립 보장을 요구하며 전쟁을 벌이고 있다. 체첸 반군은 대도시 시가전에서는 러시아군 첨단 장비를 당할 수 없지만, 산악전에서는 러시아군을 초토화시켰다. 산악 게릴라전을 벌이며 러시아의 헬기 10여대를 격추했다. 체첸은 카프카스 산맥을 가로지르며 그루지야에 반군 기지와 보급로를 확보해 두고 있다.

하지만 체첸 세력의 양분으로 이번 인질극에 대한 평가도 갈린다. 체첸 반군 지도자 아슬란 마스하도프는 인질극을 벌인 반군들을 독려하며, 더 강력한 투쟁을 전개하겠다고 공언했다. 그러나 친러시아 체첸 정부는 인질극이 체첸의 독립을 더 어렵게 하고 러시아 민족과의 반복만 크게 하는 결과를 가져왔다고 주장하며 강경 투쟁 노선을 비판했다.

5) 종합 - 체첸 독립 운동의 대내외적 원인 분석
(1) 정치적 요인

체첸 민족은 전통적으로 부족단위의 생활을 영위해 오면서 각 부족들이 사병집단을 보유하고 있었다. 이들 부족들 간의 경제적 이권 다툼, 그리고 일반 대중을 기반으로 정권을 장악한 두다예프 정권이 정치적 주도권 분쟁에 휘말리면서 이를 강력한 대통령제로써 장악하려는 독재적 경향으로 흐르는 것을 저지하려는 정치적 파벌간의 갈등이 사병집단을 동원한 내전으로 발전하게 한 주요한 원인이다. 이에 더하여 체첸의 독립을 저지하려는 러시아 연방정부의 반(反)두다예프Dudaev 세력에 대한 군사지원 및 작전의 실패로 연방정부군의 투입이 체첸 무장 독립 투쟁으로 발전하게 된 것이다.

역사적으로 체첸의 독립운동은 종교적인 배경을 동반한 것으로 종교적인 힘이 큰 역할을 하였으나, 소련 해체 이후 최근에 나타난 분쟁을 심층적으로 살펴보면 현재까지는 전통적으로 나타났던 종교적인 권위를 가진 지도자나 이슬람 단체의 활동은 보이지 않고 있어 독립운동의 원인이 다분히 정치적인데 있다는 인상을 짙게 한다. 체첸 전사들의 투쟁심과 독립의지는 분명 민족적 및 종교적 요인이 절대적인 것이지만, 최근 분리주의 운동 과정에 나타나는 양상을 보면 현실적 정치적인 요인이 크게 작동하고 있는 것을 볼 수 있다. 이러한 현상은 역사적으로 볼 때 소련 해체 이후 독립의 가능성이 그 어느 때보다 높아진 상황에서 공동의 적에 대한 절대적 담합보다는 내부 권력 투쟁의 구도가 표면화되기 때문인 것으로 분석된다.

체첸 내부의 정치적 요인으로는 잉구슈인들과의 갈등과 분열로 중앙정부에 대한 안정적인 정책 추진이 어려운 상태에 놓임으로서 확고한 정치적 미래를 보장받지 못함으로 인해 정치적, 사회적으로 내적 불안이 조장되어 있는 상황이 체첸 사태의 확산을 초래하게 했다는 것이다. 이러한 상황에서 두다예프 대통령은 중앙정부의 군사적 개입을 빌미로 이를 외부로 분출시켜 해소하고 이를 이용하여 정권을 강화하고 체첸 정부의 자주권을 확대하는 한편 종국에는 독립을 쟁취하려는 목적이 있는 것이다.

앞에서도 언급했지만, 러시아연방 정부가 체첸 공화국을 무력으로 침공한 정치적인 이유를 든다면 첫째는 체첸 공화국의 독립을 묵인할 경우, 러시아 연방 내 많은 자치공화국들의 분리 독립과 자주권 확대 요구의 도미노 현상이 발생하여 이를 막을 수 없다는 판단 때문이다. 또한 이란 등지로부터의 이슬람 근본주의 세력의 팽창으로 인한 러시아 남부 지역 안보에 위협을 우려하여 이를 미리 차단하기 위한 것이다. 러시아는 지난 10년 동안 유난히 중앙아시아 국가들과 러시아 남부 국경지역에 대한 통제를 점점 더 강화해 나가고 있다.

둘째는 이미 언급한바와 같이 모스크바 정권이 늘 일관성 있게 명분으로 내세우는 바, 러시아연방의 안정을 위하여 러시아인을 보호하며 러시아의 국내 입지가 극도로 약화되는 것을 방지하려는 의도 이외에, 옐친과 그의 후계자 푸틴 대통령이 자신의 국내 정치적 입장을 강화하기 위한 전략으로 판단된다.

셋째로 대외 군사 정치적 측면에서 볼 때, 유럽의 재래식 전력감축 협정에 따르게 되면 러시아연방의 군사적 불균형은 불가피하다. 따라서 이를 해소하기 위하여는 이미 합의된 협정내용의 수정이 필수적이다. 모스크바 정부는 이를 위한 목적도 저변에 깔고 체첸에 무력 개입한 것으로 보인다. 러시아 군부는 이 협정이 자국에 매우 불리한 제약을 부과하고 있기 때문에 재래식 전력보유 상한선 확대를 주장해 왔다. 이렇게 함으로써 체첸 분쟁은 러시아로 하여금 우랄 이남지역에 있어 전력 보강의 계기를 제공해 주고 있는 것이 사실이다.

(2) 경제적 요인

경제적 측면에 대해서는 위에서도 강조되었다. 체첸은 원유 생산지이며, 주요 정유 시설의 소재지이고 석유와 천연가스 등 지하자원이 풍부한 남 카프카스 지역 공화국들과 중앙아시아 지역을 연결하는 철도와 도로, 송유관과 가스관 등 물류시설이 집중된 교통의 중심지이다. 따라서 체첸공화국은 다른 공화국에 비해 비교적 종속되지 않는 경제구조를 갖추고 있기 때문에 독립할 수 있는 경제적 여건이 충분하다.

또한 건조지이기 때문에 관개농지가 많으며 밀, 사탕무, 포도 등이 주로 재배되고 스텝지역에서는 양의 사육이 활발하며 식품공업도 발달해 있다. 위에서 언급한 바와 같이 풍부한 자원이 있음에도 불구하고 체첸은 소련의 경제의 중앙집권적 상호의존적 분산정책을 기조로 하는 기능주의적 통제경제 정책의 희생물이 되어 왔다. 체첸인들은 국가 전략산업인 원유 생산의 중앙정부 통제와 상대적으로 낮은 중앙정부의 지역에 대한 투자 비율로 경제적 착취를 당하고 있다는 피해의식을 갖고 있다. 게다가 1980년 말 이후 중앙정부의 경제 정책 실패가 계속 되자 이를 위해서는 경제적 자치, 즉 경제적 독립을 해야 한다는 인식을 강하게 갖게 되었다.

(3) 사회, 문화적 측면

산악 유목 민족이었던 체첸 민족은 대가족을 중심으로 한 경제구조를 가지고 있으며 가족은 생산단위이자 교육의 주체이며 전투 단위이기도 했다. 체첸인들은 스스로를 외로운 늑대라고 부르는데 이는 그들의 민족 정서에 흐르는 독립성과 그 의지가 얼마나 강한가를 보여주는 좋은 예이다. 체첸 전사들은 그들의 전통적인 이슬람 종교관으로 인해 죽음을 두려워하지 않는다. 체첸인들의 전쟁은 알라신을 위한 전쟁으로써 성전(聖戰), 거룩한 전쟁이다. 그들에게 전쟁에서의 죽음은 곧 천국으로 직행하는 것이다. 이것은 최대의 명예이다.

최근 체첸인들은 결혼을 서두른다. 튼튼한 사내아이를 많이 낳아야 하는 것이 체첸 여성의 의무이기 때문이다. 또한 미망인과 고아 문제를 해결하고 인구를 증가시키기 위해 부단히 노력하고 있다. 체첸 민족의 고유어는 체첸어이다. 부족단위의 생활과 이슬람 종교의 집단주의적 특성은 민족 고유 언어를 살리면서 전통 문화를 유지하여 민족의 뿌리를 지켜오는데 결정적인 요인이 되었다. 또한 씨족적 부족성이 강한 체첸인들은 지리적, 경제적 특성으로 인해 강제이주 외에는 계속적으로 카프카스 지역에서 생활하였기 때문에 그들 고유문화와 관습, 민족 언어 등이 비교적 잘 유지되어 왔다.

체첸인의 대부분은 수니파 무슬림으로써 카자흐스탄, 우즈베키스탄, 투르크메니스탄 등 중앙아시아 이슬람 국가들과 가까울 뿐 아니라 인근 이슬람 국인 터키 및 이란과도 가까운 친근 관계를 가지고 있다. 체첸의 최고법은 국법이 아닌 이슬람 샤리아 법이며 법의 집행은 샤리아 법정이라고 불리는 마을 종교회의의 판결에 의한다.

(4) 러시아 소수민족정책

체첸사태의 주요한 여러 이유 가운데 또 하나는 러시아연방의 소수민족 정책에서 기인한다. 러시아의 소수민족 정책은 정치 경제적 측면과 사회문화적 측면으로 나누어 생각할 수 있다.

정치경제적 측면을 살펴보면, 전통적인 러시아의 소수민족 정책은 이들을 러시아민족에 종속시켜 통치하는 것이었다. 소수민족들의 중앙관직 진출을 극히 제한시키고, 행정적인 영토 설정 및 작은 변경을 통하여 소수민족의 분열과 인접 민족과의 동화를 강요하여 민족적인 단결을 방해해 왔다. 이렇게 함으로써 소수민족들 고유의 민족의식을 약화시키거나 말살하려 하였다. 비록 형식적, 공식적으로는 어느 민족이나 공화국도 우월한 위치에 있지 않으나, 실제로는 늘 러시아 민족이 연방 내에서 압도적인 지위를 가지게 함으로써 정치권력의 불평등한 배분과 소수민족에 대한 차별 및 정치적 박해가 이루어져 왔다. 결과적으로 소련 체제에서도 모든 공화국들은 러시아 민족과 중앙정부에 불만을 가지게 되었으며, 이로 인하여 점차 자치권의 확대 및 분리 독립을 요구하는 욕구가 발전하게 되었다.

소수민족에 대한 소련 및 러시아의 군사정책을 보면 민족별 부대편성을 금지하고 가급적 고향에서 멀리 떨어진 지역, 인종적으로 혼성된 부대에서 훈련을 받도록 하고 있다. 이렇게 함으로써 지역적, 민족적으로 조직화 및 단결의 가능성을 사전 배제하였으며, 소수민족을 러시아화 하는데 용이하도록 하였다.

소련의 소수민족에 대한 경제정책은, 1918년 이래 레닌의 정책 기조가 계승되어 왔다. 레닌은 제정 러시아의 구정권으로부터 이어받은 산업에 대해 언급하면서, 산업의 불균등한 지리적 분포를 개선하기 위해서는 민족들의 정치적인 독립뿐만 아니라 경제적 독립을 위하여 산업체들을 주변부에 분산시켜야 하며 중공업을 원료 생산지 근처에 설립하여야 한다고 강조하였다. 그러나 소련은 소수민족 자치공화국 및 일부지역에 대한 배려없이 연방의 전체적인 측면만을 고려하여 전체적으로 경제 권역을 재편성하여, 지역적 특성과 원주민들의 이해를 고려하지 않은 지역 기능주의적 식민주의 경제정책을 실시하였다. 대표적인 예로 우즈베키스탄의 목화산업을 들 수 있겠다.

러시아의 소수민족 정책에 대한 사회 문화적 측면을 살펴보면 다음과 같다. 이를 이해하기 위해서는 먼저 과거 소련의 관련 정책을 이해할 필요가 있다. 소련 연방의 문화정책이 구체적인 이론을 바탕으로 정립된 것은 사회주의 리얼리즘이 완성되면서부터이다. 소련의 현실을 묘사함으로써 소비에트 인민들의 긍정적인 면을 부각하여 합리적이며 적극적인 현대의 새로운 인간형을 완성해야 한다는 인민들의 소비에트화를 위한 캠페인이 체제 기간 내내 작동하였다.

1921년에는 이슬람 공화국들에 대하여 아랍 문자를 포기하도록 하기 위하여 공화국 공용어의 라틴 문자 사용을 강요하였다. 그러다가 1930년대에는 제 2 외국어로 러시아어 교육을 의무화하였고 공식적으로 러시아 문화를 우위에 둔 문화정책을 취하였다. 그 다음에는 얼마 지나지 않아서 공용어 문자를 러시아 문자로 바꾸는 조처를 단행하여 소수민족의 러시아화를 꾀했다. 소수민족 출신 작가들에게 레닌이나 스탈린 혹은 농업 집단화에 대한 서사시를 쓰게 하기도 하였다. 1970년대에는 러시아화 언어정책을 보다 적극적으로 추진하였으며 이를 더욱 강화하였다.

그러다가 고르바초프 체제가 출범하면서 예술에 대한 공개적, 개인적 논쟁이 해빙시대의 문화적 자유화 이후 처음으로 부활하는 등 각 공화국 및 지방의 민족 문화가 공존하는 문화정책으로 변화하였다. 종교의 경우 러시아는 전통적으로 러시아 정교를 우위에 두었으나 제정 러시아 시대에는 종교가 정치적 이념이 아닌 군주의 통치 욕구를 충족시키기 위하여 종교에 대한 탄압 및 제한을 가하였다. 소련 연방의 경우 종교 정책은 정치와 분리라기 보다는 국가에 대한 종교의 종속을 의미하는 조치였다. 그러나 이슬람교는 정해진 건물이나 성직자의 존재 혹은 정해진 의식 절차의 구속력이 희박하고 종교생활이 일상 생활과 하나가 되어 있는 특성 때문에 실체 파악이 곤란하여 상대적으로 공개적인 박해가 적게 받았고 소련 체제 기간 동안 종교를 지킬 수 있었다. 그럼에도 불구하고, 소련은 이슬람의 부동산 재산을 몰수하고 대부분의 회교 사원을 폐쇄하였으며 라마단 금식의 통제, 성지순례 통제 등으로 이슬람 활동을 제한하였고 인근 국가의 이슬람 교도들로부터 격리정책을 추진함으로 범이슬람주의 및 이슬람국제주의 영향으로부터 차단하였다.

(5) 결론

크고 작은 150여개의 민족으로 구성된 세계 최대의 다민족 국가인 러시아는 소련 해체 이후 새로운 연방공화국으로써 국가 재건을 위한 진통을 계속하고 있다. 체첸 문제의 해결 과정 및 결과는 러시아의 장래와 이에 속해 있는 소수민족들의 미래를 예측하는 척도로써 뿐만 아니라, 러시아연방은 물론이고 국제사회 입장에서도 매우 중요하고 심각한 문제이다.

체첸 독립운동의 정치적 배경은 전통적 부족단위의 생활방식에 따른 부족간의 이권다툼과 사병집권의 존재로 독재의 경향을 보이던 두다예프와 그 반대세력간의 내전 형태의 분쟁에서 러시아 연방의 군사지원 및 군사적 개입으로 두다예프 정권을 중심으로 한 무장 독립 운동으로 발전하게 된 것으로 보인다. 대외적인 환경은 체첸의 독립운동에 유리한 조건은 만들어 주고 있다. 우선 러시아연방의 경우 정체성의 미정립과 정책의 혼미, 경제 불황으로 중앙 정부의 통제력이 약화되어 있다. 뿐만 아니라 체첸 민족 역사상 최초로 체첸 민족 독립운동이 국제여론의 지지를 받고 있고, 주변 이슬람권 국가들의 지지 및 지원을 확보하는데 어느 정도 성공 하였다고 볼 수 있다. 또한 경제적으로도 어느 정도 독립의 여건을 갖추고 있다고 여겨진다.

뿐만 아니라 자기 민족의 독립을 위하여 싸우고 있는 체첸인들을 소수민족의 이익 수호의 대변자로 보는 많은 소수민족 집단들의 심리적 지지도 한목하고 있다. 러시아연방 내 타타르 공화국을 비롯한 많은 소수민족 자치공화국은 체첸에 대한 러시아의 무력 탄압을 소수 민족들에 대한 탄압으로 보고 있으며 이슬람 세력들은 이를 러시아 정교 집단에 의한 종교 탄압으로 비판하고 있다.

또한 대외적으로는 주변 이슬람 국가들의 경우, 체첸사태가 장기화됨에 따라 러시아연방을 반이슬람 전선의 이교도 집단으로 인식하게 되었으며, 러시아 연방정부로서도 남부 접경지역 이슬람 근본주의 세력증대와 대 러시아 공세의 강화 가능성을 당면 현안으로 안게 되었다. 종합적으로 볼 때, 체첸 분쟁이 장기화할 경우 모스크바 정권에 대한 연방 내 비러시아계 국민들의 불신이 심화되고, 소수 민족들의 반러시아 감정을 자극하여 민족 분규 및 자치와 독립의 요구가 폭발할 수도 있다.

비록 지난 2002년 11월 모스크바 극장을 장악한 체첸 전사들에 대한 푸틴 대통령의 강경진압에 대한 러시아인들의 지지도와 만족도가 현재는 높지만, 이 사태가 장기화 할 경우 강경노선에 대한 정치적 공세가 심화되어 정국 불안은 물론, 막대한 전비 및 전후 복구비용으로 말미암아 인플레이션이 지속되고 경제난이 심화됨으로써 러시아연방 정부의 입지가 좁아질 수밖에 없을 것이다.

국가와 민족의 분할 및 통일을 수세기 전부터 반복하여 경험해 온 러시아 역사는 무엇보다도 민족 문제라는 고질적인 걸림돌을 완전히 제거할 수는 없을 것이다. 독립된 국가 및 자치주내의 민족 분규에서 보는 바와 같이 러시아에서의 문제 해결의 실마리를 찾는다는 것은 결코 쉬운 일이 아니기 때문에 이를 능가하는 세계 환경 또는 세계 질서의 근본적 변화나 국내적으로 패러다임을 바꾸는 획기적인 정책적 결단이 없는 한 무한의 난제로 남을 수밖에 없을 것이다.

V. 다게스탄 공화국Daghestan

1. 다게스탄 자치공화국 개관

다게스탄은 '산'의 뜻을 가진 dagh와 '나라'의 뜻을 가진 stan 두 단어가 합성된 말로 '산악의 땅'이라는 의미를 가지고 있다. 이 말의 뜻에서도 나타나듯이 산악 지대로 구성되어 있는 다게스탄은 북카프카스의 가장 서쪽 카스피 해와 인접해 있고 평균 높이가 95m의 산악 지역이다. 다게스탄은 40개의 민족과 40개 언어의 땅, 산악과 독수리의 땅, 거칠고 험하지만 풍성함이 있는 땅으로도 소개되곤 한다. 1930년 이전까지만 해도 대부분의 민족들이 산악 깊은 곳에서 기원전부터 살아오던 자기들의 땅을 지키며 살아 왔다. 그들은 때로 외부의 침입에 대항하여 연합하기도 하고, 때로는 서로가 서로를 점령하기도 하였으나 조상들의 땅과 언어를 지키며 폐쇄된 사회 속에서 최근까지 살아오고 있다. 다게스탄은 비잔틴과 그루지아의 영향으로 기독교를 상당히 일찍 전해 받았으나 7세기 이후에는 아랍과 이란의 영향을 많이 받아 16세기에는 거의 회교화가 되었다. 산악으로 깊이 들어갈수록 회교의 영향력이 더욱 강하고, 회교사원이 잘 보존된 것을 볼 수 있다. 그러나 대부분은 무속적인 회교도들이며, 1930년 스탈린 시대 중앙아시아로 강제 이주와 1960년대 이후 산악 깊은 곳에 살던 소수의 민족들을 평야 지대로 이주시켜 타민족과 접촉하며 살아가고 있다. 다게스탄 자치공화국의 1921년 1월 21일에 설립되었으며, 면적은 50,300㎢이고, 인구는 1989년 통계에 180만 3천명, 1995년 통계는 2백만 명으로 집계되었다.

다게스탄의 수많은 소수 종족 집단들이 언제부터 다게스탄의 산악 지대에 정착해 살았는지에 대한 정확한 자료는 없으나, 그들 중 일부는 BC 10세기 이전부터 살았다는 고고학적 증거가 있다. 다게스탄에 이렇게 많은 종족군을 이루게 된 이유는 지형적으로 매우 험하여 외부와 접촉이 거의 없었으며, 역사적으로 몇 차례 주변 강국의 침략과 주변 국가로부터 유배되어 온 이들의 정착 때문이다. BC 8세기경에는 앗수르왕 샤르곤 2세에 의해 쫓겨난 사람들이 북카프카스의 산악 지대로 들어와 살았다는 기록이 있으며, 비잔틴제국이 이 지역을 통치할 때 제국으로부터 이 지역으로 유입된 사람들도 있었다. AD 7세기 이후에는 아랍의 침략을 피해 북쪽 이란에서 이곳으로 이주하여 정착하기도 하였다. 각 소수민족의 형성에 있어서 AD 7세기 아랍의 침략과 11세기 셀주크 투르크 제국의 침입, 13세기 몽골의 침입, 16세기 이란의 침입, 1804~1813년까지의 러시아와 이란 전쟁 등은 중요한 요인이 되었다. 1813년 다게스탄이 러시아에 편입되었고, 1830~1840년까지 다게스탄의 2대 이맘(회교 지도자) 이었던 샤밀을 중심으로 러시아에 대항하여, 소수민족들이 연합하여 투쟁하기도 하였다. 1921년 다게스탄 자치공화국이 되었다.

다게스탄의 무슬림 종족들은 대부분이 수니파 샤피 계통의 무슬림이며, 남쪽의 한두 개의 종족은 시아파이다. 대부분은 무속적 이슬람 형태를 띄고 있다. 평야 지대와 도시들의 모스크는 구소련 시대에 거의 파괴되었으나 산악지대에는 모스크가 대부분 잘 보존되었을 뿐 아니라 이슬람교의 영향력도 도시 지역에 비해 상대적으로 강하다. 남부 다게스탄의 아제리인, 타트인 및 일부 레즈긴인들은 시아파이다.

AD 4~5세기에 비잔틴의 기독교 선교사들의 활동과 그루지아의 영향력 등으로 기독교가 전파되었다. 7세기 아랍 이슬람군의 침입 때에 이슬람교에 대항하여 기독교 소수민족들이 연합하여 싸우기도 하였다. 그러나 16세기에는 대부분이 이슬람화되었다. 그후 17세기 후반부터 세력을 뻗치기 시작한 후 18세기에 다게스탄을 완전 통치하게 된 러시아의 영향으로 미약하나마 기독교정교가 일부 전파되었으나 수피 형제단을 중심으로 한 이슬람 소수민족들의 투쟁 등으로 큰 변화는 없었다. 개신교 성경 번역 선교사들의 노력으로 아바르와 쿠믹어로 신약 성경이 번역되었다.

다음은 카프카스를 포함하여 구소련 내 다게스탄 지역 종족 집단과 인구, 그리고 카프카스 내 거주 지역을 표시한 것이다. 괄호 안에 다게스탄공화국의 인구를 표시하였다(1989년 통계).

(1) 아바르: 544,000(496,000)명 – 서부와 중부의 산악과 구릉지대

(2) 다르진: 353,000(281,000)명 – 동부 중부의 산악과 구릉지대

(3) 쿠믹: 278,000(232,000)명 – 동부 구릉과 해변지대

(4) 레즈긴: 257,000(205,000)명 – 남부 산악 구릉지대

(5) 라크: 106,000(92,000)명 – 중부 산악지대

(6) 타바: 93,5000(79,000)명 – 남부 산악과 해변지대

(7) 노가이: 74,000(29,000)명 –북부 산악지대

(8) 카이딱: 약 40,000(약 30,000)명 – 남동부 구릉지대

(9) 루틀: 19,500(15,000)명 – 서부 산악지대

(10) 타트: 19,500(13,000)명 – 남부 평야지대

(11) 고산지 유대인: 11,300(3,500)명 – 남동부 구릉지대

(12) 앗시르: 9,600(2,500)명 – 주요도시

(13) 차말랄리: 9,500(7,200)명 – 서부 깊은 산악

(14) 버즈틴: 8,000명 – 서부 깊은 산악

(15) 베틀리호: 7,500명 – 서부 산악

(16) 차후로: 6,500(5,300)명 – 남부 깊은 산악

(17) 카라틴: 6,400(5,500)명 – 중서부 산악지대

(18) 쿠바친: 5,500(1,900)명 – 남동부 산악

(19) 바굴라르: 5,000명 – 서부 깊은 산악

(20) 아호바고: 4,000(3,500)명 – 중부 남서쪽 산악지대

(21) 고도베리: 3,000(2,700)명 – 남서부 산악

(22) 흐바르신: 2,000(1,900)명 – 서부 깊은 산악

(23) 군집: 1,350(1,200)명 – 남서부 깊은 산악

(24) 아르친: 1,000명 – 서부 깊은 산악지대

(25) 기누흐: 600명 – 남서부 깊은 산악지대

(26) 안티 종족 그룹: 안디, 이흐바흐, 바굴라르, 바틀리호, 고도베린, 카라
딘, 틴달르, 차말랄르

(27) 쩨즈 종족 그룹: 디도, 가누흐, 군집, 베즈틴, 흐바르쉰

다게스탄 자치공화국의 인구는 1979년 통계에 따르면 1970년보다 13.9% 증
가된 162만 7천 명이다. 다게스탄의 도시 인구는 1970년 35.3%였던 것이
1979년에 39%으로 늘어서 63만 9천 명이 되었다. 시골 인구는 1970년에
64.7%였던 것이 1979년 61%로 늘어서 98만 8천 명이 되었다. 그곳의 수도는

다게스탄인

마하츠칼라이고, 인구는 1979년에 25만 명, 1996년 23만 명으로 집계되었다.

다게스탄 종족은 약 33개가 넘는 언어학적 인종 그룹이 존재하는데, 이 중에서 10개 정도가 사회정치적 민족집단을 구성하고 있다. 이외에 인종학적으로 구별되지만 인구 조사에서는 따로 분류되지 않는 집단들도 있다. 이들 가운데 언어적, 사회적, 문화적 독특성을 보존하며 다른 민족 그룹에 동화되지 않고 정체성을 지키고 있는 종족 집단들도 적지 않다. 10개의 다게스탄 민족 집단 가운데 2개 집단은 투르크 계열(쿠믹과 노가이)이고, 나머지 8개 집단은 이베로-카프카스 계열(아바르, 다긴, 레즈긴, 라크, 타바사란, 라툴, 아굴과 차쿠르)이다. 그 중에서 3개(루툴, 아굴과 차쿠르)는 문어(文語)가 없다. 이상의 10개의 토착 무슬림 민족집단들 이외에 다게스탄에는 아제리인, 타트인, 체첸인 등 국경 지대 거주민들과 타타르와 오세티아인 등 도시 거주자들이 있다.

레즈긴, 아바르, 차쿠르 등 일부 다게스탄 사람들은 아제르바이잔, 그루지아와 체첸-잉구슈 자치공화국 국경 지대에 정착지를 개척하였다. 과거에 유목민족집단이었던 노가이인들은 다게스탄 자치공화국과 스타브로폴, 크라이 사이에 균등하게 분포되어 있다. 2차 세계대전 이후로 다게스탄인들의 중앙아시아에로의 이주가 제한되어 있다.

다게스탄 종족 집단들은 대개 시골 공동체를 이루고 있는데, 도시와 시골 거주자의 비율은 종족들에 따라서 크게 다르다. 중앙아시아에 거주하는 다게스탄 출신 이주자들은 키르기스스탄에 있는 사람들을 제외하고는 거의 대부분 도시 근로자들로 일하고 있다.

다게스탄에서의 1970년에서 1979년 사이에 러시아인 인구가 감소한 것과 유대인 집단의 인구 증가율 감소는 여러 경제적인 이유들에 의해 설명될 수 있지만, 이외에 심리적인 분위기와 특히, 러시아인과 유대인에 대한 무슬림들의 공공연한 적대감의 증대에 의해 설명될 수 있을 것이다.

1979년 인구 조사 결과를 분석해 보면 다게스탄이 10개 주요 민족 집단으로 구성되어 있다고 단순히 말할 수 없다는 사실을 발견하게 된다. 이 10여개의 민족 집단이 각각 종족, 혈족, 독립된 집단 및 마을 공동체에 따라 다양한 성격의 집단을 이루고 있음을 보게 되기 때문이다. 이와 같은 하부 그룹에는 민족 의식보다는 혈족적, 부족적인 마을 공동체적 연대 의식이 강하게 지배하고 있다는 점을 유의해야 한다. 지금도 아바르인이나 타바사란인들은 민족 혹은 종족집단 의식보다는 혈족부족의 정체성에 더 밀착해 있다. 아바르, 다긴과 노가이 등 민족은 민족 집단 내에 다른 집단과의 의사소통이 불가능한 몇 개의 더 작은 종족들을 포함하고 있다. 또한 어떤 경우에 — 예를 들어 아바르의 경우 — 각 계곡의 거주 집단마다 서로 다른 방언이 분화되어 있다. 다게스탄의 종족 집단 가운데 아바르인과 라크인들을 살펴보면 다음과 같다.

1) 아바르인

아바르인들은 가장 중요한 다게스탄 종족이다. 이전에는 19세기와 20세기에 무리드Murid 저항 운동에 적극 참가하는 등 매우 호전성을 보였다. 그들은 다게스탄 종족 집단 가운데 가장 큰 영향력을 행사하고 있다. 아바르인들은 다게스탄 자치공화국의 서부에서 다음과 같은 지역에 거주하고 있다. 쿤자크, 구니브, 카키브, 걸게빌, 굼베토브, 샤로다, 틀리아라타, 보트리크, 추무다, 투나, 아크바크, 카즈, 벡 등의 이 지역들은 다게스탄공화국에서 가장 높은 산지 지역들이다.

부이낙스크와 레바쉬 지역에 쿠믹인과 다긴스인들이 다수 종족으로 거주하는 지역에 아바르인들이 일부 거주하고 있다. 아바르인들은 다게스탄 이외에 아제르바이잔의 자카탈리와 벨로카니의 지역에도 거주한다. 다긴 지역과 라크 지역과 마찬가지로, 아바르 거주 지역은 구소련에서 가장 적게 소비에트화되고 가장 적게 러시아화 된 지역들로 손꼽는다. 이 지역에서는 아직도 전통적 사회 조직들이 영향력을 행사하고 있다.

이미 언급한 바와 같이 아바르인들은 아직 단일체를 형성하지 못하고 있다. 14개의 아바르 부족 집단은 3개의 주요 그룹들로 나뉘어져 아바리스탄의 가장 높은 계곡에 거주하고 있다. 약 5만 명은 공식적으로 아바르인으로 등록되어 있는데, 각 그룹들은 각자의 독특성을 유지하고, 자기 집단의 방언을 사용하며 서로 다른 정체성을 가지고 있다.

아바르인 사회의 기본 조직은 아울aul을 단위로 마을 공동체를 형성하고 있으며, 이 아울 2~3개가 합해서 씨족집단을 형성하고 있다. 투쿰Tukum은 독립적인 경제 단위를 말한다. 마을 공동체 대다수는 여전히 그 전통적인 형태를 이루고 있으며 전통적인 조직체 즉, 마을 조직체 Jemmat와 장로회에 의해서 운영되고 있다.

결혼은 마을 공동체 안에서 거의 같은 씨족 사이에 행해진다. 수피 집단tau-rida은 전통적인 이슬람적 마을 공동체를 강화하면서 자체 조직의 영향력을 확대해 나갔다.

아바르어는 여러 방언으로 구성되어 있다. 18세기에는 문어(文語)가 군대(볼마쯔) 언어에 기초하여 아랍문자를 사용하였는데, 1928년에 라틴문자로 바뀌었다가 1938년에 시릴(키릴)문자로 대체되었다.

2) 라크족

라크족은 비교적 규모가 매우 작은 민족이지만, 다게스탄의 다른 종족 집단보다 더 강한 단결력을 가지고 있다. 라크족 내에 인종학적 세부 구분은 없으며, 역사적이고 전통적인 공동체 의식을 가지고 있다. 즉, 모든 라크인들은 카지-쿠묵 종족 계열에 속한다는 것이다. 라크 지역에서 특히 카지-쿠묵 종족 집단의 아울aul들은 다게스탄에서 이슬람권 중심 세력을 형성하고 있으며, 라크족은 다게스탄에서 문화적이고 종교적으로 독특한 자리를 차지하고 있다.

라크족은 달긴과 아바르 부족의 거주 지역 사이, 즉 다게스탄 중앙에 거주한다. 라크, 쿨리 및 노보라크스코 지역에서 라크족 19,446명이 정착지를 개척하여 거주하고 있다. 그들은 또한 다카다에브(샤드니 아울), 쿠라크(부르쉬-마카) 및 카로다(샤디 아울) 지역에서 고립된 마을을 형성하고 있다. 라크어로 된 첫 문헌은 1734년에 아랍문자로 기록된 것이다. 라크어로 된 간행물은 1922년에 페트로그라드에서 아랍문자로 출간되었다. 라틴문자가 1928년에 도입되었고, 1938년에 시릴(키릴)문자로 대체되었다.

2. 북(北)카프카스의 무슬림 종족 집단들

북카프카스는 서쪽의 흑해와 아조프 해로부터 동쪽에 있는 카스피해까지 전체 카프카스 산맥에 걸쳐 있다. 북쪽으로는 크라스노다르와 스타브로폴 크라이의 러시아 국경에 닿고, 남쪽으로는 그루지아와 아제르바이잔 공화국으로 경계를 이룬다.

1918년 초기 러시아 혁명기간 동안에, 무슬림 민족 지도자들은 러시아 영토 일부를 포함하여 북카프카스 거의 모든 지역을 포함하는 연합 산지공화국 United Mountain Republic을 주창하였다. 연합 산지공화국은 후에 소비에트 러시아로 통합되어졌고, 1920년 1월 20일에 산지 자치공화국(골스카이아)으로 개편되었다. 1년 뒤에 다게스탄이 산지 공화국으로부터 독립했고, 1921년 9월 1일에 카발다가 분리되어 자치지역이 되었다. 1922년에 산지 공화국은 11월 30일에 카라차이-체르케스 자치지역(오블라스트)의 창설과 1월 16일에 발카르 행정구역(오크룩)으로 더욱 세분화되었다. 이리하여 산지 공화국은 체첸, 잉구슈, 그리고 오세티아 지역으로 제한되었다. 그러나 1924년 7월 7일에 잉구슈 자치 지역과 북(北)오세티아 자치 지역이 성립됨으로써 산지 공화국은 막을 내렸다.

다음은 1995년 인구통계에 따른 카프가스 지역 자치공화국 및 자치지역 상황이다(괄호안은 수도명).

다게스탄 자치공화국	2,000,000명(마하츠깔라)
체첸 자치공화국	1,300,000명(그로즈니)
아자르 자치공화국	400,000명(바툼)
남 오쎄트 자치공화국	120,000명(쉬힌발리)
북 오쎄트 자치공화국	642,000명(블라디 카프가스)
카바르드-발카르 자치공화국	785,000명(날칙)
카라차이-체르케스 자치공화국	450,000명(체르케스크)
잉구슈 자치지역	200,000명(나즈란)
아디게이 자치지역	449,000명(마이콥)

　현재 북부 카프카스 지역은 서쪽에서 동쪽으로 다음과 같은 고유 행정 단위로 분할되어져 있다. 서쪽에는 1922년 7월 27일 아디게-체르케스 자치지역 Adihigei-Cherkess AR이 설립되었으며 1936년에 아디게 자치지역으로 개명되었다. 이 지역의 수도는 마이콥Maikop이다.

　다음은 1922년 1월 12일에 세워진 카라차이-체르케스 자치지역Karachai-Cherkess AR이 있는데, 이 지역의 수도는 체르케스크Cherkessk이다. 이 지역은 1926년 4월 26일에 카라차이 자치지역과 체르케스 국가적 행정 구역(오크룩)으로 분리되었다. 1928년 4월 30일에 후자는 체르케스 자치 지역으로 바뀌어졌다. 1944년에 카라차이인들은 국외로 강제 이주되었고, 이 지역은 체르케스 자치 지역으로 개칭되었다. 카라차이인들의 1957년 1월 9일 귀환함으로써 카라차이-체르케스 자치 지역이 재건되었다.

　이 지역 동쪽에는 카바르디노-발카르 자치공화국Kabardino-Balkar ASSR이 있다. 이 공화국은 1921년 9월 1일에 카바르드 자치지역으로 세워졌고, 1922년 1월 16일에는 카바르드노-발카르 자치지역으로 개편되었고, 1936년 12월 5일에 카발디노-발카르 자치공화국으로 승격되었다. 1944년에 발카르인들이 이주함으로써 이 지역은 카바르드노 자치공화국으로 개칭되었다. 1957년 1월 9일에 이들이 고향 땅으로 다시 돌아오게 되자 카바르드노-발카르 자치공화국이 재건되었다. 이 공화국의 수도는 날칙Nalchik이다.

　다음은 원래 북오세티아 자치지역으로 세워진 후, 1936년 12월에 자치공화국으로 발전한 북오세티아 자치공화국ASSR이다. 이 공화국의 수도는 자우드지카우Dzaudzhikau이다.

　체첸-잉구슈 자치공화국Chechen-Ingush ASSR은 1922년 11월 30일에 체첸 자치 지역으로 세워졌었다. 잉구슈 자치지역은 1924년 7월 7일에 세워졌는데, 그 두 지역은 1934년 1월 15일에 체첸-잉구슈 자치지역으로 통합되었고, 1936년 12월 5일에는 자치공화국으로 승격되었다. 이 공화국은 두 민족의 강제 이주로 1944년 3월 7일에 해체되었다가 1957년 1월 8일에 되돌아 왔을 때 똑같은 이름으로 재건되었다. 이 공화국의 수도는 그로즈니Grozny이다.

　마지막으로 1921년 1월 20일에 세워진 다게스탄 자치공화국이다. 이 공화국의 수도는 마하츠칼라Makhachkala이다.

3. 종교

북부 카프카스 지역의 원주민들은 모두가 무슬림은 아니다. 8세기 다게스탄에서 시작되어 동쪽으로 진행하며 이슬람화 과정이 계속되었다. 다리알을 지나서 오세티아Ossetia 지역은 여전히 대부분 기독교인이다. 타트Tat인을 제외하고 모든 토착인 북카프카스 무슬림들은 다게스탄에 있는 샤페이 계파와 다른 지역에 있는 하나피 계파의 수니파이다. 아제리인들이나 다게스탄의 타트인들은 자파라이트 의식을 행하는 시아파이다. 해외 거주자를 포함하여 북카프카스에 정착한 총 무슬림 인구는 1979년 통계에 의하면 약 345만 명에 이른다.

무슬림 토착 인구는 세개의 언어 그룹, 즉 투르크계, 이란계, 토착 이베로-카프카스계로 나뉘어진다. 1970년에 투르크인들은 약 41만 3천 명이었고, 1979년에는 약 48만 5천 명이었다. 이 인구는 또한 쿠믹Kumyk인들(1970년 18만 9천명/ 1979년 22만 8천명), 카라차이Karachay인들(1970년 11만 3천명/ 1979년 13만 1천명), 발카르Balkar인들(1970년 5만 9천명/ 1979년에 6만 6천명), 노가이Nogay인들(1970년 5만 2천명/ 1979년 6만명)을 포함한다. 트루흐멘T-ruhmen(1970년 8,313명)이라 불리는 스타브로폴 지역에 사는 소그룹도 있다. 그들은 18세기초에 칼묵Kalmuk인 침략자들에 밀려 북카프카스로 이주해 온 튀르크계 중 투르크멘Turkmen족의 일파이다.

두번째 무슬림 종족 언어를 사용하는 토착 인구는 1979년 통계에 약 15만 명으로 파악된 이란인들이다. 이란인 그룹 안에 오세티아Ossetia인들이 있는데, 그들의 총 인구는 1970년에 약 48만 8천명, 1979년에 약 54만 2천 명이다. 그러나 유일하게 디고르 종족만이 완전한 무슬림이고, 이론 종족과 튜얼 종족으로 대변되는 대다수는 그리스 정교를 믿는다. 또한 이란계 그룹안에 타트 종족이 있는데 그들은 1970년에 17,109명, 1979년에 2만 2천 명으로 집계되었고, 1970년 통계에서 다게스탄에 6,440명과 아제르바이잔에 7,769명이 살고 있는 것으로 파악되었다. 타트 종족은 이상하게도 이질적인 종족집단 형태를 나타내고 있다. 일부는 무슬림이고, 또 다른 일부는 유대교를 믿으며, 그리고 소수는 아르메노-그레고리안 종파를 추종하는 기독교인들도 있다. 그들은 공통적으로

여인들의 음식 장만하는 모습

이란어를 사용하지만, 유대교의 영향을 받은 타트 방언만이 문어(文語)로 사용되고 있다.

세번째 언어 그룹 즉, 이베로 – 카프카스인들은 1970년에 233만 9천 명이고 1979년에 281만 7천 명으로 집계되고 있다.

4. 사회생활

북카프카스 무슬림들의 도시화 비율은 저조한 상태에 있고, 1970년에 북카프카스 무슬림 공동체는 여전히 농부나 가축 사육하는 사람들로 구성된 낙후된 농촌 사회를 이루고 있다. 그로즈니 유전 지역에 오세티아인, 잉구슈인, 체첸인 가운데 얼마 안 되는 도시 근로자들이 있을 뿐이다. 아제르바이잔 바쿠(바쿠) 도시 지역과 더벤트와 마하츠칼라 지역에서 쿠믁인들과 레즈긴인들이 도시 인구를 형성하고 있다. 대체로 이 노동자들은 그들의 나라 바깥 지역이나, 튀르크(쿠믁) 저지대에 위치한 도심 지역에서 일시적으로 혹은 영구적으로 산업화된 직종에 종사하고 있다. 산지에는 중요한 도시들이 없다.

언어적 차이에도 불구하고 북카프카스 지역 거주민들은 실질적이고 심리적인 일체감을 형성하고 있다. 모든 산지인들(고르치 또는 타우루)은 생활 방식, 신사도, 민속, 서사적인 노래, 춤, 심지어 의상까지도 같은 양식을 이루고 있다. 그들은 또한 다른 무슬림인들이나 비무슬림인들에 대해서 늘 우월 의식을 가지고 있다.

인구가 심하게 집중되어 있는 북카프카스 산지들은 감당할 수 없을 정도로 인구가 급속 증가하고 있다. 그럼에도 불구하고 적어도 1970년까지는 토착인들이 밖으로 이주 및 이동이 거의 없었다. 트란스카프카스와 중앙아시아 두 지역에 북카프카스 출신이 다수 거주하고 있다.

그루지아의 남부 오세티아 자치 지역의 오세티아인들, 레즈긴인들, 아제르바이잔의 아바르인 등은 시골과 도시의 경계 지역에 이주하여 정착 지역을 개척하였다. 또 다른 일부는 그루지아와 아제르바이잔에 있는 산업 지역으로 이주하여 노동자로 일하고 있다.

체첸, 잉구슈, 카라차이와 발카르 등 중앙아시아에 이주했던 카프카스 출신 종족들은 자신들이 개척한 정착 지역에서 완전히 철수하여 지금은 약 2천명가량 남아 있을 뿐이다. 북카프카스 밖으로 이주해 간 북카프카스 출신 사람들은 주로 산업 지역에서 노동자로 일하고 있다. 중앙아시아에 거주하는 북카프카스인들의 평균 도시화 비율은 50~80%이다. 1970년 인구조사에는 우크라이나에 약 1만 명의 북카프카스 출신 도시 근로자들이 살고 있는 것으로 나타나 있다.

5. 인구 분포

북카프카스 무슬림 인구의 전체적인 윤곽은 부단히 변하고 있다. 이러한 원인들은 매우 다양한데 이러한 요인들이 인구 통계학적 결과를 좌우하고 있는 것이다. 대표적인 것으로 자연 환경 특히 농토의 비옥 정도, 크고 더 강력한 공동체에 의해 동화 흡수되는 것, 아제르바이잔의 흡인력과 러시아에 의한 동화 등을 들 수 있다.

1970년과 1979년 사이에 북 카프카스인들의 평균 인구증가율(다게스탄 21.4%, 체첸 23.4%)을 평가 할 때, 슬라브족들의 낮은 증가율(러시아 6.5%, 우크라이나 3.9%, 벨로루시 4.25%)과 중앙아시아인들의 높은 증가율(우즈벡 35.5%, 타직 35.7%, 투르크멘 33.0%), 그리고 아제리인의 증가율(25.0%) 등이 고려되어야 한다. 유일하게 대다수가 기독교인으로 구성되어 있는 북카프카스 지역의 오세티아가 가장 낮은 인구 증가율을 나타내고 있다는 것은 흥미롭다. 체첸인들, 잉구슈, 카라카이인들, 발카르인들, 아바르인들의 일부분과 무슬림 오세티아인들 등 1944년에 강제 이주 당한 민족들의 경우 1926년과

다게스탄의 신랑 신부 모습

1959년 사이에 인구증가율이 다른 지역의 증가율보다 더 낮았고, 1959년 이후로는 괄목하게 회복되어 매우 높은 성장률을 나타냈다.

카프카스의 무슬림들은 토착 카프카스 무슬림들에다가 7만 5천여 명의 타 지역 무슬림인들, 즉 주로 아제리인들, 볼가 타타르인과 바쉬키르인들이 추가된다. 상인, 선생 및 성직자 등 타타르 무슬림들은 19세기에 이 지역으로 이주해 왔다. 타타르인 거주지는 북카프카스의 모든 행정 지역에 존재한다. 아디게 자치지역에서 2,154명의 타타르인들이 있었고, 카라차이-체르케스 자치 지역에 1,668명, 다게스탄 자치공화국에 5,770명, 카바르디노-발카르 자치공화국에 2,664명, 북 오세티아 자치공화국에 1,658명, 그리고 체첸-잉구슈 자치공화국에 5,771명 등이 있다. 아제리인들은 다게스탄에서 도시를 중심으로 거주하고 있으며, 남다게스탄 사무르 계곡 농촌 지역에도 거주자들이 일부 있다. 1970년 통계에 아제리인들은 54,403명으로 집계되었다.

1970년에 북카프카스 자치공화국들의 총 인구(크라스노다르와 스타브로폴의 순수 러시아인들 제외)는 약 436만 4천 명으로 집계되었다. 인구는 무슬림 (241만 7천명 또는 59.2%)과 비무슬림(194만 7천명 또는 40.8%)으로 분류된다. 그 지역은 세 부분으로 나뉘어져 있다. 1860년대에 서쪽의 체르케스 종족이 터키로 대량 탈출한 후에, 무슬림 인구는 소수로 줄어 들었다. 중앙에 있는 카프카스 오세티아 지역은 비무슬림 요새로 남아 있고, 동쪽에서는 카프카스 무슬림들이 완전히 장악하고 있다. 1959년과 1979년 사이에 무슬림 공동체이 증가 비교는 다음과 같다:

카바르디노-발카르 자치공화국은 53.4%→54.5%, 체첸-잉구슈 자치공화국은 43.5%→66.5%, 다게스탄 자치공화국은 74.1%→85.3%이다. 1970년과 1979년 사이에 체첸-잉구슈 자치공화국과 다게스탄의 비무슬림 사회에서 인구는 급격히 줄어 들었다. 강제 이주를 인하여 체첸에서 26,368명, 다게스탄에서 24,218명이 줄었다.

러시아인과 우크라이나인 등 비무슬림인구는 도시에서 두드러지게 우세하다. 아디게 자치 지역 도시 인구의 84.2%, 카라차이-체르케스 자치지역 도시인구의 73.2%, 카바르디노-발카르 자치공화국 도시인구의 60.1%, 북오세티아 자치공화국 도시인구의 60.8%, 체첸-잉구슈 자치공화국 도시인구의 60.8%, 다게스탄 자치공화국 도시인구의 31.6%(1970 통계)가 러시아인이다.

6. 언어와 문자

북카프카스의 언어는 러시아혁명 이전에는 러시아어를 제외하고 4개의 언어(오스만 튀르크어, 볼가 타타르어, 아제리 튀르크어, 아랍어)가 사용되었다. 북카프카스가 1920년에 붉은 군대에 의해 정복당했을 때, 아랍어를 공식어로 인정받기 위해 노력했지만 수포로 돌아갔으며 아랍어는 성직 계급의 언어라는 비난을 받아야만 했다. 1928년까지 아제리 투르크어는 공식어로 상당히 지지를 받다가 사라졌다. 북카프카스의 언어 대부분은 아랍문자로 음역 되어졌다가 1923년에서 1928년 사이에 라틴문자가 사용되었다. 그러나 1938년에 시릴(키릴) 문자로 대체되었다.

소련 정부는 아랍어나 아제리 튀르크어 등 그 지역의 언어적 통일성을 이룩해 왔던 두 언어를 제거하는데 성공하였다. 결국 소련 정부는 러시아어를 북카프카스의 유일한 공통어로 부상시켰다. 그러나 이러한 노력은 1970년 인구조사가 보여준 것처럼 제한적인 성공만을 거두었다. 현재 이중 언어체계(러시아어와 토착어)와 다중 언어체계(러시아어, 아제리어 및 1~2개의 카프카스 토착어)가 실용화되어 있지만, 주민들의 토착어에 대한 애착은 여전히 남아 있다. 체르케스, 카바르드, 카라차이, 아바르, 쿠믹, 다르긴과 레즈긴 등 언어들의 경우는 러시아어화 비율이 1959년과 1970년 사이에 도리어 감소하였다.

북카프카스의 종교 상황은, 이슬람이 7세기에 다게스탄으로 침투해 들어갔지만, 성장은 더디었다. 지금까지 중부 오세티아 지역은 비무슬림으로 남아 있다. 공식적인 이슬람은 다게스탄과 북카프카스의 무슬림 영성위원회가 대표하고 있다. 이 위원회는 1945년에 세워졌고 마하츠칼라에 본부를 두고 있다. 1974년 이전에는 다게스탄 자치공화국 부이낙스크에 위치했었다. 이슬람은 압카즈 자치공화국, 남오세티아 자치지역과 크란스노다르와 스타브로폴의 지역을 제외하고 전체 자치지역에 그 영향력을 행사하고 있다.

7. 이슬람 수피즘과 정치

'비공식적인' 이슬람은 두개의 수피Sufi 이슬람, 낙쉬반드Nakshiband 계파와 카디리야Qadiriya 계파로 대표된다. 낙쉬반드파는 1783년 이맘 만수르Mansur에 의해 북다게스탄과 체첸 지역에 처음 소개되어졌으며, 1820년대에 남(南)다게스탄 쉬르반에 소개되었다. 낙쉬반드파는 1824년부터 1856년까지 산지인들을 동원하여 반러시아 저항운동을 주도했으며, 1920년부터 1922년까지 다게스탄-체첸의 대반란을 선동했다. 낙쉬반드파는 특히 다게스탄Daghestan과 체첸Chechen 동부 지역에서 활발히 활동하고 있다. 카디리야파는 1850년대에 쿤타 하지Kunta Haji라는 이름으로 이라크 바그다드Baghdad로부터 체첸에 소개되어졌고, 오늘날은 다섯개의 지회로 나뉘어져 있다. 이들은 다게스탄과 체첸, 잉구슈 지역에서 활동하고 있다. 또한 체첸과 잉구슈 민족들이 카자흐스탄으로 강제 이주된 기간 동안에도 활동이 계속되었다.

북카프카스에서 수피즘은 늘 종교적인 영향력을 행사해 왔으며, 급진적이고 때로는 혁명적인 성격을 띄고 있다. 동시에 낙쉬반드와 카디리야(카디르) 파는 둘 다 지적 활동을 추구고, 지도층을 중심으로 구성되어 있으며 이슬람 포교 활동을 매우 조직적으로 수행한다. 이 두 파 가운데 카디리야는 비교적 계층을 초월해서 넓게 활동하되 조직적으로 지하활동을 전개해 나가고 있다. 대체로 수피 형제단은 개인 접근보다는 혈종 공동체 단위로 접근한다. 따라서 수피 계파는 집안에 따라 대대로 계승되는 것이 보통이다.

종교적으로 북카프카스는 두 지역으로 구분된다. 동쪽 지역(다게스탄 독립공화국과 체첸-잉구슈 자치공화국)은 전 소비에트 이슬람 중에서 가장 이슬람적 색체가 강한 무슬림 보수주의의 요새이다. 반면에 중부와 서부 지역(북오세티아 자치공화국, 카바르디노-발카르 자치공화국, 카라차이-체르케스 자치 지역과 아디게 자치 지역)은 제2 차 세계대전 이전에 활동적인 모스크는 거의 없었고, 신비주의 이슬람 수피 무슬림들의 활동도 거의 없었다.

북카프카스 무슬림의 정치적인 태도는 여전히 전통적인 씨족 사회의 구조에 의해 영향을 받는다. 체첸, 잉구슈, 대다수의 다게스탄, 아디게, 발카르와 카라차이 부족들은 대체로 계급의식이 없는 사회적 풍토를 가지고 있어 비교적 '민주적' 이다. 이와 같은 부족들이 씨족중심의 무슬림사회 형태를 이루고 있다는 것을 아는 것은 중요하다. 이 외의 다른 무슬림 부족들은 혁명 전에 비교적 연방 귀족 계급에 속해 있어서 전체 러시아 사회의 풍토의 영향을 많이 받았다. 카바르드, 약간의 다게스탄(쿠믹, 일부 아바르), 오세티아 무슬림들(디고르인), 그리고 약간의 동부 체르케스 부족들이 이에 속한다. 혁명 전에 러시아 당국은 일부 연방 귀족들을 포섭하는데 성공했다. 따라서 구소련 체제에서 과거 귀족층에 속했던 집단은 씨족 중심적이고 민주적이기 보다는 소비에트 당국에 더 협조적이었다. 수피 협의체는 이러한 집단과는 덜 연관되어 있는 것 같다.

다른 지역의 무슬림 사회에서보다 북카프카스 지역에서는 반러시아 국수주의 무슬림들이 조직적인 경제 기반을 형성하고 있다. 19세기에 산악인들은산기슭에 있는 가장 좋은 땅을 러시아 당국에게 빼앗겨서, 억지로 산지로 들어갈 수밖에 없었다. 현재 산악인들은 산아 제한을 하지 않는 이슬람 종교의 영향으로 인구의 폭발적인 증가가 일어나고 있는 중이다. 그들의 땅을 되찾고, 러시아 침입자들을 쫓아내고자 하는 열망은 여전히 일반적인 국수주의자를 부추기는 요소들 중의 하나이다. 이러한 열망이 북카프카스 민족주의의 근간을 이루고 있으며, 짜르주의자들이나 소비에트 당국에 대항하는 2백여 년의 투쟁을 통해 받은 상처 및 한(恨)에 의해 더욱 강화되어졌다.

북카프카스에서 국가에 대한 인식은 국가에 종속된 혈족관계에 따른 충성심과 초국가적인 실체에 대한 신앙이 혼합된 형태로 나타난다. 북카프가스인들은 구소련 체제에서 국가적인 실체는 대체로 약하게 인식되었다. 체첸인, 아바르인 또는 카라차이인들은 지리적 언어적 실체일 뿐 국가적인 것은 아니었다.

활동적이고 조직력을 가진 북카프카스인들이 터키, 시리아, 요르단과 미국으로의 이주해 가게 된 것은 북카프카스 무슬림 민족주의의 정치적 발달사에 있어서 주요한 변수로 작용했다. 이러한 이주는 서부 체르케스 아디게 종족, 무슬림 압카즈, 그리고 일부 카바르드, 오세티아 무슬림들, 카라차이-발카르 과 체첸과 다게스탄 등 사람들이 주를 이루었다. 이주는 1865년에 시작되어 서방에 남아 있던 제 2차 세계대전 당시 죄수들의 이주에 이르기까지 계속되었다. 이주민들은 혼합 방언을 사용하고, 똑같은 전통을 공유하며, 같은 음식을 먹고, 여전히 같은 민속을 지니고 있다. 카프카스에서 이주해 온 집단은 다른 어떤 소비에트 무슬림 이주 집단들보다 더 강한 이슬람적 색채를 띠고 있다. 이주자 집단은 산지인 또는 체르케스인 등 새로운 정체성을 가지고 상호 연합한다. 이주 집단은 북카프카스에 있는 친인척들과 계속적으로 유대관계를 유지하기 위해 노력한다. 구소련을 방문하는 많은 시리아인들, 튀르크인들 또는 요르단인들은 북카프카스인들의 후손이며, 여전히 북카프카스의 방언을 사용하고 있다.

VI. 투바 공화국Tuva

1. 역사적 배경

1) 고대 시대

BC 5백년경에 투바 지역에 거주하는 고대인들은 가축 사육과 사냥에 종사했던 것으로 추정된다. 그럼에도 불구하고 투바 분지에는 농토가 경작되고 농업에 종사했던 흔적들이 있다. BC 1세기부터 AD 2세기까지 이 지역은 흉노족들에 의해 장악되었다. AD 155년에 흉노가 몽골계 선비족에 의해 멸망하면서 이 지역의 주인은 선비족으로 바뀌게 되었으며, 그 다음에는 연연Juan Juan 에 의해 통치되었다. 6세기 후반부터 8세기까지 투바 지역은 튀르크어를 사용하는 돌궐제국의 통치하에 있게 되었다. 7세기 중반부터 말까지 잠시 동안 투바 지역의 돌궐제국은 중국의 영향권에 있게 되었다. 곧이어 돌궐계 위구르 족의 통치가 시작되었는데, 위구르 족들이 이 지역을 요새화하였다. 그러나 840년에 위구르족이 예니세이 강 유역에 거주하던 키르기스족에 의해 멸망하였고, 위구르족들은 칸수Kansu 지역과 투르판Turfan 지역으로 이주하여 갔으나 상당히 많은 위구르족들은 이곳에 남아 투바 족에 섞여 혼합되었다. 투바의 남동부 지방 테레 쾰Tere Khöl근처에는 위구르족들이 만든 성채가 남아 있다. 키르기스 족들은 이 지역을 통치할 때에 농업 육성을 위해서 관개공사를 했던 것으로 알려져 있다. 투바 분지에서 발견되는 수로의 흔적들은 바로 키르기스인들이 만든 것이다. 당시에 일부 위구르 족들이 집단을 형성하고 남서부 지방에서 살았는데 후에 티베트로 이주해 갔다고 전해진다.

이리하여 투바 지역은 고대로부터 우랄계와 알타이계 부족들 그리고 고아시아계 부족들, 즉 튀르크어계 부족들과 함께 몽골계, 사모예드계, 케트계 부족들이 섞여 살아왔는데, 튀르크족 통치 기간이 길어지면서 점차로 튀르크족화 되었다.

2) 중세 몽골 통치

1207년 칭기즈칸의 장남 조치Jochi가 이 지역에 들어오면서 투바 지역에 대한 몽골제국의 통치가 시작되었다. 13세기에서 14세기 중반까지 투바 지역은 몽골제국과 몽골계 중국제국 원(元)에 의해 지배되었다. 몽골통치 기간 중에 산발적으로 몽골에 대항하여 반란이 일어났으나 번번이 진압되었다. 마침내 원이 멸망하면서 몽골은 동서 지역으로 분할되는데, 이 때 투바 지역은 오이라트Oirat에 예속되었다. 투바의 오이라트 예속은 투바 역사에 커다란 전환점을 이루게 되었다.

16세기 기간 동안에 몽골계 오이라트인들은 동몽골인들에 의해 서쪽으로 쫓겨나게 되었고, 투바는 그 이후 백년 동안 숄로이 우바쉬Sholoi Ubashi의 통치를 받게 되었다. 숄로이 우바쉬는 러시아제국과 외교 관계를 갖는 최초의 몽골족 지도자였다. 그는 무역에 대단한 관심을 가지고 있었으며, 특별히 총기류를 구입하는데 열심을 냈다. 1616년 숄로이는 모스크바에 처음으로 사절단을 파견하였고, 2년 후에는 러시아의 사신 튜메네츠V. Tyumenets와 페트로브I.

Petrov가 투바에 방문하였다. 러시아는 숄로이가 보복적인 공습을 자주 감행한다는 이유를 들어 숄로이의 군사적인 지원을 거절하였다. 한편 숄로이는 통치기간 동안 예니세이 강 유역의 키르기스인들로부터 조공을 받았다. 숄로이의 아들이며 계승자인 옴보 에르데네Ombo Erdene는 1630년대에 러시아제국에 대한 충성과 연대를 짜르에게 맹세하였다.

그러나, 옴보가 통치하는 기간 중에 내분이 일어나서 피비린내 나는 혈전이 계속되면서 옴보 정권은 자멸하게 되었다. 이리하여 투바는 갈단Galdan의 통치하에 있는 몽골계 중가르Dzungar 칸국의 지배를 받게 되었다. 중가르 칸국은 이 때에 몽골의 라마불교를 받아들이게 되었는데, 이때부터 샤머니즘에 젖어 있던 투바인들은 라마불교를 믿게 되었고 라마불교와 함께 몽골 문화의 영향을 크게 받았다.

한편, 몽골계 오이라트와 적대적인 관계를 갖고 있던 중가르 칸국은 오이라트를 완전히 몰아냈었다. 오이라트는 오르룩Orluk의 인도 아래 볼가강 유역까지 이동해 갔다. 그들은 후에 볼가강 유역에서 거주하며 칼묵Kalmuck이라 불리게 되었다.

1690년 갈덴Galden은 청조(淸朝)와 선린관계를 가지고 있는 몽골계 할하족들을 공격하였다. 중가르와 할하의 전쟁에 대하여 청나라 황제 강희는 신하들의 반대에도 불구하고 직접 군대를 끌로 할하를 지원하기 위해 원정을 나섰다. 신하들은 몽골족들의 문제는 그들이 해결하도록 간섭을 하지 않는 것이 낫다고 건의하였던 것이다. 1689년 강희 황제의 적극 개입으로 중가르 칸국의 갈단Galdan은 우르가Urga에서 대패하였다. 이듬해 갈단은 사망하였고 중가르 칸국은 갈단의 조카 체왕라브단Tsewangrabdan에 의해 통치되었다. 그의 통치 기간 중에 중가르제국은 매우 약해졌음에도 불구하고 명맥을 유지하였다. 이때부터 중가르 칸국은, 중국의 영향권 아래 있게 되었다. 한편, 1715년 10월에 투바 지역의 총독이 그의 아들 호로후마이Ho-lo-hu-mai를 청조에 보내어 청조에 대해 충성을 맹세했다는 기록이 있다.

3) 청의 통치

1757년에 중가르 칸국 통치자 아무르사나Amursana는 청에 대해 독립운동을 일으켰으나 실패하게 되었다. 이것이 계기가 되어 중가르 칸국은 공식적으로 멸망하고 중가르 칸국이 다스리던 투바 지역은 1757년부터 1912년 만주족의 청조가 멸망할 때까지 청의 통치하에 놓이게 되었다.

청의 통치 기간 중에 투바는 코순Khosun이라 불리는 행정 구역으로 나뉘게 되었고 각 코순은 노욘Noyon이라 불리는 집정관이 독립적으로 통치했다. 각 코순은 독립적으로 통치되었는데, 코순들 중에서 살작Salzhak, 토진 Tozhin, 오윤나르Oyunnar, 그리고 켐친Kemchin만이 하나로 묶이어 1912 년까지 중국인 총독의 직접적인 통치를 받았다.

청의 통치기간동안 국민들은 집정관으로부터 많은 수탈을 당했고 경제적인 형편은 매우 어려웠다. 농업은 매우 원시적으로 행해졌으며 유목민이던 투바인들의 목축과 토지의 대부분은 소수의 민족 자본가 영주들이나 혹은 라마불교승의 소유로 되어 있었다. 이러한 유교적 전통적 사회 체제에서 국민의 경제 발전은 매우 어려운 일이었다.

이와 같은 정치적 경제적 압제 속에서 저항이 산발적으로 일어났다. 1883년에는 청조에 대항하여 켐칙Kemchik에서 대대적인 민중 폭동이 발발하였다. 이러한 민중 폭동은 무자비하고 참혹하게 진압되었고, 이후에 이러한 압제를 견디지 못하여 많은 수의 투바인은 국경을 넘어 알타이자치주 지역이나 카자흐스탄 쪽으로 이주해 갔다.

남동부 시베리아에 대한 러시아의 영향권이 점차 확대되면서 1860년 러시아와 중국은 무역협정에 조인하였다. 이후로 투바와 러시아의 무역은 크게 확대되었다. 1896년 한 해 동안에 투바와 러시아의 교역은 36만 8천 루블 규모에 달하였다. 19세기 중후반에 들어서 러시아인들이 투바에 이주해 오기 시작했다. 러시아인들과 투바인들의 문화적 교류는 급속도로 진전되었다. 1917년에 투바에서 농업에 종사하는 러시아인들은 1천 가구에 이르렀다.

4) 투바의 독립과 공산화

1911중국에서 민주 민족 자본가들에 의해 신해혁명이 발발하자, 몽골뿐만 아니라 투바에서도 즉각적으로 독립운동이 시작되었다. 1912년에 만주족의 청조는 붕괴되었다. 때를 같이하여 투바의 정치 상황은 매우 복잡하게 진행되었다. 대부분의 노욘Noyon과 라마불교승 등 청 지배시기에 특권층들은 친 몽골 노선을 표방하였는데, 소수의 영주들은 투바가 러시아 영이 되어야 한다고 주장하였다. 중국의 영향권이 약해진 틈을 타서 러시아제국은 1914년에 투바를 러시아 영으로 합병하였다. 같은 해에 투바에 러시아 총독부가 설립되었다. 러시아 사회주의 10월 혁명이 발발하면서 민족 독립을 주창하는 사회주의자들은 투바의 독립을 보장하는 방향으로 정책을 추진하였다. 1918~1921년에 투바에서 짜르 군대와 혁명군대가 격돌하였다. 1921년 혁명군대(赤軍)는 승리하였고 투바는 러시아제국의 지배로부터 독립하였다. 이리하여 1921년 투바 의회가 소집되어 탄누-투바Tannu-Tuva 인민공화국을 선포하였다. 투바 의회는 즉각적으로 투바의 소비에트 정부 헌법에 투바의 대외 외교는 소비에트 러시아의 보호 아래 이루어진다는 조항을 넣었다. 같은 해 소비에트 러시아는 투바의 독립을 승인하였다. 그러나 민족 자본가들과 라마 승려들은 투바의 사회주의 정책에 모든 힘을 다해 저항하였다. 그러나 소비에트 러시아의 지원을 받은 소비에트 투바군의 군사력에 대항하는 저항운동은 실패로 돌아갔다. 1925년 소비에트 투바와 소비에트 러시아 사이에 외교 관계가 정식 성립되고 친선협정이 맺어졌다.

1944년 8월 17일 투바 의회는 투바가 소비에트 연방에 들어갈 것을 만장일치로 의결하였다. 같은 해 10월 11일 소비에트 연방의회는 투바의 연방 편입을 가결하였다. 이틀 후에 소비에트 연방 최고회의는 소비에트 투바(투바인민공화국)는 소비에트 연방 내 러시아연방의 자치주로 재편되었다. 이리하여 러시아연방의 한 자치주가 되어있던 투바는 1961년 러시아연방의 자치공화국으로 승격하였다. 구소련 붕괴 이후에도 투바는 다른 대부분의 러시아 자치공화국들처럼 별다른 변화 없이 러시아공화국의 자치공화국으로 남아 있다.

2. 위치 / 지형 / 기후 / 자원 / 산업

투바 자치공화국의 수도는 크즐Kyzyl이다. 공화국의 면적은 약 170,500㎢이며 동(東)시베리아의 남부에 위치하고, 서쪽으로는 고르노 알타이자치주와 하카스자치주, 동쪽에는 브리야트 자치공화국, 남쪽으로는 몽골에 접하고 있다. 북쪽 국경을 따라서 서(西)사얀 산맥이 뻗어 있고, 동부는 고원으로 관할 지역의 가장자리는 높은 산이 솟아 있다. 중앙에 투바 분지가 퍼져 있는 산악국이다. 기후는 대륙성으로 1월의 평균기온은 −28℃∼−35℃, 7월의 평균 기온은 15℃∼20℃다. 연 강수량은 지역에 따라 다르지만 분지에서는 150∼500mm이다. 저지는 스텝 지대, 산허리는 산림대이다.

사얀 산맥과 탄누올라 산맥 남쪽에서는 말, 소, 양의 목축과 수렵, 보리와 수수 곡식 재배에 종사하고 있다. 한편 북동쪽의 토자 지방에서는 수렵을 주업으로 하며 순록을 사육한다. 토자 지방의 삼림 지대는 순록 사육의 발상지의 하나라는 설이 유력하다. 지하자원이 풍부하여 철, 비철금속, 석탄, 석면, 금 등이 산출된다.

3. 언어와 민족 구성

인종적으로 튀르크계인 투바인의 인구는 1992년 자료로 약 30만 9천 명이며, 인구 비율은 도시에 47%, 농촌에 53%이고, 인구밀도는 1.8명/㎢이다. 민족 구성은 투바인 60.5%, 러시아인 36.2%, 기타(하카스인 등) 3.3%(1979)로 되어있다.

투바인은 아시아 대륙 내지에 위치한 예니세이 강 원류 지역(북위 50°∼54°)에 살던 튀르크계 목축 농민이다. 중국 사료에 나오는 토파(都波)To-Pa의 후예로 보이며, 이웃의 토팔라르Tofalary 카라가스Karagasy족과 코이발 족 Koibal도 투바계 부족이다. 남쪽에 사는 몽골족은 이들을 우랑하이Urang-hay라고 부른다. 과거 러시아인들이 부르던 소요트Soyot라는 호칭은 부족명 소욘Soyon에 복수어미 −t가 붙은 것이다.(사얀 산맥의 명칭도 같은 어원이다). 투바인은 투바 자치공화국에 대다수 살고 있지만, 일부는 몽골에도 살고 있다. 투바어는 튀르크어의 북튀르크어 계통으로 분류된다. 투바에는 최소한 6가지의 방언이 있으며 그들 사이에는 상당한 음운적 차이가 있다.

4. 사회와 문화

1) 사냥과 고기잡이

투바인들은 주로 영세 농업과 목축업에 종사하지만 사냥과 낚시가 특히 북동부 지역에서 매우 보편적이다. 특히, 토진스키 라욘Todzhinskiy Rayon에서는 사냥이 주요한 경제적인 원천이 되고 있다. 모피 사냥은 전지역에서 상업적으로 중요한 역할을 하고 있다. 사냥에는 공기총이 많이 사용되지만 전장(前裝)총이나 화승(火繩)총이 사용되기도 한다. 19세기 말까지도 활이 주로 사냥에 사용되었었다.

사냥의 대상으로는 다람쥐, 담비, 흰 담비, 여우 등이 대표적이다. 뿔을 가진 동물들도 사냥되는데, 엘크와 시베리아 수사슴은 뿔이 사용되고, 나머지 뿔을 가진 모든 동물들은 고기와 가죽으로 사용된다.

투바인들은 또한 고기잡이를 즐긴다. 동북부 지방에서는 봄과 가을에 낚시가 호수에서 행해진다. 고기잡이에는 말 털과 실로 짜여진 그물이 사용되는데 크기는 가로 2m에 세로 15m의 규모이다. 어부는 조그만 배를 타고 그물의 끝을 잡아 호수에 던진다. 때때로 어부는 그물을 배에 걸러 늘어뜨려 배를 전진시키는 방법으로 고기를 잡기도 한다. 예니세이 강에서는 겨울에도 구멍 뚫린 얼음판을 통해서 그물이나 훅을 사용하여 고기를 잡는다. 예니세이 강이나 켐칙Kemchik 그리고 주변 강에서는 살기, 연어 종류의 레녹, 송어 등이 주로 잡힌다.

2) 전통적인 거주지 유르트

투바 산지나 농촌에서 볼 수 있는 전통적인 거주 형태 펠트로 만든 천막형 집 yurt이다. 유르트yurt는 6~8개의 기둥용 나무 격자가 원형 형태로 세워져 천막 집 틀을 이루고 있다. 여름에는 강한 바람에도 견딜 수 있도록 1.5m 높이의 격자를 말뚝에 매달아 세운다. 지붕은 몽골 유르트처럼 둥근 모습을 하고 있으며 연기 구멍도 있다. 유르트yurt를 덮는 펠트는 7부분으로 나뉘어져 있다. 밑부분adaky으로부터 격자를 덮고 지붕 돔으로 연결되는 네 부분, 두 부분은 유르트의 겉 부분을 덮으면서 지붕 동으로 연결되는 부분으로 데브르deevyr라 불린다. 마지막 한 부분은 굴뚝 부위를 덮는 부분으로 외레게örege라 불린다. 흥미로운 사실은 유르트의 겉을 덮는 방식이 투바 고유한 형태이면서도 각 부분들을 지칭하는 명칭은 몽골어라는 것이다. 각 펠트의 부분의 끝에는 3~4개의 나무 밴드가 달려 있어서 이것으로 펠트를 유르트 본체에 잡아맨다. 바람에 날려 가지 않도록 하기 위하여 각 끝 부분에 돌을 매달아 놓기도 한다.

투바 유르트의 중앙에는 조그만 원형 스토브가 있는데, 위 부분에는 넓은 냄비를 놓을 수 있도록 철판으로 만들어져 있다. 물론 스토브는 철판 굴뚝을 연결 도어 굴뚝 창을 통해 밖으로 나가 있다. 낮은 나무 문을 통과해 유르트안으로 들어가면 바로 오른 쪽에 부엌 시설이 놓여 있다. 내부 한 쪽에는 조각되고 채색된 침대가 놓여 있다. 유르트를 덮는 펠트의 일부분이 침대 위로 길게 늘어져 있어 메트리스의 역할을 한다. 다른 한 쪽 벽을 따라 휴대품, 일상 용품을 넣는 상자들과 가죽 부대들이 놓여 있다. 격자 벽들은 사진 그림이나 인물화, 포스터 등으로 장식되어 있다. 내부에는 거울이 놓여 있고, 몇 가지 책과 종이 그리고 재봉틀이 상자 위에 혹은 주변에 널려 있다. 내부 입구 오른 쪽에는 말안장, 마구, 사냥총 등 기구, 도구, 연장들이 놓여 있다. 사람들이 앉는 바닥 부분은 누벼진 펠트로 덮여 있다.

5. 민속 예술

투바 음악 가운데 두 목소리 독창은 매우 특징적이다. 가수가 두 목소리로 노래를 부르는 것으로, 아주 낮은 목소리로 노래를 시작하다가 다음에 플룻 소리와 비슷한 부드럽고 청명한 소리로 바꾸어 노래한다.

투바에는 돌 조각과 나무 조각이 유명하다. 또한, 유르트의 나무 제품에 채색하고, 마구와 말안장에도 장식을 하는 것이 매우 보편적이다. 투바인들은 뼈를 가지고 윤을 내어 단추를 만들기도 한다.

Ⅶ. 야쿠트 공화국Yakut(사하Saxa)

1. 구소련과 러시아, 그리고 야쿠트 자치공화국

구소련은 지구 육지 면적의 약1/6을 차지하고, 야쿠트 공화국은 구소련 면적의 약 1/6을 이루고 있으므로 야쿠트는 지구 육지 면적의 1/36 즉, 둥근 지구 육지 면적의 약 3%에 해당된다고 볼 수 있다. 그러나 광대한 크기에 비해 그 지역은 인구밀도가 희박하다. 그래서 야쿠트의 인구는 50만 명이 넘지 않고 그들 중, 반이 조금 넘는 인구가 야쿠트인이다. 구소련의 대부분이 황폐한 북쪽 지역에 위치하기 때문에, 이 나라 대부분의 지역이 적은 인구 구성비를 가지고 있다.

러시아와의 관계에 있어서 야쿠트자치 공화국은 경제적, 지리적인 면이 미국의 알래스카와 비슷하다고 할 수 있다. 물론, 그러한 비교는 단지 일반적인 생각일 수 있고, 또 아주 정확히는 비교될 수도 없다. 알래스카와 야쿠트는 추운 북극 지역의 거대한 땅이라는 것, 그리고 거주와 통치의 중심지에서 얼마간 떨어져 있다는 그것뿐이다. 둘 다 인구가 많지 않고 상당한 토착민들이 있고, 각각 그들 나라의 안보를 위한 전략적 위치에 있고 거대한 양의 천연가스, 석유, 목재, 금, 광물, 등의 천연자원을 가지고 있다. 러시아와 미국 두 국가의 정부는 한때 그 동떨어진 지역들의 가치에 대해 모르고 있었다. 야쿠트는 시베리아로 망명된 정치범들의 무대가 되었고, 알래스카는 미국에 아무런 이익도 주지 못하는 쓸모없는 얼음의 땅으로, 부속물로 여겨졌다. 현대에 와서야 비로소 대단한 가치로 여겨지게 된 지리학의 개념과 ICBMS(탄도학)이 이러한 생각을 변화시켰고, 각 지역을 행정조직과 정치사상 뿐 아니라 국가 경제에 있어서도 필수적인 영역으로 인식하기에 이르렀다.

미국의 발달과 식민지화 정책에 있어서의 확장은 서쪽으로 진행되었는데, 그것은 영국과 유럽에서 온 이주민들이 인디언 부족에 대항하는 개척자들을 알려지지 않은 지역으로 보냈기 때문이다. 러시아는 특히 제정러시아 시대에 좀 더 일찍 시작된 것을 제외하고는 동일한 일이 발생했는데, 발달 과정이 서에서 동으로 진행되었고, 대부분의 토착민 집단들이 미국의 경우처럼 우세한 기술에 압도되지 않았지만 일정 지역의 토착민들에게 백인 즉, 러시아인은 통치자, 자원 개발자, 그리고 농장과 산업 시설의 소유주가 된 채로 남아 있었다.

한편 미국 인디언들은 비교적 현명하지도 못했고 그들의 문화적 영향력에 있어서 이 나라의 진정한 사회 세력도 아니었던 반면에, 과거 구소련에서는 비 러시아인 특히 비 슬라브인들이 구소련 전체 인구의 1/4을 구성하고, 주로 러시아의 우랄 산맥 서쪽 소위, 대러시아인 집단의 동쪽에 위치해 있었다. 미국의 인디언들은 기껏해야 25만 즉, 1%에 해당하는 수였으므로 그들의 영토와 복지에 직접 영향 미치는 것들 이외의 문제에 대해서는 권력집단으로써 응집력 있는 공동체를 가지지 못했다. 구소련에서 특히, 월등히 토착민이 많은 지역에서는 학교, 공장 그리고 지방과 시당국 의회가 러시아인과 다른 슬라브인들로 구성된 것과 같이 토착민들로도 구성된다.

제정러시아 정권 하에서는 토착민이 우세한 지위를 차지하는 것은 드물었고, 몇몇이 교육을 받고 우수했다고 하더라도 그들은 소수였다. 토착민을 위한 기회가 증가했음에도 불구하고, 구소련과 공산당은 여전히 러시아인에 의해 움직여졌고(이태리인이 항상 세계적으로 우세한 로마 카톨릭 신자들이었던 것처럼), 같은 방법으로 백인 앵글로색슨 개신교가 미국 경제와 정치를 장악했다. 미국에서 폴란드인, 인디언 유대인, 동양인, 카톨릭교도가 많은 기회를 가진 것처럼 구소련에서도 역시 라트비아인, 그루지아인 가능하면 야쿠트인까지 이 나라 사회와 정치 조직의 뼈대 내에서 중요했다. 스탈린은 그루지아인이었고, 케네디는 카톨릭 신자이다. 이들 각자는 자신의 국가에서 어떤 특정 다수 집단에 속하지 않았지만, 큰 일을 이루었다. 이런 가능성이 있었지만, 그리고 많은 진보가 이루어졌음에도 불구하고 이 두 나라에서 소수 집단 사람들은 여전히 어떤 장애에 지배받고 있었다.

2. 역사적 배경

1) 야쿠트족 이주와 발전

이반 4세의 러시아 팽창 정책에 힘입어 동부 지역의 천연자원 개발에 열을 올리던 산업가들과 러시아 상인들이 16세기 초에 처음으로 동부 시베리아, 바라바 스텝 지대, 오브 지역, 예니세이 강 하류로 이동해 왔다. 17세기 초기에 그들은 예니세이스크Yeniseisk, 크라스노야르스크Krasnoyarsk로 진출했고, 30~50년 안에 동부 시베리아와 레나 계곡을 정복했다. 야쿠츠크는 1632년에 세워졌다. 개척자들은 오호츠크해의 캄차카Kamchatka까지 진출했고, 17세기 말에는 태평양까지 도달했다.

튀르크 민족인 야쿠트인들은 대개 남부 지역에 편중되어 있었다. 그들은 13세기 몽골제국이 흥기하게 되자, 시베리아 개척자로서 자연스럽게 현재의 정착 지역으로 오게 되었다. 다른 몽골계 혹은 튀르크계 유목민들에 밀려 바이칼 호수 근처로 서서히 북향했던 것이다. 몽골계 브리야트인들은 야쿠트인을 계속 더 북쪽으로 밀어냈고, 야쿠트인들은 알단 강을 따라 빌유이Vilyuy 계곡과 레나Lena 강 분지로 이동하여 왔다. 그곳에는 이미 과거에 다른 부족에게 밀려 이곳에 이주해 와서 정착하고 있는 퉁구스인과 고(古)아시아족이 있었다.

약 3세기 후에 러시아인들이 대대적으로 이곳으로 이주해 옴에 따라 시베리아에서 야쿠트인들은 러시아인들과 섞이게 되었고, 순수 야쿠트족 공동체는 점점 찾아보기 힘들게 되었다.

야쿠트족은 그들의 기원에 관한 전설을 잘 보전하지 못했다. 19세기 후반에 서구인 혹은 러시아인 연구원들과 여행객들은 야쿠트인이 바이칼 호수 근처에서 살았다는 것 이외의 그들의 기원에 관한 어떤 정확한 정보도 가지고 있지 않다고 보고했다.

1825년 데셈브리스트Decembrist 혁명 이후에 많은 지도자적 지식인과 혁명가들이 야쿠트로 추방되었다. 고등교육을 받고 능력 있는 이들이 이 지역의 발전에 유익한 영향을 미쳤고, 이 지역의 사회 발전과 복지에 관심을 보였다. 언급된 혁명가 Sergo Ordzhonikidze는 야쿠트에서 많은 시간을 보냈었다. 또한 우리는 Vladimir Ilyich Ul'yanov의 가명이 'Lena 지역에서 온 남자'

즉, 레닌 Lenin이라는 것을 기억해야 한다. 유배된 스콥츠Skoptsy 일파도 야쿠트에 1860년대에 정착해서 깨끗한 마을을 건설하고 좋은 가축 사육을 하면서 농업을 일궈 나갔다. 페카르스키Pekarskii는 뛰어난 야쿠트어 사전을 만들었는데, 야쿠트어에 있어서 전문가가 된 유배인 지식인이다.

2) 역사

야쿠트 지역은 원래 고(古)아시아족Paleo-Asiatic으로 알려진 유카기르족 Yukagir과 에휑키족Evenki이 거주하는 지역이었으나, 6~10세기에 걸쳐 남쪽에 있는 바이칼 호 주변에서 튀르크계 야쿠트인이 이곳으로 이주해 왔다.[49]

1620년대부터는 러시아인이 진출하기 시작하여 1630년대에 러시아 영토로 편입되었다. 러시아제국의 통치 아래서 야쿠트인들은 조세를 바치기는 하였으나, 러시아제국의 행정기구 미비 덕분에 야쿠트인의 독자적인 전통 사회 조직이 보존될 수 있었다. 한편 이 지역은 러시아 정부에 의해 유배지로 이용되었는데, 1961년까지는 강제 이민의 정착지가 되기도 했다. 19세기 후반에 야쿠트족의 대부분이 기독교로 개종했다. 그러나, 현재 표면적으로는 잘 드러나지 않으나 민간에는 예로부터 내려온 샤머니즘이 뿌리 깊이 남아 있다.

20세기로 접어들면서 야쿠트인 민족운동이 활발해져 1905년 혁명기에는 '비슬라브계 이민족과 야쿠트인 동맹'을 결성하여, 유배된 자나 이민자에게 배당된 토지를 포함한 모든 토지를 야쿠트인 소유로 인정하라고 요구했다. 10월 혁명과 내전 시기에도 그들은 백위군과 함께 혁명정권에 끈질기게 저항하여, 이 지역에서 전투가 끝난 것은 1923년이었다.

1917년 10월 혁명 후 야쿠트족의 생활 체제는 근본적으로 달라져서 생업이 집단화되고 작가, 예술가, 기술자도 많이 배출되었다. 1956년에는 수도 야쿠츠크시에 대학이 창설되었다.

야쿠트 자치공화국은 1922년 4월에 수립되었으며, 현재 러시아연방공화국

---

49) 한편, 고고학자 오클라드니코프는 야쿠트족의 핵심 부족으로써 바이칼 호 부근에 살면서 목축에 종사했던 클리칸 부족이 14~15세기에 몽골족의 압박을 받아 레나 강 중류 지방으로 이동했다고 주장했다.

내의 자치공화국으로써 러시아어로는 야쿠츠카야Yakutskaya라고 하며, 공화국이 위치한 지역을 야쿠티아Yakutia라고도 부른다.

3. 위치 / 지형 / 기후 / 산업

1) 위치

야쿠트 자치공화국은 동시베리아에 인접해 있으며, 남쪽으로 아무르주 및 하바로프스크 지방, 동쪽으로 마가단주와 접해 있고, 북쪽으로는 동시베리아해와 라프테프해가 펼쳐져 있다. 공화국의 면적은 3,103,000㎢로 러시아 국토의 1/7을 차지하는 광대한 지역으로써, 영토 면에서 러시아의 민족적 행정 단위 중에서 가장 크다. 이 크기는 프랑스의 5배, 이태리의 10배, 영국의 13배 또는 알래스카의 2배 혹은 인도의 크기와 비슷하다. 북반구에서 가장 한랭한 지역으로 동경 110~160°, 북위 55~77° 사이에 자리 잡고 있다. 북극해를 향해 있고, 중앙부에는 레나 강이 흐르며, 서쪽에는 중앙시베리아 고원(평균해발 500~700㎜), 남쪽에는 스타노보이 산맥, 알단 고원(평균해발 650~1,000㎜)이 자리 잡고 있으며, 중앙부에는 레나 강의 동부에 베르호얀스크 산맥이 있고, 더 동쪽에는 포베다 봉(3,147m)을 최고봉으로 하는 체르스키 산맥이 있다. 국토의 40% 이상이 북극권에 속한다.

야쿠트의 현지 시간은 모스크바 시간보다 6시간 빠르고, 모스크바 시간은 GMT(그리니치 표준시)보다 2시간 빠르다. 그래서 야쿠츠크에서의 정오는 모스크바에서 오전 6시이고 그리니치와 런던에서는 오전 4시이다.

2) 지형

야쿠트는 오래된 침식계곡에서 흘러드는 레나강 유역에 위치하고, 그 북쪽에는 넓은 툰드라 지대가 북극해까지 경사져 있다. 북극의 바로 남쪽은 건조하고 암석이 많은 툰드라 토양 지대이고, 이것은 툰드라 숲지대와 이어진다. 남쪽에는 잿빛의 숲지대가 있다. 특히, 레나 강과 올레크마 강을 따라서는 경작하기에 적당한 충적토 지대가 이어져 있다. 이 지역 전체가 도처에 있는 많은 호수로 인해 작은 반점들이 찍힌 것 같이 보이고, 거대한 강의 망상으로 덮혀 있다. 산과 숲 지대로부터 북서쪽으로 향하는 광대한 툰드라 평원은 베르호얀스키Verkhoyansk 산맥까지 이어진다.

야쿠트의 땅은 북서쪽으로 기울어진 거대한 평원과 같다. 남부와 동부 국경 지대에서는 스타노보이Stanovyi산맥과 야브로노보이Yablonovyi산맥의 긴 지맥들, 아무르주와 긴 경계를 이루며 극동 전체의 분수령이 되고 있다. 베르호얀스키 산맥은 중앙부를 남북으로 종주하여 시베리아해에 이르고 있고 그 동쪽에는 체르스키 산맥이 베르호얀스키 산맥과 평행을 이루고 있다. 이들 큰 산맥들에 끼여 있는 야쿠트 공화국의 영토는 크고 작은 산맥, 고지, 고원 등이 산재해 있어 독특한 지형을 형성하고 있다. 남쪽에는 알단고원 북으로 종주하여 시베리아해에 이르고 있고 그 동쪽에는 체르스키 산맥이 베르호얀스키 산맥과 평행을 이루고 있다. 레나 강 상류에는 레나 고지가 있는데 중앙부 서쪽 끝의 비리류이 고지로 이어진다. 체르스키 산맥에는 3147m의 고산도 있다. 고원은 600~1,000m가량의 비교적 낮은 산이 연결되어 있고 알단고원의 최고봉은 1,603m의 아조타산이다. 평지에는 야나 인디기르카 저지대, 콜리마 저지대, 북동부에 유카기르 고지 등이 있다.

북극과 접해있는 산의 경사면은 낮은 초목으로 덮혀있고, 태평양과 접해 있는 곳은 오래된 침엽수림이다. 산의 개울로부터 강이 형성되는데, 처음은 물살이 거세고 낮은 지대로 접어든 후에는 흐름이 완만하다. 강은 해마다 몇 차례씩 넘친다. 호수, 습지, 늪이 있는 툰드라 평원은 북서쪽으로 뻗쳐있다. 툰드라 가장자리는 식물이 거의 없고, 바다의 조수로 씻긴 황량한 모래평원이다.

야쿠트공화국 최대의 강은 레나 강이다. 총 길이는 4,270㎞로 동시베리아에서 바이칼 호의 북쪽을 달려 야쿠트의 남부에 접어든 후, 북동쪽으로 흘러 야쿠츠크Yakutsk에 이른다. 레나 강의 지류에는 1,000㎞를 넘는 것이 8개가 있고 독립된 강으로는 올레네크 강(2,415㎞), 인디기르카 강(1,977㎞), 야나 강(1,492㎞) 등이 있다. 야쿠트에는 약 50만개의 하천이 있으나, 동계의 기나긴 결빙기 때문에 이용기간이 한정되어 경제적 가치는 그리 크지 않다. 지역의 40%가 북극권에 속해 있어 약 20%가 영구 동토로 덮여 있다.

3) 기후

야쿠트 기후는 심한 대륙성 기후로 겨울의 혹한과 여름의 혹서가 대조를 이룬다. 지구상에서 가장 한랭한 지역으로써 평균 겨울의 기온은 -50℃이며 최저 기온은 수도 야쿠츠크가 -65℃, 베르호얀스크와 오이먀콘은 -70℃에 달한다. 야쿠트는 겨울과 여름, 두 계절뿐이다. 여름의 기온은 높아 야쿠츠크시의 경우 38℃에 달하는 경우도 있다. 야쿠츠크시의 평균기온(7월)은 18.8℃인데 이것은 낮과 밤의 기온을 평균 산출했기 때문이다. 여름에도 밤에는 기온이 급강하하여 서리가 내리는 경우가 드물지 않다. 여름철 해는 길고 흐리며 혹서의 기온이 계속된다. 작물생산이 이때 이루어진다. 약 3개월도 채 못되는 기간인 여름에는 삼림과 초목이 무성해지고 모기와 갖은 곤충이 많이 발생하며, 겨울에는 심한 저온과 쾌청 무풍의 상태가 계속 된다. 이 때문에 냉각된 대기가 고여서 인구가 집중된 도시 등에서는 장기간 매연과 배기가스 등이 발산되지 못하고 짙은 스모그 현상이 지표면에서 오랫동안 체류하는 현상을 일으키기도 한다. 심한 대륙성으로, 1월의 평균기온은 북극해 연안에서 -28℃~-30℃, 기타 지역에서 -40℃~-50℃이며, 베르호얀스크 등지에서는 -60℃ 이하로 내려간다. 여름은 짧고 7월의 평균기온은 북극해 연안 2~5℃, 중앙부 18~19℃이다. 연 강수량은 중앙부와 평지는 150~200㎜이며, 동부 산간지대는 500~700㎜이다. 북부는 툰드라지대이며, 국토의 약 80%는 타이가지대에 속한다.

강은 대체로 11월부터 6월초까지 언다. 바람은, 겨울에는 서쪽이나 남서쪽에서 불어오고 여름에는 반대 방향으로 분다. 5월과 6월은 가장 바람이 많이 부는 달이다. 가장 잦은 비는 6월과 7월에 있는데, 가장 많은 양의 비는 8월에 내린다. 가장 잦은 눈은 10월과 11월에 있고, 3월에 가장 많은 양의 눈이 내린다.

기후 조건 때문에 농업은 엄격히 남부지방에 제한되어 있다. 가장 북부 지역과 베르혼스키 지역에서는 마지막 봄 서리 내릴 때와 처음 내릴 때 사이의 기간이 30일에서 40일 사이다. 표면이 1.2피트정도 녹자마자 다시 동빙기가 시작된다. 강은 이상하게도 아주 바닥까지는 얼지 않지만 어떤 곳에서는 한 해 중 3/4이상의 기간 동안 얼음으로 덮혀있다.

야쿠트 전체가 소위 말하는 영구 동결 지대 지역이거나 영원히 얼어 있는 하층토나 얼음을 기반으로 하는 지역이다. 이런 중요한 지리적 현실이 야쿠트 경제의 많은 부분을 결정한다. 얼음과 눈을 녹이는 기온의 변화는 상당한 습기와 또 습기의 증발로 대기 중에 수증기를 만든다. 그러나 그렇게 형성된 물은 영구히 얼어 있는 하층토에 의해서 육지로 스며드는 것이 방지된다. 영구 동결지대 지층은 몇 백 피트 깊이이고, 거의 소련의 절반을 차지한다.

영구 동결지대가 농업에 있어서 낳는 결과 이외에도, 야쿠트에는 어떤 철로나 견고한 지면도로가 건설될 수 없다. 왜냐하면 땅이 녹으면 그것은 몇 피트 깊이의 긴 흙 늪이 되고 그 위에 있는 기차, 도로, 빌딩 같이 육중한 것들이 기반을 잃고 붕괴되기 때문이다. 1950년대에 야쿠츠크를 탐사한 W.Willkie는 돌과 벽돌로 된 한 큰 빌딩이 영구 동결지대 지층 위에서 빌딩으로부터의 지탱힘을 받지 않게 세워져서 땅이 녹더라도 빌딩이 흙 속에 파묻히지 않도록 했다고 기록했다. 얼음지면의 문제에 대해서는 소비에트 동결지대 연구소가 많은 연구를 실시해 왔다.

세계에서 가장 큰 강이고 거의 3,000마일의 길이인 레나 강이 야쿠트 공화국을 가로 지르고 있다. 그것은 서쪽의 바이칼 산맥의 경사면에서 시작되어 동쪽과 북쪽으로 흘러 북극해로 들어간다. 한 보고서에 따르면 레나 강은 323개의 지류를 갖는다고 한다. 그 지류 중 하나가 비팀Vitim인데 레나 강에 합류하기 전에 1,132마일을 흐른다. 그리고 약 800마일인 올레크마 강을 만날 때까지 나무가 우거진 평야를 통과해 흐른다.

레나-보토마Lena-Botoma 합류점 근처에는 유명한 벼랑이 있는데 2,000피트 높이까지 오르는 둑 위에 있는 깎아지는 석회석 기둥들이고, 층층이 붉은색과 푸른색으로 어우러진다. 레나 강은 야쿠츠크를 통과한 후에(실제로 강과는 1~2마일 떨어져 있다) 북쪽으로 계속되는데 100마일 정도 지나서 또다른 거대한 지류 알단Aldan 강을 만난다. 알단 강은 남동쪽의 금이 많이 나는 지역에서부터 1,288마일을 흐르는 강이다. 약 1,000마일은 배가 항해할 수 있다. 알단 강이 레나 강과 합류한 후, 레나 강 계속 여러 원류에 따라 그 폭이 2에서 20마일까지 되는 다양하고도 장엄한 하천인데 1,200마일 가량 북쪽으로 흘러간다. 64° 위선에서는 1,500마일이 되는 빌류이Vilyuy 강이 합류한다. 결국, 레나 강은 100마일의 내륙이 시작되는 광대한 지역인 삼각지에 도착하는데, 그 삼각지는 해안선을 따라 넓이가 250마일이다. 이 거대한 사구는 모래

수로가 가로질러져 있는데, 그것은 해마다 방향이 바뀌어서 항해를 어렵게 만든다. 봄의 일기 변화로 강 하구로 운반되어진 큰 얼음덩이도 수로를 파괴한다. 삼각지는 7월초부터 10월중순까지는 얼음이 얼지 않는다. 야쿠트의 2/3가 레나 강으로 배수된다. 야쿠트의 북쪽에 야나Yana, 인디기르카Indigirka 와 콜르마Kolyma 강이 있는데 끝의 두 강은 항해할 수 있다. 모두 북극해로 흘러들어 간다.

4) 산업(천연자원, 농업, 가축)

야쿠트는 보유하고 있는 천연자원 때문에 잠재성이 어마어마함에도 불구하고 천연자원 활용은 매우 저조한 형편이다. 야쿠트에는 특히, 광물자원이 풍부하여 러시아 굴지의 다이아몬드와 금 생산지로 잘 알려져 있다. 이밖에 석유, 철, 주석, 안티몬, 구리 등을 산출한다.

넓은 지역에 석탄이 매장되어 있지만 지질학적 기원도 얼마 되지 않고 질도 좋지 않다. 1957년에는 빌류이 강 어귀에서 처음으로 천연가스가 발견된 이후 천연가스 개발이 추진 중이다. 야쿠트의 방대한 천연가스가 개발되면 남부지방의 석탄과 철광석의 결합이 거대한 철강산업을 이끌 수 있을 것이다.

야쿠트의 대표적인 토산품은 맘모스의 상아 세공품이다. 그 세공 기술은 매우 뛰어나다. 원래 모피자원의 산지로만 알려져 있었으나, 1846년에 다이아몬드가 발견되면서부터 새로운 관심을 받게 되었다. 광업이 이 나라 산업의 중심이지만 이밖에 목재가공, 제지, 가구제조, 기계수리, 선박수리 등이 발전했다.

목축업은 주로 소, 말, 순록을 주로 하는 목축과 담비, 여우 등 모피동물을 사육하는 것이다. 소와 말의 사육은 야쿠트 경제에 매우 중요한데, 많은 유목 야쿠트인들이 이 가축의 생산품들로 살아가기 때문이다. 북부에는 순록이 살고, 어떤 지역에서는 방대한 고기잡이가 성행한다. 모피가 있는 동물들도 매우 중요한데, 그들은 사냥되거나 길러지기도 한다. 야쿠트에 여우와 검은담비 집단농장이 많이 있다.

철도는 남쪽 끝의 일부에서 밤BAM(바이칼-아무르 철도) 및 시베리아철도로 통하는 노선이 중요한 역할을 하고 있으나 공화국 내 대부분의 지역에서는 자동차, 선박, 항공기가 주요 운송수단이다.

야쿠트는 타이가 숲지대가 88%에 달하며 방대한 목재자원을 가지고 있다. 숲지대가 1억 6천 3백만ha이고, 목재는 110억㎢에 이른다.

농업에서 곡물은 보리, 봄 호밀, 밀뿐 아니라 감자, 순무, 양배추 등이다. 옥수수도 잘 자란다. 올렉민스크Olekminsk 근처에는 밀 농업이 발달되어 있다. 일찍이 1942년 야쿠트 지역 농장의 97%가 집단 농장화되었다.

과거에 중요한 상품으로 각광을 받았던 것이 맘모스 상아였다. 맘모스는 코끼리 같은 거대한 마스토돈인데 커다란 엄니를 갖고 있으며, 선사시대에 시베리아를 거닐던 동물이다. 그들은 털이 많고, 추운 기후에서 삶을 적응하는 유일의 코끼리였다. 그들의 거대한 무게와 크기 때문에 그들은 습지나 늪에 잘 빠져서 얼음 진흙 속에서 얼어 버린다. 잘 보존된 많은 유체들이 발견되어서, 그들의 엄니 즉, 상아가 중요한 무역품목이 되었다. 지방 기술자들은 실용품이나 장식품으로만 아니라 예술작품으로써도 상아를 조각한다. 시베리아 박물관들에는 상아로 된 많은 훌륭한 예술작품들이 많이 있다.

한편 의미가 '거대한' 이라는 뜻의 맘모스라는 단어는 큰 생물로부터 확장된 의미의 이름이다. 비록 'mammoth'가 러시아어 mamont에서 영어와 유럽언어들로 변한 것 같으나 몇몇 자료에 의하면 궁극적으로는 야쿠트 기원의 단어이다.

침엽수림 지대의 주요 나무는 낙엽송(소나무계 종류)이지만 삼목, 자작나무, 포플라, 버드나무도 있다. 나무껍질은 북쪽 면이 더 단단하고, 대부분의 가지가 남향으로 뻗어 있다. 비교적 자랄 수 있는 계절이 짧기 때문에 동물계나 식물계나 몇 종이 안 된다.

포유동물은 북 시베리아 전체에서 약 40종으로 제한된다. 평원에는 이리들도 있고, 곳곳에 여우(붉은색, 회색, 어두운색)가 있고, 밍크와 족제비가 넓게 분포한다. 날 다람쥐를 비롯한 다람쥐 종도 풍부하며 북극 토끼도 있다. 검은 담비, 오소리 무리와 스라소니가 멸종 직전까지 사냥되었다. 사슴계에는 큰사슴, 순록과 산양이 있다. 어류로는 시베리아 연어와 철갑상어가 약간 다양하게 분포한다. 여행객들은 해동으로 생겨나는 소택지와 늪에 있는 모기와 다르게 무는 곤충들이 넓게 퍼져 있다고 보고한다. 그 곤충들은 방충의까지 관통한다. 식용 딸기로는 야생 나무딸기, 월귤나무 열매, 시로미와 블루베리가 있다. 농업과 목축의 생산품으로써 밀과 다른 곡물들 그리고 여러 소와 말, 가축용 순록이 있다.

4. 민족구성과 언어

1) 인구/ 민족구성

공화국의 인구는 1991년 자료로 약 110만 9천 명이다. 도시와 농촌의 인구 비율은 도시 67%, 농촌 33%이며, 인구밀도는 0.4(명/㎢)이다. 극동 전역의 인구신장률인 55.8%와 비교해 볼 때, 야쿠트의 인구 증가는 매우 높은데, 야쿠트 자치공화국의 인구증가율이 높은 이유는 밤BAM철도와 연변 개발에 따른 것이다.

민족구성은 튀르크계 부족인 야쿠트인이 36.9%, 러시아인이 50.4%, 퉁구스계인 에웽키인 1.4%, 타타르인 1.3%, 기타 4.6%이다. 야쿠트족Yakut은 야쿠트 자치공화국의 원주민으로서 야쿠트인들은 자신들을 사하Sakha라고도 칭한다.[50] 야쿠트족은 본래 주로 레나 강 중류와 그 지류 유역에 거주하고 있었다. 남서 지역과 바이칼 호 연변의 러시아인들이 이주해 오기 전에 야쿠트족의 일부는 본토 원주민이었던 퉁구스계 에웽키족과 융화되었다. 그후 이들은 인접한 인종집단의 거주 지역으로까지 이주범위를 넓혀 나갔다. 야쿠트족은 외견상 몽골로이드로서 인류학상은 브리야트와 시베리아 튀르크계 제민족의 중간에 자리하고 있다.

한편 러시아인들이 17세기 초에 처음 시베리아로 왔을 때(야쿠트의 수도, 야쿠츠크는 1632년에 세워졌다), 시베리아 전체는 단지 25만의 인구가 있었다. 러시아 혁명 몇년 전인 1911년까지 야쿠트의 인구는 24만 5천 명이었고, 1926년에는 28만 8천 명이 되었다. 1939년엔 그 인구가 40만 544명으로 알려졌

---

50) 사하Sakha는 야쿠트Yakut와 다른 별개의 단어가 아니라 공통 튀르크어 Yakut와 같은 뜻의 단어로써 야쿠트어의 음운론적인 특성을 나타낸 것이다. 즉, 공통 튀르크어의 어두음 /y/는 야쿠트어 어두음 /s/에 대응한다.

고, 1941년의 통계에는 42만 892명으로 되어 있다. 이 수치 중 82%가 야쿠트인인데 약 32만 4천 명이었다. 1959년 인구조사에는 전체 구소련에 23만 6천 명의 야쿠트인이 있다고 보고 되고, 그들 중 23만 5천 명이 야쿠트에 거주하는 것으로 나타나 있다. 대체로 야쿠트의 1956년 인구는 BSE(소련 대백과사전)에 의하면 48만 3천 명이고, 그 중 56%가 야쿠트인이라고 알려졌었다. 이처럼 1950년대까지 야쿠트의 인구는 꾸준히 늘어가는 반면, 야쿠트인의 수는 25만명 정도에서 변동이 없었던 것이다.

BSE의 1956년 통계는 야쿠트인 56%, 러시아인 35%, 나머지 약 10%는 8천명 정도의 퉁구스계 에벤인Even과 에웽키인Evenk, 소수의 척치인chuk-chee과 약간의 고(古)아시아계 유카기르인Yukaghir이 야쿠트 인구를 구성한 것으로 나타나 있다. 퉁구스계와 고아시아계는 주로 야쿠트의 가장 북동쪽에 거주하고 있다.

1956년에는 약 20만 3천 명이 대도시, 시, 읍에 살았고 1917년 이전에는 약 4%만이 도시에 살았다. 28만 명이 시골 지역이나 정착촌에 삶으로써 균형을 이루었다.

2) 언어

야쿠트어는 튀르크어계에 속하나 장기간 퉁구스어, 몽골어와 접촉한 결과로 음운, 어휘, 부분적으로는 문법까지 튀르크 제어와는 다른 특색을 나타내게 되었는데, 이것은 야쿠트족의 형성과정을 반영하는 것이다. 야쿠트어에는 오래 전에 야쿠트어에 들어온 몽골어와 퉁구스어 차용어 이외에 러시아어의 차용어가 매우 많다. 공통 튀르크어Common Turkic languages에 추바슈어 다음으로 거리가 먼 튀르크계 언어로써 외견상은 전혀 튀르크어계와 같지 않으며 소통도 불가능하다. 그러나 튀르크 제어와 음운론적 대응관계가 비교적 규칙적이어서 튀르크 제어의 음운론적 특징을 잘 파악한 사람은 야쿠트어 이해가 그리 어렵지 않다.

5. 문화와 종교

러시아제국에 의해 유배지로 이용되었던 야쿠트공화국은 농경을 비롯하여 많은 문화적 산물들이 이들 유배 자들에 의해 보급되어졌었다. 대표적인 유배자들로는 포란드 반란(1월 봉기, 1863) 지도자 데카브리스트나와 같은 혁명가가 많았으며 철학자 체르니셰프스키, 작가 코롤렌코, 민요 민화 수집가 후댜코프(1842~1876) [야쿠트어 사전]을 편찬한 페카르스키E.K. Pekarskii(1858~1934), 그리고 민속학자 보고라스 등이 있었다.

일반적 주거는 통나무를 세워서 양면에 흙을 쌓고 양쪽 경사면에 지붕을 올려놓아 만든 바라간이다. 그러나 이것보다 간단하며 많이 보급되어 있는 주거 형태는 가는 나무를 세워서 여기에 통나무나 흙으로 보강한 후 다각형으로 천막을 설치한 것으로 브리야트족의 것과 비슷하다. 내부에는 우측에 난로가 있고 나무침상이 벽에 걸려 있다. 19세기에 들어오면서 생활이 비교적 넉넉해지자 소규모 주택 농민 주택인 러시아식의 이즈바를 짓기 시작했다.

의상은 남녀 공히 가죽 제품 하의에 짧은 모피 코트를 입는다. 사슴가죽으로 만든 전통적 의상은 점차 사라지고, 모피로 만든 신발만이 오늘날에도 사용되고 있다. 전통적인 식사는 유제품과 육류품 그리고 저장용 발효냉동우유(타르)가 주류를 이루고 있다. 또한 마큐 주(酒)를 만들어 주로 축제 때 사용하고 있으며, 생선 요리도 발달되었는데, 냉동된 생선을 잘라먹기도 한다. 근래에는 곡류와 야채의 생산이 늘어나 식생활도 크게 변화되었다.

전통적 생업은 말과 큰 뿔 사슴의 사육으로, 겨울철에는 우리 안에 넣고 여름에는 방목한다. 북방의 야쿠트족은 원주민에게서 사슴 사육을 배웠으며 어로와 수렵도 병행했다. 17세기 러시아인의 진출 이전부터 야쿠트족은 철을 가공 처리하였고 도자기업에도 종사하고 있었다. 그러나 17세기 이후 남방 야쿠트족은 점차 농업으로 전환하기 시작하였는데, 아직도 많은 사람이 가축 사육에 전념하고 있다.

야쿠트는 19세기 중반 사금층이 발견되기까지 모피를 수거하는 지역이거나 혹은 정치범 등을 유형하는 미개한 혹한의 황야에 지나지 않았다. 야쿠트 자치공화국이 형성되면서 상업, 문화, 주거의 변화가 뚜렷해졌다. 농업이 보급되고 대규모의 촌락에서는 일부 사람들이 공업 현장에 투입되기 시작했다. 야쿠트가 특히 중요한 국가적 가치를 지니게 된 것은 금과 천연가스 등 각종의 풍부한 지하자원이 발견되었기 때문이었다. 따라서 앞으로 극동의 경제발전은 야쿠트 공화국 남부가 거점이 될 것으로 전문가들은 내다보고 있다. 한편 밤 BAM철도가 야쿠트 자치공화국을 통과하면서 장기적으로 그들 각 민족의 사회적, 문화적 생활에 영향을 미침으로 전통적 생활양식의 변화를 가속화시키리라 여겨진다.

야쿠트의 저명한 문학가로는 오이운스키, 큘다, 에릴에리스친, 이랴이, 소프론다닐로 등이 있다. 기후의 조건으로 인한 여러 가지 이유로 오락 및 휴양 시설은 충분하지 못하며 몇 개의 영화관, 각종 클럽 시설, 결핵 요양소, 음식점 등이 있을 뿐이다.

종교는 러시아정교, 샤머니즘을 대표적으로 들 수 있으며, 야쿠트인은 19세기 초 대부분이 기독교로 개종했으나 여전히 샤머니즘 요소가 많이 남아 있다. 야쿠트인은 러시아정교도가 대부분인데, 다분히 형식적이고 신실한 믿음을 가진 자는 매우 적다. 야쿠트족은 오랜 역사를 갖고 있는 정령신앙과 샤머니즘 또는 번개신앙을 지닌 채 러시아정교를 받아들였다. 따라서 이곳에는 영웅 설화가 많고 나무와 뼈를 이용한 조각 세공이 19세기 이래 널리 알려져 있다.

6. 19세기 야쿠트인의 생활

몇몇 인류학자들과 행정가들이 19세기 야쿠트에 살면서 혹은 여행하면서 기록해 논 자료들 덕분에 우리는 과거 공산화되기 이전, 본래의 전통적인 야쿠트인의 삶에 대한 상당히 정확한 정보를 가질 수 있게 되었다. 물론 공산화된 이후에 야쿠트인들의 삶은 소련 공산화와 통제화로 많은 변화를 갖게 되었다. 혹독한 겨울이 지나고 나면, 야쿠트인들은 봄이 올 것을 기뻐하곤 했다. 더 이상 반쯤 얼어 있지도, 굶주리지도, 또 실내에 갇혀 있지도 않고 몸을 녹일 수 있고, 적당히 먹을 수 있고, 머리 위로 맑은 하늘을 볼 수도 있기 때문이었다. 봄

에 젖 술 축제 의식과 더불어 시작되고, 뒤이어 레슬링과 경주 그리고 다른 소
창이 이어졌다.

야쿠트인들은 주로 낙엽송 나무로 된 오두막에서 살았다. 가공되진 않았지
만 효과적이었던 건물들은 바깥 면이 진흙이나 분뇨로 덮여졌다. 실내에는 벽
난로가 있고 벽을 따라서는 가족들과 손님들이 잘 수 있는 여러 개의 침대가
있었다. 인접한 곳에 소우리가 있고, 가난한 빈농의 경우는 집과 우리가 거의
떨어져 있지 않아서 추운 겨울 동안 동물이 더해 주는 체온의 열기를 더 느낄
수 있어서 좋았다. 봄과 여름에 야쿠트인들은 주로 가벼운 천막yurt 거주지로
옮겨 살았다.

추운 겨울, 몇 달 동안 먹을 음식을 충분히 확보해 놓는 것은 매우 중요한 일
이다. 부유한 사람은 곡물들과 케이크, 우유, 육류(말, 소)를 비축하지만, 가난
한 사람들은 겨울에 개 뼈를 갉아먹고, 소나무 수액을 끓여 만든 것에 밀가루
나 곡물을 첨가시켜 먹곤 했다. 이것은 위에서 소화는 잘 안되지만 포만감을
주고 배고픔을 누그러뜨렸기 때문이다.

마시는 차는 매우 널리 애용되고 연 중 많은 양이 소비되었다. 차는 대체로
매 식사 때와 계절마다 별 차이가 없다. 또 다른 중요한 음식으로는 탈지 우유
를 끓여서 만든 타르tar가 있는데 종종 뼈다귀, 생선, 야채 잎을 섞어 만들기
도 한다. 밀가루 반죽 요리와 끓여 만든 생선 요리도 있다. 젖술과 발효시킨 말
젖도 인기가 좋은데, 비싸기 때문에 부자들만 주로 마실 수 있다.

야쿠트인의 종교는 본래 샤머니즘이었으나, 러시아인들이 이주해 온 이후에
점차로 기독교 러시아정교를 믿게 되었다. 그들의 조상들은 하늘, 나무, 산, 바
위, 물 같은 자연현상에 속한 여러 영들을 숭배했고 무당이나 주술사들은 병의
치료를 위해 병을 일으키는 이런 영들과 교통하는 일을 했다. 민속에서는 몽
골의 망구스manggus와 같은 것으로 아바스ahaasy라는 것이 있는데, 사람을
잡아먹는 머리가 여러 개인 심술궂은 괴물을 말한다.

남자나 여자나 무당이 될 수 있다. 남자는 오윤oyun, 여자는 우다얀udayan
이라 불린다. 무당은 백(白)무당과 흑(黑)무당 두 부류가 있는데, 백무당은 선
한 영과 인간 사이에서, 흑 무당은 악령과 인간 사이에서 중재 역할을 한다.

러시안들의 출현 이후에 야쿠트인들은 상당히 많은 사람이 러시아정교회를

받아들였지만, 대부분의 토착민들에게 있어서는 기독교가 단지 이름뿐이다. 이들은 대개 과거에 갖고 있던 정령 숭배 사상과 기독교 교회 의식을 혼합하여 신앙생활을 하고 있다.

야쿠트인은 뚱뚱하고 단두형이며 검은 눈동자와 머리카락을 가진 몽골계로 주로 묘사되어진다. 이마는 좁고 가느다란 눈과 넓은 코를 가진다.

7. 예술과 공예 / 음악

토착민의 예술품 중 대표적인 것은 뼈, 상아, 나무를 조각한 것들과 은, 구리로 만든 작품들 그리고 자수와 아플리케 등이 있다. 전통적으로 다양한 도구들, 마구, 옷 그리고 여러 물건들이 작품의 문양으로 사용된다. 소련 통치 시기에는 러시아 예술의 영향으로 이곳에도 서양식 그림과 조각 등이 매우 유행하게 되었다.

전통적인 야쿠트 음악은 전통 설화olongkhos 중에서 몇 토막이 음유시인에 의해 멜로디와 리듬이 즉흥적으로 만들어져 연주되는 것이었다.

공산화된 이후에는 현대적인 음악에 혁명적인 내용을 담은 작품들이 연주되었다. 전통 악기로는 주로 여성에 의해 연주되는 리드악기인 호무스xomus와 야쿠트 탬버린이 있다. 공산혁명 후에 서양식 노래와 악기가 대량 소개되었다. 구소련 작곡자들은 오페라, 그리고 뉴르겐 부토르Nyurgun Bootur 같은 야쿠트 민속과 영웅적인 서사적 주제로 된 새로운 작품들을 썼다. 이전의 노래 모음들은 편곡되었다. 흥미 있는 야쿠트 음악은 유명한 전설적인 만차리Man-chari에 관한 민속 노래와 야쿠트 춤곡이다. 오랫동안 연주되는 이 음반은 시중에서 널리 판매되고 인기가 높다.

야쿠트인의 예술은 그 기원이 수천 년에 이르는데, 동부 시베리아에서 그리고 레나 강을 따라 발굴된 것들을 보면 동일한 예술 양식이 구석기 시대 이후로부터 이 지역에 정착해 있었음을 보여주기 때문이다. 혁명 이전에 야쿠트에서 예술 창작 활동의 원래 영역은 의복, 집과 도구들에서 보이는 장식 예술이었다. 야쿠트 국립박물관이 원시 예술 작품들을 모으기 시작했는데, 1915년에 처음으로 야로슬라부스키Yaroslavskii의 후원 덕분에 맘모스 상아 조각품으로 돋보여진 전시회가 개최되었었다. 1928년에는 이곳에 박물관과 화랑이 세워졌는데, 이것은 후에 야쿠트 조형미술 국립박물관의 토대가 되었다.

8. 문학과 민속학

10월 대혁명 전에는 야쿠트에는 소설, 대본, 단편 같은 문어체 문학이 거의 없었다. 왜냐하면, 첫째로 인구의 1%도 못되는 사람들만 읽고 쓸 줄 알았기 때문에 작품을 읽을 수 있는 사람이 매우 적었다. 둘째로는 러시아정교회 선교사들이 19세기 초에 기독교정교 교리 문답 책과 다른 기독교 서적들을 출간하기 위해 알파벳을 만들기 전에는 문자가 없었기 때문이다. 그러나 선교사들이 만든 문자도 야쿠트어의 음운 체계에 적합하지 않아서 문학 발전에는 별로 기여하지 못했다.

문어체 문학은 별로 발달하지 못했으나 이야기, 무용담, 서사적 스토리와 영웅의 모험담 같은 구어 문학의 큰 줄기는 초기부터 존재해 왔다. 이중에서 대표적인 것은 올롱코스olongkhos인데, 길이가 종종 만 행에서 만 오천 행까지 이르는 장편 영웅 서사시이다. 이 서사시들은 주로 Nyurgun Bootur, Erbekhtei Bergen, Mulju 등과 같은 영웅들의 이름을 따서 제목이 붙여져 있다.

이들 구어체 문학은 대부분 그 양식과 구성에 있어서 서로 비슷하고 주제는 영웅들, 지혜로운 자, 노예들과 사람을 잡아먹는 신화적인 귀신 아바스Abaasy[51]에 대한 것들이다. 내용은 주로 영웅과 사람을 죽이고 땅을 파괴하고, 여자를 사로잡는 귀신 Abaasy와의 투쟁을 이야기한 것이다. 영웅은 마을과 부족의 평화로운 삶을 보호하고 결국에는 승리하게 된다. 구조적으로 다른 튀르크족이나 몽골의 서사시와 같이 올롱코스도 전설적인 개념들이 강하게 나타나고, 예화와 상상이 매우 과장되어 있으며, 성질을 나타내는 형용사들의 대비가

---

51) 야쿠트어 아바스 Abaasy는 우리말에 무서운 것, 위험한 것을 나타내는 '에비'와 어원이 같다.

강하다.

서사시에서 보이는 많은 묘사로부터 우리는 이 나라와 의복, 거주지, 무기 그리고 사회 풍습에 대한 특성들을 잘 알 수 있다. 대개 유사하고 반복적인 묘사들이 거의 서사시 절반을 차지한다. 올롱코스는 대체로 서창 조 형식으로 불려지고 어떤 악기가 함께 동반되진 않는다.

1917년 러시아 혁명 이후, 야쿠트어 음운 체계에 맞는 문자가 보급됨으로써 많은 사람이 읽고 쓸 수 있게 되었고, 이에 따라 연극과 소설 같은 서양 스타일의 문학 작품이 창작되어 소개되기 시작했다. 한 예로 초기 대표적인 야쿠트 시인 겸, 극작가 오윤스키P.A. Oyunskii (1893~1938)는 1917년에 처음으로 '노동자들의 노래'를 출간했다. 그의 후기 시 '붉은 샤만'은 고르키Gor'Kii로부터 호평을 받았었다. 당시 잘 알려진 또 한 시인은 1904년 출생한 쿨라지코프 엘야야S. Kulacikov-Ellyaya가 있다. 작가 이바노프 쿤데A. Ivanov-Kunde (1898~1934)는 그의 극본 '그 해(年)들'에서 사회주의 혁명 수행을 위해 열심히 싸우는 투쟁가들 즉, 공산당과 공산 청년 동맹원을 극화시키기 시작했다. 다른 작가들은 공영화와 사회주의 사회를 찬양하는 글들을 썼다. 1950년대에는 제 2차 세계대전이 야쿠트 문학에 주제로 등장하였다. 이런 후기 작품들은 대개 사회주의의 영향을 크게 받은 사상성이 강한 작품들로써 야쿠트 민족적인 면, 즉 튀르크 민족적 정서나 알타이적인 정서가 거의 나타나 있지 않다.

9. 야쿠트 전통 무속신앙과 토착주의

소련의 붕괴 이후 야쿠트공화국의 종교상황은 볼가 강 유역에 위치한 핀-위구르 계통의 자치공화국 마리공화국과 우드무르티야 공화국의 상황과 비슷하다. 이들 공화국과 야쿠트의 공통점은 민족 대대로 내려오는 무속신앙과 러시아정교회 신앙이 공존해 왔다는 것이다. 볼가 강 유역의 자치공화국들은 17~18세기 이래로 러시아의 영향을 많이 받아서 종교적으로 상당부분 러시아화 되었다.

그렇지만 야쿠트의 경우는 다소 다르다. 러시아인들이 야쿠트 땅에 첫발을 내디딘 것은 이들 공화국보다 훨씬 이후의 일이다. 처음 러시아인이 야쿠트에 들어온 것은 17세기 후반이지만 실질적으로 정착한 것은 1세기 이후의 일이다. 18세기 후반에서야 대대적인 기독교화가 진행되었다. 그리고 야쿠트에서 러시아정교의 선교활동이 전개된 것은 19세기 후반부터이다.

야쿠트에서 러시아정교회 선교활동을 주도했던 사람은 이노켄티 수사(성직자)였다. 그는 이때에 성경과 기독교 문헌을 야쿠트어로 번역했다. 그는 상당 부분 야쿠트인의 민속신앙을 정교회 의식 속으로 흡수했으며 심지어는 성경을 번역할 때 야쿠트인의 신의 이름을 그대로 사용했다.

이노켄티의 선교활동은 어느 정도 열매를 거두어 현지인 정교회 수사가 배출되었고 야쿠트 사회는 부분적으로나마 정교회를 수용했다. 이로 인해 야쿠트와 러시아의 문화적 정치적 연관성이 강해지게 되었다. 그러나 대부분 야쿠트인들은 여전히 무속신앙을 가지고 있었으며 정교회로 개종한 사람들도 실상 정교회의 피상적인 부분만을 수용했을 뿐이었다.

1917년 볼셰비키 혁명 전까지 야쿠트인의 종교는 무속신앙이었다. 그들은 선한 영혼과 악령의 존재와 그들의 환생을 믿었으며 주술로 병을 치료하는 풍습은 그들뿐만 아니라 야쿠트에 살고 있는 러시아인에게까지 널리 보편화되었다.

당시 야쿠트인들은 정령숭배 사상의 영향도 강했다. 그들은 물질세계를 둘러싸고 있는 수없이 많은 영들의 존재를 믿었다. 그들은 동물, 나무, 강과 개울, 산과 계곡에서도 이러한 영의 존재를 느꼈다. 또한 죽은 자의 영혼도 느꼈다.

야쿠트인들의 의식세계 속에는 지금도 그들이 신의 자손이라는 믿음이 깊게 뿌리내려 있다. 다시 말하면 최초의 야쿠트 인이었던 사하 사아린 토이온과 사비 바아이 호툰이 사하Saxa 민족, 즉 야쿠드 민족을 만들기 위해 하늘로부터 내려왔다는 것이다.

이와 함께 그들에게는 튀르크계 민족에서 공통적으로 보이는 천신숭배 사상도 나타난다. 20세기 초반 대다수의 야쿠트인은 천신과 기독교의 하나님을 동일시 하기 시작했다. 천신 신을 받들던 주술사 계급인 '백 무당white shaman'은 정교회의 성인들에게 밀려나기 시작했다.

혁명 전까지 존속되어 왔던 야쿠트인의 무속신앙은 민중적이고 가부장적이었지만, 그 종교사상을 체계적으로 집대성하지 못한 집단신앙이었기 때문에 러시아 정교와 서구 문명에 밀리기 시작했다.

20세기초 야쿠트에 정주했던 유럽 민족 중 대다수를 차지했던 민족은 유배를 당했거나 강제노동을 하던 코샤크 인들이었다. 또한 유형을 당한 폴란드 민족주의자들도 많았기 때문에 그들의 종교인 카톨릭도 야쿠트에 이미 혁명 전에 전파되었다.

볼셰비키 혁명은 야쿠트의 기독교화 과정을 아주 날카롭게 단절시켰다. 정교회 수사들이 처형을 당하고 1920년대 말에는 종교 활동이 공식 금지되었다. 소비에트 정권은 제2차대전 이후 광활한 야쿠트공화국 내에서 단지 야쿠츠크 시에만 단 하나의 정교회 교회를 공식 인정했다.

고르바초프가 주도한 페레스트로이카 이전까지 바로 이 유일한 교회가 그나마 명맥을 유지해 왔다. 소련 공산당 정권은 기독교뿐만 아니라 어떤 형태이든지 간에 모든 종교 활동을 금지했기 때문에 무속신앙도 금지의 대상이 되었다. 무당들과 민족정신 문화의 부흥을 꾀하던 모든 사람들이 처벌을 받았다.

그렇지만 사실상 무속신앙을 뿌리 뽑기는 매우 어려웠다. 비록 어떠한 조직체나 그 조직을 이끄는 지도자도 역시 그 종교를 전파하기 위한 그 어떤 인쇄물 매체가 가지고 있지 않았기 때문에 규모있는 종교 활동은 어려웠다. 그러나 가정 내에서 조심스럽고 사사롭게 전파되는 신앙을 비밀경찰(KGB)도 어찌할 수는 없었던 것이다.

그들의 생활양식도 이러한 종교 전파에 한 몫을 감당했다. 야쿠트에서는 도시화가 거의 진행되지 않았고 기후가 혹독하고 인구밀도가 아주 낮은 타이가 지대의 작은 마을에서 대다수의 야쿠트인들이 살았기 때문이다.

한편 소련정권은 야쿠트인의 무속신앙을 뿌리 뽑지 못했다. 무당의 숫자는 줄어들었으며 또 자기 민족의 전통 문화를 잘 모르는 도시 인구가 적지 않게 생겨나기 시작했다. 정교회가 소련시절 심각한 타격을 입은 반면, 도리어 야쿠트 무속신앙은 그래도 비교적 면면히 유지되어 갔다. 소련이 무너지고 난 후 대다수 야쿠트 인들은 그들의 무속신앙을 다시 받아들이기 시작했다.

1980년대 중반 야쿠트공화국 인구의 약 60%가 야쿠트인이 아닌 러시아인이거나 러시아인과 동화된 다른 소련 내 자치공화국 출신 민족이었다. 대다수는 광산과 건설을 위해 야쿠트로 오게 된 사람이었다. 이들은 대부분 자신들의 신앙을 떠나서 종교와는 상관없는 삶을 사는 사람들이었다.

또 하나 이들의 사고방식의 특성은 심지어는 2세대가 되었는데도 자신들은 잠시 야쿠트에 머무는 사람들이라 생각하는 것이다. 말하자면 '돈을 더 벌고 나면 남쪽으로 떠난다.'는 생각이 지배적이었다. 바로 이러한 점으로 인해 그들은 야쿠트공화국의 정치, 사회, 종교에 대하여 극도의 수동성을 보였다. 러시아인이 인구의 다수를 이루지만 야쿠트공화국의 사회 무대에서 그들은 거의 모습을 보이지 않는다.

소련 말기부터 시작된 야쿠트의 전통신앙의 부활은 그 시작부터 야쿠트공화국 정부 정책과 깊은 연관성이 있다. 1980년대 후반부터 야쿠트 자치공화국의 미하일 니꼴라예프 대통령은 러시아의 다른 연방 주체의 수반과는 다르게 자국의 사상 및 전통 정신문화에 지대한 관심을 보였다.

현재 야쿠트공화국 정부의 공식 이데올로기는 소위 '문명화'이다. 즉 야쿠트 민족의 교육, 학문, 문화를 최대한 빠른 시간 안에 발전시켜 세계에서 가장 문명화 된 민족의 대열에 들어서자는 것이다. 이토록 교육과 문화에 투자하는 민족은 러시아에서도 거의 찾아보기가 힘들 정도이다. 모든 야쿠트 젊은이가 최소한 양질의 중등 교육을 받게 하고 또한 야쿠트의 대학생들이 해외에서 유학할 수 있게 하기 위해 엄청난 규모의 투자가 이루어지고 있으며 박물관과 문화센터가 속속 세워지고 있다.

이러한 문명화 과정 속에서 전통문화 발전의 일환으로 야쿠트공화국 정부는 '정신문화' 즉, 전통 종교에 매우 큰 중요성을 두고 있다. 니꼴라에프 대통령은 종교 부활의 전략적 정책을 펴나감에 있어 혼합신앙(이중 신앙)의 원칙을 세웠다. 즉, 민족 고유의 전통, 문화, 구비 전승 문학을 발전시켜 야쿠트 인의 자아인식을 드높이고 동시에 혁명으로 인해 단절되었던 정교회를 부활시킨다는 것이다. 자민족 '고유의 정신문화'는 국가 이데올로기로서 민족 집단의 정체성을 많이 부각시키는 역할을 하고 정교회 신앙은 개인의 종교적 표현으로서 중요하다는 것이다.

이와 함께 야쿠트공화국 정부는 그들의 고유 무속 신앙 축제였던 이사흐(야쿠트식 설날)를 부활 시켰다. 학교에서 야쿠트 민족의 신화와 세시풍속을 가르치고 있다. 이때 야쿠트 정부는 이러한 일련의 정책에 '세속적인' 즉, 종교적이 아닌 '문화적인' 색채를 주기 위해 노력하고 있다.

또한 니꼴라에프 대통령은 정교회 부활을 위해서도 많은 노력을 기울였다. 그는 개인적으로 러시아 정교회 총주교인 알렉세이 2세에게 청원해서 야쿠트에 러시아 정교회 교구를 복원시켰으며, 이 교구는 1993년부터 공식 활동에 들어갔다. 자치 정부는 공화국의 재원으로 폐허가 되었던 니꼴스키 사원을 복원했다. 대통령은 정기적으로 모스크바를 방문하여 알렉세이 2세와 만나고 부활절과 성탄절 미사에 참여하고 대국민 축하 연설을 하기도 했다.

러시아정교회 야쿠트 총 책임 주교인 게르만 주교는 정부 기관지에 자주 글을 싣고 또 공화국 방송에 출연하여 러시아정교회 부흥에 노력했다.

니꼴라에프 대통령은 1996년 대통령령으로 야쿠트 전통 정신문화 학술원을 만들었다. 이 학술원은 다민족 공화국인 사하 공화국의 정신문화를 부활 발전시켜 계승하고 그 고유한 문화를 유지 발전시키며 지적인 잠재력을 키우기 위한 목적으로 세워진 국가 연구기관이다. 이 학술원은 야쿠트의 지식인, 즉 작가, 화가, 배우, 인문학자 및 러시아 정교 지도자 게르만 주교가 학술원회원으로 되어있다.

학술원 개원 연설에서 니꼴라예프 대통령은 그 설립 취지를 "학술원의 전략적 목표는 사하 공화국의 정신문화를 부활 계승하고 그 독특한 문화를 발전시키며 지적 잠재력을 극대화 하는 것이다. 수세기에 걸쳐 만들어진 우리민족의 역사와 전통과 풍습을 존중하는 것이 미래에 살아가는 힘이 된다. 예를 들어 사하 민족에게는 독특한 문화적 전승이 있다. 민족 영웅 서사시인 '올롱호'가 바로 그 예가 된다. 유감스럽게도 올롱호는 많이 연구되어지지 못했다. 우리민족의 교육, 악기, 전통의학에 다른 나라 학자들이 큰 관심을 가지는 것도 우연한 일이 아니다. 또 하나 특기할만한 점은 우리나라가 위치하고 있는 러시아 최북단에 정교회가 전파되어가고 있다는 것이다. 러시아의 최북단으로 선교사(이노켄티)가 파송 된 사실은 전 세계에 유래가 없는 일이다. 또한 예배를 드릴 때 야쿠트어로 기도문이 읽혀졌으며 야쿠트어로 쓰인 최초의 책도 기독교 서적이었다. 한마디로 러시아의 동북지역에 정교회가 전파됨으로 그 지역에 살고 있던 원주민들의 운명이 바뀌게 되었다. 그들이 세계문명을 접하게 된 매개체가 된 것이 바로 기독교였다"라고 설명했다.

그러나 대통령이 천명한 '야쿠트 민족 고유의 문화 및 전통과 정교회의 합일'의 가능성은 거의 희박하다고 봐야 한다.

학술원 내에서 막강한 영향력을 행사하는 게르만 주교는 야쿠트 전통 문화의 복원을 원시시대의 야만적 행위의 부활로 규탄하고 있으며, 정교회만이 야쿠트 민족중흥의 유일한 가능성이라고 주장한다.

동시에 게르만 주교는 겉으로는 야쿠트에 정교회 포교활동을 함에 있어 야쿠트 민족의 국익 보호를 염두에 두고 있다고 강조한다. 즉 정교회를 수용하되 이것이 러시아인과의 동화를 의미하지 않는다고 주장하고 있는 것이다. 그의 주요 목표 중 하나는 정교회 예배를 야쿠트어로 집전한다는 것이다. 그는 그러한 노력의 일환으로 새 번역 야쿠트어 성경을 출간했고 기도문집과 기타 예배에 관련된 책들을 야쿠트어로 출판하고 있다. 그럼에도 그는 샤머니즘과 전통신앙을 비판할 때는 매우 신중함을 보인다.

그러나 게르만을 제외한 19명의 학술원 회원은 정교회에 대해 무관심한 태도로 일관하고 있다. 이들은 자국의 전통과 풍습을 연구하고 즐기기를 더 좋아한다. 심지어 그들이 무속신앙을 숭배하는 사람이 아니라 할지라도 그 정서의 밑바탕에는 무속신앙이 자리 잡고 있다. 그들이 대통령이 제시한 친 정교회 정책에 제동을 걸고 있는 것도 놀라운 일은 아니다.

오시포프 학술원장이 1999년 6월 16일에 가진 인터뷰에서 "기독교를 전파하는 것은 게르만 주교의 의무이다. 우리는 이를 반대하지 않는다. 설교는 우리의 일이 아니다. 우리는 화가이고 작가이고 배우로서 전통문화에 종사 할 뿐이다"라고 주장했다.

학술원 회원들 사이에서 유일하게 의견의 합치가 이루어 진 것은 날이 갈수록 전도활동에 적극성을 보이고 있는 개신교 외국인 선교사들의 선교활동을 제한하고 금지해야 한다는 것이었다.

한편 공산주의 체제가 몰락한 이후 자국 전통문화의 가치를 강조하는 강경파 보수 무속주의자들도 나타났다. 이들은 아직도 가부장적 질서를 고수하고 있는 외딴 시골 마을 주민들의 지지를 받는 세력으로 서구주의자들과 종종 대립하였다.

　매우 급진적인 전통주의 성향을 가진 이러한 그룹은 토착적 무속주의자들로 부터 대대적인 지지를 받고 있다. 이러한 전통주의 그룹의 등장이 가능한 것은 소련 해체이후 빠르게 진행되는 서구적 현대화와 도시화에 따라 전통적 윤리 개념이 무너짐에 대한 사회적 반작용이 적지 않기 때문이다.

　이러한 현상은 소련 해체이후 러시아가 겪고 있는 정치 경제적 위기 그리고 그동안 체제를 유지해온 지배적 공산 이데올로기의 해체에 따른 가치의 공동 화 현상과 맞물려 더욱 더 심화 되고 있다.

　1980년대 중반에 야쿠트공화국 내 전통무속주의의 지도자로 부상한 아파나 시에프, 우한, 파블로프는 토착적 보수민족주의 이데올로기를 가공하여 야쿠 트공화국 정권 및 러시아연방의 현대화 정책에 대항하고 있다. 그들은 야쿠트 사회 전반에 걸쳐 진행되는 물질주의적 현대주의에 저항하는 새로운 전통무속 주의 운동을 전개하고 있는 것이다.

　1980년대 중반 페레스트로이카가 태동 단계에 있을 때 아파나시에프는 야 쿠트 민족이 어려움을 겪고 있는 원인은 그들이 인간과 자연간의 깊은 끈을 끊 어버린 때문이라고 주장하였다. 야쿠트인들이 자신들의 정신적 정체성을 잃어 버림으로 방황하고 있다는 것이다. 그는 당면한 위기를 극복하는 길은 야쿠트 인의 전통 생활양식과 세계관, 그리고 전통신앙에 뿌리를 둔 가치체계를 부활 하는 것뿐이라고 주장한다.

　그는 '아이 우오르에떼(신의 가르침)'이란 그의 저서에서 이와 같은 논조를 강력히 피력하고 있다. 이 저술은 야쿠트의 진보적 전통무속주의자들의 지침 서가 되었다. 아파나시예프는 야쿠트의 수많은 야쿠트 전통신화에 나타난 신 들 중에서도 가장 많이 숭상되는 창조신 아이Ai 혹은 땅하라Tanghara라 불 리는 천신(天神)을 내세워 유일신 체계를 세우고자 노력하였다. 땅하라는 고대 튀르크에 나타나는 텡그리Tengri로써 하늘신을 뜻한다. 아파나시예프의 이러 한 노력은 야쿠트 전통 무속신앙을 기독교의 유일신 종교화하려는 노력이다.

　야쿠트 '아이'신의 가르침은 튀르크 민족 전통 신앙을 야쿠트 버전으로 재 정립한 것이다. 아이의 가르침에 따르면 세계는 9개의 하늘로 이루어져 있다. 각 하늘의 층마다 그들만의 신과 영혼이 있다. 가장 높은 곳에 있는 아홉번째 하늘은 조물주인 아이(땅하라)신이 다스린다. 사람은 가장 낮은 곳에 있는 땅에 살고 있다. 땅 위엔 첫번째 하늘이 펼쳐져 있다.

이렇듯 사람과 아이 신(종종 불의 모습으로 표현되는 태양의 신이기도 하다) 사이에는 아홉개 층으로 이루어진 하늘이 있다. 아이로부터 생명의 힘인 '슈르'가 흘러나와 아홉개의 하늘로 스며들어간다. 슈르는 사람에게 생명을 주는 생명의 기운이다.

한편 사람은 3개의 혼으로 만들어져 있다. 따라서 죽음 이후에 세 개의 혼으로 분리된다. 땅의 혼(육체)는 사라지고 공기의 혼(정신)만이 생전에 한 선행에 따라 아홉개의 하늘 중 한 곳으로 가게 된다. 나머지 '어머니의 혼'은 아이 신에게 돌아간다. 이 어머니의 혼은 쿠트Kut라고도 불린다. 이 쿠트가 인간을 이루는 핵심이다. 쿠트는 생명의 기운인 동시에 신의 형상이다. 인간은 쿠트를 잃어버릴 수도 있고 또한 악령과 나쁜 무당이 그것을 훔쳐갈 수도 있다.

야쿠트어에 나타난 쿠트(Kut)는 한국어에 사용된 '굿'과 같은 단어이다. 우리나라 무속에서 굿한다하는 것은 '어머니의 혼'을 부른다는 의미에서 출발하여 축복을 구한다는 의미로 발달한 것이다. 쿠트Kut는 고대 튀르크어에 보편적으로 나타나는 어휘이다.

야쿠트인들은 일생 동안 지상에서의 삶과 저 세상에서의 삶에서 꼭 필요한 자신의 쿠트를 잃어버리게 될까 봐 두려워하며 산다. 그들이 종교생활을 하는 이유는 바로 이 쿠트를 지키기 위해서이다. 지상에서 또한 내세에서 삶의 모습은 이 쿠트를 어떠한 마음으로 지켜나가는가에 따라 달라진다. 아파나시에프는 이를 위해 다음과 같은 '아이' 신의 아홉 계명을 조작해 냈다.

1. 간음하지 말라
2. 자연을 숭배하라
3. 자신의 생업을 발전시켜라
4. 살생하지 말라
5. 자신의 재능을 계발해라
6. 의롭게 살아라
7. 진리를 배우라
8. 자신의 쿠트를 지켜라
9. 아이 신의 계명을 지켜라

아파나시예프와 그의 동지들은 유일신 종교체계를 세우는 것 뿐 아니라 전근대적인 샤머니즘적 무속의식에서 벗어나려고 노력하고 있다. 그들은 사실상 새로운 종교를 만들었으며 이 종교가 야쿠트 인들의 정신적, 윤리적 수준을 높일 것이라고 확신하며 전통적 무속행위를 금지했다. 그들은 자신들을 '백(白)무당', 즉 아이 신을 섬기는 '선한' 무당의 대리자라고 여겼다. 백무당에 대비되는 것으로 흑(黑)무당이 있다. 튀르크 샤머니즘에서 백무당은 선한 것을 구하는 무당인 반면, 흑무당은 저주하는 무당이다.

전통무속 신앙을 현대화 시키려는 이러한 노력에도 불구하고 현재 야쿠트 인들은 전통적 샤머니즘에 영향을 받고 있다. 그렇기 때문에 이러한 진보적 전통주의자들 역시 무리하게 샤머니즘에서 전근대적 요소들을 막무가내로 비판하거나 배격하지는 못한다. 사실 그들 역시 자신들의 가르침을 샤머니즘적 사고방식에 호소하여 전파하고 있으며 놀라운 신통력을 가진 무당들이 자신의 친척이라면 이를 아주 자랑스럽게 여기기까지 한다.

야쿠트에서 백무당이 생명과 창조에 관여하는 것과는 달리 흑무당은 죽음과 관련이 있다. 흑무당은 악의 힘을 조종해서 자신의 이익에 맞게 이용하고 또한 버릴 수 있다. 원수를 저주하는 일은 흑무당의 도움에 의해 해결될 수 있다.

아파나시예프 등 진보적 전통무속주의자들은 야쿠트인들은 누구나 어릴 적부터 무속적 초능력에 관한 지식을 자연스럽게 습득하며 자란다고 자랑스럽게 말하고 있다. 무당들은 인간 주변을 감싸고 있는 영적 공간(벨리트)에 무속적 초능력을 이용하여 영향력을 행사할 능력을 보유하고 있다고 믿는다. 이때 무당들은 선한 동기 혹은 악한 목적을 가지고 이러한 초능력을 향사할 수 있다.

이와 같이 흑무당이 행하는 마술, 즉 black magic은 백무당의 그것과는 달리 도덕적이거나 윤리적이지 못하다.

흑무당의 활동을 비난하며 야쿠트 무속신앙의 체계화와 민족종교화를 꾀하는 이들 진보적 전통무속주의자들은 1993년에 새로운 종교단체 '쿠트-슈르 Kut-Shur'를 정식으로 발족시키고 정부에 등록하였다. 이 단체에는 소수의 지식인이 형식적으로 가입되어 있지만 포교활동은 의외로 눈에 띄게 성과를 나타내고 있다. 이들의 주된 목표는 민간에 널리 보편화되어 있으며 야쿠트 정부가 지지하는 전통문화의 부흥운동을 그들 나름대로의 방식으로 개편함으로써 야쿠트 정부가 주창하는 '문화적' 성격의 틀을 '종교적'인 것으로 전환시키는 것이다.

이 단체의 활동의 결과로 중 고등학교에서 실시하고 있는 전통문화 수업 프로그램은 무속 종교적인 성격을 띠게 되었고 어느 학교의 교장은 교정에 아이신 신상을 세우기까지 하였다. 문화원장을 배출해내는 대학이 사실상 무속적 전통 신 숭배 제례와 주문 또 무속적 축제를 거행하는 전문 무속인을 만들어내는 기관으로 전락해버린 것이다.

특이할 만 한 점은 바로 이러한 것들이 의도적으로 진행되어가고 있다는 사실이다. 야쿠트 지식인들은 이러한 전통문화 부흥운동의 목적이 어떤 전통 문화의 계승발전을 위한 것이 아니라 무속종교 확산이라고 우려하고 있다.

1990년대 초반부터 전통 신 숭배주의자들은 야쿠츠크 시에 '아이신 센터(태양신을 섬기는 야쿠트 인들의 사당)'를 건립하고자 노력하였으나 정부당국이 이를 받아들이지 않고 있어 아직 성사되지 못하고 있다. 1999년에 야쿠트 정부는 야쿠츠크 시 외곽의 '뜨리 비료즈이'라는 곳에 야쿠트 민족문화 센터 이이스사흐 를 착공했다. 전통 신 숭배주의자 가운데 한 사람인 우한은 앞으로 세워질 이이스사흐가 문화센터는 무속인들의 사당이 될 것이라고 호언하고 있다.

전통 신을 숭배하는 무속인들의 활동은 단순히 종교적인 것에 국한되지 않는다. 그들은 쿠트-슈르와 동시에 아파나시예프의 최측근이면서 기자 활동을 하는 우한을 지도자로 하는 '사하 케스켈레'라는 정당을 조직했다. 이 정당은 야쿠트를 야쿠트 민족의 공화국으로 발전시키는 것, 러시아와는 연방관계를 유지하되 야쿠트의 전통신앙을 삶의 모든 분야에 뿌리내리도록 하며 이와 관련하여 교육시스템도 이러한 목적을 성취하기 위한 방향으로 개편할 것, 경제도 야쿠트 전통경제 형태로 전환할 것 등을 정당 강령으로 하고 있다.

이들 전통 무속주의자들은 야쿠트인만이 다른 민족들이 이미 잃어버린 원초적이고 때 묻지 않은 진리를 간직하고 있다고 믿으며 이러한 긍지 속에 그들은 종교적 사명의식에 불타 있다. 한 언론사와 가진 인터뷰에서 이들 지도자중 하나인 파블로프는 "20세기는 인류사회에 대한 지배적 종속을 주창하는 기독교와 마르크스주의와 같은 혁명적이고도 파괴적인 종교의 세기였다"라고 주장하면서 이제는 이러한 패권적 종교 세력은 파국을 맞았다고 강변하였다.

그는 이어서 인간의 자율적 자기완성을 가능케 하는 실존적 믿음의 세기가 도래한다고 주장하고 있다. 마르크스주의자들과 기독교인들은 타이가에서 소멸될 것이지만 아이 신을 모신 사람은 살아남을 것이라고 주장한다. 왜냐하면 영적으로 보자면 인간은 언제나 타이가에 존재하고 있기 때문이라는 것이다. 삶과 죽음, 윤리적 기초와 인간성을 보전하는 것에 대하여 마르크스와 예수는 아무런 말도 하지 않았다는 것이다. 그는 기독교와 마르크스주의가 수세기에 걸쳐 인간들을 파괴해 왔다고 비난한다. 이제 때 묻지 않은 진리 전통 그리고 선한 옛날로 돌아가야 할 때이며, 인간은 더 이상 스스로를 사회와 경제의 힘에 의해 움직이는 도구라고 여겨서는 안 된다는 것이다. 인간은 옛날에 그랬듯이 태초의 창조의 근원이었던 물, 불, 공기와 같은 존재로 스스로를 느껴야 한다. 바로 이것이 진정한 자연이기 때문이다. 그렇기 때문에 우리는 이 진리를 우리 민족에게 또는 전 인류에게 가져다 주어야 한다고 그는 주장한다.

이들 전통 신 숭배주의자들은 원천적으로 서구 문명에 반대한다. 1999년 우한은 "서구인들은 하나님이나 그리스도를 믿지 않는다. 그들은 문명과 편안함, 그리고 진보와 사회 질서를 믿는다. 그리스도를 믿는 믿음은 금방 돈에 대한 믿음으로 변해가고 있다. 러시아 인들도 서구인들과 같은 것을 믿지만 잘 안 풀리고 있다. 서구와 같은 길을 간다는 것은 영혼을 잃어버리는 일이며 외부의 세력에 아무 대항하지 못하는 하나의 도구로 전락하는 것을 의미한다. 기독교와 서구의 영향에서 멀리 있을수록 야쿠트 인들에게는 안전한 것이다. 물론 이러한 사실은 러시아인들에게도 마찬가지이다"라고 말했다.

출범한지 6년 만에 전통 신을 숭배하는 무속주의자들은 괄목한 만한 성과를 얻었다. 몇몇 야쿠트 시골에서는 기독교를 거부하는 반기독교 운동이 거세어지고 있다. 게르만 주교의 말에 따르면 최근 2~3년 동안 기독교 선교사의 말을 듣기를 거부하고 심지어는 그들이 자신들의 마을로 들어오는 것까지 막고 있는 지역이 많아지고 있다 한다. 시골에서는 민족 신앙에 따른 제례의식과 축제가 늘어나고 아이 신의 사당들이 연이어 건축되고 있다. 수적으로 볼 때 쿠트-슈르의 성장은 주춤해졌지만 점점 더 이와 비슷한 종교단체, 동우회, 전통 무속학교가 우후죽순처럼 늘어나고 있는 상황이다.

이를 막기 위해 정부에 의해서 두 가지 조치가 강구되고 있다. 하나는 그것을 제도권, 즉 정부 체제 안으로 흡수하는 것이며 다른 하나는 확산을 방지하기 위해 직접적으로 탄압을 하는 것이다.

이와 관련하여 아파나시에프와 우한을 학술원 안으로 영입하려는 시도가 있었다. 우한은 1993~1997년까지 대통령 보좌관을 지낸 적도 있다. 야쿠트 정부는 대중 매체를 통해 전통 신 숭배주의를 반대하는 대규모 캠페인을 벌이기도 하였다. 우한과 아파나시에프에 대한 정치적 압력도 강도를 더해갔다. 드디어 1997년 야쿠트 정부는 이들에 대해 당근을 버리고 채찍을 들기 시작했다.

1996년 12월 야쿠트 공화국 대통령 선거가 있었다. 선거 직전 니꼴라예프 대통령은 선거전의 일환으로 '사하 케스켈레' 당원들을 만났다. 이 자리에서 니꼴라예프 대통령은 이들의 근본적인 요구 사항 중 몇몇을 지지하기로 약속했다. 이를 조건으로 사하 케스켈레는 니꼴라예프를 지지했다. 1997년 중반 우한과 그의 동료들은 재선된 대통령이 그들의 약속을 지키지 않고 있다고 판단하고 공개적으로 대통령을 비난하기 시작했다. 1997년 12월 일투멘(야쿠트 의회) 선거에서 전통 신 숭배주의자들은 현 정권의 반대자로 나섰다. 전통 신 숭배주의자들은 공산당 다음으로 야쿠트 의회의 제 2 야당이 되었다.

이후 야쿠트 정부는 사하 케스켈레와 쿠트-슈르에 대해 매우 강경한 입장을 취했다. 우한은 대통령 보좌관직에서 사퇴하게 되었고 이와 함께 사하 케스켈레와 쿠트-슈르는 현 정부와의 모든 접촉을 단절하게 되었다. 정부는 이들을 지지하고 있는 후원자들을 압박하기 시작했다. 결국 아파나시에프는 그가 근무하던 대학의 학장에서 일개 기능직으로 강등 당했다.

그럼에도 불구하고 이와 동시에 민족적 및 무속적 전통 신 숭배사상은 국민들 사이에 확산되어 나갔다. 이러한 확산을 막기 위하여 금지 조치의 일환으로 정부는 사하 케스켈레와 쿠트-슈르를 더욱 정치적으로 압박하였다. 그리고 이들 정당에 대한 정치활동과 모든 집회를 금지시켰다. 실질적으로 급진주의적 아이 신 숭배운동을 차단했다고 판단한 야쿠트 자치정부는 1997~1999년 사이에 설립된 새로운 전통 신 숭배 단체들과 다시 접촉하기 시작했다. 1999년에 전통 정신문화 센터 '이이사하흐'가 야쿠츠크 근교에 건축에 들어갔다.

한편 야쿠트 정부와 국민들의 기독교 정교회에 대한 태도도 서서히 변하고 있다. 정교회가 약하고 또한 국민의 넓은 지지를 얻지 못하고 있다. 1999년 중반 현재 광활한 야쿠트 공화국에 겨우 42개의 정교회 교회와 17명의 성직자가 있을 뿐이었다. 당시에 그들 중 오직 한 명만 야쿠트인이다. 교회에 대한 재정 지원은 공화국 재원이나 지방 자치단체의 예산 또는 정부 압력에 의한 대기업의 헌납으로 이루어졌다.

러시아정교회는 다른 자치공화국들과 비교해 볼 때 야쿠트 공화국이 가장 약한 것은 아니다. 교구의 사제들과 야쿠트 공화국 러시아정교회 총 주교 본인이 직접 선교 여행에 적극 참여하고 있으며, 야쿠트인을 정교회로 이끌기 위해 다양한 노력을 강구하고 있다. 또한 실질적인 자선사업과 교리서 편찬 작업도 활발히 하고 있다. 그러나 야쿠트내에 미묘한 토착민족주의 정책이 펼쳐지고 있는 상황에서 이러한 정교회의 노력들이 충분히 효율적으로 성과를 걷지 못하고 있다.

러시아정교회는 사실상 야쿠트 내에서 비중 있는 종교 사회 세력이 되지 못하고 있다.

야쿠트에서 카톨릭교의 성장은 미미한 수준이다. 1999년 이전에 야쿠트공화국 내 단 2개의 카톨릭 교구가 있을 뿐이었다. 그러나 질적인 면에서 볼 때 문제는 다소 달라진다. 몇몇 존경받는 야쿠트 지식층 인사들이 카톨릭으로 개종했고 카톨릭 신도들의 사회활동은 정부로부터 인정받을 정도로 성공적이다. 교구마다 카톨릭으로 개종하는 야쿠트인들의 숫자가 점점 늘어나고 있다.

야쿠트인들이 러시아정교회보다는 개신교나 카톨릭을 선호하는 현상은 두 가지로 설명될 수 있다. 러시아정교회는 순수종교적 성격보다는 러시아연방 정부의 공식 종교로써 정치권력에 가깝게 밀착되어 있다는 인식이 야쿠트인들 사이에 지배적이다. 또 다른 하나는 러시아정교회는 너무나 러시아 민족적 색채가 강하다는 것이다. 정교회는 러시아인의 종교지만 개신교나 카톨릭은 모든 민족을 위한 신앙이라는 것이다. 개신교나 카톨릭을 러시아 정교회보다 더 보편적이고 우주적인 종교로 인식하고 있는 것이다.

소련 해체 이후 과도기에 시대 변화 상황에 따라 야쿠트 정부의 대 종교정책도 유동적으로 변했다. 1997년부터는 야쿠트 대통령은 러시아정교회로부터 거리를 두는 정책을 표방하고 있다. 연설문에서 정교회를 인용하는 수사는 거의 사라졌고 게르만 총 주교와의 회동도 더욱 뜸해지고 있다. 또한 정교회를 향한 재정지원도 감소되었다.

1990년대에 야쿠트에서 소수 종교에 대한 차별정책은 실제로 집행되지 않았다. 그러나 정부는 그러한 계획은 강구한 적이 있었다. 1996년 말 야쿠트 자치정부는 새로운 자치공화국 종교법을 준비했고 이법에 따르면 소수 종교의 권한이 대폭 제한되어야만 했다. 그러나 이법은 채택 되지 않았다. 어느 정부 부처에서는 은밀하게 개신교와 카톨릭이 야쿠트 국민에게 부정적인 영향을 미친다는 분석 자료를 준비해 놓았던 적도 있었다.

야쿠트 자치정부는 종교의 자유라는 문제에 대해 한동안 확실한 공식적 입장을 취하지 못했다. 1999년경에 이르러서야 야쿠트 정부는 종교문제에 대해 공식적인 입장을 표명하게 되었다. 즉 소수종교의 권익 보호가 정부의 중요한 정책 지표로 인정된 것이다. 야쿠트 자치공화국 정부에서 종교정책을 담당하고 있는 알렉산드르 니꼴라에프는 다음과 같이 언급하였다.

"우리는 절대 개신교도들을 종교적 마이너리티라고 여기지 않는다. 현재 그들의 숫자는 러시아정교회 신자에 뒤지지 않는다. 조직적으로 운영되고 있는 단체에 정식회원으로 있는 전통 신 숭배주의자들의 숫자는 사실상 500명을 넘지 않고 있다. 전통 신 숭배는 대부분의 야쿠트 인들에게 있어서 단순한 하나의 문화일 뿐이며 또한 정부도 이에 대하여 세속적 민족문화의 일종으로 여기고 있으며 앞으로도 그럴 것이다. 러시아정교회를 믿는 야쿠트 인들도 적지 않다. 약 20%의 신생아들이 러시아정교회로부터 유아세례를 받고 있지만 아직까지는 정교회가 야쿠트인의 종교가 되지 못하고 있다. 맹목적으로 러시아정교회를 지지하던 지난 정책은 실패작이었다. 야쿠트인들 스스로가 무엇을 믿을 것인가를 결정해야 한다. 야쿠트 정부는 도덕적으로 문제가 되지 않는 현존하고 있는 모든 종교의 잠재력을 야쿠트 공화국의 번영을 위해 활용하고자 노력할 것이다"

소련이 붕괴된 이후 지난 짧은 10년 동안 야쿠트 자치공화국 안에서 우리가 경험한 종교 관련 문제의 전개를 보면, 사회주의 혁명 이전의 종교를 부활하려는 움직임에서부터 종교적 다원주의를 인정하려는 것, 그리고 정권이 종교상황을 통제하고 조종하려는 시도에서 이제는 종교적 자율성을 인정하고 정부가 간섭할 수 없음을 깨닫는 것까지 포함해서 많은 변천과정을 겪었다는 것을 알

수 있다. 이것은 지난 10년 동안 러시아 전체에서 나타났던 보편적인 종교 현황의 축소판이라고 할 수 있다.

10. 주요 도시

야쿠츠크Yakutsk

야쿠츠크는 1632년 성채로 처음 세워졌다. 그리고 곧 모피, 순록 가죽, 소와 상아를 파는 교역의 중심지가 되었다. 야쿠츠크는 야쿠트 자치공화국의 수도로서 인구는 1989년 자료로 18만 7천 명이다. 1956년 인구 통계에 의하면 당시는 6만 3천 명이 이곳에 거주하고 있었다. 1964년 이후 25년간 인구 성장률년 2.5%였다.

야쿠트 공화국 행정, 학술, 문화의 중심지인 야쿠츠크의 경제적 가치는 육상 운송의 요충지로서 물자 집산의 중계지점이라는데 있다. 그리고 채광지의 지원 기지의 역할도 한다. 기계수리, 선박수리, 목재가공, 제화, 식품, 경공업, 건설기재 등의 공업이 발달되어 있으며, 수륙공(水陸空) 교통의 요충지이다. 레나 강 왼쪽에 있는 항구도시로 10월말부터 5월초까지는 레나 강이 얼어붙기 때문에 여름철에 북극해를 거쳐 무르만스크와 야쿠츠크 사이를 왕복하는 화객선으로 북적거린다. 모피 거래의 중심지로서 피혁, 제화 콤비나트가 있으며 화학공업, 제재, 제지, 식품가공, 벽돌제조, 선박수리 등이 발달했다. 또한 주변의 천연가스를 이용하여 도시 전체가 중앙집중 난방방식을 취하고 있다.

야쿠트 문화와 학술의 중심지로서 종합대학, 교육대학, 의학대학 등이 있다. 야쿠츠크 종합대학에는 역사 언어학부, 물리, 수학부, 의학, 공학, 농학과가 개설되어 있다. 교외에 있는 러시아 과학아카데미 동토(凍土)연구소에서는 종종 대규모 국제학술회의가 열린다. 1632년에 건설되었던 야쿠츠크시의 요새가 1680년대에는 성채로 이용되었는데, 당시에 이곳은 군사, 행정, 상업의 중심지였으며 유배지이기도 했다. 레나 강변에 있는 이 도시는 영구 동토 지역으로 알려져 있었고, 북위 64°라는 고위도에 있기 때문에 5월 중순이면 벌써 백야가 된다. 여름이 되면 30℃이상의 기온을 보이며 때론 40℃를 넘기기도 한다. 겨울엔 -50℃정도의 날씨와 짙은 안개가 계속된다.

네륜그리

밤BAM 철도의 개통에 따라 남(南)야쿠트 공업 지역 건설이 본격화됨으로써 급속히 발전하고 있으며, 인구 6만 3천 명의 공업기지이다. 양질의 코크스를 채탄하는 탄광이 주산업이다. 알단, 츌리만과 함께 남 야쿠트 생산 복합체의 거점이기도 하며, 대규모 화력 발전소가 건설 중이다.

미르니

다이아몬드광의 개발과 동시에 탄생한 도시이며 작은 촌락의 지위에서 1969년에 급성장하여 시로 승격하였다. 북서 야쿠트 최대의 도시이며 미르니 시(市)는 빌류이스크 지역의 중심지이다.

알단

남부 야쿠트 지역 생산 복합체의 중심지이다. 지금까지는 채금업의 본거지였으나 앞으로는 철광석 생산의 기지가 될 것이다. 야쿠트 자동차 도로상의 요충지이기도 하다.

키렌스크

키렌스크는 레나 강이 야쿠트에 들어오면서 처음 만나는 강항(江港)이다. 이곳은 주변 지점에 대한 화물 중계지인데, 특히 빌류이 상류 다이아몬드 지대로의 자동차 도로를 이용한 수송이 그 중요한 역할이다.

Ⅷ. 칼묵 공화국Kalmuk

1. 역사적 배경

1) 몽골제국의 붕괴와 오이라트(칼묵)의 격동기

칼묵 자치공화국 영토에는 기원전에 스키타이인, 아란인, 사르마트인 등이 살았고 기원후에는 하자르인, 이어서 폴로베츠인이 세력을 떨쳤다. 1240년대에는 몽골의 러시아통치 국가인 큽착 칸국의 지배를 받았다. 러시아제국이 큽착 칸국을 붕괴시킨 후에, 이 지역에는 아스트라칸국이 성립되었다가 1556년 러시아제국에 강제 병합되었다.

중국 명왕조의 첫 통치자들(1368~1644)은 몽골 세력이 다시 일어날 것에 대해 매우 우려하고 있었다. 그래서 15세기 초 명나라 왕조는 칭기즈칸 왕조의 복귀를 저지하려는 목적으로 몽골인들에 대하여 몽골족을 서로 이간시키는 정책을 추진하였다. 이러한 정책은 매우 성공적이어서 몽골의 여러 당파들 사이의 격렬한 투쟁이 발생하였고, 이에 대하여 명 왕조는 대단히 만족하였다. 이러한 결과로 15세기 초기에 몽골 세력의 중심은 오이라트Oirat라고 불리던 서(西)몽골인들에게로 옮겨졌다.

오이라트 칸국의 중심지는 일리Ili 분지와 동(東)튀르키스탄의 몇몇 오아시스 지역이었으나, 에센 칸Esen Khan의 통치기간(1439~1455) 동안 서쪽과 동쪽, 북쪽으로 국경을 확장시켰다. 오이라트인들은 발카쉬Balkash 조(湖)와 중국 국경사이에서 영향력 있는 주도 세력이 되었고, 동(東)몽골인들의 고대 수도였던 카라코룸Kara Korum을 정복하였다. 에센은 중국과 여러번 충돌하여 심지어 중국 황제를 일시적으로 감금하기까지 했으나, 그는 결코 명 왕조를 심각하게 위협할 만큼의 충분한 정치적인 힘을 가지지는 못하였다. 그것은 아마도 에센이 칭기즈칸의 직계 후손이 아니었다는 정치적 약점에 기인하지 않았나 싶다.

다얀 칸Dayan Khan의 긴 통치기간(1470~1543 ?)동안정치적 패권은 동(東)몽골인들에게 되돌려졌다. 이들의 중국 영토에 대한 공격은 그 횟수와 강도, 중요성이 증가하여서 16세기 중반쯤에는 쿠쿠노르Kuku-nor와 암도 Amdo 지역인 오르도스Ordos가 몽골인들의 손에 들어갔다. 다얀 칸의 아들인 알탄 칸Altan Khan의 통치기간(1543~1583) 동안 동(東)몽골의 세력은 더욱 증대하였고, 오이라트로부터 카라코룸을 재탈환하였다.

2) 오이라트족의 서진

한편 서몽골 또는 오이라트는 정치적 통일을 이루지 못하고 네 부족의 동맹 상태로 있었다. 오이라트는 서로 다른 어원을 가진 여러 이름을 가지고 있어서 서몽골의 종족 명명은 매우 혼란스러웠다. 돌궐족이 러시아인들에 의해 오이라트인이라고 불리었는데, 서구에서는 칼믁Kalmyk 또는 칼묵Kalmuk이라고 불리었다. 중가르Dzungar는 오이라트와 같은 대상을 지칭하는 이름이었다.

16세기 동안 오이라트인들은 동몽골에 의해 알타이 산맥 서쪽으로 쫓겨났는데, 이들은 서부 지역에 거주하는 카작인들에 의해 시르다리야 유역에서 저지를 당했다. 이리하여 알타이 산맥 서부 지역에 정착하지 못한 오이라트인들은 북쪽과 남쪽으로의 진행을 계속하였다. 이리하여 17세기 말엽에 이르러서, 오이라트인들은 텐샨 산맥의 북쪽 땅인 투르판Turfan의 동부인 야르켄트Yarkent, 카쉬가르Kashgar, 악수Aksu 그리고 아마도 오늘날의 트랜스 시베리아 철도가 놓여 있는 지역인 이르티쉬Irtish의 위쪽인 알타이 서쪽의 도시들을 포함하여 타림Tarim 분지의 서쪽 지역에 정착하게 되었다.

오이라트족은 북쪽과 서쪽으로 영토를 확장하는 과정에서 16세기의 마지막 십년 동안 러시아인들과 접촉하게 되었다. 이 때 양측 모두가 교역에 관심이 있었으며, 이들 모두가 러시아인들에 의해 패한 후, 이르티쉬에서 오이라트를 공격했던 쿠축 칸Küchük Khan에 대하여 공동의 적이었기 때문에 양측은 자연스럽게 우호적인 관계를 형성해 나갔다. 이리하여 오이라트 칸국에 대한 첫 공식적인 러시아의 사절이 1607년에 보내졌다.

그 당시 알려지지 않은 여러 가지 이유로 말미암아 중앙아시아에는 목초지가 부족하였다. 즐라트킨I. Ja. Zlatkin이 지적하였듯이 오이라트족을 포함하여 우즈벡족, 몽골족, 카작족들은 모두 부족한 목초지로 인해 고통을 받았고, 이러한 서로의 필요들로 인해 이들의 충돌은 불가피하였다. 그래서 오이라트인들은 주로 이미 러시아의 통제 아래 있었던 서(西)시베리아의 광활한 무인 지역에 목초지를 확보하기 위하여 러시아 황제에게 자유로운 방목을 허가해 줄 것을 요청하였다. 러시아인들은 '유목민, 정착하지 아니하고 그들이 원하는 곳에서 방목을 하는 사람들' 임을 자랑스러워하는 오이라트인들에게 방목을 허가하게 되었다.

3) 볼가 오이라트(칼묵) 공동체 형성과 발전

17세기의 전반기에 오이라트의 역사에서 매우 중요한 사건들이 있었다. 첫째는 동서의 모든 몽골인들의 연합을 유지시킬 수 있는 유일한 근간이었던 티베트 불교를 오이라트 칸들이 받아들이게 된 것이다. 또 다른 하나는 5만 명의 오이라트 부족들이 서쪽으로 이주해 간 것이다. 이들은 오를룩Orluk의 통치 아래 있던 사람들로서, 긴 여행 후에 1632년 볼가 강 하류에 도착하였다. 오늘날의 볼가Volga 칼묵인들로 알려진 바로 이 오이라트인들의 역사는 러시아의 지배 하에서도 자신들의 언어인 몽골어를 계속 사용하였고, 이슬람과 기독교의 지배적인 환경에서도 자신들의 종교인 불교를 지켰고, 튀르크족과 슬라브족 가운데 소수민족으로 있으면서도 지금까지 언어를 지켰다는 몇 가지 관점에서 볼 때 매우 특이한 일이다.

오이라트(칼묵)인들에 의해 점령된 영토는 이들이 이곳에 오기 전에 튀르크계 노가이Nogay 타타르인들의 목초지였다. 아스트라 칸Astra khan의 도시가 러시아의 요새였지만, 그 당시 스텝 자체는 러시아가 효과적으로 통치하고 있지 않고 있었다. 아유카 칸Ayuka Khan의 긴 통치기간(1670~1724) 동안 칼묵은 러시아와 긴밀한 군사동맹을 가지고 우호 관계 속에서 러시아제국에 충성하였다. 그리하여, 러시아의 짜르가 칼묵인들에 대해 계속적으로 내정에 간섭하였음에도 불구하고, 칼묵인들은 러시아에 대항하는 튀르크계 바쉬키르인들을 공격하여 러시아 짜르 피터 I세를 돕기도 하였다. 또한 칼묵인들은 러시아제국의 남쪽 국경에서 러시아와 중앙아시아 이민족 사이에서 완충적인 역할을 담당하였다. 칼묵인들은 중앙아시아의 돌궐족, 크리미아인들, 카자흐인들 또는 페르시아인들과 정상적인 관계를 지속하였다. 그러나 대개는 칼묵의 외교 관계에 있어서 러시아의 통치와 감독을 받았다.

아유카 칸이 사망한 후에도 그의 미망인 다르마팔라Dharmapala는 동(東) 오이라트족들과 긴밀한 관계를 유지하였다. 이러한 사실은 몽골 통치자들이 흑해로부터 티베트와 중국 국경에 이르기까지의 광대한 지역에 오이라트제국 창건을 늘 꿈꾸고 있었다는 것을 단적으로 나타내고 있다.

볼가의 칼묵인들을 이루었던 오이라트 부족들이 이동하여 볼가 강으로 간 후에 알타이 산맥 서부에 거주하던 오이라트족들은 갈단Galdan(1676~1697) 의 지도 아래 중가르Dzungar 왕국이라고 불려지는 몽골 칸국을 세웠다. 이제 두 알타이계 민족, 즉 오이라트 칸국과 만주족이 세운 중국 청조는 중앙아시아 의 패권을 두고 다투어야만 했다.

만주족의 청조는 몽골족과의 유사성을 잘 깨닫고 있었고, 종족적 결속이라 는 감정에 호소하려고 하였다. 그러면서도 청조는 불교 장려 정책을 통해서 몽 골족의 군사적 기동성을 원천적으로 제거하려는 정책을 대대적으로 추진하였 다. 중가르 칸국은 리그단 칸의 통치기간 동안에 많은 몽골인들이 중국으로 이 주하여 귀화하였고 칸국은 쇠약해졌다. 귀화한 오이라트 몽골족들은 청조에 의해 크게 환대를 받았고 자치권을 얻었다.

1690년에 갈단은 동몽골의 할하족을 공격했고, 심지어 중국까지 위협하였 다. 청의 강희 황제(1661~1722)는 1696년에 황제 자신이 군대를 이끌고 출전 하여 갈단Galdan을 격파하였는데, 갈단은 그 다음해 사망했다. 청조는 외몽 고에 대한 주도권을 장악하려는 중가르 칸국의 계획을 좌절시켰으나, 중가르 칸국은 패전 그 자체 때문에 종말을 맞이하지는 않았다. 중가르의 세방 랍단 (1697~1727)과 갈단 세렝(1727~1745)의 주도 아래 1757년에 행해진 청나라 에 대한 저항운동이 실패한 후에, 중가르와 중국 관계는 러시아인들에게 피신 하여 있었던 중가르의 지도자 아무르사나Amursana가 사망할 때까지 매우 험난하고 불편한 관계를 지속했다.

한편 청에 대한 중가르의 패배가 볼가 강 유역의 칼묵인들에게 청조에 대해 부정적인 인상을 주지는 않았다. 비록 아무르사나의 미망인이 볼가 강가에서 그녀의 먼 친족들에게 피신해 있었는데도, 칼묵인들에 있어서 중국은 여전히 매력의 존재로 남아 있었던 것이다.

러시아와 칼묵의 관계는 서서히 정치적 이유보다는 경제적 이유들로 인해 저하되어 갔다. 러시아 정착자들은 점차 칼묵인들의 목초지를 점령해 갔고, 그들이 지나간 자리에는 러시아 법과 러시아의 통치 그리고 러시아의 사절들이 들이 닥쳤다. 이리하여 칼묵에 대한 러시아의 통치가 본격화되었다.

러시아의 통치를 받는 칼묵인들은 러시아제국의 군인으로서 북방전쟁, 7년전쟁, 조국전쟁 등 17~18세기 러시아의 주요한 대외 전쟁에 빠짐없이 종군했다. 그러나 칼묵인들은 러시아제국의 압박에 견디다 못해 저항하면서 라진의 난과 푸가초프의 난에 참가했다. 결국, 러시아에 저항하는 퓨가체브의 반란으로 볼가 강 하류의 지역에서 칼묵인들의 정치적 삶이 보장되지 못했다는 것이 증명되었다. 이러한 상황에서 칼묵인들이 계속 그곳에 남아 있어야 할 이유가 더 있겠는가. 칸 우바샤는 중국의 통치가 러시아의 통치보다 더 바람직하다고 느껴, 중국의 국경으로 돌아갈 것을 제안하였다. 그 백성들 중 약 절반이 그에게 동의하였고, 1770년말 혹은 1771년 초에 약 16만 9천 명의 칼묵인들은 일리Ili 분지(골짜기)를 향하여 길고 어려운 여행을 시작하였다. 그 악몽 같은 여행 후에 그들 중의 오직 절반만이 그들의 목적지에 도착할 수 있었다. 그들의 오랜 적들, 즉 카작인들과 키르기스인들의 방해를 피하기 위해 칼묵인들은 많은 희생을 감수하면서도 사막을 통과해야만 했던 것이다.

칼묵인들, 중국에 의해 토구즈인들이라고 불려졌고, 일리Ili 분지에 도착한 이들은 청조에 의해 호의적인 영접을 받았다. 그들이 러시아의 학정을 피해 중국 측으로 귀환한 것이 중국의 명성에 큰 도움을 준 것으로 평가되었던 것이다. 이것은 작금의 정치적 '망명'과 같은 성격이었다. 칼묵인들의 귀환은 이후에 청조에 의해 정치적 선전의 목적으로 과시되었다.

한편 칼묵인들의 일부는 이와 같은 본토 복귀의 사정을 모르고 볼가강 유역에 잔류했는데, 이들이 칼묵인들이다. 볼가 강 서쪽 강변에 남은 칼묵인 약 1만 3천 명은 아스트라칸에 편입되었고, 칼묵 칸국은 폐지되었다. 19세기에는 러시아 정부가 유목지 수탈과 러시아인 농민 이주를 위주로 한 식민주의적 정책을 펴면서부터 1803년에 250만 마리에 달하던 칼묵인들의 가축은 1896년에 45만 3천 마리로 격감되었다.

혁명과 내전을 거치면서 혁명군은 칼묵 민족 혁명파와 데니킨군(軍)을 격파하고 1920년 소비에트 권력을 확립했다. 그해 칼묵자치주가 성립되었다가,

1935년에는 자치공화국으로 승격했다. 그러나 1943년 12월, 독일에 협력했다는 이유로 칼묵인은 시베리아와 우랄로 민족 전체가 강제 이주 당하였으며 자치공화국도 폐지되었다. 스탈린에 대한 비판 세력이 우세하던 시기였던 1957년 이러한 강제 이주 조치가 철회되어 칼묵인은 귀환하고 자치주도 부활하였다가, 이듬해에 자치공화국으로 복귀했다.

2. 위치 / 지형 / 기후

칼묵 자치공화국은 볼가강 하류 서쪽 강변, 카스피해 서북쪽에 위치한다. 공화국의 면적은 7만 6,100㎢이며, 국토의 대부분이 카스피해 북부 저지로서 대개 해발 이하이다. 서부 국경을 따라 예르게니구릉(최고점 222m)이 뻗어 있을 뿐이다.

대륙성 기후로 여름은 덥고 건조하고, 겨울은 눈이 적고 춥다. 7월 평균 기온은 23℃~26℃이고, 1월 평균기온은 -5℃~-8℃, 연 강수량은 서북부에서 300~400㎜, 남동부에서 170~200㎜이다. 대부분의 지역이 단조로운 스텝지역이다.

3. 언어와 민족 구성

칼묵 자치공화국의 수도는 엘리스타Elista이며 수도의 인구는 약 8만 5천 명이다. 공화국 전체 인구는 약 32만 2천 명이며, 인구 분포는 칼묵인 41.5%, 러시아인 49.6%, 기타 15.9%(카자인, 우크라이나, 타타르) 등이다.

칼묵어는 몽골어의 서부 그룹에 속하며 본래 몽골 북부, 중가리아 등에서 사용되는 오이라트어와 같은 몽골계 방언으로써 오이라트어 사용자의 가장 많은 인구를 형성하고 있다. 현재 오이라트 사용자는 칼묵공화국, 외몽고, 중국 신장성 등지에 약 5십만 명 가량 된다. 칼묵어 사용자는 본래 중가리아에 거주하던 오이라트인들로서 17세기 초반에 이곳으로 이주하여 온 자들의 후손들이다. 칼

묵의 현지 표기음은 xalmg이다. 칼묵Kalmyk, Kalmuck은 유럽인들이 서몽
골족을 호칭한 민족명으로써, 중앙아시아의 튀르크족이 그들을 칼묵인이라고
부른데서 유래한다. 칼묵인들은 중국 신장 위구르 자치구 천산 북로 지방에도
다수 거주하는데, 유목 생활을 하며 황모파의 라마교를 신봉하고 있다.

  칼묵 자치공화국의 칼묵인들은 불교를 신봉하고 있다. 같은 칼묵인으로서
사르트 칼묵인Sart Kalmuck이라 불리는 약 7천 명이 키르기스스탄(키르기
스탄)의 카라콜Karakol 지역에 살고 있는데, 이들은 이슬람을 신봉하고 있다.

Ⅸ. 브리야트 공화국Buriat

1. 역사적 배경

  이 지역에는 이미 13세기부터 몽골계의 여러 부족이 살고 있었는데, 이들 브
리야트인으로서 하나의 집단을 형성한 것은 17세기 말경으로 추측된다. 17세
기 초부터 카작인을 첨병으로 하여 러시아인 진출이 시작되었으나, 브리야트인
의 저항이 격렬해서 17세기말경에 이르러서야 이 지역 전체가 러시아령이 되
었다. 러시아제국의 지배 아래 편입된 브리야트인은 '이족(異族)'으로서 차별
대우를 받았으며 강제적 기독교화 정책의 대상이 되었다. 19세기 말에는 러시
아제국이 이민용 토지를 확보하기 위해 정책적으로 브리야트인의 토지를 빼앗
아, 브리야트인은 동부에서 토지의 36%, 서부에서 53%를 잃게 되었다. 이에
대한 브리야트인의 강한 저항으로 1904년에는 서부 지역에 계엄령이 선포될
정도였다. 10월 혁명과 내전기에 일부 브리야트인들은 몽골과의 통일을 꾀하
여 일본이 후원하고 있던 반혁명파 세묘노프 군 쪽에 서서 '대몽골국'을 세우
려고 시도했으나 성공하지 못하였다. 그 후 이 지역은 간섭 전쟁의 무대가 되
어, 1918년 여름에는 세묘노프 군의 지배 아래 들어갔으며 뒤이어 일본군, 미

공산주의 혁명탑

국군의 지배를 받았다. 1920년 적군(赤軍)이 탈환하여, 1921년에는 극동공화국 내에, 1922년에는 러시아공화국에, 각각 브리야트 ─ 몽골자치주가 세워졌다. 극동공화국이 폐지됨에 따라 1923년 5월에 양자가 합쳐져서 브리야트 ─ 몽골 자치공화국이 설립되었다. 그 후에도 몽골과의 통일을 바라는 조류는 공화국 내에 뿌리 깊게 남아 있었지만 실제로는 1937년, 공화국의 서부와 동부 여섯 지구가 합쳐져 러시아공화국 안으로 이관되어 실카 강의 지류인 아가 강 유역에 아가브리야트 민족 관구(현재는 자치구. 면적 1만 9천㎢, 인구 7만 7천명, 1989. 수도 아긴스코예), 앙가라 강 상류에 우스티오르다 브리야트 민족 관구(현재는 자치구, 면적 2만 2,400㎢, 인구 13만 6천명(1989), 수도 우스티 오르딘스키)가 별도로 설치되었다. 1958년에 공화국의 명칭에서 '몽골'이 없어지고 '브리야트 자치공화국'으로 되었다.

2. 위치 / 지형 / 기후 / 인구 / 산업

브리야트 자치공화국은 남시베리아 바이칼 호수 주변에 위치하며, 면적은 약 351,300㎢이다. 남쪽은 몽골과 접해 있고, 산지지형으로 국토 중에 가장 낮은 바이칼 호수도 해발 455m를 나타낸다. 인구는 1991년 자료로 약 105만 6천 명이며, 도시와 농촌의 인구 비율은 도시 62%, 농촌 38%이고, 인구 밀도 3.0(명/㎢)이다.

심한 대륙성 기후이다. 여름은 짧고 겨울은 길고 추우며 눈은 적은 편이다. 1월의 평균기온은 $-24 \sim -25$℃, 7월에는 $17 \sim 18$℃, 연평균 강우량은 산악 지대에서는 $300 \sim 500$㎜, 그 밖의 지역은 $250 \sim 300$㎜정도이다.

산업은 수도인 울란우데를 중심으로 항공기, 기관차, 차량, 전기 등의 기계공업과 시멘트 등의 건축 자재, 목재 가공과 식육, 우유 등의 축산품 가공이 발달

해 있다. 농업은 양, 소, 말, 돼
지 등의 목축이 중요한 위치를
차지하고 바이칼 호에서는 어업
도 하고 있다. 또 텅스텐, 몰리
브덴의 생산지로도 유명하다.
보리류를 중심으로 하는 농경을
주로 하고, 서부는 동부보다 농
경의 비중이 높다. 수렵과 어로

목재를 생산하는 브리야트

도 약간의 경제적 역할을 담당하고 있는데, 어로는 대부분 바이칼 호에서 행해
지며 셀렝가 강, 호수와 늪지 등지에서는 오리 잡이를 한다.

3. 문화와 종교

브리야트인은 20세기 초까지도 전통적인 유목민으로 살았다. 오늘날도 여
전히 유목 생활을 하는 사람들이 많은데, 옮겨 다니는 방목 기술 외에 특별한
장소를 정해 소, 양, 염소, 말, 순록 등을 사육하기도 한다. 바이칼 호수 서쪽
에 있는 브리야트인은 과거 수세기 동안 러시아 영향을 강하게 받은 이유로 보
다 정착된 생활을 하고 있다. 그곳의 브리야트인들은 교육 수준이 상대적으로
더 높고 사무직에 종사하는 비율이 많다. 브리야트인의 4/5 정도는 산에서 목
재 산업에 종사하고 있다. 전통적인 의식주는 몽골 부족과 거의 유사하다. 오
른쪽에 깃이 달린 겉옷, 이동용 조립식 천막 '겔Gel', 유제품과 고기를 주로
하는 식생활 등이 그것이다. 그렇지만 서부 주민은 러시아의 영향을 크게 받았
으며, 지금은 동부에서도 널리 목조 주택이 보급되고 있다. 축제로는 활쏘기,
씨름, 경마를 개최하는 '수르 하르반Sur-kharban'이라고 부르는 봄 축제가
가장 대표적이다. 17세기 라마교가 티베트에서 몽골을 거쳐 들어올 때까지 주
민들 사이에서는 샤머니즘이 널리 퍼져 있었다. 샤머니즘에는 흑 신앙과 백 신
앙이 있었는데, 백신앙은 하늘에 사는 선신(善神)인 텡그리를 섬기는 것이고,
흑신앙은 지하에 사는 악신(惡神)을 섬기는 것이다. 서부 쪽의 주민들은 형식

브리야트의 샤머니즘

적으로는 러시아정교도이지만 라마교도와 마찬가지로 샤머니즘의 흔적이 두드러지게 남아 있다.

불교는 17세기에 티베트에서부터 전래되어 동쪽 브리야트들에 의해 받아들여졌다. 많은 서쪽 브리야트인들도 불교에 의해 영향을 받았으나, 대부분은 그들의 원래 샤머니즘과 자연 종교를 강하게 지키고 있다.

4. 언어와 민족 구성

브리야트 자치공화국의 민족 구성은 브리야트인 23%, 러시아인 72%, 우크라이나인 1.7%, 기타(타타르인 등) 3.3% 이다. 브리야트 족은 주로 남시베리아에 거주하며 몽골계 언어를 쓰는 민족으로 브리야트 — 몽골Buriat — Mongol이라고도 한다. 형질 인류학적으로는 몽골로이드계에 속하며, 칭기즈칸이 활약하기 훨씬 이전부터 바이칼 호 주변에 살고 있었다. 러시아인이 진출한 17세기 당시 브리야트 족은 불라가트Bulagaty · 예히리트Ekhirity 호린치Khorintsy 홍고도르Khon-godory 등의 다양한 부족으로 나뉘어 있었다. 그 후 몽골 족과 에웽키 족(북방 퉁구스)의 일부도 이 부족에 동화되었다. 17세기 말부터 18세기에 걸친 러시아제국으로의 편입 후, 한 민족으로 통합되었다.

브리야트 족의 대부분은 러시아공화국에 포함되는 브리야트 자치공화국에 살고 있다. 그 외 브리야트인의 상당수가 브리야트 자치공화국 가까이에 있는 두 개의 자치 지역, 즉 서쪽 지역의 우스티오르다 브리야트 자치구Ust-Ordinsky Buriat A.O와 동쪽의 아긴스키 브리야트 자치구Aginsky Buriat A.O에 살고 있다.

브리야트어는 알타이어계이
며, 몽골로이드계 언어이다.
바이칼 호 서쪽은 러시아어의
차용화가 많다. 다양한 부족
으로 나뉘어졌었던 관계로 브
리야트어는 12개 이상의 방언
을 가지고 있다.(브리야트어
사용 비율 86.3%, 러시아어
사용 비율 72.0%)

브리야트인들

5. 도시 - 울란우데Ulan-Ude

브리야트 자치공화국의 수도, 인구 35만 3천명(1989), 바이칼 호(세계 최대
의 가장 깊은 호수, [성스러운 호수]라고도 불리며 희귀한 생물이 많다)와 시베
리아 철도를 끼고 있고, 몽골로 통하는 철도 — 자동차 도로의 기점, 화물 —
여객수송의 요충지로 알려져 있다. 셀렝가 강과 우다 강의 교류 점에 있는 강
나루 터이기도 하며 비행장도 있다. 1666년에는 우딘스크Udinsk에서 시작하
여, 1689년에 건설된 베르흐네우딘스크 요새의 주변도시로써 발전했다. 19세
기 후반에는 자바이칼리예의 큰 상업 중심지였다. 1920년에는 극동공화국,
1923년에는 브리야트-몽골 자치공화국, 1958년에는 브리야트 자치공화국의
수도가 되었다. 기관차, 유리, 모직물의 각 공장과 육류 제품 콤비나트가 있다.
수의학, 교육 등의 4개 대학 외에 과학아카데미 브리야트 지부가 설치되어 인
도, 티베트의 의학도 연구되고 있다. 브리야트 문화를 계승하는 극장, 박물관
등의 시설도 많다. 1934년까지 베르흐네우딘스크Verkhneudinsk로 불렸다.

X. 중국 위구르 자치구Uygur

인구 13억의 중국에서 93%를 차지하는 한족(漢族)을 제외한 중국 내 55개 소수민족들 가운데 장족, 회족에 이어 그 인구가 세번째로 많은 위구르족은 처음에는 외몽고 고원에서 거주하다가 이주한 튀르크계의 민족이다. 위구르 Uygur, Uighur는 한자로는 회골(回鶻)이라고도 쓴다.

위구르족은 AD 744년~840년에 외몽고에 거대한 제국을 건설하였다. 그러나 같은 튀르크계 민족 키르기스족에 의해 멸망한 후 분산되어 고대 실크로드였던 천산산맥 주변과 지금의 신장 지역 등에 소왕국을 건설하기도 하였으나 13세기에 몽골제국에 의해 멸망한 이후 독립된 국가를 형성하지 못하고 있다. 역사적으로 위구르족은 실크로드를 둘러싼 한족, 몽골족, 아랍족, 러시아족 및 여러 튀르크계 민족들 사이에서 지속되어 온 각축전에서 많은 수난을 당했다. 그들은 여러 차례 민족국가를 세우려고 노력하였으나 주변의 강대국들로 인해 그 꿈이 실현되지 못하였고 중국의 중원을 장악한 지배 민족에 의해 협력, 복속, 대립의 관계를 갖으면서 내려오다가 오늘날 중국 내 소수민족 자치구로 지정되어 그 맥을 이어오고 있다.

신장 자치구 내 위구르인들은 중국 정부의 강력한 민족동화 정책에도 불구하고 민족 고유의 전통문화와 종교(이슬람), 언어(튀르크어), 관습을 그대로 유지해오고 있다. 중국 정부는 1980년 이후 구동구 공산권의 해체와 소련의 붕괴 등의 여파로 인해 위구르인들이 민족 분리주의 운동을 강화할 것이라고 우려 때문에 이 지역을 주요 관찰 지역으로 지정하고 연중 상시 통제를 하고 있다.

1. 인구/위치 및 자연 환경

동(東)투르키스탄Eastern Turkistan이라고 불리는 중국 서북부 위구르족 거주지역의 공식명칭은 신강(新疆; 신장Xinjiang) 위구르 자치구이며, 위치는 중국 북서쪽 끝에 위치하며 성(省) 급의 자치구를 형성하고 있다. 자치구 중심

구도(區都)는 우루무치Urumqi이다. 면적
은 164만 7천㎢(중국 전 국토의 1/6)이며,
인구는 1992년 공식 통계에 의하면 약
1,555만 명이고, 이 가운데 위구르인은 약
721만 명이다. 중국 전체 인구 증가율이
2.1%인데 반해서 신장 지역 인구 증가율
은 2.9%이다.

한번 들어가면 살아 나오기
힘들다는 타클라마칸 사막

　자치구의 중부 지역을 가로지르는 천산(天山) 산맥이 자치구를 남북으로 양
분하며 남부 신장 중앙에는 타림Tarim 분지가 광활하게 펼쳐져 있으며 천산,
쿤룬Kunlun, 알타이Altay 등 여러 산맥들이 이를 둘러싸고 있다. 천산 산맥
은 동서 길이가 2000㎞이고, 남북의 폭은 400㎞나 된다. 산맥 내에서 중간 만
년설을 이루고 있는 봉우리를 빼면 융단 같은 초원이 펼쳐져 있다.

　천산 산맥의 북쪽과 알타이 산맥의 남쪽 사이, 북부 신장의 중심부에는 중가
리아Dzungaria라 불리는 분지가 형성되어 있는데 이 분지는 사막과 더불어
끝없는 초원으로 펼쳐져 있다. 분지 중앙에는 타클라마칸 사막이 남서에서 북
동쪽으로 펼쳐져 있고, 가장 낮은 지대에는 로브노르 호가 있다. 하천의 대부
분은 주변 산지에서 눈이 녹아 흐르는 물을 수원(水源)으로 하는 내륙천이며
호수도 마찬가지이다. 일리Ili 강은 중국과 카자흐스탄 국경을 넘어서 발하쉬
호로 흘러간다. 셀림Selim 호는 일리 지방에 위치하며, 표고 2000m의 산속
의 호수로서 둘레 100㎞에 달한다. 가장 깊은 곳은 수심 80m나 되는데 알칼
리성이 강해 물고기는 살지 않으며 마실 수도 없다고 하지만, 그 경치는 매우
아름답다. 이곳에서 1년에 한번 천산북로에서 생활하는 여러 종족의 유목민들
이 모여 교역회를 개최한다.

　천산북로(天山北路)는 청조 때 현재의 신장 위구르 자치구 북반(北半)을 가
리켜 호칭하던 곳으로 지금의 중가르 분지에 해당한다. 이 이름은 천산산맥의
북쪽을 통과하여 카자흐스탄 및 중앙아시아로 이어지는 동서간(실크로드) 교
통로라는 의미에서 붙여졌다. 이 길은 알타이 산맥과 천산 산맥의 사이를 통과
하며, 사막과 스텝으로 이루어져 있고 또한 산기슭에는 오아시스가 발달되어
있다. 청조(淸朝)에서는 이 지방에 중가르 부(部)가 거점으로 삼았던 곳으로 약

칭하여 준부(準部)라고도 칭해졌다.

천산남로(天山南路)는 천산산맥을 따라 형성된 고대 동서간의 육상 교통 간선의 하나로 청조(淸朝) 때에는 이 이름을 지방 명으로 사용하여 타림Tarim 분지로 지칭하여 불렀다. 이 지방에는 천산산맥의 남쪽 기슭에 동쪽으로부터 쿠무르(哈密), 투르판, 카라샤르, 쿠차, 아쿠스, 카쉬가르 등 오아시스 도시가 늘어서 있고, 별도로 타클라마칸 사막 남쪽에 알칸드, 호탄 등이 있다.

타클라마칸 사막은 신장성 남부에 위치하며 넓이는 33만㎢로써 중국 전체 사막 면적의 47%에 해당한다. 이 사막은 바람에 따라 이동하는 유동사구(流動沙丘)로 이루어져 있는데 세계에서 아라비아 사막 다음으로 큰 유동 사막이다. 연 강수량 20㎜도 되지 않는 이 사막을 최근에 농토로 바꾸기 위해 신장의 농업 건설대가 자연에 도전하여 적지 않은 개가를 올렸다. 최근에 세계 최대의 풍부한 매장량의 석유유전도 발견되어 중국 정부는 개발에 박차를 가하고 있다.

지형이 다양하므로 그 기후도 매우 다양하다. 사막, 오아시스, 분지, 초원, 산맥 등에 따라 기후가 매우 다르게 나타난다. 도시 및 거주 지역의 대부분은 전형적인 대륙성 기후로써 기온의 연교차는 30도가 넘고, 강수량은 북부 신장에서는 150~350㎜이고 남부 신장에서는 100㎜이하이다. 신장 북부는 고온 저습하다.

2. 위구르 자치구 민족 구성

신장 지역에는 47개가 넘는 소수민족들이 있는데 이 중 46% 튀르크계인 위구르족이다. 한족(漢族), 카자족, 회족(回族), 키르기스족, 몽골족, 타직족, 우즈벡족, 타타르족, 시보족, 다호르족 등 다수의 소수민족이 있다.

신장 지역 총인구 15,550,000명 가운데 민족의 인구 비율과 종교 분포는 다음과 같다(1992년 통계).

위구르족	46.3%	수니파 무슬림(721만명)

한족	41.5%	무신론자(약 5천명의 개신교 혹은 카톨릭 신자)
카작족	6.9%	무슬림
회족	4.4%	무슬림
몽골족	0.8%	불교
키르기스족	0.8%	무슬림
시보족	0.2%	라마불교, 샤머니즘
타직족	0.2%	무슬림
우즈벡족	0.09%	무슬림
만주족	0.07%	무슬림
다와족	0.03%	샤머니즘, 라마불교
타타르족	0.03%	무슬림
러시아족	0.02%	무신론자(일부 러시아정교)

해외에 거주하는 위구르족의 분포는 다음과 같다.

CIS(구소련)	245,000명 (1986년 통계), 86%가 위구르어 사용
아프가니스탄	3,000명 (1986년 통계)
몽골 지역	1,000명 (1986년 통계)
터키	100,000명 (1992년 통계)
파키스탄	수백 가구 (1986년 통계)
미국	10,000명 (1992년 통계)

오스트리아, 독일, 인도, 인도네시아, 모로코, 사우디아라비아, 이란, 대만 등지에도 소수가 거주한다.

3. 역사

위구르Uygur라는 이름은 역사적으로 볼 때 AD 8세기에 외몽고에서 흑해까지 고대 튀르크 돌궐제국이 확장될 때 튀르크계 유목민족 명으로 나타나는데, 그 뜻은 '연맹, 군집(Uy+gur)' 이라는 뜻이다. 북위(北魏) 시대(AD 384~534)

에는 고차(高車), 수나라 때는 위흘(韋糸乞), 당나라 때는 회골(回鶻), 송나라와 원나라 시대에는 외오아(畏吾兒)등으로 불렸다. 위구르 민족 기원설은 흉노 공주와 동물 이리 사이에서 조상이 나왔다는 설화에 기초하고 있다. 위구르인들은 이리가 민족 기원뿐만 아니라 민족을 바른 길로 인도하는 역할을 한다고 믿는다. 대표적인 영산(靈山) 설화에서도 이리는 특별한 동물로 취급되고 있다. 이 설화에서 이리는 국가에 은총과 행운을 주는 성스러운 바위가 중국으로 넘어간 이후 혼란 속에서 방황하는 위구르족에게 바른 길을 제시해 주는 존재로 묘사되고 있다.

1) 위구르 부족국가

중국 기록에 의하면 위구르족은 흉노족의 먼 후예이고 직접적인 조상은 튈뢰스Tölös부족 연맹에 속하던 일개 부족이었다. 튈뢰스는 중국의 조정과 우호적인 관계를 유지하고 있었으며, 돌궐과는 계속 불편한 관계에 있었다는 것 이외에 이 부족 연맹에 대하여 알려진 사실은 거의 없다. 튈뢰스 부족 연맹이 AD 7세기 초에 와해됨으로써 위구르족은 셀렝가 강 상류 지역에서 독자적인 왕국을 건설 할 수 있었다. 위구르는 중국과는 우호적인 친선관계를 유지했으나 돌궐과는 적대적인 관계에 있었다. 위구르 부족장은 에르킨Erkin이라 불리었다. 위구르 부족이 강성해진 후에는 지도자의 칭호를 일테베르Ilteber로 바꾸었다. 부족 국가의 수도를 톨라 강변에 위치했다. 중국의 조정은 이미 629년에 위구르의 독립을 인정하였다. 위구르는 당시 돌궐제국 내부에 계속되던 분란을 조심스럽게 이용하여, 641년 경 에는 이미 동부 스텝 지대의 상당한 부분을 장악하는데 성공하였다. 일테베르 토미도(吐迷度) 통치 시대에 위구르 부족 국가는 타르두스Tardus 지역을 통합하여 구성(九姓), 즉 토쿠즈 오우즈Tokuz Oghuz 연맹을 주도하며 세력을 크게 확장하였다. 위구르는 656년에 온옥On Ok을 제압하고 타쉬켄트Tashkent까지 진출하였다. 그러나 8세기 초에는 위구르족과 전체 토쿠즈-오구즈 연맹이 또 다시 돌궐의 지배 하에 들게 되었다.

토쿠즈-오구즈 연맹은 독립을 상실한 후에도 소멸되거나 와해되지 않았다. 후에 동부 스텝 지대에 독자적인 국가를 수립하고, 중국과 우호 관계를 가짐으로써 실크로드를 장악하기 위해 계속 노력하였다.

2) 오르혼 위구르 제국

위구르 부족은 돌궐제국의 빌게 카간Bilge Kaghan이 사망한 후 제국이 약화된 틈을 타서 돌궐을 공략하였다. AD 745년에 바스밀Basmil, 카를룩Karluk(葛邏祿) 등과 연합하여 고대 튀르크계 부족 돌궐족을 분쇄하고 외몽고 외트겐Ötüker을 중심으로 오르혼Orkhon 위구르 국가를 건설하였다. 곧이어 위구르 부족은 동맹 부족이며 경쟁 세력인 돌궐계 카를룩 부족을 서부 스텝 지대로 몰아내고 정권을 장악하는데 성공하였다. 이 국가는 위구르 부족이 9개 부족 연맹을 통합하여 건설한 것이기 때문에 온 위구르On Uygur, 10 Uygur라고 불리었다. 흔히 오르혼Orkhon 위구르 제국이라고 하는 이 나라는 그 이후에 수 개의 국가로 분리되어 가면서 13세기까지 독립 국가로서 그 명맥을 유지해 나갔다. 골력배라(骨力裴羅) 통치시대에 위구르족은 그 세력을 크게 팽창해 나갔으며, 골력배라는 쿠틀룩 빌게 퀼 카간Kutlug Bilge Kül Kaghan이라는 황제 칭호를 사용하기에 이르렀다. 그는 후에 카라발가순Kara Balgasun에 도읍을 정하고 동부 스텝 지역 통치를 강화해 나갔으며 745년에는 중국 당(唐)나라 조정으로부터 회인(懷仁) 카간Kaghan이라는 칭호를 받았다.

골력배라 통치 이후부터 위구르는 중국의 황제들이 사용한 왕호를 사용하면서 중국과 대등한 제국으로 행세하였으며 중국의 안사(安史)의 난(亂) 때는 반란을 평정하기 위해 중국 수도까지 지원군을 동원하기도 하였다. 이후에는 위구르는 중국 내정에 간섭하기도 할 정도로 국력이 팽창하였다.

골력배라의 아들 모옌초르Moyen Chor 통치 시대에는 위구르 제국의 영토가 예니세이 강 상류에서 추Chu 강, 탈라스Talas 등 광대한 지역으로 확장되었다. 751년 고구려 출신 고선지 장군이 지휘하는 당나라와 아랍 압바스 이슬람 왕조 사이에 발발한 전쟁에서 당나라 편에서 싸웠던 위구르는 전쟁에서 아랍군이 승리한 이후 서부 지역, 즉 파미르 고원 서쪽에 대한 영향력을 크게 상실하였다. 탈라스 전투 이후에 위구르인들이 카를룩 등 다른 튀르크계 부족들과 마찬가지로 서서히 이슬람화 되었고 결국은 중국에 이슬람을 전파하는 교두보 역할을 하게 되었다.

오르혼 위구르 제국은 거의 1세기 동안 동부, 중남부 스텝 지대를 지배하였고 최전성기 때의 판도는 알타이 산맥으로부터 바이칼 호에 이르렀다.

그러나 위구르는 동튀르키스탄으로 진출해 온 토번 및 카를룩Karluk, 예니세이Yenisey 강 유역의 키르기스Kyrghyz 부족의 공격을 받고 840년에 붕괴되었다.

3) 분산과 위구르 왕국

제국이 붕괴된 뒤 남쪽으로 내려온 위구르 부족은 당나라 군에 의해 토벌되어 쇠퇴하였다. 여러 개의 다양한 씨족 연맹으로 분열되어 각각 상이한 방향으로 분산되었다. 이후 일부는 서쪽으로 이동하여 튀르크계 부족 카를룩Karluk과 대치하게 되었고, 일부는 중국으로 도피하여 서쪽으로 패주한 세력의 일부는 깐조우와 쑤조우 지방에 정주하면서 1028년 서하에 의해 병합될 때까지 독립을 유지하였다. 그러나 그 중심 세력은 천산산맥 북쪽 기슭의 비시발리크Bishbalik(北庭) 및 남쪽 기슭의 고창을 거점으로 삼아 위구르 왕국을 건설하여 동튀르키스탄을 지배하였다. 그러나 후에 칭기즈칸이 일어나자 1209년 몽골제국에 복속되었다.

9세기 중엽에 최소한 5개의 위구르 왕국들이 존재하였는데 그 중 가장 중요한 3왕국은 칸수 또는 감주(甘州: 현재의 장야현), 사주(沙州: 현재의 돈황), 과주(爪州: 현재의 투르판) 부근에 중심을 두었다. 그 외에 몇 개의 소국들이 오늘날의 신장성 지방에 있었고 더 서쪽으로 수 개가 존재하였을 것으로 추측된다.

(1) 칸수 위구르 왕국(甘州國)

AD 847년경 위구르 부족 연맹의 일부가 오늘날의 칸수(甘州) 지역에 세운 국가 3개의 왕국 가운데 하나가 감주국이다. 이 왕국은 중국과 매우 빈번하게 교역하여 중국 기록에 간혹 언급되지만 삽화 내용뿐이고 언제 누구에 의해 건국되었는지는 알려지지 않고 있다. 그러나 분명한 것은 10세기 초엽에 이르러 감주국이 감숙의 최단 서방 지역에서 가장 지배적인 세력이었으며 감주국의 위구르인들은 중앙아시아의 주요 교역로 상에 근거지를 잡고 교역 활동을 완전히 장악하고 있었다는 것이다. 위구르인을 견제하던 중국과는 후당(923~

936)때 가서야 공식적으로 상호 무역과 외교 관계가 이루어졌다. 위구르인들은 중국에 주로 말(馬)과 옥(玉), 그리고 기타 희귀품을 팔았으며 중국으로부터는 주로 비단을 수입했다.

칸수 위구르 왕국은 911년 이후에 중국의 영향권에서 벗어나 독자적인 국가로 출발하였다. 그러나 오대시대에는 돈황에 '서한의 금산(金山)제국'이 수립되어 인근 위구르 부족들을 복속하려하자, 칸수 위구르는 돈황을 공격하여 독립을 성취하였다. 940년 서하와 거란이 중국 북방과 서방 변경 지대에 신흥제국인 요(遼)나라(907-1211)를 건설하여 중국과 위구르를 위협하자 무역은 침체하게 되었다. 1006년에는 종주권을 거란이 갖게 되었다. 10세기말부터 교역권을 노리는 탕구트 부족의 침략이 계속되어 1028년에 탕구트의 지배 하에 놓였다. 1036년에는 대부분의 위구르족의 할거 지역을 탕구트Tangut가 지배하게 되었고 1226년 몽골의 정복이 있자 몽골제국 속에 편입되었다.

(2) 돈황 위구르 왕국(사주국)

사주국(沙州國)은 오늘날의 서(西) 위구르 지역 돈황에 위치하였으며 911까지는 중국의 지배 하에 있었다. 사주와 감주의 위구르족을 지배하여 신제국을 건설하려던 당나라 절도사 장진과 위구르족 사이에 쟁투가 있은 후에 위구르족이 승리함으로써 사주(沙州) 왕국이 형성되었다. 오대시대에는 서한의 금산제국으로도 불리었는데, 이 왕국은 토착 중국인이 거의 정치력을 행사하지 못하던 감주국과는 달리 중국인의 후예에 의해 다스려졌으며 중국에 복속되어 있었다. 송나라 때에도 중국과의 관계는 변하지 않았다. 중국과의 교역량이 축소된 적도 있으나 대체로 지속되었는데, 10세기 말엽에 서하와 거란이 중국 북방과 서방 변경 지대에 신흥 제국을 건설하여 중국과 위구르를 위협하자 무역은 침체하게 되었다. 1006년 사주의 종주권은 거란이 갖게 되었다. 10세기 말부터 교역권을 노리는 탕구트의 침략이 계속되자, 1036년에는 투르판 위구르 왕국을 제외한 모든 위구르족의 할거 지역을 탕구트가 지배하게 되었으며, 탕구트의 지배는 12세기 이후 몽골의 정복이 있을 때까지 계속되었다.

(3) 투르판 위구르 왕국(과주국)

과주국(瓜州國)은 840년에 오르혼 위구르 제국의 멸망하자 내륙아시아로 이주해 간 위구르족이 건설한 오아시스 국가로써 현재의 천산, 비쉬발리크, 투르판 지역에 위치했다. 856년 오르혼 위구르 제국의 왕족인 멩리Mengli 통치시대에 왕국으로 발전하게 되었다. 그러나 다른 위구르 왕국과 마찬가지로 형식상 중국에 복속되어 있었다. 이란, 중국 및 스텝 문화가 교차하는 지역에 위치하였지만 세력권에서 멀리 있었던 관계로 분쟁과 난관에서 벗어날 수 있었다. 그러나 고립되어 있던 관계로 이 왕국에 관한 기록은 별로 없다. 다만 한때 내륙아시아의 실크로드 교역을 통해 얻은 경제력을 바탕으로 영토가 확장되었으며, 투르판Turfan을 중심으로 중앙아시아 일대에 마니교가 전파되는데 주요한 매개역할을 했다는 사실은 확인되고 있다. 그러나 투르판 위구르 왕국에는 마니교보다는 불교가 매우 성행했다. 한편 경교(景敎)로 알려진 네스토리우스Nestorius 종파 기독교 및 일부 이슬람교의 영향도 부분적으로 나타난다. 특히 이슬람은 위구르족을 통해서 중국에 전파되게 되었으며, 위구르족의 한자명 회골(回鶻)을 본 따서 회교(回敎) 혹은 회회교(回回敎)라 불리게 되었다.

투르판 위구르 왕국은 바르추크 테킨 이디쿠트Barchuk Tegin Idikut와의 통치시기에 거란족의 카라키타이Kara Kitay (西遼)에 예속되었다. 13세기 초에는 칭기즈칸의 몽골제국에 예속되었다가 몽골제국이 분할되었을 때, 차카타이 칸국에 구획되어 독립을 완전히 상실하게 되었다.

몽골은 단순 유목국가이던 몽골이 제국 체제로 전환할 때 질적, 양적으로 우세한 한족(漢族)을 지배하기 위해 오랜 국제 교역 경험과 고도의 문화 능력을 배경을 가지고 있는 국제화된 위구르인들을 대거 기용하였다. 이들은 율법, 행정, 재정, 조세 등 분야에 탁월한 능력을 인정받았으며, 많은 위구르인 행정 관료 및 상인들이 몽골제국의 건설과 발전에 적극적으로 참여하였다. 몽골제국의 60년 동안의 고려(高麗) 통치에도 실무적인 통치 행정관들은 위구르인들이었던 것으로 알려지고 있다.

4) 중국의 지배

중원을 지배했던 민족들은 신장 위구르 지역과 그곳 거주민들을 지배하려는 노력을 집요하게 계속해 왔다. 이는 이 지역이 전략적으로 중요한 중국, 인도, 러시아, 이란, 서양 제국 등의 동서 문명의 교류의 요충지일 뿐만 아니라 지리적으로 중요한 완충지 역할을 담당해 왔기 때문이다.

유목민족으로써 위구르족은 이 지역에서 위구르제국을 형성한 이후에 농업 정착민으로 변화되면서 중원을 차지하고 있던 중국과는 계속 협력과 복속, 대립의 관계를 반복해 왔다. 1727년 중국과 러시아제국 사이에 체결된 '카흐타 조약'에 의해 신강 지역이 인위적으로 분할된 뒤에는 신강 지역의 위구르족은 중국 내 일개 소수민족으로 완전히 흡수되고 말았다.

18세기말 청나라 건륭제 시대에 감숙성에 거주민이며 한화(漢化)한 이슬람 교도, 즉 회족(回族)들이 반란을 일으킨 이후로 청조는 철저히 한족과 회족을 차별하였다. 1862년 섬서와 감숙 지방의 이슬람교도가 반란을 일으키자 서(西)튀르키스탄 코칸드Kokand의 무장(武將) 야쿠브 베크Yakub Bek가 반란을 지원하기 위해 신강에 진격하였다. 신강 진출을 노리고 있던 영국이 이를 지원하며 천산북로의 일리Ili 지방에 침입하려 하자 러시아는 자국민의 보호를 명목 삼아 1871년 일리에 군대를 파견하여 이닝시를 점령하였다. 이것이 이른바 일리 사건인데 국제 분쟁으로 발전하게 되자, 청조는 1881년 일리조약으로 다른 영토를 러시아에 할양하고 이 지역을 되찾게 되었다. 중국은 이 사건으로 이 땅의 전략적 중요성을 깨닫게 되었으며, 1884년에 비로소 중국 내지와 마찬가지로 이 변경의 땅에도 성제(省制)를 실시하고 신장성을 중앙의 직접통치 하에 두기에 이르렀다. 이것이 새로운 영토라는 뜻의 '신장'이라는 이름이 붙게 된 유래이다.

제 2차 세계대전 종전 직전에 한때 동(東)튀르키스탄 인민공화국을 선포하면서 독립국가를 요구하기도 했으나 불발로 그치고 말았다. 1953년 중국 정부는 "민족자치 정책은 마르크스 — 레닌주의를 운용하여 중국의 민족문제를 해결하는 것이 모택동의 기본 정책이다"라고 자칭한 후 1955년 10월 1일 내몽고 자치구 건립에 이어 2번째로 신장 지역에 위구르족 자치구를 건립하였다. 이후에 중국 정부는 민족 동화 정책의 일환으로 소수민족에 대한 한족 이주 정책을 추진하였다. 신장 지역에 대한 한족 이주 정책의 결과로 신장성 도시와 주요 간선 도로변은 한족이 장악하였고 위구르족은 대부분 시골 지역으로 밀려

나게 되었다. 1950년대는 전체 주민의 76%를 차지하던 위구르족은 이제 46%
일 뿐이고 한족은 20만 명이던 것이 560만 명으로 늘어났다.

 1980년대 말에 동구권 해체와 구소련 해체와 구소련 내 소수민족의 독립에
자극 받은 위구르족은 오랫동안 억누르고 살았던 민족 독립 염원을 다시 불사
르고 있으나 현 중국 정부의 강력한 탈소수민족 억제 정책으로 말미암아 실현
되기는 어려운 실정이다.

4. 주요 도시

1) 우루무치Urumqi(烏魯木齊)

우루무치 시내전경

 천산 북쪽 기슭, 중가리아 분
지 남쪽 변두리에 위치한 우루
무치는 신강 위구르 자치구의
주도(州都)로써 7개구, 1개현으
로 구성되어 있다. 면적은 835
㎢이며 1940년대에는 인구 8천
명의 작은 오아시스였으나 최근
에는 비농업 인구까지 합해서
95만 8천 200명으로 늘어났다.
서안에서 실크로드를 따라 기차를 타고 온 사람들이 내리는 종착역이 이곳에
있다. 우루무치에는 위구르족, 한족, 우즈벡족, 러시아족, 타타르족, 키르기스
족, 타직족 등 36개 민족이 살고 있다. 위구르인은 인구의 10%에 불과하다.

 우루무치란 '아름다운 목장'이라는 뜻인데, 고고학 자료에 의하면 이곳에서
는 신석기 시대로부터 수렵과 목축업을 하였고 기원전부터 농업을 시작하였
다. 지금은 목축업과 농업을 겸해 있다.

 우루무치 시(市) 중심의 해발고도는 900m이고 무상기(無霜期)는 175일이고
연 강수량은 200㎜이다. 연평균 기온은 7℃이고, 가장 추운 1월 평균 기온은
-10.6C이며 7월은 14.7C이다. 해마다 11월 중순부터 3월까지 나뭇가지에 눈

꽃이 매달려 은세계를 이룬다. 4월부터 날씨
가 따뜻해져 5~9월 사이에는 온갖 꽃이 피고
과일 향기로 뒤덮인다. 우루무치의 특산물로
하미참외, 투루판의 포도, 호탄의 주단과 옥
(玉)이 유명하다. 강철과 시멘트, 기타 산업
이 융성하다. 주요 명소로는 바자르(노천시
장)과 신장 위구르 자치구 박물관, 인민 공원
과 홍산, 남산 목장, 천지(天池) 등이 있다.

투르판의 지하수로 - 카레즈

2) 투르판Turfan(吐魯蕃)

신장 위구르 자치구 동쪽 천산 산맥 남쪽에
있는 인구 17만 2천여 명의 작은 도시이다.
이 도시 거주민 가운데 12만 3천여 명이 위구르족이다. 옛날 한 무제가 서역을
지배하기 위하여 거점으로 고창군(高昌郡)을 세운 곳이다. 1912년부터 투르판
Turfan으로 개명했다. 위구르어로 투르판은 '낮은 지역' 이라는 뜻인데, 이곳
에 있는 아이딩 호(湖)는 호수 면이 해면보다 154m나 낮다. 호수에서 보면 천
산산맥의 하얀 만년설이 구름처럼 보이지만 분지이기 때문에 7월에는 49℃까
지 기온이 올라가며 지표면은 55℃정도여서 달걀이 바위 위에서 익을 정도이
다. 겨울에는 -30℃까지 내려간다. 연간 강수량은 100㎜이하이다.

명소(名所)로는 고창고성(高昌古城), 천불동, 교화고성 등이 있다. 고창고성
은 서기 499년에 한인(漢人) 조곡 문태가 세운 고창국(高昌國)의 고성으로 동
서가 1.4㎞, 남북이 1.5㎞에 이르는 정방형 모습을 하고 있다. 이 고성은 투루
판 남동쪽으로는 45㎞ 지점에 위치해 있다. 1500여년의 세월이 흐르는 동안
견고하던 성벽과 왕궁이 풍화작용으로 무너져 내려 성벽의 잔해가 어지럽게
흩어져 있다. 당나라 때(627년) 현장법사가 인도를 가던 도중에 국왕의 후의
에 보답하는 뜻으로 이곳에 머물며 1개월간 불교를 설파한 후에 다시 여행길
에 올랐다고 한다. 그후 10년 뒤 인도에 돌아오는 길에 이곳을 방문했을 때 이
미 고창국이 멸망했다고 한다.

천불동(千佛洞)은 투르판 시내에서 북동쪽 45㎞ 지점에 있는 석굴 사원이

다. 천불동이 위치한 화염산은 햇빛을 받아 타오르는 불꽃처럼 보이는데 중국의 명작 서유기에서 손오공이 현장법사를 모시고 지나가다 부채를 빌어서 불을 끄고 지난 곳이라고 한다. 남북조 시대로부터 원나라 때까지 만들어진 크고 작은 57개의 석굴이 장관을 이루고 있다. 금세기 초 슈타인 등 유럽 탐험대가 토굴하고 많은 불상을 훔쳐 가서 석굴 안은 많이 훼손되어 있다.

교하고성(交河故城)은 투르판에서 서쪽으로 10㎞정도 떨어진 곳에 있는 오래된 성곽으로 기원전 2세기부터 14세기까지 번영했다가 멸망해 버린 교하국(交河國)의 폐허이다. 교하국은 천산남로와 천산북로 사이에 위치해서 실크로드 교통의 요충을 장악했던 왕국이었다. 동서 300m, 남북1650m의 성터에는 불탑이 있는 사원, 관청 및 주택가의 잔해가 남아 있다. 이 폐허에서 다수의 비단, 도기 및 칠기가 출토되었다.

교통은 북경에서 매일 12시 57분에 출발하는 69화 특별 열차가 이틀 밤을 달려 아침 7시 55분에 도착한다. 난주에서 출발하는 特快列車와 直快列車가 매일 5편씩 있다. 버스는 우루무치에서 매일 1회만 운행하는데 아침 9시에 출발해서 약 6시간이 소요된다. 투르판 역에서 투르판 시가지까지 버스로 약 1시간 거리이다. 시내에는 버스가 없고 당나귀, 말, 수레를 이용한다. 교외에 있는 관광 명소는 모두 시내로부터 멀리 떨어져 있기 때문에 관광객들은 호텔 앞에서 기다리는 소형버스나 경운기 기사와 요금을 흥정해야 한다. 요금은 12인용 소형버스가 1인당 15원인데 蘇公塔-高昌古城-古墳-交河故城-千佛洞-火焰山을 돌아서 관광할 수 있다. 경운기는 한번에 60원에서 100원 정도의 요금을 받는데 6명에서 8명정도가 탈 수 있다.

투르판의 음식은 이슬람 종교의 영향이 농후하다. 양고기 꼬치구이, 오아시스의 과일 외에도 배, 사과, 포도가 풍부하다. 시장 안에 있는 식당에 가면 면류(麵類), 양고기 꼬치구이를 파는 식당이 많다.

3) 일리Ili 지방

신장 위구르 자치구 가운데 극히 풍요로운 지역으로 북, 남, 동쪽이 천산 산맥에 둘러 싸여 있어서 사막에서 불어 닥치는 건조한 공기를 차단하고 있다. 기후는 온난하여 중원에서 재배되는 야채나 과일은 거의 이 지방에서도 생산된다. 분지의 중앙을 흐르는 일리Ili 강의 관개에 의해 농업은 점차 발달하고 있다. 천산북로의 중심지인 일리 지방의 중심 도시는 초원의 도시 이닝이다. 해발 800m, 연간 강수량은 350~500㎜, 인구는 도시 주변을 합하여 18만 명이다. 이 지방의 종교는 이슬람교 이외에도 불교, 라마교, 희랍 정교 등 다양하다.

신장에서 제일 큰 모스크
– 카스의 이드카 사원에서 예배하는 장면

4) 카쉬가르Kashgar(喀什) 지방

객십갈르, 객십(喀什), 카쉬라고 부르며 고대 실크로드 시대에는 소륵국으로 불렸다고 한다. 카쉬가르라는 이름은 '처음으로 창조된' 또는 '녹색 타일의 왕궁' 혹은 '옥을 모으는 곳' 등 여러 가지 뜻이 있다고 전해진다. 카쉬가르Kashgar 시, 야르칸드Yarkand 현, 얀기샤르Yangishar 현 등 10개 현과 1개의 자치현이 있다. 카쉬가르 행정구는 타클라마칸 사막과 파미르 고원 사이에 있으며, 인구는 약 230만 명으로 90%가 위구르족이며 나머지 10%가 11개 소수민족이라고 한다. 소수민족으로는 우즈벡, 키르기스, 카작, 타직, 회, 몽골, 시보, 오로스, 만주, 한(漢), 조선족 등이다.

목화 생산이 유명하여 1년에 5~8회씩 수확을 하고 삼, 아마, 무명 등의 산출이 많다. 당나라 때부터 '조금 누옥'으로 유명한데 '조금'은 반지, 목걸이 등의 금은 세공이고, 누옥은 옥의 조각을 말한다.

카쉬가르는 농업과 기계공업 지역이다. 변경 무역이 성하다. 국가적 무역이 아니라 신장 자치구와 파키스탄 동북주와의 교역이고 결제는 물물교환이다.

카쉬가르 시(市)는 남장에서 첫째가는 도시로 인구 40만 이상이다. 위구르족의 70%가 이슬람교도이며 번화가의 한가운데 큰 이슬람 사원 이드카 모스크가 있는데 중국 서역에서 가장 큰 회교 사원이다. 다른 오아시스에서는 볼 수 없는, 이슬람 계율에 따른 차드르로 얼굴을 가린 위구르 여인들을 거리에서 볼 수 있다. 카쉬가르 시는 우루무치보다 작지만 교역이 활발하여 실제적인 중심 역할과 위구르인들의 '마음의 도시'라고 한다. 1년에 한번씩 파키스탄으로부터 현대판 대상들이 찾아온다. '바자르(시장)'가 일요일에 열린다.

5) 호탄Khotan(和田) 지방

고대에는 우전국이라 불렀다. '생환 불능'이라는 뜻을 가진 타클라마칸 사막 가운데 있는 남도 최대의 오아시스 도시이다. 동쪽을 흐르는 백옥강, 서쪽을 흐르는 묵흑강(흑옥강) 사이에 끼여 동서로 길게 뻗어 있어 연 강수량이 30㎜도 안되지만 두강의 물이 거미줄처럼 펼쳐져 고대로부터 크게 번영할 수 있었다. 인구는 150만 명이고 95%가 위구르족들이다. 이외에 5%가 한족, 회족, 타직족, 키르기스족, 카작족, 우즈벡족 등이 있다.

호탄 지구의 중심은 호탄 현으로 인구는 18만 명이고 중심가는 구루팍(네거리 라는 뜻)으로 5만 명이 산다.

가로수는 포플라, 호두, 살구, 대추, 포도 등이다. 호탄은 예로부터 가장 양질의 옥이 산출되는 곳으로 유명하다. '우전의 옥' '곤륜의 옥'이라 불리던 호탄 산 옥은 당시 금이나 은보다 귀하게 여겼다 한다. 옥을 얇고 둥글게 만든 것을 벽이라 한다. 요즘 우리들이 사용하는 '완벽'이란 말은 '화씨의 벽'이라는 빼어난 옥에 얽힌 전설에서 '옥을 온전히 하고 돌아오다'라는 말에서 유래했다고 한다. BC 3세기 중국 전국시대에 '화씨의 벽'이라 불리는 빼어난 옥을 갖고 있던 조나라 왕은 강국 진나라 황제로부터 15개성과 '화씨의 옥'을 교환하고 싶다는 강청을 받았다. 조나라 왕은 진시황의 속셈을 알아차렸다. 진나라는 힘을 믿고 '화씨의 벽'만 뺏을 것이고 15개성을 넘겨줄 리가 없었다. 그렇다고 천하에 둘도 없는 보옥을 함부로 내놓을 수는 없었다. 협상 차나선 사신의 역할은 매우 중대했다. 이 때 조나라 사신으로 진나라에 간 지상여는 진시 왕을 상대로 아주 멋진 외교 수완을 발휘, 결국 보옥을 뺏기지 않은 채 무사 귀환했다. '옥을 온전히 하고 돌아오다'는 뜻의 '완벽'이란 여기서 한 것이다.

옥은 홍수 때 곤륜의 산속의 돌들이 강물에 흘러 내려올 때 강에서 자갈밭 속에서 줍는데 옥돌을 가려내기가 쉽지 않다고 한다. 거두어들인 옥돌은 중국

명주와 교환되어 팔려 간다. 옥돌
은 질과 크기에 따라 값이 다르지
만 보통 옥돌은 kg당 1원(元)정도
한다.

위구르 거리

6) 미란Miran

미란Miran은 BC 전한(前漢)시
대부터 4세기까지 선선국(鄯善國)
의 불교 도시가 있었던 곳이며 7세기 후반 티베트의 토번이 진출하여 성채를
건설하였던 곳이다.

7) 체르첸Cherchen(且末)

서역 남도의 거의 중앙에 있으며 체르첸Cherchen 강 덕분에 개발된 오아시
스인데 오아시스 위에 건설된 시가(市街)를 중심으로 구차현(且末縣)을 형성하
고 있다. 전한(前漢) 시대에 이곳에 구차국(且末國)이 있었다. 면적 13만 7천
㎢, 인구는 3만 5천 명이며 그 중 위구르족이 80% 한족이 19%, 나머지는 티
베트족 등으로 구성되어 있다. 현(縣) 전체가 8개의 인민공사로 나뉘어 있다.
농업이 주이고 목축은 1개뿐이고 식량은 현 내에서 자급할 수 있다. 공산 정권
수립 이후 신장 남부의 사막 개조가 추진될 때 체르첸은 그 모델 지구가 되었
는데 이 오아시스의 물 공급은 체르첸 강으로 1959년 관개용 취수구가 만들어
졌다. 이것으로 해방전의 10배인 약6만 7천 ㏊가 개간되었다고 한다.

5. 종교

위구르인들은 외몽고 고원을 거점으로 삼았던 시대에는 마니교를 국교(國
敎)로 삼았다. 그 후 서쪽으로 이동한 뒤에는 불교와 네스토리우스파 그리스도
교(景敎)를 믿었으나 14~15세기경 이슬람 세력이 동진함에 따라 이슬람화되
었다. 하나피Hanafi 파의 수니Sunni 이슬람으로 이슬람 사원(모스크)의 수는

12,000개 이상이고, 이슬람 성직자 또는 승려의 수는 1만 5천 명이 넘는다. 또한 최소한 7만권 이상의 아랍어 꾸란이 자체 인쇄되어 시장(바자르) 또는 모스크에서 팔리고 있다. 꾸란 한 권의 가격은 노동자의 한 달 월급에 상당한다고 한다. 이곳에서는 민속 이슬람Folk Islam은 실제의 이슬람 신앙 행위에 크게 영향을 미치고 있다. 위구르인들 가운데 굿과 주술 등 무속적인 행위가 널리 퍼져 있다. 10명 내지 15명의 극소수의 개신교 기독교인이 있다고 알려져 있으며 성경 번역은 신약성경이 번역 되어 있다. 위구르인들의 신앙을 분류별로 살펴보면 다음과 같다

1) 스텝 위구르 튀르크인들의 신앙

크게 3가지로 볼 수 있는데 애니미즘, 조상숭배, 천신사상이다. 애니미즘은 산, 언덕, 바위, 계곡, 강, 나무, 철, 무기 등 모든 자연물에 정령이 있다고 믿고 태양, 달, 별, 번개, 천둥 등을 정령신으로 숭배하였다. 독수리를 숭배하는 토템 신앙도 일부 있었다. 고인(故人)이나 조상에 대한 숭배 사상도 있었으나 순장의 풍습은 없다. 가장 보편적인 신앙은 천신(天神) 사상인데, 숭배의 중심은 텡그리Tengri, 즉 하늘이다. 지고(至高)의 존재로서 우주의 중심이고 창조의 원천으로서의 텡그리는 일신교의 신앙 체계에 따라 쾩텡그리Kök Tengri, 즉 천신(天神)으로 표현되었다. 이렇게 천신에 대해 절대성과 유일성을 상정하고 천신 이외의 우상적 잡신은 신앙의 주요 대상으로 등장하지는 않는다. 이와 같은 튀르크인들의 천신에 대한 유일성 사상이 후일 일신교인 이슬람교가 중앙아시아에 전파되었을 때 튀르크인들이 쉽게 이슬람화하는 주요 요인이 되었다. 고대로부터 유일신 개념인 천신사상을 가지고 있었다는 것 이외에 이슬람이 주는 지하드Jihad(聖戰)의 개념이 적극적이고 진취적인 튀르크족의 정복 정신, 집단 윤리와 규율을 강조하고 엄정한 법질서의 준수를 강조하는 이슬람의 율법주의, 그리고 튀르크 유목사회의 전통적인 관습인 퇴레Töre 등이 위구르 튀르크인들이 이슬람을 쉽게 받아들이고 정착화하는 주요 요인들이 되었다.

2) 마니교Mani

위구르 제국이 스텝 지역의 주역으로 등장하여 정복하던 시기인 762년에 뵈

귀Bögü 카간이 뤄양 원정 후에, 외뤼겐으로 귀환할 때 4명의 마니교 성직자를 데리고 왔다. 이후에 뵈귀 카간의 적극적인 장려로 마니Mani 교가 위구르 제국의 공식적인 종교가 되었다. 이 새로운 초인종적 종교는 전통적인 위구르인의 생활관과 인생관을 변화시켰는데 육식과 유제품을 금하고 평화를 위한 전쟁의 금지를 부르짖는 교리는 유목민의 기본 생활양식 자체를 뒤흔들어 놓았다. 이리하여 위구르인들의 전투력이 급격히 약화되기에 이르렀다.

위구르제국의 멸망의 원인으로 대개 목축 사회에서 농업 정착사회로의 전환 과정에서 일어난 급격한 문화적, 사상적 변화의 부작용이 주로 언급되는데 정착화에 끼친 마니교의 영향은 지대하다고 할 수 있다. 즉, 스텝 생활권을 버리고 정착 생활권으로 이주해 감으로써 주로 정복과 약탈을 하던 진취적이고 능동적이던 국가 경영이 농경과 교역, 정착 국가와의 굴욕적인 타협과 화친이 강조되는 수동적 체제로 변모하면서 군사력의 저하를 초래하게 되었던 것이다. 비군사적 협상 태도와 농경 생활권에서의 위구르인의 사고 형성에 역시 전쟁과 육식을 혐오하는 마니교의 영향이 적지 않았다. 스텝 지역에 강력한 군사력을 가진 새로운 국가가 등장하였을 때 위구르 제국은 무력하게 대응할 수밖에 없었다.

마니교는 AD 3세기에 페르시아인 마니Mani(AD 216?~276?)가 창시한 페르시아계 종교이다. 고대 페르시아의 조로아스터교에서 파생하였고 그리스도교와 불교의 여러 요소를 가미한 종교로써 교조 마니의 이름을 따서 마니교라 하였다. 당시 교세가 급격히 발전하여 중앙아시아 일대와 로마제국에 확장되었으며, 다시 인도, 중국에까지 전파되었으나 13~14세기에 쇠퇴, 소멸하였다. 이 마니교로 말미암아 동서양 세계가 문화적, 종교적인 교류가 있었다고 한다.

마니가 남긴 7개의 유서가 마니교의 성전이 되었는데 14세기에 마니교가 소멸한 후 없어져 그 교리, 교의 및 계율은 그 내용을 알 수 없었으나 20세기에 와서 유럽 학자가 그 사본을 발굴함으로써 학계에 널리 알려지게 되었다. 간명한 교의와 예배 양식, 그리고 엄격한 도덕 계율이 있었다고 알려진다.

그 교의는 광명-선, 암흑-악의 이원론을 근본으로 하였다. 현실 세계는 명-암이 혼동되어 있으나 머지않아 광명의 세계가 예정되어 있고, 그 예언자이며 지상의 구제자로서 마니가 파견되었다고 믿는 것이다. 마니교도는 각자에게 내재하는 광명의 소인을 기르기 위해 엄한 계율이 요구되었는데 그 중에서 주요한 것을 보면, 육식 음주를 엄금하고, 악행을 삼가며, 정욕으로부터 이탈하는 일이었다.

3) 기독교 네스토리우스파Nestorius(景敎)

콘스탄티노플 총대주교 네스토리우스Nestorius(? ~ 451?)의 교설을 신봉하는 기독교 교파이다. 네스토리우스는 안티오키아 학파에 속하고 [신인설] [신모설]에 반대하여 성모 마리아는 '그리스도의 어머니'이지만 '신의 어머니'는 아니라고 주장하는 사제를 변호하여 알렉산드리아 주교 키릴루스의 비난을 받았다. 네스토리우스의 주장은 그리스도의 신인격에 있어서 신성과 인성은 구별되어야 하며, 이는 다만 윤리적 굴레로 결합되어 있음에 불과하다고 말하여 그리스도에게 유일한 위격 밖에 인정하지 않는 주장과 대립하였다. 431년 에베소의 공의회에서 이단으로 선고된 네스토리우스는 페르시아에 망명하여 그곳에 교회를 세우고 국왕의 보호를 받아 지지자를 규합하였다.

7세기경 페르시아가 이슬람교 지배를 받게 된 후에도 네스토리우스파는 계속 남아 있게 되었다. 이 종파는 아라비아 북부, 인도, 몽골, 중국에 전래되었고 당나라 때 중국에 전래되어 경교라는 이름으로 번창하였다. 13세기 후반에는 중앙아시아를 중심으로 크게 융성하였으나 14세기에 이르러 티무르 제국 시대 이래 심한 박해를 받아 수많은 순교자를 내고 거의 절멸하고 말았다. 핍박에서 살아남은 일부는 16세기에 로마 교회에 귀순해 버렸다. 아르메니아에 남아 있던 나머지 일부는 제1차 세계대전 후 러시아를 배반하였다는 이유로 많은 고난을 당하고 추방되었다. 극도로 미미해진 이 세력은 현재 이라크 북부에 소수가 남아 있을 뿐이다.

4) 이슬람교Islam

신장 위구르 지역의 무슬림들은 전통적으로 이슬람 수니Sunni 파이다. 위구르 지역 이슬람에서는 여성들이 보호자 없이 여행할 수 있고 베일을 쓰지 않아도 된다. 소수가 메카에 다녀오기도 하지만 중국 정부는 이슬람 세계와의 교류를 억제하고 있다. 1960년대 문화 혁명기에 많은 모스크가 파괴되었지만

1980년대에 재건되었다. 현재는 젊은 층에서는 소수만이 모스크에 나간다. 이슬람적 미신과 믿음은 오늘날에도 시행되고 있다. 이슬람 관습에의 집착은 남부 신장 지역에서 더욱 강하고 북쪽은 중국의 영향으로 미약하다.

위구르인들은 jin(악한 영, 정령), 소위 evil eye라 불리는 저주(咀呪) 등에 자신들을 보호하기 위해 제사를 지내고 주문과 부적을 사용한다. 행운은 이슬람 성인(聖人)이 가져다주는 것이라고 믿는다. 소련과 터키에서 현대식 교육받은 젊은이들은 이런 믿음을 거부한다. 이 지역에서 이슬람은 1960년대까지는 심한 박해를 받아 왔다. 현재 모스크 사원은 14,000개가 있고 이맘imam을 교육시키는 2개의 꾸란Quran 학교가 있다.

6. 교육

1) 교육제도

중국의 교육제도는 유치원, 소학교, 중등학교, 고등학원(대학 포함)으로 구성되어 있으며 1985년 의무교육법을 공포하여 9년제 의무교육을 실시하고 있다. 문화혁명기 이후 6-3-3제를 기본으로 하나 5-4-3제가 시험 중에 있고 지역에 따라 초-중 학제가 5-3, 5-4, 6-3제 등으로 복잡하게 나뉘어 있다. 농촌은 5-3제가 많다. 고등교육은 대학이나 전문대학의 교육을 말하는데 '대학'은 종합대학을 말하며 단과대학은 '학원'이라고 한다. 대학은 4년제, 5년제(이공계), 6년제(의과)가 있다.

과거의 중국 교육은 사회주의 인간형을 만드는데 치중했으나 개혁과 개방 과정에서 실용적인 과학기술과 전문기술 교육, 대학교육이 강화되고 있다. 의무교육을 적극 실시한 결과, 중국에서 1991년말 7~11세 진학연령 아동의 취학률은 97.9%에 달하지만 6~14세 아이들 중에서 학교에 다니지 않는 아동이 해당 연령 인구의 19.1%(남자 43.6%, 여자 56.4%)를 차지하고 있다. 중국 전체 문맹률은 15세 이상의 경우 남자 17.8%, 여자 44.5%고 한다.

세계 각국의 국가 예산 중 교육비의 비율은 일반적으로 15%이상인데, 중국의 경우는 1986년도 9.5%로 증가된 후 조금씩 늘지만 인건비이기 때문에 교육시설투자나 교원확보 등을 통한 교육의 질적, 양적 향상은 거의 기대하기 어려운 형편이다. 교사의 봉급 수준은 중국 국민 경제의 12개 직종 가운데 10위에 불과하다.

2) 위구르족 교육

위구르족은 초등학교 4학년부터 중국어(보통어)를 배운다. 이 보통어는 북경음을 표준음으로 하고 북방어(北方語)를 기초 방언으로 하며, 모범적인 현대 구어문(口語文)을 문법의 규범으로 한 한어를 가리켜서 하는 말이다. TV, 라디오 방송, 학교 교육에도 이 보통어가 사용되고 있다.

7. 사회정치

소련 붕괴 이후 중국으로부터 독립하기 위한 분리주의 운동이 증대되었다. 구소련의 중앙아시아 국가인 카자흐스탄, 키르기스스탄, 타지키스탄 등과 국경을 맞대고 있고, 튀르크계이며 이슬람이라는 동질성을 가진 신장 위구르 자치구의 이와 같은 분리주의 운동은 중국 당국이 이미 예상하고 두려워했던 일이었다.

1992년 2월부터 활발하게 일어나기 시작한 위구르족의 독립 요구는 3월경부터 심화되자 중국 당국은 주요 도시 및 중앙아시아 국가들과의 국경 지대에 군을 증강하고 삼엄한 경계를 펴는 한편, 위구르족의 이같은 운동을 '외부세력과 결탁된 민족 분리주의자들의 파괴활동' 이라고 규정하며 단호히 대처하고 있다. 중국은 구소련에서 분리 독립한 중앙아시아 국가들에서 강력하게 대두되고 있는 이슬람 민족주의가 거주민의 절대적 다수가 무슬림이 시장 지역에 파급되는 것을 우려하고 있는 것이다.

이 지역에는 이미 지난 1949년 이사 유수프 알프테킨Isa Yusuf Alptekin 이라는 회교 지도자에 의해 카쉬가르 지역을 중심으로 한 동튀르키스탄 공화국 수립의 시도가 있었다. 1990년 4월에도 약 2천여명의 회교도들이 알프테킨의 동튀르키스탄 회복 이념을 가지고 성전(聖戰)을 벌여 22명이 사망하였다. 구소련 해체 이후 전개되는 이와 같은 상황에 대처하기 위하여 중국 정부는 이 지역에 대해 1급 전시체제령을 발포하였다. 지금도 이 지역은 여전히 특별 감시 대상이 되고 있다.

현재 신장 위구르 자치구에는 사우디아라비아에서 제작된 꾸란Quran이 계속 유입되고 있으며, 터키와 이집트의 회교주의자들이 위구르의 분리주의 운동을 암암리에 지원하고 있다.

중국 정부는 위구르족의 민족주의를 제어하기 위해서 500만명 이상의 중국 한족(漢族)을 이 지역으로 이주시켰다. 1950년대에는 한족이 인구의 10%미만이었으나 1980년대에는 인구의 40%가 넘게 되었다. 결과적으로 중앙 정부가 주장하던 민족의 융화는 일어나지 않았고 대신에 어색한 계급 구조를 이루게 되었다; 남쪽의 위구르족은 농업에 주로 종사하고 북쪽의 중국 한족들은 대부분의 정부 요직이나 공업, 상업계의 요직을 차지하게 되어 위구르족의 반한(反漢) 감정은 더하게 되었다.

한편 1944년에 무슬림 반란이 있었는데 중국 공산정부의 지배를 받는다는 조건하에 지역 민족 집단으로 구성되는 지방정부의 대표부를 갖게 되었다. 1950년 공산정부는 소수의 대지주들을 제거하면서 사유재산을 없애 버리고 인민 집단농장을 만들었다. 1963년 철도를 건설하였으며 중국정부는 바람을 막기 위한 거대한 방풍림을 조성했다. 사막의 동쪽 끝에 있는 Lop Nor에 핵실험 지역이 건설되어 방사선 노출 위험이 상존하게 되었다. 석유는 남쪽 신장 카쉬가르와 카라마니에서 개발되고 있다. 현재 신장성의 임금 평균은 중국 30개 성 가운데 8위 수준이다.

남쪽과 북쪽은 어느 정도 분리가 되어 있는데 남쪽 신장은 좀더 전통적으로 보존적이고 투르판Turfan, 하미Hami, 우루무치Urumqi 근처의 북쪽 신장지역은 중국의 현대적인 영향을 더 많이 받고 있다. 1980년대에 들어서면서 예전에 비해 외국인의 왕래가 비교적 자유로워 졌다. 그러나 외국인들이 25개 '개방된' 도시 이외의 지역을 여행하는 것은 금지되어 있다.

8. 주요 산업 및 자원

① 목축업: 외몽고 고원에서 살던 시대부터 위구르인들의 주요 산업은 유목이었으며 광활한 초원의 위구르 자치구에 위치해 있는 오늘날에도 목축업은 주요 산업으로 남아 있다. 지역에 따라 농업이 주요 산업화 된 곳도 있다. 주요한 가축으로는 면양, 염소, 말, 소, 낙타 등이 있다.

② 농업: 주요 농작물은 밀, 옥수수, 벼, 면화, 과일 등이 있으며 면화가 주요 특산물이다. 이 지역에는 산 위에서 눈이 녹아 흘러내리는 물을 대어 농토를 비옥하게 하는 카레즈라 불려지는 지하터널subterranean tunnels이 개발되어 있기 때문에 농업이 가능하다. 투르판에는 950개의 카레즈가 있다. 밀, 인도 콩, 면화, 사탕수수, 양배추, 해바라기, 배, 복숭아, 살구, 석류 등이 재배된다. 이 지역의 농업은 인민공사라고 불려지는 집단농장 형태로 이루어지고 있다. 인민공사는 인구 약 1만명 내지 1만 5천 명으로 이루어진 집단농장으로, 호탄 지구의 경우 12개의 인민 공사가 있고 1곳당 1만 5천 명이고 산하에 21개의 생산대대가 있고 다시 149개의 생산대로 나뉘며 생산대는 다시 2~3인 단위의 작업조로 나뉜다.

③ 산림업: 천산산맥과 알타이 산맥 등지의 고산 지대에서는 산림업이 발달해 있고 타림 분지 남쪽의 호탄Khotan, 야르칸드Yarkand 등지에서는 양잠 산업이 활발하다.

④ 광공업: 산악 지대, 초원, 사막이 있는 이 위구르 자치구에는 광물자원이 풍부하고 특히 석유의 매장량이 막대하다. 이밖에도 철, 망간, 유색 금속, 운모, 중정석, 황산나트륨, 석고, 황, 암염의 매장량도 풍부하다.

⑤ 섬유방직 공업: 중국 양모의 60%가 이 신장성에서 산출되고, 지역에 따라 면화와 양잠이 성하므로 이를 직조하는 섬유공업이 발달하였다. 중공 정권의 수립 이후 근대 산업시설이 건설되었고, 면, 모방직 공업이 발달하였다.

⑥ 철강, 기계공업: 철강, 기계, 화학, 석유, 식품 등과 전통공업인 융단업도 발달하였다.

무화과를 파는 위구르인

9. 언어 / 문자

위구르어는 알타이어 계통의 튀르크어로써 동부 그룹 언어로 분류된다. 중국 내 위구르어와 중앙아시아 내 위구르어는 방언적 차이가 있다. 돌란Dolan 방언은 타클라마칸 사막 주변의 신장지역에서 사용된다. 소수의 사람들은 더 나은 직장을 구하기 위해 외국어로 영어를 배우고 있다. 구소련에 거주하는 위구르인들의 절반 이상은 러시아어를 사용하고 있다. 위구르인들의 대부분은 반한(反漢) 감정 때문에 위구르어만 고수하고 있다.

위구르 문자는 1958년에 로마자로 소개되었다가 1982년에 변형된 아랍문자로 바뀌었다. 구소련 지역에 거주하는 위구르인들은 1950년 이래 시릴문자를 사용하고 있다. 아랍문자를 사용하면서 이 문자가 비교적 어렵기 때문에 높은 문맹율의 원인이 되고 있다. 또한 아랍문자가 튀르크어 음운 체계에 맞지 않기 때문에 많은 문제점을 노출시키고 있다.

한편 위구르족은 고대 9세기에 서부 튀르키스탄에서 소그드인이 사용한 소그드문자를 모방하여 위구르 문자를 발전시켜 사용하였다. 이 문자는 후에 몽골제국에 의해 몽골문자로 변형되어 사용되었다.

위구르인들의 악기

10. 음악과 춤

위구르족은 노래와 무용을 좋아한다. 대부분 아름다운 목소리와 능숙한 춤을 출 줄 알며 곡은 경쾌하고 쾌활하다. '내님은 어디에', '즐거운 목민(牧民)', '풍작의 기쁨' 같은 제목의 노래들이 유명하며 특히 사랑의 노래가 많다. 타클라마칸 사막에서 낮에도 어둡게 만드는 모래 태풍 '카라 브란'(黑風)의 무서움을 노래한 것도 있다.

> 카라 브란이여! 카라 브란!
> 아아 무서운 카라 브란!
> 내 고향을 빼앗고
> 내 고향을 묻어 버리고
> 내 사랑하는 처자를 이산케 했네
>
> 카라 브란이여! 카라 브란!
> 내 과수원에
> 지금은 사막이 뫼를 이루었네
> 아아 애달퍼라
> 우리들 얼마나 괴로운 일 많은 고
>
> 카라 브란이여! 카라 브란!
> 눈 닿는 곳 아득히
> 사막이 땅을 메웠네
> 나의 아름다운 고향이여
> 다시 또 볼 수가 없구나

11. 의식(依食) 생활

의복은 원색이나 사치한 빛깔의 천으로 즐겨 입는다. 위구르 여성들이 입는 옷 빛깔은 진홍이나 원색의 노랑, 초록, 빨강 등이고 예로부터의 위구르 특유의 문양인 화살 깃 무늬 비슷한 극채색의 비단옷을 주로 입는다. 여성은 모두 양쪽 귀에 빨강이나 파랑의 예쁜 귀걸이를 달고 있는데, 2~3세 때부터 귀를 뚫는 풍습이 있다. 식사 중에도 모든 사람이 머리에 뭔가를 쓰고 있는데 남자들은 머리를 살짝 덮는 전통적 위구르 모자를 쓰고, 여자들은 빨강이나 초록 등의 네커치프 등을 쓰고 있다. 회교권이지만 스카프는 사용하며 베일은 쓰지 않는다.

주식은 '난'이라고 부르는 얇은 빵떡이다. 밀가루를 반죽해서 만드는데 직경 30㎝, 두께 1㎝ 정도로 동그랗게 빚어서 밀어서 펴고 늘린 것을 화덕에 펴서 굽는다. 이 작업은 주부 5~6명 정도가 모여서 분업으로 하되 한번에 수백 장씩 구어서 나눈다고 한다. 대개 1주일에서 10일분을 한꺼번에 만든다고 하는데 난 자체도 수분이 없는데다 건조 지대이므로, 곰팡이가 끼는 등의 보존상의 어려운 점은 없다. 난은 차와 함께 먹는다. 이외에 치즈나 양고기 등을 곁들여 먹기도 한다.

위구르 지방에서 산출되는 과일로는 무게 5kg의 럭비공만한 메론과 수박의 맛을 지닌 특산물인 하미 참외를 비롯하여 포도, 수박, 사과, 배, 살구, 복숭아, 석류 등이 있다.

식사법은 구리로 만든 호리병형 물 따르개로 물을 부어 주면 여기에 손을 씻고 식사를 시작한다. 중앙에 큰 접시가 있고 수북하게 챠한이 담겨져 있다. 그 위에 삶은 양고기 덩어리를 가장이 날카로운 칼로 고기를 자르면 각자가 손을 내밀어 받는다. 젓가락은 사용하지 않고 오른손만으로 밥을 능숙하게 빚어서 입으로 가져간다.

축제에 초대되었을 때 식사 예법이 따로 있다. 객실의 융단에 하얀 천을 깔고 음식을 늘어놓는다. 메론이나 난(빵떡), 무화과의 쨈이나 벌꿀, 굵고 긴 튀김면 등이다. 손님이 융단에 앉은 뒤에도 주인은 서 있고 부인이 손 씻을 물을 내밀면 손님은 손을 씻은 뒤 손을 흔들어서 물을 터는데 헝겊으로 닦으면 복이

나간다고 생각하기 때문이다. 화제가 무르익을 때쯤 양고기가 나오고 양의 스프도 나오는데 난을 찍어 먹는다. 난은 차하고 같이 먹기도 한다. 손님들은 별로 많이 먹지 않는데, 모습을 나타내지 않는 이 집안의 여자들을 위해 남겨 둔다고 한다. 먹고 난 후 손님은 일제히 두 손을 벌려 "많이 먹었습니다. 고맙습니다"라는 표시를 하고 주인과 알라에게 감사한다.

12. 이슬람교의 중국 진입과 회족 공동체의 형성과 발전

1) 이슬람이 중국에 정착하게 된 요인

현재 중국에는 위구르족과 회족을 중심으로 약 5천만 명의 이슬람 종교 집단이 형성되어 있다. 특히 한화(漢化)된 무슬림공동체인 중국 회족(回族)은 오랜 세월 동안 중국 한문화를 적절히 수용하면서 이슬람 신앙을 고수하고 독자적인 소수민족 공동체로 발전하였다.

이슬람 종교가 중국 특유의 한문화와 유교적 전통이 강한 중국에서 일찍이 이렇게 쉽게 정착할 수 있었던 데에는 다음과 같은 배경이 있다.

역사적으로 중국인과 아랍 및 페르시아 무슬림들 사이에는 실크로드 무역관계에 의해 형성된 전통적 친근 관계가 이미 형성되어 있었다는 점이다. AD 7세기 중동 아라비아에서 이슬람이 태동할 당시 페르시아와 중국 사이에 실크로드를 통한 교역이 발달되어 있었다. 이슬람 출범 후 곧 바로 페르시아가 이슬람화됨으로써 페르시아 상인들이 무슬림이 되어 중국에 접근했기 때문에 중국인들에게 큰 거부감이 없었다.

또한 당시에 중국 당나라에는 서역과의 교역 관계를 통해 이미 매우 개방적이고 관용적인 문화적 풍토가 형성되어 있었으며, 중국은 일찍이 다양한 종교와의 접촉을 통해 동양종교에 대한 비교적 개방적이었던 점이 새로운 종교 이슬람의 접근과 정착을 용이하게 했던 것이다.

뿐만 아니라 아랍 및 페르시아 무슬림들이 중국인들을 접근할 때에 상업관계를 통한 접근이었기 때문에 경제적 상호이해 관계로 인해 이슬람 전파가 매우 효율적이었다는 점도 강조되어야 하겠다. 아랍 무슬림들은 발달된 항해술을 기반으로 해양로 개척과 실크로드 교역에 매우 적극적이었다. 따라서 풍부한 부와 자원을 보유하고 있는 중국은 지리적 여건에도 불구하고 이들 무슬림 상인들의 주요한 교역 대상국이 되었던 것이다.

이러한 점들이 중국 내 이슬람이 쉽게 정착하는 요인이 되었으며 아랍 무슬림들로 하여금 중국 귀화와 정착을 결단하게 하는 주요 원인들이 되었다.

당대와 송대를 거치면서 중국과 서역 및 아라비아 사이에는 실크로드를 통한 국제 교역이 매우 활성화되었다. 이러한 국제 무역 환경 속에서 중국 내 무슬림들은 그들이 무슬림이라는 입지 조건이 상승 작용하면서 무역을 통한 경제적 부를 누리고 사회적 지위를 쉽게 상승시킬 수 있었다. 이슬람 사원은 곳곳에 건립되었고 이슬람 종교는 중국 내에서 주요 종교의 하나로 자리잡아 갔다.

또한 당대 최고의 과학문명을 자랑하던 이슬람 종교의 무슬림들은 의학, 천문학, 법학, 행정 등 분야에서 새로운 기술과 문물을 중국에 전수해 줌으로써 중국 사회의 문화발전에도 크게 기여했다. 그들은 오랜 기간 중국 한족 문화의 수용과 통합과정을 거쳐 가면서 중국 사회 문화에 동화되었으며, 토착적인 특유의 중국 이슬람공동체를 발전시켰다.

2) 아랍 이슬람 초기 중국과의 접촉

무슬림들의 중국 접촉은 오랜 역사적 배경이 있다. 중국 내 이슬람 공동체 설립 훨씬 이전 아라비아 이슬람 초기이며 중국 당대(當代)부터 아랍 무슬림 및 페르시아 무슬림들의 중국인 접촉 시도는 적지 않았었다.

무슬림들의 중국 접촉에 관한 중국 역사서 자료에 의하면, 최초의 공식 접촉은 당(唐)나라 영미(永薇) 2년, 즉 AD 651년에 아랍 사절이 중국에 파견된 기록이 있다. 당시에는 아랍 이슬람 군대와 사산조 페르시아 군대 사이에 전쟁이 진행되고 있었다. 사드 이븐아비와 카스 장군이 주도하는 아랍 이슬람 군이 637년에 사산조 페르시아 군대를 카디시아에서 격퇴하고, 이어서 642년에는 네하완드 전투에서도 페르시아의 야즈다 지르드 왕이 이끌고 온 페르시아 군대를 격파하자, 페르시아는 중국에 원군을 요청하게 되었다. 페르시아 왕자 피루즈는 당나라에 군사를 요청했으나, 당나라는 아랍 이슬람 제국에 대한 정보가 없었기 때문에 원거리 파병이 쉽지 않다는 이유를 들어 거절하였다.

중국 당나라 황제는 오히려 아랍 이슬람 제국에 사신을 보내서 우호 관계를 꾀하면서 아랍 세계의 정세를 살피게 했다. 그리하여 중국 사신의 답장을 목적으로 아랍 이슬람 제국 칼리프의 사절단이 중국 장안에 도착하였다. 이것이 역사 문서에 나타난 아랍 오스만 칼리프 시대에 있었던 아랍 무슬림과 중국의 최초의 공식 접촉이다.

그러나 당시 활발했던 실크로드 교역을 감안할 때, 이슬람 전 아랍 상인들의 중국 접촉이나 아랍 이슬람 초기 정통 칼리프 시대에 아랍 무슬림들의 중국 왕래가 없었다고 단정할 수는 없을 것이다.

한편 이외에 아랍 무슬림들과 중국인들의 접촉에 관하여 무슬림들 사이에 알려진 구전 전승이 있는데, 이것은 오스만 칼리프 이전 시기로 소급된다. 무함마드의 외숙부이며 카드시아 전투의 사령관이었던 사드 빈 아부와카스에 의해 중국에 이슬람이 포교되었다는 것이다. 와카스는 611년과 632년 두 차례에 걸쳐 세 사람의 무슬림을 동행하고 중국에 내왕했었다는 것이다. 그들 일행은 중국에서 이슬람을 전파한 후 광주(廣州)에서 순교했다고 전해진다.

말레이시아 중국계 무슬림 학자 마천영(馬天塋)은 632년에 사드레비드라는 이슬람 창시자 무함마드의 친구가 중국에서 포교활동을 벌렸다고 주장한다. 그의 주장은 다음과 같다.

이슬람 초기 메카 지배부족인 쿠레이쉬 부족이 초기 무슬림들을 심하게 핍박하자 백여명의 무슬림들이 박해를 피해 자파르와 사드레비드의 인솔 하에 홍해를 건너 에디오피아로 이주하였다. 그 가운데 일부 무슬림들은 그곳에 정착하지 못하고 사드레비드와 함께 또 다른 정착지를 찾아 나섰다. 당시 아랍인들은 나침판을 이용한 항해술을 잘 알고 있었던 까닭에 계절풍을 이용하여 5-6월에 걸프 해엽을 떠나서 10~11월에 회항하는 해로 여행에 익숙해 있었다. 사드 일행도 수개월의 항해 끝에 당시 최대 무역항인 중국 남해 천주(泉州)에 도착하였다. 이들은 이곳에서 중국인들에게 이슬람을 포교하였다는 것이다. 사드는 후에 '사드 레비드 알 하바쉬'로 불리었고, 유수프라는 무슬림을 얻어서 함께 포교 활동을 했다고 한다. 사드는 천주, 창주를 중심으로 유수프는 광동지방을 중심으로 이슬람 종교를 포교했다고 전해진다.

이 시기는 완전 이슬람 초기로 이슬람출범 후 9내지 14년 정도 경과한 시기의 이야기이다. 이 시기는 오스만 칼리프 전이요 중국이 백야대식(白夜大食)이라 칭하던 시리아의 우마이야 이슬람 왕조와 공식적으로 외교관계를 맺은 것보다 20여년 전 일이다.

중국은 이슬람 창시자 무함마드와 그가 살았던 당시 그 지역 아라비아 사람들에게 이미 알려져 있었던 것으로 보인다. 무함마드의 언행록 하디스Hadith에는 "모든 무슬림들의 책무인 지식탐구를 위해서는 중국까지 가라"라는 기록이 있다.

3) 무슬림들의 중국 정착 과정

(1) 해양로를 통한 중국 진출

무슬림들의 중국 관계와 전입 및 정착 과정은 몇 가지 단계로 나누어 살펴볼 필요가 있다.

첫째는 해양로를 통한 관계가 있다. 아랍 무슬림들의 중국 접촉은 위에서 언급한바와 같이 이미 계속되어 오던 오아시스 육로와 해양로 실크로드 교역의 연장선상에서 이루어졌다. 기원 전후에 희귀물자를 중심으로 여러 무역품을 실은 아랍 범선들이 홍해와 걸프 해만을 떠나 중국으로 출항하여 계절품을 타고 남부 아라비아, 아덴, 무스카트, 인도를 연결하는 항해를 즐겨했다고 전해진다.

고대에는 중국인 해상활동에 주로 중국 남해안에 제한되어 있었다. 그러나 AD 6세기에 이르러서는 중국과 아랍 세계와의 해상교역이 실론을 중계무역지로하여 상당한 수준으로 발달해 있었다. 7세기 초에는 중국인들이 직접 아라비아 반도까지 진출하였으며, 그 결과 무역량은 급속도로 증가하였다. 걸프 해만 입구 시라프 항구 일대는 중국 상인들의 주요 무역 중심지로 부상하였다.

이러한 사실은 이슬람 사료에 나타나는 중국 무역선에 관한 내용을 통해서도 알 수 있다.

아라비아 무슬림들이 해양로를 통해서 중국에 진출하는 지역은 주로 고아주, 천주, 양주 등 중국 동남부 주요 항구들이었다. 당대에 남해안 최대 무역항이었던 광주는 AD 7세기 이후에 많은 아랍 및 페르시아 무슬림 상인들이 들어와서 이미 정착촌을 이루고 있었다고 한다. 이러한 사실은 당나라 승려 감진(鑑眞)의 기록에 잘 언급되어 있다. AD 742~756년에 중국 광주 항구에는 걸프해를 출발해서 온 수많은 교역선들이 향료 등 희귀 물자들을 가득 싣고 광주 앞바다에 정작하고 있었다고 한다.

당대와 송대를 지나는 동안에 중국을 왕래하는 무슬림들의 숫자는 급속히 증가하였다. 또한 당나라 수도 장안의 동시(東市)와 서시(西市)에는 호인(胡人)들, 즉 아랍 및 페르시아 상인들이 북새통을 이루었다고 한다. 당대에는 광주를 비롯하여 천주 및 양주가 공식적인 대외 항구로 지정되어 운영되고 있었다.

양주 역시 광주나 천주 못지않게 무슬림들의 활동이 많았던 것으로 보인다. 양주는 당나라 중기 이후에 수천 명의 아랍 및 페르시아 무슬림 상인들이 집단으로 거주하였고 이 지역에는 이들이 가져온 문물로 가득했다고 한다. 1980년에 양주 북부 교외 지역에서 당대 회청색 물병이 발견되었다. 이 병에는 "진왕시 위대(眞王是 偉大)"라는 아랍어 글씨가 새겨져 있다. 이 말은 지금도 전투적인 무슬림들 사이에서 가장 많이 믿음의 고백으로 부르짖어지는 "알라 후 악바르(Allahu Akbar)", 즉 알라신은 위대하다는 뜻이다.

AD 876년에 중국에서 소위 '황소의 난'이 발발하였다. 이 때 무슬림, 유대인, 기독교인 등 수많은 외국인들이 살해되었다. 아랍 역사학자 아부자이드는 약 12만 명이 이 때 살해됐다고 주장한다. 당대 말에 이와 같이 불안정한 상황이 계속되자, 많은 무슬림 상인들이 중국 동남부 지역을 떠나 동남아시아, 즉 인도차이나 반도나 말레이시아 등지로 이주하였다. 그 가운데 일부는 아예 중국인으로 변신하여 한화(漢化)의 삶을 택했다. 당나라 말기에 무슬림들의 유입이 현저히 줄어들게 되었는데, 1세기 후에 송나라가 새롭게 들어서면서 다시 교역과 진입이 활발해 졌다.

(2) 탈라스 전투와 아랍 무슬림들의 중국 진출

해양 실크로드가 AD 7세기 중반 이후 아랍 및 페르시아 무슬림들의 중국 진출의 주요 무역로로 작용하였다면, 오아시스 실크로드는 국제교역 이외에 정치 군사적인 교류가 많았다. 아랍 이슬람 왕조와 중국 당나라가 공식 외교 관계를 수립한 이후 AD 651~798년까지 147년 동안 중국에 왕래한 아랍 이슬람 제국 사절은 약 40회 중국을 왕래하였다. 이러한 공식 외교적 왕래는 주로 육로를 통해서 이루어졌다.

육로를 통해서 이슬람 종교가 중국에 진입하게 된 결정적인 계기는 AD 751년에 있었던 중앙아시아 탈라스 전투와 755~757년 기간에 중국에서 있었던 안록산의 난이었다. 탈라스 전투는 돌궐계 부족 카를룩Karluk이 고구려 출신 고선지 장군이 이끄는 중국군에 의해 공격을 당하자 카를룩이 아랍군에게 원정을 요청하면서 아랍-돌궐-티베트 동맹군과 중국-위구르 연합군 사이에 발발한 전쟁이다. 당나라 군대는 사기충천한 아랍군의 전력을 제대로 파악하지 못하고 당나라 군대 내에 반란이 발생하는 등 우환이 겹쳐 결국 패전하고 말았다. 이 전쟁은 파미르 고원 서쪽에 대한 중국의 영향력이 상실되었고 중앙아시아 지역에 이슬람이 확산되는 계기가 되었다. 이후에 중국과 중앙아시아 서역의 교역 관계는 곧 무슬림 집단과의 상호 관계로 바뀌게 되었고, 상호 관계가 발달함에 따라 중국 내에 이슬람은 점차 확산되어 갔다.

중앙아시아 지역이 이슬람 문화권에 편입되면서 이 지역을 통한 무슬림들의 활동이 한층 증대되었다. 이러한 무슬림 상인들의 활약상에 힘입어 중국과의 교역량도 크게 증가하였다.

이 전쟁으로 2만여 명의 중국 군인들이 아랍 군대에 포로로 잡혀가게 되었고 이것이 계기가 되어 제지술이 중앙아시아와 중동에 전래되었다. 한편 중국에 포로로 잡혀온 무슬림 포로들도 적지 않았다. 아랍 및 페르시아 무슬림들은 장안으로 압송되었다가 그 당시 관습법에 따라 그 일대에 자유민으로 정착하게 되었다. 이들 무슬림 포로들이 이미 이전에 이곳으로 진출하여 정착해 있던 무슬림들과 쉽게 동화되었으며 중국 한족과도 혼인을 하는 등 새로운 이국땅에 동화되어 잘 정착하였다.

(3) 안록산의 난 이후 아랍 원정대의 중국 정착

또한 안록산의 반란이 아랍 무슬림들의 중국 정착에 크게 기여하였다. 안록산은 AD 755년 15만 명의 군사를 이끌고 남하하여 낙양과 수도 장안을 점령하였다. 피난길에 오른 당나라 황제 현종(玄宗)은 766년에 아들 숙종에게 왕위를 이양하였다. 숙종(肅宗)은 다음 해 반격을 개시하였으며, 위구르 왕과 아랍 이슬람 압바스 왕조 칼리프 아부 자파르 알 만수르A. al-Mansur에게 사신을 보내어 원병을 요청하였다. 무슬림 원정대와 당나라 군대는 15만 명의 군대를 편성하여 757년 장안과 낙양을 탈환하는데 성공했다.

전쟁 후에 아랍 이슬람 군대는 귀환하기를 원했으나 때마침 발발한 티베트인 봉기로 인해서 귀환길이 막히게 되었다. 이로 인해서 아랍 무슬림들은 중국 당나라의 호의로 중국에 영구 정착하여 살게 되었다. 중국 조정은 이들 아랍 무슬림들에게 특별한 지위를 부여하고 대우하였고 중국 한족 여인들과의 결혼을 허용하는 등 영구 정착에 도움을 주었다. 장안에 정착한 이들 무슬림들은 연간 50만 은화에 해당하는 지원금을 받았다. 또한 장안에 당 조정의 지원을 받아 거대한 이슬람 사원이 건립되었는데, 이 사원을 통해 이슬람 종교는 급속히 확산되었다. 이들이 바로 지금 중국 내륙에 산재해 있는 회족 무슬림 집단의 조상들이다.

4) 중국 내 이슬람 공동체의 생존전략

한편 아랍 세계와 중국 간에 무역 관계뿐만 아니라 이러한 정치 군사 외교적 관계가 빈번해짐에 따라 상호 문화교류도 더욱 활발해졌다. 이러한 분위기 속에서 이슬람 종교와 이슬람 문화는 급속히 확산되어 나갔다. 해양로를 통한 상호 교류는 갈수록 증대되었다.

당대에 최초로 건립된 이슬람 사원으로는 광주의 회성사, 천주의 기린사, 항주의 봉황사 등이 유명하다. 이 때 건립된 사원의 특징으로는 단순히 예배처로서의 기능뿐만 아니라 항구도시에 건립된 이 사원들은 등대외 기능도 하였으며 풍향계를 설치하여 선원들에게 풍향을 알려주는 봉사도 하였다. 회성사는 중국 최초의 이슬람 사원일 뿐만 아니라 이슬람 초기에 건립된 세계적인 사원 가운데 하나로 손꼽힌다.

이렇게 중국에 들어와서 정착한 많은 무슬림들 — 대개 무역 상인이나 군인들은 남성이었다 — 가운데, 한족 여인과 결혼하여 자기 종교를 버리고 완전히 한화되어 버린 사람들도 있겠으나, 대다수 무슬림들은 중국에 정착하여 중국 문화에 동화하면서도 자기 이슬람 문화를 고수하면서 살았다. 그들은 종교적 포교활동뿐 아니라 국제 교역에도 두각을 나타냈으며 많은 부를 축적하였다. 일부는 공직에도 들어가 관리로 출세하기도 하였다.

당나라 말기에 국가가 혼란해지면서 많은 무슬림들이 민란과 반란으로 시련을 겪기도 하였고 동남아 지역으로 이주하기도 하였다. 남아있던 무슬림 후예들은 목숨을 보존하기 위하여 출신을 숨기고 중국인으로 행세하기도 하였으며, 고유의 이름을 버리고 중국 성(姓)을 취하였다. 이로써 아랍 무슬림들의 한화(漢化)가 급속히 이루어 졌다.

그러면, 문화적 흡입력이 강한 중국 한문화권에서 아랍 및 페르시아 무슬림들의 후예들, 즉 회족들은 어떻게 자신들의 정체성을 지킬 수 있었는가? 회족 공동체는 지금까지 문화적 우월성이 강한 한족과의 공존관계를 1천년이 훨씬 넘도록 성공리 지속해 오고 있다. 이들은 한족과의 관계에서 수많은 내적 갈등 구도를 극복하고 지금까지 살아남아 있는 것이다. 회족들은 역사적 과정에서 이렇게 축적된 교훈을 바탕으로 다양하고 효과적인 적응 및 대응전략을 구사하면서 정체성을 지키고 공동체를 발전시켜 왔다. 주요한 적응 전략을 살펴보면,

첫째, 그들은 외형은 철저히 중국화 하였다는 것이다. 중국 회족은 문화적으로 유사한 표피적인 요소들은 과감히 중국화 하였고, 종교적 정체성과 관련된 내면적인 요소들은 차별화 함으로써 자신들의 신앙과 문화를 철저히 지켜 나갔다. 그들은 술과 돼지고기 등 이슬람 종교에서 금기시 하는 특징적인 것은 철저히 지켰으나, 이슬람 사원은 불교사원과 같은 건축 양식을 갖추고 자신들의 독자적인 예배와 기도를 행하고 끝까지 이슬람력인 히즈라를 사용하여 왔다. 이렇게 함으로써 공동체적 정체성을 도리어 강화해 나간 것이다.

둘째, 자신들의 것과 다른 이질적인 중국 문화와 갈등이나 충돌을 철저히 극소화하고 배제하였다.

셋째, 이와 같이 외적인 면에서 갈등의 소지를 줄이면서도 내적 정체성은 시대 상황에 맞추어 나가는 고도의 적응 및 대응 전략을 구사해 왔다. 한 때 완전한 자치나 독립을 위해 무력 투쟁을 시도한 적이 있으나 역사적으로 보면 중국 내 이슬람 회족공동체의 특징은 공존과 조화를 추구했다는 점이다. 전통적으

로 회족공동체는 자기 절제와 자기 합리화, 즉 상황화를 통해서 지금까지 주변에서 끝없이 도전해 오는 갈등과 모순을 적절히 대응하고 해결해 왔던 것이다.

제4장
중앙아시아 이슬람

중앙아시아는 세계에서 가장 큰 무슬림 집단 중의 하나이다. 이것은 지난 50여년간 중동 지역 이슬람 국가들에 익숙해져 있는 사람들에게는 이슬람과 중동 국가들을 거의 동일시되어 왔던 까닭에 다소 놀라운 사실로 받아들여질지 모른다. 그러나 이슬람 세계의 중심부는 중동 동부이지만 세계에서 가장 큰 무슬림 국가는 의외로 중동에서 거리가 먼 인도네시아이다. 인도네시아의 무슬림 인구는 약 1억 3천만명 정도이고 그 뒤를 파키스탄(7천 9백만), 인도(7천 3백만), 방글라데시(7천 2백만), 터키(5천 6백만), 그리고 중앙아시아(5천 5백만) 순으로 되어 있다. 그러나 터키와 중앙아시아 국가들의 국민이 동족(同族)임을 고려할 때, 소아시아와 인접한 중앙아시아의 튀르크족(突厥族) 무슬림들은 인도네시아에 이어 세계에서 두번째 큰 무슬림 집단이 된다. 현재 중동 사태로 인해 국제 매스컴의 주목을 받고 있는 중동 국가들은 중앙아시아의 무슬림보다 수적으로 더 적다. 그럼에도 불구하고, 최근까지 구소련 중앙아시아의 무슬림들이 학술적인 연구 대상이 되거나 국제 정치 무대에서 외교적인 주목을 거의 받아오지 않았다는 사실은 의외라고 할 수 있다.

우리는 먼저 70여년의 공산체제에서 무신론적인 가치관에 입각하여 교육을 받은 구소련의 무슬림들이 과연 진정한 무슬림이라 할 수 있는가라는 문제를 생각하게 된다. 사실상, 우리가 무슬림이라고 할때 무슬림은 단순히 예배에만 참여하는 사람들만을 가리키는 것이 아니다. 이슬람은 예배뿐 아니라, 문화의 형태, 사회단체 등의 모든 삶의 방식까지를 나타나기 때문이다. 이슬람은 지역 혹은 국가에 따라 그들의 신앙심을 판단하는 영적 혹은 행위의 기준이 다양하다. 중앙아시아의 무슬림들은 중동의 무슬림들과 비교하여 볼 때, 우리가 보통 생각하는 그런 이슬람 신자들은 아닐는지 모른다. 그러나 이슬람에서 한 사람의 신앙을 알기 위해서는 영적인 부분뿐만 아니라 그 사람의 정치적, 경제적, 문화적 행동양식과 행동가치 등 전반적인 각도에서 총체적으로 고려해야하기 때문에, 비록 중앙아시아의 무슬림들이 중동의 무슬림들과 같은 행동화하지 않는다고 비무슬림이라 규정지을 수는 없는 것이다.

과거에 무슬림들과 비무슬림으로 구성된 구소련은 지구 전체의 1/6의 영토를 진 국가로서 국제 사회에서 그 영향력을 행사하며 대국으로써의 위치를 지켜 왔다. 그리고 구소련은 지나간 과거 어느 시대에도 볼 수 없었던 빠른 템포로 국가의 구조와 사회 조직을 체계화하며 지속적으로 개혁을 단행해 왔다. 이렇듯 급속히 계속되는 사회 개혁이 필요했던 이유는 소련이 다민족 국가였기 때문이었다. 이데올로기를 앞세워 단행된 개혁이 구소련 내의 무슬림 집단에 많은 영향을 미쳤으리라는 것은 누구나 쉽게 짐작할 수 있는 일이다.

그러나 놀라운 사실은 과거 러시아제국의 기독교정교 팽창 정책과 공산 체제에서의 무신론 교육에도 불구하고 구소련의 중앙아시아 국가들은 여전히 신실한 무슬림 집단으로 남아 있다는 사실이다. 도리어 1991년 소련 해체 직후 미국의 이라크 공격으로 발발한 걸프전쟁 때에 중앙아시아 무슬림들이 길거리로 쏟아져 나와 서방 세계를 저주하며 알라신의 위대함을 부르짖었다는 사실은 우리로 하여금 중앙아시아 이슬람의 존재를 조금이나마 실감케한 사건이었다. 독립 이후 우즈베키스탄을 중심으로 중앙아시아 국가들에는 이슬람 신학교가 개설되고 많은 이슬람 사원이 재건되고 증축되었다. 독립 초기 한 때 중앙아시아 내에 반러시아 감정이 격해지면서 반러시아 및 반기독교 감정이 상승작용을 하여 적어도 민간에는 이슬람 정서가 적지 않게 되살아났다. 이러한 이슬람 부흥운동은 장기적으로 볼 때 중앙아시아 국가들의 발전과 국제관계에 주요한 종교 요인으로 작용할 수 있을 것이다.

I. 이슬람의 확산과 러시아의 중앙아시아 진출

1. 제 1기(AD 600~800)

아랍인 무함마드(AD 570~632)에 의해서 창시된 이슬람교는 그의 생존시 무력을 통해 아랍 지역이 통일되었는데, 그의 사후에는 그의 장인이며 후계자인 아부바키르Abu Bakir에 의해 비아랍 지역에 대한 거룩한 전쟁, 즉 성전(聖戰; Jihad)이 대대적으로 개시되어 몇 년 후에는 북부 아프리카와 스페인까지 이슬람의 통치하에 들게 되었다. 한편 아라비아 북부에 위치한 사산조 페르시아는 전통적 적대국 비잔틴제국의 계속되는 전쟁으로 인해 약화될 때로 약화되어 있었다. 기진맥진해 있는 페르시아를 공격한 아랍 이슬람 군대는 652년 말엽에 이르러 페르시아를 멸망시키고 그 영토 전역을 점령하였다. 기독교 제국 비잔틴과의 전쟁 등으로 기독교 감정이 좋지 않은 페르시아인들은 비교적 커다란 저항 없이 정복자 아랍인들의 종교인 이슬람을 받아들여 짧은 기간 내에 페르시아의 대부분이 이슬람화되었다. 아랍 이슬람 군대는 717~718년에는 그 기세를 힘입어 비잔틴제국을 공격하여 콘스탄티노플을 포위하기까지 하였으나, 유럽의 수도 콘스탄티노플 공략은 실패했다.

불교도, 마니교도, 네스토리우스 기독교도들로 나뉘어져 있던 중앙아시아에 대한 이슬람 세력 확장은 이슬람 제국의 호라산 총독 쿠타이바 이븐 무슬림 Qutaiba ibn-Muslim에 의해 시작되었다. 당시 호라산 외곽 지역은 튀르크계 군소 부족 집단들이 거주하고 있었다. 705년 쿠타이바는 트란속시아나와 박트리아 그리고 부하라 지방을 공격하였으며, 712년에 이르러서는 사마르칸트 지역까지 그 세력을 확장하였다. 이슬람군의 공격을 받은 군소 튀르크계 부족들은 카파칸Kapagan 카간의 통치하에 있는 돌궐제국에 도움을 요청하였으며, 카파칸 카간Kaghan의 조카 쿨테킨Kül Tekin의 지휘 아래 돌궐 군대가 즉각 파견되었다. 그러나 아랍군과 돌궐군 간의 최초의 전쟁은 아랍 이슬람군의 승리로 돌아가고 돌궐 군은 스텝 내부로 패퇴하였다.

중앙아시아에 대한 이슬람 진출의 결정적인 계기는 이후 발발한 탈라스 전쟁이다. 아랍 군은 중국의 중앙아시아 지배에 대해 반발한 돌궐계 부족들의 요청으로 이 전쟁에 참여하게 되었는데, 고구려 출신 고선지 장군이 주도하는 중국군과 친 중국계 위구르의 연합군 돌궐계 카를룩Karluk, 티베트, 아랍의 동맹군이 751년 한여름 중앙아시아 탈라스 유역에서 충돌하여 대대적인 국제전이 발발하였다. 이 전쟁에서 아랍 연맹군이 승리하게 되었고, 중앙아시아 스텝에서의 중국의 영향력은 영구히 제거되었으며, 이 지역에서 이슬람의 위상은 크게 높아지게 되었다.

한편, 제1기 동안 페르시아를 정복한 아랍인들에 의한 트란스카프카스, 즉 아제르바이잔 지역과 카프카스 지역의 이슬람화는 집요하게 계속되었다. 아랍인들은 처음에 카프카스 지방으로 파고들어 왔는데, 그 곳은 7세기 중반에 기독교가 널리 전파되어 있었던 곳이다. 아랍 침입자들은 AD 639년에 아제르바이잔의 영토를 장악했고, 642년에는 다게스탄Dagestan을 침입했다. 아랍인들은 652년에는 데르벤트Derbent를 침입하여 그후 685년에는 점령하였다. 데르벤트 북쪽에는 유대교를 받아들여 유대인화 된 투르크 부족 카자르인(Khazar; 하자르인)들이 거주하고 있었다. 하자르인들은 아랍인들의 북진을 막아냈다. 아제르바이잔의 서쪽 국경에서는 그루지아인들이 아랍인들의 서진을 억제하였다. 한편 아제르바이잔과 남부 다게스탄에서의 이슬람화는 별다른 저항 없이 빠른 속도로 진행되었다. 18세기 초에는 아제르바이잔과 다게스탄 남부 지방 인구의 대부분이 이미 무슬림화되어 있었다. 그러나 기독교인들과 유대인들은 소수민족으로 그들의 종교적 정체성을 고수하며 오늘날까지 그 명맥을 유지하고 있다. 다게스탄 산악 지역에서는 이슬람화가 훨씬 느린 속도로 이루어졌다. 그곳에서 이슬람화는 느린 속도로 계속되었는데, 20세기에 이르러서 튀르크계 유대인과 기독교 공동체는 마침내 그 종적을 감추고 말았다.

2. 제 2기(AD 800~1200): 무역로를 통한 팽창

9~13세기에 이슬람 세계는 평화적인 방법으로 주요한 두개의 무역로를 따라 계속적으로 확장되었다. 이 두개의 교역로는 국제 무역로로써 중세 시대에

특별한 중요성을 가진다. 북쪽과 남쪽을 연결하는 볼가 강을 따라 형성된 무역로는 모피길Fur Road로 알려져 있고, 서쪽과 동쪽을 연결하는 다른 또 하나의 무역로는 우리에게 잘 알려져 있는 유명한 실크로드SilkRoad이다. 9세기 초에 이슬람은 아랍 무슬림 상인들과 대사들을 통해서 오늘날 타타르Tatar 자치공화국(自治共和國)이 위치한 볼가 강 중류 볼가르 왕국으로 파고 들어간다. 10세기에 모피 길의 중심 지역에는 벌써 무슬림이 우세하였고, 이렇듯 모피 길을 따라서 확장된 이슬람은 17세기에서 20세기 사이에는 우랄 지역 깊숙이 퍼져 나갔다.

한편 이미 탈라스 전쟁을 전후로 이슬람이 침투해 있던 중앙아시아에 이슬람 종교가 뿌리를 내리기 시작하는데는 850년경으로 현재 아프가니스탄에 위치한 당시 자불리스탄의 통치자 무함마드의 이슬람에로의 귀의가 크게 영향을 미쳤다. 10세기 중반 이후에 당시 옥수스 강을 중심으로 중앙아시아를 지배하던 페르시아계 이슬람 왕조인 사만Samanid 조(朝)의 중앙아시아 이슬람화 정책과 더불어 페르시아계 무슬림 상인들의 활동이 또한 스텝의 이슬람화에 크게 기여하였다. 961년에는 동(東)카를룩Karluk과 서(西)카를룩 사이에 전쟁이 발생했는데, 이 전쟁에서 이미 이전에 이슬람화된 서카를룩이 사만 조의 지원을 받아 승리함으로써 동카를룩에 이슬람교가 전파되었다. 스플러B. Spuler에 의하면 당시 아랍 이슬람 왕조가 압바스 왕조에게 보낸 보고서에는 10여만 천막의 돌궐인이 이슬람으로 개종하였다는 기록이 있다. 동(東)튀르키스탄까지 이슬람화가 이루어진 것은 그 이후 튀르크계 최초의 이슬람 왕조 카라한 조(922~1211) 시대이다. 그러나 이 시기의 중앙아시아 이슬람화는 종교적인 면보다는 문화적인 면이 강조된 다분히 형식적인 것이었다.

3. 제 3기(AD 1200~1300): 몽골제국

13세기 초에 몽골제국의 부상과 함께 이슬람 세계는 어려움을 당하게 되었다. 칭기즈칸 제위시 몽골 조정에 중앙아시아 서부에 위치한 하레즘Kwa-rezm으로부터 민간 무역 사절단이 방문하게 되는데, 칭기즈칸은 사절단을 극진히 대접한 후 돌려보냈다. 그들이 돌아갈 때에 왕에게 드릴 선물들을 지참하여 몽골 외교사절단이 함께 가게 되는데, 몽골 사절단 일행이 하레즘 국경 수비대장 이날축Inalchuk에 의해 살해되었다. 또 다시 칭기즈칸은 자신의 친척들을 포함한 사절단을 파견하지만, 이 때 역시 하레즘 왕의 지시로 몽골 사절단이 무참히 죽임을 당하게 되었다. 이슬람계 하레즘 왕은 중앙아시아 동부 외몽고에서 강력하게 부상하고 있는 몽골 세력에 대한 정보가 없어서 무례하게 처신을 한 것이다.

이에 칭기즈칸이 이끄는 몽골군이 하레즘으로 진군하여 이슬람이 깊게 정착해 있던 부하라, 사마르칸트 등 중앙아시아 서부 지역을 황폐화시키고 말았다. 이 때에 도망하는 하레즘 왕을 추격하는 과정에서 하레즘 왕을 지원하는 아랍군을 쫓아 몽골군은 중동까지 진격하였으며, 이슬람 제국 수도 바그다드를 함락하고 이슬람 왕조의 친 인척 모두를 살해하여 왕조를 근절시켜 버리고 말았다. 이리하여 바그다드의 압바스 이슬람 왕조는 끝이 나게 되었다. 뿐만 아니라 당시 소아시아로부터 중동, 중앙아시아 서부 스텝에 이르기까지 광활한 지역에 정치적, 군사적 지배권을 행사하고 있던 최초의 튀르크계 이슬람 왕조인 셀주크Selchuk제국도 몽골 군에 의해 몰락하게 되었다. 거만하고 무례한 페르시아계 이슬람 소왕국 하레즘 왕에 의해서 자극된 몽골군의 서부 스텝 진군으로 인하여 13세기에 이슬람이 무자비하게 핍박을 받았으며, 이슬람 세계에 있어서는 전무후무한 어려운 시기를 겪게 되었다.

특히 칭기즈칸 이후에도 중앙아시아에서 그 세력을 확장해 가는 몽골 왕조는 계속해서 강한 반(反)이슬람 정책을 추진하게 되었는데, 그 이유는 몽골의 지배자들 중에는 네스토리우스Nestorius 기독교인과 불교 신도들이 다소 있었기 때문이다. 특히, 제 3대 몽골 왕이 구육Guyuk과 그의 모친이 네스토리우스 기독교 교도였다고 알려져 있다.

몽골 지배하에서 중앙아시아와 소아시아의 이슬람이 계속 명맥을 유지하게 된 결정적인 원인은 바로 수피즘Sufism 운동이었다. 수니Sunni파에 속하는 수피즘은 이슬람이 튀르크족들에 의해 토착화된 것으로 전통 이슬람과 중앙아시아 샤머니즘이 혼합된 형태로써 기독교의 영향도 많이 받았다. 수피 운동가들은 율법을 강조하는 전통 이슬람과는 달리 형제 사랑을 강조하며, 음악에 맞추어 종교적 성가를 불렀다. 그들은 성직자와 민간인의 구별을 제거하고 민간인과 함께 살며 생활 속의 이슬람을 강조했다. 이러한 수피즘은 후에 강력한 보호자로 등장하는 튀르크계 오스만Osman제국에 의해서 이단으로 규정되어져 소아시아에서는 무참히 핍박을 받게 되는데, 중앙아시아에서는 지금까지 그 전통이 이어 내려오고 있다.

수피 선교사들과 상인들은 중앙아시아에서 13세기 말엽부터 시작하여 14세기 초까지 이슬람 운동에 크게 공헌하였다. 이러한 수피즘 운동의 영향으로 이 시대의 말기쯤에 큅착 칸국(금호르드Gorden Horde)과 차가타이 칸국의 몽골의 통치자들과 몽골 지배하의 튀르크계 장군들이 대대적으로 무슬림으로 전향하게 되었다. 이리하여, 수피즘 운동은 16세기 중반까지 계속되었다. 이 시기 동안 크리미아, 서 러시아의 스텝 지역과 카스피 해, 노가이 호르드, 카작 스텝, 그리고 서 시베리아가 이슬람 세계의 한 부분이 되었다. 튀르크화된 몽골계 부족 노가이Nogay인들에 의해 전파되는 카프카스의 이슬람은 북상하여, 15세기 말에는 카바르드인, 발카르인, 카라차이인과 동(東)체르케스인들에게도 전파되었다.

한편, 몽골제국 붕괴 이후에 몽골의 재창건을 꿈꾸며 일어난 티무르Timur 제국(1370~1520) 통치 시대에 중앙아시아 이슬람은 주로 수피파 무슬림들에 의해서 중앙아시아 전역에 넓게 확산되었다. 티무르는 정권을 장악한 후에 1370년 사마르칸트를 제국의 수도로 정하고 이슬람문화 부흥을 꾀했다. 그는 그의 정책에 있어서 무슬림 지도자들의 협조를 구했으며, 이에 따라 티무르 통치 시대에 제국 내 이슬람의 종교적 영향력은 매우 컸다. 티무르는 1379년에서 1402년 동안에 이란, 북부 인도, 북부 시리아지방, 아나톨리아 반도에 대한 정복 활동을 추진하는데 있어서 이슬람법인 샤리아에 의거한다고 선언하였다. 오늘날 우즈베키스탄의 부하라와 사마르칸트가 이슬람의 주요 도시가 된 것은 티무르의 이러한 이슬람 부흥 정책에서 기인한 것이다. 티무르제국 시대에 수피 무슬림들은 금호르드 지역에도 그 종교적 세력을 확장시켰다. 뿐만 아니라, 이 시기에 중앙아시아 수피 이슬람은 흑해 연안과 카스피해의 북부 지역, 카자흐스탄 지역, 그리고 서(西)시베리아까지 넓게 확장되었다.

티무르제국은 우즈벡인들에 의해서 붕괴되었다. 우즈벡인들은 샤이반 조

(朝)를 세워 새로운 스텝제국 건설을 시도했으나 이란계 사파위 조(1500~
1722)에 의해 멸망하였다. 중앙아시아의 이러한 불안정한 정세를 틈탄 러시아
제국의 통치자 이반 4세는 중앙아시아 진출을 기도하게 되었다. 이반 4세는
금호르드 지역과 중앙아시아 이슬람에 대한 호전적인 탄압을 계속하였다.

4. 제 4기(AD 1500~1900): 러시아 팽창

15세기 중반에 들어서면서 중앙집권 체제를 확립한 러시아제국은 완전히 무
슬림화된 킵착 지역의 몽골 세력을 약화시키기 시작했다. 러시아는 16세기 중
반에 이미 동과 서로 크게 팽창하였다. 러시아가 팽창하는 과정에서 무슬림들
을 무참히 핍박했는데, 무서운 이반Ivan the Terrible이라고 알려져 있는 러
시아제국 통치자 이반 4세의 무자비한 이슬람 핍박은 유명하다. 몽골제국 붕
괴 후에 몽골제국의 튀르크계 장군들에 의해서 세워진 카잔Kazan공국, 아스
트라칸Astrakhan과 서부 시베리아의 주요 무슬림 영역들은 17세기 말엽까지
러시아제국에 의해 완전히 합병되거나 정복되었다. 그래서 러시아는 17세기에
북부 카프카스(카프카스야)까지 전진하게 되었다.

러시아제국 내의 무슬림들은 초기 몽골-튀르크 집권자들에 의해 정착했던
주요한 도시들과 강 주변의 옥토로부터 몰아내어졌다. 러시아 사람들에 의해
서 채용된 소수의 튀르크계 장교들을 제외하고는 대부분의 튀르크계 무슬림들
은 러시아인들에 의해 경제적인 불이익을 당하게 되었다. 장기화된 러시아의
집권 하에서 많은 무슬림들이 기독교정교로 전향하게 되었다. 그의 대표적인
것이 이반 4세로부터 가장 잔인한 핍박을 받았던 카잔공국의 튀르크계 타타르
인들이다. 지금도 많은 타타르인들이 러시아정교를 믿고 있다.

한편 16~17세기 모스크바 공국의 이반 황제(무서운 이반)와 제 1로마노프왕
조의 이슬람 정복 시기에 러시아인들은 사회계층을 귀족, 종교지도자, 일반인
으로 구분하여 통치하였다. 무슬림 귀족 계층은 기독교를 즉각 선택하느냐 안
하느냐의 문제와 경제적으로 예속되는 상황에 직면하게 되었다. 여기에 저항
한 이들은 제거되었다. 무슬림 종교 지도자들은 도시에서 축출 되어졌고 이슬

람 사원은 파괴되었다. 1565년에는 수많은 대중들에게도 기독교 개종의 계획이 강제적으로 시행되었다. 기독교를 받아들인 자들은 짜르의 식민으로 받아들여졌다.

그러나 18세기에는 러시아제국의 팽창 정책에도 불구하고 이슬람 활동은 크게 제한을 받지 않았다. 특히, 18세기 후반 러시아 여왕 캐서린(카트리나) 2세의 통치 기간 중에는 오히려 이슬람은 발전하고 보호되었다. 선임자들과는 대조적으로 캐서린 2세는 중앙아시아를 문명화하는데 있어서 이슬람은 러시아 정교보다 더 효율적이고 이상적인 종교로 여겼으며, 유목민족의 정착화 정책에 있어서의 이슬람의 역할을 높이 인정하였다. 캐서린 2세는 새롭게 정복한 이슬람계 식민지 크리미아(크란 반도)에 대해서 파격적인 정책을 폈는데, 그녀는 이곳의 이슬람 교도들에 대해서 그들의 소유권을 보호하고, 러시아인들과의 동등한 법적인 대우를 보장하였으며, 또한 종교 활동의 권리들을 보장하였다. 이 때에 크리미아 내의 모든 이슬람 사원에서 금요기도 시간에 이슬람 사회의 지도자 오스만제국 술탄 칼리프의 이름이 불리어지는 것조차 허락할 정도였다. 크리미아의 토착 상류층은 기독교 선택을 강요받지 않았으며, 사회적 계급과 특권들을 계속 유지할 수 있었다.

또한 이 시기에 이슬람 종교지도자들은 세력과 부(富), 그리고 세금 감면의 성직자 혜택을 보장받았다. 그러나 이러한 이익들은 역시 크리미아인들에게 대가를 요구하는 것이었다. 캐서린 2세의 통치기간 중 크리미아는 러시아인, 독일인, 그리스인, 발트인 등의 이민자들로 가득 찼고, 좋은 토지와 재산들이 비튀르크계 기독교인 귀족들이 차지하게 되었다. 1783년부터 1893년까지 백만이 넘는 크리미안 타타르인들과 크리미안 노가이인들의 거의 전부가 생활고로 인해 동족(同族)의 나라 오스만제국으로 이주하여 갔다. 한편 1782년에 캐서린 2세는 오렌부르그에 이슬람연합회를 창설하였다. 후에 연합회 본부가 현재 러시아의 튀르크계 바쉬키르트 자치공화국 수도 우파Ufa로 옮겨졌다. 이슬람 연합회의 의장은 러시아제국 내무 대신에 의해 선출되었는데, 의장의 권한은 크리미아와 카작 스텝을 제외한 러시아제국의 우크라이나, 카프카스, 시베리아 등 러시아 전 지역에 미칠 만큼 강했다. 캐서린 2세는 특히 당시 부유층으로 알려진 무슬림 볼가 타타르 상인들의 상업 활동을 적극 지원하였다. 그녀는 선임 통치자들이 바쉬키르트와 시베리아, 카작 스텝에 적용하였던 모든 반이슬람적인 제한 조건들을 철폐하였고, 이슬람이 강하기로 유명한 비슬라브계 튀르크계 식민지 카잔 타타르의 상인들의 상업활동을 보장하는 중요한 몇몇 계약들을 수립하였던 것이다.

튀르크계 타타르Tatar상인들은 러시아와 러시아제국의 힘이 미치지 못하는 중앙아시아 유목민들 사이에서 상업 활동을 하면서, 한편으로는 그 당시 인구의 절반 이상이 파간pagan신앙을 소유했던 바쉬키르트와 서(西)시베리아, 카자흐 스텝 등지에 이슬람 사원과 이슬람학교를 세우고 이슬람을 전파하는 이슬람선교사로 크게 활약하였다. 18세기 후반에 카잔 타타르인들, 특히 그들 가운데 상인들과 이슬람 승려들은 러시아제국 이슬람 사회의 확고부동한 지도자가 되었다. 또한 캐서린 2세의 통치기간 동안에는 그동안 형식적으로 이슬람화되어 있었던 카작, 바쉬키르트, 노가이인 등 튀르크계 유목민들과 반(半)유목인들 사이에서 이슬람이 깊게 뿌리를 내리게 되었다.

한편 18세기 말기에 북(北)카프카스 지역에서 지금까지 중앙아시아와 소아시아에서 그 영향력을 크게 발하고 있는 수니파 수피계 낙쉬반드Naqshband 포교자들이 출현하게 되었다. 낙쉬반드의 출현으로 러시아제국내에 튀르크계 부족들을 비롯한 비슬라브계 부족들 가운데 이슬람이 급격히 팽창하게 되어 러시아제국 이슬람 역사에 새로운 국면을 가져오게 하였다. 이 수피파 포교자들이 바로 1784년에서 1878년 사이에 러시아 정복에 대항하여 일어났던 소위 무리드Murid운동이라고 알려진, 북카프카스 산지인들의 저항운동을 조직하고 이끌었던 사람들이었다. 그들의 노력으로 인해 체첸인들, 즉 서(西)체르케스인Cherkes들이 호전적인 무슬림들이 되었는데, 오늘날까지 그들 후손들은 여전히 그러한 특성을 유지하고 있다. 1865년 낙쉬반드인들은 러시아제국이 진출함에 따라 크게 위축되었다 그러나 또 다른 수피 형제단인 카디르Qadi-riya들은 북카프카스 지역에 근거를 두고 계속 활동하여 잉구슈인들을 이슬람으로 개종시켰다.

카프카스 정복을 끝낸 러시아인들은 곧이어 1855년부터 중앙아시아 정복을 시작하였다. 그들은 1855년에 침켄트, 1865년에 타쉬켄트를 병합하였고, 1873년에는 부하라와 히바에 그들의 보호 내지는 섭정을 요구하였다. 1875년에 러시아인들은 코칸드공국 영내로 침입하여 그 이듬해 그 지역을 정복하였고, 1873~1884년에는 투르크멘 영토정복을 포함하여 중앙아시아 전역을 차지하였다. 1900년경에는 파미르 지역을 정복하게 되었다. 중앙아시아는 부하라와 히바의 보호 지역 외에는 모두 튀르키스탄 관할 장군의 통치에 맡겨졌다. 원주민인 중앙아시아 무슬림들은 러시아제국의 시민으로 포함되지 않았기 때문에, 자치 통치법에 따라 자신들의 이슬람법인 샤리아 율법에 기초하여 그들의 지도자들에 의해 재판을 받았다. 그들은 또한 군대 징집에서도 제외되었다. 이 지역 무슬림들에 대한 러시아인들의 정책은 그들이 다른 식민지에서 행했던 것들과 같았다. 즉 러시아인들은 원주민들을 러시아인화 하거나 그 영토 내에 기독교 정교를 바탕으로 한 러시아 문명을 강요하지도 않았으며 시도도 하지 않았다.

러시아 지배자들은 이들 나라들의 자치를 허용했지만, 민족주의 운동을 주도하고 있는 외부 세력, 특히 카잔 타타르인들의 영향이 미치지 못하도록 조치하였다. 따라서 조직적 기미를 보이는 민족 저항의 어떤 가능성도 용납하지 않고 전력을 다해 근절하였다. 그러나 그 노력은 결과적으로 성공하지는 못하였다.

중앙아시아가 러시아의 영향권에 들어옴에 따라 러시아 기업들이 이 지역에 진출하게 되었다. 러시아 기업인들의 중앙아시아 진출은 러시아인들과 중앙아시아 무슬림들의 관계에 혁명적인 변화를 가져왔다. 특히 러시아의 무슬림 정책에 다소의 변화를 초래하게 되는데, 그것은 무슬림들에게 러시아정교와 문화의 영향을 증대시키는 것이었다. 이러한 정책은 니꼴라이 일민스끼Nikolai ilminski라는 카잔 주재 러시아 선교사에 의해 적극적으로 시도되었는데, 후에 이러한 문화정책이 '일민스끼 체제'라고 불리게 되었다. 19세기에 있었던 무슬림 개혁주의 운동, 즉 이슬람 근대화 운동은 이러한 러시아의 문화정책과 직접적인 관계가 있다.

5. 마지막 시기(1905~1928): 혁명시기와 소비에트로의 인계

1905년 러시아제국에서 종교 자유를 선언하는 칙령이 발표됨에 따라 이슬람은 그 확장의 마지막 시기를 맞이하게 되었다. 이 기간 동안에 과거 18~19세기에 강제적으로 기독교정교로 전향해야 했던 카잔 타타르인들의 대다수가 그들의 옛 신앙인 이슬람으로 되돌아갔다. 이슬람은 애니미즘을 신봉하던 사람들과 전통적으로 기독교를 믿던 우무르트Umurt, 마리Mari인 등 우랄Ural계 핀Fin족과 튀르크계 추바슈Chuvash인들 사이에서 서서히 그러나 꾸준히 확산되었다. 그리하여 1917년 소련 공산 혁명이 일어나기 전에, 볼가Volga 타타르인들, 바쉬키르트Bashkort인들, 약간의 쿠르드Kurt인들, 압하즈인들, 약간의 오세티안인들 등을 제외하고는 러시아제국 내의 대다수의 튀르크계 이슬람 민족주의 집단들이 이슬람으로 돌아가게 되었다.

1928년부터 강력하게 추진된 소련 공산 정부의 반(反)이슬람 정책들으로 인해 러시아-소비에트제국 영토 내에서의 이슬람 확장은 중단되었다. 소련 내에서 무슬림들에 대한 소비에트의 정책은 여러 번의 변화를 겪었다. 이들 변화들은 7단계의 뚜렷이 구분되는 시기로 나누어질 수 있다.

첫번째 시기는 시민 전쟁과 볼셰비키 통치 시기로 대략 1917~1919년 사이이다. 이 시기의 특징적인 양상은 이슬람을 포함한 모든 종교에 대한 볼셰비키 세력들의 '무력습격'이었다.

두번째 시기는 이슬람계 민족주의자 공산 통치 시기로 1919년~1928년까지 지속되었다. 공산당에 가담한 무슬림 지도자들은 이슬람문화를 그래도 부분적으로 보존할 수 있었고, 모든 이슬람 공화국들 내에서 영향력을 끼칠 수 있었다. 이슬람은 상대적으로 큰 제약을 받지 않은채 존재할 수 있었지만, 소비에트 볼셰비키들에 의해서 이슬람 성직자들의 경제적, 문화적 영향력을 약화시키기 위한 다양한 행정적 규제들이 가하여졌다. 이들 규제들에는 다음과 같은 것들이 포함되어 있었다. 즉 성직자의 경제적 능력의 기반이었던 이슬람종교 조합 와크프Waqf의 폐지, 이슬람종교 샤리아법과 관습법에 대한 억압, 그리고 이슬람 신학교의 폐지 등이 그것이다.

세번째 시기는 1928~1941년 사이로 이 시기에 스탈린에 의해서 집중적인 공업화 정책과 함께 공산체제가 강화되면서, 소비에트 국내의 기독교와 이슬람 종교에 대한 전면적인 박해가 강행되었다. 이러한 종교 박해로 인해 수 천개의 이슬람 사원이 문을 닫았고, 대부분의 이슬람 성직자들이 폐위되거나 투옥되었다. 스탈린은 공산 이념 체제를 강화하면서 이슬람을 포함한 모든 반종교 운동을 전개했는데, 특별히 1930년대에는 수많은 이슬람 성직자들과 신자들이 간첩과 반체제 인사 내지는 사회의 기생충적인 존재로 몰려 고소를 당하였다.

그 다음으로는 핍박이 좀 약화된 시기가 오는데, 1941~1959년까지의 기간이다. 이와 같은 변화를 야기한 중요한 원인은 물론 제 2차 세계대전이었고, 소비에트 정부는 전쟁을 효과적으로 수행하기 위해 종교단체들에 대한 공식적 입장을 드라마틱하게 변화시켰다. 이슬람 종교 단체가 1942년 이슬람 지도자 압둘라흐만 라술라에브의 주도 아래 바쉬키르트공화국 수도 우파에 창설되었는데, 후에 중앙아시아로 거점을 옮겼다. 전쟁 기간동안에 반(反)이슬람 선전은 전혀 나오지 않았다.

이슬람에 대한 새로운 공격은 1959년 흐르시초프에 의해 개시되어 1964년 그가 무력 축출될 때까지 계속되었다. 활동하던 이슬람 사원들의 대다수가 이 시기에 폐쇄되어서 1958년 약 1,500여 개에 달했던 사원의 수가 1968년에는 500개에도 못 미치게 되었다. 러시아제국 말기인 1912년 러시아에 26,279여개의 이슬람 사원이 있었던 것에 비추어 보면 이슬람으로써는 최악의 상태가 된 것을 알 수 있다.

1964~1982년 사이에 브레즈네프 통치하에서 이루어졌던 거대한 반(反)이슬람 운동은 이러한 운동에 대한 이슬람의 반공격이 효과를 발휘하여 실효를 거두지 못하였다. 이슬람의 반공격은 대단히 강력하여, 그 후로는 이슬람 지도층에 대한 직접적이고 공식적 공격은 완전히 사라졌고, 종교 계층과 연방과의 관계는 원만하게 이루어지게 되었다. 1970년대 후반에 들어서 많은 이슬람 사원들이 새로 문을 열었고, 특별히 타쉬켄트에서는 이슬람 영적 지도협의회에 소속되어 있었던 종교 권위자들이 해외로 폭넓게 여행하고, 심지어 자신들의 나라에 외국의 이슬람지도자 대표단들을 초청하는 것까지 허용되었다. 이 기간동안 소비에트 당국은 이슬람을 전략적, 외교적인 도구로 이용하였던 것이다.

　그 다음은 이란에서의 이슬람 혁명과 소련의 아프가니스탄 침공과 연관되어지는 소련 내 종교 상황이다. 이 시기는 브레즈네프 치하에서의 상대적 자유주의에 대해 갑작스럽게 제동이 걸린 시기라고 말할 수 있다. 1980년대 초에 새로운 반(反)이슬람 운동이 시작되었는데, 이것은 소련 지도층이 이란과 아프가니스탄에서의 상황이 소련 내 이슬람 국가 혹은 집단에 미칠 수 있는 영향을 우려하여 주도한 것이다. 이 시기에 이슬람을 향한 고르바초프의 정책은 명확하지는 않았으나, 그의 임기 초기에 지방 소비에트 관료들의 보여준 반(反)이슬람적 경향을 통해 그의 종교에 대한 입장을 암시적으로 이해할 수 있을 뿐이다. 그러나, 1986년 중앙아시아 당회의의 연설 요지에 당(黨) 지도부의 반(反)이슬람적 태도가 잘 반영되어 있는데, 그 연설문에서 당 지도부는 이슬람이 소련 사회 정책에서 미친 정치적 손상에 대해 격렬히 비난하고 있다. 이 지도부가 고르바초프의 측근들이었으며, 그의 정책을 대변하는 사람들이었다는 것을 고려한다면, 우리는 고르바초프의 이슬람에 대한 정치적 입장을 간접적으로 이해할 수 있을 것이다.

Ⅱ. 중앙아시아 튀르크 이슬람문화권의 특성과 토속관행

　소련 중앙아시아 문화권은 엄밀한 의미에서 튀르크-페르시아 문화권이라고 할 수 있다. 그 기원이 유목민족적 문화를 배경으로 하고 있으나, 중앙아시아 튀르크 문화권은 역사적으로 볼 때 페르시아 문화전통을 기저층으로하여 새로운 튀르크 문화권으로 발달했기 때문이다. 이 장에서는 페르시아 문화전통을 기반으로 발달한 중앙아시아 튀르크 문화권의 이슬람에 대해 살펴보기로 한다. 현 시점으로 볼 때 페르시아 문화권은 이란, 쿠르디스탄, 아프가니스탄, 파키스탄, 타지키스탄을 말하며 튀르크 문화권은 터키, 아제르바이잔, 투르크메니스탄, 우즈베키스탄, 카자흐스탄, 키르기스스탄 및 카프카스, 시베리아, 중국 신장성 지역의 무슬림 튀르크족 집단을 말한다.

기원적으로 페르시아 민족은 인도-유럽어족에 속하며, 튀르크 민족은 한국 및 몽골과 마찬가지로 알타이계 민족으로 분류된다. 물론 이것은 언어학적 분류이지만, 문화적으로나 역사적으로도 그 기원적 성격이 매우 다르다. 그럼에도 불구하고 이 두 그룹의 문화권은 고대 시대부터 상호 접경해 있으면서 상호관계가 매우 긴밀했다. AD 9~10세기에 이슬람화된 이후에 튀르크족은 페르시아 민족과 접경하여 일부는 혼합되었다. 또한 무슬림 튀르크족은 10세기 이후로 무슬림 페르시아 민족들을 수세기 동안 지배하면서 독특한 튀르크-페르시아 이슬람 문화를 창출하였다. 이란, 파키스탄, 아프가니스탄, 타지키스탄, 쿠르디스탄 등 거의 모든 페르시아문화권이 이슬람화된 이후부터 근대에 이르기까지 사만왕조, 하레즘왕조, 셀주크왕조, 가즈나왕조, 티무르제국, 샤파이왕조, 무굴제국, 오스만제국 등을 건설한 튀르크족에 의해 오랜 동안 지배를 받았다. 이런 점에서 현대 이슬람 문화적 측면에서 볼 때, 튀르크 문화와 페르시아 문화를 하나로 보는 튀르크-페르시아Turco-Persian 이슬람 문화권 개념이 보다 더 실제적이라 사료된다.

따라서 본 장에서는 튀르크 이슬람 문화권의 문화적 특성과 토속관행에 대해 알아보되, 페르시아 문화권의 영향을 전제로 출발해야 한다.

동일한 이슬람 종교를 신봉하는 집단일지라도 각 지역이나 국가에 따라 이슬람 전통과 사회적 관습이 다양하게 나타나는 것은 각 지역에 따른 지리적, 역사적, 사회 문화적 배경과 환경이 다르기 때문이다. 따라서 이와 같이 토착화된 각 지역 및 국가의 이슬람의 현상에 대한 연구는 방법론에 있어서 통시적 면과 동시적인 면을 동시에 고려해야 한다. 따라서 본 장에서는 먼저 이 문화권의 형성 배경에 대해 역사적 관점에서 분석하고, 이 문화권에서 이슬람의 문화적 특성이 어떠하며, 토속관행은 어떠한 것들이 있는지를 대표적인 사례를 들어 살펴보기로 한다.

1. 이슬람 이전 튀르크 및 페르시아 민족과 문화의 발달

1) 튀르크 민족과 문화의 발달

튀르크족은 알타이계 민족들 가운데 가장 넓게 분포되어 있으며 가장 많은 인구를 형성하고 있는데, 언어 인종학적으로 볼 때 추바슈Chuvash, 할하지 Khalaj, 야쿠트Yakut, 남시베리아(투바, 하카스, 알타이 등), 큽착(카작, 키르기스, 타타르 등), 위구르(위구르, 우즈벡), 오우즈(터키, 아제리, 투르크멘, 가가우즈 등) 그룹 등 7개 그룹으로 나뉜다.[52]

고대 튀르크족은 서기 원년에서 6세기까지 원시 불가르어와 원시 튀르크어를 사용하는 두 계통의 민족그룹으로 나뉘어 있었다. 불가르 튀르크인은 추바슈인들의 조상으로서, 중앙아시아 튀르크족 가운데 최초(기원경)로 서쪽으로 이동한 부족으로 여겨진다. 이러한 이유로 추바슈어는 튀르크 제어 가운데, 가장 고어(古語)형의 언어로 남게 되었다.[53]

중국 문헌에 의하면 AD 6세기 중엽에 처음으로 튀르크Türk란 이름이 나타나며, 이들이 곧 흉노(匈奴)의 후손임을 밝히고 있다.[54] 흉노족은 가장 오래된 튀르크족으로써 원시 튀르크족Proto-Turkic으로 추정된다.[55]

흉노(匈奴)는 한조(漢朝 BC 206 - AD 220)가 멸망한 후 혼란기에 세력을 얻어 거대한 스텝제국으로 성장하였다. 흉노 제국은 스텝 지대에서 일어난 최초의 국가조직은 아니었으나, 흉노 제국에 대한 연구가 진전되면서 근래에는 학자들이 흉노를 실질적인 최초의 스텝 제국으로 인정하기에 이르렀다.

흉노는 시베리아 고아시아족Paleo-Asiatic, 우랄족, 인도-유럽어족 등 비알타이계 부족들도 있으나 대개 튀르크, 몽골, 만주-퉁구스 등 소위 알타이족을 중심으로 형성된 부족 연합체로서 지도층은 알타이어의 일종인 튀르크어의 한 방언을 사용한 것으로 추정된다.

---

52) G. Doerfer, "Die Stellung des Osmanishe im Kreise des Oghusischen und seine Vorgeschichte," Handbuch der türkischen Sprachwissenschaft, Teil I, ed. Gy. Hazai, 1990, p.18-19.
53) 김효정, 중앙아시아 튀르크 제어의 형성과 발전 [중앙아시아 연구], 1996, p.184.
54) Bazin, L., pp.208-219.
55) Laszlo Rasonyi, Tarihte Türklük , 1988, p.65.

흉노의 영역은 오르도스Ordos 지방을 중심으로 형성되어 있었다. 흉노인들은 튀르크족 가운데 북서 그룹에 속하였는데, 중국 문서에 정령(丁靈)이라고 불리던 민족이었다. 흉노족의 거주 지역은 몽골리언 계통의 동호와 서쪽 인도-유럽인들 사이에 위치한 것으로 보고 있다. 남쪽에는 Xubsugul 부족ai-mak이 있었고, 동쪽에는 만주-퉁구스족이 있었으며, 남동쪽에는 고구려인(고조선)들이 거주했었다.[56] 이 당시 스텝의 서쪽 즉, 아무다르야Amu Darya 강과 시르다르야Syr Darya 강 유역과 카스피해 지역에서는 스키타이족이 활동하고 있었다.

그들이 역사 무대에 등장한 것은 BC 4세기 말경으로써 중국의 전국시대와 때를 같이한다. 흉노가 중국을 크게 위협하는고로 진(秦)나라는 AD 221년 만리장성 구축을 시작하기에 이르렀다. 흉노는 다른 북방 민족들, 특히 고조선과 동맹을 맺고 연합하여 진(秦)에 대항하며 그 세력을 확장시켰다. 흉노는 연(燕)·진(秦)·한(漢)이 계속되는 동안 이들 중국 왕조들에게 있어 무척 위협적인 존재였으며, 중국은 이들을 막기 위해 만리장성을 쌓기도 하였으나 별 효과를 거두지 못하였다.

2세기에서 6세기말로 이어지는 중국 역사의 암흑 시기에 출현하여 북중국을 통치했던 북위(北魏 AD 386~534) 역시 원시 튀르크계 국가였다.[57] 탁발(拓跋; To-pa) 혹은 타브가치Tabgach라고도 불리웠던 북위는 북서부에 위치한 연연과 계속적으로 대립하였으며, 한반도에도 침입하여 일시적으로 영향력을 행사하기도 하였다. 고구려에 불교가 유래된 것도 북위를 경유한 것으로 추정된다. 불교가 전래되면서 철저히 정착 국가로 전략한 북위는 중국에 불교를 정착시키는데 성공하였으나, 후에 지도층이 성(姓)까지 중국식으로 바꾸는 등 철저히 중국문화에 동화되고 한화(漢化)되어 사라져 버렸다. 북위의 통치자들은 군사적 귀족으로 남아 있으면서 모든 행정을 중국인들에게 맡겼었다.

AD 4세기 동유럽에 등장한 훈Hun족은 흉노족으로써 외몽고의 흉노제국

56) I. I. Goxman, "Proisxo denie central'noaziatskoj rasy v svete novye paleoantropologi eskix materialov," Issledovanija po paleoantropologii I kraniologii SSSR, 1980, p.29.
57) Laszlo Rasonyi, p.75.

붕괴 이후 서진하여 우랄족과 게르만족을 압박하여 유럽 게르만 민족 대이동을 유발하였다. 후에 등장한 훈족 지도자 아띨라Attila는 훈제국을 건설하였으나 그의 사후에 훈 제국은 쇠약해졌다. 바로 이 훈족은 헝가리Hungary 사람들의 조상으로서, 헝가리인들은 훈족의 초대 통치자 아띨라Attila를 자신들의 선조로 생각한다. 헝가리인은 알타이계 흉노부족과 고트족 혹은 우랄계 부족이 혼합되어 형성된 민족으로 추정된다. 훈족은 6세기에 게르만족의 공격을 받고 일부가 이동하여 카프카스 남부지역에서 불가르Bulgar 국가를 건설하였다가 아바르Avar족의 공략으로 발칸 지역으로 이동하였다. 이곳에서 훈족의 후예 불가르인들은 슬라브Slav계 원주민들을 지배하여 거대한 국가를 건설하였는데, 그것이 바로 불가리아Bulgaria 제국이다. 9세기에 전성기를 맞이했던 불가리아는 비잔틴과의 교류를 통해 기독교화되었고, 후에 지배계층인 불가르인들 역시 슬라브화하여 슬라브족에 동화되어 버렸다. 지금 불가리아는 바로 이 제국의 후예이다.

AD 6세기에 외몽고에 등장한 돌궐(突厥)은 흉노 및 북위의 후예로서 고구려와 동맹 관계를 맺고 한조 이후 중국을 장악한 수나라를 붕괴시키고 거대한 제국으로 발전하였다. 동돌궐과 서돌궐로 나뉘어 통치되던 돌궐 제국은 비잔틴 제국을 비롯하여 당대의 유라시아 대륙의 대부분의 국가와 외교관계를 맺고 상당한 국제적 영향력을 행사했던 것으로 보인다. 중국에 당이 등장하면서 당의 북진정책을 제어하기 위해서 고구려와 동맹을 맺고 대항하였으나, 신라와 연합한 당에 패배하자 동돌궐이 패망하고 이어서 천산 산맥 서편 서튀르키스탄에 위치한 서돌궐도 붕괴하였다.

돌궐이 약화된 틈을 타서 중동 이슬람 왕조인 움마야드 왕조의 쿠타이바 이븐 무슬림Qutaiba ibn-Muslim 장군은 서돌궐의 여러 지역을 침공하여 박트리아, 부하라, 사마르칸트 지역을 장악하고 강제적으로 돌궐계 부족을 이슬람화시켰다.[58]

---

58) 룩콴텐(송기중 역), 유목민족제국사, 1984, 105쪽.

2) 페르시아 민족과 문화의 발달

페르시아 문명의 발생지는 서튀르키스탄의 하레즘 지역으로, 이 지역은 고대 문명들 가운데 중심을 이루는 지역이다. 구소련 고고학자들은 구석기 시대에 속하는 허다한 유물들을 이 지역에서 발굴하였다. 모스테리아Mousterian와 그 이전 시대에 속하는 유물들이 카자흐스탄의 탈라스Talas 지역과 잠불Jambul 지역, 그리고 남부 우즈베키스탄의 타쉭 타쉬Tashik Tash 지역에서 발견되었다. 투르크메니스탄의 남부 제이툰Jeitun에 거처한 것으로 알려진 고대 중앙아시아 부족들은 신석기 시대에 이미 경작을 하고 있었으며 목축업에 종사하고 있었던 것으로 밝혀졌다. 농경의 흔적은 BC 3천 년경에 투르크메니스탄 남부 아나우Anau 문화에서 발견된다. BC 10세기에 고대 하레즘Khorezm에 철기 문명이 존재하였다. 하레즘 문명은 주로 농업과 목축업을 기반으로 하였다. 고대 하레즘에는 이미 정교한 농수로 개간 시설이 갖추어져 있었다. 당대에 농업과 도시화 흔적이 있는 다른 지역은 박트리아Bactria와 소그디아나Sogdiana이다. 이 스텝 지역의 사람들은 BC 약 1,100년 전 청동기 시대에 이미 관개시설을 사용한 농경에 종사하고 있었던 것이다. 이러한 이유로 많은 학자들은 메소포타미아, 이집트, 인더스, 황하 등 인류 문명 4대 발생지 이외에 제 5대 인류 문명 발생지로써 하레즘 문명을 따로 설정하기를 주저하지 않는 것이다.

고대 중앙아시아의 원주민들은 대개 페르시아계 민족이었으며 인도-유럽어족에 속한 이란어를 사용했다.[59] 헤로도토스에 의하면 이들은 사카Saka라고 불리는 종족으로써 동부 중앙아시아와 내륙아시아에 분포되어 있었다.

고대 페르시아인들이 이란 고원으로 이주한 것은 BC 10세기경이었다. 이들은 먼저 북부 지역에 메데Mede 왕국을 세웠으며, BC 6세기경에 남부 고원에 최초의 군주국으로 알려진 페르시아계 아카메니드Achaemenid 왕국을 건설하였다.

---

59) 고대에 페르시아인들이 거주하는 중앙아시아 지역의 소위 동이란인Eastern Iranian들은 언어학적으로 세 그룹으로 나뉘어 있었다(트란속시아나의 서부 지역 하레즘인들과 사마르칸트, 부하라, 타쉬켄트 지역에 거주하고 소그드어를 사용하는 페르시아인들, 그리고 박트리아, 토하리스탄Toxatistan, 내륙아시아 등지에 흩어진 페르시아계 소수민족들).

이 시기에 부족clan의 의미는 줄어들고, 각 가족family이 군주국 전사로서의 정체성이 형성되면서 국가의 거주민 혹은 일원으로서 이란인이 생겨나게 되었다. 이와 같은 이란인화 현상은 BC 6세기 중반 시루스Cyrus의 반란과 반세기 후에 등장한 다리우스(BC 552~486) 통치 이후 아카메니드 왕국의 본토 이란 고원에서 더욱 가속화되었다. 그러나 소그드인, 하레즘인, 박트리아인, 사카인(스키타이인) 등과 같이 중앙아시아에 남아 있는 페르시아계 민족들은 각각의 페르시아 방언을 사용하며 여전히 자기 부족적 정체성을 지키고 있었다.[60]

아카메니드 왕국에서 통치자는 매우 카리스마적 통치권을 행사했던 것으로 보인다. 다리우스 왕의 경우는 그는 자신이Vistaspa의 아들이며, 아카메니즈 가문이며, 시루스Cyrus 계통임을 강조하는 것에서 잘 나타난다. 아베스타 Avesta에 나타난 다리우스는 왕족royal family으로서의 자신의 정통성을 매우 강조하는 것을 볼 수 있다. 아카메니드 왕국의 통치자의 카리스마적인 권위는 마치 중국의 천자나 돌궐제국의 카간Kaghan의 통치자적 권위와 유사한 것으로 보인다. 흉노에서 돌궐로 이어지는 원시 혹은 고대 알타이계 부족이 가졌던 천명사상이 고대 페르시아의 통치 사상에도 나타남을 볼 수 있다. 이러한 사실에서 흉노 등 고대 알타이계 부족과 스키타이 등 페르시아계 부족들 사이에 문화적 접촉 혹은 교류가 있었음을 알 수 있다.

아카메니드 왕국은 앗시리아나 그 전에 있었던 다른 왕국과는 달리 세계주의적 세계관을 가지고 있었던 것으로 추정된다. 이러한 사실은 아카메니드 왕국이 정복한 주민들에 대해서 그들의 종교나 관습 등을 제한하지 않고 문화적 자치를 허용한 것에서 알 수 있다.

역사 속에 최초의 군주국으로 알려져 있는 아카메니드Achaemenid 왕국은 알렉산더 대왕에 의해 파괴되고 그 영토는 알렉산더 제국에 복속되었다. 알렉산더 제국의 멸망 이후에 중앙아시아의 상당 부분이 시리아에 거점을 둔 셀레우코스Seleukos 왕국(BC 312~64)의 통치하에 들어갔다. 그러나 셀레우코스 통치 기간은 길지 않았기 때문에 중앙아시아의 아카메니드적 혹은 페르시아적

---

60) Richard N. Frye, "Pre-Islamic and Early Islamic Cultures in Central Asia," Turko-Persian Historical Perspective, edit. Robert L. Canfield, 1991, pp.39~40.

문화 요소는 거의 손상을 입지 않았던 것으로 보인다.

아카메니드인들은 아람문자Aramaic를 사용하였는데, 이 문자는 후에 소그드인들이 계속 사용하게 되었다. 비단길 무역을 주도했던 소그드인들은 후에 이 문자를 튀르크계 위구르족에게 전수하였다. 이 위구르 문자는 AD 13세기 몽골 제국에서 공식 문자로 사용하였으며, 청나라를 세운 만주족의 문자로 발전되었다.

이와 같은 여러 정황을 살펴 볼 때, 아카메니드 왕국 이후에도 이 왕국이 발전시킨 문화나 사상의 영향이 중동뿐만 아니라 중앙아시아 전역에 지속적으로 계속되었던 것으로 보인다.

BC 3세기에 세레우코스 왕국은 원주민들의 봉기로 중앙아시아 서부 지역에서 밀려나게 되었으며 이 지역은 카스피해 남동쪽에 위치한 고대 이란계 유목민들의 파르티아Parthia 왕국(BC 247~226)이 계승하였다. 독립성을 유지하고 있던 그리스계 박트리아 왕국은 BC 140~30년까지 100여년 동안이나 중앙아시아 원주민 국가 파르티아 왕국의 공격을 막아내고 존립하는데 성공하였다. 이후 박트리아 왕국은 북서 인도에서 발흥한 이란계 쿠샨Kushan 왕조에 의해 멸망하였다. BC 2세기부터 AD 4세기 중엽까지 북서부 인도와 중앙아시아 일부를 통치한 쿠샨 왕조의 통치 기간은 중앙아시아의 문화 및 경제 발전에 크게 기여하였다. 간다라 미술로 유명한 쿠샨 왕조는 AD 3세기 말에 쇠약해지기 시작했다.

AD 4세기에 쿠샨 왕조의 통치를 받던 백 훈족White Hun이라고 불리우는 이란계 에프탈리테Hephthalite는 박트리아 지역을 공격하여 쿠샨 왕조를 격퇴시키고 쿠샨 왕조의 중앙아시아 통치를 마감시켰다. 에프탈리테는 후에 카자흐스탄 동부 세미레체Semirechye 지역에서 원정한 돌궐(突厥) 군대에 의해 붕괴되어 흑해에서 만주 지방에 이르는 거대한 영토를 장악한 고대 튀르크 제국Gök Türk Empire인 돌궐 제국에 복속되었다. AD 6세기 말에 돌궐 제국은 동돌궐과 서돌궐로 분리되었고 서돌궐 즉 구소련 중앙아시아 지역은 후에 아랍 이슬람에 의해 정복되었다.

고대 페르시아 문화에서 가장 중요한 것은 조로아스터교이다. BC 600년경 페르시아의 예언자 조로아스터(그리스명 Zoroaster, 페르시아명 Zarathushtra)에 의해서 창시되었다. 조로아스터가 생존하던 시기에 이란은 종교적으로 다신교를 믿고 있었는데, 조로아스터가 유일신을 강조하면서 이 종교가 왕족과 고위층에 먼저 전파되어 나갔다. 그러나 조로아스타교가 이란 지역에 자리를 잡기 시작한 것은 AD 3세기 이후 사산조 페르시아 왕조 시기이다.

3) 이슬람 이전 튀르크 문화와 페르시아 문화의 접촉

내륙아시아 즉, 카프카스 지역, 소련 중앙아시아, 그리고 시베리아를 포함하는 광활한 유라시아 내륙에는 현재 대부분 튀르크족, 몽골족, 퉁구스족 등 알타이계 민족과 슬라브계 민족이 대다수를 이루며 중앙아시아 남부, 서아시아에 쿠르드족, 이란족, 아프간족, 타직족 등 페르시아 민족이 정착해 있다. 오늘날 파미르 고원 북부 지대를 따라 길게 이어진 동튀르키스탄과 서튀르키스탄이라 불리우는 지역은 튀르키스탄, 즉 튀르크족의 나라로 알려져 있다. 그러나 고대로부터 AD 10세기까지 타림 분지를 포함하는 튀르키스탄은 대부분 페르시아계 부족들이 점유하고 있었다. 또한 카자흐스탄 및 남시베리아 역시 이란계 스키타이인들의 활동 무대였으며 동시베리아, 오르혼 강, 예니세이 강 유역 및 외몽고는 우랄족과 알타이족 그리고 고아시아족이 혼재해 있었던 것으로 보인다.[61] 외몽고에서 만주와 한반도에 이르는 지역은 주로 고아시아족과 알타이계 부족들이 거주했던 것으로 추정된다.

이러한 상황에서 튀르크문화권과 페르시아문화권은 아시아 대륙 역사의 고대 시대부터 접촉과 교류 등 상호작용이 빈번했다.[62] BC 5~7세기 페르시아 민족들이 주축이 되어 형성시킨 스키타이 문명이 페르시아 지역과 현재의 서튀르키스탄 그리고 남부 시베리아와 카자흐스탄 지역에 널리 퍼져있을 때, 바로 이웃 천산 산맥 동부 지역, 외몽고, 동남부 시베리아 지역에 원시 혹은 고대 튀르크족의 독특한 유목민족 문화가 형성 발전되고 있었다. 고대 페르시아인들은 기마문화로써 아카메니드 왕국이 설립되기까지 중국 신강성, 카작 스텝 및 서튀르키스탄 전역에 분포되어 있었으며 알타이계 민족들이 서진하여 이

---

61) S.V. Kiselev, Drevnjaja istorija ju noj Sibiri, 1951, pp.315, 357.
62) Peter B. Golden, An Introduction to the History of the Turkic Peoples, 1992, p.189.

지역에 유입된 것은 서력 기원 이후에 시작된다. 알타이계 튀르크족은 AD 10세기에 이르러 중앙아시아의 아무다르야와 시르다르야 유역 트란속시아나를 장악하고 페르시아인들을 기저층으로 하여 새로운 튀르크 민족과 튀르크이슬람 문화를 형성시켜 나갔다.

고아시아족을 기저층으로 원시 튀르크족으로 알려진 흉노족이 주축이 되어 형성시킨 유목민족 문화는 그 형태나 특징에 있어서 스키타이 문화와 유사한 면이 많이 있다는 것은 잘 알려진 사실이다. 「헤로도토스가 언급한 바와 같이 말을 순장한다거나, 물을 타부시하는 것, 그리고 적의 해골을 잔으로 사용하는 것 등을 흉노나 페체네크 부족에도 나타난 관습들이다.」[63] 많은 학자들이 이미 지적하였듯이 원시 혹은 고대 페르시아족의 것으로 알려진 스키타이 문화와 원시 튀르크족의 문화는 카프카스, 서남아시아, 중앙아시아, 시베리아, 외몽고, 만주 지방 그리고 한반도에 이르기까지 전체 유라시아 대륙에서 매우 광범위하게 역동적인 상호 작용을 통해서 발전해 나갔다.

2. 튀르크 이슬람문화의 형성과 발달

1) 튀르크 민족의 이슬람화

651년 아랍 이슬람 제국의 공격으로 사산조(AD 224~651) 페르시아 제국이 붕괴되었다. 마지막 왕 야즈다기르드 샤Yazdagird Shah는 사망하고 나머지 왕족들은 중국으로 망명하였다. 사산조 페르시아 왕족들이 중국으로 도주하자, 아랍 이슬람군은 도주하는 왕족들을 추적하는 과정에서 중앙아시아에 진출하는 계기를 맞게 되었다. 곧 이어서 674년에 호라산 총독 지야드 'Uday-dallah b. Ziyad이 중앙아시아 원정을 감행하였고, 그의 후계자 우트만Sa'id b. 'Uthman이 676년에 뒤를 이었다. 그리고 우다이달란 'Udaydallahn의 동생 살름Salm이 680년에 원정을 떠났다. 이들 무슬림 군대가 중앙아시아 원정을 세 번씩이나 감행한 이유는 전리품을 노리는 것이었으나, 이의 결과로써 중

---

63) Peter B. Golden, op. cit., p.49.

앙아시아의 여러 부족들과 화친조약을 맺고, 많은 전리품과 여자들을 획득할 수 있었다. 그러나 아랍 내부 정치 혼란으로 인해 이후에 중앙아시아 원정이 중단되었다.[64]

중앙아시아에 대한 이슬람군의 진출이 본격적으로 재개된 것은 AD 705~715년 쿠타이바 무슬림(Qutayba b. Muslim, AD 705~715)에 의해서였다. 그는 튀르크계 서돌궐 군대와 페르시아계 소그드인들을 압제하고 트란속시아나까지 진출하였다. 그러나 아랍 조정에서 또 내분이 발생하였고, 쿠타이바 무슬림Qutaiba b. Muslim은 반란으로 피살됨으로써 중앙아시아 원정은 허사가 되고 말았다.[65]

무슬림Ibn-Muslim의 중앙아시아 원정 때에 아랍 무슬림들은 진입하는 곳마다 칼과 불을 가지고 원주민들을 잔인하게 복속시켰으며, 무그Mug 성곽이나 펜지켄트Penji Kent 사원 같은 찬란한 역사 유적지를 무자비하게 파괴하였다. 아랍인들의 야만적인 행위는 알 비루니Al-Biruni의 개탄하는 글에서 잘 묘사해 주고 있다. 그는 아랍군 야전군 사령관 이븐 무슬림은 하레즘의 역사와 언어를 알고 있는 모든 학자들을 남김없이 참형에 처했다고 기술하고 있다. 이리하여 중앙아시아 원주민들이 이슬람 전 역사Pre-Islamic History에 대하여 배우는 것을 거의 불가능하게 만들어 버렸던 것이다. 아랍인들은 돌궐(튀르크) 부족들이 지원하는 원주민들의 강한 저항에 부딪혔다. 이러한 저항은 반세기 동안 계속되었다. 이것은 이란계 사산Sasan 왕조가 15년 만에 완전히 아랍의 통치에 굴복했던 것과는 매우 대조적인 것이다.

중앙아시아에서 아랍 통치는 매우 잔혹했다. 아랍인들과 일부 친아랍계 귀족들이 특권을 누렸던 것과는 대조적으로 농부들은 높은 세금에 시달려야만 했다. 아랍인들은 무력을 사용하여 이슬람을 중앙아시아에 확산시켰다. 이러한 강제적인 포교 정책은 전통적인 중앙아시아 민간 신앙을 가진 현주민들의 강한 저항에 직면해야만 했다. 또한 아랍인들은 아랍어를 공식어로 사용하면서 이슬람과 더불어 아랍어를 전파했다. 아랍어가 공식어이며 학문 언어가 되는 반면

64) H.A.R. Gibb, The Arab Conquests in Central Asia, 1970, pp.17-23.
65) E. Chavannes, Documents sur les Tou-kiue(Turc) Occidentaux,1903, pp.288-292.

현지인들은 그들의 언어 즉, 페르시아계 언어나 튀르크계 언어사용을 고집했다. 결과적으로 아랍인들은 중앙아시아 현주민들의 인종 구성 면에서 이렇다할 영향력을 행사하지 못했다. 현재 중앙아시아에 거주하는 일부 아랍인들은 후대즉, 티무르 제국 이후 중앙아시아에 이주한 사람들의 후손들이다.

이슬람 정복의 영향은 카자흐스탄 중북부 지역까지는 미치지 못했다. 카작 스텝 지역에 거주하는 튀르크 부족들은 여전히 이슬람 영향권 밖에 독립적으로 남아 있었다. 튀르크 부족들은 8세기에 세미레체 지역에서 튀르게쉬 Türgesh 부족을 중심으로, 그 후에는 카를룩Karluk을 중심으로 연맹체를 결성하였다. 시르다르야 강 하류에서 서부 세력에 대항하여 튀르크 부족과 오우즈Oghuz 부족들의 강력한 연맹체가 결성되었다. 이들 부족들은 농경과 목축업을 결합시켰으며 정착 마을을 중심으로 상업을 발전시켰다. 오우즈 부족들의 거주 중심지는 양기켄트Yangikent 'new city'였다. 이들 오구즈 부족들은 AD 6~7세기에 돌궐 제국에 복속되어 돌궐족과 결합된 이란계 에프탈리테 부족들을 기저층으로 하여 형성된 튀르크계 부족으로써 인종적으로 튀르크(돌궐)-에프탈리테 혼합적 성격을 지녔다. 이 오구즈 부족들은 이후 11세기에 셀주크Selchuk 제국을 출범시키게 된다.

페르시아 동부 중심 도시 호라산의 무슬림들은 아랍 압바스 왕조의 등장에 결정적인 역할을 하였다. 호라산 지역은 이란인과 아랍 무슬림들이 혼재해 있는 이슬람 제국 변방 도시가 되었다.[66] 아랍족과 이란족이 무슬림 공동체를 이룸으로써 이슬람이 아랍 민족적 한계를 극복했다는 점에서 이슬람 문화사적인 측면에서 볼 때, 호라산 지역은 움마야드조와 압바스조를 구별 짓는 주요한 특징인 이슬람 보편주의Islamic Ecumenism를 창출한 것이다. 이로써, 이란인 mawali들이 이슬람 정부 내에서 아랍인들과 같이 처우 받게 되었고 아랍-페르시아 이슬람 문화가 형성되기 시작하였다.

AD 821년에 Tahir b. al-Ma-mun은 호라산 총독이 되었다. 그는 호라산 지역에 대한 자치를 강화하고 독자적인 왕조처럼 군림하였다. 그는 등극하자마자 중앙아시아 트란속시아나를 향해 원정을 감행하였는데, 2천 명의 현지인을

66) R. N. Frye, The Golden Age of Persia. The Arabs in the East, 1975, pp.97-98.

사로잡아, 할리파 al-Mutwakkil(AD 847~861)에게 굴람Gulam 즉, 노예 전사slave soldier혹은 용병으로 바쳤다.[67] 할리파 알 무타심al-Mu'tasim(AD 833~842)은[68] 수많은 굴람을 사서 자신의 노예 전사단을 만들었다. 이 굴람 제도는 후에 이슬람 왕조 국가에서 널리 유행하게 된다. 이집트의 맘루크 mamluk 왕조는 굴람이 정권을 잡음으로써 탄생한 것이다.

여기서 유의할 것은, 모든 굴람이 튀르크족은 아니라는 것이다. 그러나, 전통적으로 튀르크 전사들이 다수를 차지하는 굴람은 튀르크어를 사용하며, 굴람 가운데는 튀르크 문화 혹은 군사문화가 지배적이었다는 사실이다. 굴람 출신으로써 최초로 왕조를 건설한 사람은, 아흐메드Ahmed로 알려져 있는 사람의 아들 톨룬Tolun이다. 그는 압바스 왕조가 쇠약해진 틈을 타서 AD 868~905년 사이에 이집트와 시리아를 통치하였다.

중앙아시아 스텝에서 튀르크족 전사들을 잡아 할리파에게 파는 노예전사 무역은 타히르Tahir 총독 이외에 사만 왕조(AD 819~1005)도 관여하고 있었다. 873년 타히르Tahir 총독이 쇠퇴하게 되자, 노예전사 무역을 사만 왕조가 독점하게 되었다. 사만 왕조는 8세기에 이슬람으로 개종하여 압바스 이슬람 왕조의 변경에 위치하며 압바스 왕조의 위성국가로써 소그디아나 지역과 헤라트 지역을 통치하고 있었다. 사만 왕조는 노예전사들을 잡아올 뿐만 아니라 이들을 훈련하는 훈련소까지 운영하는 등 노예전사 무역을 전문화시켜 나갔다.

이러한 노예전사 무역이 성행함으로써 스텝의 튀르크족 전사들은 정착민화하기 보다는 아랍 이슬람 왕조에 노예전사 혹은 직업 군인으로 팔려가는 것이 일반화되었다. 당시 이러한 노예전사 무역의 중심지는 우즈베키스탄 동부 페르가나Ferghana 계곡이었다.

이와 같이 스텝의 튀르크족 출신 노예전사 혹은 직업 군인들이 아랍 이슬람 세계에 진출하게 되고, 후에는 군사적 역량을 바탕으로 정치권력도 차지하게 되었던 것이다. 이러한 과정에서 거의 모든 굴람은 이슬람 종교로 개종하게 되었고, 튀르크 무슬림 굴람들에 의해 역으로 중앙아시아의 이슬람화는 가속화

---

67) R. Pipes, Slave Soldiers, 1984, pp.29-43.
68) E. Chavannes, Documents sur les Tou-kiue(Turc) Occidentaux,1903, pp.288-292.

되었다. 9세기는 굴람을 통한 중앙아시아 이슬람화의 전성기이다.[69] 결과적으로 튀르크족의 이슬람화는 아랍 이슬람 문화에 많은 영향을 미치게 되었을 뿐만 아니라, 후에 튀르크족이 페르시아인들을 지배하게 되면서 새로운 튀르크 이슬람 문화를 탄생시키게 된다.

2) 새로운 튀르크 이슬람문화의 발달

9세기에 사만Saman 왕조(AD 874~999)가 부하라Bukhara 지역을 중심으로 발흥하여 이란과 중앙아시아를 연결하였다. '두 강(아무다르야와 스르다르야) 사이'란 뜻을 가진 트란속시아나(일명 Maverannahr), 하레즘, 스르다르야Syr Darya 지역, 투르크메니스탄의 일부, 이란, 아프가니스탄 등을 그 영토로한 사만 왕조는 중앙아시아의 인종적 · 문화적 발전에 크게 기여하였다.

또한, 사만 왕조의 통치 기간 동안에 타직-페르시아계 언어는 그 사용 영역이 널리 확장되었다.[70] 이로인해 8세기 말과 9세기 초에 다수의 지식인들이 배출되었다.

AD 9~10세기에 이르러 트란속시아나 지역에 진출한 아랍인들뿐만 아니라, 이 지역에 거주하는 원주민들이 모두 페르시아어를 통용하게 되었다. 이러한 상황에서 호라산Khurasan 총독 타히르(Tahir, AD 820~873)는 파흘라비Pahlavi 문자의 사용을 폐기하고 아랍어 문자를 사용하기 시작하였다.[71] 아랍 문자를 사용하여 페르시아어[72]를 공용어로 사용하게 됨으로써 새로운 페르시아 이슬람 문학과 문화가 생성되었다. 새로운 페르시아 이슬람 문화는 이란 본토가 아니라 변경 지역 중앙아시아 튀르키스탄에서 생성 발전하기 시작한 것이다. 바로 이 페르시아인들에 의해서 중앙아시아에 이슬람 문화가 전파된 것이다.

---

69) Frye, op.cit., p.148.

70) Ira M. Lapidus, A History of Islamic Societies, 1988, pp.154-155.

71) Ira M. Lapidus, A History of Islamic Societies, 1988, p.155.

72) Tajik이란 용어는 아랍 부족명 Tayyi'에 튀르크어 접미사(지소사) -çik이 첨가된 것이다. 본래 이 용어가 중앙아시아 스텝에 진출하여 페르시아인화 한 아랍인들을 지칭한 것에서 유래한 것이다.

　　이슬람 수학의 창시자인 이븐 무사 알 코레즈미Ibn-Musa Al-Khorezmi
는 바로 이 시기에 활동했던 사람이다. 코레즈미의 업적은 아랍에 전래되어 아
랍의 수학 발전에 크게 기여했었다. 대수학을 의미하는 알게브라algebra라는
용어는 바로 이 시기의 학자 알자브르Al Djabr의 이름에서 유래한 것이다. 그
는 수학자였을 뿐만 아니라 천문학자, 지리학자, 역사학자로서도 명성을 떨쳤
다. 그의 업적들은 인도의 대수학과 그리스의 기하학을 조합한 것으로 유명하
다. 이 시대의 학자이며 다수의 철학 주석서를 저술한 아부 나스르 알 파라비
(Abu Nasr Al-Farabi, AD 950 사망)는 동양의 아리스토텔레스로 불리기도
한다. 그는 유물론적 세계관을 가진 학자였는데 이러한 그의 사상은 이슬람 승
려Mullah들의 핍박을 자아냈다. 파라비의 유물론적 세계관은 다수의 약학과
철학 관련 업적을 저술한 저명한 중앙아시아 과학자 이븐 시나Ibn Sina, AD
980~1037에게 큰 영향을 미쳤다. 그가 저술한 의학 관련 서적 중에는 12세기
에 라틴어로 번역까지 된 '의학의 규범Canon of Medical Science'이 있다.
이 의학 서적은 그 이후 6세기 동안이나 약학 분야에서 가장 권위 있는 논문으
로 동양과 서양에서 의사들에 의해 사용되었다.

　　이 시대에 하레즘 지역에서 배출한 또 다른 학자는 알 비루니(AD 973~
1048)이다. 그는 이븐 시나와 동시대의 사람으로서 오늘날 우즈베키스탄 카라
칼팍 자치공화국의 한 마을에서 태어났다. 그는 그의 유명한 저술 인도의 역사
History of India 이외에 중세에서 필적할 수 없는 역사-민속학자이면서 또
한 지리학자, 천문학자, 광물학자, 민족학자, 역사학자, 시인이기도 하다. 중
앙아시아 현주민들의 문화에 대하여 특별한 관심을 가졌던 그는 정복자 아랍
인들의 야만성을 거침없이 폭로한 위대하고 용감한 민족주의자였다. 비루니
Buruni는 직관적인 유물론적 세계관을 가진 학자로서 물리적 세계의 현상과
법칙을 인식하는데 있어서 인간의 지성을 강조했다. 이는 이슬람적 세계관 및
인식체계에 정면으로 도전하는 것으로 이슬람 승려들로부터 끊임없는 생존의
위협을 받았다.

　　사만Saman왕조 시기에 이슬람 학자들 집단 즉, 울라마Ulama는 크게 발전
하였다. 사만 왕조가 수니파 이슬람을 강화함으로써 울라마의 정치적 영향력
은 부하라를 중심으로 크게 증대되었다. 사만왕조의 수피 이슬람은 샤파이

Shafai에 대립적인 하나피Hanafi 계통이 지배적이었다. 사만왕조가 카라한 Karakhan왕조에 의해 붕괴된 이후에도 하나피계 울라마의 활동은 계속 발전 하였다. 호라산과 트란속시아나 지역이 샤파이계 무슬림들이 강한데 비해 부 하라는 하나피계 울라마의 중심지가 되었다. 울라마의 발달로 인해 카라한왕 조의 국가 행정 기관에 대한 장악력은 절정에 달하게 되었다.[73]

이 시기에 튀르크-페르시아 이슬람 사회에 또 다른 변화가 일어났다. 그것 은 다양한 민족이 형성 발전되고, 다양한 이슬람 사상이 형성되기 시작한 것이 다. 기독교, 유대교, 조로아스터교가 여전히 상당한 세력으로 존재하고 있었고 다양한 이슬람 분파가 생성되었다. 사만왕조 이후에 이러한 다양성의 증대는 튀르크-페르시아권의 사회적 혼란을 증대시키게 되었다.

또한 이 시기에 튀르크족은 통치권과 지배 계층을 장악하게 되었다. 그러나 도시들은 여전히 페르시아적인 분위기였다. 관료 계층은 페르시아와 아랍어 구사능력을 가진 울라마가 지배적이었다. 지식인들 역시 이슬람화된 세계에서 아랍적이고 페르시아적인 전통 속에 있었다.[74] 이란의 문예 전통에 튀르크 통 치 및 군사, 문화 그리고 이슬람 전통고유사상이 절묘하게 혼합된 튀크르-페 르시아 이슬람 문화가 발달하기 시작한 것이다.[75] 이렇게 해서 아랍적이고 베 드윈적인 배경을 가진 이슬람은 보다 더 풍요롭고, 순응적이고, 세계적인 문 화, 종교로 발전하게 된 것이다.[76] 새로운 페르시아어가 생겨나고, 튀르크족이 지배민족으로써 자리를 굳혔으며 도시에는 성직계급 즉, 울라마의 활동이 두 드러지고 다양한 종족이 이슬람이라는 단일 정체성 아래 공동체를 이루는 새 로운 이슬람 문화(튀르크-페르시아 이슬람 문화)는 이후에 서아시아와 남아시 아(아프가니스탄, 파키스탄) 및 인도로 확장되어 나갔다.

사만왕조와 카라한왕조 시대에 형성된 튀르크-페르시아 문화는 서튀르키스 탄, 이란, 소아시아 아나톨리아 반도로 그 영역을 확장한 셀주크왕조(AD 1040 ~1118)와 아프가니스탄 및 인도 북부를 통치한 가즈나 조에 의해 더욱 발전되

73) R.N. Frye, The Golden Age of Persia: The Arabs in the East, 1975, 200ff.
74) Robert L. Canfield, Turko-Persia in Historical Perspective, 1991, p.12.
75) Marshall G. S. Hodgson, The Venture of Islam, vol. I, 1974, p.58.
76) Frye, op.cit, 200-207ff.

었다. 호라산과 트란속시아나에서 시작된 튀르크-페르시아 이슬람 문화는 13세기에 가즈나왕조Ghaznavid에 의해서 남아시아 인도 깊숙이 침투해 들어갔다.[77] 그리고 가즈나왕조를 붕괴시킨 셀주크왕조에 의해서 이 새로운 혼합 문화는 이란, 이라크, 시리아를 걸쳐 아나톨리아 반도로 확장되어 갔다.

이슬람 종교 사상에도 몇 가지 중요한 변화가 일어났다. 수니파 이슬람은 더욱 더 조직화되고 법전화되었다. 또한 이슬람 신학자 알가잘리al-Ghazali는 수피즘Sufism과 샤리아shari'a의 조합synthesis이 시도되었다. 이슬람 신학자들은 통치자 술탄의 통치사상을 제공하는 어용학자로 변신하였으며, 이에 따라 국가 종교로써의 이슬람 종교는 한층 체계화되고 제도화되었다. 이러한 이슬람 통치사상은 이슬람 신학교 마드라사madrasa를 중심으로 울라마Ulama에 의해서 신학이론으로 발전하였다. 이러한 통치신학의 발전에 따라 이슬람신학교 출신들이 국가 관료직에 대대적으로 진출하게 되었으며, 이에 따라 울라마와 국가 관료들의 상호 관계는 더욱 긴밀해지게 되었다.[78] 비록 통치자와 지배층은 튀르크족이었으나, 많은 페르시아인들이 울라마와 관료로써 일했다. 공식문서는 페르시아어로 작성되었으며, 문학 작품 역시 페르시아어로 기록되었다. 우리나라에서 과거에 조선말을 하면서 공식문서는 중국 한문으로 기록한 것과 같은 상황이 전개된 것이다. 또한 이슬람 법은 아랍어에 의해 기록되었으며, 궁중과 군대에서는 튀르크어가 사용되었다.

아프가니스탄과 인도 북부 지역에서 튀르크-페르시아 문화는 매우 발전하였다. 가즈나왕조 이후에 라호레Lahore를 수도로 하여 고르왕조Ghorid가 등장하였다가 후에는 남진하여 델리를 수도로 하였다. 고르왕조는 얼마 못 가서 자신들의 노예군사들에 의해 전복되었다. 몽골의 무자비한 핍박을 피해서 수많은 튀르크-페르시아 이슬람 학자들과 지식인들이 인도로 몰려왔다. 이로 인해서 인도에서 튀르크-페르시아 문화는 매우 발전하게 되었다. 1258년 몽골이 바그다드를 함락시키자, 델리Delhi는 동부 이슬람의 중심지로 부상하였다.[79] 가즈

77) S.M. Ikram, Muslim Civilization in India, 1964, p.36.

78) Frye, op.cit., pp.224-230.

79) Ikram, op.cit., p.112.

나왕조와 셀주크왕조처럼 고리 조 및 델리의 술탄들은 후에 발달한 서아시아와 아나톨리아 반도의 튀르크-페르시아 이슬람 문화의 전형을 발전시켰다.

1398년 티무르가 인도를 침공함으로써 델리는 함락되었으나, 이후 15세기에 델리를 통치한 튀르크계 술탄들은 튀르크-페르시아 문화의 전통을 이어갔다.[80]

이 시기에 튀르크-페르시아권 동부에서 수피즘이 발전하였다. 특히 호라산과 트란속시아에서 낙쉬반드Naqshibandiya와 쿠브라위Kubrawiya 이슬람 수피파가 출현하였으며, 아나톨리아에서 마을라위Mawlawiya, 인도에서 크리스티Christiay수피파가 등장하였다.

튀르크-페르시아 문화는 16세기에 들어 전성기를 맞이한다. 16세기에 화약을 사용한 대포가 발달하면서 대포의 화력 앞에 기마전술 만으로는 전쟁을 수행할 수 없게 되었다. 대포의 화력이 전쟁의 승패를 좌우하게 되면서, 기동성 있는 기마력과 대포의 화력이 동시에 필요한 새로운 군사문화가 형성되었다. 따라서 기마 문화적 전통에 의존하던 튀르크-페르시아 문화는 급속히 정착문화적 환경으로 전환되게 되었다. 이 시기에 등장한 오스만, 샤파이, 무굴 제국들은 바로 이러한 새로운 환경에서 발달하였다. 서튀르키스탄에서 샤이바니왕조Shaybanid가 등장했으나 그 세력은 매우 미약할 수밖에 없었다.

오스만 제국은 튀르크-페르시아권의 동부 제국들보다 더 안정적으로 발전하였다. 오스만 제국은 초기에 튀르크-페르시아 문학을 발전시켰으며, 16세기에 들어서 수많은 작가와 예술가들이 등장하였다.[81] 그러나 아랍 지역과 동유럽 지역으로 팽창하면서, 오스만 제국은 점차 페르시아적 요소를 버리고 다민족 지배 국가로써 지배민족의 정체성을 강화하기 시작했다. 궁중에서 공식문서 언어로 페르시아어를 버리고 튀르크어를 사용하기 시작했다. 19세기에 들어서서는 제국 내에서 페르시아어 공식문서는 거의 찾아볼 수 없게 되었다.[82]

15세기에 튀르크계 아제르족이 건설한 샤파이왕조Safavid는 수피 교단의

---

80) Norah M. Titley, Persian Miniature Painting and its Influence on the Art of Turkey and India, 1983, pp.161-173.

81) Ehsan Yarshater, "The Development of Iranian literatures," Persian Literature, ed. Ehsan Yarshater, 1988, p.15.

82) Titley, op.cit., p.159.

중심세력이 되었다. 동부 아나톨리아 튀르크계 투르크멘인들에 의해 숭배되던 수피파 이슬람이 16세기에 이르러는 샤파이왕조의 후원에 힘입어 이란 전체에 크게 확산되었다. 수피 무슬림들은 전통 이란 문화를 계승하는 정통 이란계 왕조로 발전하였다. 그들은 이슬람 사원을 건조하고 페르시아 예술, 문학 등을 계승 발전시키는 등 페르시아적 문화전승을 강화하였다.[83] 본래는 수니파 이슬람을 신봉하던 샤파이왕조는 오스만 제국과 대결하는 과정에서 오스만제국 사회와의 차별성을 강조하기 위해서 시아파 이슬람을 공식 종교로 선포하였다.[84]

인도의 무굴 제국은 튀르크-페르시아 이슬람 문화를 계속 유지하였으나 후에 부하라, 타브리즈, 쉬라즈 및 이란 곳곳에서 페르시아 예술가, 문학가, 건축가 등을 데리고 와서 페르시아적 정체성을 강조하는 형태로 문화를 발전시켰다.

이와 같이 오스만, 샤파이, 무굴 제국은 각각 독자적인 문화적 특징을 가지고 발전하였다, 그럼에도 불구하고 아나톨리아, 이란, 중앙아시아, 남아시아 전역에는 전통적인 튀르크-페르시아 이슬람의 문화적 특성은 삶과 관습, 의상, 문학, 예술, 건축 등 다방면에서 깊게 뿌리 내렸다. 이 방대한 지역에 페르시아, 푸슈투, 발루치, 쿠르드 등 인도 유럽어를 사용하는 사람들과 아제르, 투르크멘, 키르기스, 우즈벡 등 튀르크어를 사용하는 사람들이 산재하여 다양한 형태의 종족성과 부족성, 언어, 이슬람 분파 등이 있었지만, 사람들의 관습과 사고, 삶의 양식에 있어서 튀르크-페르시아적이라고 부를 수 있는 문화적 정체성은 뚜렷하였던 것이다.

---

83) Titley, op. cit., p.105.
84) Marshall G.S. Hodgson, The Venture of Islam, vol. III, 1974, p.16.

3. 중앙아시아 튀르크 이슬람의 문화적 특성

1) 중앙아시아 튀르크 이슬람 문화의 형태

이렇게 새롭게 형성된 튀르크 이슬람 문화는 네 가지 뚜렷한 특징적 형태를 가지고 있다.

첫째, 중세 페르시아어인 파흘라비Pahlavi와는 다른 새로운 페르시아어가 발전하게 되었다. 위에서 언급한 것과 같이 이슬람이 전파된 이후 페르시아 지역에서도 아랍어가 널리 쓰이게 되었지만, 9세기경에 페르시아어가 호라산과 트란속시아나 지역의 행정, 문학 통용어로 쓰이기 시작하였으며 사만조에서는 교육어와 공식어로 사용되었다. 또한 이 시기에 페르시아 문예 부흥이 일어났다. 이 새로운 페르시아어는 중세 페르시아어를 기반으로 하여 많은 아랍어 어휘가 첨가되었고 아랍문자로 기록되었다. 울라마는 이슬람 탐구에는 아랍어를 여전히 사용했지만, 대중을 가르칠 때는 페르시아어를 사용하였다. 이로써 다양한 튀르크 및 페르시아 종족들이 '보편적 이슬람'이라는 지붕 아래 통합될 수 있었다.

둘째, 유목민족적 및 기마 민족적 전통을 가진 튀르크인들이 지배계급으로 등장하였다. 이로써 페르시아 정착문화와 튀르크 유목문화가 결합하면서 독특한 튀르크-페르시아 문화를 형성하였다. 시간이 지남에 따라 튀르크족의 페르시아와 현상이 두드러지게 나타났으며, 오스만제국 말기 튀르크 민족의식이 싹트기까지 다방면에서 튀르크족의 페르시아화는 계속되었다. 그러면서도 중국을 통치했던 몽골이나 만주족과는 달리 튀르크족은 문화적 정체성은 퇴색하였으나 민족적 정체성을 상실하지 않았다. 그 이유는 군사문화가 지배적인 이 시기에 통치계급과 긴밀한 관계를 가지고 있는 또 하나의 축인 군대에서 철저하게 튀르크어를 사용했기 때문이다. 도리어 서튀르키스탄에서는 페르시아인들을 문화인류학적으로 튀르크화되었다.

셋째, 이슬람의 조직화와 체계화, 그리고 법제화가 통치사상 및 국가 통치와 관련하여 크게 발달하였다. 사만왕조는 주위의 시아파 이슬람과의 차별성을 강조하기 위해 특히 수니 하나피 법학파의 울라마들을 지원하였다. 따라서 사만왕조의 초기부터 몰락할 때까지 하나피 법학자들은 부하라에서 상당한 지위를 누리며 영향력 있는 지도자가 되었다. 이러한 과정에서 울라마가 사회적으로 중요하게 되었다. 이러한 전승은 오스만제국에까지 이어졌고, 오스만제국 시기에 이슬람은 국가 통치를 위한 사상으로 체계화되었다.

넷째, 민족적, 교리적 다양성의 사회가 형성되었다. 샤머니즘의 배경을 가진 이방인 튀르크족의 이슬람권에 대한 통치가 수세기 동안 계속되는 동안 튀르크족이 지속해온 다양한 문화, 종교, 인종에 대한 관용 및 포용 정책이 튀르크-페르시아 문화권 내 다양성을 가능케 하였다. 이러한 지배민족 튀르크족의 관용정책은 전체적으로 볼 때 다양한 종교, 관습을 가진 종족 및 문화 집단 내에서 이슬람의 토착화를 가능케 하였다. 튀르크-페르시아권 이슬람은 이원론적 조로아스터교, 정령숭배 및 샤머니즘, 천신사상 등이 유일신 사상을 가진 이슬람종교의 제복을 입고 변신해서 나타난 것이다.

2) 튀르크 문화와 페르시아 문화의 차이

중앙아시아에서 새롭게 형성된 튀르크 및 페르시아 이슬람 문화권은 터키, 이란, 파키스탄과 아프가니스탄, 그리고 아제르바이잔, 타지키스탄, 우즈베키스탄, 카자흐스탄, 키르기스스탄 등 소련 중앙아시아 국가들로 나누어 생각할 수 있다. 이 가운데 소련 중앙아시아 국가들은 페르시아계 타지키스탄과 페르시아 문화의 영향을 깊게 받은 아제르바이잔과 우즈베키스탄, 그리고 전통적으로 보다 스텝 문화의 요소가 강한 카자흐스탄과 키르기스스탄으로 구분하여 생각할 수 있다.

따라서 실제로 튀르크 문화와 페르시아 문화에 대하여 역사적 특성을 말할 수 있으나 현재의 문화적 특성을 설명하는 것은 쉽지 않다. 단지 여기서 우리가 말할 수 있는 것은 구소련 국가들이 전통 이슬람적 및 토착 민족적 특성에 소비에트 문화의 영향이 현저하게 나타나고 있다는 것과 소비에트 영향을 받지 않은 파키스탄이나 아프가니스탄은 전통적 수니파 이슬람 특성과 페르시아적 토착 요소가 혼합된 형태를 고수하고 있다는 것이다.

이에 비해서 이란은 아랍 이슬람적 요소와 전통 종교인 조로아스터교의 영향, 시아파의 저항의식, 그리고 호메이니 이후 나타난 급진적 이슬람 정치사상이 강하게 영향을 미치고 있다.

터키의 경우는 전통적 유목민족적 요소와 수니파 이슬람의 전통, 그리고 아타튀르크 개혁 이후 서구 문화의 영향으로 전통과 진보를 조합한 형태를 띠고 있다.

4. 튀르크-페르시아 문화권의 토속 관행

1) 비이슬람적 토속 관행

(1) 애니미즘의 요소

튀르크-페르시아 이슬람권에서 많이 보이는 것이 이슬람 성인 숭배 이외에 돌, 샘, 나무 그리고 동굴 등 자연물을 신성한 대상으로 숭배하는 애니미즘적 토속 관행이다.

이러한 애니미즘은 고대 중앙아시아와 시베리아 부족들의 토착 신앙으로 토템사상, 샤머니즘 그리고 천신사상과 더불어 매우 광범위하게 나타난 사상이었다.

특히 고대 튀르크족들은 이러한 자연계의 신령한 정령들을 예르·수Yer-Su라고 불렀다.[85] 정령은 선한 영과 악한 영이 구분되어 나타난다. 이와 같은 정령 숭배사상은 튀르크-페르시아 이슬람 토속 가운데 나무에 천을 매달고 소원을 비는 행위나 나자르Nazar, 즉 눈동자 모습의 구슬을 신앙하는 형태, 행운의 돌을 지니고 다니는 풍습 등 여러 가지 형태로 나타나고 있다. 고대 튀르크족의 신앙 예르·수는 지금도 아나톨리아와 중앙아시아 무슬림 튀르크족 가운데 여전히 그 형태가 살아있다.

한편 타지키스탄에는 다른 지역에 비해 애니미즘적 토속 관행이 많이 나타나는데 대표적인 것을 예로 들면 다음과 같다.[86]

성석(聖石)과 관련된 것으로, 울론테파시(市)의 호자이 산그, 토스 마조리 발리

---

85) 예르·수Yer-Su는 Yer '땅'과 Su '물' 두 단어가 합성된 것으로 직역하면 '땅과 물'을 뜻한다. 자연신을 의미하는 것이다.

86) O. Myrodov, '성지의 기원과 관련 문헌들', Dushanbe, Doniz, 1977, pp.7-20.

가 있고, 판자켄트시(市)의 산기 준본, 히소르의 후자 산고보티 발리 등이 있다.

성스럽게 여겨지는 샘들도 많다. 싸흐르투즈에 칠루초르 차쓰마가 있는데, 그 뜻은 '44개의 샘'이다. 아쓰트에도 하쓰트 사호바와 보보이 아브프 샘물이 있다. 초르쿠히 이스포라에는 카라사콜리 발리 샘이 있다.

나무를 성스럽게 여기는 애니미즘도 무슬림 타직인들 사이에 여전한데, 대표적인 것으로는 아쓰트 지역의 보보이 치노르 성목(聖木)과 다쓰티 줌 지역에 있는 치노르 마조르 성목이다.

성굴도 적지 않게 나타난다. 이스포라 지역의 미르조 칼란다르 성굴과 후자이 고르 성굴, 그리고 바흐쓰 지역의 호자 굼-굼 성굴, 파이조보드 지역의 씨르비비 성굴 등이 대표적이다.

이와 같이 이슬람을 받아들인 이후에도 타지키스탄에 애니미즘의 영향이 현저한 이유는 타지키스탄에 이슬람이 들어오고 정착하는 과정에 나타난 토착화 및 상황화와 관련이 있다. 이슬람이 출현하기 전에 아라비아와 페르시아 및 중앙아시아에 이미 성인 무덤이나 특이한 나무 등이 있는 곳을 성스러운 장소로 숭배하는 샤머니즘 혹은 애니미즘 토속 관행이 지배적이었다. 이슬람이 중앙아시아에 오기 전에 많은 성지가 타지키스탄에 있었던 것이다. 아랍이나 페르시아 무슬림들이 타지키스탄을 정복하는 과정에서 이곳에 이슬람을 효과적으로 포교하기 위하여 이 성지들을 활용하였다. 무슬림 아랍인들은 이 성지들을 우상숭배로 파괴한 것이 아니라, 이곳에서 신비한 자연현상과 자연의 영을 통해 알라신을 숭배할 수 있다고 가르쳤던 것이다. 덕분에 타직인들과 중앙아시아인들이 쉽게 이슬람화되고 정착화하게 되었던 것이다.

이슬람화된 이후에 이와 같은 애니미즘적 숭배 관행이 더 늘어났는데, 그 이유는 무슬림 성인 숭배와 관련이 있다. 무슬림 성인이 꾸란이나 이슬람을 가르치면서 생시에 발을 담고 목욕했던 샘물, 앉아서 가르치던 돌, 죽은 장수(무덤) 등이 숭배 대상으로 둔갑한 것이다.

이슬람과 조로아스터교의 영향이 비교적 강한 쿠르드족에도 애니미즘 혹은 샤머니즘의 영향은 여전하다. 그들은 모든 동굴에는 진Djin이라는 악한 귀신이 있다고 믿는다. 또한 모든 산에는 난쟁이 귀신이 있고, 모든 우물에는 꼬마 요정이 있다고 생각한다. 귀신은 자연뿐만 아니라 폐허나, 옛날 건물이나 깊은 계곡사이에 있는 다리 등에도 살고 있다고 믿는다.

(2) 토템사상의 요소

튀르크-페르시아 문화권에서 토템사상의 흔적은 인명에 많이 나타난다. 사자, 독수리, 양, 염소 등 성스럽게 여기는 동물의 이름을 성(姓)이나 부족명으로 사용하는 관행이 지금까지 계속되어오고 있다. 이러한 관행은 고대 토템사상의 영향이다. 고대 중앙아시아와 시베리아의 부족들에게 토테미즘의 흔적도 강하게 나타난다. 고대, 원시 부족들은 각 부족마다 토템을 가지고 있었으며, 이 토템들은 후대에 각 부족의 성(姓)으로 사용되기에 이르렀다. 지금도 중앙아시아의 부족들 가운데 토간Togan '독수리', 아슬란Arslan '사자', 코취Koch '숫양' 등 이름이 많이 나타나는데, 이것은 토테미즘에서 유래한 것이다.[87] 특히, 고대 튀르크 부족들 가운데 토간 '독수리'에 대한 신앙이 특징적으로 나타난다. BC 3천 년경에 중앙아시아 근처 남부 시베리아 알타이Altay 지방의 쿠로트Kurot 지역 쿠르간Kurgan에서 발굴된 독수리 발톱이나, AD 8세기 돌궐 제국의 왕(王) 퀼테킨Kul Tekin 비문(碑文)의 앞면에 새겨진 날개를 펼친 독수리상의 부조가 이와 같은 토템사상의 영향을 잘 반영하고 있는 것이다. 오늘날 중앙아시아의 여러 튀르크계 민족들 가운데 독수리가 특별한 의미를 가지고 있는 사실도 이러한 독수리 숭배 사상과 연관성이 있는 것이다.

(3) 샤머니즘의 요소

박샤bagsha '무당'

원래 유목민이었던 카작인들과 키르기스인들은 이슬람교를 받아들이긴 하였으나 대다수가 여전히 형식적인 무슬림으로 남아 있다. 다른 대부분의 중앙아시아 사람들처럼 카작인들과 키르기스인들의 신앙은 다분히 복합적인 성격이 강하다. 즉 겉으로는 이슬람이지만 내면적으로는 토착신앙, 즉 무속적인 것

---

87) 부여(夫餘)의 통치 체계 사출도(四出道)에 나타나는 마가(馬加), 우가(牛加), 저가(猪加), 구가(狗加) 등에 보이는 것처럼 동물명이 관직명으로 사용된 경우도 알타이계 부족들의 원시사회에 지배적으로 나타나는 토테미즘의 영향으로 보인다.

과 조상 숭배적인 요소가 많다. 이런 요소들 가운데 샤머니즘 즉, 무속은 그들의 신앙에 깊이 영향을 미치고 있다.

중앙아시아 스텝 무슬림들에게 있어서 샤먼은 두 가지 의미를 내포하고 있다. 첫째, 샤먼은 영적인 지도자로서 영계(靈界)로부터 미래에 일어날 일에 대한 계시를 받는 사람을 말한다. 이러한 특성은 세계의 대부분 종교에서 나타나는 보편적인 것이다. 이슬람교, 불교, 유대교, 기독교, 조로아스터교 등에도 이런 요소들이 나타난다. 이런 면에서 샤먼은 다분히 카리스마적이라 할 수 있다. 둘째, 샤머니즘은 주술과 무속 행위를 위한 특별한 장치라 할 수 있다. 샤먼은 그 성격이 매우 신경질적이고 감성적이어서 그들의 무속 행위에는 드럼과 탬버린 등의 악기가 동원되며 무속 노래가 불려진다. 그들은 또한 불을 사용하여 의식을 행하기도 하며, 영들을 통제하며, 영들에 의해 통제를 받는다. 그들은 굿을 통해서 악귀를 추방하거나 병자를 치유한다.

카작인들은 샤먼을 박샤bagsha[88]라고 부른다. 다른 중앙아시아의 튀르크족들 가운데 박샤는 노래하는 사람으로 알려져 있다. 카작의 박샤는 신경성 환자들이나 열병 환자들 그리고 류마티즘이나 마비 증세를 가진 환자들을 전문적으로 치료하는 것으로 알려져 있다. 그들에 의하면 모든 병은 진jin, 즉 귀신들이 가져다주는 것이다. 박샤는 주술을 통해서 자신을 황홀경에 몰입하게 하여 자신의 영혼을 악령들과 접촉하게 한 다음, 악령들로 하여금 박샤 자신의 의지에 굴복하도록 강요하여 병을 치료한다.

그들은 악한 신과 좋은 신 두 가지 종류의 귀신들이 있다고 믿고 있다. 좋은 귀신은 사람들에게 선을 행하고 나쁜 귀신들은 악을 행한다. 박샤들은 자신들에게 친숙한 혹은 개인적인 귀신을 소유하고 있으며, 자신이 죽을 때에 자신의 계승자에게 그 귀신을 넘겨준다. 대부분의 경우 계승자는 자신의 아들이 된다.

한편 카작인들과 키르기스인들 사이에는 샤만 이외에 물라mullah가 있다.

---

[88] 박샤bagsha는 고대 튀르크 시대부터 샤먼 즉, 무당을 지칭하는 말로 사용되기도 하였다. 이 단어는 본래 중세 중국어의 차용어로서 박사(博士)에서 온 것이다. 고대 시대에 박사는 지금처럼 박사학위를 소유한 자들을 말한 것이 아니라 박식한 사람, 즉 인간이 알지 못하는 일들이나 현상들, 특히 영계(靈界)의 일이나 미래의 일을 예언하며 잘 아는 자들을 일컬었던 것이다. 다른 말로 박사는 무당을 지칭하였다.

물라는 이슬람 종교 승려로서 물라가 샤먼과 다른 것은, 샤먼은 직접적으로 영들과 접촉하여 병든 자를 치유해주는 반면 물라는 병든 자를 위해 알라신(神)에게 빌어 알라신의 힘으로 환자를 치유한다.

이와 같은 샤먼의 활동은 카작인들과 키르기스인들 이외에도 우즈벡인들과 투르크멘, 타직인들 사이에서도 현저하게 나타난다.

온곤Ongon

온곤Ongon[89]은 본래 성스럽게 여겨지는 형상이나 우상을 말한다. 또한 큰 능력을 행하는 샤먼이나 심지어는 토템 동물을 지칭하기도 한다.[90] 중앙아시아 무슬림들 사이에 온곤 숭배는 여전하다. 동튀르키스탄에서는 박샤, 즉 샤먼이 환자를 치료할 때에 온곤으로써 kugurjak이라는 인형을 사용한다. 바슈키르인들도 열병을 앓은 사람들을 치료할 때에 korjak이라는 온곤을 사용한다.

조상숭배

중앙아시아 무슬림들 사이에는 조상신 숭배가 아직도 남아있다. 조상신 혹은 조상들의 영을 일컬어 카작인들은 아우락aurak, 키르기스인들은 아브락av-rak, 우즈벡인들은 아르보크arvokh라고 부른다. 중앙아시아 스텝에서 조상 숭배 의식이나 조상들의 영에게 제사 드리는 일은 중앙아시아 토속신앙의 또 하나의 특징이다. 조상신들을 숭배하는 것은 샤먼(무당)의 활동과 더불어 우리나라의 고대 신앙과도 별다른 차이가 없다. 유전병, 아이를 갖지 못하는 경우, 기근, 재해 등 어려운 일이 있을 때 사람들은 샤만의 힘을 빌리지 않고 자신들이 직접 조상신에게 부탁하여 어려운 일이나 고통에서 벗어나기를 원한다.

9세기 후반부터 이슬람이 들어오면서 중앙아시아에서 조상신 숭배는 점차 없어졌으나, 조상신 숭배는 우즈벡인들과 위구르인들 사이에는 아직도 쉽게 볼 수 있는 민간 토속 신앙이다. 우즈벡인들은 아무다르야 강 삼각주에서 조상신들에게 제물을 바치는 의식을 자주 행한다. 이러한 조상 숭배 의식은 이슬람

---

89) Ongon은 몽골어 어휘로써 튀르크어 Töz '근본, 원천'과 같은 것이다.

90) Hangalov & Agapitov, "Materiali dlya izuch. shamanstva v Sibiri," IRGO, XXV, 1883, pp.26-27.

명절에도 행해지는데, 우즈벡인들의 원시 토속신앙과 이슬람이 혼합되어 나타나는 전형적인 예이다. 그러나, 이러한 의식은 이슬람 의식과 병행되어 행해지지 않고 따로 행해진다.

산신(山神)사상

천신 사상과 더불어 중앙아시아에서 볼 수 있는 것이 산신(山神) 숭배 의식이다.[91] 이러한 의식은 고대 튀르크 제국인 돌궐 제국에서도 행해졌는데 그들이 성지라고 생각했던 성산(聖山) 외튀켄Ötüken에서 튀르크족과 몽골족들이 집단으로 흔하게 행했던 의식이다. 그들은 외튀켄의 신을 영계의 지배자라고 믿었으며 외튀켄의 산신이 부족의 번영과 통치자의 안전을 지켜준다고 생각했던 것이다. 또한 성산(聖山)은 망명지와 피난처로도 이용되었다. 지금도 알타이 산맥에서는 튀르크족들에 의해 산신을 숭배하는 의식이 행해지고 있다.

뼈로 점치기

무슬림 카작인과 키르기스인들 사이에 널리 퍼져 있는 샤머니즘 중 하나는 점치는 것이다. 특히 동물의 어깨뼈를 가지고 점치는 것은 매우 유명하다. 어깨뼈를 불에 구워서 나타나는 모양을 보고 점을 친다. 이것은 과거에 몽골 조정에서 많이 행해졌던 토속 관행이었다.[92] 중앙아시아인들은 어깨뼈를 함부로 취급하지 않는다. 개에게 줄 때도 뼈를 쪼갠 다음에 준다.[93] 터키에서도 정육점에서 어깨뼈를 그냥 버리지 않고 꼭 쪼갠 다음 버리는 관행도 이와 관련된 것으로 보인다. 중앙아시아 문학 작품에도 어깨뼈를 가지고 점치는 이야기가 많이 나온다. 야쿠트족은 뼈를 가지고 점칠 때, 사슴의 뼈를 선호한다.

91) Abdülkadir Inan, Tarihte ve Bugün Şamanizm, 1954, p.48.

92) Vasilyev, Istoriya I drevnostivostochnoy chasti Severnoy Azii, pp.232-233.

93) W. Radloff, Proben der Volkslitteratur der türkischen Stamme Süd-Sibiriens, III, 1866-1907, pp.103-104.

커피 잔으로 점치기

튀르크-페르시아 문화권에서 민간 널리 행해지는 토속관행 중 하나는 커피 잔으로 점치는 것이다. 찌꺼기가 많이 남는 전통 커피를 마시고 난 후에 — 작은 잔을 사용함 — 상대방이 마신 잔 안 쪽을 보면서 그곳에 남아 있는 찌꺼기 그림을 보면서 상대방의 운수를 점치는 것이다. 대개 나쁜 일보다는 좋은 일만을 말하는 것이 일반적이다. 커피 잔 점치기는 점쟁이만 하는 것이 아니라 모든 사람에게 보편적인데, 분위기에 따라서는 매우 심각하게 받아들이기도 한다.

무당 굿

한편 중앙아시아 튀르크족 중 서부 시베리아 바라바 스텝 지방에 살고 있는 튀르크인들은 매우 배타적인 이슬람 집단이다. 본래 샤머니즘을 추구하던 바라바인들은 이슬람을 받아들이면서 신비주의적인 형태로 이슬람을 변형시켰다. 16세기경 서부 시베리아에 이슬람이 들어가기는 했지만, 바라바 튀르크족은 18세기 전반부까지는 대부분 그들의 전통적 신앙을 가지고 있었다.

당시에 서시베리아 튀르크계 부족들은 각각의 부족장에 의해 통치되는데 각 부족마다 자신들의 샤먼적 신앙 형태가 있었다. 이들은 보다 고대적인 주술 신앙과 우상숭배에 젖어 있었으며, 러시아인들조차 이러한 무속신앙에 영향을 받았다고 한다. 이들 가운데는 지금도 샤머니즘의 영향이 여전하다. 이 지역 사람들 중에 질병이 발생하면, 샤먼 즉 무당이 굿을 벌이고 귀신을 달래는 의식을 함으로써 그 문제를 해결한다.

성소 사상

고대 튀르크인들은 결혼이라는 단어를 Ev 집 혹은 bark 성소(聖所)를 소유한다는 말로 표현했다. Ev 집은 사생활을 영위하기 위한 장소이다. 돌궐비문에 Bark 성소는 기도가 행해지는 장소라는 뜻이다. 이것과 연관해서 고대 튀르크족은 집을 성스럽게 여겼으며, 만일 외인이 허락 없이 남의 집 문턱을 넘어서면 저주를 받는다고 믿었다. 이렇듯 집에 부여되는 특별한 가치는 결혼을 비길 데 없이 거룩한 것으로 생각케 했던 것이다. 터키와 중앙아시아의 튀르크 문화권에서는 지금도 집에 대한 동일한 사상을 가지고 있다.

희생 제물

현재 서부 시베리아의 튀르크계 타타르족은 대부분 이슬람교도들이다. 이슬람교는 16세기에 이란 및 카프카스 지방을 통해 이 지역에 들어왔다. 그러나 이슬람교 유입 이전의 신앙과 의식의 흔적은 아직도 잔존해 있다. 대표적인 것이 희생제물을 신에게 바치는 의식이다. 타타르인들은 자신들의 종교 지도자가 마을마다 있는데, 이러한 종교 지도자들은 특별히 구별된 지역에서 살면서 제물을 바치는 의식을 주도한다.

이러한 희생제물을 바치는 의식들 중, 특히 동물을 죽여 장대에 매달며, 신에게 제물을 바치는 의식이 알타이 지방에서 볼 수 있다. 이곳 거주민들은 가축 떼의 번식, 땅의 소산, 숲과 강들, 또한 좋은 모든 것들이 자비로운 신의 은혜 때문이라 믿으며, 이러한 신들에게 감사와 경의를 표하기 위해 희생 제물을 드리며 의식을 행한다.

이러한 의식과 관행은 알타이계 부족 중에서 가장 오래된 부족으로 알려진 흉노족(匈奴族)들의 토속 신앙 행위였다. 흉노족들은 봄과 가을이 되면 동물을 희생 제물로 바치는 제사를 올렸다. BC 2세기경 흉노 왕 선우(單于)는 낮에는 태양에, 밤에는 보름달에 희생 제물을 바치므로 의식을 올렸다.

타브가츠Tabgach라고 불리는 북위(北魏) 사람들은 봄과 가을에 희생제물을 바치는 의식을 행한 후에, 주변에 너도밤나무를 심어서 신성한 숲이 형성되기를 기원하곤 하였다.

불 숭배 관행

불을 성스럽게 생각하는 사상은 조로아스터교 외에도 중앙아시아 튀르크족 가운데 매우 넓게 나타난다. 불에 대해서 나쁘게 말하는 것이 금기되어 있으며, 물로 불을 끄는 것을 삼간다. 또한 붐에 침을 뱉거나, 불장난을 하는 것두 금지 사항이다.[94] 또한 전통적으로 중앙아시아 사람들은 불이 악령을 쫓는다고 믿고 있다.[95]

---

94) Adülkadir Inan, op. cit., p.67.
95) W. Radloff, Proben, V. pp.205-206.

불을 보면서 점을 치는 것은 중앙아시아에서 많이 볼 수 있는 일이다. 불을 보면서 그 집안에 아들을 낳을 것인지, 딸을 낳을 것인지를 점치는 것도 볼 수 있다. 키르기스스탄의 마나스Manas 설화에도 불을 보고 신부를 점치는 일화가 나타난다.

(4) 조로아스터교 영향의 토속관행

조로아스터교 신전

바쿠에서 15㎞ 떨어진 수락하느Surakhany에 18세기에 세워진 조로아스터교 신전이 있다. BC 5세기에 형성된 조로아스터교(배화교)는 불을 숭상하는데, 당시 페르시아인들의 주된 신앙이 되었다. 석유와 천연가스가 대량 매장되어 있는 페르시아 북부 아제르바이잔 지역에서 지하에서부터 하늘로 솟아오르는 화염을 본 고대인들은 불이 신적인 능력이 있어서, 사람들을 역경으로부터 보호해 줄 수 있다고 믿게 된 것이다. 아제르바이잔 국명은 불의 땅이라는 뜻인데, 바로 이 지역에서 어떻게 조로아스터교가 발생했는지를 암시해준다. AD 7세기 이후 이슬람교가 페르시아 전역으로 확장되면서 조로아스터교는 급속하게 쇠퇴하기 시작했다.

사산조 페르시아가 붕괴된 이후에 중세 아제르바이잔은 중동과 북부 카프카스, 러시아, 중앙아시아를 연결하는 교차로에 위치해 있기 때문에 여러 나라들과 활발히 교역하였으며, 문화 교류도 활발하였다. 무슬림이 된 이 지역의 페르시아인들은 무슬림이 된 이후에 조로아스터교를 버린 이후, 조로아스터교의 신전을 찾는 주요 고객은 인도 무역상인들이었다. 그들은 성스러운 불을 보기 위해 인도에서 이곳까지 찾아와 불을 숭배했다.

조로아스터 신자들은 땅에서 솟아오르는 불을 바라보며 고행을 한다. 이들은 불이 자신의 죄를 태우고 깨끗하게 할 것이라고 믿었던 것이다. 현재 수락하느에 있는 배화교 신전은 인도 무탈빌른Multan viln으로부터 온 상인과 순례자들이 만들었다고 한다.[96] 그러나 다른 학자들은 이 신전이 현지의 신자들

---

[96] 현재 전 세계적으로 조로아스터교 신자는 약 13만 명으로 추정된다. 이 가운데 인도에 8만 2천명, 이란에 2만 5천명, 파키스탄에 5천명 등이있다.

에 의해 만들어졌다고 주장한다. 현재 아제르바이잔에는 조로아스터교 신자는 극히 소수만 남아 있다. 그러나 아직도 이 지역 사람들은 불을 매우 거룩한 것이라고 생각하고 있다. 페르시아 민족의 최고의 명절인 나브르즈 바이람 때 불과 관련된 많은 행사들이 개최된 것도 조로아스터교의 영향인 것이다.

예를 들면 모닥불을 피워놓고 그 위를 건너뛰며 지난 한해의 액운이 불어 떨어져 없어지기를 바라는 것이나 새해를 맞이할 때 촛불을 켜놓고 맞이하는 것 등이 그것이다.

신전에서 행하는 공식적인 종교의식은 없어졌으나, 아직도 조로아스터교의 영향이 이 지역 무슬림들의 의식에 배여 있는 것이다.

이란, 아프가니스탄, 타지키스탄, 우즈베키스탄 등 대부분의 튀르크-페르시아 민족들은 나브르즈 명절을 성대히 치른다. 신전이 위치한 아제르바이잔에도 소비에트 체제가 끝난 후 나브르즈 명절이 부활되었고, 조로아스터교 신전도 복구되고 있다. 이미 수락하느에 작은 신전이 세워졌으며, 1999년 나브르즈 바이람을 계기로 국군묘지에 조그만 조로아스터교 신전이 세워졌다.

나브르즈Navruz / 네브로즈Newroz[97] 명절Bayram

나브르즈/네브로즈 명절은 고대 조로아스터교와 관련하여 고대 페르시아에서 발달한 것이다. 나브르즈에 대한 기원은 조로아스터교 경전 '아베스타A-vesta'에 근원을 두고 있다. 명절의 상징이 불과 관련되어 있기 때문이다. 불을 숭배하던 사람들은 겨울의 추위를 가져온 악한 영들을 보내고 봄의 따스함을 환영한다. 따라서 페르시아인들은 이 명절을 이디 바호르, 즉 봄의 명절이라고 부른다.

조로아스터교에서는 낮과 밤의 길이가 같아지는 3월 21일을 페르시아 양력으로 새해로 지킨다. 이날에 조로아스터교 신자들은 새해를 맞이하여 큰 행사를 열고, 악령의 저주를 없애고 새로운 해에도 농사가 잘되고 풍요로운 한해가 되기를 기원한다. 또한 조로아스터교 신자들은 이날을 가난한자와 부자가 화

---

97) 네브로즈Newroz는 새new와 날roz이 합성된 단어로 '새날', 즉 설날을 의미한다. 페르시아 인들은 나브르즈, 구소련 중앙아시아인들은 노브르즈, 쿠르드인들은 네브로즈, 터키인들은 네브루즈 등으로 부른다.

해하고 인간의 평등을 기리는 날로 여기기도 한다.

북반구에서 봄이 시작하는 즉, 낮과 밤이 동일한 날인 3월 21, 22일에 명절이 시작된다. 나브르즈는 태양계의 순환과 계절의 바뀜, 겨울이 끝나고 봄이 오는 것, 농사철의 시작과 관련되어 있는 것이다. 사람들은 봄이 오는 것과 자연의 생동감을 만끽하며 축제를 거행한다. 이날부터 새로운 해가 시작하기 때문이다.

아제르인들은 이 명절 때 각 가정마다 세메니semeni ─ 밀을 접시에 담아 몇일간 물을 주면 잔디처럼 자라남 ─ 라는 것을 기른다. 세메니의 뜻은 봄이 오는 것, 자연의 생동감, 농업의 풍요를 상징한다. 각 가정은 세메니를 기르면서 돌아오는 한해의 풍요로움을 소원한다.

나브르즈 바이람을 가장 큰 민속행사로 지키는 아제리인들은 4주전 화요일부터 나브르즈(노브르즈)를 준비한다. 이렇게 미리부터 나브르즈를 준비하는 데는 그 나름대로 뜻이 있다. 첫번째 화요일은 물을 상징하는 것으로 젊은 소년들이 분수대에 가서 여성들이 하얀 옷을 입고 음식을 준비하는 동안 신부를 고른다. 이들은 이것을 백일(白日)로 여긴다. 두번째 화요일은 불을 상징하는 것으로 사람들이 모닥불을 피워놓고 그 위로 점프하는 것을 볼 수 있는데, 이것은 지난 한해의 액운이 불에서 태워지도록 하는 것이다. 세번째 화요일은 흙의 상징하는 것으로 이 날에는 사람들이 지나다니지 않는 거리에서 흙을 가져다가 테이블 위에 올려놓고, 땅에서 자란 야채로 만든 음식을 먹는다. 아제리인들은 역사적으로 그들의 땅이 계속 점령되어왔기 때문에 독립 투쟁이 역사 속에서 계속 되었다. 자신들의 땅을 지키고 소중히 여기는 마음을 나누는 것이다. 마지막 화요일은 바람을 상징하는 것으로 바람이 사람들의 마음에 불어와 사랑을 가져다주고 그들의 소망을 바람이 가져간다고 한다. 이날 사람들은 꿈으로 미래를 예측하거나 이웃의 대화에 귀를 기울인다. 옛날에는 만일 소년이 소녀와 사랑에 빠진다면, 그는 알록달록한 계란을 담은 모자를 그녀의 문 앞에 놓았다. 만일 소녀의 가족이 다른 색의 계란을 모자에 넣는다면 그것은 그들이 결혼에 동의한다는 의미이다.

나브르즈 명절은 이슬람보다 매우 오래전부터 있었던 고대 근동의 전통 토속 행사였다. 그러나 페르시아와 중앙아시아에 이슬람이 전파된 후 아랍 이슬람 할리파는 각 나라의 명절을 이슬람과 접목시키기 시작했다. 이슬람 성직자들은 고대로부터 내려온 명절의 원형은 보존하되 형태는 이슬람화 시키려고 한 것이다. 한 예로 나브르즈 명절 때 이슬람 성직자들은 민속 옷이 아니라 이슬람 종교적 의복을 입히려고 노력했다.

BC 558년부터 지금까지 전래되어 온 나브르즈 명절은 조로아스터교 신전이 있는 아제르바이잔 뿐만 아니라, 페르시아계 국가들과 중앙아시아의 대부분의 튀르크계 이슬람 국가들에서 가장 중요한 명절로 지켜지고 있다. 역사적으로 이 명절은 다른 종교나 민족 설화에도 영향을 미쳐서 다른 민족의 설화, 신화, 전설 등에도 나브르즈 명절과 유사한 개념들이 다수 나타난다. 이러한 연유로 조로아스터 교인들이 나브르즈를 조로아스터교와 관련시키려는 것과 마찬가지로 다른 종교도 나브르즈를 자신들의 토속적 명절로 받아들여 지켜오고 있다는 것이다. 이슬람교에서도 이슬람교 지도자들이 나브르즈를 이슬람교의 것으로 이해하고 이슬람적 색채를 띄우려고 노력했다. 이슬람교 할리파가 새로 임명될 때는 나브르즈에 맞추어 성대히 임명식을 거행하기도 하였다.

이 명절이 되면, 사람들은 먼저 집들을 깨끗이 청소하고 마을과 거리들도 깨끗하게 한다. 새 옷들을 준비해 입는다. 새해 음식들을 집집마다 준비한다. 페르시아권에서는 특별히 페르시아어 문자 /s/로 시작되는 음식들을 준비한다 (예: 세브 '사과').

또한 나브루즈 바이람은 민속춤과 노래, 풍속 놀이를 하면서 축제 형식으로 지켜진다. 국민들은 나브르즈 명절과 관계된 일련의 노래를 짓고, 각색의 놀이와 연극을 공연한다. 말타기, 칼싸움, 말 타고 밧줄을 던지기, 힘겨루기, 줄타기, 광대놀음 등 민속놀이와 함께 치러지는 나브르즈는 민속 명절의 분위기를 한층 더하게 한다. 또한 나브르즈 명절에는 성결의 중요성을 가르치고 선행, 친절, 충성 등 도덕성을 높이는 좋은 계기가 된다.

이 명절은 튀르크-페르시아 이슬람 문화권, 즉 터키, 이란, 아제르바이잔, 구소련 중앙아시아, 아프가니스탄, 파키스탄, 중국 위구르 자치구 등 여러 나라에서 소중한 명절로서 지켜지고 있다.

한편 나브르즈의 기원과 관련하여 서로 다른 주장들이 있다. 대부분의 튀르크-페르시아 이슬람 문화권에서는 이 명절을 위에서 설명했듯이, 조로아스터교와 관련하여 설날, 즉 페르시아 양력 새해의 명절로써 봄의 생동감과 농사의 풍요를 기원하는 축제에서 기원한 것으로 이해한다. 그러나 페르시아권에서는 기원전 1896년에 카시트Kasiit 페르시아인들이 바빌로니아 지역을 정복한 날을 그 기원으로 보고 있다.[98] 그 때 바빌로니아를 정복하고 젬시드Jemshid가 데마웬드Demawend에서 바벨론으로 입성하여 페르시아 왕으로 등극하던 날 그의 얼굴이 태양처럼 빛나서 마치 하늘에 태양이 두개인 것처럼 보였다는 것이다. 바로 이 날이 마침 페르시아 양력 1월 1일, 즉 3월 21일이어서, 페르시아 인들은 이후로 이 날을 기념하며 축제를 즐긴다는 것이다.[99] 카시트 왕국은 기원전 1176년까지 계속되었다.[100]

그런데, 이러한 전설은 후에 BC 612년에 앗시리아 제국의 다섯번째 왕이며 폭군으로 유명한 Zohhak(혹은 Azdahak)과 관련된 사건과 연계되면서 정치적인 성격을 갖게 되었다. 이 사건에 대하여 이란인 시인 Firdevsi Ebul-kasim(AD 920~1020?)이 974년에 시작하여 999년에 완성한 역사설화 책 쉐흐나메Shehname[101]에 자세히 기록되어 있다. 쉐흐나메에 의하면 폭군으로 유명한 앗시리아 왕 Zohhak이 아나톨리아 반도를 지배하던 때에 고질적인 병이 들게 되었다. 그는 한 의사가 사람의 두뇌 골수를 매일 먹으면 낫는다는 말을 듣고 이 병을 고치기 위해 이 지역 백성들 가운데 젊은이들을 매일 두 명씩 잡아 죽여 그 골수를 먹었다고 한다. 결국 왕은 백성의 원성을 사게 되었는데, 이 때 18명의 아들을 가진 대장장이 카웨Kawe가 17명의 아들을 Zohhak의

---

98) 쿠르드계 터키인 장군이며 학자인 Ihsan Nuri는 카시트 페르시아 왕이 바벨론을 장악하고 통치할 때, 그 지역 주민인 수메르인과 아카드인들이 자신들을 Karduniyash라고 지칭한 것에서 출발하여 카시트인들이 쿠르드족의 조상이었다고 주장한다. 그는 카시트 왕의 통치 시기에 아카드인들이 자신들을 지칭한 명칭 Karduniyash는 쿠르드Kurd족을 지칭하는 Kardu 혹은 Karadu에 '... 에 속한'의 뜻을 가진 접미사 nish 혹은 niyash가 첨가된 것이라고 보고 있다. Ihsan Nuri, Kürtlerir Kökeni, 1977, p.40.

99) Süheyl Ünver, 'Bugün Newroz', Haber Gazetesi, 21 Mart, 1967, p.2.; Rıza Nur, Türk Tarihi, c.5, p.79.

100) 프랑스 근동사학자 Maurice-Meuleau는 이 왕국이 1176년이 아니라 1160년에 붕괴되었다고 주장한다. Maurice-Meuleau, Le Monde Antique, 1976, p.160

101) 쉐흐나메(Shehname)는 Firdevsi가 조로아스터 경전 Zend Avesta와 민간 전설을 근거로 기록한 역사설화인데, 그는 이 책을 당시 튀르크-페르시아 이슬람 왕조 가즈나조(Ghaznavid)의 왕 술탄 마흐무드(Sultan Mahmud)에게 봉헌하였다. 참조, Firdevsi, Şehname, Hürriyet Yayını, Istanbul, 1974.

음식으로 빼앗기게 되자, 마지막 남은 아들을 구하기 위해 사람들을 모아 반란을 일으켰다. 젬시드 왕가의 후손인 대장장이 카웨Kawe는 앗시리아 왕 Zohhak을 죽이고 새로운 왕으로 Feridun을 모시게 되었는데, Feridun이 등극하는 날 Feridun의 얼굴이 태양처럼 빛났다는 것이다. 이후로 백성들은 이 날을 기념하기 위하여 나브르즈Navruz 명절을 지켜오고 있다는 줄거리다.[102]

따라서 나브르즈는 핍박받은 사람들과 압제 당하는 민족을 해방시키기 위해 백성이 궐기하고 봉기했던 만큼 저항운동 혹은 해방운동의 성격을 지니고 있다. 이러한 저항의식은 할리파 알리Ali를 추종하는 핍박받은 이슬람 시아파의 정치적 감정에 편승하여 시아파 무슬림들에게 특별한 매력을 갖게 하는 것이다. 또한 늘 강대국의 압제와 침략을 당해 왔던 카프카스나 중앙아시아의 튀르크-페르시아 문화권에서 나브르즈가 더 의미있게 지켜지는 이유가 여기에 있다.

수백년 동안 오스만제국의 지배 민족으로 다른 민족을 지배해 왔으며, 수니파 이슬람이 지배적인 터키에서 나브르즈는 여러 명절 가운데 하나일 뿐이다. 이란이나 아제르바이잔처럼 시아파 이슬람이 지배적인 나라처럼 최대의 명절로 지켜지지는 않는다. 단지 수니파 이슬람이면서도 알리Ali를 추종하는 소위 알레비Alevi 파[103] 무슬림들이나 벡타쉬Bektash파 무슬림들에게는 가장 중요한 명절로 취급되고 있다. 알레비파나 벡타쉬파는 오스만제국 이래로 터키에서 다른 무슬림들에 의해 문제 집단으로 따돌림 당하고 있다.[104]

한편 쿠르드계 학자들은 조로아스터교의 기원이 쿠르드족의 조상들과 관련이 있다고 주장한다. 이러한 주장은 조로아스터가 생존하던 시기(BC 660~580년경)와 쿠르드족의 조상들로 알려진 메데인들이 근동 지역에서 강국을

102) Riza Nur, op. cit., p.79ff.

103) 알레비Alevi파 무슬림들은 주로 터키에서 디밀리어(자자어)를 사용하는 쿠르드인들이 믿고있는 종파이다. 이 종교는 시아파의 변형으로 신의 성육신을 믿고 있다. 이와 같이 신의 성육신을 믿고 있는 쿠르드족이 이라크에 있는데, 이들은 자신들을 아흘알하끄(Ahl al-Haqq, 진리의 백성)이라 부르며 이라크인들은 이들을 카카이Kakai라고 부른다. 주로 이라크 Kermanshah의 동부 지방 Sahne 주위 및 Kermanshah의 서부 Kerend와 Kirkuk 남부지역에 거주하고 있다. 이 종파의 종교적 관행은 아마도 Isma'ili Shi'ism의 진보된 형태인 것으로 보인다.

104) Bedri Noyan, Bekta ilik ve Alevilikte Newroz, 1991, p. 158; Hayri Başbuğ, Kurtuluş için İleri Gazetesi, sayı 5, 1977, p. 8; Devrimci Demokrat Gençlik Gazetesi, sayı 2, Mart, 1979.

건설하고 통치했던 시기가 같다는 것, 그리고 조로아스터교가 메데인들의 주된 신앙이었다는데 근거하고 있다.[105] 또한 쿠르드계 학자들은 앗시리아 왕을 제거한 Kawe와 왕이 된 Feridun이 쿠르드족이라고 주장하면서, 조로아스터교와 나브르즈 명절이 쿠르드족에서 기원한 것으로 보고 있다.[106]

조로아스터교와 관련된 나브르즈 명절이 이슬람에서 이단으로 비난받고 있는 예지디Yezidi[107]파와 관련된 것으로 주장하는 학자들도 적지 않다. 이 종파는 쿠르만지 방언을 사용하는 쿠르드인들이 신봉하고 있다. 이 이슬람 분파는 아랍인들이 쿠르드족에게 무력을 앞세워 이슬람을 포교할 때, 저항하는 과정에서 발생한 종교로써 이슬람을 받아들이면서 이슬람에 자신들의 전통 종교인 조로아스터교를 혼합시킨 종교이다.[108]

메흐르곤 명절

고대 조로아스터교와 관련하여 페르시아권에서 출발한 또 하나의 명절이 메흐르곤, 즉 추수감사절이다. 나브르즈(새해), 라마단(금식일), 코르반(번제일)과 더불어 메흐르곤은 튀르크-페르시아 문화권의 주요한 명절이다. 메흐르곤은 페르시아 달력 7월(메흐르) 16일인데 양력으로는 10월 8일이다.

이 명절은 나브르즈와 함께 고대부터 지켜오는 페르시아 전통 명절이다. BC 3천년 이전부터 지켜오는 명절로써 나브르즈가 새로운 만물이 소생하는 신비의 봄을 맞이하는 것과 새로운 농사일들을 시작하는 것을 축하하는 명절이라면, 메흐르곤은 한해의 농작물을 거둬들이는 추수를 축하하기 위해 시작된 명절이다.

---

105) A. Medyalı, Antik Kürdistan'da Dinsel Yapılanma: Zerdüşt ve Öğretisi, 1990, p.5.; Ihsan Nuri, op.cit., p.3.

106) Cem id Bender, Kürt Tarihi ve Uygarlığı, 1991. pp.182-212.; Ihsan Nuri, Kürtlerir Kökeni, 1977.

107) 예지디Yezidi파 신자들은 악마를 숭배하는 무리라고 비난을 받고 있다. 이 파는 극단적 수니에서 발생했으나 극단적 시아파의 특성을 많이 가지고 있다. 조물주 신이 인간을 유혹한 타락한 천사를 용서했다고 믿고 있다. 역사적으로 무슬림들로부터 많은 핍박을 당했으며, 무슬림들이 자신들은 사탄숭배자라고 비난하는 것에 대해 강한 불만을 가지고 있다. 터키 쿠르드 지역에 소수의 신자가 있으며, 아르메니아에 거주하는 60만 명의 쿠르드인들이 믿고 있다.

108) Driver, The Religion of the Kurds, BSOS, 1922, pp.197-215.

메흐르곤 명절이 되면, 마을이나 도시의 광장에 모여 춤과 노래로 분위기를 돋우며 행사를 진행한다. 축하 퍼레이드와 민속 게임도 한다. 각 지역의 특산물들을 진열하며 소개한다.

2) 이슬람적 토속관행

(1) 할례의식

할례는 이슬람 이전 오래 전부터 유대인들에게 전래되어 온 관행이다. 그럼에도 불구하고 무슬림들은 이슬람 창시자 무함마드가 할례를 받고 태어났다고 믿으며, 할례의식을 이러한 전승과 관련짓는다. 무함마드도 직접 할례의식을 집행했던 것으로 알려져 있다. 이러한 할례는 유대인이나 아랍인들 이외에도 아프리카나 아메리카 원주민들에게서도 발견된다.

튀르크-페르시아 이슬람권에서 할례는 어린이가 이슬람에 귀의하는 예식으로 간주되며 매우 중요시 취급된다.

할례를 받는 나이는 고정되어 있지 않다. 대개 초등학교 입학하기 전후에 혹은 13~14세 이전에 행하는 것이 보통이다. 할례식은 동네에서 비슷한 또래의 아이들이 함께 공동으로 행하는데, 마치 마을 잔치의 성격을 띄게 된다. 시기는 봄이나 여름방학 혹은 가을 등 특정된 계절이 없다.

할례식을 위해 특별히 준비된 예복을 입고 하루 전이나 혹은 당일에 집을 나서서 친척이나 친지를 방문하면서 시작된다. 이러한 마을 나들이는 사람들에게 할례식이 있음을 알리는 목적도 있다. 시간이 되면 아이들은 예복을 입고 말이나 자동차를 타고 경적을 울리며 요란하게 할례식장으로 가게 된다. 할례식장에 사람들이 모이기 시작한다. 부모는 아이에게 줄 선물을 준비한다. 손님들은 아이들과 부모들을 위해 선물을 가져온다. 어른들은 할례를 행하고 잔치를 베풀며 아기에 맞추어 함께 노래하며 할례를 축하힌디. 때로는 닐이 새도록 춤을 추고 놀게 된다.

(2) 여성에 대한 사회적 인식

역사적인 자료들은 9세기 튀르크족이 이슬람화되기 이전에는 여성들의 위치가 남성들과 같거나 혹은 경우에 따라서는 더 높았다는 사실을 보여주고 있다. 예를 들면, 델히 뛰르크공국의 라지에 술탄Raziye Sultan, 쿠툴룩 공국의 뛰르칸 하툰Türkan Hatun은 수장(首長)이었다. 또한 당시에 카스틸라Ka-stila의 대사의 회고록은 티무르Timur가 사마르칸드Samarkand에서 베푼 공식 만찬 자리에 남성들과 나란히 여성들이 좌정했다고 기록하고 있다. 오르혼 돌궐비문에 의하면, 고대 돌궐시대에 법적 효력을 갖는 법령들은 항상 카간 Kaghan(왕)과 카툰Katun(왕비)이 동시에 서명을 했으며, 만약 둘 중 한 사람 이라도 서명하지 않은 법령은 법적 효력을 발휘하지 못했다. 따라서 법령은 "카간과 카툰의 명이다"라는 문구로 매듭지어 졌다. 뿐만 아니라, 카간은 카툰, 즉 왕비가 없이는 외국 사절들을 영접치 아니하였다고 전해진다.

터키인들은 오스만제국의 하렘Harem제도는 이란과 비잔틴의 영향으로 보고 있다. 뛰르크족이 당시 오스만제국 내 피지배 민족으로 거의 노예 상태에 있던 비잔틴 사람들과 가까운 접촉을 갖게 되면서, '하렘 조직'을 그들로부터 배우게 되었다는 것이다. 뛰르크족은 그 이전에 이란 사람들과의 접촉에서도 비슷한 제도를 보았기 때문에 쉽게 이 제도를 받아들이게 되었다고 주장한다.

어쨌든, 뛰르크족이 이슬람화된 이후에 말 등에 올라앉아 남자들과 함께 초원을 달리던 여자들은 하렘의 여인으로 전락하고 만 것이다. 칼리프Caliph요, 파디샤Padisha인 오스만제국 황제는 이슬람종교의 영향으로 때로는 여성들의 사회 활동을 금지하는 법령을 공포하기도 하였다. 예를 들면, "여자들은 상업 행위를 해서는 안된다", "여자들은 주중의 몇 날은 집밖으로 나오면 안된다" 등이 그것이다.

그러나, 이러한 법령들이 대도시에 거주하는 여성들의 활동은 크게 제한했던 반면 지방 농촌 여성들의 활동에는 영향을 크게 미치지 못했다. 왜냐하면 농촌의 생산 노동력의 필요 때문에 여성들은 집에 갇혀 있지 않고 생산 활동에 참여하면서 비교적 자유로웠으며 또한 생산 활동에서도 영향력을 행사하였다.

현재 이란, 아프가니스탄, 파키스탄 등은 이슬람법에 의해 여성들의 사회적 활동이 많은 제한을 받고 있으나, 터키나 중앙아시아 구소련 국가들의 경우는 헌법에 의해 여성들의 정치적, 사회적 평등을 보장받고 있다. 그러나 실제적으로는 특히 농촌에서 이슬람 전통의 영향으로 사회생활에서는 여성의 권리가 제한을 받고 있다.

튀르크-페르시아 문화권에서 사내아이들은 유년기로부터 성년기에 이르는 기간 동안에 가정에서 자기보다 나이가 많은 여자들에게조차 명령을 할 수가 있다. 성년이 된 남자들은 가정에서 재산과 권위를 독차지하고 있기 때문에 늘 중요시 여겨지며 남들로부터 존경을 받고 대우를 받는다.[109]

그러나 농촌에서는 결혼 연령을 지났거나 혹은 나이가 든 여성들은 원한다면 남자들처럼 말을 탈수도 있고 남들 앞에서 담배를 피울 수도 있다. 심지어는 남자들처럼 욕지거리를 할 수도 있다. 아프가니스탄에서도 여인들은 열등하고 보호받아야 할 존재로 여겨지고 있으나, 성인 여성의 경우 가문간 적대관계의 중재자로서 적극적으로 활약하기도 한다.

튀르크-페르시아 이슬람 문화권에서는 다른 아랍 이슬람권에서나 마찬가지로 남성들은 아내들이 세상 돌아가는 일을 남편을 통해만 알아야 한다고 생각한다. 그러나 생산 현장에서는 성구별을 두지 않는다. 아내는 낫질하고, 잡초를 뽑으며, 양털을 깎고, 수레를 몰며, 쟁기질을 한다. 나무를 하러 산에 오르며, 공사에 필요한 돌과 진흙을 운반한다. 농촌의 전통적인 농가에서 일을 하는데는 남녀 구별이 있을 수 없다. 남자들도 양젖을 짜고 우유를 발효시켜 요구르트를 만들고 집안 청소를 한다.

(3) 운수 망치기

한편 아나톨리아 반도의 중부, 동부 그리고 남동부 지역에, 그것도 이러한 지역의 시골 농가에서 널리 퍼져있는 '운수 망치기'의 유래는 그 기원을 알 수 없을 정도로 오래된 것이다.

어린아이를 제외한 모든 젊은 소녀들이나 여성들은 정해진 하루 일과를 잘 이행하는 것 이외에, 생이 요구하는 모종의 규칙을 따라야 한다. 길 혹은 운수 망치기와 관련된 규범은 이러한 여러 규칙들 가운데 하나이다.

어린이를 제외한 모든 소녀나 여성들은 길을 건너려고 할 때에 길을 걷고 있는 어떤 남자가 있다면 그 남자가 자기가 서 있는 곳을 지나갈 때까지 서서 기

---

109) Ali R. Balaman, Evlilik, Akrabalik Türleri, 1982, p.18.

다려야 한다. 만일 기다리지 않고 길을 건너게 되면, 남자의 운수를 망쳤다고 하여 규범을 범한 것이 되어 크게 지탄을 받게 된다. 이렇듯 엄격한 규범을 지키기 위해서 여자들은 마을 남자들의 왕래에 세심한 주의를 기울여야 한다. 만일 한 남자가 자기 앞을 가로질러 가는 여자를 보게 되면, '오늘 운수 망쳤다'고 생각하여 그 날은 일터에도 가지 않고 자기 집으로 되돌아온다. 이러한 경우에 만일 남자가 밭을 매러 간다면 황소에게 해가 미칠 것이고, 사냥을 하러 간다면 한 마리도 잡지 못하고 빈손으로 돌아 올 것이며, 곡식을 파종한다면 흉년을 맞게 될 것이라고 믿으면서 자기 길을 막고 건너간 여자를 비난한다. 이러한 것을 철석같이 믿고 있는 그들에게 누군가 이러한 것이 사실이 아니라고 말한다면 아마 그들은 노발대발할 것이다. 그들은 수천번 이런 일이 있었으며 그때마다 이것이 사실로 증명되었다고 말할 것이다.

만약 여자가 알든 모르든 한 남자의 길을 가로질러 갔다면, 이것은 돌이킬 수 없는 잘못으로써 그에 대한 벌도 크다. 이 잘못 알아차린 여자는 부끄러워하며 도망하고 쥐구멍이라도 찾게 된다. 운수를 망친 남자는 그 여자에게 욕하고, 때리며, 그 여자를 수치스럽게 할 수 있다. 만일 남자가 이런 일을 저지른 여자를 관대히 용서하고 봐준다면 마을의 모든 남자들은 그 남자와 여자를 욕하며 전통을 깨고 있다고 비난한다. 남자가 잘못을 범한 여자를 잡아 때리지 못한다면 그 여자의 남편, 아버지, 오빠에게 그 여자를 고자질하여 비난하며 이러한 사건이 그날 하루 동안 마을 안에 화제 거리가 된다.

여성들은 남성들이 어떻게 구타하는지 잘 알기 때문에 이러한 잘못을 저지르지 않기 위해서 매우 조심한다. 실수를 하지 않을 수 있는 한 가지 좋은 방법이 있다. 특히 노인들은 등에 아이를 업고 손에 물건을 잔뜩 들고 가는 여자를 볼 때 지나가라는 손짓을 하는데, 이 때에 길을 가로질러 갈 수 있다. 하지만 이렇게 신호로 허락하는 노인들의 수는 많지 않다. 이러한 상황에서 여자가 해야 하는 중요한 일은 급히 걷지 않을 것, 어떤 일도 서두르지 않는 것, 길을 나설 때는 먼저 오른쪽 다음은 왼쪽을 눈여겨 보면서 남자들의 왕래를 잘 살피는 것 등이다. 만일 길을 건널 때 먼 곳에서 어린애처럼 보이지 않는 남자나 남자들을 보면 등을 돌려 그들이 지나갈 때까지 기다려야 한다.

(4) 튀르크 이슬람의 가족관계

튀르크 이슬람의 가족관계는 한국과 유사하다. 농촌 지역의 전통적 농가는 대가족 제도이다. 할머니, 할아버지로부터 여러 형제들의 젊은 부부에 이르기까지 몇 쌍의 부부와 많은 자식들이 한 밭을 갈고, 한 지붕 아래 한 울타리에서 살면서 한 솥에 밥을 먹으며 지낸다. 단지, 한 지붕 밑에 여러 집이 있어서 각 쌍의 부부들은 자신들의 독립된 공간을 가지고 있다. 갓 결혼한 부부는 분가를 하기보다는 남편의 가정에서 시부모와 시동생들과 대가족 제도로 함께 사는 것을 성장 과정에서부터 자연스럽게 익히게 된다. 누구에게 어떻게 행동해야 하는지, 누구의 말에 먼저 따라야 하는지, 누구 다음에 잠자리에 들어야 하며, 누구보다 먼저 일어나야 하는지 등을 익히게 된 것이다. 예를 들면, 새색시의 편에서 시아버지는 절대적인 권위의 상징이다. 그 다음으로 권위 있는 자는 남편의 형 혹은 동생이다.

나이가 자기보다 적은 시동생 일지라도 예우를 해야 한다. 권위의 크고 작음에 따라 예우도 달라진다. 큰며느리와 작은며느리는 시어머니에 대해서 함께 뭉치지만, 시아버지에 대해서는 서로 먼저 점수를 따려고 한다. 가정에서 며느리의 위치는 자신의 나이보다 남편의 나이에 따른다. 예를 들면, 동생의 처가 형의 처보다 나이가 많을지라도, 형의 처에 대해서 예우를 해야 한다.

한 가족 내의 위계질서가 생산 활동 연령에 있는 사람들 사이에는 무척 강하게 작용하지만, 생산 활동에 참가하지 않는 어린아이들 사이에는 별로 영향을 주지 않는다. 할아버지와 어린 손자, 할머니와 어린 손녀 사이의 관계는 아주 화목하고 부드럽다. 할머니와 할아버지 손자 손녀들이 함께 사랑스런 이야기를 나누며 새끼 염소에게 풀을 먹이고, 지붕 위에 말리는 곡식들을 새들이 쪼지 못하게 지키면서 함께 웃고 소리치면서 즐거운 시간을 보낸다.

(5) 혼인

짝짓기

중앙아시아 및 서아시아의 튀르크 및 페르시아 이슬람 문화권의 농촌 지역에서 결혼은 대개 결혼할 당사자들의 합의에 의한 것이 아니라, 결혼을 통한 두 집안 결속 관계 형성이라는 전통에 따라서 무엇보다도 양쪽 가문이 친척이 되기를 원할 때 가능하게 된다. 물론 이러한 전통에 따른 결혼 양식이 결혼 당사자들의 동의를 전혀 무시한다는 의미는 아니다. 실제로 농촌 지역에서는 ― 이슬람의 여성들은 얼굴을 가리는 천을 사용하는 전통이 있지만 ― 여자들이 천으로 얼굴을 가리거나 하여 서로를 모르게 할 수 있는 환경이 아니기 때문에 결혼 적령기의 젊은이들은 서로를 잘 알게 된다. "우리 집의 신부가 되면 어머니의 며느리가 되고, 형수님과 동서지간이 되지요"라는 말들을 하면서 우회적으로 신랑 측에서 먼저 신부 측에 의사를 전달하는 것이 보통이다.

포도 따기, 포도주 만들기, 연초재배, 버찌 따기, 양고기 저미기 등 협동으로 행해지는 일터에서나 초여름 축제, 결혼, 모임과 같은데서 어른들은 결혼 후보자를 충분히 살펴보고 검토할 기회를 갖는다. 그런 후에 필요한 것들을 준비하고 구체적으로 청혼을 하게 된다. 결혼이 합의되면 약속식(約束式)을 하고 이어서 약혼식을 하게 된다. 이러한 일련의 절차와 기간들을 통해서 서로를 가까이 알 수 있는 기회를 갖게 된 신랑 신부 후보자는 서로 선물도 교환하게 된다.

신부 후보자는 자신이 만든 갖가지 색상의 손수건을 신랑 후보자에게 건네주며, 신랑 후보자는 거울, 머리핀, 장식품 같은 선물을 신부 후보자에게 보낸다. 여자가 약혼자에게 손수건을 보내지 않는 것은 결혼할 의사가 없음을 나타내는 것으로써, 이러한 풍습은 중국 신장성 위구르 튀르크인들로부터 중앙아시아, 카프카스, 페르시아, 그리고 아나톨리아 터키에 이르기까지 전체 튀르크족과 페르시아족들 가운데 널리 퍼져있다. 만일 딸이 약혼을 했을지라도 상대방과 결혼하기를 거부하면, 그의 부모는 절대로 강요하지 않는다. 결혼을 강요하는 것은 그 딸을 죽게 만드는 것일 수도 있기 때문이다.

사촌 간 결혼

튀르크 및 페르시아 이슬람 문화권에서 사촌 간 결혼은 많이 볼 수 있는 현상이다. 딸을 다른 곳으로 시집보낼 때는 아저씨로부터 반드시 허락을 받아야 한다. 튀르크-페르시아 이슬람 문화권의 농가에서 보편적으로 행해지는 사촌 간의 결혼은 이슬람화된 이후 지금까지 계속되어 오고 있다.

삼촌의 아들과 딸이 이모의 아들이나 딸과 결혼하며, 고모 아들과 외삼촌의 딸이, 그리고 외삼촌의 아들과 고모의 딸이 결혼할 수 있다.

또한, 친척 간에 혹은 가까운 친지들 사이에서 어린아이들을 약혼시키는 풍습이 있다. 이러한 결혼 풍습을 '요람 약혼'이라 부른다.

사회적 전통에 따라 결혼 문제에 있어서 남자 측은 능동적이어야 하며, 여자 측은 수동적이어야 한다. 한국에서처럼 원하는 쪽은 남자 측이고, 응하는 쪽은 여자 측이다. 따라서 남자 측에서 결혼 의사를 이런 저런 방법으로 이야기할 때에, 여자 측에서는 인내를 가지고 기다려야 한다. 결혼 연령이 지난 여자 측은 중매쟁이를 이용하여 신랑감이 있는 집에 보내 결혼 의향을 묻기도 한다. 중매쟁이들은 대도시나 중소도시보다는 읍, 면 단위의 마을에서 더 많은 활동을 한다.

일부다처제

급진적 이슬람 사상을 가진 이란이나 탈레반 정권 통치하의 아프가니스탄의 경우를 제외하고 중앙아시아 국가들과 터키에서는 근대법이 도입되면서 일부다처제가 법으로 금지되었다. 그러나 시골 농가에서는 적용이 현실적으로 잘 이루어지지 않고 있다. 그리 많은 경우는 아니지만, 이러한 결혼이 법망을 피해서 간혹 발생한다. 법적으로 첫번째 결혼은 허용되나 두번째 결혼이란 있을 수 없기 때문에, 두번째 부인에게서 난 아이들을 본처에게서 난 아이처럼 출생 신고를 한다. 즉, 주민 등록상 이 아이의 어머니는 자기를 낳아 준 어머니가 아니라 아버지의 본처가 된다. 터키 전통사회에서 일부다처제는 혈통을 보존하려는데 그 동기가 있다. 본처가 아이를 낳지 못하면 본처는 남편이 후처를 맞아들이는데 동의할 수밖에 없고 또한 후처와 좋은 관계를 가지고 지내기 위해 노력해야 한다. 그렇지 않으면 이혼을 당하고 친정으로 쫓겨 갈 수도 있기 때문이다. 그런데, 일부다처제는 반드시 경제적인 뒷받침이 되어야 하기 때뮨에 보편화되어 있지 않다.

결혼 지참금

전통적인 결혼에 있어서 '결혼 지참금' 문제는 전통적인 경제체제와 연관되어 피할 수 없을 만큼 중요하다. 결혼하게 된 여자는 자신의 경제 활동 단위인

제4장 중앙아시아 이슬람 467

아버지의 집을 떠나써 신랑 집 경제 단위에 일군으로 들어가게 된다. 이것은 분명히 모종의 경제적인 보상을 치러야 하는 일로서 결혼지참금 문제가 대두되게 하는 것이다.

전통적 사회생활에서 오는 관습적 규범이 또한 이혼을 어렵게 한다. 예를 들면, 신부가 친정을 떠나기 전에 신랑 집에 가져갈 모든 혼수감들에 대해서 이웃들과 손님들이 보는 앞에 펼쳐 놓고 이슬람 승려의 축복 기도 가운데 값을 매기게 된다. 이 때 모든 사람은 부르는 값에 대해서 "예"라고 대답하는 형식으로 마음대로 엄청나게 값을 정해서 그 값을 금시세로 환산하게 된다. 이리하여 만일 결혼 후에 남편이 이혼을 요구할 경우, 친정집은 많은 증인들 앞에서 정해진 값으로 결혼 혼수감에 대한 보상을 요구하게 된다.

결혼 지참금 문제는 단지 튀르크–페르시아 이슬람 문화권의 전통사회에 국한된 것이 아다. 비이슬람 국가에서도 이와 비슷한 관습을 찾아 볼 수 있다. 남아프리카 원주민 통갈라르Thongalar족에서는 결혼 지참금을 로볼라lobola라고 부른다. 이들 문화에서는 로볼라를 받은 여자가 도망갔다면, 그리고 그 결혼 지참금으로 여자의 남동생이 결혼했다면, 그 도망간 여자의 남동생의 부인을 결혼 지참금을 지불한 남자, 즉 도망간 여자의 남편에게 주어야 한다. 게다가 만일 여자가 전혀 아이를 낳지 않고 사망했다면, 이 결혼은 무효가 된다. 남자 측은 죽은 아내의 결혼하지 않은 여동생을 원할 수도 있고 결혼 지참금을 다시 돌려 받을 수도 있다.[110]

(6) 출산과 토속관행

튀르크 및 페르시아 이슬람권에서 출산과 관련된 토속관행은 우리나라에서처럼 매우 오래된 것이다. 출산 후에 탯줄은 매우 성스럽게 여겨진다. 밖에 버리거나 동물의 먹이로 주거나 하는 것은 금지되어 있다. 천에 싸서 신생아의 침대 밑에 놓아둠으로써 악신 알바스트Albasty로부터 신생아를 보호한다고 믿는다. 또한 그들은 탯줄을 집에 나두면 아이가 성장해서 집안에 충실한 사람으로 자라지만 밖에 버리면 늘 밖으로 나돌아 다니는 아이로 자란다고 생각한다. 만일 학교 담장 밑에 놓아두면 자라서 공부를 잘 할 것이지만, 도둑고양이

---

110) Balaman, op. cit., p.33.

가 먹으면 자라서 도둑이 된다고 믿는다.

아이가 출생하자마자 곧 바로 탯줄을 자른 산파가 아이의 유아 명을 붙인다. 만일 이슬람에서는 이름이 없이 신생아가 죽게 되면 죄를 짓는 것이라고 믿고 있기 때문이다. 정식으로 아이의 이름을 붙여주는 것은 후에 간단한 예식을 통해서 하는 것이 상례이다. 이슬람 승려나 가족의 어른이 작명하여 아이의 귀에다가 이슬람 기도문을 읽으면서 이름을 부른다. 그러나 시골에서는 산파가 붙여준 유아명을 계속 사용하는 경우도 자주 보인다. 이름은 태어난 달의 아랍명을 붙이거나 여행중일 경우 태어난 지역 이름을 붙이는 것이 예로부터 내려온 관행이나 지금은 이러한 관행은 거의 없어졌다.

태어난 아이는 소금물에 목욕을 시킨다. 소금물에 목욕을 시키는 것은 소금이 행운과 관련된 것으로 믿고 있기 때문이다. 소금과 관련된 이러한 민간 신앙은 새로 지은 집에 처음 방문 할 때 소금과 빵을 가지고 가는 관행과 맥락을 같이 한다.

튀르크권에서는 우리나라에서처럼 출산 후에 40일 동안은 산모와 아이를 외부 접촉으로부터 보호하며, 외출을 절대로 금한다. 또한 악신 알바스트에서 아이를 보호하기 위해서 빨강 색깔의 물건을 신생아의 침대에 묶어 놓는다거나, 축하 하려고 온 손님들에게 빨강색 과일주스를 내놓는다. 튀르크인들은 빨강색이 악신을 몰아낸다고 믿는다. 이러한 관행은 한국에서 아이가 태어났을 때 빨강 고추를 문지방에 매달아 놓는 것과 깊게 관련되어 있는 것으로 보인다.

출산을 축하 하려고 온 손님들이 돌아 갈때에 "잘 가십시오"라는 식의 인사는 절대 삼간다. 왜냐하면, 이러한 인사가 산모의 모유를 마르게 한다고 생각하기 때문이다.

한편 누워있는 신생아를 넘어가는 것은 금기사항이다. 만일 아이를 넘어가면 아이의 키가 자라지 않는다고 믿는다. 실수로 넘어갔을 경우는 넘어간 사람이 반대편으로 두번 넘어가야 한다. 이렇게 함으로써 실수가 무효화된다고 생각하기 때문이다. 이러한 관행은 발칸반도의 기독교인들에게도 나타난다.

(7) 이슬람 성인 숭배

튀르크 및 페르시아 이슬람 문화권에서 이슬람 성인 숭배는 흔히 볼 수 있는 토착 관행이다. 다음은 성인 숭배의 예를 몇 가지 사례를 통해 들어보기로 한다.

코자 아흐메드 야사위 숭배(카자흐스탄의 튀르키스탄 지역)

야사위의 무덤과 사원이 있는 튀르키스탄의 위치는 카자흐스탄 남부, 침켄트에서 위쪽으로 버스로 3시간 걸리는 구 비단길 상에 위치한 도시이다. 역사적 배경은 10~12세기 이 도시의 이름은 야스이였으며, 15세기부터 튀르키스탄으로 불렸다. 12세기 코자 아흐멧 야사위에 의하여 이슬람이 이 지역에 널리 전파되고 자리를 잡게 됨으로써 야사위는 수피 이슬람 지도자로 그 이름을 널리 떨쳤다. 14세기 아무르 티무르에 의하여 그를 기념하기 위한 코자 아흐멧 야사위의 사원이 건축되었다. 16~18세기에 이르러 이 지역은 중앙아시아 큽착 민족의 정치적 중심지로 발전하게 되었다.

코자 아흐메드 야사위는 시인이요 철학자이며, 12세기경 사이람에서 출생하였다. 그는 튀르키스탄에 머물면서 회교를 가르쳤고, 63세부터는 땅속 굴에서 은거하다가 대략 1166년에 죽었다. 그가 땅굴에서 은거한 이유는 무함마드가 바로 그 나이에 사망했기 때문이라고 한다.

현재 이 지역은 제 2의 메카라고 불려지는 만큼, 중앙아시아 무슬림의 가장 중요한 순례지이며, 이슬람 성지이다. 사원 안에서 알라신에게 예배와 나마즈(기도)를 하며 헌금한다.

한편 이곳에서 1시간 거리의 겐타우는 신비한 능력이 나타나는 곳으로 유명하다. 이곳의 샘물로 병이 낫기도 하고, 꿈이나 환상, 알라신의 계시를 받기도 한다고 한다. 알라신으로부터 받은 계시의 꿈은 튀르키스탄의 물라mullah에게 해몽을 받는다. 해몽의 대가로 헌금을 바친다.

코자 아흐메드 야사위 사원은 15세기 아무르 티무르에 의하여 사원이 세워지기 이전에도 이곳의 야사위의 무덤을 참배하기 위하여 많은 무슬림들이 찾아 왔다고 한다. 구소련 시기에 사원이 방치되었다가 1975년에 박물관으로 지정되어 일부 복구되었다.

1995년부터 터키 정부가 사원의 완전한 복구를 위해 카자흐스탄 정부를 지원하고 있으며, 이 지역에 터키와 카작 협력의 상징적 의미를 갖는 터키-카작 합작대학이 설립되었다. 이로인해 이 지역에서 이슬람은 다시 부흥하기 시작하고 있다.

일찍이 이슬람의 유서깊은 성지로 잘 알려진 이곳에서 이슬람 부흥이 빠르게 진행되고 있으며, 무슬림 순례객의 수는 날로 늘어나고 있다. 중앙아시아 이슬람 부흥의 메카로 작용하고 있는 것이다.

마쉬코르 아타(바얀 아우을)

마쉬코르 아타 성지가 있는 바얀 아우을은 카자흐스탄 북부 지역 파블로다르와 카라간다 주의 접경지대에 위치하고 있다. 경치가 매우 아름다워서 국립공원으로 지정되어 있는 이곳은 저명 인사와 신비한 능력을 가진 자들이 많이 태어났다고 알려져 있다.

마쉬코르 아타는 19세기 말과 20세기 초에 살았던 사람으로 영적 능력을 행했던 무슬림으로 알려져 있다. 병을 치료하고 알라신의 계시로 예언을 했다고 한다. 그의 사후에 많은 방문객들이 병을 낫게하기 위해 그의 무덤을 방문했다고 한다. 소비에트 통치시기에 공산 정권은 이슬람 종교의 영향력을 줄이기 위해 이 무덤을 불도저로 밀었으나, 그 무덤을 훼손한 사람이 저주를 받았다는 이야기가 전해지고 있다. 소련 붕괴 후 그의 무덤을 다시 만들기 위해 땅을 파고 그의 무덤 자리를 파헤쳐서 그의 시체를 발굴했는데, 시체가 마치 살아있는 것 같았다고 전해지고 있다.

지금도 중한 병이 낫기 원하는 자들이 그의 무덤을 계속해서 방문하고 있다. 이 지역은 요양지로 발전하고 있다.

소비에트 혁명 이후에 본래 유목민족이었던 카작 민족들이 강제로 이 지역에 정착되었다. 그 이후에 이 지역 주민들은 이 지역 환경적 요인으로 결핵의 발병률이 매우 높았다고 한다. 결핵 요양지 역시 이 지방 근처에 있다. 요양지에서 결핵을 치료하는 사람들은 기적을 믿고 이 무덤을 찾고 있다. 후손들에 의해 마쉬코르 아타 박물관이 이 지역에 세워져 있다.

라이온벡 바터르(알마티)

라이온벡 바터르 숭배지는 카자흐스탄의 알마트 시내 라이온벡 거리에 있다. 관이 안치된 기념탑 형태로 세워졌다. 라이온벡 바터르(1705~1785 혹은, 1730~1830)는 알마트 시의 중심부인 알반 계곡에서 태어나, 이슬람 성직자 물라로부터 상처치료법, 약초조제법을 배웠다. 또한, 그는 치료하는 능력이 있는 샘물을 발견하여 이용했다 한다. 몽골 중가르가 침입했을 때 대항하여 싸웠다.

알마티 시내 사람이라면 누구나 그 장소를 알고 있으며, 무슬림이라면 이곳을 방문하지 않은 사람이 없는 것 같다. 이슬람 단체가 주도하여 이슬람 부흥을 목적으로 1992~1994년에 이 기념탑을 건축하였으며, 무슬림들의 기도장소가 되고 있다.

타지키스탄 내 성인 숭배지

현재 타지키스탄의 거의 모든 지역에 이슬람 성인 숭배를 모체로 한 성지(묘지)가 있다. 어느 지역에는 2~3군데의 성인 숭배지가 있다. 타지키스탄 북부지역에는 1900년대 초에 조사한 자료에 의하면, 당시 소련 지배체제로 들어가기 전에 타지키스탄 내에 113개의 이슬람 성인 숭배지(무덤)가 있었던 것으로 기록되어 있다. 대표적인 것들을 보면 다음과 같다.[111]

이 름	장 소	설립년도
미르조이브레힘	후잔시 라조키	1745년
싸이흐 무슬리히딘	후잔시	1092년
보보 호자 아블리요	후잔시 운지	1695년
호자 싸흐리요르	후잔시 운지	1775년
호자이 할로스	후잔시 운지	1815년
굼바즈샤클	후잔시 호자 보키르곤	1195년
에쏘니 수피	우론테파시 루근트	미 상

---

111) 1. A. Kyshmatov, '기원과 의미', Dushanbe, Irfon, 1985, pp.8-10.

이 름	장 소	설립년도	
자르크르곤	우론테파시 자르크르곤	미	상
호자 소프	달욘-호자소프	미	상
하즈라티 물로	싸흐리스톤	미	상
아브두 후나르	곤지-키질리	미	상
부르히 발리	바흐요 미상		
호자이 호탐	파이조보드	미	상
에몸 아스카라	쿨롭시 쑤로보드	미	상
미르 사이드 알리 하마도니	쿨롭시 미상		
마브로노 야쿠비 차르히	두산베시 레닌	미	상

타직인들은 주로 본인이나 가족의 문제가 있을 때 — 아플 때, 아기를 낳기를 소망할 때 등 — 도움을 구하기 위하여 수요일이나 금요일에 성지에 간다. 성인의 영에 기도를 한다. 다음에 성지(묘지)를 돌거나 돌을 쌓거나 한다. 어떤 이들은 양이나 다른 가축으로 희생 제물로 바친다.

소비에트 체제에서는 성지 방문이 없었던 것은 아니나, 두려워하여 비밀히 찾아가 기도했다. 그러나 독립 후에는 거의 모든 가정이 문제가 있을 때마다 성지를 찾고 있다. 수요일이나 금요일에는 성지에 사람들이 북적거린다. 앞으로 더욱 더 많은 사람들이 성지를 찾아 갈 것으로 보인다.

이상에서 살펴본 바와 같이 튀르크 이슬람 문화는 이슬람 페르시아 문화와 상호 작용하며 함께 발전해 왔다. 따라서 토속관행이나 이슬람적 전통에 있어서 거의 차이가 없다. 그러나 차이가 있다면, 그것은 이슬람 종파의 차이에서 기인한 사상적 차이를 들 수 있겠다. 아제르바이잔을 제외하고는 대부분의 튀르크족은 수니파 무슬림이며, 페르시아계 민족 가운데 이란은 시아파이고, 아프가니스탄이나 타지키스탄 등은 대부분 수니파이다.

이란의 경우 시아파 이슬람적 특성, 즉 저항의식과 투쟁의식이 이란인들의 사상적 기반을 이루고 있으나, 토속 관행에는 크게 반영되어 있지 않다.

튀르크권 및 페르시아권은 고대 및 중세로부터 생활양식, 문화 특질 등을 공유하는 긴 역사 속의 상호 작용에 의해서 서로 깊게 관련되어 있어 하나의 튀르크-페르시아Turco-Persian 이슬람 문화를 형성하고 있다. 그들이 함께 겪은 역사 발전과 외세에 대한 공동의 투쟁 과정 등을 통해서 이들 중앙아시아 민족들 간에 유대 관계는 매우 강하게 발전하였다. 그럼에도 불구하고 이들 각 민족들이 갖는 특이한 문화유산들을 간과해서는 안 될 것이다. 이런 점에서 19세기 이후에 발달한 범튀르크 민족주의Pan-Turkism이나 범이란 민족주의Pan-Iranism은 정치적 목적에 따라 다소 과대평가된 면이 없지 않다고 본다.

튀르크 문화권과 페르시아 문화권의 실제적인 차이는 유목문화적 전통과 정착 문화적 전통에서 기인한 문화적 특색의 차이라고 할 수 있다. 페르시아 문화권에는 나브르즈 등에서 보이는 바와 같이 조로아스터교의 영향과 더불어 시아파 이슬람적 특성이 강하고, 근래에는 이러한 전통적 특성 위에 급진적 이슬람 사상이 강하게 지배하고 있다.

이에 비해서 튀르크문화권은 알타이적이라고 할 수 있는 무속적, 전통적 유목문화적 요소에 수니파 이슬람의 전통적 요소, 그리고 터키는 아타튀르크 개혁 이후 서구적 영향이 강하고, 구소련 중앙아시아는 여기에다 소비에트 문화의 영향이 아직도 짙게 나타나 있다.

지금 대부분의 튀르크-페르시아 문화권은 민속이슬람Folk Islam적 특성을 가지고 있다. 민속이슬람이라 함은 정통 이슬람과 구별되는 개념으로써 각 민족 고유의 토속 신앙 의식과 이슬람이 혼합되어 있는 이슬람을 말한다. 따라서 이슬람이면서도 각 민족마다 독특한 형태와 특성을 가지게 된다. 튀르크-페르시아 무슬림들의 신앙에는 신비주의적인 요소들과 함께 주술적, 샤머니즘적 요소들이 많이 있다.

특이한 것은 튀르크 족과 인접해 있으면서 페르시아권에 속하는 쿠르드족은 이슬람을 신봉하는 민족이면서 이슬람 이외에 그들의 전통 종교인 조로아스터교의 영향이 강하며, 이와 더불어 천사숭배를 비롯하여, 기독교, 유대교 등의 영향도 적지 않다는 점이다. 그리고 이슬람 세계에서 유일하게 쿠르드족 집단에서만 발견되는 것으로 사탄을 숭배하는 예지드 교도들도 나타난다.

대부분의 서아시아 및 중앙아시아의 튀르크족과 페르시아족 집단에 속하는 이슬람 문화권에서는 이와 같이 종교적 형태에서 독특한 유사성을 발견할 수 있는데, 그것은 각 집단의 독특한 전통적 민족정신 및 토속적 종교의식이 강하게 나타나 있다는 점이다. 앞으로 각 민족별로 그들이 지니고 있는 토속적 신앙의식과 전통적 민족의식에 대한 개별적 연구가 심도 있게 진행될 필요가 있다고 본다.

5. 수피즘

1) 수피즘의 형성

역사의 세월을 거슬러, 수많은 종교들이 생성되고 그 교세를 확장하여 오늘날까지 이르거나 혹은 중간에 소멸되어 버렸다. 긴 세월 흘러온 종교사를 살펴볼 때, 교세가 확장이 되어 거대 종교 집단을 이루게 되면 그 종교는 세속의 정치와 맞물려서 종교 본연의 순수함을 잃게 된다. 종교 집단 내에 상부 집단의 타락에 반대하면서 본연의 순수함을 찾으려는 일련의 종교 정화 운동이 역사 속에서 수없이 일어났다. 이슬람의 역사에서도 이와 같은 현상은 동일하게 일어났는데, 그 정화 운동의 사상적 밑바탕이 되는 것은 주로 신비주의에 입각한 교리였다.

이슬람은 AD 7세기의 아라비아의 종교 지도자 무함마드가 창시한 종교로써, 종교가 창시된 이후 약 300년에 걸쳐서 이슬람 안의 모든 종파와 법학파, 신학파가 형성이 되었다. 수피즘은 바로 이 시기에 그 형성의 근원을 두고 있다. 그러나 수피즘이 이슬람 일반 신자들에게 인기를 얻고 수니파와 시아파 양쪽 교단 모두에게 인정을 받는 것은 AD 11세기 후반기 이후의 일이다.

수피즘은 이슬람 신앙의 형식주의 — 행위의 겉모습만 보고 심판하는 이슬람 법 등 — 에 대한 반동으로 발전하였다. 고전 이슬람이 성법의 준수를 통하여 신과 교제하는 공동체적 이슬람이라면, 수피즘은 자신의 내면에 있는 신과 교제하는 개인적인 체험적 신앙행위를 강조하는 이슬람이라고 할 수 있겠다.

수피즘은 처음에 소수 엘리트에 의하여 출발했지만, 12~13세기에는 디크리 dhikr(알라신을 염원하는 것)에 의한 수행의 간소화와 신과 인간의 중개자로서의 성자 신앙을 통하여 대중화되기 시작하였다가 후에 교단의 형태로 이슬람 세계 전역에 확대되어 가기 시작하였다.

이슬람종교는 갈수록 확장되고 발전하여 16세기 이후 인도의 무굴 제국의 등장으로 이슬람은 그 영역을 중동에서 인도 및 동남아시아를 거쳐서 중앙아시아와 중국까지 확장하게 되었다. 이러한 이슬람의 확장의 기저에는 수피즘이 자리 잡고 있었으며, 수피 교단의 성자와 상인들의 이슬람 확장의 기저에는 수피즘을 통하여 이슬람이 확장되어 갔던 것이다. 이러한 수피즘은 차츰 이슬람 본연의 율법주의적 유일신관에 기독교의 영향으로 사랑이 강조되었다는 점이 특징이다. 유라시아의 튀르크족 집단에서는 튀르크민족 특유의 무속신앙과 수피즘이 혼합되면서 영적인 체험과 형제애를 특별히 강조하는, 정통 이슬람과는 다른 모습으로 변모하였다. 그러나 이러한 수피즘의 특징들과 영향력은 이슬람 발전과 확장에 매우 긍정적으로 작용하였다.

2) 순나와 수피즘

순나는 무함마드의 가르침이 신자들 가운데 구전 되어온 것을 모아서 기록한 것이다. 수피들도 다른 무슬림들처럼 이 순나에 대해 경외심을 갖는다. 그러나 수피들 대부분이 일반 무슬림들과 다른 것은 순나 중에 무함마드의 개인의 삶과 성격을 잘 드러내 주는 순나 내용에 그들의 신앙의 초점을 맞춘다는데 있다. 수피들은 무함마드가 그들이 '추구하는 신과의 개인적인 교제'를 가장 완벽하게 성취한 사람으로 믿는다. 따라서 그들 자신도 그러한 신비적 경지에 이르기 위해서는 예언자의 삶의 방식 ─ 신앙행위의 테크닉 ─ 을 그대로 좇아야 한다고 믿는다.

수피들은 무함마드가 예언자로서의 삶을 본격적으로 시작하기 이전의 그의 삶에 대하여 더 관심을 두었다. 무함마드가 예언자가 되기 전에 히라Hira라고 불리던 아라비아 메카 근처의 언덕의 동굴에서 수행을 하면서 깊은 명상에 잠겨 있던 중에 그는 신을 만났고 신은 그에게 꾸란을 계시하여 이슬람이 시작되었다는 내용이 그의 일대기에 전승되어 내려오고 있다. 수피들은 바로 이 점에 주목하였다. 수피들은 그들이 신에게 이르기 위하여서는 개인적인 수행이 반드시 뒤따라야 한다고 믿었고, 이러한 믿음은 수피즘의 개인적 체험의 중요성과 연결된다.

　따라서 수피들은 개인의 경건하고 신비한 영적인 체험을 하기 위하여 금욕적인 삶을 살았는데, 이러한 금욕주의는 현실 참여 위주의 기존 이슬람의 교리와 상당 부분 갈등을 빚는 원인이 되었다.

　수피들의 무함마드에 대한 깊은 존경심을 이해하기 위해서는 누리 무함마드 Nuri-Muhammad, 즉 '무함마드의 빛'에 대한 개념을 이해할 필요가 있다. 그에 관련된 내용은 다음과 같다.

　"The very first of God's creations was the light of Muhammad. First among all the handworks of God were the atoms of Muhammad. And the first thing the divine pen wrote were the words, "There is no god but Allah and Muhammad is his servant and prophet." The first thing that God was my light."

　따라서 '무함마드의 빛'은 계시의 빛이며 무함마드 자신의 세계에서 먼저 실현된 창조인 것이다. 이러한 이유 때문에 수피들은 무함마드가 태고의 시간 이래로 세상에 대한 등대가 되어왔다고 믿어왔다. 'Nuri-Muhammad'는 수많은 수피 문학의 중요한 주제가 되었고, 문학을 통하여 수피즘은 더욱 확대될 수 있었다.

　수피들은 무함마드를 완벽한 인간이라고 믿었기 때문에 그의 삶은 모든 인간이 반드시 따라야 하는 기준이 된다고 믿는다. 그들에게 있어서 무함마드는 인류 최초의 인간이며 신의 예언자 중의 최초의 예언자이며 수많은 예언자들 중의 가장 위대한 예언자이다. 따라서 그들이 신에게 이르기 위하여서는 그의 삶을 되돌아봐야 하며, 무함마드가 정신적 성찰을 통하여 신과 깊은 교제를 나누었던 것처럼 그들도 그의 삶의 방식을 좇아감으로써 신에게 이를 수 있다고 믿는다. 그들이 무함마드의 삶의 방식을 좇아가기 위한 지표로 그들은 순나를 깊이 숭배하며 순나에 나타난 금욕주의적이며, 자기 성찰적이며 형제애를 강조하는 삶을 살아가기를 원한다.

3) 수피즘의 위대한 사상가들

　초기에 수피즘은 학문적 체계가 갖추어져 있지 않았다. 후에 수피즘에 대한 학문적 연구를 통해서 신학적 체계화를 만들며 수피즘을 발달시킨 사상가들이 많이 나타났다. 그들 중에 학문적 공헌이 가장 컸던 무슬림 학자는 다음과 같다.

(1) 주나이드 알 바그다드Junayd al-Baghdadi

주나이드Junayd는 당대에 수피즘에 관한 뜨거운 논쟁을 일으킨 무슬림 학자이다. 그는 이슬람법 샤리아Shari'at에 많은 관심을 가지고 있었다. 그는 그동안 개인적인 체험과 수련 양식에만 치중했던 수피즘의 수양 방식을 비판하면서 꾸란Quran과 하디스Hadith에 수피즘을 결합하기 위하여 노력하였다. 그의 이러한 노력은 수피즘을 배격하던 많은 무슬림들에게 수피즘을 매력적인 수행의 방식을 가진 신앙으로 생각하게끔 하는데 성공케 하였다.

주나이드에 따르면 신과 합일은 파나fana, 즉 자기 소멸의 경지에 들어감으로써 이해할 수 있는 것이다. 그의 이론에 따르면 자기 소멸의 체험은 인간이 가질 수 있는 영적인 체험 중의 가장 절정인 상태이며, 이것은 이슬람 성법에 기초하고 있다고 함으로써 이슬람 성법과 수피즘과의 조화를 꾀하였다. 그는 수피즘에 관하여 다음과 같은 말을 하였다.

"Our science is built on the solid foundation of the Book(Quran) and the sunnat.

He who has not memorized the Koran, does not live the Hadith, and does not concern himself with the law; he cannot be considered a practioner of our science."

다시 말하면 그는 이슬람법과 정신적인 내면세계 탐구와의 상응관계를 증명할 수 있는 것이 필수 불가결한 것이라고 믿었고 만일 내면세계의 탐구가 이슬람법과 마찰을 빚는다면 이는 잘못된 것이라고 주장하였다.

주나이드는 수피즘에 관하여 가장 뛰어난 공헌 중의 하나는 미탁mithaq — primeval covenant — 이론이다. 이 이론에 따르면 인간의 영혼은 신 앞에서 충성의 맹세를 한다는 것이다. 이 맹세의 대가로 신은 인간의 영혼을 분리되고 개별적인 존재로 만들었다는 것이다. 이 초기의 충성 서약 때문에 모든 인간의 마음 안에는 신이 있는 그들 본연의 자리로 돌아가고자 하는 잠재적인 욕구가 있다는 것이다. 이러한 욕구에 대한 깨달음은 수피즘의 수행을 통하여 얻게 되며 이러한 깨달음이 인간으로 하여금 신에게 더 쉽게 돌아갈 수 있도록 한다는 것이다.

⑵ 아부 하미드 알 가잘리Abu Hamid al-Ghazzali

가잘리Ghazzali는 이슬람 세계가 배출해 낸 가장 위대한 사상가들 중의 한 사람이다. 수피들 사이에서 그의 정신적 위대함은 이슬람의 증거 The Proof of Islam라는 그의 별호를 통해서도 알 수 있다. 가잘리는 사회적으로 혼란하며 지적으로 혼돈된 시대에 태어났다. 당시에는 수니파 압바시아드 칼리프와 시아파 파티미야 조 사이에 치열한 전쟁이 있었다. 지적 논쟁에 있어서도 수니파의 사상가들은 이스마일 파에 의하여 공격을 받았다.

그러나 가잘리의 등장으로 수니 사상가들은 이 지적 전쟁에서 승리를 얻게 되었다. 가잘리는 이슬람의 법학 및 신학 이론으로 잘 알려진 수피 사상가이다. 그의 위대함은 수피즘과 이슬람의 성문화된 학문과의 통합을 달성한데 있다. 오늘날까지 수피들은 이런 사상적 전통을 지키고 있으며, 이것은 수니 이슬람의 기존 체제 안에서 수피즘의 독특한 고전적인 영역으로 간주되고 있다. 가잘리는 이러한 사상을 종합하여 수니 법학자들이 인간의 신비한 영적인 영역을 부정하는 것을 비판하고 이스마일파의 이론적 오류를 비판하였다. 이러한 가잘리의 가장 유명한 저술은 Ihya' ulum al-din 종교학의 부활이다.

그는 1095년에 바그다드 소재 니자미야 대학의 학장으로 재직하였다. 그는 학자로서 인정을 받았던 출세의 길을 버리고 수피로서의 고행과 금욕의 삶을 10년 간 살아가게 된다. 그는 또 다른 저서 al-Munqidh min al-dalal(잘 못된 자의 구도자)에서 무엇이 그를 수피로서 살아가게 하는지를 잘 설명하고 있다. 또한 수피로써의 그의 10년간 삶은 수피즘과 이슬람 율법의 이론적 합일을 이끌어 내는 시발점이 되었다.

가잘리가 이런 일종의 구도자적인 삶을 위해서 교수라는 지위를 포기한 사실로 인하여 그는 동시대인들에게 추종과 비판을 동시에 받았다.

알 가잘리al-Ghazzali(AD 1111 사망)는 초기에 수피즘을 신학적으로 체계화시켜 수피즘의 확장에 크게 기여한 무슬림 학자로 기억되고 있다.

(3) Ibn al-'Arabi

이븐 알 아라비는 수피들에게 '가장 위대한 정신적 대가'로 알려져 있다. 그는 선대의 사상가들이 말한 수피즘에 관한 여러 사상들을 체계화하고 종합함으로써 수피즘을 집대성한 학자이다.

이븐 알 아라비는 스페인 남동부의 정통 아랍계 가문에서 태어나서 이슬람 교육과 문화의 중심지로 유명한 세비야에서 교육받았다. 그는 20살이 될 무렵 수피가 되었고 그의 여생의 많은 시간을 이슬람 세계를 여행하는 데 보냈다. 그는 여행 중에 그의 가장 중요한 추종자이며 그의 사상의 계승자인 사드르 쿠나위를 만나서 사상을 전수하게 되었다.

알 아라비는 알라 신이 이 세상을 창조한 이유는 숨겨진 보물인 자신을 세상에 알리기 위함이라고 가르쳤다. 우주는 알라 신을 증명하기 위한 존재이며, 신은 자신을 좀더 완벽하게 나타내기를 위해 우주를 유지시키고 있다고 하였다. 모든 것은 신의 영원성을 드러내는 의미에서 원 모양으로 창조되었고, 인간의 영혼을 포함한 존재하는 모든 것은 원형으로 만들고 회전시킴으로써 알라 신에게 온전한 예배가 가능하도록 하였다. 이러한 형태로 인해 우주는 알라 신과 그의 창조물 인간 사이에서 중재자의 역할을 가능하게 되었다는 것이다. 자신이 창조한 우주가 어떤 것인지 알려지기 바라는 알라 신의 소망 때문에 결국 우주는 영적인 세상을 반영해주는 거울과 같은 역할을 한다. 이것은 또한 알라 신에 대하여 알기를 바라는 인간의 소망을 충족할 수 있도록 그렇게 반영되어있다. 이븐 알 아라비는 이러한 인간의 소망이 바로 인간으로 하여금 알라 신을 찾게 하고 알라 신에게 다가가기 위하여 반드시 여행해야 하는 영적인 길로 이끄는 것이라고 주장하였다.

이븐 알 아라비가 수피즘에 기여한 것은 이슬람의 다른 종파, 심지어 가장 이단적인 종파의 사상뿐만이 아니라 타종교의 구도 방법조차도 수피즘 안으로 이끌어 들여서 집대성했다는 점이다. 그의 이러한 사상은 모든 인간은 알라 신에게 가는 구도의 길이 각기 다르게 부여받았다는 가설에서 출발한다. 예컨대 유대인들은 유대인으로서의 구도의 길을 기독인들은 기독인으로서의 나름대로의 구도의 길이 있다는 것이다. 따라서 그는 이슬람식 구도 방법만이 올바른 것이 아니며, 다른 종교의 형태, 사상, 수양 방법 등 모든 것을 포용했던 것이다. 전통적으로 수피즘이 혼합주의 이슬람 형태를 띠고 있는 이유가 여기에 있다.

아랍 이슬람에서 신은 — 기독교에서와 같이 — 비천한 인간을 사랑할 수 없으며 심판할 뿐이다. 또한 다분히 교리적이고 율법적인 아랍 이슬람에서는 신을 노래하는 음악은 허용되지 않으며 영적인 체험 등 체험적인 면은 이단적인 것으로 배척된다. 그러나 수피즘에서 나타나는 이러한 개인적 영적 체험에 대한 강조는 샤머니즘의 영향이다. 특히 중앙아시아의 샤머니즘에서는 영적 능력이나 체험이 없는 사람은 캄kam 혹은 샤만shaman, 즉 무당이 될 수 없다. 또한 아랍 이슬람의 형제애는 공동체umma 형성을 위한 집단적, 종교적 — 따라서 다분히 강제적인 — 유대관계가 강조되는 것이지, 수피즘에 나타나는 것과 같은 개인적이고 휴머니즘적인 인간 사랑은 볼 수가 없다. 수피즘의 전승으로 유명한 터키 콘야의 메블라나Mevlana에서 강조되는 신에 대한 사랑과 인간사랑은 소아시아 기독교의 영향에서 비롯된 것이다.

⑷ 중앙아시아와 카프카스 수피 이슬람

이라크와 페르시아 지역에서 형성되어 중앙아시아와 소아시아에 널리 퍼진 이슬람 분파가 바로 이슬람 신비주의로 알려진 수피즘Sufism이다. 수피즘은 이슬람의 유일신관과 기독교의 사랑 그리고 튀르크족의 무속신앙이 혼합되어 발전한 것이다. 따라서 수피즘에는 신의 사랑이 노래되며 형제애가 강조되고, 영적인 면과 체험적인 것이 강조된다.

한편 수피즘은 초기에 이단으로 몰려 어려움을 겪다가 후에 중앙아시아 및 소아시아 튀르크계 부족들 가운데 널리 전파되었다. 오스만제국 때에는 수피즘의 세력 확장에 위협을 느낀 정통파들에 의해 이단으로 몰려 어려움을 겪었다. 특히 소아시아의 수피 일파인 벡타쉬Bektash파들은 종교적으로 크게 압제를 받았다. 그러나 수피즘은 카디르Qadiri파의 활동으로 인도와 스페인까지 널리 전파되었다.

현재 수피즘은 중앙아시아, 카프카스 및 터키에 널리 퍼져 있으며 수피파 중에서 가장 세력이 큰 분파는 바하웃딘 낙쉬반드Bahauddin Nakshiband (1389년 사망)에 의해 창시된 낙쉬반드파이다.

중앙아시아 낙쉬반드 그룹은 이전에 중앙아시아 튀르키스탄 예시Yesi 지방에서 아흐마드 예세비Ahmad Yesevi(1166년 사망)에 의해 창시된 예세비파 (派)로부터 큰 영향을 받았다. 예세비파는 종교 예식에 튀르크어를 사용할 정 도로 다분히 튀르크적이었다. 이슬람에서 알라신은 아랍어만을 종교예식의 언 어로 허용하는 것으로 되어 있다. 이슬람에 의하면 아랍어 외의 기타 언어는 성스럽지 못하기 때문이다. 이런 면에서 에세비파의 튀르크어 사용은 매우 혁 명적이며 토착적인 것이다.

카프카스 지역에서도 이슬람은 수피 낙쉬반드 그룹이 주도하고 있다. 수피 종파는 낙쉬반드파와 카디리아 두 그룹으로 나뉜다. 낙쉬반드파가 체첸과 잉 구슈 지역에 전파된 것은 18세기 후반 이맘 만수르Imam Mansur가 부하라 Bukhara로부터 낙쉬반드 가르침을 전래해 옴으로 시작되었다. 이후에 19세 기 중반에 다게스탄으로부터 샤밀Shamil의 한 낙쉬반드 지도자 타쇼 하지 Tasho Haji가 다시 또 이 종파를 대대적으로 체첸 지역에 전래하였다.

카디리야Qadiriya 그룹은 19세기말에 한 쿠믁Kumyk인 무슬림 쿤타 하지 Kunta Haji에 의해서 전래되었다. 그는 이후에 1867년에 러시아 가옥에서 옥 고를 치루다 사망하였다. 카디리야 그룹은 몇 가지 분파로 나뉜다. 첫번째 분 파의 창립자는 밤마트 기라이 하지Bammat Giray Haji로서 이 분파는 처음 체첸 타이프 구노이Gunoy에서 시작하여 후에 전체 체첸 지역과 북부 다게스 탄으로 확장해 나갔다.

이 분파의 리더쉽은 미타에프Mitaev 가문에 대대로 계승되고 있다. 두번째 분파는 잉구슈 수도 나즈란Nazran의 수르호히Surhohi 지역 출신 바탈 하지 벨호로에프Batal Haji Belhoroev에 의해서 창립되었다. 이 분파는 잉구슈 지 역에 제한되어 활동하고 있으며 종교적 성결을 강조하며 구소련에서 가장 열 성적인 이슬람 수피 분파로 알려져 있다. 리더쉽은 벨호로에프 가문에서 대대 로 계승된다. 마지막은 침 미르자Chim Mirza 분파로서 이것 역시 창립자의 이름을 딴 것이다. 이 분파는 체첸 샬리Shali 지역 마이르툽Mairtup 마을에 서 미르자에 의해서 시작되었다. 네번째는 1940년대에 카자흐스탄에서 체첸 무슬림 지도자 비스 하지 자기에프Vis Haji Zagiev에 의해서 창립된 비스 하 지 분파이다. 이 분파는 오늘날 카디리야 종파 중에서 가장 널리 영향력을 행 사하고 있는데, 카라르다Kabarda에서부터 북부와 중부 다게스탄 지역에 이르기까지 널리 전파되어 있다. 이 분파는 카디리야 종파 중에서 그 방법론에 있어서는 가장 현대적이면서 교리는 가장 보수적인 것으로 유명하다.

(5) 낙쉬반드

수피즘 낙쉬반드Nakshband 교단은 바핫딘 무함마드Bahaaddin Muhammad에 의하여 창시되었다. 바핫딘 무함마드의 초기 생애에 대하여 알려진 것은 거의 없지만, 그는 사마르칸트에 있던 시기에 수피즘에 관하여 수학하였다. 이후에 나사프로 옮기어 거기에서 아미르 쿨랄Amir Kulal의 제자가 되었다. 그러나 그의 저서에는 그에게 직접적인 영향을 준 수피 장로는 아미르 쿨랄이 아니라, 압둘흐리크 구주바니Abdulkhliq Ghujduwani라고 언급되어 있다. 이것은 실제로 바핫딘 무함마드는 자신에게 영향을 준 스승이 구주바니였음을 나타내는 것이다.

구주바니는 유수프 함드하니Yusuf Hamdhani의 가장 뛰어난 제자 중의 한 사람이다. 그는 알라 신에게 이르는 방법을 제자들에게 가르치면서 타리키 하와자간tariq-i khwajagan이라는 독특한 방법을 창안하여 전수하였다. 바핫딘이 낙쉬반드 정신의 여덟 단계라는 구도 방법을 설파하였는데, 이것은 바로 함드하니의 구도 방법론을 발전시킨 것이다.

1379년 아미르 쿨랄이 죽은 뒤에 그의 제자들은 바핫딘Bahaaddin을 자신들의 새로운 스승으로 옹립하였다. 이 제자들은 후에 낙쉬반드 교단의 핵심 지도자들이 되었다.

낙쉬반드 교단의 입회식은 매우 특이하다. 그것은 전통 이슬람에서 보는 정형화된 그런 예식이 아니다. 입회식 날이 되면 신입 제자가 되는 사람은 먼저 압다스트abdast로 알려진 종교적인 목욕 의식을 치른다. 그리고 자신의 장로(스승)에게 다가가기 전에 그의 맞은편에 앉아서 장로의 손에 입맞춤을 한다. 그러면 장로는 제자의 손에 자신의 손을 얹고 기도를 한다. 그리고 나서 꾸란 제 1장 파티하흐fatihah를 낭송한 뒤 어떻게 자신의 삶을 살아가야 하는지에 대하여 훈계하는 시간을 갖는다.

낙쉬반드파는 사람의 얼굴은 그의 영혼의 거울이라고 생각하기 때문에 늘 미소 짓고 활기찬 표정으로 일생을 살아가야 한다고 생각한다. 낙쉬반드 장로들은 이어서 그들의 제자에게 이렇게 교훈한다.

"동정심은 태양과 같아야 하고, 그의 동료들을 대하는 겸손함은 발밑의 먼지 같아야 하며, 신에 대한 복종은 마치 죽은 시체와 같아야 하고, 타인의 잘못에 대하여는 밤과 같아야 하며, 관대함에 있어서는 흐르는 강과 같아야 한다."

훈계의 순서가 끝나면 장로는 신입 제자 무리드murid에게 천 개의 묵주를 준다. 묵주를 주는 의미는 그가 개인적으로 디크리를 하기 위해 필요한 형식이다.

보통 디크리는 다음과 같은 순서를 따른다. 낙쉬반드 종단의 수행자가 개인적으로 디크리 할 때에 자신의 스승의 얼굴을 마음속에 떠올린다. 이것은 자신이 구도자로서의 길을 떠나서 신에게 다가가는 관문이 된다고 믿는다. 디크리에 관한 이런 생각은 영적인 스승이 그를 신에게 인도할 수 있다고 믿는 그들의 믿음 때문이다. 디크리가 시작되기 전에 수피 데르비쉬dervish들이 그들 주위를 원으로 에워싼 뒤 다양한 말로 참회를 반복한다. 이 과정이 끝나고 나면 "알라 이외에는 다른 신은 없다"라는 문장을 여러번 반복하여 외친다. 그 후에 그들은 예언자 무함마드와 그의 가족에 관한 쿠란 기도 고백문을 읽고 고백하며 다음에 꾸란의 여러 장과 절을 낭송함으로써 이 예식을 마친다.

수피즘의 디크리에는 이와 같은 알라 신에 관한 찬미 이외에 죽음에 관한 명상도 많다. 수피파 데르비쉬들은 인생의 목숨이 부질없다는 사실을 되새기며 자신이 죽었다고 가정하며 깊은 묵상에 잠긴다. 그 다음 자신의 몸이 관속에 있다고 상상을 하고 마지막으로 그들의 행동이 신 앞에서 심판 받는 장면을 상상하며 알라 신을 부르짖어 외친다. 이렇게 죽음의 순간을 명상할 때 알라 신은 그들에게 새로운 소망을 부여해 준다고 믿는다.

이상 수피즘에 대해서 살펴보았다. 우리는 여기서 이슬람 수피즘 역시 예식과 묵상을 통한 일단의 종교심리적 정화운동이라는 사실을 알게 된다. 수피 지도자들은 이슬람이 급속히 팽창하면서 세속 정치와 결탁함으로 그 본래 구도의 길을 잃어버렸다고 생각한다. 소수의 수피 이슬람 지도자들은 수피 종교운동을 통해 이슬람 정화운동을 벌렸던 것이다. 결과적으로 수피즘은 그 종교적 수행 방법에 있어서 이슬람을 형식보다는 실제 체험의 종교로 발전시켰으며 그리하여 일반 대중에서 널리 팽창할 수 있게 되었다.

타락하고 세속화한 정통 이슬람종교에 대한 반발로 일어난 수피즘은 세속의

484

인연보다는 개인적인 구도를 통하여 알라 신에게 더 가까이 다가가고자 하였다. 알라 신에게 가까이 나아가기를 소망하는 방법으로 때로는 서정시를 때로는 원형 춤을 추는 신비주의적 행위를 도입하였다.

이러한 신비주의적 방법에도 불구하고 수피즘은 묵상과 수양을 통하여 더욱 알라 신에게 가까이 나가기를 소망함으로써 자연스럽게 세속의 욕망에서 탈피하여 금욕적인 삶을 추구하게 되었다는 점에서 긍정적이다.

비교 종교적 측면에서 볼 때 수피즘이 개인의 금욕주의적 구도의 노력을 통하여 알라 신과 합일될 수 있다는 것을 강조한다는 점에서 불교의 자기 수양을 통하여 스스로 깨달음을 얻음으로 인간도 부처가 될 수 있다는 사상과 일맥상통한다.

Ⅲ. 중앙아시아 이슬람 근본주의 운동의 현상과 과제

소련 해체 이후 중앙아시아의 이슬람 부흥운동은 민족 및 국가 정체성 논쟁과 더불어 급속히 확산되었다. 독립 이후 중앙아시아 국가들 사이에 집단적으로 표출된 지배민족 러시아인에 대한 반러시아, 반기독교 감정과 더불어 중앙아시아 민족의 전통과 역사 회복 의식이 강화되면서 중앙아시아 전역에 이슬람 부흥 운동이 확산되었다. 이러한 분위기에 편승하여 이슬람 급진주의 및 근본주의 세력이 점차 뿌리를 내려가고 있다. 중앙아시아 국가들의 현 정권은 급진적 이슬람 운동에 대해 단호히 대처하고 있나. 최근에는 이슬람 근본주의 세력은 범투르크 민족주의 세력과 연합하여 Karimov 우즈베키스탄 대통령에 대해 폭탄 테러를 자행하는 등 중앙아시아 이슬람근본주의 세력은 날로 그 정체를 들어내고 있다. 이 장에서는 소련 해체이후 이슬람 근본주의 운동과 당면한 과제를 검토해 보기로 한다.

1. 소련 체제내 이슬람주의 운동

소련 해체 과정과 해체 이후 중앙아시아에서 일어나고 있는 이슬람 부흥운동은 과거 러시아와 소비에트 식민통치에 대한 자디드Jadid 개혁운동과 바스마치Basmachi 저항운동에 그 뿌리를 두고 있다.

Jadid 개혁운동

Jadid 개혁운동은 19세기에 러시아의 근대화 운동에 영향을 받은 튀르크계 타타르인 지식인 및 상인들이 주도한 운동으로 이슬람 개혁운동이다. 이들은 낙후되고 전근대적인 이슬람 전통과 의식을 개혁하고 서양의 근대학문과 과학을 받아들여 교육함으로써 궁극적으로 러시아의 지배로부터 해방될 수 있다고 믿었다.

이러한 Jadid 개혁운동은 당시 중동과 서남아시아 이슬람 세계에서 일고 있는 이슬람 근대화 운동의 영향을 받은 것으로 당시 이 지역에서 이슬람 근대주의자들에 의한 이슬람 개혁운동이 서서히 기승하고 있었다. 선진화된 서구문물을 접하면서 상대적으로 낙후된 이슬람 세계를 놓고 고민하던 당시 이들 근대주의자들은 이슬람 개혁을 통해서만 서구 기독교 세계와 경쟁할 수 있다고 믿었다. 이슬람 개혁의 초점은 전근대적인 전통적 이슬람 폐습을 제거하고 근대교육을 통한 의식 개혁에 맞춰져 있었다. 구소련 내 Jadid운동은 오스만터키로부터 직접적인 영향을 받은 것으로 보인다. 당시 오스만제국 말기 터키에서도 이슬람 개혁운동이 대대적으로 전개되고 있었다.

오스만제국 말기부터 터키에서 정치세력화를 목적으로 한 이슬람 부흥 운동이 시작되었으며, 1867~1873년 사이에 이러한 이슬람주의 사상이 오스만제국 내에 뿌리를 내리기 시작하였다. 1908년 이후에는 이집트 이슬람 사상가 Jemaleddin Afghani의 급진적 이슬람주의가 아랍지역을 비롯하여 전 세계 이슬람 국가들로 퍼져나가면서 오스만제국 말기 터키에도 상당한 영향을 미치게 되었다. 당시 Afghani의 직간접적인 영향을 받은 Namik Kemal, Ali Suavi, Esad Efendi 같은 지식인들에 의해 이러한 사상은 터키 내 토착적인 이슬람 정치사상으로 발전하였다. 오스만제국 말기에 터키에서 이와 같은 이슬람 정치

사상이 발전하게 된 것은 당대에 전세계 이슬람 세계에서 크고 작게 형성된 하나의 이슬람 부흥운동과 그 맥을 같이한다. 또한 약화되어 가는 오스만제국을 지속하고 재건하는 방법은 다민족 제국 내에서 민족주의보다는 개혁을 지속하되 그 근간은 이슬람주의에 입각해서 추진하는 것이 더 적합하다는 현실적이고 정치적인 판단에서 기인한 면도 적지 않았다. 오스만주의Osmanism로 불리는 이러한 정치운동은 제1차 세계대전 후에 아랍권에서 이슬람 저항운동이 아랍 민족주의적인 성격을 나타내기 시작하면서 성과를 거두지 못했다.

그러나 터키에서 일어난 이러한 이슬람 부흥운동은 한편으로는 튀르크민족주의 운동으로 성격을 전환하게 되었다. 물론 서구 기독교세계와 접경하고 있으며 오래 동안 이슬람세계의 수호자로 군림해온 오스만 터키에서 민족주의 운동은 이슬람 부흥운동과 전혀 다른 성격을 갖는 것은 아니다. 그러나 터키의 민족주의 운동이 이슬람주의 운동과 다른 것은 러시아 내 동족 집단 지도자들과 교류하면서 중동 아랍을 비롯한 이슬람 세계와의 연계성을 강조하기보다는 카프카스 및 중앙아시아의 동족 집단과의 민족적, 종교적 연대를 강조하는 방향으로 발전하게 되었다. 이러한 경향은 후에 범튀르크민족주의PanTurkism 운동으로 발전하게 되었다.

이러한 상황에서 당시 러시아의 헤게모니 혹은 범슬라브주의에 대항하여 러시아 내 이슬람 부흥운동을 주도하던 타타르계 무슬림 지도자들은 이슬람 부흥운동의 성격을 범튀르크민족주의 운동으로 전환시키게 되었다. 한편으로는 러시아 내 무슬림 연대를 주창하면서 또 한편으로는 러시아 내 무슬림 집단의 절대 다수를 이루고 있는 튀르크 민족 연대를 강조하게 된 것이다.

또한 이들 튀르크계 무슬림 지도자들은 터키나 중동, 서남아시아의 무슬림 지도자들처럼 직접 러시아의 근대화를 목격하면서 이슬람 근대화를 통해서만 러시아의 굴레에서 벗어날 수 있다고 생각하며 이슬람 근대학 및 이슬람 개혁 운동을 추진하게 되었다.

크림반도 타타르인 Ismail Bey Gaspirali(1851~1914)는 대표적인 Jadid 개혁주의자로서 신문을 발행하고[112] 학교maktab를 세우는 등 이슬람 근대화에 전력하였다. 이러한 개혁운동은 아제르바이잔, 타타르스탄 그리고 중앙아시아 우즈베키스탄에서 활발하게 일어났다. 1917년 러시아 혁명이 일어나기까지 러

시아 및 중앙아시아에 약 5천개의 Jadid 학교maktab가 설립되었다.[113]

Gaspirali가 늘 주장한 바, Dilde, Fikirde, Ishte Birlik(언어, 사상, 행동의 통일)은 당시 그의 개혁운동이 단순히 이슬람 개혁운동을 넘어서 튀르크계 민족공동체 건설을 위한 민족주의 운동이었음을 잘 드러낸 것이다.

그러나 이러한 개혁운동은 소비에트 혁명 이후 공산 정권의 탄압으로 힘을 잃고 퇴색하게 되었다. 러시아 혁명 이후 10년 동안 모든 Jadid 지도자들이 처형되었다. 그러나 Jadid 개혁운동은 이후에도 중앙아시아 이슬람 발달과 범투르크민족주의 운동 발달에 매우 중요한 사상적 기틀을 마련해 주었다.

Basmachi 저항운동

바스마치 운동은 우즈베키스탄 페르가나 지방을 중심으로 중앙아시아 튀르크-무슬림들에 의한 반러시아, 반소비에트 저항운동인데, 이후에 중앙아시아 전역에서 대중들로부터 큰 지지를 얻었다. 이 저항운동은 1917년에 시작되어 1931년에 이르기까지 계속되었다. 국지적인 저항운동이 그 이후에도 1939년까지 계속되었다. 러시아의 아프가니스탄 침공이 있을 때, 바스마치의 후예들의 활약이 매우 컸다고 알려지고 있다. 바스마치Basmachi라는 말은 '밟다, 공격하다, 제압하다'라는 뜻을 가진 튀르크어 동사 bas-에서 나온 것으로 '침입자, 산적'를 의미한다. 대(大)튀르키스탄 국가 건설의 야망을 가진 정치조직 중 하나인 〈튀르키스탄 민족연합〉의 회장인 벨리카윰 칸Veli Kayum Khan은 바스마치 운동에 대해서 다음과 같이 설명하고 있다.

"러시아인들은 오늘날 우리들 가운데 매우 존경받는 이들 민족해방 전사들을 산적이라는 의미로 바스마치라고 부르고 있다. 중앙아시아의 모든 민족들은 예외 없이 독립운동에 참가했었다. 1921~1923년은 이 저항운동이 절정을 이루는 기간이었으며, 이 때에 이 운동은 전 중앙아시아 지역으로 확대되었다. 바로 이 바스마치 전사들의 지원 하에 튀르키스탄 민족정부가 설립될 수 있었

---

112) 그가 1833년에 발행한 신문 테르주만(Terjuman, 번역)은 유라시아 최초의 튀르크어 신문으로 당시 카프카스와 중앙아시아의 튀르크계 지도자들의 의식을 개혁하는데 크게 공헌하였다.

113) Abdujabbar A. Abduvakhitov, 1994, p.68.

다. 이 전사들을 신뢰했기 때문에 바로 이 시기에 주권국가로써 완전한 독립선언이 가능했던 것이다. 막대한 군대를 투입시킴으로 러시아는 결국 이 저항운동을 제어하는데 성공하였다. 그러나 허다한 노력에도 불구하고 이들을 완전히 소멸시키지는 못했다. 1930년에는 집단 농장 제도에 반대하여 농부들이 폭동을 일으켰는데 이것은 단순히 제도에 대한 저항이 아니오, 독립 투쟁의 일환으로 전개된 마스마치 저항 운동의 연속이었다. 이때 사보타지와 소비에트 국가 시설 파괴 등 격렬한 투쟁이 전개되었다. 1931년에는 이브라힘 벡Ibrahin Bek이 주도하는 저항운동이 발발하였다. 1935년에는 챠트칼Tschatkal 산에서 소비에트 군대를 공격하여 파괴하는 전투를 감행하였다. 누라타Nurata 산과 그리고 1937년 카라쿰Karakum에서 있었던 봉기도 바스마치 저항운동으로 보아야 한다."[114]

튀르키스탄 바스마치 지도자들에 대한 이와 같은 평가는 객관적인 사료뿐만 아니라 바스마치 운동을 연구한 구소련의 학자 바실레브스키Vasilevskiy에 의해서도 이미 이루어 졌었다. 목화 생산 지대는 우즈베키스탄에 있는데 면직 공장은 러시아에 두는 소비에트의 분리정책과 1914~1918년 사이에 진행된 튀르키스탄의 분할은 이미 중앙아시아 전역의 대대적인 반란을 예고하고 있었다. 페르가나 계곡의 무직자 삼십만명 농장 일꾼들이 명성이 자자한 이르가치 Irgach, 마다민 벡Madamin Bek, 그리고 다른 바스마치, 즉 지도자들을 중심으로 보이기 시작하였다. 이러한 움직임에 대하여 소비에트 역사가 바실레브스키는 "경제적 측면 이외에도, 부르주아 출신의 토착지도자들의 민족주의적 성향은 매우 중요한 역할을 수행한 것이 사실이다. 그들은 민족 화합과 공동의 투쟁 목표를 국민들에게 인식시키는데 성공하였다. 그러나 독립 쟁취를 위해서는 아직 그 힘은 매우 미약한 것이었다"라고 진술하고 있다.[115]

한편 바스마치 지도자들의 통치하에 질서 있게 지방 행정이 이루어졌다. 각 지역은 지역 바스마치 대표자가 있었으며, 불법적인 약탈 행위 등은 철저히 금지되어 있었다. 세금이 적절하게 징수되었으며, 볼셰비키파를 제외한 모든 외

---

114) Kajum Khan Veli, 1950, p.38.
115) Vasilevskiy, 1930, pp.126-28.

국인들에 대하여 자유로운 이주가 보장되었다.

　부족장들 사이에 경쟁과 불화가 다소 있었음에도 불구하고 바스마치 저항운동에는 범튀르크적 요소가 분명히 자리 잡고 있었다. 그들은 외부 세력, 즉 소비에트 러시아에 대항하여 지역별 '하부 종족집단subethnical units'으로 나뉘어져 유기적으로 투쟁을 전개해 나갔다. 바스마치 저항운동은 카작인, 투르크멘인, 키르기스인, 타직인 그리고 가장 발전되어 있고 다수를 차지하는 우즈벡인 등 여러 하위 민족 종족집단들을 포함하고 있었다.

　바스마치 저항운동과 엔베르 파샤의 활동 시기가 갖는 중요한 의미는 이 때에 오스만 터키와 중앙아시아의 범튀르크주의자들이 튀르크 세계의 큰 부분을 차지하고 있는 카프카스와 중앙아시아의 독립을 위해서 함께 연대하려고 노력했었다는 점이다. 바쉬키르트 튀르크인 지도자 제키 벨리드 토간Zeki Velid Togan이나 카잔 타타르인 지도자 술탄 갈리에프Sultan Galiyev 같은 중앙아시아 이외의 튀르크계 Jadid 지도자들도 이 운동에 적극 참여했었다.[116]

　Sultan Galiyev는 Velid Togan과 접촉하면서 비밀문서를 터키와 이란의 범튀르크주의자 및 범이슬람주의자들에게 전달했다는 혐의로 체포되어 1929년 사형되었다.[117]

공식적 이슬람기구 SADUM(Spiritual Directorate of Muslims)

　1930년대에 이르러 Jadid와 Basmachi 등 반소비에트 저항운동은 세력을 잃고 거의 자취를 감추었다. 제2차 세계대전이 발발하자 소비에트 정부는 SADUM, 즉 [중앙아시아 이슬람종교국]을 설치하였다. 소비에트 정부는 SADUM을 설치하여 이슬람의 활동을 인정해주는 행동을 취함으로써 유럽전선에 소비에트 내 이슬람계 공화국들의 자발적인 참여를 유도하기 위한 것을 목적으로 하고 있었다. 또한 국제사회주의 전선 구축을 목적으로 하는 소비에트 당국은 중동을 비롯한 제3세계 이슬람 국가들의 눈을 의식해서 소비에트 정권이 이슬람 종교를 탄압한다는 인상을 주지 않기 위해서라도 이슬람 공식

---

116) Caroe Olaf, 1953, p.99.
117) Richard Pipes, 1954, p.190, p.260~263 ; Soviet Affairs Notes, 1953, p.14

기구의 설치가 매우 시급히 요청되고 있었다. 그러나 소비에트 정부가 이슬람 종교국과 그 활동을 인정해 주었으나, SADUM의 지도자들에 대해서는 늘 감시를 게을리 하지 않았다. 소비에트 지도자들은 이슬람의 가르침이 소비에트 이데올로기와는 함께 할 수 없다는 사실을 너무나도 잘 알고 있었기 때문이다.

그럼에도 불구하고 SADUM에서 일하는 중앙아시아 이슬람 지도자들은 결국은 이슬람을 확산시키지는 못했을지라도 소비에트 체제에서 이슬람을 현상 유지시키는데는 기여한 것으로 보인다. 그들은 소비에트의 사상과 체제가 이슬람의 가르침과 대립적인 것이 아니라고 가르치면서도 소비에트 법이 이슬람 법에 선행되어야 한다는 당국의 주장을 결코 대언하지는 않았다.

비록 SADUM이 이슬람 확산에 적극적인 역할은 하지 못했을지라도, 소비에트 당국이 승인한 공식 기구로써 SADUM은 중앙아시아가 무슬림 민족 공동체라는 정체성 보존에 있어서 적지 않은 상징적인 역할을 한 것으로 보인다.

구소련 체제에서 중앙아시아의 이슬람 보존과 확장에 실제적으로 기여한 것은 비공식적 이슬람 승려들이었다. 이러한 사실은 1991년 독립 후에 더욱 분명히 드러났다. 구소련 체제하에서 이러한 비공식적 승려들은 꾸란학교를 만들고 이슬람 성지를 보존하며 결혼식과 할례식 등을 주재함으로써 민간에 이슬람 관습과 전통이 유지되고 확산되는데 지대한 공헌을 하였다. 우즈베키스탄의 경우 마을공동체를 의미하는 마할라mahalla 조직을 통해서, 투르크메니스탄의 경우 20내지 40 친족 단위로 이루어지는 엘라트elat 조직을 통해서 이슬람 전통이 강하게 보존되어 왔다 소비에트 학자 Sergei Poliakov에 의하면 구소련 당시 중앙아시아의 거의 대부분의 마을에 한 개 이상의 이슬람사원 혹은 기도처 또는 이슬람을 교육하는 비밀 모임이 조직되어 있었다고 한다.[118]

소련 당시 공식적으로 인정되는 이슬람 학교는 부하라의 Mir-i Arab Madrasa와 타쉬켄트에 소재하는 Imam al-Bukhari Institute였다. 구소련 말기에 이들 신학교의 학생 정원은 부하라 신학교에 약 15명, 타쉬켄트에는 약 30명이었다. 이들 신학교 졸업자들은 정부 승인하에 공식적으로 이슬람 승려로서 근무를 하였는데, 그들의 설교는 늘 사전에 심사를 받아야만 했다. 이러

---

118) Sergei P. Poliakov, 1992, pp.53-95.

한 공식적인 이슬람 승려에 비해 비공식적으로 이슬람 교육을 받고 종교 행위를 하는 승려는 상대적으로 매우 많았다. 놀라운 사실은 이러한 비공식적 승려들의 상당수가 중앙아시아의 전통적인 엘리트 승려 가문 출신들이라는 것이다. 물론 공식적으로 인정받은 승려들 가운데 이러한 가문 출신들도 없지는 않다. 구소련 말기 마지막 세명의 SADUM Mufti가운데, Muhammed Sadyk Mama Yusupov와 그의 후계자 Shamsuddin Babakhanov 역시 전통적인 무슬림 승려 가문 출신이다.

2. 소련 해체 이후 이슬람 근본주의 운동

SADUM과 이슬람 부흥운동

소련 해체 이후 독립한 중앙아시아 국가들 가운데 일어나고 있는 이슬람 부흥 운동은 구소련 체제하에 SADUM에서 근무했던 공식적인 이슬람 승려들이 주도하고 있다. 구소련 당시 모스크바의 통제 하에서 많은 제약을 받아왔던 이들 이슬람 승려들은 마치 물 만난 물고기처럼 매우 활발하게 앞장서서 이슬람 부흥운동을 전개해 왔다.

고르바초프의 개혁과 개방정책에 힘입어 중앙아시아 이슬람 부흥운동은 서서히 그러나 지속적으로 가열되기 시작했다. Abu Isa al Termezi와 Baha-uddin성지(무덤)가 보수되었으며 부하라의 Bahauddin과 Kalyan, 그리고 코칸드의 Jami 사원이 재건되는 등 이슬람 성지들과 문화적 유산이 활발히 제 모습을 찾기 시작하였다. 또한 이 시기에 부하라와 타쉬켄트 신학교가 확장되었다. 이러한 정책의 변화는 중앙아시아 무슬림들의 전통적 종교 감정을 자극함으로써 이슬람 승려들의 정치적 입지를 강화시켜주는 계기가 되었다.

우즈베키스탄의 경우 1991년 7월에 종교의 자유를 인정하는 법안이 제정되었는데, 그 이전 1989년에 벌써 SADUM의 정책은 매우 공세적인 입장을 취하기 시작했다. 1989년 2월 6일에 당시 Mufti로 있던 Shamsuddin Baba-khanov이 무슬림들의 비난과 시위로 물러나고 부하라 신학교에 부학장인 Mama Yusupov가 SADUM의 새로운 Mufti로 임명되면서 SADUM의 정책이 급선회하기 시작한 것이다.[119] 그는 1953년 출생으로 부하라 신학교와 타쉬켄트 신학교를 졸업하고 리비아에서 이슬람 교육을 받은 경험이 있는 자로 안디잔의 유명한 근본주의자 Rahmatulla Alloma의 제자이기도 하였다.

Mama Yusupov는 강력한 이슬람주의자로 구소련 해체 과정에서 중앙아시아에서 일어나고 있는 범튀르크민족주의Pan-Turkism나 토착민족주의ethnic nationalism운동에 대해 매우 비판적인 입장을 표명했다. 그는 1990년 6월 우즈베키스탄 의회에서 행한 연설에서 우즈벡, 카작, 키르기스, 타직 민족은 같은 무슬림으로서 고려되어야 한다고 주장하였다. 이러한 입장은 당시 타직인들을 페르시아계 민족으로 보고 여타 튀르크계 민족들과는 달리 생각하는 분위기를 의식한 것으로, 민족보다는 종교적 정체성을 강조한 것이다. 그의 주장이 중앙아시아 근본주의자들이 지향하는 바, 이슬람 국가 통합을 주장하는 것은 아닐지라도 당시 상황에 비추어 볼 때 매우 급진적인 것으로 받아 들여진다.

고르바초프 개혁과 개방 정책에 힘입어 우즈베키스탄이나 타지키스탄에서 이슬람 부흥 운동이 지속적으로 강화되는 추세였으나 카자흐스탄의 경우는 그 속도가 매우 느렸다. 카자흐스탄 지도자 Nazarbaev는 우즈베키스탄에서 일어나고 있는 이슬람 부흥운동의 영향을 차단하기 위해 1989년 11월 타쉬켄트 SADUM으로부터 카자흐스탄 이슬람 기구의 독립을 선언하였다. 1990년 1월 제1회 카자흐스탄 무슬림대회kurultai가 개최되었으며, 침켄트 국회의원인 Qazi Ratbek Nysanbai가 카자흐스탄 mufti로 선임되었다.

카자흐스탄의 이슬람 운동은 친이슬람 경향의 Alash당을 중심으로 전개되었다. 그러나 알라쉬Alash당 요원들이 Nysanbai를 물리적으로 제거하려다 실패하는 함으로써 Alash당은 폐쇄되고 이슬람 정치세력은 크게 위축되었다.

전통적으로 중앙아시아에서 이슬람세력이 가장 강한 곳은 우즈베키스탄이다. 공산당 서기장 출신 경제전문가 Karimov가 주도하는 세속정부와 SADUM의 Mama Yusupov가 포괄적인 리더쉽을 가진 이슬람 세력 간 긴장은 독립 이후 더욱 더 노골화되었다. Yusupov는 타지키스탄의 이슬람 근본주의

---

119) Pravda vostoka, 1993년 2월 16일.

자 Qazi Akbar Turajonzade[120]를 지지하면서 우즈베키스탄 내 이슬람 혁명의 필요성을 간접적으로 시사하였다.

1991년 독립 이후 경찰과 군부, 의회 그리고 지방 조직에까지 국가 권력 장악에 성공한 Karimov는 드디어 1993년 4월에 이르러 mufti Yusupov를 불법 자금과 관련된 혐의로 체포하면서 이슬람 세력에 대한 공격을 표면화하기 시작했다. 재판을 앞두고 있던 Yusupov는 사우디아라비아로 도주하였으며, 이로써 이슬람공식기구 SADUM의 활동이 크게 위축되었다.

IRP당과 이슬람근본주의 운동

한편 이슬람공식기구 SADUM을 구소련 체제의 것과 같은 기능으로 보고 이 기구에 대해 신뢰하지 않은 이슬람 급진주의 세력들이 중앙아시아에 새로운 이슬람 정치정당을 준비하기 시작했다. 중앙아시아에서 타지키스탄 다음으로 이슬람 근본주의적 경향을 가진 Islamic Renaissance Party(IRP) 창당 작업이 우즈베키스탄 내에서 진행되었다.[121] IRP당은 1990년 말엽부터 Abdullah Uta를 의장으로 하여 우즈베키스탄 내에 정당 등록을 위한 정치활동에 들어갔으며, 1991년 2월에는 타쉬켄트에서 Abdurrahim Pulatov가 이끄는 민족주의 야당 Birlik당과 공동으로 Karimov 정권을 규탄하는 정치집회도 기획하였다. IRP는 우즈베키스탄에서 Karimov 정부의 탄압으로 전국적인 정치 세력화에는 실패하였다. 전통적으로 중앙아시아에서 이슬람이 가장 강한 Ferghana와 Andijan에서 많은 지지 세력이 있었으나 우즈베키스탄 Karimov 정부와 카자흐스탄이나 키르기스스탄 등 중앙아시아 국가 정부가 연대하여 IRP당에 대해 대대적인 정치적 탄압을 행사함으로써 세력 확산에는

---

120) Akbar Turajonzade는 1954년 출생으로 요르단국립대 법학과를 졸업한 이슬람주의자로서 구소련 체제하에서 우즈베키스탄의 Mama Yusupov와 동일한 보조를 취하며 중앙아시아 이슬람 부흥운동을 주도한 인물이다. 고르바초프 집권 시인 1988년 8월에 타지키스탄 이슬람지도자 Qazi로 임명되었다.

121) 이슬람부흥당(IRP)는 1990년 6월에 Astrakhan에서 다게스탄 출신 아바르인 이슬람근본주의자 Ahmedqazi Akhtaev와 모스크바 거주 타타르인 Valiahmed Sadur에 의해서 설립되었다. 이 당의 목적은 구소련 해체 이후 중앙아시아 국가에서 이슬람 세력을 규합하고 IRP 이슬람당을 조직하여 이슬람 혁명을 시도하는 것이었으나, 타지키스탄을 제외한 모든 중앙아시아 국가에서 이 당이 불법화되었다.

실패하였다.

이로써 이슬람 부흥운동은 소련 소비에트 체제에서와 마찬가지로 공식적 기구를 떠나 비공식적 채널을 통해 전개되기 시작했으며, 전통적으로 이슬람이 강한 우즈베키스탄 Ferghana 지역을 중심으로 지하운동으로 그 세력이 형성되어 나갔다.

한편 mufti Mama Yusupov는 이슬람당 창건은 찬성하지만 이러한 당이 IRP와 같이 외부 세력과 연계된 형태가 아닌 SADUM을 주축으로 한 이슬람 종교운동 그리고 궁극적으로는 이슬람 국가 건설을 생각하고 있었던 것으로 보인다. Yusupov는 공개적으로 IRP당 창건에 반대함으로써 우즈베키스탄 이슬람 세력은 Shamsuddin Babakhanov 지지세력과 공식기구, 즉 SADUM의 mufti 지지세력 그리고 IRP와 Ferghana 지역의 이슬람근본주의 지지세력 등 3파로 나뉘었다.

Ferghana 지역의 근본주의 운동

고르바초프 개혁과 개방 이후 중앙아시아의 이슬람은 SADUM을 중심으로 하는 공식적 이슬람과 민간에 전통적으로 뿌리를 박고 있는 비공식적 이슬람 승려들에 의해 크게 저변이 확대되었다. 이러한 부흥운동은 구소련 해체이후 독립한 중앙아시아 국가들의 정체성 확립 과정에서 탈러시아화 과정에서 반러시아 튀르크 민족주의 감정, 반기독교정교 종교 감정이 상승 작용을 하면서 크게 부흥하였다. 이러한 토양을 바탕으로 일어난 이슬람 부흥운동은 그럼에도 불구하고 정치 세력화하여 정권을 창출하는 데에는 이르지 못했다. 그 첫번째 이유는 신생 중앙아시아 독립 국가들의 정권을 장악하고 있는 집권세력이 구소련 공산당 간부 출신들로서 민족주의를 바탕으로 한 실용주의적 경제 부흥에 1차적인 관심을 가지고 이슬람근본주의 세력을 제어했기 때문이다. 두번째는 미국과 러시아, 터키 등 중앙아시아에 영향력을 행사해온 국제세력들이 중앙아시아가 이란 혹은 아프가니스탄처럼 이슬람근본주의 세력에 의해 장악되는 것을 크게 우려하고 국제적으로 공동 대응했기 때문이다. 세번째는 소련 체제하 70년동안 중앙아시아 이슬람은 매우 세속화되어 있어서 중동이나 파키스탄처럼 이슬람 국가를 지지하는 국민들이 턱없이 부족하다는 점이다. 3% 미만이 기도namaz를 하고 있는 중앙아시아에서 이슬람 국가 건설은 요원한 것이다. 현실과 이상의 차이가 너무 큰 것이 중앙아시아 이슬람주의자들의 최대의 고민이다.

이러한 상황에서 국민들의 절대적인 호응을 받지 못한 중앙아시아 이슬람 세력은 전통적으로 이슬람 세력이 강한 우즈베키스탄의 페르가나 지역을 중심으로 응집하는 경향을 보이고 있다. 또한 이슬람운동이 제도권 내에서 이슬람 부흥운동보다는 시간이 갈수록 현 정권을 무력으로 타도하고 이슬람 혁명을 이루려는 급진적이고 근본주의 성향을 강하게 띄고 있다.

현재 중앙아시아 근본주의 운동은 소위 페르가나 계곡이라 불리는 우즈베키스탄 동부 지역에 근거지를 두고 있다. IRP당이 공식적으로 정당 등록을 추진하고 있을 때, 페르가나 지역의 이슬람 근본주의 지도자들은 공식적으로는 자신들과 IRP와의 연계성을 부인하였다. 이들은 이처럼 유보적인 입장을 취했던 것은 제도권 내에서 정치 투쟁을 통한 이슬람 혁명의 가능성을 처음부터 배제한 것이 아닌가 한다. 물론 일부는 카리모프Karimov 정권과 IRP의 대결의 결과를 관망하고 있던 면도 없지 않았을 것이다.

소련 내에서 이슬람근본주의 세력의 존재를 맨 처음으로 언급한 것은 1980년대 초에 출판된 카자흐스탄 동양학자 T.S. Saidbaev의 저술 Islam I obsh-chestvo(이슬람과 사회)이다. 이 저술에서 abl-i quran(꾸란의 사람들)이라는 지하 조직이 타쉬켄트와 오쉬Osh 지역에 존재한다고 서술하고 있다. 그는 이 그룹이 이슬람의 가르침과 명령에 의해 사는 매우 위험하고 극단적인 소외 그룹이라고 말하고 있다.[122] 이 때 Saidbaev는 Ferghana 지역에 활동 중인 근본주의 세력에 대해서는 몰랐던 것같다. 이 지역에 대한 상황은 이집트 신문 기자 Fahmi Hawadi에 의해 공개되었다. 그는 같은 시기에 페르가나 지역 Namangan에 근본주의자들이 활동하고 있다고 이미 지적한 바 있다.

페르가나 지역의 근본주의 세력은 1980년대 말부터 종교 활동에 대한 규제가 풀리기 시작하자, 이슬람교육을 강화하였다. 이슬람교육과 더불어 이슬람 성지를 재건하고, 이슬람 사원을 건설하며, 비공식적인 이슬람 학교를 곳곳에

---

122) T.S. Saidaev, 1984, p.282.

세웠다.[123]

소련 해체이후 페르가나 지역에서 이슬람 세력이 강화될 수 있었던 또 하나의 이유는 사회경제적인 것이다. 페르가나 지역은 농업과 공업이 다른 지역보다 더 발달되어 있어서 인구가 집중되어 있는 곳이다. 그런데 구소련 말기부터 소비에트 연방이 경제적 어려움을 겪으면서 우즈베키스탄 페르가나 지역에서 실업자들이 속출하고 생필품 구입이 어려워지자 사회적 불안은 가중되었다. 1980년대 말에 이 지역은 이미 한정된 자원을 놓고 부족 또는 민족간 경제적 이권을 차지하기 위한 갈등은 표면화되고 있었으며, 이러한 사회 불안에 편승하여 민족주의 운동 및 이슬람 근본주의 운동이 세력화되기에 이르렀다. 1898년과 1990년에 발발한 유혈 폭력 사태는 기독교 러시아인을 겨냥한 것이었으며, 이로 인해서 이후에 우즈베키스탄 내 러시아인들이 대거 러시아로 이주하는 현상이 발생하였다.[124] 구소련 시기에 중앙아시아에서 기술 전문직에 종사해온 이러한 러시아인들의 이탈은 우즈베키스탄 산업을 더욱 더 어렵게 만들었다.

중앙아시아 이슬람 근본주의 운동이 이란이나 아프가니스탄의 근본주의 세력과 연계되어 있다는 증거를 발견하기는 쉽지 않다. 중앙아시아 이슬람 근본주의 운동은 이란혁명과 아프가니스탄 전쟁에 소비에트 군으로 참여한 중앙아시아 무슬림들에 의해 자극되었을 것이라는 개연성은 수 있으나, 그 영향 또한 많지 않았을 것이다. 중앙아시아 전문학자 Martha B. Olcott는 중앙아시아 근본주의 운동은 자생적인 것이라고 주장한다. 구소련 체제 당시 이미 중앙아시아 무슬림 지도자들은 Sayyid Abu 'Ala Mawdudi[125]와 Muhammed Qutb[126]의 저술에 접하고 있었고 그들의 사상에 크게 영향을 받고 있었다. 이

---

123) Al-arabi, 1980, p.254.

124) James Critchlow, 1994, p 235

125) al-Mawdudi는 파키스탄 출신으로 급진적 이슬람 운동을 주창한 사람으로 유명하다. 그는 지하드를 강조하며 무력을 통한 국가 정권 장악을 강력히 주장하였다. 그는 민족주의를 강하게 비판하면서 민족주의는 이슬람이전에 존재했던 부족주의와 같은 것으로 타파되어야 할 이데올로기라고 주장한다. 따라서 마우두디가 주장하는 이슬람근본주의는 국제주의적이고 급진적인 전 지구적 이슬람혁명을 목표로 하고 있다.

126) Said Qutb은 이집트 출신으로 마우두디 이론의 완성자로 알려져 있다. 그는 민족주의, 자본주의, 공산주의 모두를 자힐리야jahiliyya의 재현으로 보았다. 알라신의 법이 국가를 지배해야함은 법적 권위는 절대 신의 속성 가운데 가장 본질적인 것이기 때문이다.

처럼 사상적으로 무장된 세력이 환경이 바뀌면서 자생적으로 근본주의 운동을 일으키고 있다고 보는 것이 바람직하다고 보는 것이다.

그러나 중앙아시아 근본주의 운동이 이란이나 아프가니스탄과 직접적인 관계가 없다고 하더라도 이 지역 내에서 일어나는 이슬람 운동의 간접적인 영향을 받고 있다는 사실은 인정하면서도 외부 세력과 전혀 연계성이 없다는 주장에는 다소 문제가 있어 보인다. 무엇보다도 Karimov에 의해 추출된 Yusupov가 이란이나 파키스탄이 아닌 사우디아라비아로 도주했으며, 또한 Yusupov와 깊은 교감을 하고 있던 타지키스탄의 Turajonzade 역시 사우디아라비아로 행했다는 사실은 중앙아시아 이슬람 세력과 사우디아라비아의 연계성에 대한 의혹을 증폭시키고 있다.

실제로 현 중앙아시아 정부들은 중앙아시아 내 급진적 이슬람 운동이 사우디아라비아나 중동 이슬람 국가들에 널리 퍼져있는 Wahabism[127]과 깊게 연계되어 있다고 주장한다. 이란이나 아프가니스탄의 중앙아시아 침투에 대해 구소련 시대부터 매우 민감하게 감시해온 상황에서 이 지역으로부터 지원은 쉽지 않았을 것이다. 이란 이슬람혁명이 성공한 이후 비교적 온건하게 비쳐지는 사우디아라비아나 요르단 등을 거점으로 활동하고 있는 와하비 세력의 지원이 오히려 용이했을 것이다.

그럼에도 불구하고 페르가나를 거점으로 하는 중앙아시아 근본주의 세력이 사상적으로 단순히 Wahabism의 영향을 전적으로 받고 있다고 볼 수는 없다. 지난 1997년 11월 안디잔에서 발생한 근본주의 세력에 의한 경찰관 살해사건의 잔인성이나, 강력한 통제가 이루어지고 있는 우즈베키스탄에서 발생한 조직적인 정권 전복사건 등을 볼 때, 그 사상에 있어서 — 적어도 현재는 — 급진적인 근본주의 사상의 영향을 받고 있다고 여겨진다.

현재 중앙아시아의 근본주의 운동은 타지키스탄과 우즈베키스탄에서 비교

---

127) Wahhabism은 18세기 중엽 아라비아 반도에서 Muhammad ibn 'Abd al-Wahhab에 의해 창시된 것으로 정치와 종교의 일체를 강력히 주장한다. 와하비즘은 수피즘의 성인 숭배의식이나 관행을 배격하고 지나친 이성주의를 비판하며 꾸란과 하디스의 권위만을 절대적인 것으로 본다. 많은 학자들은 이 사상이 정치적 사회적 운동을 목표로 하는 것으로 현대 이슬람근본주의 운동의 기원이 되었다고 본다. 그 추종자들은 와하비가 사망한 이후에 사우디아라비아 국가의 모체인 와하비 국가를 건설하였다.

적 활발하며, 다른 국가들에서는 매우 미미하다. 또한 이슬람근본주의 세력은
국민들의 지지를 거의 얻지 못하고 있으며, 정부의 탄압은 날로 단호하며 강렬
해지고 있다. 이러한 상황에서 중앙아시아 이슬람 근본주의 운동은 더욱 더 조
직화되고 테러리즘에 호소하는 극단적인 형태로 발전할 가능성이 높다. 뿐만
아니라 자력으로 국가 전복이 어려워지는 상황에서 외부 세력과의 연대를 노
골화해 나갈 가능성도 없지 않다.

특히 페르가나 지역에서 근본주의 운동이 기승을 부리는 것은 이 지역이 전
통적으로 이슬람이 강하다는 것도 있지만, 이 지역에는 우즈베키스탄 인구의
1/3이 거주하여 인구 밀도가 매우 높은 지역으로 구소련 해체 이후 경제가 파
산하면서 이 지역 내 실업률은 매우 높아졌다. 이것이 사회불안 요인으로 작용
하여 극단적 종교 세력의 활성화에 밑거름이 되고 있는 것이다. 따라서 중앙아
시아 국가들이 이러한 취약지역에 대한 투자를 통해 실업문제를 해결함으로써
경제적 불안요인을 시급히 제거해야 한다.

또한 국제 협력을 통해서 타지키스탄 내전을 종식시키고, 국제화, 세계화를
통해서 선진국들과 대외협력과 교류를 강화시킴으로써 지리적으로 외부와 단
절되어 있는 중앙아시아 국민들의 국제 감각을 높여줘야 할 것이다.

또한 비록 최근의 테러가 불법화된 민족주의 정당인 Erk와 합작으로 이루어
진 것이라는 주장이 있으나 이슬람근본주의 운동이 근본적으로 민족주의를 부
정한다는 사실을 직시하고 터키처럼 세속적 민족국가의 정체성을 분명히 해야
할 것이다. 그 동안 Karimov는 민족주의 세력과 이슬람 세력을 한편으로는
모두 포용하면서 한편으로는 극단적인 세력은 불법화시키는 자기 정체성이 분
명하지 않는 노선을 걸어온 것이 사실이다. 많은 우즈벡 관리들조차 Karimov
가 사상도 없고 정치적 목표도 없고 국가정체성과 관련하여 방향성도 없는 우
유부단한 사람이라는 비난을 해왔다.[128] Karimov는 이슬람 세력과 민족주의
세력이 이념상 함께 할 수 없다는 사실을 잘 알고 이들을 상호 견제케 하면서
자기 세력을 키워온 것이 사실이다. 그러나 Karimov정권은 이들 양대 세력은
언제가 공동의 적에 대해서 동맹할 수 있다는 교훈을 이번 테러 사건을 통해

128) Ahmed Rashid, 1994, p.101.

절감했을 것이다.

세속주의를 표방하고 있는 현재의 중앙아시아 제 국가 가운데, 한 국가라도 그 정권이 붕괴되면 중앙아시아 전역에 지대한 영향을 미치게 될 것이다. 극단적 이슬람 세력과 민족주의 세력을 동시에 제압하고 있는 현 정권들이 붕괴될 경우, 중앙아시아는 민족주의 세력과 이슬람 세력 간 치열한 내전이 발발할 가능성이 매우 높다. 터키는 1923년 공화국을 창립한 이래 보수 이슬람 세력과 케말 아타튀르크 노선을 걷고 있는 세속주의 세력이 끝없이 대립해 왔다. 터키가 지금까지 안정을 유지하고 있는 것은 유사시 정파를 초월하여 영향력을 행사하는 아타튀르크 후예인 강력한 군부의 감시가 있었기 때문이다.

중앙아시아의 경우 공무원이나 군부, 교사, 정치가 등 아직 어느 계층도 통일된 국가 이데올로기를 공유하지 못하고 있는 상황에서 현 정권의 붕괴는 예측불허의 결과를 낳을 수 있다.

1997년에 터키공화국 건설 이래 처음으로 이슬람 당이 선거를 통해 정권을 장악하자, 중앙아시아 국가들은 일제히 터키와의 관계를 멀리하고 동남아, 중국, 한국, 미국 등 다른 국가들과 관계 증진에 나섰다. 중앙아시아 국가들은 터키의 이슬람당의 영향력을 두려워했던 것이다. 이슬람 당이 군부의 압력으로 정권에서 물러나자 즉각적으로 중앙아시아 국가들은 터키와의 관계 활성화에 매진하였다.

그런데 1999년 5월 터키에서 과거에 중앙아시아 민족주의 세력을 지원하던 극단적 튀르크 민족주의 노선의 야당 MHP가 크게 부상하였다. 이 정당은 중앙아시아의 동일 민족 국가들과의 협력과 연대를 매우 중시해 왔다. 민족주의적 자존심을 매우 중시해온 MHP는 과거에 EU가 터키를 회원국으로 받아주지 않는 상황에서 온건주의 친서구 정권이 취했던 EU 편향적인 구걸 정책을 매우 비판해 왔다. MHP는 종교적인 이유로 터키를 꺼리는 EU에 기대지 말고 중앙아시아의 동족 국가들과의 관계 강화, 그리고 중동이슬람 국가들과의 긴밀한 협력을 통해서 터키가 오스만제국 때 가졌던 영광을 회복해야 한다고 주장해 왔다. 이러한 MHP의 등장 이후 많은 사람들은 터키와 중앙아시아 국가들의 관계 변화를 예의 주시해 오고 있다.

1999년 12월 중순 터키가 EU 가입 후보국으로 공식 지명되었다. 따라서 터키와 유럽의 관계는 더욱 더 긴밀해질 것으로 보인다. 이러한 상황에서 유럽과 공동체를 이루는 터키로써는 유럽이 기독교적 정체성을 약화시키고 세속화한 것처럼 인권, 종교의 자유 보장 등의 명분으로 터키 정부도 이슬람 종교의 정체성을 약화시키는 방향으로 정책을 추진할 것으로 보인다. 실제로 이러한 정책은 전통적으로 막강한 힘을 발휘하고 있는 군부도 절대적으로 지지하고 있는 것으로 알려져 있다.

이러한 점을 고려할 때, 앞으로 터키 내에서 이슬람 종교의 세속화는 가속화될 것이며 이러한 터키의 대내적 변화는 중앙아시아에도 적지 않은 영향을 미칠 것으로 예상된다. 2002년 총선에서 터키는 또 다시 에르도안Erdogan이 이끄는 이슬람 당이 정권을 장악했다. 그러나 이 정권은 EU 가입 정책노선을 지속하고, 시장경제와 민주주의 정책 노선을 지속하고 있다. 세속주의 정책을 강력히 고수하는 절대 권력 터키군부가 존속하는 한에는, 터키에서 중동에서와 같이 이슬람근본주의 정치운동은 늘 한계가 있을 것이다.

이상과 같이 중앙아시아 이슬람 근본주의 운동에 대해 살펴보았다. 소련 해체이후 일어난 중앙아시아 이슬람 부흥운동 및 근본주의 운동은 150년 전 기독교 제국 러시아의 중앙아시아 진출과 식민 지배에서 비롯된 저항운동에서 발달한 것이다. 기독교 제국 러시아의 이슬람 중앙아시아 튀르크민족에 대한 지배가 장기화되면서 두 민족 집단 간에 뿌리 깊은 반목과 갈등이 계속되어 왔다. 이러한 과정에서 자디드Jadid 개혁파와 같은 대부분의 무슬림 민족지도자들은 이슬람 근대화 및 근대 교육을 통한 러시아 극복 및 범이슬람, 범튀르크 민족 국가 건설의 꿈을 키워왔으나, 바스마치Basmachi 세력과 같은 일부 무슬림 세력은 무력 저항 운동을 전개하였다.

중앙아시아에서 이슬람 근대화를 주창한 민족주의적이며 개혁주의적인 자디드 노선은 구소련 해체이후 학자들을 비롯한 중앙아시아 무슬림 지식인들에게 그 정신이 계속 이어져 내려 왔다. 한편 범이슬람적이며 투쟁적인 바스마치 이슬람 저항 의식은 이슬람 정서가 비교적 강한 페르가나 지역 등을 중심으로 사회 경제적인 여건이 악화되면서 근본주의 운동으로 표면화 된 것이다.

한편 소련 말기 그리고 중앙아시아 국가 독립 이후에도 과거 공산당 출신 지도자들이 국가 권력을 장악하면서 이슬람 부흥운동은 과거 구소련 시기와 마찬가지로 통제되어 억제되면서 우즈베키스탄을 비롯한 중앙아시아 국가 내 이슬람 세력은 그 투쟁의 대상을 현 정권으로 바꾸게 되었다. 이것은 과거 이슬람 저항운동이 러시아민족 지배 및 공산주의에 대한 것에서 이슬람 종교부흥을 꺼리며 세속주의 노선을 걷고 있는 현 정권 타도로 대상만 바뀐 것으로 소련 말기 1980년대에 비해 그 투쟁의 강도는 오히려 더 심한 것으로 나타난다.

범튀르크 민족주의에 대해서도 극단적 민족주의 운동으로 비난하며 이러한 세력의 정치 활동을 금지시킨 우즈베키스탄을 비롯한 중앙아시아 현 정권은 이슬람 근본주의 세력에 대해서도 강력한 통제의 고삐를 늦추지 않고 있다. 이에 대해 범튀르크 민족주의 세력과 이슬람 근본주의 세력이 때에 따라 정략적으로 연대하여 정치투쟁을 전개하고 있으나 이 두 세력의 영향은 점점 줄어들고 있다.

그 이유를 들면 다음과 같다.

첫째, 이슬람 근본주의 세력에 대해서 우즈베키스탄, 카자흐스탄, 키르기스스탄, 투르크메니스탄 등 중앙아시아 튀르크계 국가 4개국이 공동으로 대처하고 있다. 둘째, 자디드Jadid 이슬람 개혁사상과 전통의 영향을 받은 중앙아시아 지식인들이 급진적 이슬람운동에 대해서 지지를 보내지 않고 있다. 셋째, 중앙아시아 개방과 더불어 시장경제 체제로의 세계환경의 변화가 근본주의 세력의 논리가 점점 국민들에게 설득력을 잃고 있다. 마지막으로, 동족국가이면서 근대화와 서구화를 추진해온 터키의 세속주의 정책이 매우 영향력 있는 롤모델로 작용하고 있다는 점이다.

중앙아시아 국가들 가운데 소련 해체이후 정권을 장악한, 과거 공산당 간부 출신의 기존 정권은 1999~2000년 기간에 치러지는 선거에서도 재선되었다. 또한 1991년 9월 발생한 9.11사태 이후 이들 정권이 미국과의 관계를 적극적으로 강화하고 있는 추세이다. 이러한 정책이 지속되는 한 중앙아시아에서 이슬람 근본주의 세력은 큰 세력으로 발전할 가능성은 희박하다고 보아야 할 것이다. 중앙아시아 국가의 현 집권 세력이 함께 단합하여 이슬람세력에 대항하고 있고, 터키나 미국 및 러시아가 이러한 정책에 동조하고 있는 한에서 이슬람근본주의 운동의 확산은 쉽지 않을 것이다. 그러나 중앙아시아 이슬람운동은 9.11 사태 이후 전개되는 국제사회에서의 이슬람 종교의식의 확산과 중앙아시아 이슬람 전통과 문화 부흥 운동이 상승작용하면서 당분간 계속되리라 본다.

3. 중앙아시아 이슬람 정치 세력

중앙아시아에서 이슬람 종교를 기반으로 하는 정당과 단체는 두 종류로 구분할 수 있다. 하나는 초국가적 및 범국가적 조직망을 가지지 못하고 그 활동 범위가 특정 국가 내에 제한된 정당과 단체들로써 조직력이나 대중 동원력이 비교적 약하다. 이들 대부분은 현재 활동이 없거나 국가에 의해 활동이 정지되어 있어서 지하에서 활동하고 있는 정당들이다. 이 부류는 급진적 상향의 그룹과 온건한 성향의 그룹으로 세분할 수 있다. 급진파로는 과거 독립 초기에 이슬람 부흥당Islamic Renaissance Party과 직간접으로 연계되어 있었던 우즈베키스탄의 이슬람 민주당Islam and Democracy, 인민전선The People's Front과 헤즈볼라Hezbollah, 아돌라트Adolat, 타브바Tavba와 카자흐스탄의 알라쉬 민족독립당Alash Party for National Independence이 있다.

급진적 이슬람 정치 그룹은 중앙아시아를 전체로 초국가적 및 범국가적으로 활동하고 있는 정당인데, 이슬람 부흥당이 대표적이다. 이 정당은 1980년대 중반 창당 초기에는 중앙아시아와 카프카스 지역에서 광범위한 세력을 확보하고 활동하였으나 현재는 각국의 탄압을 받아 거의 활동을 하지 못하고 있다.

우즈베키스탄 페르가나 지역과 카프카스 다게스탄을 중심으로 활동이 지속되어 오다가 최근 수년 사이에 거의 조직이 와해되어 세력을 잃고 소멸되어 가고 있다.

이 이슬람 당은 이슬람 공화국 건설을 목표로 하고 있다. 그 방법으로 무력을 통한 이슬람 혁명을 주장하는 일부 세력도 있으나, 현실적으로 민주적 절차에 따라 정권을 창출해야한다는 여론이 우세하다. 그럼에도 불구하고 우즈베키스탄에는 탄압에 대항하여 수차례 테러를 자행하였다. 중앙아시아, 즉히 우즈베키스탄에서 경제적 안정이 늦어지면서 이슬람 세력의 활동 재개가 가능해졌으나, 9.11 사태 이후 미국이 아프가니스탄을 공격하면서 우즈베키스탄 정부에게 인권문제를 양보하게 됨으로써 현 정부 내에서 이슬람 당의 활동은 거의 불가능하게 되었다.

카자흐스탄 알라쉬당은 이슬람주의, 튀르크주의, 민주주의를 기본 이념으로 하고 있다. 민주주의가 이슬람 정치원리에 배치됨에도 불구하고 민주주의를 내세우는 것은 서구 지향적 근대주의 정권이 장악하고 있는 대부분의 이슬람 국가 내 이슬람주의 운동에서 일반적으로 볼 수 있는 것으로 대중 동원과 정권 장악을 위한 전략적 차원에서 도입된 것이다.

일부 이슬람 경향의 정치 그룹들은 범튀르크 민족주의 운동에 편승하여 중앙아시아 무슬림들의 대동단결을 통한 단일 튀르크 민족의 국가를 건설하는 것을 목적으로 하고 있다. 그러나 또 일부 이슬람 급진 그룹은 이슬람 혁명을 통해 이슬람 법 샤리아가 지배하는 순수한 이슬람국가 건설을 목표로 한다. 이 두 그룹은 모두 현 정권들에 의해 독립초기부터 지금까지 정치 사회 및 종교 활동이 총체적으로 정치되어 있다.

강경 이슬람 정당이 모두 중앙아시아 국가들에서 그 활동이 어렵게 되자, 온건파 이슬람 그룹들을 통해 이슬람 운동이 그 명맥을 유지해 오고 있다. 대표적인 온건파 그룹으로는, 아직 정당으로 발전하지는 못했으나 카자흐스탄의 무슬림 여성연맹League of Muslim Women, 키르기스스탄의 이슬람 문화센터Islamic Cultural Centre가 있다. 카자흐스탄의 무슬림 여성연맹과 키르기스스탄의 이슬람 문화센터는 문화, 교육 활동을 중시하면서 일반 대중에게 이슬람 교의와 대의를 확산시키는데 주력하고 있다. 이 단체들은 보수적 성향의 도시출신 무슬림 지식인들이 이끌고 있다. 이들은 대중동원의 목적으로 간행물을 배포하면서 정치정당으로 성장하기 위해 노력하고 있으나 그 영향력은 아직 미비하다.

제5장

중앙아시아 환경문제

　오늘날 환경문제는 인간 활동에 의한 자원의 채취, 이용 및 폐기물의 환경으로의 배출이라는 인간의 자연에 대한 유위(有爲)가 질적, 양적으로 생태학적 균형 레벨을 넘어서는 것에 기인하는 것이다. 이러한 인간 활동에 의한 환경의 부하(負荷)는 심화되어 오늘날에는 그 유례를 찾기 힘든 엄청난 규모의 심각한 환경파괴가 진행되고 있다.

　20세기 최대의 환경파괴로 일컬어지고 있는 중앙아시아의 아랄해 유역의 환경파괴와 그로 인한 영향은 오늘날의 환경문제에 있어서 국가주도의 계획 개발 정책과 환경파괴가 어떻게 연계되어 있는가를 나타내는 전형적인 사례로 꼽히고 있다. 소련의 개혁개방 정책 이후 러시아 및 동구의 사회주의 국가에서 자본주의 국가에서 그 예가 많지 않는 대규모적 환경 훼손이 진행되었다는 사실이 밝혀지고 있다. 자본주의 국가들 못지 않게 사회주의 국가들 역시, 경쟁적 경제개발 성장주의 논리에 사로잡혀 환경문제는 국가 정책에 있어서 크게 고려되지 못했던 것이다. 소련에서도 이는 예외가 아니었다.

　중앙아시아를 대상으로 한 기존의 연구는 인문 지리학적인 접근이 많고, 역사적 연구 및 현상 분석이 주가 되고 있다. 중앙아시아의 사회 경제를 규정 짓는 개발과 환경파괴 문제에 대한 학제적 접근을 시도한 연구는 거의 존재하지 않는다. 중앙아시아의 경제재건과 환경 회복이라는 중대한 과제를 해결하기 위해서는 이들 문제의 현상 분석과 함께, 문제를 야기한 메카니즘을 이해하지 않으면 안 된다.

　중앙아시아에 있어서의 환경 파괴 문제가 과거 소련 대 중앙아시아 식민정책과 경제개발 정책과 직접적으로 관계되어 있다. 많은 학자들이 아랄해 문제를 취급함에 있어서, 과거 소련 체제 하의 모스크바 정권에 의해 추진된 중앙아시아 지역 경제개발 정책과 관련하여 고찰하는 이유가 여기에 있다.[129] 중앙아시아 지역의 환경 파괴는 자연 재해가 아니라, 철저히 인간에 의해 자행된 재해인 것이다.

I. 중앙아시아의 지역적 특성

구소련 중앙아시아는 카자흐스탄, 우즈베키스탄, 키르기스스탄, 타지키스탄, 투르크메니스탄(5개국)으로 구성되어 있다. 이 지역은 러시아연방공화국, 중국, 아프가니스탄, 이란, 카스피해 등으로 둘러싸여 있다.

1991년 소비에트 연방의 붕괴이후, 중앙아시아 공화국들은 독립국가가 되었고 사회주의 계획경제로부터 시장경제로의 변화를 시도하고 있다. 그 과정 가운데 점점 높아지는 인플레이션의 지속과 투자 및 국내 총생산의 전반적인 감소, 실업의 증대 등 시장경제로의 이행에 어려움을 겪고 있다. 중앙아시아 각국은 경제재건을 최우선으로 하면서 민족 정체성에 기초한 국민국가 건설에 매진하고 있다.

문화적인 면에 있어서 중앙아시아는 상부에 튀르크-이슬람 문화라는 지역 공통의 요소와 소비에트 체제에 심화된 지방의 토착 민족주의 요인이 하부를 이루는 이중구조를 가지고 있다.

급격한 인구 증가도 최근 중앙아시아에 있어서 또 하나의 특징이다. 1970년부터 약 20년 간 인구 증가율을 보면, 소련 연방 전체 평균의 약 3배이며 독립 후 3년간에 있어서는 CIS전체 평균(1.1%)의 약 5배에 달하고 있다.

---

129) 윤칠석, '중앙아시아의 환경파괴와 지역개발 정책' 참조

Ⅱ. 중앙아시아의 사회·경제적 특성

중앙아시아가 독립되면서 형성된 독립국가연합(CIS)은 합의사항에 대한 강제력이 약하고, 실질상 구성 공화국 간의 협의의 장에 지나지 않고 있다. 오늘날 중앙아시아의 환경파괴 문제와 경제문제를 이해하기 위해서는 이들 문제를 기본적으로 규정짓고 있는 역내 사회 경제적 특징을 이해할 필요가 있다. 그 특징은 소련 사회체제의 유산이라고 할 수 있으며 다음의 5가지로 요약 가능하다.

첫째, 소련체제에 결성된 역내 각 공화국 간 산업 분업구조가 독립 이후의 단절 되었다는 점이다.

둘째, 인재 면에서의 수직적 분업구조이다. 관리직에 있어서의 러시아인과 비러시아인의 분리가 그것이다. 일반적으로 중앙아시아의 각 공화국에 있어서는 고급 관리직이나 고급 기술 인력을 요하는 자리에는 러시아인이 많았다.

셋째, 소련 구성 공화국 이외의 국가와는 정치 경제적 관계가 단절되어 있었기 때문에 모든 관계를 다시 각자 구축해가지 않으면 안되는 것이 대외 관계의 장애 요인이다.

넷째, 독립 국가가 될 때까지 자본주의 시장경제의 경험이 전혀 없었다.

다섯째, 중앙아시아 전지역에 걸쳐져 있는 아무다르야 및 시르다르야 강 유역을 중심으로 진행된 광범위한 환경파괴 문제이다.

각 국의 시장경제 체제로의 이행 과정을 보면, 카자흐스탄과 키르기스스탄은 쇼크요법을 채용하여 가장 적극적이다. 러시아와 서구와의 연계를 추구하며 IMF노선을 중시하고 있다. 우즈베키스탄과 투르크메니스탄은 급격한 경제개혁에 의한 혼란을 피하기 위한다는 명목으로 독자의 길을 모색해 가면시 점진적인 개혁을 추진하고 있다. 9.11 사태 이후 미국과의 관계가 긴밀해 지면서 중장기적으로 볼 때 우즈베키스탄의 정책의 변화는 서구 개방적이 될 가능성이 크다. 특히 건강이 악화되고 정치적 영향력이 현저히 의문시 되어가고 있는 현 카리모프 대통령 이후, 신정권은 세계시장 체제로의 편입을 가속화하는 방향으로 정책을 전환할 가능성도 배제할 수 없다.

Ⅲ. 소련의 중앙아시아 경제개발 정책과 환경파괴

관개농업의 확장과 아랄해의 축소

아랄해는 중앙아시아의 사막지대에 위치하여 염도가 높은 유출 하천이 없는 일종의 거대한 폐쇄 호수이다. 수자원의 주요 원천은 파미르Pamir 고원의 설 빙과 힌두쿠시 및 천산산맥 지대의 용설수로부터 출발하는 아무다르야 강Amu Darya; Oxus River강과 시르다르야Syr Darya강이다. 아무다르야 강 일부 구간은 타지키스탄과 아프가니스탄 사이의 국경 가운데를 통과한다. 아무다르 야 강의 길이는 1,415km로 추정되나 가장 긴 원류인 동(東)파미르 고원을 흐르 는 바흐지르의 가장 먼 수원(水原)에서부터 측정하면 2,540km에 이른다.

시르다르야 강은 우즈베키스탄, 타지키스탄, 카자흐스탄을 통과하며 흐른 다. 이 강은 페르가나 계곡 동부에서 나린 강과 카라다르야 강이 합쳐서 이루 어지며 아랄해로 흘러든다. 이 강의 길이가 2,212km(나린 강까지는 3,020km) 로 구소련 중앙아시아 지역에서는 가장 긴 강이지만 흐르는 물의 양은 아무다 르야 강보다 적다. 상류를 제외하면 분수계가 분명하지 않으며 상류 유역의 면 적은 46만 2,000km²에 이른다. 우즈베키스탄의 페르가나Ferghana 계곡에서 는 지류의 대부분이 완전히 관개용수로 사용되어 버리기 때문에 본류와 합쳐 지지 못한다.

중앙아시아의 수자원은 천산산맥의 빙하수로부터 시작하여 키르기스스탄, 우즈베키스탄, 카자흐스탄을 지나 아랄해로 흐르는 시르다르야 강과 파미르고 원으로부터 발원하여 타지키스탄, 우즈베키스탄, 투르크메니스탄을 거쳐 아랄 해로 흐르는 아무다르야 강에 대부분을 의존하고 있다. 양 하천의 집수역은 우 즈베키스탄, 타지키스탄, 투르크메니스탄(크라보츠크 지역은 제외)의 전역과 카자흐스탄과 키르기스스탄의 일부 및 아프가니스탄의 북부를 포함한다. 전 집수역은 200만나km²이며 그 가운데 140만km²가 구소련 내에 위치하고 있으며 3,500만의 인구가 거주하고 있다.

아랄해가 오늘날(1960년 기점)과 같은 크기로 된 것은 지금부터 약 1만년 전부터이라고 추정된다. 그 후 수위와 수량에 있어서 큰 변화를 거쳤다고는 하나 1800년에서 1960년까지의 기간 중 수위 변동의 진폭은 1.7m에 지나지 않을 정도로 안정을 유지하여 왔다. 그러나 1961년 이후 아랄해의 수위는 급격하게 저하되기 시작했다. 하천 유입 수량의 변화는 시르다르야 강 유역에 있어서 관개농업이 주요 원인이라 할 수 있다.

연도	면적	수량	평균 수심	염분 농도	수위
1960	68,000	1,090	16	10	53.4
1965	63,900	1,030	16.1	10.5	52.5
1970	60,400	970	16.1	11	51.6
1975	57,200	840	14.7	13.7	49.2
1980	52,400	670	12.8	16.5	46.2
1985	44,400	470	10.6	23.5	42
1987	41,400	374	9.1	26.6	40.5
1989	37,000	340	9.2	30	39
1990	33,500 (3,000)	310(20)	9.2(6.7)	32(18~35)	38.6(39.5)
1993	31,000 (2,700)	279(21)	9.0(7.8)	37.0(30)	37(40.0)
2000	22,500	166	6.5	70	33

〈표〉 아랄해의 연도별 변화 추이: 아랄해는 1990년에 북쪽 소아랄해와 남쪽 대아랄해로 분리되었다. 1990년과 1993년도 수치는 대아랄해의 데이터며, 그 아래의 괄호 안의 수치는 소아랄해의 데이터이다. 자료; W.D. Williams and N.V. Aladin, The Aral Sea: Recent Limnological Change and Their Conservation Significance, Aquatic Conservation: Marine and Freshwater Ecosystems, Vol.1. 1991. p 7. (단위; km3, km3, m, m, g/l, m.s.s.l)

다음으로, 아랄해의 수량과 수질의 급격한 변화를 살펴보기로 한다. 수량과 수질에 있어서 급격한 변화가 나타난 1960년 이후의 아랄해의 변화를 보면 위의 표와 같다. 1960년을 기준으로 하여 1993년의 변화치를 대비하여 보면, 수위는 16.4m나 저하하여 약 2/3로 되었으며, 수면적과 평균 수심은 각각 약 반으로 줄어들었다. 그리고 수량은 약 1/4로 축소되었다. 반면 1993년의 염분 농도는 1960년의 약 4배에 가까운 37g/l 로 증가되고 있다. 이러한 변화는 최근 들어 더욱 급격하게 진행되어가고 있다. 한편 1990년의 대아랄해와 소아랄해로 분리된 이후, 소아랄 해는 수량과 염분 농도에 있어 어느 정도 안정을 유지하고 있다. 과거 바다의 깊이를 잘 나타내듯 3,500㎢ 바닥을 드러내고 있으며 해안선은 80~100㎞나 후퇴되었다. AD 2000년에는 수위와 면적은 각각 1960년의 약 1/3까지, 수량은 약 15%까지 감소하였으며, 염분 농도는 7배인 약 70g/l로 증가하였다.

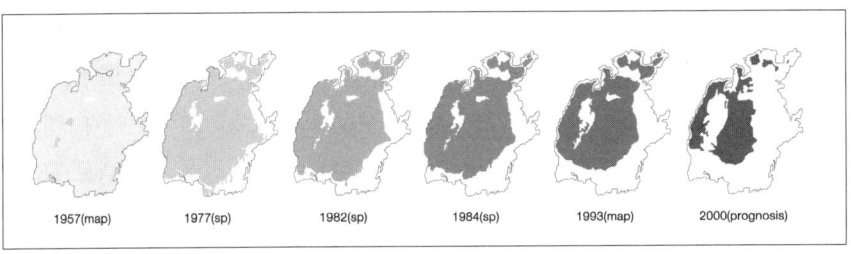

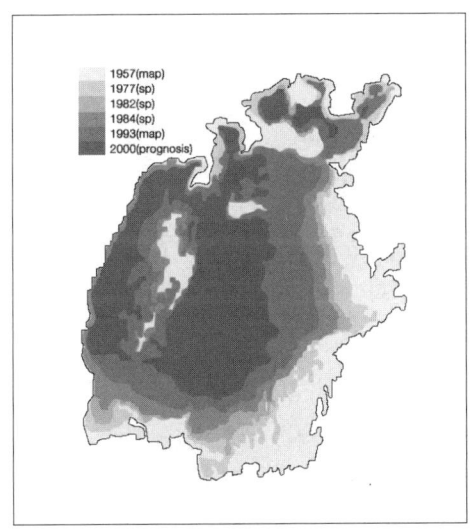

1. 아랄해 유역의 수(水) 수요의 현황

아랄해 유역에 있어서의 물 수요량은 농업 부문이 82%(아무다르야 강 84%, 시르다르야 강 79%), 산업용수 89%(아무 6%, 시르 12%), 생활용수 6%(아무 6%, 시르 8%)로 농업용수가 대부분을 차지하고 있다. 또한 이 유역에서 농업부문 가운데 작목별 물 수요량 구성을 보면, 면화 43.9%(아무 51.5%, 시르 34.2%), 사료작물 22.9%(아무 18.5%, 시르 28.7%), 벼 14.9%(아무 12.1%, 시르 18.6%), 과수 4.6%(아무 4.3%, 시르 5.0%) 순이다. 아무다르야 강 지역에 있어서는 단독 작물 면화가 전체 물 수요의 반 이상을 차지하고 있으며, 시르다르야 강 유역에 있어서는 아무다르야 강 유역에 비하여 사료작물과 벼 재배용 물 수요가 훨씬 많다.

이 지역에서 작물별 관개지 면적의 구성을 보면 면화 51%(57%, 43%), 사료작물 22%(17%, 29%), 쌀 6%(4%, 7%), 과수6%(5%, 6%) 등의 순이다. 양 하천 유역에서의 관개지 구성비에 있어서도 물 수요에서와 같은 작물별로 그 특징이 드러난다. 이 두가지 면에서 볼 때 쌀 재배가 단위 면적당 높은 물 수요를 요구하고 있음을 알 수 있으며, 아랄해 축소에 가장 크게 영향을 미친 것은 관개의 의한 농작물의 생산이고 그 가운데서도 면화, 사료작물, 벼 재배가 결정적인 요인이었다는 사실을 알 수 있다.

2. 아랄해 유역 관개농업의 확장

여기서 중앙아시아 역내 유역에서의 관개 면적의 확대 상황을 살펴보고 물 수요의 대표적 작물인 면화 재배 면적 생산량의 증가 추이를 살펴보면 중앙아시아 전체의 관개 면적은 1950년부터 1957년까지 7년간 20%의 증가를 보였다. 그 후 10년간은 거의 변화가 없었으나, 1966년부터 다시 증가하기 시작하여 1990년까지 약 70%의 증가세를 나타냈다. 1950년대 초반부터 1960년대 중반까지 이러한 관개 면적의 급증은, 같은 시기 소련의 산업정책에 반영하고 있다. 스탈린 통치시대 후반과 흐루시초프 시대에 있어서 외연적 확장에 의한 농업 생산량 확대 정책, 그 가운데서도 면화 생산 우대 조치와두 깊게 관련되어 있는 것이다.

중앙아시아 전체 관개 면적에서 각 공화국이 차지하는 비율을 1950년과 1990년을 비교하여 살펴보면, 우즈베키스탄(44/33), 카자흐스탄(25/24), 투르크메니스탄(13/8), 키르기스스탄(11/18), 타지키스탄(7/7)의 순으로 되어있다. 우즈베키스탄과 카자흐스탄이 전체의 70%를 차지하며, 같은 기간에 국가

별 점유 비율은 거의 변화가 없다. 단지 투르크메니스탄에서는 다소 증가하였고 키르기스스탄에서는 다소 감소한 것이 특징이다. 이는 중앙아시아 전체 관개 면적 증가 현상 중에서, 특히 아무다르야 강의 중류 및 하류에서 물 수요가 증가했음을 반영하는 것이다.

다음으로 중앙아시아 지역에서 면화 재배 면적과 생산량의 증가 추이를 살펴보면. 중앙아시아는 1992년에 약 250만ha(구소련 전체의 92%)의 면화 파종 면적을 가진 면화 재배의 중심지였다. 1950년에서 1992년까지 중앙아시아 각 공화국의 면화 재배 면적은 점진적으로 꾸준히 증가하였다.

관개농업에 있어서 1950년과 1990년을 비교하여 중앙아시아 각 공화국별 면화 재배 면적이 차지하는 비율을 살펴보면, 우즈베키스탄(65/72), 투르크메니스탄(23/10), 타지키스탄(7/8), 카자흐스탄(4/6), 키르기스스탄(1/4)의 순으로 되어 있다. 우즈베키스탄과 투르크메니스탄 두 국가가 전체의 88%를 차지하고 있는 것이다. 이는 곧 우즈베키스탄과 투르크메니스탄에서 관개농업의 중심은 면화 재배였다는 것을 알 수 있다.

3. 관개농업 확장과 경제개발 정책

중앙아시아가 공업용 면화 원자재 공급지로써의 그 중요성이 증대되기 시작한 것은 19세기 후반에서부터였다. 그 때까지 중앙아시아의 오아시스 농촌에서는 밀이나 쌀 등의 곡물로부터 양파, 오이 등의 채소류, 포도나 메론 등의 과실류, 공예 작물인 면화에 이르기까지 온난 지역 특유의 농산물을 포함한 다양한 작물이 재배되고 생산되었으며, 면화 등은 오래 전부터 러시아를 비롯한 주변 지역으로 수출되고 있었다. 일찍부터 러시아에서는 섬유산업의 발전을 위해 원자재의 안정적 공급이 필요하게 되었다. 당시 면화의 주요 공급국이었던 미국에서 남북전쟁(1861~1865년)이 발발하면서 세계 면화공급 시장이 혼란하게 되자, 면공업 선진국이었던 영국을 비롯하여 후발 면공업국인 러시아에 이르기까지 원료 면화와 확보를 위해 경쟁하고 있었다. 당시 면화를 아메리카, 이집트, 이란으로부터 수입하고 있던 러시아 정부는 중앙아시아 튀르키스탄 지역의 자원의 보다 집약적인 이용을 위해 의도적으로 중앙아시아 튀르키스탄 지역을 원자재의 공급원으로 전환했다. 이와 같이 중앙아시아는 19세기 후반으로부터 제정러시아 섬유산업 발전을 위한 원재료 공급지로 자리매김 되어졌으며, 곡물 증산과 함께 면화재배 특화 및 증산을 강요당했다. 이때부터 중앙아시아 지역은 러시아의 경제적 필요에 의해서 정책적으로 농작물 품목 설정 및 수요조절이 환경파괴를 고려하지 않는 채 강요당하게 되었고 오늘날에 이르게 된 것이다.

4. 아랄해 환경문제의 실태

아랄해로 인하여 발생하게 된 환경문제는 시간이 지날수록 그 오염도가 더해짐에 따라 심각성이 증대되고 있다. 지금까지 연구된 결과를 보면, 수질오염, 토양문제, 생태계 파괴, 식수, 보건, 대기오염 등 총체적인 문제로 확대되고 있다는 것을 알 수 있다.

5. 수질 오염

면화 재배 업계의 살충제와 제초제 남용과 농작물 관개사업으로 인해 아랄해 주변은 엄청난 오염이 장기간 지속되어 왔으며, 이로 인해 환경이 심각하게 파괴되었고 인근 주민들의 건강은 심각한 수준에서 위협당해 왔다. 위에서 살펴본 바와 같이, 아랄해의 물 공급처인 아무다르야 강과 시르다르야 강의 수량이 현격히 줄어들면서 염분 농도가 위험수위까지 증가하게 되었다. 아랄 해는 소금기를 머금은 오염 물질의 찌꺼기로 덮혀있는 지면의 면적이 30,000㎡로 확대되었다. 이 오염 물질들은 아랄해 지역에 뿌연 흰 가루의 형태로 강풍에 의해 날려 와서 아랄해와 주변 생태계를 독성물질로 오염시키는 결과를 초래하였다.

그 결과로 공기, 토양, 물에서 높은 수치의 DDT와 유독성 물질이 검출되었으며, 먹이 사슬 체계의 모든 단계가 독성 물질에 오염된 것으로 나타났다. 이뿐만 아니라 아랄해 지역은 석유채취 산업을 위해 건설됨으로써 그 공장으로 인해서도 오염의 정도는 심화되어 왔고, 소련시절에 행해진 아랄해의 보스로

즈데냐 섬에서의 화학무기 실험과 생산은 알라 해 환경파괴와 오염을 세계적인 수준으로 발전시켰다.

6. 토양 문제

아랄해의 경우 수질오염 문제는 관개농업과 깊게 연관되어 있음을 위에선 언급하였다. 현재 각종 살충제나 무기질 비료 등 화학 합성물에 의한 토양 침전, 염분과다, 부식질 레벨의 저하 등 심각한 현상이 나타나 있다. 일부 지역에서는 중금속에 의한 토양오염도 발견되고 있다. 또한 방목지의 부적절한 관리에 의한 토양침식이 진행되어 그 심각성을 더하고 있다.

7. 식수 오염

아랄해 지역은 심각한 환경오염으로 인해 국민들의 건강이 심각한 수준에서 위협당하고 있다. 국민건강을 위하여 식수의 오염은 가장 심각하고 치명적인 문제가 되고 있다. 이곳 수질은 아랄해 환경 파괴와 맞물려 1970년대에 이미 악화되기 시작하였다. 현재 우즈베키스탄 카라칼팍Karakalpak 자치공화국의 수돗물 가운데, 65%가 식수로 사용되기 위한 화학물질 함유량 기준을 크게 초과하고 있으며 박테리아 함유 기준에도 35% 정도에 미치지 못하고 있다. 지난 1980년 중반부터 10년 동안에만 150,000톤의 유독성 화학물질이 아무다르야 강에 유입되었으며 아무다르야 강물은 질소, 인, 살충제, 페놀 등의 유기화학성 독성물질과 무기화학성 독성물질로 심각하게 오염되어 왔다.

8. 생태계 파괴

아랄해 지역 환경파괴와 오염으로 인해 150여 종의 식물들이 사라졌으며 어류의 종류도 현저히 줄어들었다. 예전에 풍부했던 철갑상어, 잉어, 유럽잉어 등의 어류가 멸종 위기에 놓였다. 약 35종의 새들의 이동 주기가 변했는가 하면, 서식 포유류가 6종이나 줄어들었다. 연안어업은 일찍이 폐업 상태가 되었다.

9. 보건 문제

소련 해체 이후 카라칼팍 주민들을 비롯한 아랄해 지역 주민들은 사실상 보건 복지의 혜택을 제대로 받을 수 없는 상황이기 때문에 주민들의 건강은 전반적으로 악화되었다. 특히 소련으로부터 독립된 지 얼마 안 된 신생 독립국에서는 전염병이 계속 발발하고 평균수명도 급격히 저하되고 있다. 소련의 붕괴이후 복지혜택이 절대 감소되고 환경오염으로 인해 보건문제가 심각해지면서 아랄 해 주민들은 최악의 상태에 처해 있다. 현지 과학자들의 보고에 의하면 1980년대 중반이후 지금까지 산모와 신생아의 질병 발생률과 사망률이 현저히 증가했으며, 빈혈, 신장 및 간 질환, 알레르기 질환, 암, 정신질환, 결핵 발생률도 높아졌다. 기형아 발생, 유산, 임신과 분만시의 질병 발생률 역시 계속 증가해왔다. 또한 카자흐스탄의 크즐오르다Kyzyl Orda 지방의 평균수명은 64세에서 51세로 떨어졌다. 여성과 아이들의 경우는 특히 심각하다. 산모와 신생아 질병 발생률 및 사망률이 우즈베키스탄과 카자흐스탄의 다른 지역들에 비해 카라칼팍 자치공화국과 카자흐스탄의 크즐오르다 지역에서 현저히 높게 나타나고 있는 것이다. 공식 통계에 의하면 1998년에 카라칼팍공화국의 산모 사망률은 100,000번의 분만 횟수당 60.6%에 달하였고, 신생아 사망률은 24.3%에 달했다. 카라칼팍 공화국에서 임신이 가능한 5천 명의 여성을 상대로 한 조사에서 다음과 같은 사실이 밝혀졌다. 87%~99%가 빈혈 환자,90%가 임신과 분만 중 합병증 경험, 30%가 임신 중 신장질환 경험, 15%가 유산, 23%가 요오드 결핍으로 인한 갑상선 항진증으로 고생했다는 것이다.

10. 대기 오염

아랄해 주변 공업단지 지역을 중심으로 주연료인 석탄 사용과 비산탄에 의한 대기오염이 많다. 이는 중앙아시아 공업이 최근에도 자원 집약형의 낡은 기술에 의존해 있기 때문이다. 최근에는 주요 도시를 중심으로 자동차의 배기가스에 의한 대기오염도 중요한 대기오염으로 되어가고 있다. 또한 아랄해 해역축소에 따른 염분지역의 증대로 염분과 먼지를 포함한 바람도 대기오염에 영향을 미치고 있다. 폐기물 문제에 있어서는 산업용 폐기물과 도시 폐기물이 다

함께 체계적인 수집과 처리가 되지 못하고 있는 실정이다.

11. 결론

아랄해 유역은 과거 소련체제 하에서 무리한 개발 프로젝트에 의해 초래된 환경파괴 문제이다. 사회주의 국가 소련에서 환경파괴 문제가 이와 같이 심각하게 발생하게 된 원인은 다음과 같이 요약할 수 있다.

첫째, 모스크바 중앙정부와 공화국간의 식민지적 지배관계로부터의 파악

둘째, 동서냉전 구조에서 세계경제 운영의 제한성에 따른 왜곡 현상

셋째, 공산주의 이데올로기의 한계로 인해 환경문제 인식의 미비

넷째, 환경보전형 개발에 대한 정책적 인센티브의 결여와 환경보전형
　　　 기술의 미발달

아랄해 유역에 있어서의 오염은 우선 수자원을 필요로 하는 농업, 산업의 무분별한 개발에 원인이 있다. 이것은 사회주의 체제 또한 자본주의와 같이 환경을 희생으로 하여 경제운영을 하는 체제적인 문제가 있다. 사회주의 체제 속에서 국가 주도형 경제운영 원리와 생태계를 무시한 개발계획이 큰 요인으로 작용하였다. 제정러시아 시대부터 내려온 역사적 흐름 속에서의 면화 농업의 과도한 발달 또한 주요한 이유가 된다.

중앙아시아에서 환경파괴의 현상과 그 메카니즘은 관개농업 전개에 따른 개발정책과 직접적으로 관련이 있다. 중앙아시아의 환경파괴는 수환경, 토양오염 및 황폐화, 대기오염 및 폐기물처리 문제, 그리고 아랄해 유역에서의 관개농업 확장 문제가 복합적으로 작용한 결과로 초래된 것이다.

또한 중앙아시아에 있어서의 환경파괴 발생 메카니즘을 통해, 사회주의 국가에 있어서 환경파괴의 원인이 러시아의 중앙아시아에 대한 식민주의적 정책 운영 및 발전주의적 발상에 따른 무리한 계획경제에 있다는 사실도 강조하였다.

중앙아시아에 있어서 경제재건과 환경회복을 위해서는 환경회생형 경제운영의 대안이 필요하다. 현재 영농방식에 있어서 환경친화적 영농방식은 물론 환경에 대한 주민들의 의식개혁, 민주적인 환경보전운동의 발전과 기술이 필요하지만 현 상황은 그리 낙관적이지는 않다. 그러므로 국제기구들의 적극적

도움으로 수자원 확보의 방향을 모색해야 하고 점차적으로 아랄해 주변의 농업 변화를 시도해야 하겠다.

그러나, 이러한 심각한 문제에 직면해 있는 중앙아시아 신생 독립 국가들의 정치 지도자들은 당면한 경제문제에 집착한 나머지 아랄해 문제를 해결하기 위해 독립한지 12년이 지난 지금까지도 전혀 적극성을 보이지 않고 있다. 이들 지도자들은 이 문제를 해결하는 방안으로 제시된, 시베리아 북쪽의 풍부한 물을 아랄해로 끌어 프로젝트에 대해 경제적인 이유로 반대하였다. 또한 역사적으로 실제적 책임이 있는 러시아는 자신들의 직접적 피해가 적다는 이유로 수수방관하고 있다.

앞으로 중앙아시아에서 경제재건 정책 추진은 환경문제와 함께 고려해야할 것이다. 환경을 희생하면서 경제발전을 추구하던 과거의 전통적 경제정책 운영에서 탈피하여, 비록 발전 속도가 늦더라도 환경보전 및 환경회생을 고려한 경제발전 전략을 구사하지 않으면 안 된다.

국제사회의 관심도 매우 중요하다. 세계자유시장의 확대에 따른 신자유주의의 경제정책 기조가 확산되고 지구적 경쟁이 가속화되면서 강대국들조차도 지구적 환경문제에 대해서 등을 돌리고 있다. 현 시점에서 중앙아시아 국가들의 능력은 한계가 있다. 그러나 서구 주도 세계체제가 지배하는 지금 직접적 당사자가 아니라는 이유로 서구 국가들이 아랄해 문제에 전혀 관심을 보이지 않는 것도 문제이다. 우리 한민족과 가장 가까운 알타이민족 집단이 밀집되어 있는 중앙아시아의 아랄해 문제에 대해서 우리나라 정부와 NGO가 관심을 가지고 접근해야 할 것이다.

제6장
중앙아시아 고려인 집단

중앙아시아는 그 지역이 세계에서 독립적이고 비중 있는 지리적, 역사적, 문화적 중요성에도 불구하고 근대 이후 국제사회의 관심 대상에서 제외되어 왔다. 또한 간혹 중앙아시아가 학술적 연구 대상이 되곤 하였으나 그 객관적 실체는 왜곡되거나 축소되어 온 경향이 있다.[130] 이러한 경향은 러시아를 포함한 서구세계에 의해 의도적으로 조장된 것으로 서구 세계의 역사관 혹은 컴플렉스를 반영한 것이다. 이렇게 보는 데는 세 가지 이유가 있다. 첫째 중앙아시아는 튀르크 및 몽골 민족이 집단 거주하는 지역이다. 서구인들은 튀르크족과 몽골족에 대한 특별한 컴플렉스를 가지고 있다. 이것은 서구인들이 주도하는 세계 역사 발전에서 — 적어도 대부분의 서구인들은 이렇게 인식하고 있다 — 유일하게 서구인들을 지배한 민족이 이들 튀르크족과 몽골족이기 때문이다. 훈제국, 몽골제국, 셀주크제국 그리고 오스만제국은 서구인들에게 쉽게 망각될 수 없는 두려움의 대상이었다. 둘째는 중앙아시아는 수세기 동안 서구 기독교 세계와 대립 관계를 유지해 온 이슬람 문명권에 속한다. 셋째는 구소련은 외부와의 접촉이 어려운 지정학적 위치에 있는 내륙의 중앙아시아를 의도적으로 소외시켜 왔다.

국내에서의 중앙아시아 인식은 더욱 더 제한적이다. 우리 민족의 계통성과 관련하여 역사 및 문화를 연구하는 사람들에 의해 간혹 언급된 중앙아시아는

---

130) Stephen Blank, 'Soviet Reconquest of Central Asia,' in Hafeez Malik ed., Central Asia: Its Strategic Importance and Future Prospects, 1994, p.39.

최근까지만 해도 우리 민족의 잊혀진 과거와 관련된 경우에만 거론되어 왔을 뿐이다. 중앙아시아의 고려인 존재가 우리나라에 알려지기 시작하면서 극히 최근에 중앙아시아는 매스컴의 보도 등을 통해서 비로소 우리에게 현실감 있게 알려지기 시작하였다. 그러나 주로 고려인들에 초점이 맞추어진 매스컴의 기획 프로그램이나 여행자들에 의한 여행기 등에 의해 소개된 중앙아시아에 대한 이해는 여전히 피상적일 수밖에 없다.

1991년 12월 소련이 공식 해체되면서 중앙아시아에 돌연히 5개의 새로운 독립 국가가 탄생하였다. 1875년 코칸드Kokand 칸국이 러시아에 합병되면서 시작된 중앙아시아에 대한 러시아의 통치가 공식적으로 막을 내리게 된 것이다. 1970년대 이후에 중동 국가들이 오일 달러로 인하여 세계의 지목을 받았던 것처럼 중앙아시아는 석유, 천연가스, 광물 등 방대한 지하자원을 보유하고 있다는 점과 이들 중앙아시아 국가들이 대부분 터키와 동일한 튀르크계 민족국가들이라는 점에서 국제 사회에서 새로운 관심의 대상으로 등장하기 시작했다.

그동안 국제 시사 주간지들에서 계속적으로 화제가 되어 왔던 중앙아시아 국가들은 독립 이후 줄곧 경제적 이해관계로 인해 EU, 미국, 러시아, 중국, 터키 등 이해 세력들의 각축장이 되어 있으며, 이슬람 부흥을 꾀하는 중동의 사우디아라비아와 이란을 비롯한 이슬람 세력과 이를 우려하는 터키 및 서방 세력이 대립하고 있다.

중앙아시아는 우리나라에게도 특별한 의미를 갖는다. 첫째는 잘 알려진 바와 같이 우즈베키스탄을 비롯한 중앙아시아에는 구소련 한인의 최대 집단이 거주하고 있다는 점이다. 둘째는 중앙아시아 민족은 알타이계 민족으로써 우리 한민족과 언어적, 문화적, 역사적인 친근 관계를 가지고 있다는 점이다.

이 장에서는 우즈베키스탄을 중심으로 소련 해체 이후 중앙아시아 민족과 민족주의 문제와 관련하여 중앙아시아의 탈러시아화와 민족 정체성 논쟁을 중심으로 중앙아시아의 현상을 살펴보고, 이러한 정황 속에서 새롭게 대두되는 중앙아시아 한인의 정체성 문제 및 타민족 집단의 대한인 의식을 분석해 봄으로, 소수민족으로써의 중앙아시아 한인들과 중앙아시아 원주민족의 관계를 조망하는데 그 목적이 있다.

I. 중앙아시아 고려인(한인)

19세기 후반, 지배 계급의 봉건압제와 극도의 궁핍, 국내 유입되었던 외국 자본의 압박과 일본 제국주의에 대한 투쟁의 필요성 등 다양한 이유들로 인해 많은 한국인들은 극동 러시아로 이주하기 시작하였다. 1863년 13가구의 한인들이 궁핍과 기아를 피해 우수리 강 남쪽에 정착하였고, 1866년 이후 이주 움직임이 점차 대규모화되어 갔다. 1910년의 한일합방과 1919년의 3.1운동 등 역사의 소용돌이 속에서 이주민의 수는 급격히 증가하여 1926년에는 소련 극동 남부 지역에 한인 인구가 167,400명이나 되었다. 이들은 러시아 정부의 변덕스러운 덕(對)한인 정책과 가난 속에서 많은 어려움을 겪었다. 1917년 10월 혁명 이후 많은 한인 촌락들은 사회주의 이념을 받아들였으며, 소련에 귀화하였다.

1920년대부터는 산발적으로 소수 한인들이 중앙아시아로 이주해 갔었는데, 수십만 한인들의 대거 이동은 1937년 스탈린 정권 하에서 이루어진 강제 이주 정책에 따른 것이다. 이러한 조처는 1937년 8월 21일 스탈린과 인민위원회 위원장 몰로도프 간에 서명된 〈소련 인민위원회와 공산당 중앙위원회 결의안〉에 의한 것이었다. 1937년 9월부터 11월까지 2개월간, 비밀리에 한 지역씩 택해서 총 18만 명의 고려인을 강제이주 시켰으며 원동에서 중앙아시아까지 여정은 평균 1개월 정도 걸렸다고 한다.

이와 같은 소련 정부의 강제 이주 정책의 추진에는 몇 가지 이유가 있다. 그 첫째 이유로는 당시 중일 전쟁이 본격화되면서 스탈린을 위시한 소련 당국은 일본이 소련 침략 야욕을 위해 한인을 비롯한 소련 극동 지역 내 비러시아계 소수민족을 이용할 가능성이 높다고 판단하였다는 것이다. 실제로 소련 정부가 한인들을 중앙아시아에 강제 이주시킬 때 이러한 조처의 표면적 명분은 한인들이 일본의 군사 간첩으로 활동하였다는 것이었다. 그 외에 또 몇 가지 유력한 이유로는 소련 당국은 늘어나는 한인들과 러시아인들 사이의 충돌 등으로 인해 한인들을 경계해 왔다는 것, 한인들의 벼농사 성공을 보며 이들을 중앙아시아의 농업 개척에 이용하려 하였다는 것, 그리고 모여 살던 한인들을 분산시켜 거대 집단 형성을 저해하려 하였다는 것 등의 가능성을 생각할 수 있다.

어찌하였든 소련 당국은 어느 날 갑자기 수많은 한인들과 중국인들을 강제 이주케 하고 투옥시켰다. 이와 같은 강제 이송 때 탈출하였던 한 체험자의 증언에 따르면, 1937년 9월 하순 소련 당국은 부락의 전(全)한인을 모집하여 무조건 열차 승차를 요구했고, 한인들은 아무 것도 지니지 못하고 어디로 가는지도 알지 못한 채 달리는 기차에 운명을 내맡기게 되었다. 열차가 목적지까지 가는 동안 사고와 굶주림 등으로 수많은 사상자가 생겼었다. 이들은 화물 열차에 짐짝처럼 실려 중앙아시아의 황무지에 내던져 졌는데, 당시 고려인 수는 17만 5천 명으로 이 가운데 1만 1천 여명이 도중에 숨졌다.

이러한 비인도적인 강제 이주 속에 그 해 12월 그들이 당도한 곳은 인가가 하나 없는 황량한 반사막 초원지대인 중앙아시아 카자흐스탄의 우슈토베라는 곳이었다. 강제 이송을 단행하였던 소련 당국은 이 황무지에 수십만의 한인들을 내려놓고는 아무런 생활대책도 세워주지 않은 채 텐트만 나누어주고 돌아갔다고 한다. 이 절망의 상황 가운데서도 한인들은 강한 생존력과 근면성으로 우물을 파고 땅을 일구어 숨겨 가지고 온 식물의 종자를 심고 콜호즈를 형성하여 농사를 짓기 시작하였다. 이 곳에서의 정착이 성공하면서 한인들은 거주 이전의 자유가 제한된 속에서도 점차적으로 중앙아시아 일대로 확산하기 시작하여 우즈베키스탄, 키르기스스탄, 타지키스탄, 투르크메니스탄 등지로 퍼져 나갔다.

중앙아시아의 한인들은 그들의 부모들이 중앙아시아에 정착하는 과정에서 중앙아시아의 현주민인 튀르크계 부족들, 즉 카작인, 우즈벡인들이 많은 도움을 주었는데 이에 대해 한결같이 감사해하고 있다. 그들은 당시에 카작인, 우즈벡인들이 굶주림에 허덕이던 한인들을 도와주지 않았다면, 한인들의 생존은 크게 위협을 받았을 것이라고 진술하고 있다.

현재 중앙아시아의 2세 혹은 3세의 한인들은 학구열이 강하고 지식수준이 비교적 높아서 대부분 대학 졸업자이며, 사회적으로 중산층 이상의 수준에서 생활하고 있다. 농업에 종사하는 한인들도 많은데 이들은 주로 집단 농장에서 일하고 있다. 근면한 한인들은 콜호즈 경영을 잘하여 다른 민족의 집단 농장들에 비해 성공적이다. 그러나 한인들의 2, 3세는 모국어를 거의 하지 못하며 러시아를 모어(母語)로 사용하고 있다.

　1989년 조사에서 소련 전체적으로 44만 명의 고려인 가운데 약 48%의 인구가 한국어(조선어)를 모국어로 간주한다고 응답했다. 그러나 이중에서 러시아연방에서는 36%만이 한국어를 모국어로 간주하며 우즈베키스탄에서는 55%, 카자흐스탄에서는 51%가 한국어를 모국어로 간주한다고 응답했다. 물론 응답자들이 한국어(조선어)를 어느 정도 잘 구사하는 것과는 별개로 그들의 인식을 조사한 것이다.

　고려인들은 1954년 거주지 제한영이 폐지되면서 농촌에서 도시로 많은 수가 이주하기 시작했다. 카자흐스탄의 경우에 농촌거주 고려인의 비율이 1930년대 말 80%였으나, 1970년대에는 약 30%, 1989년에는 약 16%에 불과했다. 점점 도시로 이주가 진행된 것이다. 소련 해체 이후에는 고려인들의 농촌 거주는 10%도 되지 않는다.

　구소련CIS 내에서 고려인들의 교육 수준은 2번째로 높다. 그러나 실제로 고려인들의 직업을 조사한 자료를 보면, 고려인들 중에서 정신노동에 종사하는 인구는 17.6%에 불과하다. 이러한 비율은 카작인 30%, 러시아인 24%, 독일인 24.4%, 우크라이나인 22.6%와 비교할 때 현저히 낮은 수준이다.

　한편 소련 해체 이후 구소련 CIS 거주 고려인들 가운데 러시아연방공화국 시민권자는 대부분 북(北)카프카스 지역과 원동 지역에 집중되어 있다. 1995년 8월 기준으로 러시아 내 고려인 수는 11만 5천명, 1999년 5월 기준으로 약 12만 9천 명가량 된다. 이 가운데 북카프카스 거주 고려인 수는 현재 약 5만 명에 달한다.

　소련 붕괴 전까지 소수민족인 한인들과 중앙아시아의 원주민들인 다수민족 우즈벡인, 카작인 등 현지인들과의 관계는 양측이 모두 러시아인들의 속민이라는 피지배 민족의 입장에서 별 다른 문제없이 상호 협력 관계에서 진행되었다.

　그러나 중앙아시아 국가들이 독립하면서 중앙아시아에 민족주의 운동이 점차로 대중화되고 있는데, 이들 중앙아시아인들의 민족주의 운동은 이슬람종교 운동에 편승하여 반러시아 감정으로 발전하였다. 이러한 상황 속에서 중앙아시아 현지인들은 우즈벡어나 카작어 등 현지 언어를 모르면서도 공용어인 현지어를 배우려고 조차하지 않는 한인들에 대해 불편한 감정이 서서히 노출되고 있다. 이러한 상황이 지속된다면 앞으로 발생할지도 모르는 중앙아시아의 소수민족 러시아인들과 중앙아시아 현지인들과의 충돌에서 고려인이 희생양이 될 가능성도 전혀 배제할 수 없다. 중앙아시아의 디아스포라 한인들은 자신들이 거주하는 중앙아시아의 국가를 자국(自國)으로 생각하고 적극적으로 현지어를 습득하고, 자국의 경제와 사회 발전에 능동적으로 참여하여 소수민족으로서 안정적인 입지 확보에 힘써야 할 것이다.

이러한 면에서 현재 중앙아시아의 한인들을 위해 진행되고 있는 대대적인 한국어 교육은 재고되어야 하며, 우리 정부는 디아스포라 한인들이 먼저 현지 국어를 습득하고 중앙아시아의 정상적인 국민으로서 동요 없이 안정된 사회 활동을 할 수 있도록 도와야 할 것이다. 실제로 우즈베키스탄 등에서는 한인 교회를 중심으로 과도하게 진행되는 한인들의 모임과 한국어 교육 열기가 소수민족 운동으로 오해되기도 한다. 중앙아시아 한인들이 새로운 시대의 새로운 국가에 잘 적응하지 못할 때 결국 이들은 하바로프스크 등 극동부로 급속히 집단 이주를 하게 될 것이며, 이에 따른 정치, 경제적인 실은 득보다 더 많게 될 것이다. 무엇보다도 중앙아시아 국가들은 그 어느 나라보다 비교적 자원이 풍부하며 발전 가능성이 많아서 앞으로 세계 경제에서 차지하는 비중이 적지 않으리라는 사실을 잊지 말아야 할 것이다.

한편 중앙아시아는 구소련CIS 내 한인들(약 477,400명)의 약 68%내지 70%가 집중되어 있는 곳으로, 특별히 우즈베키스탄과 카자흐스탄에 전체 한인들의 90%가 몰려 있다. 1988년 통계에 의하면 우즈베키스탄에 약 18만 3천명(0.9, 천명/%), 카자흐스탄에 약 10만 3천명(0.6), 타지키스탄에 약 1만 3천여 명(0.2), 키르기스스탄에는 약 4만 명(0.3)정도가 살고 있는 것으로 알려져 있다.

1996년 통계로 구소련CIS에 고려인 수는 임시 체류자 2,100여 명을 포함해서 총 46만 1천 145명이다. 국가별로는 러시아에 10만 6천 852명, 우즈베키스탄에 22만 명, 카자흐스탄에 10만 7천 450명, 우크라이나에 8,669명, 벨로루시에 2,000명, 몰도바에 350명, 그루지아에 250명, 아제르바이잔에 100명, 아르메니아에 30명이 거주하고 있다.

II. 중앙아시아 민족과 한민족의 역사적 관계

1. 중앙아시아 민족형성과 발달의 역사적 배경

고대 중앙아시아의 원주민들은 대개 페르시아인들과 같은 이란계 민족이었다. 제라브샨Zeravshan 계곡의 고대 소그드인Sogdian이나 아무 다르야Amu Darya 강 하류에 거주했던 하레즘Kwarezm 사람들과 같이 우리에게 알려진 가장 오래된 중앙아시아인들은 이란 계통의 사람들이었던 것으로 추정된다. 소그드인들이나 하레즘 사람들은 고대 페르시아 왕 다리우스(Darius, BC 522~486)의 비문에 페르시아 제국의 속민으로 묘사되어 있다. 그들은 페르시아제국이 고대 그리스 원정을 나갈 때 함께 참가했던 것이다. 하레즘Kwarezm은 알렉산더Alexander 대왕의 동방 원정 때 정복되었으나 소그디아나Sogdiana 지역은 페르시아의 통치하에 남아 알렉산더 제국에 대항하여 투쟁했던 것으로 알려져 있다. 역사 속에 최초의 군주국으로 알려져 있는 아카메니드Achaemenid 왕국은 알렉산더 대왕에 의해 파괴되고 그 영토는 알렉산더 제국에 복속되었다. 알렉산더 제국의 멸망 이후에 중앙아시아의 상당 부분이 시리아에 거점을 둔 셀레우코스Seleukos 왕국(BC 312~64)의 통치하에 들어갔다. BC 3세기에 세레우코스 왕국은 원주민들의 봉기로 중앙아시아 서부 지역에서 밀려나게 되었으며 이 지역은 카스피 해 남동쪽에 위치한 고대 이란족 유목민들의 파르티아Parthia 왕국(BC 247~226)이 계승하였다. 독립성을 유지하고 있던 그리스계 박트리아 왕국은 BC 140~30년까지 100여 년 동안이나 중앙아시아 원주민 국가 파르티아 왕국의 공격을 막아내고 존립하는데 성공하였다. 이후에 박트리아 왕국은 북서 인도에서 발흥한 이란계 쿠샨Kushan 왕조에 의해 멸망하였다. BC 2세기부터 AD 4세기 중엽까지 북서부 인도와 중앙아시아 일부를 통치한 쿠샨 왕조의 통치 기간은 중앙아시아의 문화 및 경제 발전에 크게 기여하였다. 간다라 미술로 유명한 쿠샨 왕조는 기원후 3세기 말에 쇠퇴하기 시작했다. AD 4세기에 쿠샨 왕조의 통치를 받던 백훈족White Hun, 터훈족Ak Hun이라고 불리는 이란계 국가 에프탈리테Ephthalite, Hephtalites는 박트리아 지역을 공격하여 쿠샨 왕조를 격퇴시키고 쿠샨 왕조의 중앙아시아 통치를 마감시켰다. 에프탈리테는 후에 세미레체 Semirechye 지역에서 원정한 돌궐(突厥) 군대에 의해 붕괴되어 흑해에서 만주 지방에 이르는 거대한 영토를 장악한 고대 튀르크 제국Gök Türk Empire인 돌궐 제국에 복속되었다. 이리하여 중앙아시아(서튀르키스탄)에 에프탈리테 등 이란계 원주민을 기저층으로 한 튀르크 민족공동체가 형성되기 시작하였다. 한편 AD 6세기 말에 돌궐제국은 동돌궐과 서돌궐로 분리되었고 서돌궐, 즉 구소련 중앙아시아 지역은 후에 아랍 이슬람에 의해 정복되었다.

AD 8세기 초에 아랍인들은 호라산Khorasan 총통 이븐 무슬림Ibn-Muslim의 지휘 하에 중앙아시아에 진입하였다. 아랍군 야전군 사령관 이븐 무슬림은 하레즘의 역사와 언어를 알고 있는 모든 학자들을 남김없이 참형에 처했다. 이리하여 중앙아시아 원주민들이 이슬람 이전 역사Pre-Islamic History에 대하여 배우는 것을 거의 불가능하게 만들어 버렸던 것이다. 아랍인들은 이미 이전에 중앙아시아에 정착해 있는 돌궐(튀르크) 부족들의 강한 저항에 부딪혔다. 이러한 저항은 반세기 동안 계속되었다. 결국 중앙아시아는 아랍의 영향권에 들게 되었다. 아랍인들은 아랍어를 공식어로 사용하면서 이슬람과 더불어 아랍어를 전파했다. 아랍어가 공식 언어이며 학문 언어가 되는 반면 현지인들은 그들의 언어 — 이란계 언어나 튀르크계 언어 — 사용을 고집했다. 아랍의 중앙아시아 통치 기간 중에 아랍인들은 중앙아시아 현지 주민들의 인종 구성 면에 어떠한 변화를 주지는 못했다.

튀르크 부족들은 8세기에 세미레체 지역에서 튀르게쉬Türgesh 부족을 중심으로, 후에는 카를룩Karluk을 중심으로 연맹체를 결성하였다. 시르다르야 강 하류에서 서부 세력에 대항하여 튀르크계 오구즈 부족들의 강력한 연맹체가 결성되었다. 이들 부족들은 농경과 목축업을 결합시켰으며 정착 마을을 중심으로 상업을 발전시켰다. 오구즈 부족들의 거주 중심지는 양기켄트Yangi-kent였다. 오구즈 부족들은 11세기에 이르러 셀주크Selchuk 제국을 출범시키게 된다.

AD 9세기에 이란계 사만Saman 왕조(AD 874~999)가 부하라Bukhara 지역을 중심으로 발흥하여 이란과 중앙아시아를 연결하였다. '두 강(아무다르야와 스르다르야) 사이'란 뜻을 가진 마베란나흐르Maverannahr, 하레즘 Khorezm, 스르다르야Syr Darya 지역, 투르크메니스탄의 일부, 이란, 아프카니스탄 등을 그 영토로 한 사만 왕조는 중앙아시아의 인종적, 문화적 발전에 크게 기여하였다. 사만 왕조의 통치 기간 동안에 타직-페르시아계 언어는 그 사용 영역이 널리 확장되었다.

AD 10~11세기에 중앙아시아는 봉건주의적 질서가 꽤 자리를 잡아가고 있었다. 이것은 이 지역의 민족학적 발전사에 있어서 새로운 장을 여는 결과가 낳았다. 이제 민족 집단의 형성기에 접어들게 된 것이다. AD 9~10세기는 중앙아시아 민족들 가운데서는 처음으로 타직Tajik 민족이 형성되는 시기이다. 사만 왕조 내에서 이미 타직계통의 언어가 독자적으로 발전하기 시작했다. 타직인들은 고대 소그드인들과 박트리아인들의 후예로 알려져 있다.

타직 영토에 인접한 지역에 우즈벡 민족 집단이 형성되었다. 우즈벡인들은 하레즘, 소그드인, 마사게트인, 사카인 등 중앙아시아 고대 이란계 원주민들을 기저층으로 하여 튀르크족이 발전하여 형성된 민족이다. 튀르크족과 이란계 원주민들과의 인종적, 문화적 상호 혼합은 11~12세기 동안에 가속화되었다. 시르다르야 강과 아무다르야 강 사이에서 후에 우즈벡인이라 불리게 된 민족의 원형(原形)이 바로 이 시기에 형성된 것이다.

10세기 말에 사만 왕조는 쇠퇴하기 시작했다. 지방 세력들이 발흥하여 중앙 권력에 복종하기를 거부하면서 왕국은 분열되어 갔다. 세북테킨Sebuk Tegin이 가즈니Ghazni 왕조를 세웠으며, 보그라 칸Bogra Khan은 카라한Kara Khan 왕조를 건설하였는데 그 영토는 중국 위구르 자치구 지역 카쉬가르Kashgar와 카자흐스탄 동부 국경 지역 세미레체Semirechye를 포함한다. 카라한 왕조의 통치 기간은 중앙아시아 민족 집단 형성에 지대한 영향을 미쳤다. 이 시기에 두 거주 집단 즉, 중국 위구르 자치구 지역 동(東)튀르키스탄Türkistan과 서(西)튀르키스탄(구소련 중앙아시아)으로 나뉘어 있던 튀르크 민족 집단이 하나의 연합된 민족의식을 형성하게 되었다.

강력한 중앙집권적 통치 구조를 가진 카라한 왕조 통치시기에 중앙아시아 부족들은 상호간의 교류가 매우 긴밀하게 일어났다. 이와 같이 농업에 종사하는 부족들과 유목 혹은 반(半)유목민 생활을 영위하는 부족들 사이에 일어난 빈번한 교류의 결과로 중앙아시아 민족의 민족적 연합 혹은 합병이 가속화 되었을 뿐만 아니라 중앙아시아의 문화 발전사적 측면에서도 새로운 양상을 보였다. 바로 이 시기에 중앙아시아에 인종적인 측면에서나 언어적인 측면에서 튀르크적 요소들이 절대적인 우위를 차지하게 된 것이다. 이 때에 현재의 우즈베키스탄 지역에 튀르크어가 대중어로 자리를 잡게 되었다. 카라한어는 후에 차가타이어로 발전하였으며 차가타이어가 발전하여 18~19세기에 이르러서는 현대 우즈벡어의 원형을 이루게 되었다.

한편 같은 시대에 아랄 해 근처에 사는 스텝 부족들의 상호 작용의 결과로 투르크멘, 카라칼팍, 카자흐스탄과 같은 튀르크계 민족 집단이 형성 되었다. 투르크멘Türkmen 민족은 아랄 해와 카스피해 스텝의 다흐Dakh 부족과 마사게트Massaget부족 등 이란계 원주민들을 기저층(基底層)으로 하여 튀르크계 오구즈Oghuz 부족 집단이 발달하여 형성된 것이다. 11세기 카라한 왕조와의 대결 구도 속에서 오구즈 부족이 세운 국가가 바로 셀주크Selchuk 제국이다. 부족장 셀주크는 셀주크 왕조를 세우고 카라한 왕조뿐만 아니라 남쪽으로 가즈니 왕조까지 정복하여 제국의 영역을 크게 확장시켰다. 셀주크 왕조의 오구즈 부족은 스르다르야 강 유역에서 오늘날 투르크메니스탄의 영토로 진입하였다.

같은 시기에 또 다른 오구즈족 일부가 이르트쉬Irtysh 강 유역에서 카자흐스탄 스텝 지대와 큽착Kypchak 부족들이 거주하는 아랄 해 주변으로 이주하였다. 오구즈 부족이 튀르크계 큽착 부족과 페체넥Pechenek 부족이 거주하는 지역으로 유입되면서 카라칼팍Kara Kalpak 종족 집단이 형성되게 되었다. 오구즈인들과 페체넥인들이 혼합되고 합체되면서 카라칼팍 종족집단이 생성되게 된 것이다. 11세기에 큽착인들이 아랄 해를 정복하면서 카라칼팍인들의 문화 발전은 새로운 장을 열게 되었다. 카라칼팍인들은 새로운 정복자, 즉 큽착인의 언어를 사용하기 시작하였다. 12세기에 이르러서는 종족명 카라칼팍(Kara Kalpak '검정 모자')이 자리를 잡게 되었다.[131]

카작Kazakh 민족의 원형은 큽착부족 집단에서 시작되는데 이 부족 집단은 고대 스텝 이란계 부족 스키타이, 즉 사카Saka와 오순Usun 부족을 기저층으로 하여 흉노(匈奴)족(원시 튀르크-몽골족)과 고대 튀르크족이 발전하여 형성된 것이다. 이후에 고대 돌궐 제국과 그 이후에 카자흐스탄 남부와 중앙아시아 지역에 세워진 중세 튀르크계 왕조들이 카작 민족 형성 발달에 결정적인 역할을 한 것은 물론이다. 10세기와 11세기에 큽착인들은 서부와 중앙 카자흐스탄 지역에 부족 연맹체를 형성하였는데 이 연맹체는 강력하여 12세기에 이르러서는 동쪽으로 이르트쉬 강 유역에서 서쪽으로는 다뉴브 강에 이르는 광활한 지역에 영향력을 미치게 되었다. 카작 민족은 큽착 부족 집단과 스텝의 여러 튀르크계 부족들이 합체하여 형성된 것이다. 한편 큽착 부족들은 카작 민족의 형성뿐만 아니라 키르기스Kyrgyz, 카라칼팍, 바쉬키르(Bashkort; Bashkirt) 민족 형성에 결정적인 역할을 하였으며 일부 우즈벡 민족 형성에도 기여하게 되었다.

키르기스 민족 형성은 구소련 중앙아시아 밖에서 — 아마도 동부 천산 산맥 튀르크 부족들 가운데서 — 이루어진 것으로 보여 진다. 키르기스인들은 일찍이 AD 9~10세기에 외몽고 북부 예니세이Yenisey 강 상류 지역에서 그들의 정치 공동체를 형성했다. 예니세이 강 유역의 키르기스인들과 천산(天山)산맥의 키르기스인들 사이에 관계성은 아직 명확히 밝혀지지 않고 있다.[132] 지금의 키르기스스탄에 정착하기 전에 천산에 거주하던 키르기스 부족은 몽골 침입이 있자 천산 산맥 원주민들과 급속히 섞이게 되었다. 중앙아시아 키르기스인들의 문화는 알타이Altai, 이르트쉬, 외몽고, 중국 신장성 위구르 사람들의 문화의 영향을 크게 받았으며 천산 산맥 원주민들의 영향도 다소 받은 것으로 보인다. 한편 예니세이 키르기스인들은 17세기에 시베리아에 진출한 러시아인들과

131) 언어학적으로 카라칼팍어는 카작어, 키르기스어, 바쉬코르트어 등과 함께 튀르크어 중에서 큽착 그룹에 속한다. 반면, 우즈벡어는 위구르어와 더불어 동튀르크어를 형성하고 있다. 한편 투르크멘어, 아제리어, 터키어, 가가우즈어 등은 오우즈Oghuz 그룹으로 분류되며 남튀르크어라고도 불린다. 물론 타직어는 이란계어에 속하는 것으로 튀르크어와는 거리가 멀다. 그러나 중앙아시아 튀르크계통의 언어에 이란어 명사 차용어가 많기 때문에 상호 가깝게 인식되는 경향이 있다.

132) 키르기스인들의 이주에 대하여 알려진 대략은 다음과 같다. 키르기스인들은 AD 9세기 초에 남쪽으로 이동하여 840년에 몽골리아의 튀르크계 제국인 위구르 제국을 멸망시켰다. 이들은 몽골계 키타이Qara Khitay 제국의 건설시기인 10세기에 지금의 몽골리아 지역으로 내몰렸다. 그 후 1218년에 몽골 제국의 칭기즈칸에게 복속되어 몽골의 지배를 받았을 때, 대부분의 키르기스인들이 톈산 산맥 쪽으로 이주하였다. 15세기 이후에 몽골계 오이라트족 및 서쪽의 튀르크계 카작인들과 접촉하게 되었으며, 1609년에는 카작들의 지배를 받았다.

충돌했으며 이후에 이들의 대부분은 중가리아Jungaria에 정착하였고 일부는 시베리아의 튀르크계 부족 투바Tuva와 하카스Khakhas인들에 동화되었다.

12세기에 몽골계 유목민 카라키타이(Kara Kitay, 거란족)인들이 극동 지역에서 이주하여 세미레체 지역에서 국가를 세웠으며 후에 마베란나흐르 지역을 정복하였다. 이들의 서진(西進)과 중앙아시아 정착은 중앙아시아 인종 구조에 별다른 영향을 미치지는 못했다. 이들은 튀르크계 부족들 가운데 정착하였고 튀르크계 언어를 사용하기에 이르렀다. 키타이Kitay라는 부족명은 우즈벡, 카라칼팍, 카작, 키르기스인들 가운데 널리 알려졌다. 중앙아시아에서 카라키타이의 지배는 오래 가지 못했다. 이들은 13세기 초에 셀주크 제국을 붕괴시키고 중앙아시아, 아프가니스탄, 이란, 아제르바이잔 지역을 장악하고 거대한 봉건 군주국을 건설한 이란계 하레즘 샤Shah에 의해서 멸망당했다. 이란계 하레즘 샤(왕조)는 후에 몽골 제국에 의해서 1219~1221년에 붕괴되었다.

14세기에 몽골계 부족과 튀르크계 부족이 합체되어 형성된 바를라스Barlas 부족에서 위대한 정복자 티무르Timur가 등장하였다. 그는 38년 동안의 끈질긴 전투를 통해서 남북으로 인도에서 볼가 강까지, 동서로는 중국에서 시리아에 이르는 방대한 영역을 영토로 하는 대제국을 건설하였다. 14세기말 캅착 칸국(금호르드, Golden Horde)의 붕괴는 중앙아시아 민족 발전에 또 하나의 전기(轉機)를 가져다 주었다. 15세기에 데쉬티-캅착Deshti-Kypchak인들 사이에 새로운 신흥 부족 연맹체가 형성되었는데, 그 연맹 구성 부족 가운데 일부는 스르다르야 하류 白호르드White Horde 영토 내에 위치하고 있었다. 이 연맹체는 14세기 이래로 우즈벡이라고 불리는 한 부족을 포함하고 있었다. 15세기말에 세이반니Sheibani 칸(王)을 우두머리로 하는 이 스텝 부족들이 약화된 티무르 제국을 붕괴시켰다. 중앙아시아까지 세이바니 칸과 함께 온 우즈벡 부족들은 이곳에서 정착하게 되었으며 이곳에 거주하는 튀르크계 부족들과 타직계 부족들과 섞이게 되었다. 후에 우즈벡이라는 민족명은 스텝에서 이주한 부족들뿐만 아니라 우즈베키스탄 현지 부족들을 통칭하기에 이르렀다. 이리하여 데쉬티-캅착인들이 현지 튀르크계 부족 및 타직인들과 합류하면서 비로소 오늘날 우즈벡인들의 민족 원형이 완성되게 된 것이다.[133)

15세기 중반에 봉건세력이 분해되면서 추Chu 강 유역 분지에 조그만 지방 세력들이 흥기하여 카작 칸국Kazakh Khanate을 건설하면서 점차로 카작 민족의 형성 과정에 돌입하게 되었다. 초기에 카작 칸국의 주민들은 우즈벡-카작인 혹은 간단히 카작인이라고 불리웠다.

이리하여 15~16세기까지 봉건체제의 발전과 역사 발전의 결과로서 카자흐스탄을 포함하는 모든 중앙아시아의 민족들의 원형이 형성되기에 이르렀다.[134]

결론적으로 중앙아시아의 민족은 다양한 고대 민족이 혼합되어 형성된 것이다. 소그드Sogd인들은 우즈벡인들과 타직인들의 민족 형성에 혼합되었다. 사카인과 마사게트인들은 투르크멘, 카라칼팍, 카작, 우즈벡 그리고 일부 타직 민족의 형성에 포함되었다. 고대 튀르크 부족들은 오늘날 튀르크어나 이란어를 사용하는 중앙아시아 민족들의 형성에 주도적인 역할을 하였다. 후에 중세 튀르크계 부족 큽착인들은 카작, 카라칼팍, 그리고 우즈벡 등 여러 민족 형성에 참여하였다. 중앙아시아 민족들은 생활양식, 문화 특질 등을 공유하는 긴 역사 속의 상호 작용에 의해서 서로 깊게 관련되어 있다. 18세기 이후에 그들이 함께 겪은 역사 발전과 외세에 대한 공동의 투쟁 과정 등을 통해서 이들 중앙아시아 민족들 간에 유대 관계는 매우 긴밀하게 발전하였다.

중앙아시아의 민족들은 16세기부터 제정 러시아의 지배하에 들어간 19세기 중반까지 300년 동안 부하라 칸, 히바 칸, 코칸드 칸 등 우즈벡 칸들의 통치하에 발전하였다. 그러나 언어와 문화가 동일하며 민족들 사이에 초기적 민족 공동체 의식이 이미 싹트기 시작하였음에도 불구하고 우즈벡 칸들이 지배하던 당시에는 중앙아시아 민족들이 보다 긴밀한 민족 연합체로 발전하기에는 여건이 성숙치 못했다. 몽골 침입은 하레즘 샤 통치하에서 형성됐던 중앙 집권적인 강력한 통치체제를 파괴시켰으며 중앙아시아를 여러 봉건적 지방 세력으로 분할시켜 놓고 말았다. 이와 같이 분할된 중앙아시아는 사회 경제적인 면에서

---

133) 11~12세기에 스르다르야 강과 아무다르야 강 사이 마베란나히르Maverannahir에서 이란계 원주민을 기저층으로 하여 형성된 튀르크계 민족이 우즈벡 민족의 근간을 형성하였으며 이후 14~15세기에 세이반 칸을 지도자로 하여 남하한 큽착계 우즈벡 부족을 중심으로 마베란 나히르의 튀르크계 부족들이 연합하여 형성된 부족 공동체가 오늘날 우즈벡 민족의 시작인 것이다.

134) Narody Srednei Azii i Kazakhstana, I, Moscow, 1962, pp.81-103.

나 정치적인 면에서 매우 낙후되는 결과를 낳았다. 중앙아시아의 경제는 끊임없는 부족 간 전쟁으로 인해 더욱 악화되었다. 경제적 악화와 농업과 수공업의 쇠퇴 현상은 중앙아시아의 민족 공동체 발전 및 민족 단일체로의 발전에 부정적인 영향을 미쳤다. 제정 러시아 통치하에서도 중앙아시아 민족들은 러시아의 중앙아시아 통치 정책에 따른 민족간 분리주의 정책에 계속 희생되어 왔다.

2. 중앙아시아와 한민족의 역사적 관계

위에서 살펴 본 것과 같이 중앙아시아 민족은 고대로부터 중앙아시아에 거주해 온 대다수 이란계 원주민들을 기저층으로 하여 고대 및 중세 튀르크족이 발전하여 형성된 것이다. 고대 튀르크족을 한문화권 동북아시아에서는 돌궐(突厥)이라고 불러 왔다. 이 돌궐족의 원주거지Urheimat는 외몽고와 주변 만주, 시베리아로서 원시 및 고대 시대에 한반도와 매우 밀접해 있었다. 튀르크족과 몽골족 등 알타이계 부족들과 일부 시베리아 고아시아족Paleo-Asiatic이 혼합된 것으로 알려진 흉노(匈奴)는 거의 동시대에 만주 지방과 한반도 일대에서 자리 잡은 고조선과 동맹관계를 맺고 중국 진과 한에 대립할 정도로 매우 친근한 관계를 형성하고 있었다. 흉노가 붕괴된 이후에 외몽고에 세워진 돌궐 제국은 흉노의 후예로서 역시 고조선 이후 설립된 고구려와 군사 동맹을 맺어 수(隨)와 전쟁하였다. 당(唐)이 신라와 연합하여 한반도를 장악하기 이전에는 한반도 부족들은 같은 알타이계 부족으로서 튀르크족을 위시한 북방 알타이계 민족들과 매우 친밀한 관계를 형성하고 있었던 것이다.

북방 알타이계 부족들, 특히 튀르크족과 한반도 민족과의 관계는 단순히 상호 협력 혹은 교류 이상의 보다 근본적인 관계를 형성하고 있었다. 이러한 사실은 언어학적 증거들, 즉 원시 혹은 고대 한반도어에 나타나는 튀르크어 차용어들을 통해서 보다 분명하게 입증되고 있다.[135] 몇 가지만 예로 들면 한(漢)에 의해서 멸망할 당시 고조선의 마지막 통치자의 왕호는 우거(右渠, ugə)이다. 이 관직명은 '지혜의 者'라는 뜻을 가진 튀르크어 öge가 차용되어 온 것이다. 튀르크어 öge는 고대 튀르크어에서도 관직명으로 많이 쓰였다. 지혜가 많고 나이가 지극하며 정사에 능통한 통치자에게 붙여주는 관직명으로서 고대 튀르크 관직 서열에서 테긴tegin 다음 서열에 위치했다. 이 단어는 '…에 관해서 생각하다. 기억하다'라는 뜻을 가진 튀르크어 동사 Ö- 에 명사형성접미사 -ge가 붙어서 만들어진 것이다. 또한 '금성'이라는 뜻을 가진 고구려의 도읍 졸본(卒本)이 있다. 이 말은 튀르크어와 퉁구스어 등 알타이제어에 널리 나타난다. 위구르어 čolpan '새벽별', 큽착어 čolpaːn id., 투르크멘어 čolpan id., 몽골어 čolbon, čolmon id., 에벤키어(에웽키어Evenki) čolbon id. 등 고구려의 도읍의 이름이 '새벽 별'을 의미한다는 것은 고조선의 국호 및 도읍 아사달(阿斯達)과 연관이 있는 것으로 보인다.

고조선이 도읍을 아사달(阿斯達)이라는 곳으로 정했는데, 아사달Asatar은 아침을 의미하는 아사asa와 산(山)을 뜻하는 달tar이 합성된 어휘이다. 이는 천신(天神) 사상이 강한 튀르크계 부족의 설화에 나타난 시조(始祖)의 이름 아사나Asana 혹은 아시나Ashina와도 관련성이 있는 것처럼 보여 흥미롭다. 아사나Asana는 아침을 뜻하는 아사asa와 땅을 뜻하는 나na 두 단어가 합성된 것으로 '아침의 땅'을 뜻한다. 아사달, 아사나, 졸본 등과 같이 초기 알타이계 부족과 관련된 어휘들이 해뜨는 '아침'의 의미를 함축하고 있다는 것은 앞으로 원시 신앙과 관련이 있을 것이다. 이와 같은 맥락에서 국호 조선(朝鮮)의 어원 연구를 접근할 때, 우리는 해뜨는 '아침의 땅(산)'을 도읍으로 정한 조선의 국호가 문자 그대로 한자(漢字) 어휘 조선(朝鮮)일 가능성을 배제할 수 없다. 이미 한자 사용에 익숙했던 고조선의 통치자들이 이전부터 사용되어온 토착 고유어를 한자로 음사(音寫)하였기보다는 훈역(訓譯)했을 가능성도 없지 않기 때문이다.

그런 의미에서 국호(國號) 조선(朝鮮)은 아사달(阿斯達)을 한자로 아역(雅譯)한 것이라는 이병도(1985年 P.42)의 주장은 논쟁의 여지가 있어 보인다. 이병도는 아침을 의미하는 아사(阿斯)는 조(朝)로 산을 의미하는 달(達)은 선(鮮)으로 아역했다고 추정하나 선(鮮)과 산을 의미하는 달(達)의 상관 관계에 문제가

---

135) 최한우, '한국어 속의 이른 시기의 튀르크어 차용어', 「알타이학보」제 5호, 1995, p.167-184.

많다. 선(鮮)은 선명함을 나타내는 것으로 조선(朝鮮)은 아침의 선명함, 즉 밝은 아침을 의미하는 한자(漢字)로 보아야 할 것이다.

단군(檀君) 역시 사음(寫音)이 아니라 훈역(訓譯)일 가능성이 높다. 즉, 단군 설화에 나타나는 신단수(神壇樹)는 바로 단(檀) 즉, 박달나무인 것이다. 중앙아시아 알타이계 부족 설화나 무속에 박달나무가 자주 등장하는데, 이는 '박달임금'의 뜻을 가진 전설 속의 고조선 시조 단군(檀君)과 관련성이 있어 보인다. 삼국유사와 달리 제왕운기에 환웅을 단웅(檀雄), 신단수를 단수신(檀樹神)이라고 한 것은 기자(記者) 이승휴가 박달나무에 대한 무속적 의미를 강조한 것으로 보인다. 단군(檀君)은 무당의 일명인 당굴의 사음(寫音)이며, 하늘(天)을 뜻하는 몽골어 tengri과 같은 것이라는 최남선의 설(說)은 설득력이 없어 보인다. 알타이제어의 음운 변화에서 당굴tangul / 단군tangun에서처럼 말음 /l/ > /n/ 현상은 나타나지 않는다.

한편 튀르크족과 초기 한반도 부족들의 역사적 관계를 잘 나타내 주는 관직명은 각간(角干 kakkan)이다. 신라의 관직명들 가운데 친족공동체의 장(長)을 의미하는 각간Kakkan이 나타난다.[136] 또한, 고구려어에 日箕子可汗等神이라는 문구에 가한(可汗 kaxan)이 나타나는데,[137] 여기서 可汗은 대왕(大王)을 의미하는 단어로 보인다.[138] 신라의 관직명 각간(角干)이나 고구려의 가한(可汗)은 동일어를 표기한 것임에 틀림없다. 한편 고대 튀르크어에 '왕, 황제'를 지칭하는 관직명 카간qaγan이 수십 차례 나타나는데, 고대 한국어에 나타나는 각간(角干 kakkan) 혹은 가한(可汗 kaxan)은 고대 튀르크어 qaγan의 차용어로 보인다. 고대 튀르크어 qaγan의 어원은 분명치 않다. 그러나 우리가 알 수 있는 것은 qaγan이 카qa와 칸qan 두 단어의 합성어라는 것이다. 후자 qan은 '지도자, 왕'을 지칭하는 관직명으로서 돌궐비문에 수차례 나타나며 고대 한국어 및 후대에 몽골어 등에도 나타난다. 신라의 관직명 마립간(麻

---

136) 이철준, 「한국고대사회연구」, 1975, p.178

137) 可汗(kaxan)과 같은 단어인 몽골어 khan (< *qaγan)이 신의 이름과 같이 쓰이는 예가 보이는 것은 흥미롭다: Mo. Khan Bayan Tengri 'Shamanistic god of hunting' (Lessing 927).

138) 이병도, 「한국고대사연구」, 1976, p.54.

立干), 거서간(居西干), 옥간(獄干), 술간(述干) 등의 관직명에 간(干 kan)이 나타나는데, 신라에서 干kan이 독립적으로 사용되는 경우도 있다. 고대 튀르크어에 나타나지 않는 관직명 가(加 qa)는 고대 한국어에 나타난다. 부여의 관직명 마가(馬加), 저가(猪加), 우가(牛加), 구가(狗加) 등에 한자 加ka로 표기되어 나타나며, 고구려 관직명 고추가(古雛加 kočuka), 상가(相加 sangka) 등에도 나타난다.

한편 qa와 qan이 부족장 혹은 한 국가의 지방장관이나 행정관의 관직명에 사용된데 반해, qa와 qan이 합성되어 만들어진 *qaɣan은 부족국가 연맹 혹은 부족 연맹체의 장, 즉 대왕 혹은 황제를 지칭하는 관직명으로 사용되었던 것으로 보인다.[139]

고구려 관직명 가운데도 튀르크어 차용어들이 나타난다. 대표적인 것으로 고구려 관직명 중에 왕실의 지도자에게 부여되는 관직명 고추가(古雛加 kočuka)가 있다. 이 단어는 古雛(ACh. kuo-dzʼiu)와 加(ACh. ka)로 구성되어 있다. Ka는 부여의 관직명 馬加 maka, 牛加 uka, 狗加 kuka 등에 나타난 지도자를 의미하는 원시알타이어 ka(加)와 동일한 것이다. 한편 필자가 보기에 koču는 고대 튀르크어 '숫양, 거세된 양'을 의미하는 koč와 동일한 단어이다. 이 단어는 고대 혹은 중세 튀르크어에 매우 널리 사용되었다. 튀르크어와 몽골어에서 koč '숫양'은 은유적으로 경험 있고 노련한 지도자를 의미하는 말로도 널리 사용되었다. 터키어에서는 이 단어가 '왕, 왕자'를 은유적으로 표현하는 말로 사용되고 있다. 우리말에 '거세한 남자'라는 뜻으로 쓰이는 고자koca역시 튀르크어 koč와 같은 단어로서 중세 13세기에 몽골어를 거쳐서 한국어에 차용된 것이다.

백제의 통치자의 관직명들에도 다수의 튀르크어의 차용어가 나타난다. 백제 최초의 왕의 관직명은 고이(古爾)였다. 고이(古爾)의 중고한음(中古漢音)은 kuo-ńźię로써 우리 말소리 kony 혹은 이와 유사한 것으로 사료된다. 이는 양

---

[139] 고대 투르크어 qaɣan '대왕, 황제'에 대립적으로 말로 qatun '왕비'가 나타나는데, qatun 역시 qa와 tun의 합성어일 가능성이 많다. 그러나 *tun이 독립적으로 사용되는 예는 보이지 않는다. 고대 투르크어 관직명 todun (< *to-tun)에 *tun이 사용된 것 같으나, todun의 어원을 모르는 현 상황에서 이 문제에 대한 해답은 얻기 어려울 것으로 보인다.

(羊)을 의미하는 고대 튀르크어 qony의 차용어이다. 이렇듯 백제왕의 칭호가 동물명에서 온 것은 백제 왕족이 부여 또는 고구려의 왕족과 전통을 같이 한다고 볼 때 놀라운 일은 아니다. 이 단어는 몽골어 등 다른 알타이어에서도 나타난다. 한편 이 말은 비알타이어들에도 차용되어 갔다. 사모예드어 koi, 오스착어 koi, 페르시아어 qo'in. 이 말은 고대 아바르Avar어와 아르메니아Armenia어에도 차용되어 갔는데, 이들 언어에서는 흥미롭게도 '거세된 양'이라는 뜻을 지니고 있다. 아바르어 k'ui, koyun, 아르메니아어 xoy 등 고대에 튀르크계 부족들 가운데 거세된 양은 강력하고 지혜로운 지도자를 상징하는 것이었다.

　이상과 같은 언어학적 증거들은 초기 시대에 한민족과 현재 중앙아시아 민족의 조상인 원시 혹은 고대 튀르크족들 사이에 긴밀한 접촉이 있었음을 보여주고 있는 것이다. 더 나아가서 이러한 증거들은 한반도 민족 및 초기 국가 형성에 중앙아시아 튀르크계 부족의 참여가 있었음을 강력히 시사해 주고 있다고 본다.

Ⅲ. 중앙아시아 고려인 정체성 문제 및 타민족 집단의 대(對)한인 의식[140]

1. 중앙아시아 고려인 정체성 문제

　소련 해체이후 중앙아시아 한인의 입지 혹은 정체성 문제가 주요한 과제로 대두되었다. 소련 체제에서 스탈린의 강제이주 정책에 의해서 집단적으로 이주해온 한인들은 새로운 땅 중앙아시아에 비교적 성공적으로 정착했다. 근면한 한인들은 특히 우즈베키스탄에서 모범적인 콜로즈 경영을 통하여 자국 농업 발전에 크게 기여하였으며 높은 교육열로 인하여 비교적 많은 지식인들을 배출하였다.

소련체제에서 중앙아시아는 역내 다른 지역과 마찬가지로 모스크바의 절대적인 통제를 받았다. 당시 원주민이 형식적인 최고 통치권자로 있는 중앙아시아 국가들에서 실제적으로 권력을 행사하는 대부분의 주요 직책과 산업의 핵심 요원들은 러시아인들을 비롯한 슬라브계 민족들로 구성되어 있었다. 소수민족인 한인뿐만 아니라 중앙아시아 원주민들도 2등 국민으로 전락해 있었으며 이러한 환경에서 중앙아시아인들과 한인들은 함께 피지배 민족으로 공존하고 있었다. 한인들이나 중앙아시아인들이 '큰형님'으로 의식하는 대상은 러시아인들이었다. 그러나 지금은 그 상황이 반전되어 있다. 중앙아시아에 거주하는 러시아인들뿐만 아니라 한인들조차도 중앙아시아 원주 민족을 의식해야 하는 입지로 반전된 것이다. 이러한 상황은 우즈베키스탄의 경우에 더욱 더 심각하다. 우즈벡인들이 갖고 있는 반러시아적 감정에 대해 불안감 혹은 불편함을 느낀 수많은 러시아인들이 우즈베키스탄을 떠나 러시아로 이주해 갔으며 이러한 이주는 계속되고 있다. 아직도 중앙아시아에 남아있는 러시아인들은 종종 공공시설이나 공공기관 등에서 우즈벡인들의 차가운 시선을 접해야 한다. 현 시점에서 러시아인들로서 우즈베키스탄에서 영주하기를 희망하는 사람들은 거의 없다고 보는 것은 무리가 아닐 것이다.

이러한 상황 전개와 관련하여 중앙아시아 한인들의 입지도 급변하고 있다. 정치적 사회적 역학 관계가 달라진 지금 중앙아시아에 거주하는 민족들 가운데 그 어느 민족들보다 더 철저하게 소수민족으로 전락해있는 민족이 한인들이다. 어떤 의미에서 한인들은 그 어느 때보다 더 철저히 소수민족으로 전락해 있는 것이다. 그러나 문제는 이보다 더 근본적인데 있다. 새로운 환경은 많은 면에서 한인들에게 매우 불리하게 작용하고 있는 것이다.

---

140) 본 장에서 인용된 설문조사는 우즈베키스탄 현지인 150여 명을 대상으로 실시하되 그 대상을 무작위로 선정하지 않고 상인 및 노동자, 농민, 공무원, 교육자, 학생 등 계층별로 인원을 배정하여 임의로 실시하였다. 또한 설문조사의 결과에 대한 객관성을 확인하기 위하여 각 계층별로 소수의 인원을 선정하여 동일 문항에 대한 심층면접을 실시하였으며 이를 통해서 그 결과가 설득력이 있다고 인정되는 경우에만 여기서 인용하였다.

(1) 우즈베키스탄의 환경이 구소련 전과 후가 판이하게 다른 것은 이미 언급한 바와 같이 국가의 주인이 바뀌었기 때문이다. 러시아인이 주도하는 소련 체제에서 러시아인 편향적인 관계를 형성하던 한인들로서는 새로운 다수 집단 지배 체제에 순응하는데서 오는 심리적 부담은 매우 크다. 새로운 체제 즉, 중앙아시아인의 지배체제는 한인들에게 다음 두 가지 면에서 심리적 부담을 가중시킨다. 첫째, 그 충성심에 있어서 다소 의심을 받아오던 소련 내 한인들이 그동안 세대를 거치는 부단한 노력을 통해 이제 겨우 '그 주인'에게 인정을 받기 시작했는데 그 주인은 밀려나고 돌연 새로운 주인이 등장한 것이다.[141] 둘째, 새로운 세력 곧 새로운 다수 지배 민족은 과거 70여 년 동안 일종의 피지배 민족으로서 한인 등 다른 비슬라브계 민족들과 더불어 2등 국민의 취급을 받아온 민족이며 한인들이 다소 무시하기까지 했던 민족이다. 이런 점에서 다른 2등 국민에 의한 지배 통치를 현실로 받아들이기까지 심리적으로 큰 부담이 되는 것이다. 특히 러시아인들이 의도적으로 암암리 추진해온 바 이질적 소수민족 집단을 통한 다수민족 통제 행태에 희생되어온 한인들은 더욱 곤혹스러운 처지에 놓이게 되었다.[142]

(2) 소련체제는 다민족 국가로써 적어도 표면적으로는 다민족 평등 공존의 논리가 강조되는 사회주의 체제였다. 소련체제에서 연방 내 민족문제는 공식적으로 문제가 되지 않는 것으로 처리되었으며 1986년 제 27차 전당대회에서 채택한 신당강령(新黨綱領)에서도 연방 내에 민족문제가 없는 것은 사회주의의 위대한 업적임을 강조하고 소비에트사회주의연방은 자유롭고 평등한 다민족 국가가임을 선언하였다. 민족문제에 대한 이와 같은 소련의 공식 입장은 레닌이래로 일관된 것이다. 1961년 흐루시초프 집권시의 당강령(黨綱領)에서도

---

141) 러시아의 한인들이 1937년에 원동에서 중앙아시아로 집단강제 이주 당했던 원인으로 소련 정권이 내세웠던 이유는 우리가 잘 아는 바와 같이 당시 한인들이 일본 정부에 협력하여 간첩활동 등 반러시아적 정치활동을 하였다는 것이었다.

142) 소련 말기에 타쉬켄트대학교에서 한인 총장 엄.빅토르 알렉산드로비치와 관련하여 일어났던 사건은 이와 관련된 전형적인 예이다. 모스크바 정부는 매우 전문적인 방법으로 한인 총장 엄.빅토르를 이용하여 우즈벡 민족주의자 학자들을 제거하였으며 소련 말기 우즈베키스탄 통제정치를 강화하였다. 엄.빅토르 알렉산드로비치, 나 러시아 그리고 조국, 311-315쪽 참조.

민족문제는 없으며 이처럼 민족문제가 해결된 것은 사회주의 체제 덕분임을 강조하고 있다. 한편 개혁정책을 추진한 고르바초프 역시 갈수록 심각해지는 소련 내 민족문제를 눈앞에 두고서도 연방 내 민족문제는 문제가 되지 않는다는 원칙론만을 반복할 뿐이었다. 그는 만일 민족간 갈등이 있다면 이것은 연방을 창설한 레닌의 의도와는 다른 방향으로 연방이 운영되어왔기 때문이라고 지적하면서 레닌이 강조한 바와 같이 민족문제 해결을 위해서는 연방을 민족 자율성이 보장되는 방향으로 운영해야 한다고 주장하였다. 레닌은 민족 자율성을 매우 강조하였는데, 그는 각 민족 지역에서 교육, 공공회의, 기관 등에서 자민족어를 사용할 것을 권장하였다.[143]

지금 우즈베키스탄은 적어도 인구 구성 면에서 지배적 다수민족과 나머지 소수민족들이 분명히 구별되는 민족국가 환경에 돌입해 있다. 모든 구소련 사람들이 그러하듯이 우즈벡인들 역시 표9에서 보는 바와 같이 다민족국가 형태에 익숙해 있는 사람들이다. 또한 피부색과 같은 인종적 특성에 따른 인종차별 의식은 거의 없다. 더군다나 설문조사 응답자의 100%가 자신들을 동양인이라고 간주하고 있는 우즈베키스탄에서 같은 동양인인 고려인들에 대한 인종 차별 의식은 거의 없을 것이다. 그럼에도 불구하고 한 민족국가에서 정치, 법, 사회, 교육, 행정 등 제반 분야와 관련하여 국가가 추진하는 국가 정책은 다수 민족 중심적일 수밖에 없다. 이러한 점에서 고려인들은 소수민족으로써 제도적, 정책적 불이익을 다소 감수해야만 할 것이다.

[표 9] 질문: 미국이나 러시아는 다민족 국가이며, 한국이나 일본은 단일민족 국가이다. 귀하는 다민족 국가와 단일민족 국가 중에서 국가 발전을 위해서는 어떤 형태가 더 바람직하다고 생각하십니까?

응답내용	다민족 국가	단일민족 국가	민족구성이 어떠한가에 따라 다르다	어떻게 통치하는가에 따라 다르다	잘 모르겠다
배분율 (100%)	29.5%	15.4%	0%	42.3%	12.8%

---

143) Pravda, 1989년 9월 20일; Kirkwood M., "Glasnost, 'The National Question' and Soviet Language Policy." Soviet Studies, 1991. Vol. 43, No. 1, p.61.

이 설문조사에서 단일민족 국가를 원하는 응답자는 15.4% 정도였다. "민족 구성이 어떠한가에 따라 다르다"는 질문에 대한 응답이 없는 것은 우즈벡인들 가운데 민족차별 의식이 거의 없음을 나타내주는 것이다. "어떻게 통치하느냐 에 따라 다르다"는 질문에 대한 응답이 42.3%로 다수를 차지하고 있는데, 이 는 러시아인들 중심으로 운영되어 온 구소련 통치 체제에서 내부적 식민주의 internal colonialism을 경험한 우즈벡인들이 이러한 상황을 의식하며 응답 한 것 보인다. 즉, 우즈벡인들은 다민족 국가인 구소련이 러시아인들 중심으로 운영된 것에 대해 불만을 표시하고 있는 것으로 분석된다.

(3) 과거 소련체제는 공산 이데올로기가 최고의 가치로 추구되는 동시에 문 화적 다양성이 허용되는 사회였다. 그러나 이제 우즈베키스탄은 국민 대다수 가 이슬람 종교로 회귀하며, 이슬람적인 가치가 우선되는 새로운 문화 환경에 서 살게 되었다. 비록 현재는 정부가 의도적으로 세속주의를 주창하지만 장기 적으로 볼 때 우즈베키스탄 사회가 배타적인 이슬람의 논리에 지배를 받게 될 것은 자명한 일이다. 앞으로 문화적, 종교적 다원성을 인정하지 않는 사회에서 비이슬람적인 한인들은 민족적 소수일 뿐만 아니라 문화적, 종교적 소수 집단 을 이루고 살아야 할 것이다.

(4) 언어의 문제이다. 언어정책에 대한 레닌의 입장은 러시아어를 포함해서 어느 특정 민족어를 국어의 지위를 부여해서는 안 된다는 것이었다.[144] 그는 소련 내 구성원들이 자민족어를 통한 정규교육, 공공회의 및 기관에서의 민족 어 사용을 장려함으로써 각 민족의 고유한 민족문화가 발전하며, 이렇게 함으 로써 민족자결원칙이 지켜질 수 있다고 보았다. 그러나 소련 정부가 추진해온 언어정책은 민족 감정을 자극하지 않으면서 러시아어의 역할을 증대시키는 것 이었다.[145] 그들은 능률적인 국가 경영을 위해서는 다민족 국가 소련에서 어느

---

144) M. Kirkwood, "Glasnost', 'The national Question' and Soviet Language Ploicy," Soviet Studies, Vol. 43, No. 1, 1991, p.61.

145) B.A. Anderson and B.D. Silver, "Equality, Efficiency and Politics in Soviet Bilingual Policy, 1934-1980", The American Political Science Review, Vol. 78, 1984, p.1020; 조종남, 「소련의 민족정책」 1988, p.209-218.

특정 언어가 공용어가 되어야 한다고 생각했기 때문이다. 이러한 소련정부의 입장은 드디어 1938년 3월 13일 인민위원회의 의결을 거쳐 모든 소련 시민에 대한 러시아어 교육을 의무화하는 법령을 발표함으로써 공식화되었다.

소련체제에서 공용어로 사용된 러시아어는 행정, 교육, 통치 언어가 되었다.[146] 이 시기에 출세하기를 원하는 소련인들은 누구나 러시아어에 능통해야만 했다. 대부분의 원주 중앙아시아인들은 자기 민족어를 고수하면서 동시에 러시아어를 사용하는 이중 언어 가능자인 반면, 중앙아시아 한인들은 재미 한인 2세들처럼 자기 민족어를 포기하면서까지 러시아어에 매달렸다. 이러한 과정에서 구소련 고려인들은 구소련 내 여타의 민족 혹은 종족집단 가운데 가장 철저하게 동화된 민족, 즉 소비에트인화된 민족으로 전락하게 된 것이다.[147] 러시아인이 지배하는 사회주의 체제에 능동적으로 적응하는 단계에서, 다시 말하면 소련사회에서 성공할 수 있는 기회를 극대화하기 위하여 소련 지배 민

---

146) 언어정책에 대한 레닌의 입장은 러시아어를 포함해서 어느 특정 민족어를 국어의 지위를 부여해서는 안 된다는 것이었다. 그는 소련 내 구성원들이 자민족어를 통한 정규교육, 공공회의 및 기관에서의 민족어 사용을 장려함으로써 각 민족의 고유한 민족문화가 발전하며, 이렇게 함으로써 민족자결원칙이 지켜질 수 있다고 보았다. M. Kirkwood, "Glasnost', 'The National Question' and Soviet Language Policy." Soviet Studies, Vol. 43, No. 1, 1991, p.61.
그러나 소련 정부가 추진해온 언어정책은 민족 감정을 자극하지 않으면서 러시아어의 역할을 증대시키는 것이었다. 그들은 능률적인 국가 경영을 위해서는 다민족 국가 소련에서 어느 특정 언어가 공용어가 되어야 한다고 생각했기 때문이다. 이러한 소련정부의 입장은 드디어 1938년 3월 13일 인민위원회의 의결을 거쳐 모든 소련 시민에 대한 러시아어 교육을 의무화하는 법령을 발표함으로써 공식화되었으며 이러한 양상은 2개 국어 병용 (Bilingualism) 형태로 합리화되었다. 브레즈네프 시대의 '성숙한 사회주의' 하에서 민족간의 수렴을 유도하는 중요한 수단이 2개국어의 병용이라고 한다. S.I. Bruk and B.D. Silver, "Equality, Efficiency and Politics in Soviet Bilingual Policy, 1934-1980," APSR, Vol. 78, 1984, p.1039.
147) 레닌은 민족적 자치 및 소수민족의 권리 보장을 강력히 옹호하였다. 그러나 그는 프롤레타리아의 국제화의 결과로 민족동화 현상이 일어날 것으로 보았다. 민족은 사회주의로 이행과정에서 결국은 소멸될 수밖에 없는 과도기적 실체로 보았던 것이다. 스탈린 역시 민족 주체성을 인정하였으나 궁극적으로 민족은 소멸될 것으로 보았다. 그는 한 국가가 사회주의화하면 민족은 소멸되고 상호 융합단계에 이르게 되며 민족의 고착화와 번영의 단계에 도달한다고 본 것이다. 결국 이 단계에서는 소비에트민족은 사회주의민족으로 새로 태어나게 되는 것이다. 이러한 관점은 1961년 소련공산당 제 22차대회에서 채택된 당강령에 잘 반영되었다. Lenin, Collected Works, Vol.24, Progress Publishers, Moscow, 1976, p.73; Grey Hodnett(ed.) "Programme of the CPSU," Resolutions and Dicisions of the CPSU, Vol.4, 1974, pp.176-177.

족의 언어, 즉 러시아어와 그들의 행태적 규범을 적극적으로 수용하였던 것이다.[148] 고려인들이 그들의 민속적 전통을 보존하고 있다면 그것은 사회주의화하고 러시아화된 사회 속에서 생존하는 화석화된 게마인샤프트적 잔재로써 민족의 정체성과 관련해서는 큰 의미를 갖지 못한다.

그런데 지금 오로지 러시아어 밖에 모르는 고려인들에게 원주민어인 우즈벡어가 유일한 국어요 공용어로 바뀌어 버린 것이다. 물론 지금은 한시적으로 러시아어 사용이 허용되고 있다. 그러나 멀지 않는 장래에 국어를 모르는 사람은 공직에 있을 수 없는 날이 오게 될 때 중앙아시아의 고려인들은 매우 난처한 처지에 빠지게 될 것이다.

이와 같은 문제들을 고려할 때 장기적으로 카자흐스탄을 제외한 중앙아시아 한인들의 정체성 문제는 신중하게 대처해야 할 매우 어려운 과제라 본다. 몇 년 전 일시적이나마 연동 한인 특구 문제가 거론 되었으나 이러한 해결책은 득보다 실이 많으리라고 보며, 소수민족으로서 중앙아시아 고려인 문제에 대한 보다 근본적이고 종합적인 대책이 있어야 할 것이다.

2. 타민족 집단의 대(對)고려인 의식

이와 같은 환경 변화에 따른 소수민족들의 동요를 막기 위하여 우즈베키스

---

148) 대부분의 서구 학자들은 고려인과 같은 구소련의 소수민족들이 자민족 언어를 상실한 것이 소련의 기획된 언어동화정책의 결과로 보고 있다. 물론 이런 면을 부정하지는 않는다. 그러나 보다 근본적인 문제는 다른 과거 소련 내 다른 소수민족들은 고려인들처럼 그렇게 철저히 자민족어를 상실하지 않았다는 것이다. 고려인들이 비록 구소련 내 공화국이나 민족지역을 확보하지 못했기 때문에 중앙아시아 민족들 보다는 불리한 여건에 있었다는 것을 인정히면시도 콜호즈에서 고려인 공동체를 이루며 공동생활을 하였는데도 대무분의 고려인들이 자민족어인 한국어(조선어)를 철저히 상실했다는 사실은 이를 단순히 소련의 언어정책의 탓으로만 돌리기는 무리하게 보인다. 필자는 한인(고려인)들이 공통적으로 가지고 있는바 새로운 환경에 적극적으로 적응하는 민족성에서 그 원인이 있다고 본다. 소련보다 더 많은 자율성이 보장된다는 미국에서 사는 한인 2세들의 언어 상황은 소련의 한인 3세들과 전혀 다를 바가 없다. 유교적 전통을 배경으로 성장한 한인들은 출세에 대한 욕구가 비유교권의 여타 민족보다 강하다. 일반적으로 교육은 출세를 위한 공식화된 제도이다. 자녀들의 성공적인 교육, 즉 출세를 위하여 많은 부모들이 자녀들로 하여금 모어인 한국어를 희생시키고 공식 교육언어를 습득하도록 했던 것이다.

탄를 포함해서 중앙아시아 국가 정부들은 자국 내 소수민족 정책이 구소련 체제와 다를 바가 없으리라고 기회가 있을 때마다 강조하고 있다. 중앙아시아 정부들이 이와 같은 입장을 애써 강조하는 이유는 현재 주요한 기술직, 전문직 등 요직에 러시아인을 비롯한 슬라브계 민족이 상당수 참여하고 있기 때문이다. 또한 우즈베키스탄 정부는 근면한 한인들이 타국으로 집단 이주할 경우 우즈베키스탄 농업은 상당한 타격을 받으리라는 것을 잘 알고 있다. 따라서 아직 이러한 전문 직종에 종사할 양질의 원주민 인력이 준비되어 있지 않는 상황에서 현지 정부는 소수민족의 이주가 미칠 여파를 우려하고 있는 것이다. 이러한 점에서 우리가 중앙아시아인들의 대한인(고려인) 의식을 분석할 때, 이와 같은 정황도 충분히 고려하여야 한다.

설문 조사나 면접 등에서 나타난 중앙아시아 우즈벡인들의 반응은 이러한 점을 충분히 반영하고 있다. 1995년 여름에 우즈베키스탄에서 한인을 제외한 대다수 우즈벡인 및 소수 타소수민족 180여명을 대상으로 실시한 면접과 설문 조사에서 나타난 주요한 몇 가지 내용과 결과를 분석해 보면 다음과 같다.

(1) 한국에 대한 인식: 응답자의 대부분이 한국에 대하여 잘 알고 있다. 한국에 관심을 갖게 된 계기는 대개 자국에 고려인들이 살고 있기 때문이라고 했으며 한국의 눈부신 경제 발전상에 대해 들었기 때문이라고 응답했다. 이것은 한국의 경제 발전상이 소련 해체를 전후로 하여 소련 전역에 소개되는 과정에서 그리고 우즈베키스탄 대통령의 한국 방문을 계기로 매스컴에 의해서 한국의 발전상이 알려지면서 인식된 것으로 보인다. 대우자동차 공장 설립을 계기로 알게 된 경우와 태권도를 통해서 알게 된 경우도 적지 않다.

[표 10] 질문: 한국에 대하여 가장 먼저 떠오르는 생각은?

응답내용	남북한 대립	고도 경제성장	대우 자동차	태권도	한국문화	88올림픽	기타	무응답
배분율 (100%)	1.3%	46.7%	31.3%	10.6%	73.3%	0%	1.3%	1.3%

한편 설문조사에서 응답자들의 대부분은 한국이 급성장한 나라이지만 유럽 수준에는 미치지 못하고 있다고 응답했다. 또한 개인 면접을 통한 조사에서 현지 지식인 혹은 과학자들의 경우는 한국의 발전상을 인정하면서도 기초 과학의 발전에서는 구소련에 훨씬 미치지 못한 개발도상국으로 간주하고 있었다. 이들은 여전히 문제가 많은 한국이 경제성장만을 가지고 선진국처럼 자국민 대중에게 인식된 것에 불만족스러워 하고 있었으며 이러한 그들의 감정을 기초과학 운운하는 방법으로 표현하고 있다는 인상을 필자는 크게 받았다.

(2) 한국과 우즈베키스탄의 관계: 이 질문에 대하여 대부분의 응답자들이 매우 긍정적이라고 대답했으며 우즈베키스탄 내 대우자동차 공장 설립에 관하여 대체로 좋은 반응을 보였다. 통제 사회주의 경제 체제에서 자본주의 자유 시장 경제 체제로의 성공적인 전환을 위해 전심전력하고 있는 우즈베키스탄으로서는 한국처럼 비서구 후발 경제국이면서 자유 경제 체제하에서 성공적인 경제 발전을 이룩한 국가들과의 유대관계가 매우 중요하다. 최근에 우즈베키스탄은 한국 이외에도 말레이지아, 인도네시아, 중국 등과도 경제 교류를 확대해 나가고 있는데 이는 우즈베키스탄이 주변 아시아계 국가들과의 관계 증진에 역점을 두는 듯한 인상이 깊다. 그러나 한국과 우즈베키스탄의 관계는 고려인 문제로 인해 이들 국가들과의 관계와는 다른 보다 특별한 것이다. 대개 한 국가와 자민족이 다른 국가에 소수민족으로 거주하는 어떤 국가와의 관계는 대개 긍정적이기 보다는 부정적으로 발전한다. 최근의 국제 사회에서 이러한 양상은 두드러지게 나타나고 있다. 이런 점에서 볼 때 앞으로 한국과 우즈베키스탄의 관계에 있어서 고려인 문제는 신중히 접근하고 다루어야 할 것으로 보인다.

(3) 우즈베키스탄 내 한인들에 대한 인식: 우즈베키스탄 내 고려인의 경제생활 수준에 대하여 응답자의 약 49%가 부유하다고 대답하고 있으며 40%가 중산층이라고 응답하고 있다. 우즈벡인들의 약 90%가 고려인들이 중산층 이상의 생활수준을 영위하고 있는 것으로 보고 있다는 사실은 우즈벡인들 사이에 고려인이 소수민족으로서 매우 성공한 민족으로 비추어지고 있다는 사실을 반영한 것으로 풀이된다. 고려인을 가난하다고 보는 우즈벡인들은 겨우 0.3%에 지나지 않는다.

[표 11] 질문: 한인들이 대체로 우즈벡키스탄에서 어느 계층에 속한다고 생각하십니까?

응답내용	매우 부유하다	부유하다	중산층이다	가난하다	매우가난하다	잘 모르겠다
배분율 (100%)	8.7%	40%	40%	2.6%	0%	9.3%

　한편 응답자들의 한인들에 대한 인식은 매우 긍정적이다. 필자가 개인적으로 면접한 우즈벡인들을 대상으로 고려인들에 대하여 질문하였을 때 ― 표현의 예를 제시하지 않고 ― 90% 이상이 '근면하다'고 대답하였다. 이는 우즈벡인들이 고려인에 대하여 가지고 있는 인상을 단적으로 설명해주는 것으로 고려인의 대부분이 중산층 이상의 삶을 영위하고 있는 것과 맥을 같이 하고 있다. 이와 같이 응답자들의 절대 다수가 한인들을 근면하다고 보는 데는 이미 한인들이 콜호즈 집단 농장 경영을 통해 일찍이 근면성을 인정받았기 때문인 것으로 풀이된다. 또한 설문조사에서 응답자의 70%이상이 고려인에 대하여 '근면하다, 유능하다, 다정하다'는 등 긍정적으로 답하고 있다. 이것은 대개 소수민족들이 다수민족들이 의해 멸시되거나 과장되게 부정적으로 인식되는 일반적 현상을 고려할 때 매우 고무적인 일이 아닐 수 없다. 특이한 사실은 고려인들이 신용이 없다고 응답한 사람은 한명도 없는 점이다. 이러한 사실은 중앙아시아에서 고려인의 신뢰도를 나타내주는 것으로 다른 해외 한인사회와 비교하여 볼 가치가 있는 부분이 아닌가한다.

　고려인들에 대한 설문조사에서 예로 제시된 몇 가지 부정적인 표현들 가운데 '기회주의적이다'가 가장 비중이 높게 응답되었는데, 이는 한인들이 이슬람 문화를 배경으로 하는 중앙아시아인들에 비해서 성취욕이나 출세욕이 높다는 사실을 반영한 것이 아닌가 한다. 과거 구소련 체제하에서 대부분의 중앙아시아인들은 사회주의 이론이나 체제에 순응하기 보다는 이슬람을 기저로 하는 자민족 문화와 전통 속에서 소련 체제에 매우 비협조적으로 반응했던 것은 잘 알려진 사실이다. 이러한 중앙아시아인들에 비해서 비교적 높은 고려인들의 교육열, 근면성을 바탕으로 한 성취욕, 출세욕 등은 우즈벡인들을 비롯한 중앙아시아인들에게 매우 기회주의적으로 비쳐졌을 가능성이 높다. 이러한 분석은 고려인들이 극도의 신뢰성을 가지고 있다는 사실을 인정한 응답자들의 다소 상반된 태도에서도 잘 나타난다.

[표 12] 질문: 귀하는 고려인들에 대해 어떠한 느낌을 가지고 계십니까? 보기 중에 두 가지만 골라주십시오.

응답내용	근면함	단결력 있음	유능한	예절바름	다정함	신용없음	이기적	책임감 없음	기회 주의적	무응답
배분율 (100%)	39.3%	9%	2.7%	11.7%	10%	0%	1.3%	1%	15%	10%

(4) 고려인들의 우즈벡어 습득 문제: 대다수의 고려인(한인)들이 우즈벡어를 모르는데 이것이 문제가 되지 않겠느냐는 일대일 면접 질문에 대하여 관리들이나 학자 지식인들은 '고려인들이 우즈벡어를 배우는 것이 좋으나 모른다고 해서 당장 문제가 되지 않는다.' 고 응답했다. 그러나 대다수의 일반 대중들은 우즈베키스탄에서 살려면 우즈벡어를 배워야 한다고 잘라 말한다. 또한 설문조사에서 나타난 결과는 고려인들의 우즈벡어 습득 문제가 매우 심각한 사안임을 암시해주고 있다. '우즈베키스탄에 거주하는 재부분의 고려인들은 우즈벡어를 모르며 아직은 주로 러시아어로 의사소통을 하고 있다. 이에 대하여 귀하는 어떻게 생각하십니까?' 라는 질문에 대하여 응답자 전체의 84%가 고려인들이 우즈벡어를 결국은 배워야 할 것이라고 응답하고 있으며 그중 57%는 고려인들이 우즈베키스탄에서 살기 위해서는 국가 공용어인 우즈벡어를 반드시 배워야 한다고 주장하고 있다. 고려인들이 러시아어만 사용해도 무방하다는 입장을 지지하는 응답자는 16%에 지나지 않는다. 이러한 입장을 표명한 응답자의 상당수가 설문조사자가 한국인임을 의식해서 봐주기 식으로 이와 같이 대답했을 것이라는 설문조사 정황을 고려하면 고려인들이 우즈벡어를 습득해야 한다고 생각하는 우즈벡인들은 훨씬 많을 것으로 추정된다. 이와 같은 우즈벡인들의 의식에 비추어 우즈베키스탄 내에 거주하는 고려인들 가운데 우즈벡어를 배우려는 열의를 찾아보기 힘들다는 사실은 앞으로 언어 문제와 관련하여 소수민족으

로써 고려인들의 행동 거취가 사회적으로 직간접적인 제한을 받을 수 있을 것이다.[149] 고려인들의 국어인 우즈벡어 습득 문제에 관하여 우즈벡인 150명을 상대로 면접 및 설문조사한 결과는 다음과 같다.

[표 13] 질문: 고려인이 우즈벡어를 습득해야 하는가?

응답내용	국어인 우즈벡어를 필히 가능한 빨리 습득해야한다.	고려들의 모어인 러시아어만으로도 무방하다	사정상 여건이 되는대로 서서히 습득해도 된다.
배분율 (100%)	57%	12%	31%

IV. 맺음말

독립 후에 중앙아시아 국가들은 자민족 역사를 새롭게 조명하며, 이와 더불어 역사 속의 자민족 영웅들을 찾고 이들 새로운 영웅들을 위해 걸 맞는 새 옷을 재단하느라 분주하다. 중앙아시아의 각 튀르크계 국가들은 그들 공통 선조인 고대 튀르크족 영웅을 찾기 보다는 중세에 속한 각 국가에 특유한 민족 영웅을 내세워 분주히 자민족 정체성을 정립하고 있다. 그러나 이러한 작업이 어느 정도 정리될 때, 이들 국가들은 그들 공통의 선조도 찾아 나설 것이라 본다. 결국 이들은 이슬람 종교와 범튀르크민족주의의 조합synthesis을 꾀하면서 터키식 모델의 민족 국가로 발전해 나갈 것 것이다.

그러나 이와 같은 이슬람과 민족주의의 조합은 쉽게 얻어지는 것은 아니다.

---

149) 이러한 우즈벡인들의 입장은 대다수의 서민층 우즈벡인들이 다민족 국가보다는 단일 민족 국가를, 다종교 국가보다는 비록 그것이 이란이나 사우디아라비아와 같은 형태는 아닐지라도 단일 이슬람 종교 국가를 원하고 있는 것과 맥을 같이하는 것으로 분석된다.

왜냐하면 민족주의와 이슬람종교는 양자가 강조될 때 아랍 세계의 경우를 제외하고는 대립되는 이데올로기로 발전할 것이기 때문이다. 이는 이슬람종교가 전통 문화의 분리될 수없는 주요한 영역을 차지하고 있는 세속 이슬람 국가에서 흔히 볼 수 있는 현상이다. 터키, 파키스탄, 인도네시아, 말레이지아, 방글라데시 등 대부분의 비아랍계 민족주의자들은 한 나라의 헌정이 이슬람 종교법에 의해 지배되는 것은 곧 아랍화를 의미하는 것으로 보는 경향이 강하다. 이러한 까닭에 이러한 국가들에서 각 정부는 이슬람이 하나의 문화적 유산 즉, 전통적인 종교로써 그렇게 남아있기를 원하지 이슬람이 종교 부흥 운동으로 발전하는 것에 대해서는 억제를 하고 있는 것이다. 어느 정도까지 전통 종교를 강조하고 어느 정도까지 민족을 앞세워야 하는가하는 문제는 세속과 이슬람을 동시에 추구하는 국가들이 앉고 있는 문제이다. 이것은 이슬람 종교가 가지고 있는 종교적 교리적 특성을 반영하는 것이다. 그래서 터키나 중앙아시아 국가들은 보다 적극적인 접근으로써 이슬람주의와 민족주의 사이의 균형을 추구하는 것이 아니라 이슬람주의와 민족주의를 조합하여 상호보완적이며 갈등 없는 새로운 민족 이데올로기를 창출해 나가려고 하는 것이다. 이것이 장기적으로 성공할지는 두고 볼 일이다.

중앙아시아의 한인의 정체성 문제는 이와 같은 중앙아시아 민족들의 자기 정체성 확립과 연관하여 생각해야 할 것이다. 앞으로 중앙아시아 한인의 입지 및 정체성 문제의 해결을 위해서는 먼저 한민족의 정체성과 관련하여 알타이 문화권 비교 연구 및 알타이 민족 공동체 연구가 심도있게 선행되어야 하리라 본다. 중앙아시아인들의 대(對)한인(고려인) 의식은 중앙아시아인들이 자기 정체성을 어떻게 정립하느냐는 문제와 더불어 한인들이 어떠한 정체성을 갖으며 이러한 자기 정체성을 타민족에게 어떻게 인식시키느냐에 달려있기 때문이다. 따라서 앞으로 이를 위해서 상호 이해를 위한 노력을 통해 한인들과 중앙아시아 민족들 사이에 공통의 인식의 장이 마련되는 것도 매우 중요할 것이다.

참고서적

· 게오르그벨링, 한스 外, 「새로운 러시아, 독립국가연합: 생성, 발전, 문제
　　　점」, 한종만 역, 대륙연구소 출판부, 1994.
· 고송무, 『소련의 한인들: 고려사람』, 이론과 실천사, 1990.
· _____, "민족문제와 소연방제도의 과거와 현재 및 미래', 슬라브학회편
　　　『소련과 러시아』, 민음사, 1992.
· 고재남, "CIS내 회교권 국가들의 최근 동향과 대외관계", 외교안보연구원
　　　미간행 주요국 제 문제 분석, 1992 (7월).
· 김대성, 오스만제국의 대서구관계와 청년 지식층에 대한 소고, [한국중동학
　　　회논총] 제9호, 221-241쪽, 1988.
· 김효정, 중앙아시아 튀르크 제어의 형성과 발전, [중앙아시아 연구], 183-
　　　204, 1996.
· 나가사와 가즈도시(이재성 역), 실크로드의 역사와 문화, 1991.
· 대외경제정책연구원, 「우즈베키스탄 편람」, 1994.
· 대외경제정책연구원, 「카자흐스탄 편람」, 1993.
· 라츠네프스키, 『칭기스한』, 김호동 역, 지식산업사
· 룩콴텐(송기중 역), 유목민족제국사, 1984.
· 버나드 레위스(김대성 역), 오스만제국 근대사, 1994.
· 신용하, "민족형성이론", 「한국사회학연구」제 7집, 1984, 13-58쪽.
· 엄.빅토르 알렉산드로비치, 「나, 러시아 그리고 조국」, 311-315쪽 참조.
· 이병도, 「한국고대사연구」, 1976, 54쪽.
· 이철준, 「한국고대사회연구」, 1975, 178쪽.
· 이희수, 『터키사』, 대한교과서주식회사, 1993.
· 임지현, "사회주의 민족이론과 소련의 민족문화정책: 민족어 정책의 변천사
　　　를 중심으로", 中蘇硏究, 제 15권, 제 1호, 1991, 63-86쪽.
· 조정남, 「소련의 민족정책」, 1988.

· 최한우, "한국어 속의 이른 시기의 튀르크어 차용어", 「알타이학보」제 5호, 1995, 167-184쪽.

· 최한우, 「중앙아시아」, 1992.

· 하자노프(김호동 역), 유목사회의 구조, 1990.

· 한국사회사학회 편, 『중앙아시아 한인의 의식과 생활』, 한국사회사학회 논문집, 제48집, 1996.

· Abdujabbar A. Abduvakhitov, "The Jadid Movement and Its Impact on Contemporary Central Asia", Central Asia-Its Strategic Importance and Future Prospects, 1994.

· Abdullin, M.I., "Istoriia obrazovaniia Bashkirskoi ASSR v sovremennoi burzhuaznoi istoriografii", Istoriia SSSR, no.6, 1972, pp.194-205.

· Abdullin, Ia. G., Tatarskaia provetitel' naia mysal'. Kazan, 1976.

· Agaev, Kh., Vzaimootnosheniia prikaspiiskikh turkmen s Rossiei v XIX v. do prisoedineniia k Rossii. Ashkhabad, 1965.

· Agzamkhodzhaev, A., Obrazovanie i razvitie Uzbekskoi SSR. Tashkent, 1971.

· Akiner, S., The Islamic Peoples of the Soviet Union. London, 1984.

· Ahmet Ertürk, "Islamcılık Cerezan", Hareket, sayı 5, Temmuz 1979.

· Ahmet Ertürk, "Türkiye'de Islami Hareketin Gelişim Süreci : 60 ve 70' li Yıllar", Dünya ve Islam, sayı: 4, Güz, 1990.

· Ahmet Yücekök, 100 soruda Türkiye'de Din ve Siyaset, 1983.

· Ahmed Rashid, The Resurgence of Central Asia, 1994, p. 101.

· Anderson B. A. and Silver B. D., "Equality, Efficiency and Politics in Soviet Bilingual Policy, 1934-1980." The American Political Science Review, Vol. 17, 1984, p. 1039.

· Akiner Sh., Islamic Peoples of the Soviet Union. 1986.

· Akiner, Sh. ed. Political and Economic Trends in Central Asia.

I.B.Tauris, 1992.

· Alan, W. Fisher, "Ismail Gaspirali, Model Leader for Asia,"
    Tatars of the Crimea: Their Struggle for Survivall, ed. Edward
    Allworth. Durham, NC: Duke University Press, 1988.

· Alekperov, A.K., Issledovaniia po arkheologii i etnografii
    Azerbaidzhana. Baku, 1960.

· Alekseeva, E.P., Drevniaia i srednevekovaia istoriia Karachaevo-
    Cherkesii. Voprosy etnicheskogo i sotsial'no-
    ekonomicheskogo razvitiia. Moscow, 1971.

· Alieva, U., Kara-Khalk(Karakhalk-chernyi narod). Rostov-on-
    Don, 1927.

· Allen, W.E.D., "Military Operations in Daghestan, 1917-1921",
    Army Quarterly, vol. XXIX, 1934-5.

· Allen, W.E.D., and Muratoff, P., Caucasian Battlefield: A history
    of the wars on the Turco-Caucasian border, 1828-1921.
    Cambridge, 1953.

· Allworth, E., Central Asia: A Century of Russian Rule. New York.

· _____ , Uzbek Litary Politics. London, 1964.

· _____ (ed.), The Nationality Question in Central Asia. New
    York, 1973.

· _____ , Tatars of the Crimea. Their Struggle for Survival.
    Durham, N.C., 1988.

· _____ , Central Asia: 120 Years of Russian Rule. Durham N.C.,
    1989.

· _____ , The Modern Uzbeks from the 14th Century to the
    Present Time: Cultural History, Stanford, 1990.

· Allworth Edward, ed. Soviet Nationality Problems. 1971.

· Allworth E., The Nationality Question in Soviet Central Asia. 1973.

· Allworth E., Central Asia - 120 years of Russian Rule, 1989.

· Al-arabi, Kuwait, 1980, No. 254.

· Alp Tekin, Turkismus und Panturkismus. Weimar, 1915.

· _____ , The Turkish and Pan-Turkish Ideal. London, 1917.

· Altheim, A., Attila et les Huns, Paris, 1952.

· _____ , Geschichte der Hunnen, Berln, Vol. I , 1959; Vol. II ,
    1960; Vol. III, 1961; Vol. IV-V, 1962.

· Altheim, Frans, Geschichte der Hunnen, I - V. 1962-75(Berlin).

· Altstadt, A. L., The Azerbaijani Turks, Stanford, 1992.

· Amanturlin, Sh. B., Predrassudki i sueveriia i ikh preodolenie.
    Alma-Ata, 1984.

· Anisimov, S. S., Kabardino-Balkariia. Moscow, 1937.

· Anthony D. Smith, "The Problem of National Identity: Ancient,
    Medieval and Modern?", Ethnic and Racial Studies, Vol. 17,
    No. 3., pp. 375-399. 1994.

· Anserov, N.I., Tiurki sovetske o Azerbaidzhana · K
    kharakeristike ikh fizichesko o tipa   Baku · 1930.

· Arberry, A.J., Sufism. An Account of the Mystics of Islam.
    Newyork, 1970.

· Arsharuni, A., and Gabidullin, Kh., Ocherki panislamizama i
    pantiurkizma v Rossii. Moscow, 1931.

· Asfendiiarov, S. D., and Kunte, P. A., Istoriia Kazakhstana
    sdrevneiskikh vremen. Alma-Ata, 1971.

· Ashirov, Nugman, Evoliutsiia islama v SSSR. Moscow, 1973.

· Avksent'ev, A. V., Islam na Severnom Kavkaze, 1st edn. Stavropol,
    1973.

· Azade-Ayse Rorlich, "Sufism in Tatarstan: Deep Roots and New
    Concerns", Central Asian Survey, vol.2, no. 4, Dec. 1983.

· Bacon E., Central Asians Under Russian Rule: A Study in Culture
    Change, 1966.

· Baddeley, John F., The Russian Conquest of the Caucasus.
　　London, 1908.

· Baibulatov, Dzh. Chagataizm-pantiurkizm v uzbekskoi literature.
　　Moscow-Tashkent:OGIZ, Sredneaziatskoe Otdelenie, 1932.

· Bailey, F. M., Mission to Tashkent, Oxford University Press, 1922.

· Bammate, H., The Caucasus Proplem. Bern, 1919.

· Barfield, Thomas J., 1981, "The Hsiung-nu Imperial Confederacy:
　　Organization and Foreign Policy", Journal of Asian Studies
　　41, I , pp.45-61.

· Barthold, V. V., Four Studies on the History of Central
　　Asia(trs.T.Minorsky), Vol. I , Leiden, 1956.

· _____, Turkistan Down to the Mongol Invasion, London, 1968.

· _____, Turkestan Down to the Mongol Invasion, New Edition,
　　(London), 1968.

· _____, 12 Vorlesungen über die Geschichte der Türken Mit-
　　telasiens Deutshe Bearbeitun · von Theodor Menzel
　　· 1935(Berlin).

· _____, Tadzhiki. Istoricheskii ocherk. Tashkent. 1925.

· _____, Istoriia kul'turnoi zhizni Turkestana. Leningrad, 1927.

· Baskakov, N.A., Yiurkeskie iazyki. Moscow, 1960.

· Battal-Taymas, A., Kazan Türkler　Tarihi ve Siyasî Görüşler
　　Istanbul　1925.

· Baykara, H., Azerbaycan Istiklal Mucadelesi Tarihi. Istanbul, 1975.

· Baysun, Turkistanli Rejeb, Türkistan Milli hareketleri.
　　Istanbul, 1943.

· Bazin, L., "Un texte proto-turc du IVe siecle: Le distique Hiong-
　　nou du 'Tsin-chou", Oriens　1, pp. 208-219, 1948.

· Becker Seymur, "The Russian Conquest of Central Asia and
　　Kazahstan: Motives, Methods, Consequences," Hafeez Malik

ed., Central Asia: Its Strategic Importance and Future Prospects,1994.

· Becker, S., Russia's Protectorates in Central Asia: Bukhara and Khiva, 1965-1924. Cambridge, Mass., 1968.

· Bennigsen A., Wimbush S., Muslims of the Soviet Empire, 1986.

· Bennigsen, A., "Panturkism and Panislamism in History and Today". Central Asian Survey, Vol.3, July 1984, pp.39-51.

· Bennigsen, A., and Wimbush, S.E., Muslim National Communism in the Soviet Union: A Revolutionary Strategy for the Colonial World. Chicago, 1979.

· Bennigsen, A., and Lemecier-Quelquejay, C., Islam in the Soviet Union. London, 1967.

· _____, "Panturkism and Panislamism in History and Today", Central Asian Survery. Vol. 3, No. 3.

· Benzing, J., Einführung in der studium der altaischen Philologievund der Turkologie. Wiesbaden, 1952.

· Bosworth, C.E., The Titulature of the Early Ghaznavids, Oriens, XV, 1962.

· Boulnois, Luce, The Silk Road, translated from the French by Dennis Chamberlain(New York), 1966.

· Boyce, Mary, A History of Zoroastrianism, vol.I, Handbuch der Orientalistic, Erste Abteilung, 8. Band, Erster Abschnitt, Leiferung 2, Heft 2A, 1975(Leiden).

· Bozkurt Güvenç, Türk Kimli i, Ankara, 1993.

· Bozkurt Güvenç, Türk Islam Sentezi, 1991.

· Broxup Marie, "Islam," Eugene B. Shirly, Jr. & Michael Rowe ed. Candle in the Wind: Religion in the Soviet Union. 1989, pp. 193-194.

· Bregel', Iu. E., Khorezmskie turkmeny v XIX veke. Moscow, 1961.

· Brown, John, P., The Dervishes. Oxford, England, 1927.

· Broxup, M., "The Basmachi", Central Asian Survey, Vol.2, No.1(July, 1983),pp.57-83.

· Calhoun Craig, "Nationalism and Ethnicity", Annual Review of Sociology 19, 1993, pp. 211-239.

· Caroe Olaf, Soviet Empire: The Turks of Central Asia and Stalinism, 1953.

· Castagne Joseph, Les Basmatchis. 1925.

· Charles Warren Hostler, The Turks of Central Asia, 1993.

· Christopher I. Beckwith, Tibetian Empire in Central Asia, 1987.

· Chavin James, "Independent Central Asia: A Primer", Current History, Vol. 93, No. 582, 1994, p. 161.

· Chavannes, E., Documents sur les Toe-kiue(Turc) Occidentaux, Petersburg, 1903.

· Choi, Han-Woo, "On Some Chinese Loan-Words in Uighur", Central Asiatic Journal, Vol.32. 1988. Wiesbaden.

· _____, "The Names of Turk and T'ou-kiue", Alatica Osloensia, pp.65-74. 1989. Oslo.

· _____, "On the Origin of Old Turkic bicin/becin", Central Asiatic Journal, Vol.33, pp.218-222. 1989. Wiesbaden.

· _____, "Ana Altayca *p-", Genel Dil Bilimi, pp.51-63. 1990. Ankara.

· _____, "Newly Identified Chinese Loan-Words in Uighur", Central Asiatic Journal, Vol.34, pp.41-47. 1990. Wiesbaden.

· _____, Altayca Iyelik Zamiri {-n}, Türk Dili Arastirmalari, pp.191-196. 1991.

· _____, Determination of Labial Vowels in Ancient Turkic' Central Asiatic Journal, Vol.35. pp.41-54. 1991. Wiesbaden.

· _____, "Notes on Some Ancient Korean Titles",

Central Asiatic Journal, Vol.36. pp.33-43. 1992. Wiesbaden.

· _____, "On the Shamanic Concept of Qara 'Black'", Researches in Turkic Languages, pp.103-108. 1992. Ankara.

· _____, "On the Turkic Shamanic Word Bögü", Acta Orientalia hungarica. 1993. Budapest.

· _____, "Some Notes on 冒頓 Mao-tun(Qarator) and Qara Bodun', proceedings of the 35rd International Altaistic Conference(Taipei). 1993.

· _____, "Notes on some Titles of Ancient Korean Kingdom Paekje", Altai Hakpo 4. Journal of the Altaic Society of Korea. 1993.

· Critchlow, J., Nationalism in Uzbekistan, a Soviet Republic's Road to Sovereignty, 1991.

· Czaplicka A. Marie, The Turks of Central Asia in History and at the Present Day. 1918.

· Dademji, Ali, 1917-1934 Türkistan Milli Istiklal Hareketi ve Enver Pasha. Vol. 7., Istanbul. 1975.

· David Kushner, The Rise of Turkish Nationalism, 1977.

· Denis Sinor, The Cambrige History of Early Inner Asia, 1990.

· Doğan Duman, Demokrasi Sürecinde Türkiye'de Islamcılık, 1997.

· Dawson, Christopher ed., The Mongol Mission, Harper Torchbook. 1966.

· De Groot, M., Die Hunnen der Vorchristlichen Zeit I, Berlin-Leipzig, 1921.

· Demidov, S.M., Sufizm v Turkmenii(evoliutsiia i perezhitki). Ashkhabad, 1978.

· Demidov, S.M., Turkmenski ovliady. Ashkhabad, 1976.

· Demko, G.J., The Russian Colonization of Kazakhstan, 1896-1916. Bloomington, Ind., 1969.

· Devlet, N. "A Specimen of Russification: The Turks of Kazan",
    central Asian Suvey, Vol.2, No.3(Nov. 1983), pp.79-89.
· Eberhard, W., Kultur und Siedlung der Randvölker Chinas,
    Leiden, 1942.
· Eberhard, W., Cin'in Simal Komsulari, Ankara, 1942.
· Ekonomicheskaya Gazeta, 1989, No. 34.
· Enoki, K., Sogdiana and the Hsiung-nu, CAJ, I., 1954.
· Ferrier, J.P., History of the Afghans. Translated by William Jesse.
    London, 1858.
· Fierman, William, "Two Young Uzbek Writers Perspectives on
    Assimilation", Central Asian Survey,
    Vol.2, No.3(Nov.1983), pp.63-79.
· Fierman William, Soviet Central Asia, the Failed Transformation.
    1991.
· Fisher, A., The Crimean Tatars. Stanford, Califonia. 1978.
· Gabain, A.v., Das Leben im uigurischen Königreich von Qočo
    (850-1250), I-II, Veröffentlichungen der societass
    Ural- Altaica, Bd.6, 1975(Wiesbaden).
· Gadzhieva, S.Sh., Ocherki istorii sem'i braka u nogaitsev,
    XIX-nachalo XX v. Moscow, 1979.
· Gafurov, B.G., Istoriia tadzhikskogo naroda, 2nd edn,
    Vol.1. Moscow, 1952.
· Gibb, H.A.R., The Arab Conquest in Central Asia,
    New York, 1970.
· Golden, Peter, Ther Migrations of the Oghuz,
    Archivum Ottomanicum, 4, 1972.
· Gordon, C.D., The Age of Attila. Fifth Century Byzatium and
    the Barbarians(Ann Arbor, Michigan). 1960.
· Greenfield L., "The Formation of the Russian National Identity,

The Role of Status Insecurity and Ressentiment",
Comparative Studies in Society and History, 32/3, pp. 549–
591. 1990.

· Gronbech, K., The Turkish System of Kinship,
Studia Orientalia I, Pedersendicata, 1953.

· Gross Jo-Ann. ed. Muslims in Central Asia: Expressions of
Identity and Change. Duke Univ. Press, 1992.

· Grousset, Rene, L'Empire des Steppes, 1939.

· _____, The Empire of the Steppes: History of Central Asia.
Translated by Naomi Walford. New Brunswick, 1970.

· Gyil'fanov, I., Islam dine turynde. Kazan, 1965.

· Gürün Kamuran, Türkler ve Türk Devletleri Tarihi, Vol. I–II,
Istanbul, 1981.

· Hambly, G.ed., Central Asia. London, 1969.

· Hambly, Gavin ed., Zentralasien, Fischer Weltgeschichte,
Band 16, 1966.

· Hayit, Baymirza, "Bügünkü Türkistan", Eğitim Kültür,
No.14(March 1982).

· _____, Islam and Turkistan under Russian Rule.
Istanbul, 1987.

· _____, Türkistanda öldürülen Türk airleri, Mazlum Türklerin
Hayatından Parçalar. Ankara, 1971.

· Henning, W.B., "The Date of the Sogdian Ancient Letters",
BSOAS 12, pp.601–615. 1948.

· Henze, P.B., "The Central Asian Muslims and their Brethren
Abroad: Marxist Solidarity or Muslim Brotherhood",
Central Asian Survey, Vol.3, No.3(July 1984), pp.51–69.

· Hooson, David, The Soviet Union:
People and Regions(Belmont, CA.). 1966.

· Hostler, C.W., Turkism and the Soviets: The Turks of the world and their potential objectives. London-New York, 1957.

· _____, The Turks of Central Asia, London, 1993.

· I an, A., Tarihte ve Bug n Shamanism, Ankara, 1954.

· Ibrahim Altynsarin, "Nikolai Il'minskii and the Kazakh National Awakening," Central Asian Survey, vol.2, no.3, Nov. 1983.

· Iz istorii kul'turn go stroitel'stva v Tadzhikistane. Sbornik statei, vol.1. Dushanbe, 1973.

· James Critchlow, "Nationalism and Islamic Resurgence in Uzbekistan", Central Asia, Its Strategic Importance and Future Prospects, 1994.

· Jettmar, Karl, Die frühen Steppenvölker. Der eurasiatischer. 1964.

· Johelson, W., Peoples of Asiatic Russia. New York, 1928.

· Kafesoglu, I., Türk Milli Kültürü, Istanbul, 1984.

· Kajum Khan Veli, "Turkestn", Eastern Quarterly 3, no. 4, Oct. 1950.

· Kalmykov, I.Kh., Cherkesy. Sbornik narody Karachaevo-Cherkessi. Stavropol', 1957.

· Karklins, Rasma, Ethnic Relations in the USSR: The view from below. London, 1985.

· Karmysheva, B.Kh., "Etnograficheskaia gruppa 'Tiurk' v sostave uzbekov", Sovietskaia etnografiia, No.1, 1960.

· Kary-Niiazov, T.N., Ocherki istorii Kul'tury sovetskogo Uzbekistana, Moscow, 1955.

· Kasymov, G., Pantiurkistskaia Kontrrevoliutsiia i ee agentura sultangalievshchina. Kazan, 1931.

· _____, Ocherki po religioznomu i antireligioznomu dvizheniiu sredi tatar do i posle revoliutsii. Kazan, 1932.

· Kaushik D. Central Asia in Modern Times; A history from the
  Early 19th Century, Progress Publishers, Moscow, 1970.
· Kazemzadeh. F., The Struggle for Transcaucasia (1917-1921).
  New York, 1951.
· Kirkwood M., "Glasnost', 'The National Question' and Soviet
  Language Ploicy," Soviet Studies, Vol. 43, No. 1, 1991, p. 61.
· Kırzıoğlu, Fahrettin, Kıpçaklar, Ankara, 1992.
· Kirimal, E., Der Nationale kampf der Krimturken.
  Emsdetten, 1952.
· Kirsta, B.T., "The Problem of the Aral Sea and Karakum Canal,"
  Problemy Osvoeniya Pustyn, No. 5. 1989.
· Kitapçı Zekariya, Orta Asyada Islamiyetinin Yayılışı ve Türkler.
  1988.
· Klimovich', L.I., "Religioznoe dvizhenie v Tatarskoi respublike",
  Antireligioznik(Moscow), No.4, 1927.
· _____, Islam v Tsarskoi Rossii. Moscow, 1936. 2nd edn, 1965.
· Kolarz, W., Russia and her Colonies. New York, 1952.
· _____, Peoples of Central Asia, Hague, 1963.
· Krader Lawrence, Peoples of Central Asia. 1966.
· Krupnik Igor, "The Nationalities Question in the USSR: Looking
  for Explanations." Social Sciences, Vol. 22, No. 4, 1991.
· Kshazanov, A.M., "Myths and Paradoxes of Nomadism",
  Archivum europ. sociol,22, pp.141-153. 1981.
· Kurat Akdes N., IV. -XVIII. Yüzyıllarda Karadeniz Kuzeyindeki
  Türk Kavimleri ve Devletleri, 1972.
· Kushner, David, The Rise of Turkish Nationalism, 1876-1908,
  1977.
· Kurbanov, M.K., Kul'tura sovetskogo Azerbaidzhana. Baku, 1959.
· Kwanten, Luc., Imperial Nomads: A History of Central Asia,

500-1500, Pennsylvania, 1979.
· Landau M. J., Pan-Turkism, From irredentism to Cooperation, 1995.
· Laszlo Rasonyi, Tarihte Türklük, 1988.
· Lattimore, O., Inner Asian Frontiers of China, American Geohgraphical Society, Research Series No.21(New Youk). 1940.
· Lemercier-Quelquejay, C., "Islam and Identity in Azerbaijan", Central Asian Survey, Vol.3, No.2, April 1984, pp.29-57.
· Lewis E. G., Multilingualism in the Soviet Union: Aspects of Language Policy and its Implementation. 1972.
· Liu, Mau-tsai, Kutscha und seine Beziehungen zu China vom 2. Jh.v. bis zum 6.Jh.n.Chr., I-II, AF. 27, 1969(Wiesbaden).
· Lubin, Nancy, Labor and Nationality in Central Asia: An Uneasy Compromise. London, 1984.
· Maalouf, A., Samarkand, Quartet Books, 1992.
· Mackerras, Colin, The Uighur Empire 744-840, According to the T'ang Dynastic Histories, Canberra, 1968.
· Maenchen-Helfen, Otto, "the Ting-ling", HJAS 4, pp.77-86. 1939.
· _____, "Huns and Hsiung-nu", Byzantion 17, pp. 222-243.1944~5.
· Magomedov, R.M., Dagestan. Istoricheskie etiudy. Makhach-Kala, 1971.
· Mahler, Jane Gaston, The Westerners Among the Figurines of the T'ang Dynasty of China, Serie Orientale Roma xx, 1959(Rome).
· Malik Hafez ed., Central Aasia -Its Strategic Importance and Future Prospects, London, 1994.
· Manger, K.H., The Turkic Languages and Peoples, Weisbaden, 1968.
· Mainz, B. F., The Rise and Rule of Tamerlane.

Cambridge University Press, 1989.

· Maringer, J., Contribution to the Prehistory of Mongolia,
  The Sino-Swedish Expedition, Publication 34, 1950(Stockholm).

· Marwat, F. R., The Basmachi Movement in Soviet Central Asia.
  Karachi, 1985.

· Masson, V.M.-Sarianidi, V.I., Central Asia. Turkmenia Before
  the Achamenids, 1972(London).

· Mavliutov, R.R., Islam. 1st edn, Moscow, 1969,
  2nd edn, Moscow, 1974.

· McCagg, W.O., and Silver, Brian S.(ed).,
  Soviet-Asian Ethnic Frontiers. New York, 1979.

· McGovern, W. M., The Early Empires of Central Asia,
  Chapel Hill-North Carolina, 1939.

· Mende, G. von., Der Nationale Kampf der Russlands turken.
  Berlin, 1936.

· Merçil, Erdoğan, Müslüman-Türk Devletleri Tarihi, Ankara, 1993.

· Meserve, Ruth I. "The Inhospitable Land of the Barbarian",
  Journal of Asian History 16, pp.51-89.1982.

· Micklin, P.P., "Soviet Water Diversion Plans:
  Implications for kazakhstan and Central Asia",
  Central Asian Survey, vol.1, no.4(April 1983), pp.9-45.

· Mnatsakanian, R., Environmental Legacy of the Former
  Soviet Union, Centre of Human Ecology. 1992.

· Morgan, David, The Mongols, 1990.

· Mori, Masao, Reconsideration of the Hsiung-nu Stste,
  Acta Asiatica, XXIV, Tokyo, 1973.

· Movius, H.L., "Palaeolithic and Mesolithic Sites in Soviet Central
  Asia", Proceedings of the American Philosophical Society 94,
  No.4, pp.383-421. 1953.

· Mukhametshin, Iu.G., Tatary kriasheny. Moscow, 1977.

· Murphey, Rhoads, An Introduction to Geography. 1961(Chicago).

· Murzaev, E.M., Die Monglische Volksrepublic:
    Physisch-Geographische Beschreibung,
    translated from the Russian. 1954(Gotha).

· Narody Srednei Azii i Kazakhstana, I, Moscow, 1962.

· Nazarov, B. ed. Essays on Uzbek History, Culture, and Language
    (Indiana Univ. Publications Uralic & Altaic Series). 1993.

· Nove, A., and Newth, G.A., The Soviet Middle East:
    A model for development. New York, 1963.

· Novgorodova, E.A., Central'naja Azija i Karasukskaja problema.
    1969(Moskva).

· _____, Alte Kunst der Mongolei. 1980(Leipzig).

· Nurmukhamedov, M.K., Zhdanko, T., and Kamalov, S.K.,
    Karakalpaki(Kratkii ocherk istorii s drevneishikh vremen
    do nashikh dnei).

· Okladnikov, A.P., Istorija Jekutii(Jakutsk). 1949;
    2nd edition Moskva 1955.

· Oraltay, H., "The Alash Movement in Turkestan",
    Central Asian Survey, Vol.4, No.2.

· Ögel, Bahaeddin, Islamiyetten önce Türk Kültür, Ankara, 1984.

· _____, Türk Mitolojisi, Ankara, 1971.

· Pahlen, K.V., Mission to Turkestan. London, 1964.

· Parker, E.H., A Thousand Years of the Tartars. 1985(London).

· Parksoy, H.B., ed., Central Asia Reader,
    The Rediscovery of History, 1994.

· Paul Henze, "Fire and Sword in the Caucasus: The 19th Century
    Resistance of the North Caucasian Mountaineers", Central
    Asian Survey, vol. 2,no.1, July 1983.

· Pierce, R., Russian Central Asia, 1867-1917:
　　A study in colonial rule. Berkeley, Calif., 1960.
· Pipes, R., The Formation of the Soviet Union.
　　Cambridge, Mass., 1957.
· Poppe, N., Introduction to Altaic Linguistics. 1965. Wiesbaden.
· Pryde, R. Philip, Environemtal Management in the Soviet Union.
　　Cambridge University Press, 1991.
· _____, The Water Management Crisis in Central Asia.
　　Pittsburgh, 1991.
· Pulleyblank, E.G., "Chinese and Indo-Europeans", JRAS.
　　pp.9-39.1966.
· Rakowska-Harmstone, T., "Islam and Nationalism:
　　Central Asia and Kazakhstan under Soviet Rule",
　　Central Asian Survey, vol.2, no.2(Sept. 1983), pp.7-89.
· _____, Russia and Nationalism in Central Asia:
　　The Case of Tadzhikistan. Baltimore, Md., 1966.
· Rashid Ahmed, The Resurgence of Central Asia-Islam
　　or Nationalism, Karachi, 1994.
· René Grousset, The Empire of the Steepes, A History of Central
　　Asia, 1970.
· Richard Pipes, The Formation of the Soviet Union, 1954.
· Ro'i, Y.(ed.), The USSR and the Muslim World. London, 1984.
· Rodinson, M., Marxime et le monde musulman. Paris, 1972.
· Rosonyi, L., Tarihte Türklük, Ankara, 1971.
· Rumer, Boris Z., Moscow's Third World Strategy. Princeton, 1990.
· Ryskulov, T.R., Kazakhstan. Moscow, 1927.
· Rywkin, M. "The Soviet Nationalities Policy and Communist Party
　　Structure in Uzbekistan: A Study in the Methods of
　　Soviet Russian Control." Unpubl. Ph.D. thesis,

New York University, 1960.

· _____, "First Muslim or First Soviet",
Journal of Muslim Minority Affairs, vol.3, no.2, Winter 1981.
pp.227-229.

· _____, Moscow's Muslim Challenge: Soviet Central Asia.
Armonk, NY, and London, 1982.

· _____, Russia in Central Asia. New York, 1963.

· Saidbaev, T.S., Islam i obshchestvo-opyt istoriko-sotsiologi-
cheskogo issledovaniia. Moscow, 1978.

· Samolin, W., Hsing-nu, Hun, Turk, CAJ. II-4, 1957.

· Saray, M., "Russo-Turkmen Relations up to 1874", Central Asian

· Survey, vol.3, no.4(Nov. 1984),pp.15-49.

· _____, "The Russian Conquest of Central Asia",
Central Asian Survey, vol.1, nos. 2/3(Nov. 1982), pp.1-31.

· _____, The Turkmens in the Age of Imperialism, Ankara, 1989.

· Sattarov, M.M., Islam dini galyglay. Baku, 1967.

· Schafer, Edward H., The Golden Peaches of Smarkand. A Study in
T'ang Exotics, 1963(University of California Press).

· Semyon, Novoprudsky, "Alliance: A New Turkistan,"
Nezavisimaya Gazeta, January 6, 1993.

· Sergei P. Poliakov, Everyday Islam: Religion and Tradition in
Rural Central Asia, 1992.

· Shaw E.K., History of the Ottoman Empire and Modern Turkey,
Cambridge, 1977.

· Sheehy, A., The Crimean Tatars and the Volga Germans:
Soviet Treatment of Two National Minorities. London, 1971.

· Sinor Denis, Inner Asia. History - Civilization - Languages. 1969.

· _____, "Central Eurasia", in Denis Sinor(editor),
Orientalism and History, pp.82-103(Cambridge),

564

2nd edition(Bloomington, Indian), pp. 99-119. 1954.

·_____, "Some Remarks on the Economic Aspects of Hunting in Central eurasia", in Die Jagd bei den altasichen Völkern, AF 26. 1965(Wiesbaden).

·_____, "The Problem of the Ural-Altaic Relationshipj", in Handbook of Uralic Studies Edtied by Denis Sinor(Leiden), I, pp.706-741. 1988.

· Soviet Affairs Notes, no. 144, Apr. 20, 1953.

· Soper, J., "Shakeup in the Uzbek Litary Elite", Central Asian Survey, vol.1, no.4(April 1983), pp.59-83.

· Spuler, Berthold, "Geschichte Mittelasiens seit dem Auftreten der Türken," In Geschichte Mittelasiens, pp.123-310. 1966.

·_____, The Mongol Period, History of the Muslim World, 194.

· Standford Shaw, History of the Ottoman Empire and Modern Turkey, 1977.

· Swift, G., The Nationalities Question in the Soviet Union. Longman, London, 1990.

· Talat Tekin, "Altay Dilleri Teorisi", Türk Dünyası Elkitabı, 1976.

· Tunaya Zafer, Türkiye'de Siyasi Partiler, 1992.

· Tashkent, 1971.

· Tekin, Talat, A Grammar of Orkhon Turkic. 1969. Indiana University.

·_____, Volga Bulgar Kitabeleri ve Volga Bulgarcası, Ankara, 1988.

·_____, Japonca ve Altay Dilleri, Ankara, 1993.

·_____, Tunyukuk Yazıtı, Ankara, 1994.

·_____, Türk Dilleri, Les langues Turques, Ankara, 1992.

·_____, ed., International Journal of Central Asian Studies, Vol. I, 1996. IACD, Seoul.

· Tipeev, Sh., K istorii natsional'nogo dvizheniia v sovetskoi
      Bashkirii. Ufa, 1929.

· Togan Zeki Velid, Türkili Türkistan, Istanbul, 1981.

· Tsapenko, N., and Tadzhimov, T.,
      Kara-kalpakskaia ASSR(Kratkii spravochnik). Tashkent, 1960.

· T.S. Saidaev, Islam I obshestvo, 1984.

· Ümit Hassan, Eski Türk Toplum Üzerine Incelemeler, 1986.

· Vakhabov, A., Islam i v SSSR. Moscow, 1972.

· _____, MSSusul'mane v SSSR. Moscow, 1980.

· Valikhanov, Chingiz, et al., The Russians in Central Asia.
      London: Edward Stanford, 1865.

· Vamvery, Arminius, History of Bokhara. From the Earliest Perod
      Down to the Present, 2nd ed. London, 1873.

· Vasilevskiy,"Fazy Basmacheskavo Dvizhenya v Sredney Azii",
      Novyi Vostok, 2

· Vladimirtsov, B.Ya., The Life of Chingis-Khan. New York,
      Benjamin Blom, 1969.

· Wang, Chi-wu, The Forests of China with a Survey of Grassland
      and Desert Vegetation, 1961(Cambridge, Mass.).

· Wimbush, S.E.(ed.), Soviet nationalities in Strategic Perpective.
      London, 1985.

· Wixman, R., The Peoples of the USSR: An ethnographic handbook.
      New York, 1984.

· Wright, R., "Islam, Democracy and the West",
      Foreign Affairs, Summer 1992.

· Wurm, S., Turkic Peoples of the USSR:
      Their historical Backgrond, their languages
      and the development of Soviet linguistic policy. London, 1954.

· Yi, Ying-shih, Trade and Expansion in China. A Study in

the Structure of Sino-Barbarian Economic Relations.
1967(Berkery and Los Angeles)

· Zaim Sabahaddin, Türk ve Islam Dünyasının Yeniden Yapılması.
1993.

· Zenkovsky S., Pan-Turkism and Islam in Russia. 1960.

저자와의
협의하에
인지생략

중앙아시아 연구(하)

2004년 5월 1일 초판 1쇄 발행
2008년 5월 10일 초판 2쇄 발행

지은이 최한우
발행처 도서출판 펴내기

서울특별시 용산구 효창동 5-357 새동산빌딩 2층
Tel: 718-5273   Fax: 2077-8894
등록번호 제03-01034호(1992. 8. 1)
총판처 두란노서원(Tel: 2265-1343 Fax: 794-0528)

ISBN 978-89-86179-14-8   03230

값 15,000원